EFICÁCIA HORIZONTAL DOS DIREITOS FUNDAMENTAIS E JURISDIÇÃO CONSTITUCIONAL

EFICÁCIA HORIZONTAL DOS DIREITOS FUNDAMENTAIS E JURISDIÇÃO CONSTITUCIONAL

೭୦ଠଷ

2ª edição Revista e Ampliada

Marcelo Schenk Duque

Eficácia Horizontal dos Direitos Fundamentais e Jurisdição Constitucional

Editora: Bruna Schlindwein Zeni
Produção editorial: Triall Editorial Ltda.
Copydesk: Miguel Augusto Silva
Revisão: Equipe Triall
Diagramação: Triall Editorial Ltda.
Capa: Triall Editorial Ltda.

Impresso no Brasil
Printed in Brazil
1ª impressão – 2019

© 2019 Editora dos Editores

Todos os direitos reservados. Nenhuma parte deste livro poderá ser reproduzida, sejam quais forem os meios empregados, sem a permissão, por escrito, das editoras. Aos infratores aplicam-se as sanções previstas nos artigos 102, 104, 106 e 107 da Lei nº 9.610, de 19 de fevereiro de 1998.

ISBN: 978-85-85162-16-0

Editora dos Editores
São Paulo: Rua Marquês de Itu, 408 – sala 104 – Centro.
             (11) 2538-3117
Rio de Janeiro: Rua Visconde de Pirajá, 547 – sala 1121 – Ipanema.
www.editoradoseditores.com.br

Este livro foi criteriosamente selecionado e aprovado por um Editor científico da área em que se inclui. A Editora dos Editores assume o compromisso de delegar a decisão da publicação de seus livros a professores e formadores de opinião com notório saber em suas respectivas áreas de atuação profissional e acadêmica, sem a interferência de seus controladores e gestores, cujo objetivo é lhe entregar o melhor conteúdo para sua formação e atualização profissional.
Desejamos-lhe uma boa leitura!

Dados Internacionais de Catalogação na Publicação (CIP)
(Câmara Brasileira do Livro, SP, Brasil)

Duque, Marcelo Schenk
  Eficácia horizontal dos direitos fundamentais e jurisdição constitucional / Marcelo Schenk Duque. -- 2. ed. rev. e ampl. -- São Paulo : Editora dos Editores, 2019.
  476 p. :

Bibliografia
ISBN 978-85-85162-16-0
Título anterior: Direito Privado e Constituição

1. Direitos fundamentais 2. Contratos de consumo 3. Direito privado - Brasil 4. Direito privado - Alemanha 5. Direito constitucional - Brasil 6. Direito constitucional - Alemanha I. Título

19-0759   CDU 342.085

Índices para catálogo sistemático:
1. Direitos fundamentais

Sobre o autor

Marcelo Schenk Duque

- Doutor em Direito do Estado pela UFRGS/ed. Ruprecht-Karls-Universität Heidelberg, Alemanha.
- Pesquisador convidado junto ao Europa Institut da Universidade de Saarland, Alemanha.
- Professor do programa de pós-graduação *stricto sensu* da Faculdade de Direito da UFRGS.
- Coordenador Acadêmico do Curso de Especialização em Direito do Estado da UFRGS.
- Professor da Escola da Magistratura Federal do Estado do Rio Grande do Sul – ESMAFE/RS, onde exerce a coordenação da matéria de Direito Constitucional.
- Professor de diversos cursos de pós-graduação *lato sensu* da UFRGS, PUC/RS, AJURIS FEMARGS, FESDEPRS, FMP, dentre outros.
- Professor da Faculdade Dom Bosco de Porto Alegre.
- Professor da Escola Superior de Advocacia da OAB/RS.
- Pesquisador vinculado ao Centro de Estudos Europeus e Alemães – CDEA.
- Membro da Associação Luso-Alemã de Juristas: DLJV – Deutsch-Lusitanische Juristenvereinigung.
- Autor do Curso de Direitos Fundamentais – teoria e prática e de diversos artigos na área do Direito Constitucional e direitos fundamentais.

Sempre pressupus que os escritores que estudávamos eram muito mais espertos do que eu. Se não fossem, por que eu desperdiçaria meu tempo e o tempo dos alunos estudando-os? Se via um erro em seus argumentos, supunha que esses escritores também o teriam visto e teriam por certo dele se ocupado.

Recomendação de ouro de John Rawls, quando de suas aulas sobre História da Filosofia Moral em Harvard, a respeito da atitude do estudante de obras clássicas (RAWLS, John. *Lectures on the history of moral philosophy.* Harvard: Edited by Barbara Hermann, 2000, p. XVI). (etl.).

Dedicatória

À minha Mãe

Agradecimentos

Desde a primeira edição, intitulada *Direito Privado e Constituição*, este trabalho contou com a colaboração de várias pessoas e instituições, não sendo possível nomear todas, uma a uma, por ora. A todos que nesse sentido atuaram, seguem os sinceros agradecimentos do autor. Em especial, este trabalho é dedicado em primeira linha à minha mãe, Marlene S. Schenk Duque, a quem devo não apenas minha existência, mas, igualmente, o aprendizado de uma vida com dignidade e, em sua pessoa, à lembrança de meus familiares. Mãe que ao longo de minha longa estada de doutoramento na Alemanha superou a saudade imposta pela distância, vencendo, para tanto, os obstáculos até mesmo impostos pela informática – um mundo até então estranho ao seu – como forma de manter-se próxima, renovando, a cada dia, o sentimento de amor e dedicação. À Silvia Boschi Bazan, exemplo de excelência, cujo apoio e abrigo mostraram-se fundamentais para a realização de uma longa estada de pesquisa na Alemanha, tornando-a, de todo, agradável. À família Schwarzenberger, pelo constante apoio e atenção na Alemanha.

No plano acadêmico, cumpre agradecer à Prof.ª Dr.ª Claudia Lima Marques, cujo espírito e técnica científica – *de gigante* – guiaram essa investigação, aceitando a orientação, depositando confiança incondicional à realização do trabalho, dialogando, ensinando e viabilizando uma valorosa estada de pesquisa na Alemanha; ao Prof. Dr. Dr. h.c. Peter--Christian Müller-Graff – Diretor do Instituto de Direito Econômico e Societário Alemão e Europeu (*Institut für deutsches und europäisches Gesellschafts-und Wirtschaftsrecht*) da *Ruprecht-Karls-Universität Heidelberg*, que confiou, aceitou, apoiou decisivamente e orientou a realização deste trabalho na Alemanha; ao Prof. Dr. Dr. h.c. mult. Erik Jayme, que no Instituto de Direito Estrangeiro e Internacional Privado e Econômico (*Institut für ausländisches und internationales Privat- und Wirtschaftsrecht*) da mesma Universidade, onde durante anos atuou como diretor, prestou uma verdadeira co-orientação ao trabalho; pelos constantes diálogos, um agradecimento aos Professores Dr. Christian Baldus, Dr. Jan Schapp e, *in memoriam*, ao Prof. Dr. Winfried Brugger. Ao Prof. Dr. Augusto Jaeger Junior, que ao longo de sua estada de pós-doutorado em Heidelberg, pela *Alexander von Humboldt--Stiftung*, contribuiu para o aperfeiçoamento e a realização da investigação.

No plano institucional, à Ruprecht-Karls-Universität Heidelberg, onde essa pesquisa foi realizada, em particular nos institutos acima referidos; ao *Europa-Institut der Universität des Saarlandes*, pela acolhida como pesquisador, em especial nas pessoas dos Prof. Dr. Torsten Stein e Prof. Dr. Werner Meng, diretores do Instituto Europeu, que viabilizaram uma proveitosa estada de pesquisa; ao *Max-Planck-Institut für ausländisches öffentliches Recht und Völkerrecht*, em Heidelberg; e à *Justus-Liebig-Universität Giessen*, em particular nas pessoas dos Professores Horst Hammen e Christoph Benicke. À Universidade Federal do Rio

Grande do Sul, onde a caminhada de pós-graduação começou, em especial à equipe da secretaria do PPGDir. À CAPES – Coordenação de Aperfeiçoamento de Pessoal de Nível Superior – e ao DAAD – *Deutscher Akademischer Austauschdienst*, pela concessão de bolsas de estudo de doutoramento e de aperfeiçoamento linguístico na Alemanha, fomento essencial à realização desta investigação; à Robert E. Schmidt-Stiftung, na pessoa do Dr. Arndt Overlack, pelo fomento e incentivo.

Mais recentemente, é fundamental reconhecer o apoio do CDEA – Centro de Estudos Europeus e Alemães na atualização desta obra. O CDEA é um centro científico de ensino, pesquisa e informação, fomentado pelo DAAD com verba do Ministério das Relações Exteriores alemão, sediado na PUCRS e na UFRGS, cuja finalidade institucional é fomentar cientistas e pesquisadores brasileiros em estudos interdisciplinares sobre temas atuais da Europa e Alemanha, úteis ao contexto brasileiro e latino-americano. Na condição de pesquisador vinculado ao CDEA, tive a oportunidade de realizar diversas viagens acadêmicas à Alemanha, que muito contribuíram para a atualização deste livro.

Por fim, não posso encerrar os agradecimentos sem mencionar a colaboração de todos os colegas professores e alunos, nacionais e estrangeiros, que por meio de sugestões e críticas construtivas desempenharam um importante papel no aprimoramento do estudo. Sem diálogo, estou convencido de que o saber não se produz. Sendo impossível nominar a todos, registro apenas o meu sincero muito obrigado.

Marcelo Schenk Duque

Apresentação à 1ª edição

É com muito prazer que apresento este belo livro escrito por Marcelo Schenk Duque, jovem e brilhante jurista gaúcho, já com intensa publicação,[1] que tive o prazer de orientar em seu doutorado, que mereceu a nota máxima e voto de louvor da banca examinadora. Seu rico trabalho de doutorado foi realizado após longa e frutífera estada na Universidade de Heidelberg, com bolsa do DAAD-CAPES e bolsa de nosso PPGdir.UFRGS-CAPES, sobre a orientação segura e amiga do Prof. Dr. Dr. h. c. Cristhian Müller-Graff, Medalha Barão de Rio Branco do MRE por sua contribuição à cooperação Brasil-Alemanha e a quem muito agradeço.

O presente livro traz a síntese da tese de doutorado de Marcelo Schenk Duque sobre a proteção do consumidor como direito fundamental, baseada na teoria dos deveres de proteção do Estado. Confesso que fiquei muito feliz e honrada quando o autor, vindo de estudos sobre o direito constitucional, escolheu voltar sua análise sobre a proteção do consumidor como um exemplo de *Drittwirkung* no Brasil e concluir seu doutorado, sob

---

1 Veja, por todos, DUQUE, Marcelo Schenk. *O Transporte da Teoria do Diálogo das Fontes para a Teoria da Constituição. In: MARQUES, Claudia Lima (Coord.). Diálogo das Fontes: do conflito à coordenação de normas do direito brasileiro.* São Paulo: Revista dos Tribunais, 2012, p. 125 e seg; DUQUE, Marcelo Schenk. *A Interpretação Constitucional: uma reflexão a partir do direito constitucional alemão. In: GOTTSCHEFSKY, Hella Isis. Democracia e Constituição: estudos em homenagem ao Ministro José Néri da Silveira.* Porto Alegre: Dom Quixote, 2012, p. 259 e seg; DUQUE, Marcelo Schenk. *Fundamentação em torno da chamada Drittwirkung dos direitos fundamentais.* In: MARQUES, Claudia Lima; MENDES, Gilmar Ferreira; *et. al. Direito Privado, Constituição e Fronteiras (Privatrecht, Verfassung und Grenzüberschreitung).* Porto Alegre: Orquestra, 2012, p. 59 e seg; DUQUE, Marcelo Schenk. *Direitos Fundamentais e Direito Privado: a busca de um critério para o controle do conteúdo dos contratos.* In: MARQUES, Claudia Lima (Org.). *A Nova Crise do Contrato: estudos sobre a nova teoria contratual.* São Paulo: Revista dos Tribunais, 2007, p. 87 e seg; DUQUE, Marcelo Schenk. *Os direitos fundamentais sob a perspectiva de um contrato de garantia: breves considerações. In: MARQUES, Claudia Lima; MIRAGEM, Bruno Nubens (Org.). Direito do Consumidor. Doutrinas Essenciais.* São Paulo: Revista dos Tribunais, vol. II, cap. 1, n. 11, 2011, p. 329 e seg; DUQUE, Marcelo Schenk. *O Federalismo Cooperativo Alemão: tendências atuais. In: MARQUES, Claudia Lima; BENICKE, Christoph; JAEGER JUNIOR, Augusto (Org.). Diálogo Entre o Direito Brasileiro e o Direito Alemão: fundamentos, métodos e desafios do ensino em tempos de cooperação internacional.* Porto Alegre: Orquestra, 2011, p. 326. E os artigos, DUQUE, Marcelo Schenk. *A proteção do consumidor como dever de proteção estatal de hierarquia constitucional.* Revista de Direito do Consumidor. São Paulo: Revista dos Tribunais, vol. 18, n. 71, jul.-set. 2009, p. 142-167; DUQUE, Marcelo Schenk. *Configuração de direitos fundamentais e segurança jurídica.* São Paulo: Revista dos Tribunais, vol. 887, set. 2009, p. 9-35; DUQUE, Marcelo Schenk. *Cláusulas constitucionais de inabolibilidade, realidade e garantia de identidade da Constituição: um olhar sob o prisma do direito fundamental de proteção ao consumidor.* Revista de Direito do Consumidor. São Paulo: Revista dos Tribunais, vol. 17, n. 66, abr.-jun. 2008, p. 49-81; DUQUE, Marcelo Schenk. *A Importância do Direito Ordinário Frente à Supremacia da Constituição.* Cadernos do Programa de Pós-Graduação em Direito da Universidade Federal do Rio Grande do Sul. Porto Alegre: PPGDir./UFRGS, n.º IV, setembro de 2005, p. 7-38; DUQUE, Marcelo Schenk. *Princípios e disposições gerais da lei n°. 9.784/1999.* São Paulo: Revista dos Tribunais, vol. 99, n. 893, 2010, p. 63-99.

minha orientação. Realmente, este exemplo, do direito do consumidor (Art. 5,XXXII da CF/1988) não tinha ainda sido usado em toda a sua potencialidade,[2] por esse motivo o interesse da obra que hoje se dá ao mercado editorial. Em nossos tempos pós-modernos, ter sido a proteção do sujeito de direitos do consumidor guindada a direito fundamental faz toda a diferença,[3] induzindo a constitucionalização forte desta parte do direito privado.[4]

O presente livro é todo dedicado à construção de um modelo de eficácia dos direitos fundamentais nas relações privadas (*Drittwirkung*), tomando os contratos de consumo como pano de fundo. Marcelo Schenk Duque realiza uma sólida e necessária análise sobre a moderna teoria dos direitos fundamentais, indo a fontes primárias alemãs, históricas e atuais, centrando seu brilhante e inovador trabalho na teoria dos deveres de proteção do Estado como corolário de um modelo de convergência do direito privado para a constituição, à luz dos contratos de consumo.

Em verdadeira contribuição ao direito brasileiro, Marcelo Schenk Duque centra sua análise em dois grandes pilares: o "transporte" da teoria do diálogo das fontes para dentro da teoria da constituição e o pensamento de *convergência*, focado em uma *convergência na interpretação* do Direito Civil para a Constituição Federal de 1988. A tese nuclear do estudo foi o transporte da teoria do diálogo das fontes para dentro da teoria da constituição, transporte esse fundamentado a partir de um pensamento de *convergência*, particularmente, uma *convergência na interpretação* do direito civil para a constituição. A partir dessa construção, fundamentou-se um modelo de eficácia dos direitos fundamentais nas relações

---

2 Veja sobre o tema, excelentes e gerais obras, como a de *NISHIYAMA, Adolfo Mamouru. A proteção constitucional do consumidor, 2. Ed, São Paulo: Atlas, 2010, p. 2ff,* NISHIYAMA, Adolfo e DENSA, Roberta. A proteção dos consumidores hipervulneráveis: os portadores de deficiência, os idosos, as crianças e os adolescentes. *Revista de Direito do Consumidor* 76, p. 13-45. SCHMITT, Cristiano Heineck. A "hipervulnerabilidade" do consumidor idoso. *Revista de Direito do Consumidor* 70, p. 139 e seg. VIEIRA, Adriana Carvalho Pinto, *O Princípio Constitucional da Igualdade e o Direito do Consumidor,* Belo Horizonte: Ed. Mandamentos, 2002, p. 19 e seg. MAIA, Daniela, Princípios constitucionais do Direito do Consumidor, in MESSIAS PEIXINHO, Manoel et alii, *Os princípios da Constituição de 1988,* Rio de Janeiro: Lumen Juris, 2001, p. 409 e seg. MIRAGEM, Bruno, *Curso de Direito do Consumidor.* 2ª Ed., São Paulo: RT, 2010, p. 68ss. E o artigo definitivo de *TEPEDINO, Gustavo. «Les contrats de consommation au Brésil», in WALD, ARNOLD E JAUFFRET- SPINOSI, CAMILLE. (eds.), Le droit Brésilien : hier, aujourd'hui et demain, Paris: Société de Législation Comparée, 2005, p. 287ff.*

3 *MARQUES, Claudia Lima, MIRAGEM, Bruno and LIXINSKI, Lucas.* Desenvolvimento e Consumo- Bases para uma análise da proteção do consumidor como direito humano, in PIOVESAN, Flávia and SOARES, Inês V. P., *Direito ao Desenvolvimento,* Belo Horizonte: Editora Forum, 2010, p. 201ss.

4 Veja sobre o tema da constitucionalização, SILVA, Virgílio Afonso da. *A Constitucionalização do Direito. Os direitos fundamentais nas relações entre particulares.* São Paulo: Malheiros, 2005, LOBO, Paulo. A constitucionalização do direito civil brasileiro, in TEPEDINO, Gustavo (Ed.). *Direito Civil contemporâneo – novos problemas à luz da legalidade constitucional,* São Paulo: Atlas, 2008, p. 18ss. e TEPEDINO, Gustavo. *Temas de direito civil.* Rio de Janeiro: Renovar, 1999, p. 13ss. E MARQUES, Claudia Lima. *A vitória na ADI nº 2.591 e os reflexos no direito do consumidor bancário da decisão do STF pela constitucionalidade do Código de Defesa do Consumidor.* In: MARQUES, Claudia Lima; ALMEIDA, João Batista de; PFEIFFER, Roberto Augusto Castellanos (Coord.). *Aplicação do Código de Defesa do Consumidor aos Bancos. Adin 2.591.* São Paulo: Revista dos Tribunais, 2006, p. 363-395. And NEGREIROS, Teresa. *Fundamentos para uma interpretação constitucional do princípio da boa-fé,* Rio de Janeiro: Renovar, 1998. Maria Celina Bodin de Moraes, A caminho de um direito civil constitucional, in *Revista de Direito Civil* (1993), nr. 65, p. 26 e seg.

privadas, com base na teoria dos deveres de proteção do Estado, tomando-se os contratos de consumo como exemplo prático do estudo.

São três as suas teses:

"1. O fato de a proteção constitucional do consumidor não ser enquadrada na acepção de um típico direito de defesa, oponível contra o Estado, não lhe retira, por si só, o caráter jurídico-fundamental.

2. Os direitos fundamentais estão aptos a fundamentar restrições na autonomia da vontade das partes que integram o tráfego jurídico-privado, nomeadamente em relações de consumo, a partir do instante em que se preserva o livre desenvolvimento da personalidade do particular. Essa construção encontra fundamento em um modelo de eficácia indireta dos direitos fundamentais nas relações privadas e, em particular, à luz de um modelo de deveres de proteção estatais.

3. A construção teórica que melhor fundamenta uma eficácia dos direitos fundamentais nas relações privadas, inclusive à luz do exemplo dos contratos de consumo, é aquela que conduz a teoria do diálogo das fontes para dentro da teoria da constituição, o que é possível a partir do pensamento de convergência, focalizado em uma convergência na interpretação do direito civil para a constituição."

Com a profundidade que caracteriza Marcelo Schenk Duque, a obra analisa o significado da *Drittwirkung* no ordenamento jurídico. Em especial, para ajudar na interpretação e aplicação dos direitos fundamentais no tráfego jurídico privado, foram examinadas as razões para o reconhecimento de uma eficácia dos direitos fundamentais nas relações privadas. Nessa linha, o autor analisa a controvérsia sobre a eficácia horizontal direta e indireta dos direitos fundamentais, tomando posição conservadora na necessidade de compatibilização da autonomia privada com a ordem jurídico-constitucional. E, inovadora, em relação ao emprego da teoria dos deveres de proteção do Estado como corolário e um modelo de *convergência* do direito privado para a constituição. Em especial, é de grande contribuição o estudo das famosas construções alemãs, como *a Wechselwirkungstheorie e a Stufen Theorie,* dos contornos e limites da interpretação conforme a constituição, bem como a reflexão que oferece em torno da densidade do controle exercido pelo tribunal constitucional em face de decisões legislativas e decisões proferidas pelas instâncias ordinárias do Poder Judiciário em matéria civil. Esse quadro revela a preocupação do autor em aprofundar o tema, coerente com sua complexidade, tanto do ponto de vista material quanto processual.

Em resumo, o presente livro desvenda o significado da *Drittwirkung*, contribuindo para o desenvolvimento do direito do consumidor e do direito constitucional brasileiro, no que concerne aos direitos fundamentais. A *Drittwirkung* é uma construção germânica, por isso que o livro contribui para trazer para o Brasil inúmeras fontes valiosas, de renomados autores alemães, cujo acesso aqui é difícil e cuja profundidade da análise sempre contribui para o entendimento da questão, assim como analisa muitas decisões do Tribunal Constitucional Federal alemão, cujos casos paradigmáticos influenciam várias cortes constitucionais no mundo. Marcelo Schenk Duque explica em detalhe os casos, seu contexto e fundamentação, constituindo em importante fonte de pesquisa para o desenvolvimento do direito brasileiro. Neste ponto e no direito do consumidor, o livro serve de contributo para a solução de problemas práticos, inovando ao estabelecer critérios para a elaboração de um parecer jurídico--constitucional em matéria de *Drittwirkung*; critérios voltados à compatibilização do recurso da aplicação jurídica criadora com o ordenamento jurídico constitucional; e critérios para análise da densidade do controle a ser exercido pelo STF em face de decisões proferidas pelo Legislador e pelas instâncias ordinárias em matéria civil. Contribui, assim, para o desenvolvimento da jurisdição constitucional brasileira.

Acredito, com os mestres Erik Jayme e Ricardo Lorenzetti, que a coerência[5] e a coesão[6] do sistema jurídico brasileiro será dada por uma renovação da dogmática do Direito Privado[7] guiada pela utilização dos direitos humanos[8] (ou, como no caso, direitos fundamentais, recebidos no bloco de constitucionalidade da ordem nacional).[9] E que, como ensina Cançado Trindade,[10] o foco deve ser a priorização da pessoa humana (*pro homine*). O foco na proteção do consumidor, ainda raro em estudos constitucionais, é, portanto, revelador não só do humanismo, mas da capacidade construtora do presente trabalho, cuja leitura fortemente recomendo.

Efetivamente, no Brasil, com a constitucionalização do Direito,[11] o Direito Privado tem uma função social,[12] função que vai além dos interesses individuais[13] e passa pela

---

5 JAYME, Erik. *Identité culturelle et intégration: le droit internationale privé postmoderne. Recueil des Cours de l'Académie de Droit International de La Haye, Kluwer, Doordrecht, 1995. v. II, p. 259.*

6 LORENZETTI, Ricardo. *Teoria de la décision judicial – Fundamentos de Derecho.* Buenos Aires, Rubinzal--culzoni, 2006, p. 455. (veja tradução brasileira, pela ed. Revista dos Tribunais)

7 RAISER, Ludwig. O futuro do direito privado. Trad. Lucinda Maria Ragugnetti. In *Revista da Procuradoria Geral do Estado do Rio Grande do Sul*, ano 9, n. 25. Porto Alegre, PGE, 1979, p. 11ss.

8 Veja MARQUES, Claudia Lima and MIRAGEM, Bruno. O direito fundamental de proteção do consumidor e os 20 anos da Constituição: Fundamentos e desafios do direito do consumidor brasileiro contemporâneo, in MARTINS, Ives Gandra and REZEK, Francisco. *Constituição Federal*, São Paulo: 2008, p. 644ss.

9 Veja ARAÚJO, Nádia de. *Os direitos humanos e o direito internacional.* Rio de Janeiro: Renovar, 1999, PIOVESAN, Flávia. Direitos humanos e o direito constitucional internacional, São Paulo: Max Limonad, 1996 e os cursos de DEL'OLMO, Florisbal. *Direito Internacional Privado*, Rio de Janeiro: GEN, 2011 e *Direito Internacional Público*, Rio de Janeiro: GEN, 2010.

10 Veja o capítulo intitulado "A proteção erga omnes de determinados direitos e a questão do Drittwirkung", in TRINDADE, Antônio Augusto Cançado, *Tratado de Direito Internacional dos Direitos Humanos*, vol. I, Porto Alegre:Fabris,1997, p. 297-302.

11 Veja, por todos, LOBO, Paulo. A constitucionalização do direito civil brasileiro, in TEPEDINO, Gustavo (Ed.). *Direito Civil contemporâneo – novos problemas à luz da legalidade constitucional*, São Paulo:Atlas, 2008, p. 18ss..

12 Veja, a obra clássica de GIERKE, Otto von. *Die soziale Aufgabe des Privatrechts (1889), republicação organizada por Erik Wolf, Frankfurt am Main: Vittorio Klostermann, 1940, p. 2ss.* E no Brasil, MORAES, Maria Celina Bodin de, A caminho de um direito civil constitucional, in Revista de Direito Civil, (1993) nr. 65, p. 26ss. LOTUFFO, Renan, Da oportunidade da codificação civil e a Constituição, in SARLET, Ingo Wolfgang (Org.), *O novo Código Civil e a Constituição*, Porto Alegre, Livraria do Advogado Ed., 2003, p. 11ss. E DUQUE, Marcelo S. *Direitos Fundamentais e Direito Privado: a busca de um critério para o controle do conteúdo dos contratos.* In: MARQUES, Claudia Lima (Org.). *A Nova Crise do Contrato: estudos sobre a nova teoria contratual.* São Paulo: Revista dos Tribunais, 2007, p. 87

13 Veja VON MÜNCH, Ingo. *Die Drittwirkung von Grundrechten in Deutschland. In: SALVADOR CODERCH, Pablo. (Ed.). Zur Drittwirkung der Grundrechte. Frankfurt am Main: Peter Lang GmbH, 1998, p. 7-31 e*

Apresentação à 1ª edição ▪ xvii

proteção dos vulneráveis[14]. Este Direito Privado mais social é guiado pela ordem pública constitucional[15] e seu valor-guia[16] e "Übergrundrecht": a dignidade da pessoa humana.[17] O direito do consumidor de hoje realiza esta dignidade da pessoa humana na nova sociedade de conhecimento e consumo.[18] Sendo assim estudos como este, de Marcelo Schenk Duque podem contribuir em muito para esta renovação dogmática e para uma melhor aplicação dos direitos fundamentais, inclusive os de nova geração como o Art. 5, XXXII da CF/1988 no Brasil.[19]

SARLET, Ingo Wolfgang. *A Eficácia dos Direitos Fundamentais*. 2.ed. Porto Alegre: Livraria do Advogado, 2001, p. 48ss. E BARROSO, Luis Roberto. *O direito constitucional e a efetividade de suas normas*. 5ª ed. Rio de Janeiro: Renovar, 2001, p. 123ss

14 MELI, Marisa. *Social Justice, Constitutional Principles and Protection of the Weaker contractual party, in European Review of Contract Law, vol. 2 (2006), nr. 2, p. 159-166.*

15 Veja MARQUES, C.L. O novo direito privado brasileiro após a decisão da ADIn dos bancos (2.591): observações sobre a garantia institucional-constitucional do direito do consumidor e a Drittwirkung no Brasil, *Revista de Direito do Consumidor*, vol. 61, São Paulo: RT, jan. mar. 2007, p. 40ss; MIRAGEM, Bruno. O direito do consumidor como direito fundamental. Consequências jurídicas de um conceito. Revista de direito do consumidor, vol. 43. São Paulo: RT, jul-set. 2002, p. 111 e ss. E CANARIS, Claus-Wilhelm. A influência dos direitos fundamentais sobre o Direito Privado na Alemanha, in SARLET, Ingo W. (Ed.) *Constituição, Direitos Fundamentais e Direito Privado*, Porto Alegre: Livraria dos Advogados, 2006, p. 225ss. E os históricos textos de BEVILÁQUA, Clóvis. A Constituição e o Código Civil, in: *Revista dos Tribunais*, v. 97, n° 34, setembro, 1935, p. 31-38 e GOMES, Orlando. A Constituição e seus reflexos no Direito das Obrigações, *in Novos Temas de Direito Civil*, Forense, 1983, p. 64-75.

16 SILVA, José Afonso da. *A dignidade da pessoa humana como valor supremo da democracia*. Revista de Direito Administrativo, n. 212, Rio de Janeiro, Renovar, p. 92, abr.-jun. 1998, p. 89ss. E NERY, Rosa M. B. B. De Andrade. O Princípio constitucional da legalidade (CF 5,II) e a ordem pública no sistema do Direito Privado, in MARTINS, Ives Gandra and REZEK, Francisco. *Constituição Federal*, São Paulo: 2008, p. 259 ss.

17 Assim MARQUES, Claudia Lima. *Human Rights as bridge between Private International Law and Public International Law: the protection of individuals (as consumers) in the global market, in FERNANDES ARROYO, Diego and MARQUES, Claudia Lima. Derecho Internacional Privado y Derecho Internacional Público: Un Encuentro Necesario. Assunción: CEDEP, 2011.* MIRAGEM, Bruno. Conteúdo da ordem pública e os direitos humanos. Elementos para um direito internacional pós-moderno. In: MARQUES, Claudia Lima. ARAÚJO, Nádia. O novo direito internacional. Estudos em homenagem a Erik Jayme. Rio de Janeiro: Renovar, 2003. *E* MARQUES, C. L. and MAZZUOLI, V. de O. O consumidor -depositário infiel, os tratados de direitos humanos e o necessário diálogo das fontes nacionais e internacionais, in *Revista de Direito do Consumidor*, vol. 70, abr.-jun./2009, p. 93 et seq. Veja NUNES, Rizzatto. O princípio constitucional da dignidade da pessoa humana- doutrina e jurisprudência, São Paulo: Saraiva, 2002, p. 86ss e os ensinamentos dos constitucionalistas, MENDES, Gilmar. *Direitos Fundamentais e controle de constitucionalidade*, São Paulo: Celso Bastos Editor, 1999, p. 219, SILVA, Vasco Manuel Pascoal Dias Ferreira da. *Vinculação das Entidades Privadas Pelos Direitos, Liberdades e Garantias*. Revista de Direito Público. Instituto de Direito Público. São Paulo: Revista dos Tribunais, n. 82, abr.-jun., 1987, p. 41ss, STEINMETZ, Wilson. A vinculação dos particulares a direitos fundamentais, São Paulo: Malheiros, 2004,p. 21ss. and SOMBRA, Thiago Luis Santos. A eficácia dos direitos fundamentais nas relações privadas, 2. Ed. São Paulo: Atlas, 2011, p. 56 e HECK, Luís Afonso. Direitos Fundamentais e sua Influência no Direito Civil. In *Revista de Direito do Consumidor*. vol. 29, jan.-mar. 1999, p. 40ss.

18 Veja, a doutrina brasileira, in MARQUES, Claudia Lima, in MARQUES, Claudia Lima, BENJAMIN, Antônio H. E BESSA, Leonardo Roscoe. *Manual de direito do consumidor*. 3. ed. São Paulo: Ed. RT, 2010, p. 30 e seg. *E no exterior, CHEREDNYCHENKO, Olha O. Fundamental Rights, Contract Law and the protection of the Weaker Party – A Comparative Analysis of bthe Constituonalisation of Contract Law, with Emphasis on Risky Financial Transactions, München: Sellier, 2007, p. 5 e seg.*

19 Assim defendemos in MARQUES, Claudia Lima, MIRAGEM, Bruno and LIXINSKI, Lucas. Desenvolvimento e Consumo – Bases para uma análise da proteção do consumidor como direito humano, in

Sem querer repetir o belo estudo realizado por Marcelo Schenk Duque, que praticamente esgota a bibliografia alemã sobre o tema, gostaria de destacar que estudos mais recentes da doutrina civilista alemã indicam que, em virtude da *Drittwirkung* ou efeitos horizontais dos direitos humanos, vários institutos do direito público imigram para o direito privado. Assim, HANAU, em seu estudo sobre o princípio da proporcionalidade no direito dos contratos civis, ensina que os agentes privados mais fortes, que estabelecem o conteúdo contratual, passaram a ter um ônus a mais em suas relações. Sempre que contratam com agentes mais fracos, cabe a eles provar que atuaram lealmente ao limitar a liberdade (por exemplo, de contratar e de clausular) do mais fraco. É o que Hanau denomina "ônus argumentativo" (*Argumentationlast*) daquele que determina o conteúdo do contrato, por exemplo, de adesão, art. 423 e 424 do Código civil ou art. 46 e 54 do Código de Defesa do Consumidor. Trata-se, segundo este autor, de uma exigência da nova *iustitia protectiva do direito privado*.[20] A restrição na liberdade (fundamental) do mais fraco tem que ser proporcional e na medida do necessário, ou terá abusado do direito: instrumentalizando a liberdade do outro para seus fins. Já para verificar se o outro fica ou não vinculado, sugere a *iustitia comutativa*, de forma que o mais fraco pode ter aqui novamente a chance de optar por se liberar. Em outras palavras, o respeito à autonomia do mais fraco deve preponderar.[21]

Também nesta linha, afirma BECKER que há uma influência recíproca entre o Direito Constitucional e o Direito Privado,[22] que pode levar em conta fortemente a condição pessoal (filho, pai, companheiro), as qualidades (analfabeto, pequeno empresário, consumidor) e a situação (por exemplo de superendividamento do consumidor, de estar a empresa em recuperação extrajudicial etc.),[23] além dos limites que representam os direitos fundamentais do parceiro contratual e de terceiros,[24] e ainda a situação desigual de forças de um dos parceiros.[25]

Em outras palavras, se o foco hoje deve ser a liberdade do outro, a liberdade do mais fraco, realizar seus direitos fundamentais é o caminho para esta nova liberdade material no mercado brasileiro. A atualização do CDC tem esta dimensão constitucional e inclusiva, valorizando tanto a aplicação ex-officio das normas que concretizam direitos fundamentais, cuja eficácia não pode ficar dependendo do princípio do "devido processo legal ou do pedido", que seria um contrasenso, em se tratando de regras de ordem pública de direção, que só seriam cumpridas se pedidas pelos advogados das partes, invertendo o instrumental como impeditivo do direito material-fundamental!

Como ensina o e. Superior Tribunal de Justiça, esta é a tendência:

PIOVESAN, Flávia and SOARES, Inês V. P., *Direito ao Desenvolvimento*, Belo Horizonte: Editora Forum, 2010, p. 201ss.

20 *HANAU, Hans. Der Grundsatz der Verhältnismässigkeit als Schranke privater Gestaltungsmacht. Tübingen: Mohr, 2004, p. 140.*

21 *HANAU, Hans. Der Grundsatz der Verhältnismässigkeit als Schranke privater Gestaltungsmacht. Tübingen: Mohr, 2004, p. 141.*

22 *Bekcer, Michael. Der unfaire Vertrag. Tübingen: Mohr, 2003, p. 16.*

23 *Becker, Michael. Der unfaire Vertrag. Tübingen: Mohr, 2003, p. 42 a 44.*

24 *Becker, Michael. Der unfaire Vertrag. Tübingen: Mohr, 2003, p. 46.*

25 *Becker, Michael. Der unfaire Vertrag. Tübingen: Mohr, 2003, p. 55.*

"SEGURO DE SAÚDE. RECURSO ESPECIAL. APRECIAÇÃO ACERCA DE VIOLAÇÃO À RESOLUÇÃO. DESCABIMENTO. NATUREZA DA RELAÇÃO JURÍDICA. CONSUMO. PRAZO CONTRATUAL DE CARÊNCIA PARA COBERTURA SECURITÁRIA.

POSSIBILIDADE. CONSUMIDOR QUE, MESES APÓS A ADESÃO DE SEU GENITOR AO CONTRATO DE SEGURO, VÊ-SE ACOMETIDO POR TUMOR CEREBRAL E HIDROCEFALIA AGUDA. ATENDIMENTO EMERGENCIAL. SITUAÇÃO-LIMITE EM QUE O BENEFICIÁRIO NECESSITA, COM PREMÊNCIA, DE PROCEDIMENTOS MÉDICOS-HOSPITALARES COBERTOS PELO SEGURO. INVOCAÇÃO DE CARÊNCIA. DESCABIMENTO, TENDO EM VISTA A EXPRESSA RESSALVA CONTIDA NO ARTIGO 12, V, ALÍNEA "C", DA LEI 9.656/98 E A NECESSIDADE DE SE TUTELAR O DIREITO FUNDAMENTAL À VIDA.

1. "Lídima a cláusula de carência estabelecida em contrato voluntariamente aceito por aquele que ingressa em plano de saúde, merecendo temperamento, todavia, a sua aplicação quando se revela circunstância excepcional, constituída por necessidade de tratamento de urgência decorrente de doença grave que, se não combatida a tempo, tornará inócuo o fim maior do pacto celebrado, qual seja, o de assegurar eficiente amparo à saúde e à vida". (REsp 466.667/SP, Rel. Ministro ALDIR PASSARINHO JUNIOR, QUARTA TURMA, julgado em 27/11/2007, DJ 17/12/2007, p. 174) 2. Diante do disposto no artigo 12 da Lei 9.656/98, é possível a estipulação contratual de prazo de carência, todavia o inciso V, alínea "c", do mesmo dispositivo estabelece o prazo máximo de vinte e quatro horas para cobertura dos casos de urgência e emergência.

3. Os contratos de seguro e assistência à saúde são pactos de cooperação e solidariedade, cativos e de longa duração, informados pelos princípios consumeristas da boa-fé objetiva e função social, tendo o objetivo precípuo de assegurar ao consumidor, no que tange aos riscos inerentes à saúde, tratamento e segurança para amparo necessário de seu parceiro contratual.

4. Os artigos 18, § 6º, III, e 20, § 2º, do Código de Defesa do Consumidor preveem a necessidade da adequação dos produtos e serviços à legítima expectativa que o Consumidor tem de, em caso de pactuação de contrato oneroso de seguro de assistência à saúde, não ficar desamparado, no que tange a procedimento médico premente e essencial à preservação de sua vida.

5. Portanto, não é possível a Seguradora invocar prazo de carência contratual para restringir o custeio dos procedimentos de emergência, relativos a tratamento de tumor cerebral que acomete o beneficiário do seguro.

6. Como se trata de situação-limite em que há nítida possibilidade de violação ao direito fundamental à vida, "se o juiz não reconhece, no caso concreto, a influência dos direitos fundamentais sobre as relações privadas, então ele não apenas lesa o direito constitucional objetivo, como também afronta direito fundamental considerado como pretensão em face do Estado, ao qual, enquanto órgão estatal, está obrigado a observar". (RE 201819, Relator(a): Min. ELLEN GRACIE, Relator(a) p/ Acórdão: Min. GILMAR MENDES, Segunda Turma, julgado em 11/10/2005, DJ 27-10-2006 PP-00064 EMENT

VOL-02253-04 PP-00577 RTJ VOL-00209-02 PP-00821) 7. Recurso especial provido para restabelecer a sentença. "(REsp 962.980/SP, Rel. Ministro LUIS FELIPE SALOMÃO, QUARTA TURMA, julgado em 13/03/2012, DJe 15/05/2012)

A outra tendência é valorizar os deveres de informação. Note-se, porém, que como ensinava o pedagogo Freire, somente aquele que entenda sua situação pode ser vedadeiramente livre. Há um limite, apesar de sua importância, no dever de informar, de esclarecer de aconselhar. Compensar a fraqueza não pode ser apenas exercido através da valorização da informação no direito. O segundo foco necessário aqui, e que a atualização do CDC realiza através de sua dimensão ético-inclusiva é justamente o da inclusão. Para proteger os consumidores, passamos de medidas que restrigiam a liberdade do mais fraco, a medidas que visam sua integração na sociedade e o reforço de seu acesso igualitário aos bens, serviços e benesses da sociedade atual. Assim sendo, muitas vezes estes dois focos se unem, por exemplo, na proteção contra o assédio de consumo, seja através do tempo (e direito de arrependimento ou de *cooling-off*), seja através da informação (da imposição de deveres para o mais forte, como o de crédito responsável). Na esteira da função social dos contratos e da propriedade, o próprio poder que representa o direito e as liberdades fundamnetais é agora funcionalizado.

Auto-nomos, a lei que a pessoa mesmo se dá: autodeterminação com base na vontade 'liberta' de pressões e esclarecida do vulnerável. Sem dúvida a primeira característica a destacar deste 'novo' Direito Privado é a concentração na autonomia do 'outro', na liberdade do 'alter', do mais fraco, seja pela atuação do princípio da boa-fé que repersonaliza as relações contratuais, seja pelas funções de antecipação, prevenção e mesmo precaução da responsabilidade civil na sociedade de risco, seja pelos novos limites da atuação dos mais fortes, na noção de abuso de direito, seja pela função social da propriedade, do contrato e da empresa.[26]

Aqui se incluem todas as linhas atuais de proteção do consumidor superendividados,[27] também presentes na atualização do CDC. A novidade é considerar, pelo menos na Euro-

---

26 Veja MIRAGEM, Bruno. Diretrizes interpretativas da função social do contrato, *Revista de Direito do Consumidor*, v. 56. São Paulo: RT, out.-dez./2005, p. 22 e ss; Theodoro Jr., Humberto, *O contrato e sua função social*, São Paulo: Forense, 2003, p. 1 e seg. Assim também Sens dos Santos, Eduardo, *O novo Código Civil e as cláusulas gerais: exame da função social do contrato*, in *Revista Forense*, vol. 364 (nov./dez.2002), p. 99 (83-102): "O direito de contratar deve ser exercido de acordo com o que determina a atual conjuntura da sociedade: visando à coletividade, aos interesses difusos, ao bem-estar e ao desenvolvimento"; Ferreira da Silva, Luis Renato. A função social do contrato no novo Código Civil e sua conexão com a solidariedade social. In: SARLET, Ingo (Org.) O novo Código Civil e a Constituição. Porto Alegre: Livraria do Advogado, 2003, p. 127-150. Veja ainda críticos, Theodoro de Mello, Adriana Mandim, A função social do contrato e o princípio da boa-fé no novo Código Civil Brasileiro, in *Revista Forense*, vol. 364 (nov./dez.2002), p. 8 e 9 (p. 3-19) e Wald, Arnold, A função social e ética do contrato como instrumento jurídico de parcerias e o novo Código Civil de 2002, in *Revista Forense*, vol. 364 (nov./dez.2002), p. 29. E Teizen Júnior. Augusto Geraldo. *A Função Social no Código Civil*. São Paulo: RT, 2004.

27 DOMONT-NAERT, Françoise. *Consommateurs défavorisés: crédit et endettement*. Bruxelas: Story Scientia, 1992, p. 222. *CALAIS-AULOY, Jean. Les cinq réformes qui rendraient le crédit moins dangereux pour les consommateurs, in Recueil Dalloz, Chron., 1975, p. 20 e seg. DERRUPÉ, Jean. Rapport de synthèse. Travaux de l'Association Henri Capitant – L'endettement, Journées Argentines, t. XLVI/1995. Paris: LGDJ, 1997, p. 25 e seg.* No Brasil, veja os pioneiros LOPES, José Reinaldo de Lima Lopes, Crédito ao consumo e superendividamento – Uma

pa e na América Latina,[28] a condição da pessoa física consumidor, sem o estigma da falha pessoal, da culpa própria,[29] da incapacidade por algum tempo por não deter condições de conviver na sociedade de consumo,[30] em resumo da 'punição' pelo 'abuso' do crédito ou sua exclusão completa do acesso ao consumo, em uma espécie de 'morte civil' do *homo oeconomicus et culturalis* do século XXI.[31] A atualização do CDC segue esta linha humanista e inclusiva do sujeito que se superendividou, tentando preservar seu mínimo existencial, figura também retirada do direito público e da teoria dos direitos fundamentais.[32]

Para Zippelius, o Direito deve ser um instrumento para uma organização social justa e equilibrada (*zweckmäßiger und gerechter Sozialgestaltung*).[33] Nesta visão, as normas jurídicas são, portanto, instrumentos que ajudam a determinar a realidade social, conforme os objetivos considerados justos e desejáveis para aquela sociedade. O direito pode ser, portanto, um instrumento de justiça e inclusão social, de proteção de determinados grupos e pessoas na sociedade, como esperamos que este livro e sua bela análise sobre os direitos fundamentais de proteção dos consumidores possa realizar no Brasil. Parabenizando o autor e a Editora dos Editores por mais esta contribuição ao direito do consumidor no Brasil, recomendamos fortemente sua leitura.

Claudia Lima Marques

Professora Titular da Universidade Federal do Rio Grande do Sul,

Doutora pela Universidade de Heidelberg, com bolsa do DAAD, Mestre

em Direito pela Universidade de Tübingen e pós-doutorado na

Universidade de Heildelberg, Diretora da Associação

Luso-Alemã de Juristas, DLJV (Berlin)

Líder do Grupo de Pesquisa CNPq "Mercosul e Direito do Consumidor"

---

problemática geral, in *Revista de Direito do Consumidor*, vol. 17 (1996), p. 62 e seg. CASADO, Márcio Mello, Os Princípios Fundamentais como ponto de partida para uma primeira análise do sobre-endividamento no Brasil, in *Revista de Direito do Consumidor* (São Paulo), vol. 33, p. 131 e seg. MARTINS DA COSTA, Geraldo de Faria, *Superendividamento. A Proteção do Consumidor de Crédito em Direito Comparado Brasileiro e Francês*. São Paulo: RT, 2002, p. 10 e seg.

28 *MARQUES, Claudia Lima und BENJAMIN, Antônio Herman. Consumer over-indebtedness in Brazil and the need of a new consumer bankruptcy legislation. In: NIEMI, J.; RAMSAY, I.; WHITFORD, W. C. (ed.). Consumer credit, debt and bankruptcy – Comparative and international perspective.* Oxford: Hart Publishing, 2009, p. 60 e seg.

29 Veja GAULIA, Cristina Tereza. O abuso na concessão de crédito: o risco do empreendimento finsnceiro na era do hiperconsumo, in *Revista de Direito do Consumidor*, vol. 71, p. 34-64; e CAVALLAZZI, Rosângela L., SILVA, Sayonara G. L. e COSTA DE LIMA, Clarissa, Tradições inventadas na sociedade de consumo: crédito consignado e a flexibilização da proteção ao salário, in *Revista de Direito do Consumidor*, vol. 76, Out / 2010, p. 74 e seg.

30 COSTA DE LIMA, Clarissa, in LIMA, Clarissa Costa de; BERTONCELLO, Karen Rick Danilevicz. *Superendividamento aplicado: aspectos doutrinários e experiência no Poder Judiciário.* Rio de Janeiro: GZ, 2010,p. 21 e seg.

31 Veja MARQUES, Claudia Lima e CAVALLAZZI, Rosângela (Coords.), *Direitos do Consumidor endividado: superendividamento e crédito,* São Paulo: RT, 2006, p.45 e seg.

32 Veja MARQUES, Claudia Lima e BENJAMIN, Antônio Herman, Relatório Geral da Comissão de Juristas, Senado Federal, www.senadofederal.gov.br.

33 *ZIPPELIUS, Reinhold, Rechstphilosophie, 3. Ed. Beck, Munique, 1994, p. 258.*

Nota à 2ª edição

O livro que você tem em mãos é uma pesquisa aprofundada sobre a eficácia horizontal dos direitos fundamentais, um dos mais complexos temas de Direito Constitucional contemporâneo. Originalmente, o livro foi concebido para destacar a importância do assunto para a proteção do consumidor que, na condição de sujeito vulnerável pela sua natureza, merece a atenção de todos que se preocupam com a questão dos direitos fundamentais.

Contudo, não se pode perder de vista que a temática da eficácia horizontal – ou *Drittwirkung*, como dizem os alemães – é um assunto que não diz respeito apenas ao Direito do Consumidor. Várias foram as demandas que recebi para incluir a análise de outras questões jurídicas, que dizem respeito à eficácia dos direitos fundamentais nas relações privadas. Ciente de que o sucesso de uma obra passa pela interação com seus leitores, cujas observações construtivas são sempre bem-vindas, decidi incluir no estudo diversos pontos que considero relevantes para o desdobramento da controvérsia que diz respeito à eficácia dos direitos fundamentais no tráfego jurídico-privado.

Esta larga atualização do livro apontou para a necessidade de modificação do seu título original, objeto da primeira edição, denominado *Direito Privado e Constituição. Drittwirkung dos direitos fundamentais: construção de um modelo de convergência à luz dos contratos de consumo*. Após muito refletir sobre o assunto, pensei que um título mais objetivo, e ao mesmo tempo abrangente, seria capaz de descrever o real espírito da obra. Com base nesse espírito, o livro, nesta segunda edição, passa a ser intitulado *Eficácia Horizontal dos Direitos Fundamentais e Jurisdição Constitucional*.

Nesse sentido, a presente obra, largamente atualizada, também deve ser compreendida como uma contribuição para a doutrina e jurisprudência sobre direitos fundamentais e jurisdição constitucional. Isso porque não se pode estudar assunto de tamanha complexidade, independentemente de uma análise das características funcionais da jurisdição constitucional, em particular no que diz respeito à densidade do exame constitucional em face de decisões legislativas e dos tribunais ordinários.

Você, leitor, notará vários assuntos que foram incluídos nesta segunda edição, que vão desde questões ligadas à proteção dos direitos fundamentais dos trabalhadores, passando pelas controvérsias relativas ao exercício do direito de reunião, inclusive os *flashmobs*, *fake news*, discursos de ódio, limites à liberdade de imprensa, proteção à privacidade, dentre outros temas relevantes, incluindo a análise da jurisprudência recente do Supremo Tribunal Federal e do Tribunal Constitucional Federal alemão.

Enfim, é com grande satisfação e honra que apresento a revisão e atualização da obra, agradecendo a gentil recepção dada à primeira edição, em todo o país. À Editora dos

Editores, o meu muito obrigado pela parceria. Espero que esta nova edição atualizada possa atender, de modo eficaz, às necessidades dos alunos em todos os níveis da formação jurídica, aos colegas professores, aos advogados, magistrados, membros do Ministério Público e aos profissionais do Direito em geral, que se dedicam a estudar a matéria fascinante, que diz respeito aos direitos fundamentais e à jurisdição constitucional. A todos, desejo uma ótima leitura.

Marcelo Schenk Duque

Introdução

A presente investigação tem por objetivo analisar a eficácia horizontal dos direitos fundamentais, expressão que os juristas alemães denominam de *Drittwirkung der Grundrechte*. Como se perceberá ao longo do estudo, trata-se de um tema de enorme relevância para o Direito Constitucional. Isso porque as relações privadas, assim como aquelas em que o Estado atua diretamente, também são palco de constantes violações aos direitos fundamentais. A questão é que no chamado tráfego jurídico privado, ambas as partes são titulares de direitos fundamentais e costumam agir amparadas por esses direitos, situação que leva a conflitos que podem alcançar considerável grau de complexidade.

Há várias perspectivas de análise da temática da eficácia horizontal dos direitos fundamentais. Uma delas, que é utilizada neste estudo, diz respeito ao direito do consumidor. O motivo pelo qual os contratos de consumo servem como pano de fundo (*Hintergrund*) dessa investigação não se dá por acaso. O direito do consumidor afirma-se como uma disciplina *transversal* entre o direito público e privado.[1] Ao contemplarem a figura do consumidor como titular de direitos fundamentais, que frequentemente ingressa em relações jurídicas com um déficit de poder de barganha, os contratos de consumo se revelam como ponto de análise ideal na busca de uma fundamentação em torno de uma vinculação dos particulares aos direitos fundamentais, já que o recurso a esses direitos em relações privadas ganha sentido, sobretudo, quando há uma ameaça potencial ou efetiva à sua realização.

Sem embargo, várias outras questões são discutidas, por estarem inseridas em relações em que o Estado não atua diretamente, dentro de um grau considerável de ameaça aos direitos fundamentais de particulares. Por exemplo, a proteção dos trabalhadores no curso de contratos de trabalho, limites ao exercício do direito de reunião, liberdade de imprensa, proteção da privacidade e até os danos causados pelas chamadas *fake news*, dentre outros tópicos, compõem o quadro desta investigação.

Quando se adentra na análise da eficácia horizontal, percebe-se a ampla variedade de concepções doutrinárias e jurisprudenciais que envolvem o tema, muitas delas conflitantes entre si. A questão principal, que se coloca nesta investigação, é determinar qual é a construção teóri-

---

1 MARQUES, Claudia Lima. *Manual de Direito do Consumidor*, p. 23.

ca que melhor fundamenta uma eficácia dos direitos fundamentais nas relações privadas. Trata-se de uma questão que é colocada em dois planos distintos, um de natureza material e outro de natureza processual.

No plano material, a Constituição, como centro do ordenamento jurídico, deixa perguntar: 1. Como os contratos privados colocam-se perante os direitos fundamentais? 2. Em que medida os direitos fundamentais estão aptos para fundamentar a realização de restrições diversas na autonomia da vontade das partes? 3. Que modelo de eficácia dos direitos fundamentais deixa-se derivar do ordenamento jurídico-constitucional?

No plano processual, coloca-se a questão: como se deve compreender a realização do princípio do estado de direito na Constituição, quando o tribunal encarregado de dar a última palavra em matéria constitucional deriva decisões com força de lei (eficácia contra todos) e efeito vinculante (em torno dos seus fundamentos sustentadores) em assuntos de caráter eminentemente privado? A resposta a essa questão passa pela análise da densidade do exame praticado pelo tribunal constitucional em matéria de controvérsias jurídico-privadas ou, em outras palavras, pela aferição do efeito de irradiação dos direitos fundamentais nos negócios privados. Ela envolve, nessa conexão, não apenas a densidade do controle exercido pelo tribunal constitucional em face de decisões tomadas pelo legislador, como, também, a densidade do controle exercido pelo tribunal constitucional em face de decisões proferidas pelas instâncias ordinárias em matéria civil.

A matéria encerra complexidades de todo o tipo. Isso porque comum a todas as relações privadas é o fato de as partes que nela ingressam serem, igualmente, titulares de direitos fundamentais, circunstância que suscita conflitos. Tal constatação influenciou o modo pelo qual essa abordagem é conduzida. A investigação ocupa-se, em sua essência, da dogmática dos direitos fundamentais e nesse sentido deve ser analisada. Ela não deve ser lida, portanto, à luz de uma investigação típica de direito privado, pois esse não é o seu objetivo. O presente trabalho é, portanto, uma investigação no terreno do direito constitucional, com repercussão no direito privado.

Questões em torno dos objetivos, ordem e evolução constitucionais são temas que representam um ponto central na dogmática jurídico-constitucional.[2] Seguindo essa lógica, a investigação centra-se no significado da chamada eficácia horizontal dos direitos fundamentais no ordenamento jurídico, nas razões para o seu reconhecimento, nas construções teóricas que lhe dizem respeito e, por fim, na análise de uma teoria dos deveres de proteção do Estado, como corolário do modelo de *convergência* do direito privado para a Constituição, construção desenvolvida para fundamentar as respostas às questões nucleares do estudo.

No curso da investigação, optou-se por uma fonte primordial de pesquisa, que é a análise da doutrina e jurisprudência alemãs. Isso se deve a duas razões básicas. A primeira é que o tema da eficácia dos direitos fundamentais vem sendo, sobretudo após o final da II Guerra Mundial, desenvolvido e aprofundado pela ciência jurídica alemã, tanto no

---

2 MÜLLER-GRAFF, P. *Verfassung*, p. 211. Sobre as novas linhas evolutivas da dogmática dos DF, v. KAHL, W. *Entwicklungslinien,* p. 579ss.

nível doutrinário quanto jurisprudencial. A segunda, e consequência direta da primeira, é o reconhecimento do fino trato que os juristas alemães dedicaram à matéria.[3] Assim, recorrer às fontes originais mostra-se como um imperativo de coerência na investigação científica. Essa meta só foi possível de ser cumprida em face do recebimento de bolsa de estudos para o doutorado no exterior, concedida pela CAPES/DAAD, que permitiu a condução da investigação nos bancos acadêmicos da *Ruprecht-Karls-Universität Heidelberg*, em colaboração com o *Europa-Institut der Universität des Saarlandes*, resultado de um próspero convênio com a Universidade Federal do Rio Grande do Sul, instituições onde amplas fontes de pesquisa foram disponibilizadas ao autor. Do mesmo modo, financiamentos obtidos junto ao Centro de Estudos Europeus e Alemães (CDEA) contribuíram, significativamente, para a atualização do estudo.

O marco teórico da investigação apoia-se nas contribuições de juristas que lograram êxito em construir uma visão humanista do Direito, focando a pessoa no centro de suas considerações, aliada à preservação da técnica jurídica, com vistas à solução de problemas de índole prática. A técnica coloca-se, para esses juristas, a serviço da pessoa e não o contrário. Destacam-se, nesse grupo, dentre outras, as linhas de pensamento de Günter Dürig, Konrad Hesse, Erik Jayme, Peter-Christian Müller-Graff e, entre nós, Claudia Lima Marques, cujos ensinamentos e espírito guiam o presente estudo. A mensagem que este trabalho quer transmitir, deriva da constatação dos mestres alemães,[4] de que o Estado está para a vontade da pessoa e não a pessoa está para a vontade do Estado. A partir do instante em que o Estado volta os seus olhos para a pessoa, grande parte dos problemas jurídico-constitucionais encontra solução, dentre eles, a fundamentação constitucional em torno da proteção do consumidor no ordenamento jurídico.

Todavia, essa constatação não se afasta da seguinte realidade: o direito une-se a um mandamento de coerência (*Kohärenzgebot*),[5] que exige, dentre outros aspectos, que a fundamentação empregada seja executável do ponto de vista não apenas jurídico, quanto também racional. O desafio prévio à investigação foi, nessa linha, averiguar em que medida fundamentos doutrinários e jurisprudenciais desenvolvidos em um ordenamento jurídico estrangeiro contribuem para a solução de problemas domésticos que, de maneira geral, revelam-se como problemas de mesma natureza. A resposta a essa questão passou pela constatação de que, em matéria de dogmática dos direitos fundamentais, os ordenamentos jurídico-constitucionais alemães e brasileiros estão muito próximos,[6] aspecto que tornou possível conduzir a investigação nos moldes aqui pretendidos, sem ferir o mandamento de coerência, por ausência de incompatibilidades significativas.

Isso se deixa confirmar já a partir da circunstância de que a CF, assim como a LF, consagra o princípio da dignidade humana e uma ampla gama de direitos fundamentais, com destaque para a proteção da liberdade, em um contexto que se costuma denominar

---

3 A importância de vincular as análises dos mestres alemães para a solução de problemas jurídicos pátrios já foi destacada, em diferentes contribuições, na doutrina nacional. Ptd, v. Marques, C. Fundamentos, p. 17ss.

4 Schmid, C. Entstehungsgeschichte, p. 45ss, 48; Maunz, T; Zippelius, R. Staatsrecht, (§ 23 I) p. 173.

5 Müller-Graff, Peter-Christian. Kohärenzgebot aus rechtlicher Sicht, p. 147ss.

6 EN, v. Mendes, G. DF, p. 1ss; Sarlet, I. LF, p. 89ss.

garantia de livre desenvolvimento da personalidade. Ainda que diferenças pontuais possam ser encontradas no modo pelo qual a dignidade humana e os direitos fundamentais são garantidos nos dois ordenamentos, não há dúvidas de que ambos são pautados pela meta de proteger e valorizar a pessoa e de garantir a máxima eficácia dos direitos fundamentais. Isso basta para derivar argumentos comuns, favoráveis à fundamentação de uma eficácia dos direitos fundamentais nas relações privadas, até mesmo porque nenhuma das constituições nega, expressamente, tal possibilidade. O foco da investigação não reside, portanto, na busca de detalhes, que possam ser rechaçados em um ou outro ordenamento, mas sim na busca de ideias comuns, que sem perder a visão humanista, que situa a pessoa no centro das considerações, possam ser aplicadas em cada realidade, pela via da interpretação e aplicação e do Direito. Não se baseia, portanto, em um estudo comparado, mas sim em um estudo aplicado à realidade brasileira, com base em fundamentos jurídicos aptos a permitir essa aplicação. Nesse sentido, a presente investigação constatou que os fundamentos construídos pela doutrina e jurisprudência alemãs são de grande valia para o desenvolvimento da questão na realidade brasileira, uma vez que contribuem para o aperfeiçoamento de concepções e solução de problemas variados.

Por fim, a presente investigação voltou os seus olhos a servir de contributo para a solução de problemas práticos. Nesse sentido, à medida que problemas foram sendo diagnosticados, buscou-se a formulação de critérios distintos para a sua solução, ciente do fato de que a complexidade do tema não permite a construção de critérios universais aptos a afastar toda a sorte de dificuldades. Assim focados, os critérios formulados nesta investigação, ainda que não sejam capazes de solucionar a totalidade dos problemas que se apresentam ao intérprete e aplicador do direito, contribuem para tornar os problemas analisados mais visíveis, bem como os seus contornos, na busca de um objetivo maior, que é contribuir para o aperfeiçoamento do modelo jurídico brasileiro, no âmbito da análise ora realizada.

Abreviaturas

A	
Abs.	Absatz (parágrafo)
Abw.	Abweichende Meinung (voto divergente)
AcP	Archiv für die civilistische Praxis
ADC	Ação declaratória de constitucionalidade
ADI	Ação direta de inconstitucionalidade
ADPF	Arguição de descumprimento de preceito fundamental
AgR	Agravo regimental
AI	Agravo de instrumento
AJP	Aktuelle juristische Praxis
Ajuris	Associação dos Juízes do Rio Grande do Sul
Anm.	Anmerkung (anotação)
AöR	Archiv des Öffentlichen Rechts
Apr	Apresentação
ARE	Recurso extraordinário com agravo
AR na SS	Agravo regimental na suspensão de segurança
ARR	Recurso de Revista com Agravo
Art.	Artigo
AT	Allgemeiner Teil (parte geral)
Auf.	Auflage (edição)
BAG	Bundesarbeitsgericht (Tribunal Federal do Trabalho alemão)
BAGE	Entscheidungen des Bundesarbeitsgerichts (Decisões do Tribunal Federal do Trabalho alemão). (O primeiro algarismo indica o número do tomo, o segundo a folha inicial da decisão e o terceiro a folha referida).

B	
B	Band
BGB	Bürgerliches Gesetzbuch (Código Civil Alemão)
BGH	Bundesgerichtshof (Superior Tribunal Federal)
BK	Bonner Kommentar zum Grundgesetz
BRD	Bundesrepublik Deutschland (República Federal da Alemanha)
BVerfG	Bundesverfassungsgericht (Tribunal Constitucional Federal alemão)
BVerfGE	Entscheidungen des Bundesverfassungsgerichts (decisões do Tribunal Constitucional Federal alemão)
BVerfGE Abw.	Entscheidungen des Bundesverfassungsgerichts, Abweichende Meinung (decisões do Tribunal Constitucional Federal alemão com voto divergente)
BVerfGG	Lei sobre o Tribunal Constitucional Federal (Gesetz über das Bundesverfassungsgericht)
BVerwG	Bundesverwaltungsgericht (Tribunal Administrativo Federal alemão)
BVerwGE	Entscheidungen des Bundesverwaltungsgerichts (decisões do Tribunal Administrativo Federal alemão). (O primeiro algarismo indica o número do tomo, o segundo a folha inicial da decisão e o terceiro a folha referida)
BVr	Beschluss im Verfahren über Verfassungsbeschwerden (decisão em reclamação constitucional, equivalente a recurso extraordinário)
C	
CC	Código Civil de 2002
Cit.	Citado
CF/88	Constituição da República Federativa do Brasil de 1988
CDC	Código de Defesa do Consumidor (Lei n. 8.078/1990)
CDU	Christlich-Demokratische Union (União democrática-cristã)
CLT	Consolidação das Leis do Trabalho
Coord.	Coordenador
D	
DNotZ	Deutsche Notar-Zeitschrift
do	Dentre outros
DÖV	Die Öffentliche Verwaltung

DW	Drittwirkung
DVBl	Deutsches Verwaltungsblatt
E	
ECA	Estatuto da Criança e do Adolescente
ECAD	Escritório Central de Arrecadação e Distribuição
EDcl	Embargos de declaração
Einf	Einführung (introdução)
Einl	Einleitung (introdução)
EN	Entre nós
EuGRZ	Europäische Grundrechte Zeitschrift
EuR	Europarecht
EuZW	Europäische Zeitschrift für Wirtschaftsrecht
F	
Fest	Festschrift
fl.	Folha referida na decisão
G	
GG	Grundgesetz (Lei Fundamental)
H	
HDG	Handbuch der Grundrechte in Deutschland und Europa
HGrR	Handbuch der Theorie und Praxis der Grundrechte
Hrsg	Herausgegeben (organizado por)
HStR	Handbuch des Staatsrechts der Bundesrepublik Deutschland
HVerfR	Handbuch des Verfassungsrechts der Bundesrepublik Deutschland
I	
Inq.	Inquérito
Integration	Vierteljahreszeitschrift des Instituts für Europäische Politik in Zusammenarbeit mit dem Arbeitskreis Europäische Integration
IRR	Incidente de Recurso Repetitivo
J	
JöR	Jahrbuch des Öffentlichen Rechts der Gegenwart

JR	Juristische Rundschau
Jura	Juristische Ausbildung
JuS	Juristische Schulung
JZ	Juristen Zeitung
L	
LF	Lei Fundamental (Constituição da República Federal da Alemanha, de 23 de maio de 1949)
LS	Leisatz (preceito condutor da decisão referido na ementa)
M	
Min.	Ministro
N	
NJW	Neue Juristische Wochenschrift
np	Não paginado
NVwZ	Neue Zeitschrift für Verwaltungsrecht
O	
OIT	Organização Internacional do Trabalho
Org.	Organizador
P	
ptd	Por todos
R	
RdA	Recht der Arbeit
Rn	Número de margem (Randnummer)
Rcl	Reclamação
RE	Recurso extraordinário
Rel.	Relator para o acórdão
REsp	Recurso especial
RR	Recurso de revista
RT	Revista dos Tribunais
S	
s	seguinte

ss	seguintes
STJ	Superior Tribunal de Justiça
STF	Supremo Tribunal Federal
T	
Trad.	Traduzido por
TST	Tribunal Superior do Trabalho
U	
UBC	União Brasileira de Compositores
V	
V.	Vide
Vol	Volume
Vorb.	Pré-considerações (Vorbemerkung)
VVDStRL	Veröffentlichungen der Vereinigung der Deutschen Staatsrechtslehrer
Z	
ZaöRV	Zeitschrift für ausländisches öffentliches Recht und Völkerrecht
ZBB	Zeitschrift für Bankrecht und Bankwirtschaft
ZBl	Schweizerisches Zentralblatt für Staats- und Gemeindeverwaltung
ZfRV	Zeitschrift für Rechtsvergleichung, International Privatrecht und Europarecht
ZHR	Zeitschrift für das Gesamte Handelsrecht und Konkursrecht (bis 1960) ou Zeitschrift für das Gesamte Handelsrecht und Wirtschaftsrecht
ZRP	Zeitschrift für Rechtspolitik

Sumário

1 A eficácia dos direitos fundamentais nas relações privadas: o significado da eficácia horizontal (*Drittwirkung*) no ordenamento jurídico..1

   1.1 A origem do debate em torno da eficácia horizontal (*Drittwirkung*) dos direitos fundamentais..2

   1.2 Necessidade de mudança pelo horizonte da questão..4

   1.3 Questões terminológicas..10

   1.4 Delimitação do campo de aplicação..11

   1.5 Previsão da eficácia horizontal no texto constitucional..13

   1.6 Conclusões parciais..15

2 Razões para o reconhecimento de uma eficácia dos direitos fundamentais nas relações privadas..17

   2.1 Argumentos favoráveis ao reconhecimento da eficácia dos direitos fundamentais nas relações privadas..17

   2.2 O chamado efeito de irradiação dos direitos fundamentais..25

   2.3 A teoria do efeito recíproco (*Wechselwirkungstheorie*) dos direitos fundamentais.....32

   2.4 A primazia de conhecimento do direito privado..38

   2.5 Críticas à possibilidade de eficácia horizontal..48

   2.6 Conclusões parciais..52

3 Teorias acerca da eficácia dos direitos fundamentais nas relações privadas..57

   3.1 A teoria da eficácia direta (imediata) dos direitos fundamentais nas relações privadas..58

      3.1.1 Origem da teoria da eficácia direta..58

      3.1.2 Pilares da teoria da eficácia direta..61

      3.1.3 Críticas à teoria da eficácia direta dos direitos fundamentais nas relações privadas..70

3.1.3.1 Conjunto da tradição histórica...71

3.1.3.2 Natureza e função dos direitos fundamentais...................73

3.1.3.3 Impossibilidade de recondução à cláusula de aplicabilidade imediata...85

3.1.3.4 Incompatibilidade do modelo de eficácia horizontal direta com o princípio da autonomia privada...........................97

A. Significado da autonomia privada.................................97

B. Garantia da autonomia privada na constituição.........99

C. Estrutura do direito de livre desenvolvimento da personalidade: liberdade de ação geral...........................101

D. A importância do conceito de liberdade para a definição dos contornos da autonomia privada...........................106

E. Necessidade de compatibilização da liberdade entre titulares diversos...........................108

F. Propaganda eleitoral em áreas de uso comum de condomínios residenciais...........................110

G. Autonomia como valor central do direito...........................113

H. Autonomia no marco de preferências pessoais e da objeção de consciência...........................115

I. Os discursos de ódio...........................123

J. Limites à autonomia privada...........................127

L. Necessidade de configuração legislativa para garantia da autonomia privada...........................138

M. O exemplo do Caso Fianças...........................140

N. A reafirmação do modelo de eficácia horizontal indireta na jurisprudência do BVerfG: proibição de ingresso em estádios de futebol à luz do princípio da igualdade...........................143

O. Conclusão pela incompatibilidade do modelo de eficácia direta com o princípio da autonomia privada...........................145

3.1.4 Possibilidade de reconhecimento de um caráter excepcional ou subsidiário da eficácia direta...........................147

3.1.4.1 Eficácia horizontal direta no âmbito das relações de trabalho...........................148

3.1.4.2 Eficácia horizontal direta em face de direito de reunião e *flashmobs*...........................172

3.1.5 A contribuição do STF para o debate..180

3.1.6 O problema das chamadas *fake news* 200

3.1.7 Conclusões parciais 202

3.2 Teoria da eficácia horizontal indireta (mediata) dos direitos fundamentais nas relações privadas..204

3.2.1 Origem e elementos principais da teoria da eficácia horizontal indireta 204

3.2.2 A abrangência da teoria da eficácia indireta para além do veículo das cláusulas gerais e conceitos jurídicos indeterminados.........................206

3.2.3 A teoria da eficácia indireta como corolário da exigência de mediação legislativa...209

3.2.4 A mediação dos tribunais no plano da teoria da eficácia indireta...............213

3.2.5 A questão da interpretação conforme a constituição....................218

    3.2.5.1 Em que consiste e como é legitimada a interpretação conforme? ...219

    3.2.5.2 Quem é competente para efetuar a interpretação conforme e quem detém a última palavra?......................................221

    3.2.5.3 A interpretação conforme possui eficácia vinculante? 225

    3.2.5.4 Onde repousam os limites da interpretação conforme?................230

    3.2.5.5 A relevância da técnica de interpretação conforme para o problema da eficácia horizontal..................................233

3.2.6 A importância da sentença Lüth para a afirmação da teoria da eficácia indireta...234

3.2.7 Densidade do exame do tribunal constitucional frente a controvérsias jurídico-privadas 237

    3.2.7.1 Densidade do controle exercido pelo tribunal constitucional em face de decisões tomadas pelo legislador.....................238

    3.2.7.2 Densidade do controle exercido pelo tribunal constitucional em face de decisões proferidas pelas instâncias ordinárias em matéria civil 247

    3.2.7.3 Fórmulas desenvolvidas pela doutrina para demarcar a densidade do exame do tribunal constitucional 254

        A. Fórmula de Heck – Direito constitucional específico................254

        B. Fórmula de Schumann...260

        C. Teoria escalonada – *Stufen Theorie* 261

    3.2.7.4 Balanço e conclusões parciais 263

3.2.8 O significado das cláusulas gerais para a transposição dos direitos fundamentais para o direito privado 267

    3.2.8.1 A noção de cláusula geral 267

    3.2.8.2 A relevância das cláusulas gerais para o reconhecimento da eficácia dos direitos fundamentais nas relações privadas 269

    3.2.8.3 As cláusulas gerais como espaço de conformação judicial transferido pelo legislador aos tribunais 273

    3.2.8.4 As cláusulas gerais como campo de aplicação jurídica criadora 276

    3.2.8.5 Critérios voltados à compatibilização do recurso da aplicação jurídica criadora com o ordenamento jurídico-constitucional 281

3.2.9 Efetividade dos direitos fundamentais e dependência em face da configuração da ordem jurídico-privada 284

3.2.10 Críticas à teoria da eficácia indireta 286

3.2.11 A questão do poder social como critério para aferir a influência dos direitos fundamentais nas relações privadas 290

    3.2.12 Verificação quanto à eventual equivalência de resultados entre as teorias da eficácia direta e indireta 298

3.2.13 Conclusões parciais 302

3.3 A teoria dos deveres de proteção do Estado 304

3.3.1 Fundamentação da teoria dos deveres de proteção do Estado 304

3.3.2 O desenvolvimento da teoria dos deveres de proteção do Estado no BVerfG 311

3.3.3 Quando os deveres de proteção do Estado devem ser ativados 314

3.3.4 A decisão quanto à forma de cumprimento dos deveres de proteção do Estado 319

3.3.5 A proteção da pessoa contra si mesma 325

3.3.6 Os deveres de proteção do Estado e o consumidor 332

3.3.7 A responsabilidade civil objetiva de entidades hospitalares à luz dos deveres de proteção do Estado 339

3.3.8 O dilema entre segurança e liberdade 344

3.3.9 Existem direitos subjetivos à proteção? 348

3.3.10 A atuação dos tribunais na concretização dos deveres de proteção do Estado 355

3.3.11 A recondução da teoria dos deveres de proteção do Estado ao modelo de eficácia indireta dos direitos fundamentais nas relações privadas 358

3.3.12 Conclusões parciais 366

4 A teoria dos deveres de proteção do Estado como corolário do modelo de convergência do direito privado para a constituição à luz dos contratos de consumo 369

4.1 A proteção do consumidor como modelo de fundamentação na perspectiva de um dever fundamental de proteção do Estado 370

4.2 A incorporação da teoria do diálogo das fontes à teoria da constituição 373

4.3 O modo pelo qual a teoria do diálogo das fontes é incorporada na teoria da constituição: o pensamento de *convergência* do direito privado para o direito constitucional 375

4.4 A noção de unidade do ordenamento jurídico como fundamento da ideia de *convergência* do direito privado para a Constituição...378

4.5 A vantagem do pensamento de *convergência* em relação à teoria da constitucionalização do direito privado 381

4.6 Conclusões parciais..387

Considerações finais 388

Referências bibliográficas 397

CAPÍTULO | 1

A eficácia dos direitos fundamentais nas relações privadas: o significado da eficácia horizontal (*Drittwirkung*) no ordenamento jurídico

Todo aquele que se ocupa da questão da eficácia dos direitos fundamentais nas relações privadas depara-se com dificuldades desde o início de sua investigação. Vários pontos que serão abordados neste estudo demonstrarão essa realidade. Todavia, as dificuldades que o tema impõe não podem servir de justificativa para que esses direitos não sejam respeitados nas relações em que o Estado não toma parte diretamente nem para que a unidade do ordenamento jurídico seja colocada em segundo plano.[1] Portanto, um esforço hermenêutico e uma atitude interpretativa voltada à máxima eficácia possível dos direitos fundamentais, em atenção às exigências do Estado de direito, justificam-se sob todos os aspectos, devendo haver ciência, contudo, de que a análise da chamada eficácia horizontal (*Drittwirkung*, em sua concepção original) pressupõe necessariamente uma pré-compreensão sobre o seu objeto: em última análise, os direitos fundamentais.

Independentemente do tipo de relação privada sob análise, constata-se que a matéria inerente à eficácia horizontal é de todo problemática. Se mesmo nas relações em que o Estado age como parte que intervém em âmbitos do cidadão protegidos pela Constituição percebem-se dificuldades quanto à justificação dessas intervenções, bem como de seus limites, o que se dirá dos casos eminentemente privados, palco da eficácia horizontal, em que há conflito entre titulares igualmente legitimados de direitos fundamentais? Nessa conexão, a questão que se coloca é deter-

---

[1] MÜLLER, J. *GR*, p. 168.

minar em que medida se fundamenta a eficácia dos direitos fundamentais nas relações privadas, com pano de fundo nas relações de consumo, em que tal fenômeno se mostra com clareza. Para que esse objetivo seja cumprido será analisado, em um primeiro momento, aquilo que se entende por eficácia horizontal ou simplesmente *Drittwirkung*, partindo-se então para uma fundamentação em torno do seu reconhecimento, objetivando a análise das teorias desenvolvidas, bem como das dificuldades a elas inerentes. A busca de um modelo adequado de fundamentação é a meta maior a ser aqui perseguida.

1.1 A origem do debate em torno da eficácia horizontal (*Drittwirkung*) dos direitos fundamentais

A discussão em torno da *eficácia horizontal*, quando focada no direito privado, contém uma questão principal, que é saber como uma norma de direito fundamental pode ser aplicada no curso de relações jurídicas travadas entre particulares.[2] Por trás dessa questão repousa outra, que cuida de saber em quais casos os direitos fundamentais vinculam os sujeitos privados, sejam eles pessoas físicas ou jurídicas, e como essa vinculação poderia ser configurada.[3] O ponto inicial de análise é o reconhecimento de que certos direitos fundamentais, nomeadamente aqueles que possuem significado no tráfego jurídico privado, além de vincularem os poderes públicos,[4] devem considerar-se direito vinculante nas relações jurídicas tecidas entre sujeitos privados, no sentido de que as pessoas privadas, naturais ou jurídicas, devem observar os direitos fundamentais quando se colocam em contato (jurídico) com outros sujeitos de direito privado.[5] A temática da eficácia dos direitos fundamentais nas relações privadas foi inserida na discussão jurídica dos anos 1950 e 1960, expressando um fenômeno que foi originalmente concebido e estudado na Alemanha sob a denominação de *Drittwirkung der Grundrechte*,[6] que em tradução livre significa "eficácia dos direitos fundamentais perante terceiros". No Brasil, a matéria costuma ser denominada *eficácia horizontal dos direitos fundamentais*.[7]

O fato de a questão em torno da eficácia dos direitos fundamentais nas relações privadas ter encontrado o seu mais alto desenvolvimento dogmático na Alemanha não é por acaso. Isso se deve não apenas à diferenciada capacidade dos juristas alemães, no sentido de assimilar e tentar equacionar problemas jurídicos, como também a motivos históricos.[8] A

---

[2] BYDLINSKI, F. *Kriterien*, p. 332 (nota 26).

[3] PAPIER, H. *DW*, Rn. 1.

[4] HESSE, K. *Grundzüge*, Rn. 345ss.

[5] Ptd, v. STERN, K. *Staatsrecht* III/1, p. 1.512s.

[6] O batismo da expressão *Drittwirkung* deve-se a IPSEN, H. P. *Gleichheit*, p. 143, que, ao desenvolver um longo estudo sobre o princípio da igualdade, questionou se a igualdade de direitos (*Gleichberechtigung*) deveria ser exigida apenas frente aos poderes públicos ou também no plano do direito privado, perante terceiros; v. STERN, K. *Staatsrecht* III/1, p. 1.513, destacando que a questão da eficácia dos direitos fundamentais nas relações entre particulares encontrou a sua primeira formulação através da doutrina constitucional alemã, sobretudo após o advento da LF, momento a partir do qual acabou por influenciar a doutrina europeia em geral.

[7] Remeta-se, neste particular, ao item 1.3, sobre as considerações terminológicas.

[8] De acordo com a observação de MÜNCH, I. *DW*, p. 10s, a questão da *Drittwirkung* representa um dos descobrimentos jurídicos mais interessantes dos tempos modernos, convertendo-se em um artigo de exportação

trágica experiência trazida pelo nacional-socialismo contribuiu para a necessidade de se fortalecer os direitos fundamentais. Evidentemente que o preço pago para tanto foi alto demais. Todavia, o fato de a liberdade dos particulares ter sido severamente violada no curso dessa ditadura, não apenas por organismos estatais, mas também por organizações privadas (como o partido nazista e suas agremiações, sobretudo no início de sua atuação), gerou uma necessidade de uma reflexão séria no sentido de que não apenas o Estado, mas igualmente organizações privadas, podem tornar-se implacáveis contra os direitos fundamentais.[9]

O ponto de partida para a discussão em torno da eficácia dos direitos fundamentais nas relações privadas, independentemente de previsão constitucional expressa nesse sentido, sempre foi o de configurações práticas levadas a efeito no bojo das relações de direito do trabalho, contratual, da concorrência, assim como no âmbito do direito de família e sucessões.[10] Mas foi no âmbito das relações de trabalho que o tema adquiriu o seu impulso inicial. Efetivamente, o campo das relações de trabalho revelou-se terreno fértil para o desenvolvimento de um debate em torno da eficácia horizontal, já que se afirma como típico caso de relações entre sujeitos privados, nas quais os direitos fundamentais podem assumir um significado preponderante, a despeito da presença do Estado em um dos polos da relação. Além disso, a desigualdade de poder, típica das relações de trabalho, revelou com considerável nitidez a possibilidade de uma parte considerada mais forte – notadamente o empregador – restringir direitos fundamentais da mais fraca – o empregado. Várias situações nesse sentido foram colocadas perante as instâncias trabalhistas desde o início da década de 1950. Típicos foram os casos que investigaram a possibilidade de o empregador influenciar a opinião do empregado sobre determinados assuntos, de conflitos de consciência interferirem em relações de trabalho, de obrigação imposta a trabalhadoras de não contrair matrimônio ou de ter filhos etc.

Com o tempo, verificou-se que a situação típica das relações de trabalho – a desigualdade de poder entre as partes contratantes – também era verificada em outros tipos de relações privadas, reguladas pelo direito contratual de maneira geral, sendo que algumas delas encontram até mesmo previsão constitucional.[11] Assim, o fato de uma constituição dirigir certos direitos fundamentais individuais contra terceiros, reconhecendo o seu efeito perante privados e exigindo uma proteção nessa direção, levou a doutrina a argumentar que essa proteção também tem que ser estendida a outros direitos igualmente fundamen-

---

jurídica *made in Germany*, cuja recepção ocorreu em maior ou em menor grau em diversos países. Na acepção do autor, a razão pela qual a ideia da *Drittwirkung* nasceu precisamente na Alemanha deve-se ao fato de o constitucionalismo alemão sempre ter gozado de um elevado nível científico, aliado à circunstância de que, após a trágica experiência derivada da ditadura nacional-socialista, o constitucionalismo germânico passou a se dedicar com especial intensidade à temática dos direitos fundamentais, cuja atenção adquiriu máxima prioridade naquele país. A questão da influência da doutrina alemã, nesse particular, é abordada por VEGA GARCÍA, P. *Dificultades*. p. 266. EN, v. SARLET, I. *DF*, p. 113.

[9] KRINGS, G. *Grund*, p. 326; KRÜGER, H. *Zumutbarkeit*, p. 365s; MÜLLER, G. *DW GR*, p. 124.

[10] PAPIER, H. *DW*, Rn. 3.

[11] Esse é o caso, p. ex., da liberdade de associação, direito de reunião, de manifestação do pensamento etc. Na CF/88, além desses exemplos, os direitos dos trabalhadores, consagrados ao longo dos arts. 7º ss, dão conta dessa realidade.

tais.[12] Isso fez, para além das relações de trabalho, vários outros exemplos serem colocados e discutidos pela doutrina.[13] Um contrato privado pode impedir que uma parte renuncie à participação em competições de lutas esportivas ou que uma parte se comprometa em não contrair matrimônio? Pode o participante de uma conversa efetuar gravação do teor da conversa sem que a outra parte tenha conhecimento? Um pai pode proibir que um filho exerça uma determinada formação profissional? Um locador pode recusar locatários de determinada etnia, credo ou sexo? Em que medida um testador pode privilegiar determinados legatários em detrimento de outros? Um médico pode ser compelido a efetuar um aborto terapêutico, mesmo quando a sua convicção religiosa ou moral seja contra tal prática? Um trabalhador de uma religião que veta o trabalho aos sábados pode ser compelido a trabalhar nesse dia? Comum a todos esses exemplos é o fato de não serem meramente hipotéticos, de não esgotarem a questão e, mais do que isso, de não serem capazes de fornecer soluções padrão capazes de resolver novas constelações de problemas que se apresentem.

Atualmente, a própria doutrina alemã reconhece que a temática da *Drittwirkung* adquiriu uma dimensão internacional, por não se tratar de forma alguma de um fenômeno puramente alemão.[14] Fortes são as reflexões sobre o problema no âmbito do direito comunitário.[15] De forma geral, quando se fala em eficácia horizontal, cuida-se de saber se os direitos fundamentais devem ou não ser obrigatoriamente observados e cumpridos pelos entes privados, tanto individuais quanto coletivos, quando estabelecem relações jurídicas com outros particulares.[16] O tema costuma esbarrar em interrogações.[17] Apenas o seu ponto de partida costuma ser considerado seguro: os direitos fundamentais desenvolvem efeitos em todos os âmbitos do ordenamento jurídico.[18] Não fosse assim, não haveria razão para se falar em unidade do ordenamento jurídico, tampouco em supremacia da constituição.

1.2 Necessidade de mudança pelo horizonte da questão

A abordagem em torno da eficácia dos direitos fundamentais nas relações privadas não é nova no Brasil. Clóvis Veríssimo do Couto e Silva,[19] já em 1976, entendia que as leis deveriam limitar o poder de regular cláusulas contratuais, em face da necessidade de se

---

[12] HERZOG, R. *Verfassungsauftrag*, p. 443, citando o seu exemplo em relação ao direito à vida, que teoricamente possui uma hierarquia superior em relação a outros direitos, como o de liberdade de manifestação do pensamento, p. ex, perante os quais se costuma reconhecer um efeito perante terceiros.

[13] Entre outros, v.VOGT, D. *DW*, p. 7s.

[14] CANARIS, C. *GR*, p. 10.

[15] JAENSCH, M. *Unmittelbare DW*, p. 1ss; KINGREEN, T. *Struktur*, p. 1ss; GANTEN, T. O. *DW*, p. 1ss; ROTH, W. *DW*, p. 1231ss; STREINZ, R; LEIBLE, S. *DW*, p. 459. EN, v. JAEGER Jr, A. *Mercados*, p. 538ss.

[16] STERN, K. *Staatsrecht* III/1, p. 1.512s.

[17] NOVAK, R. *DW*, p. 145.

[18] NOVAK, R. *DW*, p. 145.

[19] COUTO E SILVA, C. *Obrigação*, p. 23s, citando, como exemplo dessa realidade, cláusulas contratuais que impedem a sublocação de um imóvel para pessoas de determinada raça ou cor.

preserver certas garantias. Nessa ótica, qualquer contrato que abolisse direitos inalienáveis (p. ex., liberdade individual, de crença, de consciência etc.) seria nulo. Anos mais tarde, na doutrina brasileira, a questão da eficácia horizontal ganhou destaque por meio de obras que inegavelmente contribuíram para o desenvolvimento e a instigação do tema,[20] muito embora várias questões permaneçam em aberto, considerando a complexidade do problema. Grande parte das questões que ficam em aberto dizem respeito à forma de eficácia dos direitos fundamentais nas relações privadas e as consequências daí decorrentes. Com efeito, no Brasil, após a promulgação da CF/88, desenvolveu-se uma corrente doutrinária – que, inclusive, *faz escola* no País – a qual, sobretudo após o final da década de 1990, passou a defender a ideia de que os direitos fundamentais vinculam os particulares nas relações jurídico-privadas de forma *direta e imediata*.[21] Essa tese, que encontra eco em vários setores jurídicos do País, funda-se basicamente no fato de que, a partir de uma vinculação direta dos particulares aos direitos fundamentais, é possível deduzir uma fundamentação direta desses direitos no tráfego jurídico privado, com base nos princípios da dignidade da pessoa humana e da aplicabilidade direta dos direitos fundamentais, em correspondência a um pensamento de constitucionalização do direito privado.

Antes de se afirmar a necessidade de mudança de concepção na avaliação do fenômeno da eficácia horizontal, há que se constatar que essas reflexões têm em comum o fato de demonstrarem que o tema, conquanto tenha como epicentro os países de língua alemã,[22] também diz respeito à realidade constitucional brasileira. Isso se deixa confirmar já a partir da circunstância de que a CF/88, assim como a LF, também consagra o princípio da dignidade humana e uma ampla gama de direitos fundamentais, com destaque para a proteção da personalidade. Ainda que se possa diferenciar o modo pelo qual a dignidade humana e os direitos fundamentais são garantidos nos dois ordenamentos, não há dúvidas de que ambos são pautados pela meta de proteger e valorizar a pessoa e de garantir a máxima eficácia dos direitos fundamentais. Isso basta para derivar argumentos comuns, favoráveis à fundamentação de uma eficácia dos direitos fundamentais nas relações privadas, até mesmo porque nenhuma das constituições nega expressamente tal possibilidade.

Comum a ambos os ordenamentos é ainda o fato de serem construídos em meio a deveres, autorizações e pretensões, em que valores voltados à pessoa são realizados. Em poucas questões de direito essa constelação adquire tanta complexidade, como no caso das relações entre particulares, que são objeto da incidência de direitos fundamentais.[23] A

---

[20] Do, v. SARLET, I. *DF*, p. 107ss; HECK, L. *DF*, p. 40ss; MENDES, G. *DF*, p. 114ss; SILVA, V. *Constitucionalização*, p. 17ss; STEINMETZ, W. *Vinculação*, p. 21ss.

[21] V. SARLET, I. *DF*, p. 107ss. (p. 138ss), que ao introduzir o tema no Brasil, ao menos sob o ponto de vista de uma fundamentação mais detalhada, despertou grande interesse pela matéria, construindo uma espécie de "escola", que conta com vários trabalhos significativos, e tendo em comum a defesa de um modelo geral de eficácia direta dos direitos fundamentais nas relações privadas, ainda que com variações e mitigações. Nessa direção, v. do, CASTRO, C. R. S. *Aplicação dos DF*, p. 238s; GEBRAN NETO, J. P. *Aplicação imediata dos DF*, p. 165; SARMENTO, D. *DF*, p. 279ss; SOMBRA, T. *Eficácia*, p. 87s; STEINMETZ, W. *Vinculação*, p. 271ss; TEPEDINO, G. *Incorporação*, p. 153ss; VALE, A. *Eficácia*, p. 178ss; ZANITELLI, L. *Direito*, p. 166.

[22] SILVA, V. *Constitucionalização*, p. 22.

[23] PIETZCKER, J. *DW*, p. 345.

conclusão que se faz necessária já neste momento é que os fundamentos construídos pela doutrina e jurisprudência alemãs são de grande valia para o desenvolvimento da questão na realidade brasileira, à medida que contribuem para o aperfeiçoamento de concepções e a solução de problemas variados. Por mais que ambos os ordenamentos possuam diferenças tanto no âmbito constitucional quanto infraconstitucional, não há como negar que ambos estão voltados à proteção da pessoa e, nesse sentido, também à proteção dos diretos de personalidade. Nesse passo, a questão da eficácia horizontal é aqui estudada não de forma simplesmente comparativa, mas de forma comum, focada na proteção da pessoa e das liberdades constitucionais básicas, na esfera das relações privadas.

Feito esse registro, cumpre investigar a necessidade de mudança pelo horizonte da questão. Como adverte Hans-Georg Gadamer,[24] toda e qualquer interpretação contém uma pergunta ao intérprete, de modo que compreender um texto significa compreender a pergunta que é colocada.[25] Assim, quem quer compreender uma questão deve, ao perguntar, ir para trás do que foi dito, levando-se em conta que aquilo que está por trás da pergunta é, por vezes, mais importante do que a própria resposta que lhe corresponde. No Brasil, a questão foi colocada na seguinte forma: até que ponto pode o particular recorrer aos direitos fundamentais nas relações com outros particulares, ou seja, quando e de que modo poderá opor direito fundamental do qual é titular em face de outro particular que, em tal situação, exerce justamente o papel de destinatário daquele direito, na condição de obrigado, mas que, por sua vez, também é titular de direitos fundamentais?[26]

Essa forma de colocar a questão expressa bem o problema. Contudo, parte do pressuposto de que os particulares são também destinatários dos direitos fundamentais. De forma coerente com esse entendimento, desenvolveu-se no Brasil a concepção em torno de uma eficácia direta dos direitos fundamentais nas relações privadas. O presente trabalho apresenta uma visão diversa, no sentido de que os direitos fundamentais em geral não podem vincular os particulares diretamente, como ocorre nas relações entre o cidadão e o Estado. Parte-se do pressuposto de que, em princípio, somente o Estado está diretamente vinculado aos direitos fundamentais; os particulares, nas relações que tecem entre si, apenas indiretamente. A abordagem do estudo proposto situa-se precisamente nesse rumo.

Consequentemente, verifica-se que a questão colocada por uma parte significativa da doutrina nacional, em que pese ter contribuído – e ainda contribuir – em larga medida para o estudo da eficácia horizontal no País e tendo centrado suas considerações em uma visão humanista do direito, o que é louvável, acaba por desconsiderar em certa medida aspectos essenciais do problema, ao sustentar, de maneira geral, uma eficácia direta e imediata dos direitos fundamentais no tráfego jurídico privado. Diante disso, coloca-se a possibilidade de se levantar outra perspectiva, fundamentada na teoria dos direitos fundamentais, que, ao dialogar com o entendimento ora referido, aponta para outra direção: a

---

[24] GADAMER, H. *Wahrheit*, p. 375.

[25] A ideia aqui, como lembra ADLER, M; VAN DOREN, C. *Arte*, p. 55, é fazer perguntas enquanto se lê, perguntas que o próprio leitor deve tentar responder durante a leitura.

[26] SARLET, I. *DF*, p. 112.

de conceber em caráter geral uma eficácia indireta[27] ou mediata dos direitos fundamentais no tráfego jurídico privado.

Essa posição em torno de uma eficácia indireta dos direitos fundamentais no tráfego jurídico-privado passa pelo enquadramento dos sujeitos privados frente aos direitos fundamentais. O que ora se sustenta, ao menos do ponto de vista técnico do termo, é que o particular é apenas titular de direitos fundamentais, não destinatário. Em outras palavras, destinatário dos direitos fundamentais é somente o Estado,[28] posição que segue o entendimento pregado pela doutrina alemã em geral,[29] quando informa que minoritárias são as posições que visualizam o particular também como destinatário de direitos fundamentais, nas hipóteses de eficácia horizontal.

Sem embargo à visão ora defendida, reconhece-se que sempre se poderia perguntar o que se entende por destinatário de direitos quando se fala de vinculação dos particulares aos direitos fundamentais. Caso se entenda a alusão a destinatário visando apenas a reforçar a qualidade do particular como aquele que faz jus ao respeito dos seus direitos, à sua observação no curso de estipulações privadas, visualizando assim o consorte jurídico como pessoa, em uma abordagem humanista do direito, não caberiam objeções severas. Contudo, não há como se desviar do fato de que mesmo essa abordagem, muito embora bem intencionada, acarretaria um problema de difícil solução, que seria, a partir de uma definição unificadora, diferenciar duas classes de "destinatários" – a pessoa e o Estado –, já que, em matéria de direitos fundamentais, possuem diferenças essenciais, particularmente no que diz respeito ao seu papel constitucional para a efetivação desses direitos.

O principal argumento que leva à compreensão de que o problema da eficácia dos direitos fundamentais nas relações privadas não pode vir a ser adequadamente solucionado a partir do enquadramento do particular como destinatário de direitos é que a pessoa não se equipara ao Estado nas funções simultâneas de garantidor, não-violador e mantenedor dos pressupostos essenciais para a vigência de direitos fundamentais. Fica claro que esses direitos não compelem os indivíduos da mesma forma e com a mesma intensidade, impondo-se como normas que vinculam e guiam (diretamente) as ações dos poderes públicos.[30] Trata-se de uma visão que se deixa inspirar na melhor técnica jurídica que, inclusive, era consciente em Nipperdey, que ao formular originalmente e desenvolver posteriormente a teoria da eficácia direta, deixou claro que os direitos fundamentais não vigem no direito privado no sentido abrangente de direitos públicos subjetivos,[31] que é justamente o sentido que se dá, à luz da técnica jurídica, quando se fala em destinatário de direitos fundamentais.[32]

---

[27] DÜRIG, G. *GR*, p. 176s.

[28] RÜFNER, W. *Adressaten*, Rn. 59; GRAF VITZTHUM, W. *Funktionale*, Rn. 10; KLEIN, H. *Schutzpflicht*, p. 494; KOLLER, H. *Einleitungstitel*, p. 662; DREIER, H. *GG Kommentar* (Vorb. Art. 1), Rn. 118; SCHMIDT, R. *Grundrechte* (11. Auf.), Rn. 197a; IPSEN, J. *Staatsrecht*, Rn. 57.

[29] Ptd, v. ISENSEE, J. *Sicherheit*, p. 35.

[30] BRANCO, P. *DF*, p. 313.

[31] NIPPERDEY, H. *AT*, § 15, p. 92.

[32] ISENSEE, J. *Sicherheit*, p. 35; RÜFNER, W. *Adressaten*, Rn. 59; GRAF VITZTHUM, W. *Funktionale*, Rn. 10; KLEIN, H. *Schutzpflicht*, p. 494; KOLLER, H. *Einleitungstitel*, p. 662; DREIER, H. *GG Kommentar* (Vorb. Art. 1), Rn. 118; SCHMIDT, R. *Grundrechte* (11. Auf.), Rn. 197a; IPSEN, J. *Staatsrecht*, Rn. 57.

Ainda nessa linha, cumpre verificar que, ao se equiparar o particular ao Estado na condição de destinatário de direitos, surge outro problema, também de difícil solução: compatibilizar simultaneamente em uma só pessoa as condições de titular e destinatário, ou seja, beneficiário e obrigado, a partir dos limites constitucionais de cada atuação privada. Isso porque aquele que, por meio de estipulação privada, venha a restringir demasiadamente um aspecto garantido por um direito fundamental perante a parte alheia, poderia argumentar que o faz com amparo em um direito também fundamental, na condição de seu titular. No momento em que todas as partes envolvidas são ao mesmo tempo titulares e destinatários, acaba sendo difícil localizar parâmetros e construir uma argumentação racional que delimite as posições recíprocas. Contrariamente, quando se coloca o Estado e seus órgãos como destinatários exclusivos, fundamenta-se um modelo abrangente de proteção, que obriga o Estado a intervir, tanto de forma preventiva quanto repressiva, para garantir que os direitos fundamentais venham a ser observados inclusive no curso de relações de caráter eminentemente privado. É por essa razão que, nesse particular, se está diante do que a doutrina já qualificou de "argumento de confusão" (*Konfusionsargument*), que é elevar concomitantemente um particular à condição de beneficiário e obrigado frente a um direito fundamental.[33]

Como possível conclusão preliminar, a visão que enquadra o particular como destinatário de direitos, no afã de potencializar a sua proteção em uma relação privada, pode, sob determinadas circunstâncias, vir a enfraquecer a própria proteção desejada, por dificuldades na condução dos argumentos que lhe dão suporte e que não raro ingressam em contradição. Anote-se, com ênfase, que o modelo que compreende o particular apenas como titular de direitos não pode ser interpretado de forma a levar à falsa conclusão de que os sujeitos privados não tenham que observar os direitos fundamentais de seus consortes jurídicos. Ele prega apenas que não se pode exigir do particular um dever de proteção nos mesmos moldes exigidos perante o Estado. A questão é que isso é exatamente o que acabaria ocorrendo caso se visualizasse o particular como destinatário de direitos, à semelhança do Estado, ao menos em conformidade com o sentido técnico do termo *destinatário*. Como visto, ao tomar o particular como destinatário de direitos, ingressar-se-ia na tormentosa tarefa de fundamentar a observância de direitos recíprocos frente a sujeitos que têm em comum o fato de igualmente serem titulares de direitos fundamentais.

A dificuldade de se cumular em uma só pessoa, simultaneamente, as prerrogativas de sujeito ativo e passivo de direitos fundamentais encontra registro na doutrina pátria a partir da observação de que uma relação privada que envolve a incidência de direitos fundamentais não é qualificada como relação jurídica sinalagmática, típica do direito privado, na qual o direito de uma pessoa corresponde necessariamente ao dever da parte oponente.[34]

---

[33] FRENZ, W. *Europarecht*, p. 131s, que, no âmbito do direito comunitário, utiliza a figura de linguagem de que o particular não poderia ser ao mesmo tempo e analogamente comprador e vendedor. EN, v. JAEGER Jr, A. *Mercados*, p. 556.

[34] DIMOULIS, D; MARTINS, L. *Teoria Geral dos DF*, p. 111, sustentando que a reação jurídica própria dos direitos fundamentais só é tecnicamente viável entre o particular e o Estado, que tem a obrigação de observar os direitos fundamentais, sem que lhe seja dado recorrer à outra face da mesma norma que lhe conferiria o

Observe-se ainda que o critério decisivo para fundamentar a eficácia dos direitos fundamentais nas relações privadas é a desigualdade de posições no interior da relação jurídica, a ser determinada em cada caso[35] e em face da natureza da relação em si. Por isso, não se pode apenas e tão somente considerar a situação pessoal da parte, vale dizer, se detém poder social ou não, à medida que mesmo aqueles que são considerados detentores de parcela significativa de poder social também são, assim como os mais fracos, titulares de direitos fundamentais. Em contrapartida, importa verificar se aquele que detém poder, utiliza-o para abafar ou afastar a vigência dos direitos fundamentais da parte mais fraca, caso em que o Estado terá inegavelmente que intervir para resgatar sua vigência, retomando também a visão humanista, o que melhor se coaduna com a ordem de valores da CF/88, da qual os contratos privados jamais se podem afastar.

Uma das melhores formas de garantir a proteção, sobretudo das partes mais vulneráveis, é a ação preventiva que, diga-se de passagem, norteia o direito do consumidor. Nessa perspectiva, não é fácil imaginar, na hipótese de se considerarem dois sujeitos contratantes, que quem vê seus direitos fundamentais ameaçados no contrato pela ação da parte contrária aja de forma preventiva na busca do respeito à sua esfera protegida. É por essa razão que em matérias como direito do consumidor é possível alcançar uma proteção satisfatória, aqui entendida como proteção baseada na vigência de direitos fundamentais em contratos privados, independentemente de se considerar o particular, que se favorece da proteção, como destinatário dos direitos. Basta para tanto considerá-lo como titular e o Estado como destinatário, perante o qual se exigirá, com todos os mecanismos inerentes ao Estado democrático de direito, a proteção enérgica, eficiente e concreta. Nesse sentido, arremata-se esse tópico concluindo que, do ponto de vista da técnica jurídica, não se deve equiparar o particular ao Estado na condição de destinatário de direitos e, ainda mais importante, que o fato de não se considerar o particular como tal, mas apenas como titular, jamais poderá ser invocado para diminuir sua proteção concreta, vale dizer, para afastar a observância dos direitos fundamentais do cotidiano dos contratos de consumo. Atitude contrária irá não apenas contra o espírito dos direitos fundamentais, mas igualmente contra a própria vinculação do Estado a esses direitos.

Assim, por se considerar que os particulares são titulares de direitos fundamentais, e não destinatários – em sentido técnico –, reconstrói-se a questão formulada, da seguinte forma: até que ponto pode o particular recorrer aos direitos fundamentais nas relações com outros particulares, ou seja, quando e de que modo poderá opor direito fundamental do qual é titular, em face de outro particular que, em tal situação, também exerce o papel de titular de direitos fundamentais?

---

contrário do dever: a atribuição de uma posição jurídica de direito subjetivo. Ponderam ainda que essa diferença fundamental não se verifica entre titulares de direitos fundamentais, mesmo quando se constate uma diferença significativa de poder social entre as partes na relação jurídica concreta.

[35] SILVA, V. *Constitucionalização*, p. 157.

1.3 Questões terminológicas

O presente estudo adota o termo "eficácia horizontal" como sinônimo de eficácia dos direitos fundamentais nas relações privadas ou *Drittwirkung*, como é conhecido na cultura jurídica alemã. Todavia, convém desde logo advertir ao leitor que se há algo incontroverso no âmbito desse tema é a existência de uma forte polêmica sobre o tema.[36] Recomenda-se assim, sempre que se falar no tópico, o emprego de cautela em todos os sentidos.[37] As primeiras controvérsias surgem já na questão terminológica. Na doutrina, vários termos são sugeridos para expressar o fenômeno da eficácia horizontal dos direitos fundamentais, como, por exemplo, eficácia perante terceiros, validade dos direitos fundamentais no âmbito privado ou simplesmente eficácia dos direitos fundamentais no direito privado.[38] Há inclusive quem fale em âmbito de terceiros (*Drittbereich*).[39] Fato é que no âmbito da doutrina alemã, a expressão *Drittwirkung* é preponderante, não sendo exagerado afirmar que se tornou uma espécie de chavão para descrever a temática, muito embora existam vozes minoritárias que renunciam ao emprego do termo *Drittwirkung*, tratando da questão da eficácia dos direitos fundamentais no direito privado a partir da perspectiva de uma força configuradora de direito privado da constituição (*privatrechtsgestaltenden Kraft des Grundgesetzes*).[40] Há quem considere ainda a própria expressão *Drittwirkung* como "infeliz".[41]

Independentemente de divergências terminológicas, a palavra *Drittwirkung* enraizou-se de tal forma à discussão, que continua sendo frequentemente empregada para a descrição do fenômeno por ela sugerido.[42] Sem embargo, nota-se uma tendência geral de se referir ao tema sob a perspectiva de uma eficácia horizontal dos direitos fundamentais que exprime a possibilidade de os direitos fundamentais serem considerados direito vinculante na ordem jurídico-privada.[43] No Brasil, isso é manifesto, porém mais por razões práticas do que epistemológicas. Isso porque a expressão alemã *Drittwirkung* é, para muitas pessoas, de difícil tradução, considerando as notórias dificuldades em torno do idioma alemão. Assim, utilizar o termo eficácia horizontal afirma-se como uma solução mais simples para a realidade brasileira, ao menos do ponto de vista linguístico.

Independentemente da variedade terminológica, a eficácia horizontal, que envolve a relação cidadão-cidadão, resulta do alargamento (*Erweiterung*) da tradicional concepção em torno de uma eficácia vertical dos direitos fundamentais, ou seja, das relações cidadão-

---

[36] Ptd, v. OETER, S. *DW*, p. 532ss.
[37] LÜBBE-WOLFF, G. *Eingriffsabwehrrechte*, p. 159.
[38] PAPIER, H. *DW*, Rn. 1. EN, v. SARLET, I. *DF*, p. 112ss.
[39] FRIESS, K. *Verzicht*, p. 133.
[40] RAISER, L. *Grundgesetz*, p. 10.
[41] RAISER, L. *Grundgesetz*, p. 9.
[42] PAPIER, H. *DW*, Rn. 1. EN, há quem trate do tema sob o enfoque da vinculação dos particulares ou das entidades privadas aos direitos fundamentais. V. SARLET, I. *DF*, p. 107ss; STEINMETZ, W. *Vinculação*, p. 39ss.
[43] ALEXY, R. *Theorie*, p. 475ss; STERN, K. *Staatsrecht* III/1, p. 1.512; MÜNCH, I. *DW*, p. 12; LÜCKE, J. *DW*, p. 377ss; CHEREDNYCHENKO, O. *Fundamental Rights*, p. 122ss e 141ss; VEGA GARCÍA, P. *Dificultades*, p. 265ss; CANOTILHO, J. *Dir. Constitucional*, p. 1273; MIRANDA, J. *Manual*, T. IV, p. 321. EN, v. SARLET, I. *DF*, p. 109ss; STEINMETZ, W. *Colisão*, p. 53ss.

-Estado.[44] Ao que tudo indica, o emprego do termo *horizontal* visa a diferenciar as relações privadas da clássica subordinação do cidadão ao Estado (relação vertical), que durante décadas representou elemento distintivo do direito público perante o direito privado.[45]

Porém, mesmo a expressão eficácia horizontal é objeto de seguidas críticas na doutrina, pelo fato de que a relação entre particulares, quando marcada por assimetrias ou desigualdades fáticas – realidade típica dos contratos de consumo –, não é necessariamente horizontal. Isso se verifica em face da circunstância de um dos polos dessa relação deter isoladamente e em inegável superioridade uma parcela de poder social, situação que pode levar, de maneira geral, à violação de direitos e, em particular, à restrição do espaço de liberdade da parte que detém a menor parcela de poder.[46] Essa crítica é útil para alertar que a terminologia *eficácia horizontal* não pode levar à falsa conclusão de que os particulares mantêm necessariamente relações simétricas, circunstância que ingressaria em contradição com a própria razão de ser da *Drittwirkung*.

1.4 Delimitação do campo de aplicação

O estudo da eficácia horizontal necessita de um grau mínimo de concretização.[47] Portanto, um esforço de delimitação do tema tem que ser realizado, com vistas a tornar mais claro o debate. Não raro, são visualizados aspectos que possuem determinadas semelhanças com a temática da eficácia horizontal sem, contudo, confundir-se com essa.

Por exemplo, a questão da eficácia horizontal não se confunde com a chamada vigência fiscalizadora dos direitos fundamentais (*Fiskalgeltung der Grundrechte*). Esta diz respeito à vinculação do Estado aos direitos fundamentais, nos casos em que seus órgãos atuam não pelas normas de direito público, que normalmente regulam sua atividade soberana, mas sim de acordo com as normas de direito privado. Assim, a vigência fiscalizadora dos direitos fundamentais diz respeito à vinculação do Estado a esses direitos no marco da administração da economia privada. A origem desse entendimento repousa na ideia de evitar que o Estado deixe de se vincular aos direitos fundamentais quando a sua atuação, em função da especificidade da matéria em que incide, seja regulamentada por regras de direito privado. De fato, o Estado, quando atua no marco do direito privado, não se despe de sua estrutura soberana fática, o que na prática significa que esse tipo de relação seja invariavelmente marcado por uma evidente desigualdade de poder, que ultrapassaria os limites de controle do direito privado. Os direitos fundamentais atuam, portanto, como garantias do cidadão contra abusos de poder por parte do Estado, em um campo de atua-

---

[44] STERN, K. *Staatsrecht* III/1, p. 1.512. Contudo, há quem visualize a questão do ponto de vista da validez. V. a crítica de MARTÍNEZ, G. *Curso*, p. 618 e 624, ponderando que a extensão dos direitos fundamentais nas relações de direito privado não é um problema de eficácia, mas sim de validez.

[45] MÜNCH, I. *DW*, p. 12s.

[46] Ptd, v. UBILLOS, J. *Eficácia*, p. 244, destacando que a assimetria entre os polos de uma relação privada se assemelha às relações de natureza vertical, típicas das situações em que se situam um particular e um órgão estatal.

[47] MOTA PINTO, C. *Teoria*, p. 75.

ção que não é seu tradicionalmente, impedindo o que a doutrina costuma designar de fuga (do Estado) para o direito privado (*Flucht ins Privatrecht*).[48]

Outro aspecto delimitador do tema diz respeito ao rol dos direitos fundamentais que possuem conexão com o tema da eficácia horizontal. Raros são os casos a partir dos quais a literalidade de um direito fundamental aponta expressamente para uma possibilidade de eficácia horizontal.[49] Deve-se excluir da discussão todo e qualquer direito fundamental que não possua significado para as relações privadas.[50] Isso porque uma das questões centrais da eficácia horizontal é saber quando o juiz pode ou tem que necessariamente recorrer à constituição ao lado do direito ordinário para a solução da controvérsia privada que lhe é apresentada.[51] Essa observação decorre da circunstância de que nem todas as normas de direitos fundamentais vinculam os particulares, por serem destinadas em princípio tão somente aos órgãos estatais.[52] Um exemplo típico são as normas fundamentais que conferem direito à nacionalidade, direitos de asilo, não-extradição, garantias do processo penal etc. Anote-se, no entanto, que mesmo alguns dos direitos fundamentais direcionados *a priori* ao Poder Público possuem eficácia nas relações entre particulares, considerando que vinculam os Poderes Legislativo e Judiciário, quando da elaboração e aplicação das regras de direito privado, sob a égide da constituição.[53]

O fato de que nem todos os direitos fundamentais possuem significado para o direito privado deriva de uma constatação mais ampla, no sentido de que nem todos os direitos fundamentais possuem significado para todos os âmbitos do ordenamento jurídico simultaneamente.[54] O vetor de aproximação dos direitos fundamentais às relações privadas é a ligação desses direitos com a proteção da personalidade humana em geral. Todavia, a questão da

---

[48] Sobre o tema, v. KOPP, F. O. *Fiskalgeltung*, p. 141ss. Exemplo nesse sentido é a concessão de subvenções, que se deve vincular ao princípio da igualdade, delegação para construção de obras de grande porte, que se devem sujeitar à boa-fé e ao combate a monopólios etc.

[49] HESSE, K. *Bestand*, p. 437, cita o exemplo do art. 9, Abs. 3, LF, que afirma que para todas as pessoas, em todas as profissões ou ocupações, será garantido o direito de formar associações para defender e melhorar as condições econômicas e de trabalho, sendo nulos os acordos que restrinjam ou tendam a impedir o exercício desse direito, e ilegais as medidas tomadas nesse sentido. A CF/88, por seu turno, ao garantir o direito de reunião em seu art. 5°, XVI, contém uma previsão também em sentido expresso de uma *Drittwirkung*, a partir do instante em que afirma que todos se podem reunir pacificamente, sem armas, em locais abertos ao público, desde que não frustrem outra reunião anteriormente convocada para o mesmo local. É justamente esse componente de impossibilidade de frustrar outra reunião que mostra a eficácia de um direito fundamental em relações privadas. Isso se verifica também no art. 5°, XX, da CF/88, quando afirma que ninguém poderá ser compelido a associar-se ou a permanecer associado. Para além desses casos, a CF/88 prevê uma série de direitos fundamentais com nítido reflexo nas relações privadas. Cita-se como exemplo o direito de liberdade de manifestação do pensamento (art. 5°, IV); direito de resposta (art. 5°, V); direito à intimidade, vida privada, honra e imagem (art. 5°, X), chegando-se até mesmo ao amplo rol de direitos de natureza trabalhista, previsto ao longo do art. 7° da CF/88. V. SILVA, V. *Constitucionalização*, p. 22s.

[50] SARLET, I. *DF*, p. 116.

[51] RÖTHEL, A. *Richterhand*, p. 425.

[52] CANOTILHO, J. *Dir. Constitucional*, p. 1.272; MIRANDA, J. *Manual*, T. IV, p. 320. EN, v. SARLET, I. *DF*, p. 116s.

[53] SARLET, I. *DF*, p. 116.

[54] MÜLLER, J. *GR*, p. 167. Parece correta a terminologia empregada por STEINMETZ, W. *Vinculação*, p. 39ss, ao tratar o problema como vinculação dos particulares "a direitos fundamentais", com isso deixando claro que nem todos os direitos fundamentais são objeto dessa vinculação.

eficácia horizontal possui um significado autônomo ao lado da proteção da personalidade pelo direito privado. Isso porque nem todos direitos fundamentais hão de ser compreendidos exclusivamente como concretizações do valor da personalidade do particular. Dito de outro modo, os direitos fundamentais não se esgotam na proteção da personalidade individual, ainda que nela adquira grande e destacada parcela de significado, visto que também se dirigem a questões relacionadas com a estrutura do ordenamento jurídico, a manutenção da liberdade de concorrência como pressuposto de uma economia próspera[55] ou ainda o processo de livre formação da opinião como pressuposto da democracia.[56]

Conclusão necessária é que uma fórmula geral para a aplicação dos direitos fundamentais no direito privado não pode ser encontrada.[57] Sem embargo, delimita-se, para o âmbito deste estudo, o campo dos direitos fundamentais que incidem ou possam incidir tanto nas relações com os órgãos estatais quanto nas relações entre entidades privadas[58] e, em particular, nos contratos de consumo, nas mais diversas formas e modalidades. Nessa espécie de contratos, adquirem relevância todos os direitos considerados fundamentais que estejam conectados a um componente de desenvolvimento da personalidade. O foco é a preservação da capacidade de autodeterminação do consumidor em um contrato de consumo.

1.5 Previsão da eficácia horizontal no texto constitucional

Por regra, pode-se dizer que problemas que tocam a eficácia de direitos fundamentais em relações privadas não são exclusivos de um ou outro país, já que atingem todo e qualquer ordenamento de raiz democrática, que respeite os direitos fundamentais dos cidadãos e que coloque esses direitos no ápice do sistema jurídico, ainda que por meio de diferentes formulações constitucionais. Nota-se que a maioria das constituições modernas, ao menos dos países de cultura jurídica democrática ocidental, silenciam quanto ao problema. Nessa conexão, se poderia questionar se uma constituição deve necessariamente se manifestar de forma expressa em favor ou contra a eficácia dos direitos fundamentais nas relações privadas.

A posição sistemática dos direitos fundamentais no início da constituição contribui para reforçar a sua condição de hierarquia no texto constitucional e, com isso, na ordem jurídica total.[59] Ainda que a partir daí não se possa concluir necessariamente por uma eficácia dos direitos fundamentais nas relações privadas, nada fala ao contrário.[60] A LF deixa

---

[55] Em particular, v. MÜLLER-GRAFF, P. *Marktwirtschaft*, p. 433ss.

[56] MÜLLER, J. *GR*, p. 173s.

[57] MÜLLER, J. *GR*, p. 169, sustentando que, caso existisse, acabaria por contradizer a própria natureza jurídico-fundamental de alguns desses direitos.

[58] MIRANDA, J. *Manual*, T. IV, p. 320s, destacando, entre esses direitos, reserva de intimidade da vida privada, direitos autorais, liberdade de associação, locomoção e profissão, sigilo de dados pessoais, liberdade de consciência e de religião, proteção à saúde etc. EN, v. SARLET, I. *DF*, p. 116, apontando na CF/88, de forma exemplificativa, os seguintes direitos: indenização por dano material e moral no caso de abuso do direito de livre manifestação do pensamento (art. 5°, IV e V), inviolabilidade do domicílio (art. 5° XI), sigilo de correspondência e das comunicações (art. 5°, XII) e os direitos dos trabalhadores (art. 7° ss).

[59] LANGNER, T. *Problematik*, p. 41.

[60] LANGNER, T. *Problematik*, p. 41.

em aberto essa questão, afirmando apenas que os direitos fundamentais vinculam os poderes públicos como direito imediatamente vigente.[61] A CF/88, como é sabido, limita-se a afirmar que "as normas definidoras dos direitos e garantias fundamentais têm aplicação imediata".[62] Ambos os comandos, tanto da LF quanto da CF/88, nada informam quanto à possível modalidade de eficácia dos direitos fundamentais nas relações privadas. A busca de uma resposta a essa questão passa pela constatação de que, mesmo nos ordenamentos constitucionais em que há previsão expressa da vinculação das entidades privadas aos direitos fundamentais, se nota uma grande polêmica acerca da forma e intensidade dessa vinculação. Exemplos típicos são os casos de Portugal[63] e Suíça.[64]

Em uma comparação entre esses dois ordenamentos jurídicos, verifica-se que o modelo suíço parece afirmar com mais intensidade que a previsão de uma vinculação dos particulares aos direitos fundamentais na constituição aponta para uma eficácia horizontal (*Drittwirkung*) indireta.[65] Levando-se em conta que a literalidade do respectivo dispositi-

---

[61] Art. 1, Abs. III, LF.

[62] CF/88, art. 5°, § 1°.

[63] A Constituição Portuguesa de 1976, dispõe em seu art. 18/1: "Os preceitos constitucionais respeitantes aos direitos, liberdades e garantias são directamente aplicáveis e vinculam as entidades públicas e privadas." Especificamente, sobre a controvérsia da extensão do art. 18/1 da Constituição Portuguesa de 1976, consulte-se, do, VIEIRA DE ANDRADE, J. *DF*, p. 251, observando que a referida norma não revela a amplitude, a forma e a intensidade da vinculação das entidades privadas aos direitos fundamentais. Segundo o autor, a Constituição Portuguesa deixa em aberto em que termos se processa a respectiva vinculação, não estabelecendo ao mesmo tempo se a vinculação é idêntica àquela que obriga as entidades públicas, bem como se a palavra "entidades" se refere a todos e quaisquer indivíduos ou apenas a pessoas coletivas ou individuais detentoras de notório grau de poder social. Para análise da controvérsia gerada pelo problema da *Drittwirkung* à luz da doutrina portuguesa, v., do, CANOTILHO, J. *Dir. Constitucional*, p. 1269ss; MIRANDA, J. *Manual*, T. IV, p. 323ss; MOTA PINTO, C. *Teoria* , p. 72ss; ABRANTES, J. *Vinculação*, p. 87 ss; SILVA, V. *Vinculação*, p. 41ss; PRATA, A. *Tutela*, p. 136ss.

[64] BLECKMANN, A. *Staatsrecht*, p. 220s, traz o interessante exemplo do projeto de revisão total da Constituição Suíça, elaborado por uma comissão de espertos, que em seu art. 25 dispunha, etl: "Art. 25. Eficácia dos direitos fundamentais entre privados. I. Os Poderes Legislativo e Judiciário zelam que os direitos fundamentais, em conformidade com o seu sentido, também se tornem ativos entre privados. II. Aquele que exerce um direito fundamental tem que observar os direitos fundamentais dos demais. Acima de tudo, a ninguém é permitido lesionar direitos fundamentais, por meio de abuso de sua posição de poder". Efetivamente, a Constituição Suíça, de 18 de abril de 1999, incorporou a questão da vinculação dos particulares aos direitos fundamentais em seu art. 35, que trata da realização dos direitos fundamentais, etl: "Art. 35: 1. Os direitos fundamentais têm que viger em todo o ordenamento jurídico. (...) 3. As autoridades zelam que os direitos fundamentais, na medida em que se mostrem adequados para tanto, também se tornem ativos entre particulares". Sobre o alcance do art. 35 da Constituição Suíça, v. Hausheer, H; Aebi-Müller, R. *Persönlichkeitsschutz*, p. 344ss; SCHWEIZER, R. *Bundesverfassung*, p. 271, sustenta que a previsão expressa de uma vinculação dos particulares aos direitos fundamentais no texto constitucional constitui-se como um novo e importante elemento da ordem constitucional suíça e, como tal, não causou surpresas. KOLLER, H. *Einleitungstitel*, p. 664, ao comentar o desenvolvimento da atual constituição suíça, afirma que a matéria inerente à *Drittwirkung* foi ancorada na constituição a partir do projeto dirigido ao conselho federal, que foi analisado e aprovado pelas comissões constitucionais, independentemente de maiores discussões a respeito. Fundamento para tanto foi que as teorias acerca da *Drittwirkung* se encontram em um estágio de consolidação tal, que permite a formulação empregada ser adaptada ao texto constitucional suíço sem maiores problemas. Decisivo nessa questão foi o triunfo em torno da confiança, por parte do poder constituinte suíço, de que a matéria inerente à *Drittwirkung* encontrará um tratamento racional e moderado por meio do poder judiciário; Kayser, M; Richter, D. *Bundesverfassung*, p. 1.043s.

[65] MÜLLER, J. *GR*, p. 170; Hausheer, H; Aebi-Müller, R. *Persönlichkeitsschutz*, p. 344; Kayser, M; Richter, D. *Bundesverfassung*, p. 1.043s.

vo constitucional silencia quanto à modalidade de eficácia, a opção por um modelo de eficácia indireta revela-se como fruto do desenvolvimento doutrinário. No tocante à percepção portuguesa do problema, a doutrina parece oscilar tanto na direção da eficácia direta[66] quanto da eficácia indireta,[67] prova de que a existência de uma previsão expressa na constituição acerca da vinculação dos particulares aos direitos fundamentais não põe um ponto final à controvérsia.

Assim, por se tratar de uma construção dogmática da mais elevada complexidade, que requer um esforço argumentativo permanente, entende-se que essa modalidade de eficácia dos direitos fundamentais nas relações privadas deve ficar em aberto pela constituição,[68] cabendo a cada ordenamento jurídico encontrar as soluções que se mostrem mais adequadas à sua realidade, levando em conta não apenas o arranjo constitucional, como também a própria estrutura de direito privado. Decisivo, portanto, não é a previsão expressa na constituição em torno de uma eficácia dos direitos fundamentais nas relações privadas, mas sim o comprometimento da ordem jurídico-estatal em promover a defesa desses direitos, independentemente do lado de onde provenham eventuais agressões ou violações.

1.6 Conclusões parciais

Por se tratar de uma construção dogmática da mais elevada complexidade, que requer um esforço argumentativo permanente, entende-se que essa modalidade de eficácia dos direitos fundamentais nas relações privadas deve ficar em aberto pela constituição, cabendo a cada ordenamento jurídico encontrar as soluções que se mostrem mais adequadas à sua realidade, levando em conta não apenas o arranjo constitucional, como também a própria estrutura de direito privado. Decisiva, portanto, não é a previsão expressa na constituição em torno de uma eficácia dos direitos fundamentais nas relações privadas, mas sim o comprometimento da ordem jurídico-estatal em promover a defesa desses direitos, independentemente do lado de onde provenham eventuais agressões ou violações.

---

[66] ABRANTES, J. *Vinculação*, p. 94ss; PRATA, A. *Tutela*, p. 136ss; SILVA, V. *Vinculação*, p. 45s. (embora reconheçam que os direitos fundamentais devam ser conciliados com princípios do direito privado); ainda que não assumindo expressamente uma posição em torno da eficácia direta, essa direção é sugerida por MIRANDA, J. *Manual*, T. IV, p. 324s., ao aduzir que se a ameaça não provir de um poder político, mas sim de um grupo ou de uma entidade privada dominante, os direitos, liberdades e garantias deverão valer igualmente de modo absoluto; e por VIEIRA DE ANDRADE, J. *DF*, p. 244s, quando afirma que direitos fundamentais deveriam valer como "direitos subjetivos contra entidades privadas que constituam verdadeiros poderes sociais ou mesmo perante indivíduos que disponham, na relação com outros, de uma situação real de poder que possa equiparar-se, nesse ponto concreto, à supremacia do Estado".

[67] MOTA PINTO, C. *Teoria*, p. 76ss., mostrando-se contra a possibilidade de uma aplicação absoluta de um direito fundamental de cunho principiológico, de forma absolutamente isolada, no ordenamento jurídico privado; CANOTILHO, J. *Dir. Constitucional*, p. 1.273, enquadra a problemática da vinculação dos particulares aos direitos fundamentais no âmbito da função de proteção desses direitos nos seguintes termos: os direitos fundamentais constituem ou transportam princípios de ordenação subjetiva, mormente deveres de garantia e de proteção do Estado, eficazes no ordenamento jurídico privado, o que aponta para uma eficácia indireta dos direitos fundamentais no âmbito privado.

[68] BÖCKENFÖRDE, E. *GRdogmatik*, p. 37; Müller, G. *DW*, p. 244.

CAPÍTULO | 2

Razões para o reconhecimento de uma eficácia dos direitos fundamentais nas relações privadas

A linha de investigação que ora se inicia visa a buscar argumentos favoráveis ao reconhecimento da eficácia dos direitos fundamentais nas relações jurídico-privadas. O foco aqui será reconduzir todos esses argumentos a uma base comum, em que se situa o ponto central deste estudo: a ideia de *convergência* do direito privado para o direito constitucional. Essa é a meta que ora se persegue.

2.1 Argumentos favoráveis ao reconhecimento da eficácia dos direitos fundamentais nas relações privadas

O reconhecimento de que os direitos fundamentais geram efeitos para todos os âmbitos do direito, com destaque para o direito privado, que tradicionalmente era deixado de fora dessa influência, sob fundamento de preservação da autonomia privada, representa uma mudança para uma concepção material do Estado de direito.[1] Isso porque a constatação de que os direitos fundamentais representam valores constitucionais depende de outra, de caráter suplementar, que é o reconhecimento de que esses direitos geram uma proteção multidirecional, sobretudo pelo fato de que concepções de valor se mostram como algo indivisível.[2] Nesse sentido, a constituição deixou de se limitar à determinação dos limites de atuação dos poderes estatais perante a liberdade individual.[3]

---

[1] BÖCKENFÖRDE, E. *Entstehung,* p. 72.
[2] LANGNER, T. *Problematik,* p. 52; LEISNER, W. *GR,* p. 333.
[3] BÖCKENFÖRDE, E. *Entstehung,* p. 72s.

Não há como negar que ainda há muitas questões em aberto no que diz respeito a uma fundamentação da eficácia dos direitos fundamentais no tráfego jurídico privado. Relevante no âmbito da discussão é a busca de clarificação quanto aos critérios aptos a resolver as colisões de direitos fundamentais que se fazem presentes em relações privadas.[4] Um olhar amplo na doutrina revela que há sérias controvérsias em torno da modalidade de eficácia dos direitos fundamentais nas relações privadas, mas pouco se controverte quanto ao fato de que o direito privado não pode ser um âmbito jurídico imune à proteção dos direitos fundamentais. Não fosse assim, não haveria sentido falar em supremacia da constituição ou até mesmo em unidade do ordenamento jurídico. Ademais, consequência lógica da vinculação do legislador privado aos direitos fundamentais é que a interpretação e a aplicação do direito privado têm que observar esses direitos. Nesse sentido, o juiz tem o dever de examinar se a interpretação e aplicação de prescrições de direito privado no caso concreto acabam por violar direitos fundamentais.[5] Nessa conexão de elementos, a favor do reconhecimento de uma eficácia dos direitos fundamentais nas relações privadas depõe a constatação de que uma norma de direito fundamental tem que ser interpretada da forma que lhe garanta maior efetividade possível,[6] ainda que com isso nada esteja dito quanto à forma em que os sujeitos privados vinculam-se aos direitos fundamentais.[7]

Como princípios constitucionais elementares para a vida social, os direitos fundamentais não podem ser pensados apenas como direito público ou privado, visto que se afirmam como uma espécie de "telhado" de direito constitucional (*"überdachendes" Verfassungsrecht*) que, com a sua força normativa, penetram em todos os âmbitos do ordenamento jurídico.[8] Essa construção encerra o problema de poder levar à falsa compreensão que os efeitos desses direitos são ilimitados. O simples reconhecimento de uma meta desejável do ponto de vista político-social não significa por si só a elaboração de um correspondente preceito jurídico de caráter vinculante.[9] Todavia, quando esse reconhecimento é extraído da constituição, passa a ter incontestável valor jurídico.[10] Isso se deve ao fato de que os direitos fundamentais proclamam uma determinada cultura e um sistema de valores, que deve ser o sentido da vida estatal expressa na constituição,[11] cenário que, em tempos mais recentes, foi descrito na doutrina pátria como encampação de valores pela constituição.[12]

Essa ordem de valores que traduz o espírito dos direitos fundamentais é a expressão de um sistema, lembrando que, quando se fala em ordem, é necessário que os entes que a constituem não estejam somente em relacionamento com o todo, mas também em

---

[4] OLDIGES, M. *Aspekte*, p. 308, sustentando que, nesse ponto, a dogmática dos direitos fundamentais está apenas no começo.

[5] BADURA, P. *Staatsrecht*, C, Rn. 23, p. 109s.

[6] THOMA, R. *Bedeutung*, p. 9; LAUFKE, F. *Vertragsfreiheit*, p. 150; MANGOLDT, H; KLEIN, F. *Bonner GG*, p. 118.

[7] BLECKMANN, A. *Staatsrecht*, p. 227.

[8] MÜLLER, J. *GR*, p. 163 s.; DREIER H. *Dimensionen*, p. 59.

[9] HUECK, A. *Bedeutung*, p. 5.

[10] HUECK, A. *Bedeutung*, p. 5.

[11] SMEND, R. *Verfassung*, p. 164, destacando, com isso, a integração material do ponto de vista político e a legitimação da ordem jurídico-privada, do ponto de vista jurídico.

[12] TAVARES, A. *Curso*, p. 215ss.

coerência uns com os outros.[13] Assim, o reconhecimento de uma meta com amparo constitucional pode servir como fundamento para a interpretação de leis, atos administrativos e até mesmo de negócios privados, pois na dúvida se pode tomar como hipótese que esse reconhecimento se insere no sistema de valores geral aceito pela coletividade.[14] Esse mesmo reconhecimento pode servir em determinadas circunstâncias como último limite à liberdade contratual, no sentido da cláusula geral de bons costumes.[15] Tal constatação fundamenta, no mínimo, a necessidade de observância dos direitos fundamentais nos negócios privados e, particularmente, nos contratos de consumo.[16]

Esse fundamento recebe reforço de outro argumento adicional, que é o reconhecimento do caráter pré-estatal dos direitos fundamentais. Nesse sentido, a doutrina observa que na medida em que os direitos fundamentais permanecem sendo direito suprapositivo em seu núcleo, a par de sua positivação na constituição,[17] sua vigência não pode ser restrita a um determinado âmbito jurídico.[18] A partir daí, a concepção em torno de uma ordem de valores sanciona determinado convencimento fundamental de natureza política e ética, que outorga vigência jurídica a pontos de vista que se mostrem compatíveis com essa ordem valorativa – e, com isso, à constituição – afastando em contrapartida outros que se mostrem contrários a ela.[19] Nesse passo, a questão da eficácia horizontal é tratada pela doutrina como um princípio jurídico[20] ou até mesmo como parte integrante da ordem jurídica.[21]

No momento em que se qualificam os direitos fundamentais como fundamento de uma ordem de valores objetiva, abre-se o caminho para o reconhecimento de sua eficácia nas relações privadas.[22] Uma ordem de valores objetiva jurídico-fundamental, que deve viger para todos os âmbitos do ordenamento jurídico, pressupõe um conteúdo obrigacional dos direitos fundamentais, particularmente para o legislador, que não se esgota na obrigação de omissão da prática de violações.[23] Isso significa que esse conteúdo não pode traduzir apenas uma liberdade a ser protegida de intervenções estatais, observação que fundamenta seu desenvolvimento também em determinadas prescrições jurídico-privadas.[24]

Na busca de uma fundamentação voltada ao reconhecimento da eficácia dos direitos fundamentais no tráfego jurídico privado, constatou-se que o direito privado, assim como todo e qualquer ramo do direito legislado, não pode constituir uma espécie de "gueto" à margem da constituição.[25] O respeito integral à constituição afasta a ideia de que os po-

---

[13] BOBBIO, N. *Teoria do Ordenamento Jurídico*, p. 71.
[14] HUECK, A. *Bedeutung*, p. 5.
[15] HUECK, A. *Bedeutung*, p. 5.
[16] MARQUES, C. *Manual de Direito do Consumidor*, p. 23ss.
[17] NIPPERDEY, H. *Würde*, p. 7.
[18] MÜLLER, J. *GR*, p. 165.
[19] BÖCKENFÖRDE, E. *Entstehung*, p. 73.
[20] MÜLLER, J. *GR*, p. 169.
[21] LANGNER, T. *Problematik*, p. 52.
[22] PAPIER, H. *DW*, Rn. 8.
[23] KREBS, W. *Freiheit*, Rn. 46.
[24] KREBS, W. *Freiheit*, Rn. 46.
[25] SILVA, V. *Vinculação*, p. 45.

deres públicos devam fechar os olhos para agressões a direitos fundamentais provenientes da esfera privada.[26] Tal realidade adquire particular expressão na formulação proposta por Jörg Neuner,[27] de que "não importa de onde vem a bota que desfere o chute no rosto do ofendido". Nesse passo, o reconhecimento da eficácia dos direitos fundamentais nas relações privadas seria o corolário de uma exigência lógica de coerência interna do ordenamento jurídico.[28]

A fundamentação geral da eficácia horizontal reside na premissa de que nenhum titular de direitos fundamentais tem a permissão de violar um bem jurídico-fundamental de outro,[29] ao mesmo tempo em que uma convivência social entre diferentes titulares de direitos, com interesses distintos, é inevitável. Por um lado, gerações de teóricos da filosofia do direito mostraram que uma solução unívoca para a relação de tensão entre direito e justiça não é possível.[30] Por outro, o bem comum é um conceito tão complexo, que até hoje não encontrou uma definição epistemológica satisfatória.[31] Ideias de direito, justiça e bem comum têm que poder ser reconduzidas a um fundamento comum, que deve estar representado na constituição. Assim, os valores da constituição é que devem apontar a direção na qual respostas serão encontradas. E é na legislação civil que essas respostas adquirem expressão mais concreta, haja vista que nenhum preceito legislativo pode se mostrar em contradição com a constituição, ao mesmo tempo em que devem ser concretização desses valores em maior ou em menor grau. Essa realidade pode ser reconduzida, de certa forma à teoria da integração de Rudolf Smend, que tem como ponto de partida a relação do indivíduo com o mundo social.[32]

De fato, o advento de uma sociedade de massas gerou uma espécie de perda da realidade social por parte da ordem jurídico-privada,[33] que se mostrou incapaz de regular toda a sorte de conflitos, assim como de manter a proteção eficaz da pessoa em todos os aspectos. A reconquista do valor da pessoa, como centro do ordenamento jurídico, se deu, entre outros aspectos, pelo constitucionalismo de valores recente, que colocou a pessoa –

---

[26] DUQUE, M. S. *DF e Direito Privado,* p. 87ss.

[27] NEUNER, J. *Privatrecht,* p. 153, afirmando que a existência de direitos fundamentais exige a geração de efeitos no curso de relações privadas, sobretudo quando se coloca em jogo o seu conteúdo em dignidade humana.

[28] VILLALÓN, P. *Legislación,* p. 104, destacando que um ponto de vista contrário equivaleria à criação de uma espécie de "dupla moral" em relação aos direitos fundamentais, conforme se tratasse do Estado, ou da sociedade, em uma relação fática; PÉREZ LUÑO, A. *Derechos,* p. 314, fala que repudiar uma eficácia dos direitos fundamentais na esfera privada significa reconhecer uma *dupla ética* no seio da sociedade: uma aplicável às relações entre o Estado e os particulares; a outra aplicável às relações dos cidadãos entre si.

[29] ISENSEE, J. *Abwehrrecht,* Rn. 103.

[30] HERZOG, R. *GG Kommentar* (Art. 20, Abs. 3, GG), Rn. 53.

[31] BÖCKENFÖRDE, W. *Gleichheitssatz,* p. 72.

[32] SMEND, R. *Integrationslehre,* p. 475ss. Segundo a teoria da integração, a vida dos indivíduos na coletividade estatal está unificada por uma espécie de vivência global, à medida que o indivíduo não pode ser visto e contemplado independentemente da comunidade. Smend apoia-se no fato de que a constituição é o plano no qual se dá a integração. A partir desse quadro, a constituição serve como um esquema de integração central da comunidade estatal, o que implica reconhecimento do indivíduo pelo ordenamento constitucional, sob pena de a atuação individual correr fora do ordenamento constitucional.

[33] SPIESS, G. *Inhaltskontrolle,* p. 1223.

e a preservação da sua dignidade – como valor supremo (*höchsten Wert*) do ordenamento jurídico.[34] Os direitos fundamentais, enquanto instrumento voltado a proteger a pessoa, possuem um significado destacado na adaptação da ordem jurídico-privada às pretensões da sociedade atual.[35] A evolução da realidade do Estado constitucional democrático mostrou que seus cidadãos necessitam, em âmbitos amplos de sua vida, apoiar-se em funções complementares dos direitos fundamentais, que extrapolam a pura dimensão de defesa desses direitos.[36] Para tanto, funções adicionais foram descobertas e desenvolvidas pela doutrina e jurisprudência. O motor desse desenvolvimento é a ideia de que zelar pela tradição dos direitos fundamentais por meio de seu desenvolvimento posterior é uma tarefa permanente.[37]

As constituições democráticas modernas contêm duas categorias de normas: uma que constitui e organiza os poderes públicos e, com isso, o próprio Estado; outra que limita e conduz o poder estatal. No centro da primeira situa-se a noção de autorização ou legitimação; no centro da segunda situam-se os direitos fundamentais.[38] Importa ter em mente que ambas têm que ser lidas à luz dos direitos fundamentais, o que significa uma leitura voltada à pessoa. Trata-se de um entendimento que guiou a própria redação da LF. À época, havia ciência de que a maioria das constituições modernas contém catálogos de direitos fundamentais nos quais o direito das pessoas é protegido contra as pretensões da razão estatal. Entretanto, havia igualmente ciência de que isso não basta, pelo fato de que os direitos fundamentais devem reger a constituição como um todo, não se podendo limitar à função de apêndice da constituição.[39] Essa mesma noção dava conta de que o simples fato de uma constituição prever direitos fundamentais não é garantia do seu cumprimento. Basta ver o que ocorreu com os direitos fundamentais previstos na Constituição de Weimar, que sucumbiram perante a ditadura nacional-socialista.[40] Verifica-se que mesmo a democracia sozinha pode não obter êxito em assegurar a liberdade humana, já que a própria história revela que ditaduras parlamentares (aparentemente democráticas) podem lesionar direitos fundamentais.[41] Daí se depreende que é dever do Estado proteger e defender os direitos fundamentais, independentemente do lado pelo qual provenha eventual agressão.

O sentido dos direitos fundamentais reside em parte na constatação de que a pessoa como tal deve possuir determinados direitos que, por sua importância, não estão à disposição do Estado.[42] O fato desses direitos não estarem à disposição do Estado não

---

[34] BRUGGER, W. *Menschenwürde*, p. 389.

[35] SPIESS, G. *Inhaltskontrolle*, p. 1224.

[36] UNRUH, P. *Dogmatik*, p. 56.

[37] PIEROTH, B. *Verfassungstradition*, Rn. 71.

[38] ALEXY, R. *Abwägung*, p. 113.

[39] SCHMID, C. *Entstehungsgeschichte*, p. 42, em discurso no qual defendia a ampliação dos direitos e liberdades dos particulares, por ocasião do Convento Constitucional de Herrenchiemsee em 1948, onde se redigiu o projeto para a LF Alemã de 23 de maio de 1949; no mesmo sentido, v. PIEROTH, B. *Verfassungstradition*, Rn. 17.

[40] FELDKAMP, M. F. *Parlamentarische Rat*, p. 72.

[41] SÜSTERHENN, A. *Entstehungsgeschichte*, p. 42, em discurso por ocasião do Convento Constitucional de Herrenchiemsee em 1948, onde se redigiu o projeto para a LF Alemã de 23 de maio de 1949.

[42] SCHMID, Carlo. *Entstehungsgeschichte*, p. 42.

significa apenas a proibição de sua abolição,[43] mas igualmente a imposição de uma obrigação adicional: a de zelar pela sua proteção e implementação efetivas. O notável ganho de significado experimentado pelos direitos fundamentais desde o meio do século XIX permitiu a obtenção daquilo que pode ser considerado uma espécie de contrapeso em relação à tradicional dimensão de defesa desses direitos,[44] a partir da qual novas e potenciais perspectivas foram encontradas. Fundamentos ligados tanto ao Estado social quanto ao Estado de direito fazem o Estado ser chamado a intervir em determinados tipos de relações, a fim de disciplinar a liberdade de desenvolvimento individual.[45] Com isso se repelem não apenas abusos, como também se busca garantir que o livre desenvolvimento da personalidade seja compartilhado em todos os setores da sociedade. É o típico exemplo da proteção do consumidor.[46]

O início da vigência das constituições dos países de tradição democrática a partir do século XX marcou um momento quando o direito privado passou a ser objeto de considerações no plano constitucional.[47] Mais recentemente, o direito privado passou a ser envolvido por uma densa rede inspirada em valores e especificações jurídico-constitucionais,[48] o que revela uma tendência clara no sentido de a constituição influenciar, cada vez mais, o direito privado.[49] Há quem fale atualmente, parodiando o clássico entendimento de que o direito administrativo é o direito constitucional concretizado,[50] que o direito privado é o direito constitucional concretizado.[51] Em que medida isso é positivo ou negativo, depende do ângulo de abordagem que se toma e, sobretudo, da forma como essa influência é realizada na prática.

De maneira geral, pode-se sustentar que a influência dos valores constitucionais no direito privado é positiva, visto que aperfeiçoa esse âmbito do direito, voltando-o à realização da pessoa. Entretanto, fundamental é que essa influência não perca o controle, de modo a se tornar tão intensiva, ao ponto de acabar com a racionalidade própria do direito privado, o que lhe privaria de cumprir a sua função precípua, que é a regulamentação das relações travadas entre particulares, a partir de um enorme espectro de situações da vida. Isso iria até mesmo contra os fundamentos da própria constituição, particularmente na distribuição de competências e funções entre os poderes, típica do Estado constitucional.

---

[43] DUQUE, M. S. *Cláusulas constitucionais,* p. 49ss.
[44] KRINGS, G. *Grund,* p. 366, ponderando que esse contrapeso só poderia ter sido localizado nos próprios direitos fundamentais.
[45] ERICHSEN, H. *Staatsrecht,* p. 46.
[46] MARQUES, C. *Manual de Direito do Consumidor,* p. 23ss.
[47] CANARIS, C. *GR (AcP),* p. 201ss.
[48] RÖTHEL, A. *Richterhand,* p. 424.
[49] RAISER, L. *Grundgesetz,* p. 5ss; NIPPERDEY, H. *GR,* p. 17ss; DÜRIG, G. *GR,* p. 157ss; HESSE, K. *Verfassungsrecht,* p. 1ss; CANARIS, C. *GR (AcP),* p. 201ss; LEISNER, W. *GR,* p. 1ss; LERCHE, P. *Grundrechtswirkungen,* p. 215ss; SCHAPP, J. *Privatautonomie,* p. 30ss; NEUNER, J. *Entwicklung,* p. 159ss; EN, v. TEPEDINO, G. *Premissas,* p. 1ss.
[50] WERNER, F. *Verwaltungsrecht,* p. 527ss. Trata-se da clássica formulação de Fritz Werner: *Verwaltungsrecht als konkretisiertes Verfassungsrecht* (direito administrativo como direito constitucional concretizado).
[51] NOVAK, R. *DW,* p. 145. KOPP, F. O. *Fiskalgeltung,* p. 158.

Nessa seara, cabe lembrar que a eficácia dos direitos fundamentais só é verificada no âmbito de um verdadeiro e autêntico Estado constitucional.[52]

Note-se que apesar de todos os esforços no sentido de construir uma constituição com uma normatividade livre de lacunas, aliada à consciente negação de um direito constitucional de conteúdo programático, marcado por fórmulas vazias, tem-se que o direito constitucional não logra êxito por si só em abranger a realidade da vida estatal como um todo[53] e muito menos em abranger a totalidade da vida privada, considerando as limitações de sua natureza. Isso demonstra que o direito constitucional não pode substituir a racionalidade própria do direito privado pela sua própria, sob pena de quebra do próprio ordenamento jurídico, que passaria a ser regulamentado na prática diária somente por uma única norma jurídica – a constituição –, que em suas mais variadas formas não pretende e não tem condições de fazê-lo.

Mudanças dos direitos fundamentais são acima de tudo mudanças da sua dogmática, de modo que a realidade dos direitos fundamentais é a realidade e a eficiência da sua dogmática.[54] Se os direitos fundamentais são considerados como os "direitos dos direitos" e a constituição como a "lei das leis",[55] seria no mínimo contraditório afirmar que os direitos fundamentais não devem ser levados em consideração no tráfego jurídico privado. Desse modo, os direitos fundamentais podem complementar ou até mesmo impor modificações ao direito privado.[56] Isso significa que os direitos fundamentais clássicos devem passar por uma reciclagem em seu significado, de modo a se adaptarem às situações presentes, fazendo-se efetivos nos novos tempos.[57]

A configuração de uma ordem social justa exige uma atuação no fortalecimento da posição do particular na sociedade.[58] Nesse quadro, a dogmática dos direitos fundamentais tem que intermediar a liberdade e a realidade social.[59] Isso porque o conceito de liberdade é um elemento construtivo essencial na concepção de proteção de direitos fundamentais, não apenas pelo fato de o objeto de proteção desses direitos ser determinado com a sua ajuda, mas, sobretudo e particularmente, pelo fato de esse conceito contribuir decisivamente para a determinação da concepção geral dos direitos fundamentais.[60] Essa constatação é decisiva para o reconhecimento da eficácia dos direitos fundamentais no ordenamento jurídico privado. Se os direitos fundamentais devem proteger a liberdade apenas perante o Estado, a construção da proteção da liberdade adquire outro contorno em relação àquele que seria necessário na hipótese de a proteção da liberdade nas relações

---

[52] SARLET, I. *Eficácia,* p. 62.
[53] DÜRIG, G. *Verfassung,* p. 193.
[54] HÄBERLE, P. *GR,* p. 136.
[55] MERTEN, D. *Begriff,* Rn. 65.
[56] NEUNER, J. *Entwicklung,* p. 159.
[57] Pensamento que marcou a elaboração da LF alemã, no curso dos trabalhos parlamentares. V. FELDKAMP, M. F. *Parlamentarische Rat,* p. 72.
[58] ERICHSEN, H. *Staatsrecht,* p. 46.
[59] HÄBERLE, P. *GR,* p. 136.
[60] KREBS, W. *Freiheit,* Rn. 8.

entre titulares de direitos fundamentais, portanto entre particulares ser também tema dos direitos fundamentais.[61]

Todos esses argumentos, de base teórica, somam-se a outro de base prática: os perigos que ameaçam a realização dos direitos fundamentais provêm não apenas do lado estatal, mas igualmente do lado privado, na forma de violações praticadas por um cidadão contra outro.[62] Isso significa que os chamados poderes socioeconômicos privados, em determinadas ocasiões, podem ser mais implacáveis do que o próprio Estado na violação dos direitos fundamentais.[63] Essa é mais uma razão pela qual o Estado, além do dever de se abster de violar direitos fundamentais dos particulares, tem o dever de protegê-los, inclusive contra violações provenientes da esfera privada. Em face disso, seria um erro pensar que a compreensão de que os direitos fundamentais se movem para o centro da ordem jurídica estatal pressupõe um Estado fraco. Isso porque a realização e o asseguramento dos direitos fundamentais nas condições da atualidade dependem em ampla medida do próprio Estado. É justamente por essa razão que a realização plena dos direitos fundamentais exige um Estado forte, que se mostre capaz de cumprir essa tarefa de realizar e garantir esses direitos.[64]

Na jurisprudência do BVerfG, o significado dos direitos fundamentais no curso da interpretação e aplicação do direito privado está estampado em uma série de decisões, que refletem os argumentos até aqui colacionados: em seu catálogo de direitos fundamentais, a constituição ergueu os elementos de uma ordem objetiva que, na condição de decisão fundamental jurídico-constitucional, possui vigência em todos os âmbitos do ordenamento jurídico, influenciando assim também o direito privado;[65] os direitos fundamentais, como norma objetiva, desenvolvem seu conteúdo jurídico também no direito privado. Nessa qualidade, irradiam efeitos para a interpretação e aplicação de prescrições jurídico-privadas;[66] o juiz está legitimado pela constituição a examinar se os direitos fundamentais são afetados de um modo ou de outro pela aplicação de prescrições jurídico-civis no caso concreto. Uma vez constatada essa possibilidade, o juiz tem o dever de interpretar e aplicar essas prescrições à luz dos direitos fundamentais.[67]

Com base em todas essas considerações, evidencia-se que os direitos fundamentais não poderiam garantir uma proteção efetiva, caso os particulares não pudessem aplicá-los em determinadas relações privadas.[68] A partir daí, abre-se caminho para uma penetração controlada, porém eficaz, dos valores constitucionais no direito privado e, com isso, para a própria possibilidade de controle do conteúdo de contratos privados em situações específicas com base na constituição. Reconhece-se assim que as relações civis não são mais

---

[61] KREBS, W. *Freiheit*, Rn. 8.
[62] ISENSEE, J. *Abwehrrecht*, Rn. 85; CALLIESS, C. *Schutzpflichten*, Rn. 4. EN, v. SARLET, I. *DF*, p. 132ss.
[63] PÉREZ LUÑO, A. *Derechos*, p. 314.
[64] HESSE, K. *Bestand*, p. 438.
[65] BVerfGE 7, 198 (205); 42, 143 (148); 73, 261 (269).
[66] BVerfGE 84, 192 (194f.).
[67] BVerfGE 84, 192 (194f.).
[68] PAPIER, H. *DW*, Rn. 5. EN, v. SARLET, I. *DF*, p. 107ss.

marcadas apenas pela presença de um mero parceiro contratual, que pode se sujeitar a toda sorte de estipulações contratuais pensáveis.[69] Atualmente, o parceiro contratual é entendido como um titular de direitos fundamentais[70] que, como tal, tem a sua manifestação de vontade e desenvolvimento da personalidade (também) garantidos pela constituição. Em suma, para a constituição não é mais controverso que ela possui significado também para o direito privado, aqui se compreendendo o direito civil[71] e, em particular, as relações de consumo. Entretanto, controversa é a forma pela qual a constituição atua no direito privado.[72] A análise da chamada eficácia irradiante dos direitos fundamentais no ordenamento jurídico privado é o passo que se segue, na busca de um modelo adequado de fundamentação dessa eficácia.

2.2 O chamado efeito de irradiação dos direitos fundamentais

Em que pese inexistir um consenso acerca da modalidade pela qual os direitos fundamentais influenciam o direito privado, há um consenso no sentido de que ambos possuem relações recíprocas.[73] Esse consenso repousa basicamente no dever estatal de proteção da dignidade humana e no fato de os direitos fundamentais se afirmarem como fundamento da ordem jurídica.[74] É exatamente no cumprimento desse dever que se alia a figura do efeito de irradiação dos direitos fundamentais na ordem jurídico-privada.

De fato, o fenômeno da eficácia horizontal (*Drittwirkung*) é frequentemente reconduzido à chamada eficácia irradiante dos direitos fundamentais (*Ausstrahlungswirkung der Grundrechte*)[75] como expressão de uma ordem de valores jurídico-objetiva, que irradia efeitos para todos os âmbitos jurídicos,[76] cujo reconhecimento foi consagrado na sentença *Lüth*[77] e estendido a várias decisões posteriores.[78] A decisão *Lüth* analisou os efeitos gerados pelo direito fundamental de liberdade de manifestação do pensamento na esfera privada a partir de um boicote (de iniciativa privada) dirigido à exibição de um filme alemão chamado *Jud Süß*, dirigido pelo cineasta Veit Harlan, no ano de 1940.

---

[69] MARQUES, C. *Contratos,* p. 258ss.

[70] RÖTHEL, A. *Richterhand,* p. 424. EN, v. MARQUES, C. *Conduta,* p. 71ss.

[71] LAUFKE, F. *Vertragsfreiheit,* p. 146.

[72] LAUFKE, F. *Vertragsfreiheit,* p. 146.

[73] RAISER, L. *Zukunft,* p. 22s; UNRUH, P. *Dogmatik,* p. 69.

[74] STARCK, C. *Bonner GG..* 4. Auf., (Art. 1), Rn. 28 e 118.

[75] Ptd, v. ALEXY, R. *Theorie,* p. 477ss.

[76] HESSE, K. *Verfassungsrecht,* p. 23.

[77] BVerfGE 7, 198 (Lüth). Trata-se de um caso julgado pelo BVerfG em 15 de janeiro de 1958, envolvendo um conflito relacionado com a liberdade de manifestação do pensamento entre particulares e os danos daí decorrentes.

[78] BVerfGE 24, 278 (282); 27, 71 (79, 85); 27, 88 (99ss.); 30, 173 (189, 195, 201ss.); Abw. 32, 40 (NJW 1972, p. 95); 32, 98 (108ss.); 32, 311 (318); 32, 373 (378); 33, 52 (69); 34, 269 (280); 35, 79 (130, 161); 35, 202 (LS 2, 219ss.); 42, 163 (166); 46, 325 (334); 49, 304 (311); 52, 131 (172); 73, 261 (261ss); 76, 143 (161); 81, 298 (297); 84, 192 (194); 90, 27 (31); 96, 375 (398s.); 101, 361 (374); 107, 299 (NJW 2003, p. 1794); 110, 226 (270ss.); BVerfGE NJW 2006, p. 597.

Para se compreender com exatidão o pano de fundo da decisão *Lüth,* há que se regressar no tempo. Decididamente, não se tratou de uma produção comum. *Jud Süß* foi uma produção requerida pelo terrível regime totalitário nacional-socialista, vigente à época na Alemanha, a ser concebido na forma de um filme de propaganda antissemita. Seu nítido descomprometimento com a verdade histórica[79] também não foi por acaso. A apresentação dos fatos por Veit Harlan seguiu à risca o desejo da ditadura nacional-socialista, que encomendou e prestigiou o filme com suas contínuas exibições na Alemanha, com o objetivo de desacreditar o judaísmo de maneira geral, a fim de preparar e motivar os espectadores em favor da campanha de repressão e perseguição aos judeus. O caráter propagandístico do filme era tão evidente,[80] que as autoridades de ponta do regime ordenaram sua exibição perante seus subordinados,

---

[79] Contexto amplo em HENNE, T. *Das Lüth-Urteil,* p. 47ss. O enredo do filme foi concebido com fortes distorções na figura histórica de Joseph Süßkind Oppenheimer (1698-1738), conhecido pejorativamente como "Jud Süß", um financista judeu que atuava no então ducado de Württemberg, onde nascera (Heidelberg). Naquela época, eram impostas aos judeus uma série de limitações ao exercício profissional. Entre as poucas profissões que lhes eram permitidas, destacava-se a atuação em atividades financeiras, âmbito no qual Oppenheimer se destacou, vindo a adquirir rápida ascensão e visão social. Essa ascensão fez Oppenheimer ser conduzido ao cargo de conselheiro financeiro oficial do Duque Karl Alexander von Württemberg, incumbência que despertou mais atenção em torno da sua pessoa. Entre as tarefas atribuídas pelo Duque a Oppenheimer, destacou-se a de saneamento das finanças do ducado. Para tanto, Oppenheimer levou a efeito uma série de medidas, então consideradas inovadoras, típicas de uma economia de mercado, que se prestaram para a tarefa que lhe tinha sido ordenada. Essas medidas foram caracterizadas, entre outros aspectos, pela imposição de uma rígida política fiscal e monetária, cujo resultado natural foi a produção de descontentamentos diversos e significativos, marcados por inveja e até mesmo ódio, que se espalharam nos mais diferentes setores atingidos, público e privado. Quando o Duque veio inesperadamente a falecer, por força de um ataque cardíaco, em 12 de março de 1737, Oppenheimer perdeu o seu mais significativo protetor. No mesmo dia, foi preso e acusado da prática de vários crimes, que envolviam desde a prática de alta traição ao trono, passando por corrupção, peculato, sacrilégio à religião protestante e até mesmo prática sexual com menor. O seu patrimônio pessoal foi confiscado e leiloado ou vendido antes mesmo da sua condenação final. Não obstante a ausência de comprovação da prática dos crimes que lhe foram imputados (na acusação relativa à prática sexual com a menor, duas parteiras comprovaram inclusive a manutenção da virgindade da suposta vítima) e de uma fundamentação em torno da autoria dos fatos e da culpabilidade do réu na decisão, Oppenheimer foi condenado à morte, em 9 de janeiro de 1738. A Oppenheimer foi oferecida clemência, sob a condição de abdicar da religião judaica, o que não foi aceito por ele. A execução, morte por enforcamento, foi cumprida no dia 4 de fevereiro do mesmo ano.

[80] Relatos dão conta de que o líder do regime, Adolf Hitler, teria requerido pessoalmente ao seu Ministro da Propaganda, Joseph Goebbels, a produção de um filme com conteúdo propagandístico eficaz e subentendido, cujo objetivo era ser assimilado na consciência do povo alemão, não podendo nesse sentido ser identificado e recepcionado como "propaganda barata", para não perder sua eficácia. Para cumprir estritamente essa tarefa, Veit Harlan manipulou a figura de Oppenheimer, retratando-a por meio do personagem Jud Süß, a partir de uma série de características negativas e de desvio de caráter. No filme, Süß, entre outras ações reprováveis, tenta apossar-se à força de uma ariana, chamada Doroteia. Para tanto, Süß ordena a prisão e a tortura do marido de Doroteia, que era considerado opositor ao Duque. Nesse ínterim, Süß estupra a ariana Doroteia que, após o fato, comete suicídio. O filme estreou em 5 de setembro de 1940 no Festival de Veneza, tendo a sua *première* na Alemanha em 24 de setembro do mesmo ano, em Berlim. V. HENNE, T. *Das* Lüth-*Urteil,* p. 47ss.

tendo sido exibido inclusive para os soldados estacionados fora do território alemão.[81] Por sua vez, os aliados proibiram a exibição do filme nas chamadas zonas de ocupação na Alemanha, erguidas após 1945, o que perdurou até o ano de 1990. Todavia, mesmo após esse período, a exibição pública do filme permaneceu sujeita a reservas, como a proibição de comercialização e obrigatoriedade de comentários esclarecedores sobre a verdade dos fatos que levaram à produção antes de qualquer sessão.[82]

Foi nesse contexto que surgiu a sentença *Lüth,* uma das mais marcantes decisões da história do direito constitucional. Erich Lüth, diretor do ofício da imprensa estatal da cidade de Hamburgo, por ocasião da abertura de um festival cinematográfico (*Semana do Filme Alemão*) realizada no dia 20 de setembro de 1950 na mesma cidade, sustentou um boicote público contra o filme *Unsterbliche Geliebte* (*Amada Imortal*), dirigido pelo cineasta Veit Harlan. O referido boicote deu-se em face da remessa, por parte de Erich Lüth, de uma carta aberta à imprensa, na qual exortava as empresas alemãs atuantes no ramo cinematográfico a não comercializarem o filme em questão; da mesma forma, incitava o público em geral a não assisti-lo.[83] A produtora responsável pelo filme objeto do boicote,[84] que temia as repercussões negativas advindas da atitude de Erich Lüth, exigiu que ele explicasse com que autorização havia pronunciado suas palavras, ao incitar o referido boicote, à medida que o filme em questão não possuía conteúdo antissemita, racista ou

---

[81] De fato, relatos diversos indicam que o filme possuía incontestavelmente a característica de filme propagandista do regime, mediante referências a inúmeros clichês antissemitas e a estereótipos racistas. Após o final da II Guerra, o diretor Veit Harlan foi submetido várias vezes a julgamento, sob a acusação geral de colaborar para o cometimento de crimes contra a humanidade, vindo, entretanto, a ser absolvido, por ausência de provas nesse sentido. O ator austríaco Ferdinand Marian, que representou Jud Süß no filme (relatos indicam que ele inicialmente foi coagido a fazê-lo pelo então Ministro da Propaganda Nazista, Joseph Goebbels), foi proibido de voltar a exercer a profissão de ator, vindo a falecer em um acidente de automóvel, logo após o final da Guerra. V. HENNE, T. *Das* Lüth-*Urteil*, p. 47ss.

[82] Não obstante, foram produzidas outras referências ao filme, na forma de documentários sobre a ditadura nacional-socialista. Cumpre referir, por fim, que o filme de Veit Harlan voltou em tempos modernos a ganhar espaço na mídia, sobretudo a partir do lançamento de um filme chamado *Jud Süß – Film ohne Gewissen* (que em português equivale a "*Jud Süß* – Filme sem consciência", eventualmente distribuído sob o título "Jud Suss - Auge e Queda"). Esse filme, dirigido pelo cineasta Oskar Roehler, e que não se confunde com o original, foi apresentado no Festival de Cinema de BerliM de 2010 (*Berlinale 2010*). Retrata o surgimento do filme original *Jüd Süß* e particularmente o destino do ator Ferdinand Marian que, à época, protagonizou o papel principal (de *Jud Süß*).

[83] BVerfGE 7, 198 (199), etl. A carta continha um trecho com o seguinte teor: "Depois que o filme alemão perdeu a sua reputação moral no *Terceiro Reich*, há um homem que, entre todos, menos se mostra apto a restabelecer essa reputação: esse é o roteirista e diretor do filme 'Jud Süß'. Queiramos permanecer livres de outros prejuízos imprevisíveis perante o mundo inteiro, que se sucederiam caso impropriamente se buscasse enfatizá-lo como representante do filme alemão. A sua absolvição em Hamburgo foi apenas uma absolvição formal. A fundamentação da decisão foi uma condenação moral. Aqui nós exigimos daqueles que concedem a premiação e dos possuidores de teatros uma postura que não é tão barata, mas que, contudo, se deveria deixar bancar: caráter. E esse caráter eu desejo ao filme alemão. Se o filme alemão demonstrar caráter e conduzir à prova por meio da fantasia, ousadia visual e por meio da segurança no ofício, então ele merece todo o auxílio e obterá, portanto, aquilo que ele necessita para viver: sucesso perante o público alemão e internacional".

[84] Domnick-Film-Produktion GmbH.

propagandístico do regime nacional-socialista.[85] A controvérsia acabou submetida à apreciação dos tribunais.

Em primeira instância, a produtora de Veit Harlan obteve uma medida cautelar com o escopo de proibir a incitação ao boicote. Erich Lüth apelou ao Tribunal Estadual, sem, entretanto, obter êxito em sua medida processual. Assim, Veit Harlan obteve decisão do respectivo tribunal, no sentido de que Erich Lüth se abstivesse de boicotar o filme, com base no § 826 do *BGB* (que determina que quem dolosamente causa dano a outro, de maneira contrária aos bons costumes, está obrigado a repará-lo). Inconformado, Lüth interpôs recurso constitucional (*Verfassungsbeschwerde*) perante o BVerfG, alegando, em suma, violação ao direito fundamental de liberdade de expressão que, segundo ele, protege também a possibilidade de influir sobre os outros mediante o uso da palavra (fl. 202ss.). O BVerfG acolheu o recurso por meio de uma das mais famosas decisões de sua história, que justamente recebeu o nome do recorrente (*Lüth-Urteil*).

É improvável que, à época, Erich Lüth tivesse consciência de que seu nome ingressaria na história do direito constitucional moderno, como um verdadeiro *leading case*, não tanto pela relevância da controvérsia que o originou, mas muito mais pelo valor da fundamentação esgrimida pelo BVerfG na decisão. Na prática, entendeu o BVerfG que os tribunais ordinários desconsideraram o significado do direito fundamental de Lüth (liberdade de manifestação do pensamento) no âmbito das relações jurídicas privadas quando se contrapôs a interesses de outros particulares. Asseverou o BVerfG que os direitos fundamentais são, em primeira linha, direitos de defesa do cidadão contra o Estado. Contudo, nas determinações de direitos fundamentais da LF incorpora-se também uma ordem de valor objetiva, que, como decisão fundamental jurídico-constitucional, vige para todos os âmbitos do direito.[86]

Surgiu assim um importante impulso para a chamada *Drittwirkung* que, para alguns, é considerada uma nova metáfora no direito constitucional.[87] Trata-se de uma figura de argumentação jurídica que visa a demonstrar que os direitos fundamentais geram – vale dizer, irradiam – efeitos para todos os âmbitos jurídicos. Nessa conectividade, o direito privado recebe os efeitos dessa irradiação, cujo resultado é a necessidade de adequação das suas prescrições e dos negócios por elas tutelados ao conteúdo e sentido dos direitos fundamentais. Fundamenta-se nesse sentido até mesmo uma tarefa adicional do tribunal constitucional, que é o controle desse efeito de irradiação (*Ausstrahlungskontrolle*).[88]

Há quem sustente que a questão da eficácia horizontal é uma espécie de "filho legítimo" do chamado efeito de irradiação dos direitos fundamentais, mostrando-se, em última análise, como uma tentativa de trabalhar esse efeito do ponto de vista dogmático.[89] Nessa linha, não há como negar que o termo "eficácia irradiante" ou outros semelhantes

---

[85] De fato, o conteúdo do filme boicotado (*Unsterbliche Gelibte*), reportado "pobre" pela crítica da época, não possuía nenhuma relação com a obra anterior de Veit Harlan (*Jud Süß*). V. HENNE, T. *Das Lüth-Urteil*, p. 47ss.

[86] BVerfGE 7, 198 (LS 1).

[87] RUFFERT, M. *Vorrang*, p. 38s.

[88] ALLEWELDT, R. *BVerfG*, p. 254ss.

[89] BÖCKENFÖRDE, E. *GRdogmatik*, p. 34.

são marcados por certa plasticidade, encerrando até mesmo determinado componente emocional. Em face disso, não resta imune a críticas na doutrina, sobretudo em face de sua vagueza e abstração.[90] De fato, a constatação de que os direitos fundamentais geram efeitos para todos os âmbitos do ordenamento jurídico, por meio de "irradiação", nada diz quanto à intensidade desses efeitos, seu alcance efetivo e consequências jurídicas. Nesse ponto, a crítica parece acertada, já que a expressão é certamente vaga. Entretanto, toda matéria relativa a direitos fundamentais dependerá de concretização, visto que a vagueza de conteúdo é inerente à própria estrutura de um direito fundamental. A teoria do efeito de irradiação, apesar de sua terminologia controversa, logra êxito em fundamentar uma pretensão em torno de uma potencialização da eficácia dos direitos fundamentais em todos os âmbitos do ordenamento jurídico e, em particular, no direito privado.[91] Isso porque descreve a influência que os direitos fundamentais devem exercer para o significado das prescrições jurídicas vigentes.[92]

Seu principal mérito é demonstrar que nenhum âmbito jurídico pode ficar imune à incidência dos direitos fundamentais. Precisar o modo pelo qual essa influência ocorre, apesar de não ser uma tarefa menos importante, é um trabalho a ser realizado em um segundo momento: constata-se a influência para depois investigar seus efeitos concretos. A conclusão que se faz necessária é que a constatação de um efeito de irradiação dos direitos fundamentais colabora para a fundamentação em torno da eficácia horizontal. A partir daí, devem ser buscados pontos de apoio seguros.

O primeiro deles é ter em mente que a extensão e intensidade do efeito de irradiação dos direitos fundamentais é algo indeterminado em si.[93] Essa observação serve de antemão como ponto para a fixação de uma realidade que não pode ser desconhecida: caso não adequadamente compreendido, esse efeito de irradiação pode gerar mais danos do que benefícios, a partir do instante em que se torne fonte geradora de insegurança jurídica, passando a gerar problemas diversos para os tribunais, em particular para a jurisdição constitucional, no que tange à delimitação da interpretação e das funções constitucionais.[94] O equívoco não reside na aceitação de um efeito de irradiação dos direitos fundamentais no ordenamento jurídico, mas sim na crença de que tal efeito não necessita de fundamentação específica a cada caso, nos trilhos das regras inerentes ao discurso e à argumentação jurídica.

Em verdade, esse efeito de irradiação ou eficácia irradiante deve ser compreendido no sentido de que na constituição estão os pressupostos de criação, validez e realização das normas da ordem jurídica infraconstitucional,[95] normas essas que guiam as condutas privadas, de modo que a constituição determina diretamente o conteúdo das normas

---

[90] CANARIS, C. *GR*, p. 93 (conclusão 2.b), destacando que o referido termo é por demais vago, não podendo por isso ser considerado um conceito jurídico; em sentido semelhante, v. RUFFERT, M. *Vorrang*, p. 68 e 551; ALLEWELDT, R. *BVerfG*, p. 78ss.

[91] Note-se que a sentença Lüth foi proferida em sede de uma controvérsia jurídico-civil.

[92] SACHS, M. *Grundrechte*, p. 48, Rn. 57.

[93] BÖCKENFÖRDE, E. *GRdogmatik*, p. 32; WENGER, D. *Verwertung*, p. 620s, sustenta que a irradiação potencialmente não conhece um fim.

[94] DENNINGER, E. *Freiheitsordnung*, p. 548.

[95] HECK, L. *DF*, p. 53.

infraconstitucionais e, indiretamente, os limites da atuação privada. Esse efeito de irradiação sugere, à primeira vista, que o direito ordinário recebe a influência de valores constitucionais fixos, estes que carecem de preenchimento preciso para seu emprego no caso concreto,[96] razão pela qual necessitam inegavelmente da intermediação de normas infraconstitucionais para o seu estabelecimento.

Isso aponta para o seguinte fato: para que o direito constitucional possa atuar no direito privado, com vistas ao seu desenvolvimento, faz-se necessária uma relação de complementação recíproca. A norma constitucional, expressão de um ou mais valores, irradia um conteúdo indeterminado para uma norma de direito privado. Esse conteúdo indeterminado preenche valorativamente a norma privada, moldando sua compreensão no sentido da constituição. Cria-se aqui a figura de uma *simbiose* entre a constituição e o direito privado: sem o direito privado, a norma constitucional pode pouco fazer, pelo fato de que a indeterminação de seu conteúdo não proporciona uma imposição concreta no ordenamento jurídico. A norma de direito privado, por sua vez, carece de valores constitucionais que guiem sua interpretação e aplicação, a fim de que atinja sua finalidade plena, de regulação do conjunto de fatos da vida, em harmonia com a unidade do ordenamento jurídico e no marco da constitucionalidade.

É por meio do reconhecimento da eficácia irradiante dos direitos fundamentais que o tribunal constitucional atribui linhas diretivas para a interpretação do direto privado por meio dos tribunais ordinários. A imagem da pessoa que está enraizada em um pensamento valorativo anterior ao próprio constitucionalismo irradia conteúdo para todos os direitos fundamentais isoladamente considerados, requerendo, com isso, respeito e atenção em todos os âmbitos do ordenamento.[97] Isso faz os tribunais restarem obrigados a considerar os direitos fundamentais na interpretação do direito privado.[98] Note-se, porém, que o efeito de irradiação dos direitos fundamentais não se restringe à jurisprudência, visto que atinge todas as funções estatais, influenciando a interpretação e aplicação do direito nos mais diversos âmbitos jurídicos.[99] Na medida em que se verifique um espaço na interpretação e aplicação do direito para os órgãos aplicadores, essa interpretação e aplicação tem que ser feita à luz dos direitos fundamentais.[100] Trata-se da necessidade de levar em consideração, de modo suficiente, o significado dos direitos fundamentais na interpretação e aplicação das leis no caso concreto.[101]

Assim compreendida, a eficácia irradiante dos direitos fundamentais descreve a influência que esses direitos exercem para o significado das prescrições de todo o ordenamento jurídico,[102] depondo contra a existência de um caráter meramente declaratório

---

[96] RUFFERT, M. *Vorrang*, p. 39.

[97] MÜLLER, J. *GR*, p. 165s, ponderando que, pelo fato de o valor da personalidade humana ser algo indivisível, ele não pode ser desmembrado ou cindido em diferentes âmbitos jurídicos.

[98] RUFFERT, M. *Vorrang*, p. 65, sustentando que, nesse ponto de vista, a eficácia irradiante dos direitos fundamentais não é algo diverso do que um caso de interpretação conforme a constituição.

[99] BÖCKENFÖRDE, E. *GRdogmatik*, p. 32.

[100] SACHS, M. *Grundrechte*, p. 48, Rn. 57.

[101] SACHS, M. *Grundrechte*, p. 49, Rn. 58.

[102] SACHS, M. *GG Kommentar*, Rn. 32.

desses direitos.[103] A figura da eficácia irradiante deve ser lida no sentido de que as decisões valorativas inerentes aos direitos fundamentais devem ser consideradas frente à interpretação e aplicação de todas as prescrições do direito ordinário.[104] É por essa razão que a fundamentação em torno de um efeito de irradiação dos direitos fundamentais detém um peso particular para o aperfeiçoamento do direito,[105] devendo ser observada inclusive no curso da aplicação de direito estrangeiro.[106] Nessa acepção, o peso da eficácia irradiante é determinado essencialmente pela intensidade do ônus que impõe ao titular do direito fundamental afetado.[107]

O fato de se reconhecer que os direitos fundamentais irradiam efeitos para todos os âmbitos jurídicos e, particularmente, para o direito privado, nada declara, como já referido, quanto ao modo concreto de produção desses efeitos. Certo é, contudo, que a eficácia horizontal não pode significar uma aplicação sem exceção e igual de todos os direitos fundamentais no direito privado.[108] Isso não poderia ser diferente, na medida em que a vigência dos direitos fundamentais nas relações privadas não é uniforme e, nesse sentido, pode ser medida de forma distinta, consoante a natureza não só do direito fundamental em questão, como também da relação da vida em que incide; em suma, em vista daquilo que os direitos fundamentais devem preservar e defender.[109] Da mesma forma, o conceito de eficácia irradiante não pode ser compreendido como apto a guindar pessoas privadas à condição – à semelhança do Estado – de destinatárias de direitos fundamentais.[110]

As considerações até aqui levantadas dão conta de que a figura dos efeitos de irradiação dos direitos fundamentais logra êxito no sentido de fundamentar o reconhecimento da eficácia desses direitos em negócios privados, como os contratos de consumo, por exemplo. Entretanto, a mera afirmação a favor de uma vinculação dos particulares aos direitos fundamentais, inclusive pelo reconhecimento do chamado efeito de irradiação, não fornece uma resposta diante dos problemas práticos advindos do reconhecimento de uma vigência social desses direitos no tráfego jurídico privado, na medida em que apenas coloca a questão dos efeitos que o reconhecimento constitucional dos direitos fundamentais têm nas relações de caráter jurídico-privado.[111] Nesse prisma, surge a necessidade da busca de uma conexão coerente de elementos entre a constituição e o direito privado, circunstância que aponta para a necessidade de se instrumentalizar essa importante questão, o que pode ser feito por meio da formulação de uma proposta para definir um critério para o controle do conteúdo jurídico dos contratos, com base na constituição. Contudo, esse

---

[103] SACHS, M. *GG Kommentar*, Rn. 32.

[104] JARASS, H. *Funktionen*, Rn. 60, demonstrando que justamente essa influência dos direitos fundamentais sobre a interpretação do direito ordinário é designada de "efeito de irradiação" (*Ausstrahlungswirkung*).

[105] BVerfGE 96, 375 (398).

[106] BVerfGE 31, 58 (76f.)

[107] BVerfGE 42, 143 (148f.); 61, 1 (6).

[108] MÜLLER, J. *GR*, p. 167.

[109] LERCHE, P. *Grundrechtswirkungen*, p. 215.

[110] JARASS, H. *Funktionen*, Rn. 65; SCHNAPP, F. *Grundrechtsbindung*, p. 939s.

[111] ALFARO, J. *Autonomia*, p. 64.

critério tem que levar em conta igualmente as críticas apresentadas ao modelo da eficácia horizontal. É o que se propõe nas linhas que seguem.

2.3 A teoria do efeito recíproco (*Wechselwirkungstheorie*) dos direitos fundamentais

A teoria do efeito (ou da eficácia) recíproco (*Wechselwirkungstheorie*), por vezes também referida na doutrina como "teoria balanço" (*Schaukeltheorie*),[112] é uma construção atribuída ao BVerfG, à luz do direito fundamental de liberdade de manifestação do pensamento,[113] sendo referida na famosa sentença *Lüth*,[114] com aplicações posteriores.[115] Hoje, pode-se dizer que ultrapassou o âmbito de vigência desse direito fundamental, passando a viger em caráter geral.[116]

A teoria do efeito recíproco foi desenvolvida no curso da análise das restrições praticadas em direitos fundamentais. Não obstante, mostra-se de grande valia para a fundamentação em torno do reconhecimento de uma eficácia horizontal. Isso porque a matéria relativa à eficácia dos direitos fundamentais no ordenamento jurídico privado é uma questão que toca à possibilidade da prática de restrições nesses direitos, que não são realizadas pela conduta estatal propriamente dita, mas sim pela ação privada.

A teoria do efeito recíproco informa que se deve constatar uma relação recíproca entre um direito que é restringido e a medida legal que o restringe. A ideia é que ambos se controlem mutuamente, evitando assim a prática de excessos em ambos os lados: a restrição incide sobre o direito, que, por sua vez, a partir de seu significado fundamental, restringe a própria restrição.[117] Dito de outro modo, os direitos fundamentais atuam como limites a suas próprias restrições.[118] Na jurisdição constitucional, essa teoria, aplicada ao controle de constitucionalidade, informa que se por um lado as leis gerais impõem restrições ao direito fundamental segundo a literalidade do dispositivo constitucional (reservas), por outro lado, em vista do reconhecimento do significado valorativo desse direito fundamental no Estado livre e democrático, elas mesmas têm que ser interpretadas e novamente restringidas naqueles pontos em que manifestarem efeitos restritivos ao direito fundamental.[119]

---

[112] GLAESER, W. S. *Meinungsfreiheit*, p. 280; ERICHSEN, H. *Staatsrecht*, p. 29s.

[113] GLAESER, W. S. *Meinungsfreiheit*, p. 276ss; SCHOLZ, R; KONRAD, K. *Meinungsfreiheit*, p. 94ss.

[114] BVerfGE 7, 198 (208s.).

[115] BVerfGE 12, 113 (124s.); 17, 108 (117); 20, 162 (176s.); 27, 71 (82); 33, 52 (84s.); 35, 79 (151s.); 35, 202 (223s.); 44, 197 (202); 56, 54 (74s.); 59, 231 (265); 60, 234 (240); 61, 1 (10s.); 62, 1 (47); 66, 116 (150); 67, 157 (172s.); 72, 278 (NJW 1987, p. 427); 74, 297 (310); 77, 65 (75s.); 81, 278 (296); 89, 214 (252); 90, 145 (171s.); 94, 1 (8); 97, 169 (176); 98, 49 (65); 107, 299 (NJW 2003, p. 1789); 109, 133 (NJW 2004, p. 747); 110, 141 (161); 119, 1 (49); 120, 274 (325); 122, 210 (NJW 2009, p. 49); BVerfGE NJW 2010, p. 52.

[116] BÖCKENFÖRDE, E. *GRdogmatik*, p. 19. Na jurisprudência, v BVerfGE 17, 108 (117); 67, 157 (173); 89, 214 (252).

[117] MAUNZ, T. *GG Kommentar*, Rn. 16.

[118] CLÉRICO, L. *Verhältnismäßigkeit*, p. 339.

[119] Decisão chave BVerfGE 12, 113 (124s.).

Em geral, a teoria do efeito recíproco uniu-se de modo considerável ao âmbito do preceito da proporcionalidade.[120] Assim, a medida que restringe um direito fundamental tem que ser interpretada à luz do significado do direito restringido, sendo ela novamente limitada para assegurar a adequada realização da liberdade restringida, a fim de que a limitação seja proporcional.[121] Não basta a existência de uma medida legal legítima, que autorize a prática de uma intervenção na esfera de liberdade protegida do cidadão. Decisivo, pelo contrário, é que a medida que autoriza essa intervenção seja visualizada à luz do significado do direito fundamental restringido.[122]

Nesse passo, pode-se dizer que a teoria do efeito recíproco, não obstante ter sido desenvolvida à luz das relações entre o indivíduo e o Estado, traduz a essência da eficácia horizontal. Isso porque a perspectiva de uma eficácia recíproca permite a análise sistemática das funções da constituição para o direito privado, adequando-se à realidade de que o direito privado não se deixa isolar dos demais âmbitos do ordenamento jurídico e, em particular, do direito público.[123] Ao se perguntar pelos limites impostos à ordem jurídica pela constituição, está-se diante da função de garantia do direito constitucional para o próprio direito privado, pelo fato de que a constituição visa também a proteger o direito privado de medidas excessivas.[124] A partir daí se depreende que há um efeito ou uma eficácia recíproca estreita entre a ordem jurídico-privada e a constituição, que parte do reconhecimento da autonomia do particular como valor fundamental,[125] baseada no fato de que as conexões e entrelaçamentos entre o direito civil e o direito público são igualmente recíprocos.[126]

Com base nessas reflexões, a perspectiva do efeito recíproco conduz também a outra abordagem, que costuma passar ao largo da doutrina: o reconhecimento de que não apenas o direito constitucional influi no direito privado, mas que o direito privado também influi no direito constitucional.[127] Trata-se de uma contribuição essencial que a teoria do efeito recíproco fornece para a compreensão do problema da eficácia horizontal. No centro das atenções da *Drittwirkung* está sempre a influência do direito constitucional sobre o direito privado, o que se deve em grande parte à consagração do entendimento de supremacia da constituição. Esse é um aspecto que não pode ser desconsiderado, tampouco negado. Contudo, os entrelaçamentos entre o direito constitucional e o direito privado, a par da condição de supremacia da constituição, são revelados por uma espécie de *mão dupla,* no sentido de que não apenas o direito constitucional contribui para o aperfeiçoamento do direito privado, mas o próprio direito privado, a partir da sua primazia de conhecimento e exigência de precisão (*Genauigkeitserfordernis*)[128] nas matérias que regula,

---

[120] EPPING, V. *GR*, Rn. 239.
[121] BVerfGE 67, 157 (172s.).
[122] BVerfGE 17, 108 (117).
[123] RAISER, L. *Zukunft,* p. 10.
[124] RUFFERT, M. *Vorrang,* p. 49.
[125] MESTMÄCKER, E. *Verhältnis,* p. 240.
[126] OSSENBÜHL, F. *Verwaltungsrecht,* p. 964.
[127] RUFFERT, M. *Vorrang,* p. 50.
[128] MÜLLER-GRAFF, P. *Gemeinschaftsrecht,* p. 22.

contribui paralelamente à sua medida e ao seu modo para a interpretação dos dispositivos constitucionais que tratam de matérias privadas.[129]

Observe-se que justamente no mandamento constitucional de proteção do consumidor, esse aspecto torna-se realidade. A constituição, ao ordenar a proteção do consumidor, nada diz quanto à forma pela qual essa proteção deve ser conduzida. Ela remete inclusive à lei.[130] É, portanto, no cotejo da legislação ordinária que se verifica como a proteção – constitucionalmente ordenada – encontra expressão no ordenamento jurídico. Dentro da ideia de densidade normativa,[131] pode-se dizer que o mesmo vale para outros conceitos constitucionais abstratos, como as próprias determinações de objetivos estatais.[132] Note-se que a promoção do bem comum, livre de preconceitos de qualquer natureza, é, ao fim e ao cabo, tarefa legislativa por excelência. Essa via de mão dupla adquire plenitude de sentido na própria concepção dos deveres de proteção estatais: a constituição ordena a proteção, a legislação estabelece como ela deverá ser conduzida na prática.

Essa realidade resta comprovada a partir do fato de que o reconhecimento da autonomia das distintas esferas (do direito constitucional e privado) não implica isolamento nem, por assim dizer, incomunicabilidade entre elas. Esse espírito de comunicabilidade e de influências recíprocas que devem pautar as relações entre o direito constitucional e o direito ordinário encontra-se inserido nos escritos de Ludwig Raiser,[133] quando afasta, para descrever essas relações, a descrição gráfica de dois círculos fechados, com intersecções pontuais ou de um círculo único, resultado da fusão de ambos e expressão de um sistema unitário de direito geral. Para Raiser, essas relações devem ser visualizadas na forma de uma elipse com dois focos como centros de irradiação, entre os quais resulta um campo intermediário, influenciado pelos dois centros. Trata-se de uma construção que se harmoniza tanto com a teoria do efeito de irradiação quanto com a do efeito recíproco. Ela se deixa harmonizar, no mais, na constatação de que a mudança das relações entre o direito constitucional e o direito privado ao longo da história expressa uma mudança das tarefas, da qualidade e das funções de cada um desses âmbitos jurídicos, o que afasta uma concepção de justaposição, marcada por uma absoluta incomunicabilidade entre esses âmbitos, para dar lugar a uma relação de complementaridade e dependência recíprocas.[134]

Ao se defender a existência de um modelo de entrelaçamentos entre o direito constitucional e o direito privado por uma via de *mão dupla,* não se nega o reconhecimento do efeito expansivo dos direitos fundamentais. Esse modelo apenas salienta que esses direitos encontram a sua melhor expressão e aplicação para as necessidades da sociedade quando

---

[129] EN, v., ptd, COELHO, I. M. *Ordenamento,* p. 23.

[130] Art. 5º, XXXII, CF.

[131] DIMOULIS, D. *Manual de Introdução,* p. 116ss.

[132] Art. 3º, CF.

[133] RAISER, L. *Zukunft,* p. 22s. No quadro sugerido por Raiser, a força de irradiação de um ou de outro centro pode modificar-se através de decisão política, mas o sistema seria destruído se um dos polos perdesse sua força autônoma, de modo que essencial é a abertura e a necessidade de complementação das regras provindas de cada um dos polos. EN, proferindo uma análise da teoria de Ludwig Raiser e dos seus reflexos sobre o direito privado, v. CACHAPUZ, M. C. *Intimidade,* p. 99ss.

[134] HESSE, K. *Verfassungsrecht,* p. 31.

debatidos em um ambiente democrático, marcado pelo pluralismo de ideias e de visões, ambiente esse que não pode ser proporcionado apenas pela jurisdição constitucional. Isso porque sem a intermediação legislativa adequada, dificilmente a constituição logrará êxito em sair da área do poder para ingressar na esfera vital das convicções sociais, sem as quais não pode viver e às quais se adere *com calor*.[135] O que em última análise se quer evitar são os riscos do que a doutrina atenta denominou de *fluidez descontrolada das normas da constituição na interpretação do direito ordinário*.[136]

Entretanto, há que se salientar que com esse entendimento não se está aderindo à tese de que o legislador ordinário deva ter irrestrita margem de conformação dos direitos fundamentais e dos valores consagrados pela constituição. Se isso fosse possível, estar-se-ia abrindo a possibilidade de uma eventual supressão desses direitos e valores, por força dos interesses de uma maioria de ocasião (por meio da lei), o que é de todo indesejável. Ao contrário, o que se pretende é destacar que o significado do direito constitucional para o direito privado consiste em "singulares funções de proteção, direção e impulso".[137] Assume relevo, portanto, a devida compreensão do papel fundamental de um tribunal constitucional no ordenamento jurídico, qual seja, o de verificar se o legislador, no curso de sua atividade, interpretou corretamente o conteúdo de um direito constitucionalmente declarado, ou seja, aferir se o legislador fixou, em harmonia com as normas constitucionais vigentes, os contornos que delimitam o âmbito da proteção jurídica conferida pela constituição.[138]

Todavia, para que essa construção adquira sentido, não há como se afastar da seguinte realidade: o juiz tem que saber o que se passa no plano constitucional para aplicar as regras de direito ordinário. Por essa razão, o direito ordinário assume um valioso e indispensável papel na configuração da ordem jurídica, no momento em que permite, com um grau de abstração significativamente menor em relação ao das normas constitucionais – e por isso mais eficazmente –, desenvolver e dar forma às relações vitais garantidas pela constituição,[139] enquanto decisão normativa que é o produto a cada momento do jogo legítimo do pluralismo político.[140] Isso vale em particular para o direito privado em relação à configuração dos negócios celebrados por particulares, como, por exemplo, as relações de consumo. A síntese desse entendimento é encontrada na reflexão de que para poder dar uma resposta ao que é o juridicamente devido, há que se conhecer o direito positivamente vigente.[141]

Nesse desiderato, a tarefa do tribunal constitucional é examinar se a conformação valorativa realizada pelo legislador ordinário pode ser inserida dentro dos critérios valorativos consagrados pela constituição, por intermédio dos meios processuais oferecidos pelo ordenamento jurídico. Ao direito ordinário incumbe, pois, a tarefa de transformar os princípios

---

[135] ZAGREBELSKY, G. *Ley*, p. 22s.
[136] SCHNEIDER, H. *Democracia*, p. 84.
[137] HESSE, K. *Verfassungsrecht*, p. 40.
[138] MARTÍNEZ-PUJALTE, A. *Garantia*, p. 79s.
[139] HESSE, K. *Verfassungsrecht*, p. 42.
[140] REYES, M. *Juez*, p. 37.
[141] ALEXY, R. *Theorie*, p. 27.

consagrados na constituição em instrumentos concretos de ação,[142] desempenhando as cláusulas gerais de conteúdo indeterminado do direito civil (p. ex.: boa-fé, bons costumes, função social do contrato etc.) um papel de destaque nesse contexto, enquanto técnica legislativa eficaz no sentido de permitir e facilitar a inserção dos valores constitucionalmente estabelecidos no corpo do direito civil codificado.[143] Em tal sentido há que ser entendida também a existência de um *efeito recíproco* entre o direito privado e a constituição.

Observe-se ainda que não há, ao menos no que tange à interpretação da constituição, diferenças facilmente assimiláveis entre o exercício interpretativo levado a efeito pelo legislador ordinário e pelo tribunal constitucional.[144] Se aquele falha, cabe a este informá-lo como deve interpretar a constituição, vale dizer, o tribunal constitucional informa ao legislador como ele deve configurar uma dada realidade em consonância com os valores consagrados pela constituição. Nesse quadro, um dos maiores desafios para quem se ocupa da relação entre as jurisdições constitucional e ordinária é reconhecer efetivamente que o legislador ordinário tem a importante função de desenvolver os direitos constitucionalmente reconhecidos, interpretando e concretizando seu respectivo conteúdo e estabelecendo assim as condições que façam possível seu exercício mais pleno e efetivo pelos cidadãos. Trata-se do reconhecimento da chamada liberdade conformadora do legislador frente à configuração de direitos fundamentais,[145] que também encontra significado em matéria de eficácia horizontal, sobretudo quando se analisa sua modalidade de realização.

Todas essas considerações em sede de teoria do efeito recíproco e eficácia horizontal servem para demonstrar que há que se resistir à tentação de acreditar que apenas e tão somente as leis devam ser interpretadas a partir da constituição, pois tal concepção visualiza apenas um lado da moeda, padecendo, portanto, de insuficiência de conteúdo. Em nenhum momento se questiona que as leis têm que ser interpretadas em conformidade com a constituição. Todavia, em certas situações, justamente aquelas para as quais esse efeito recíproco é mais forte, algumas normas constitucionais – mesmo de direitos fundamentais – para adquirirem conteúdo concreto, também têm que ser interpretadas a partir da lei, para que se traduza o sentimento de unidade da ordem jurídica. Destarte, o direito privado não é cunhado apenas pelo direito constitucional já que, por seu turno, também logra êxito em cunhar o conteúdo da constituição.[146] Nesse ponto, é a lei que irá definir quais são os direitos e deveres do consumidor, não a constituição. E é nos diferentes dispositivos normativos que a proteção do consumidor encontrará expressão[147] e, com isso, o respectivo mandamento constitucional encontrará realização.

Isso se deixa fundamentar, na acepção de Konrad Hesse, na circunstância de que a interpretação conforme a constituição requer tanto que isso seja feito em relação à lei

---

[142] MARTINS-COSTA, J. *NCC*, p. 144.

[143] SILVA, L. R. *Função*, p. 129.

[144] KELSEN, H. *Wesen*, p. 31ss, ressaltando que como a constituição determina no essencial a elaboração das leis, a legislação é aplicação do direito perante a mesma constituição (p. 32).

[145] DUQUE, M. S. *Importância,* p. 7ss.

[146] RUFFERT, M. *Vorrang*, p. 50.

[147] MARQUES, C. *Superação*, p. 34ss.

quanto à constituição. Significa que esse tipo de interpretação o faz com a norma constitucional, no possível, no sentido em que o legislador a concretizou. A interpretação das leis conforme a constituição é, em sua consequência sobre a interpretação constitucional, uma interpretação da constituição conforme a lei (*gesetzeskonforme Auslegung der Verfassung*). Esse efeito confirma a estreita correlação recíproca (*Wechselbezogenheit*) entre a constituição e a lei e, com isso, o pensamento de unidade do ordenamento jurídico.[148] Portanto, é possível sustentar que a análise da estrutura dos chamados institutos de direito privado, que encontram ancoramento na constituição, há que ser feita com vistas à constituição como um todo, mas também a todo o sistema jurídico, particularmente o ordenamento jurídico privado, pois um estudo autônomo de preceitos típicos de direito privado apenas e tão somente a partir de seu ancoramento constitucional implicaria afastá-los do conjunto no qual adquirem significado prático e valor.[149]

Nesse ponto, é interessante observar que a atividade de interpretação da constituição e da legislação ordinária se aproxima, ainda que em diferentes graus, na medida em que a lei ordinária, como fruto do programa constitucional ou da atualização da própria constituição, não pode ficar à margem do processo de compreensão desta.[150] Portanto, há de ser encarada com certa ressalva a assertiva proposta por Jorge Miranda,[151] no sentido de que "não é a constituição que deve ser interpretada em conformidade com a lei, mas sim a lei que deve ser interpretada em conformidade com a constituição". A afirmação de Miranda, na forma como foi construída, revela, na conectividade acima apresentada, apenas um dos lados da questão, visto que não acentua a relevância da legislação infraconstitucional para a exegese da constituição.[152]

De fato, cabe lembrar aqui o magistério de José Néri da Silveira quando, ao dissertar sobre a função do juiz, assevera que, embora não seja dado ao magistrado agir como mero autômato na aplicação da lei, não se mostra menos exato afirmar que o juiz não está autorizado, pela própria ordem constitucional, a desprezar a lei válida e a decidir o caso concreto por meros critérios pessoais, como se estivesse a criar a norma que lhe pareça mais justa ou conveniente, já que sua autoridade decorre da constituição e das leis e ela conformes.[153] É justamente a formação de juízos subjetivos, que não se deixam ligar a uma base comum, que fomentam insegurança jurídica, muitas vezes empregados, diga-se de passagem, "em nome da constituição".

---

[148] HESSE, K. *Grundzüge,* Rn. 85.
[149] TORRES, R. *Sistemas,* p. 16.
[150] TORRES, R. *Normas,* p. 233, defendendo a ideia de que, por regra, não se interpretam as normas abstratas da constituição, mas as normas das leis ordinárias em confronto com as constitucionais, o que demonstra que se controla a constitucionalidade das leis ordinárias e não a da própria constituição.
[151] MIRANDA, J. *Manual,* T. II, p. 261, embora registre que "na interpretação de preceitos da Constituição, é legítimo e pode ser conveniente considerar o modo como são aplicados na prática, em especial através da lei e das decisões dos tribunais".
[152] EN, a importância da legislação infraconstitucional para a interpretação da constituição não passou despercebida na doutrina, em diversos campos do ordenamento jurídico. V, do, VELLOSO, A. *Conceitos,* p. 40s.
[153] SILVEIRA, J. N.. *A função do juiz,* p. 6s.

A partir desse momento, é possível notar o significado adicional que a teoria do efeito recíproco fornece para a interpretação das normas jurídicas em geral. Interpreta-se a lei conforme a constituição e o resultado dessa interpretação tem que ser novamente reconduzido à interpretação da lei em si, em relação de efeito recíproco, para adquirir conteúdo pleno, voltado à realidade em que a lei incide. Nessa concepção, a interpretação conforme a constituição se dá sobre o direito legislado, que, por sua vez, a partir de seu ganho de significado fundamental pelos valores da constituição, afina os limites até onde essa interpretação pode prosseguir sem modificar a natureza da norma. De fato, está-se aqui diante de uma perspectiva adicional da teoria do diálogo das fontes,[154] que a aproxima da teoria da constituição, por meio de um mecanismo que pode ser sintetizado da seguinte forma: à medida que os valores constitucionais abstratos depuram o direito, eles elevam o nível jurídico das normas de direito ordinário e da jurisprudência. Com o tempo, vai surgindo um direito mais justo que, por sua vez, depura os valores da constituição, em um ciclo contínuo de aperfeiçoamento.[155] Em suma, a influência do direito constitucional sobre o direito ordinário encontra-se, sobretudo, no plano do seu aperfeiçoamento e desenvolvimento.[156] A conclusão que essa análise propicia é que a teoria do efeito recíproco decorre do reconhecimento de uma eficácia horizontal (*Drittwirkung*) indireta dos direitos fundamentais, como parte integrante da ordem de valores objetiva da constituição.[157]

2.4 A primazia de conhecimento do direito privado

A teoria do efeito recíproco, ao demonstrar a existência de pontos de entrelaçamento entre o direito constitucional e o direito privado, desperta um ponto de vista adicional, que contribui em larga medida para a compreensão do modo pelo qual opera a eficácia dos direitos fundamentais nas relações privadas. Esse ponto de vista adicional diz respeito ao reconhecimento daquilo que se pode denominar de *primazia de conhecimento (Erkenntnisvorrang) do direito privado*,[158] como expressão de um pensamento de que o direito privado possui um alto significado para o direito constitucional.[159]

Essa ideia parte da constatação de que a constituição e particularmente seu catálogo de direitos fundamentais, não está apta a formar precisa e detalhadamente o conteúdo do direito privado como um todo,[160] de modo que a partir dela não se deixam derivar as soluções

---

[154] Originalmente concebida por JAYME, E. *Kultur*, p. 234 e desenvolvida, EN, por MARQUES, C. *Superação*, p. 57.

[155] Trata-se da perspectiva levantada por SOUZA JR. *Aulas*. O termo "diálogo" é sugerido por SOUZA JR. *Dir. Constitucional*, p. 12, especialmente quando afirma que "o fundamento do direito está, isso sim, nos alicerces do ordenamento, ou seja, na realidade ontológica da pessoa, da família e da vida social ordinária. Daí vai subindo, em instâncias críticas e de diálogo, pela via do direito legislado, até a cúpula do ordenamento, de onde, enriquecida e descortinando o todo, pode realimentar o diálogo circular hermenêutico, que recomeça nas bases do ordenamento".

[156] HECK, L. *DF*, p. 53.

[157] GLAESER, W. S. *Meinungsfreiheit*, p. 280.

[158] RUFFERT, M. *Vorrang*, p. 51.

[159] HESSE, K. *Verfassungsrecht*, p. 42.

[160] RUFFERT, M. *Vorrang*, p. 50.

para todas as questões jurídicas de ordem privada.[161] Para tanto, basta observar que a constituição não pode conter "em uma noz" a totalidade do ordenamento jurídico.[162] Por isso, o direito constitucional não pode ser visto como uma versão alargada do direito civil, já que se limita a conter decisões fundamentais para a vida estatal.[163] Consequentemente, não se pode fazer da constituição uma "super-lei", pelo fato de que nem todas as particularidades do ordenamento jurídico encontram-se garantidas no texto constitucional, considerando que muitas delas dizem respeito apenas à legislação ordinária.[164] Daí se depreende que o direito civil contém um espaço de manobra para seu autodesenvolvimento e sua autoafirmação.[165]

A noção de primazia de conhecimento do direito privado deriva também do fato de que grande parte do conteúdo das normas de direito fundamental não foi plantada na ordem jurídico-civil por fora.[166] Muitos valores constitucionais podem ser reconduzidos às decisões fundamentais jurídico-civis.[167] Parte da doutrina ressalta essa realidade por meio de expressões fortes: "de forma alguma o direito civil é uma *criada* do direito constitucional".[168] Por regra, os direitos fundamentais de caráter liberal asseguram em seu extrato essencial uma base de valores de natureza civil, de modo que confirmam na feição constitucional aquilo que o direito privado de certa forma já havia legalmente antecipado.[169] De fato, os direitos privado e público acordam no que diz respeito aos seus valores fundamentais.[170]

Isso significa que o direito constitucional não logra êxito em cumprir integralmente a sua tarefa, sem recorrer ao conteúdo do direito privado.[171] Este é, nesse sentido, mais do que um mero direito situado abaixo da constituição (*Unterverfassungsrecht*).[172] Há quem sustente, inclusive, que institutos tradicionais do direito civil, como o dever de indenização por parte de quem comete determinado dano a outrem, por exemplo, gozam do mesmo reconhecimento no marco do direito privado que os direitos fundamentais no marco do direito constitucional.[173] Isso também se mostra pela constatação de que, mesmo após o surgimento de uma nova constituição, grande parte dos institutos jurídicos vigentes permanecem intocáveis,[174] circunstância que se deixa explicar pela força da tradição desses institutos, fruto de sua importância para a pacificação social. Assim, o direito privado, dentro da sua própria

---

[161] SCHEUNER, U. *Funktion,* p. 510.

[162] WAHL, R. *Vorrang,* p. 409.

[163] SCHMIDT-SALZER, J. *Vertragsfreiheit,* p. 10.

[164] SCHEUNER, U. *Funktion,* p. 510.

[165] DIEDERICHSEN, U. *BVerfG,* p. 235.

[166] LERCHE, P. *Grundrechtswirkungen,* p. 232.

[167] JESTAEDT, M. *Grundrechtsentfaltung,* p. 27; RUFFERT, M. *Vorrang,* p. 50; MESTMÄCKER, E. *Verhältnis,* p. 240.

[168] DIEDERICHSEN, U. *Rangverhältnisse,* p. 78; v. ainda NEUNER, J. *Privatrecht,* p. 2.

[169] JESTAEDT, M.. *Grundrechtsentfaltung,* p. 27.

[170] BYDLINSKI, F. *Privatrecht,* p. 61.

[171] HESSE, K. *Verfassungsrecht,* p. 42.

[172] KLOEPFER, M. *Verfassungsausweitung,* p. 201s; RUFFERT, M. *Vorrang,* p. 50.

[173] SACHS, M. *Grundrechte,* p. 62, Rn. 32, ponderando que o reconhecimento de uma *Drittwirkung* nesse âmbito pode se mostrar até mesmo supérfluo (Rn. 33).

[174] BADURA, P. *Normativität,* Rn. 34; conforme KLOEPFER, M. *Verfassungsausweitung,* p. 201, a entrada em vigor de uma constituição acaba por alterar decisivamente a identidade de âmbitos importantes do ordenamento jurídico, entre os quais se destaca o direito civil.

racionalidade e à sua maneira, toma parte na realização das normas constitucionais, garantindo sua aplicação prática.[175] Note-se que essa racionalidade formal, típica do direito civil, expressa, por exemplo, pelo princípio da *pacta sunt servanda,* é algo que nenhuma constituição deveria danificar, no sentido de remover do ordenamento jurídico.[176]

Uma das circunstâncias que ajuda a compreender a questão da primazia de conhecimento do direito privado está nas reflexões de Ludwig Raiser,[177] quando observa que o direito constitucional foi mais profundamente destruído pela ditadura nacional-socialista na Alemanha do que o próprio direito privado como um todo, fato que demonstra, por esse trágico ângulo, a força dos institutos de direito privado. Raiser defende a tese de que a ordem jurídico-privada em seu conjunto, compreendida como um conjunto de instituições e normas jurídicas amadurecidas no decurso de uma longa evolução histórica, é reconhecida pela constituição sem que precise ser derivada de cada direito fundamental isoladamente considerado. Essa tese visa a preservar o ordenamento privado de algo que considera uma "penetração excessiva de elementos externos" (Überfremdung), de caráter autoritário, assim como de uma eventual destruição dessa ordem pela aplicação direta de elementos da constituição.[178] Os fundamentos dessa tese são sólidos e se deixam compreender com facilidade. O problema é que deixa em aberto, como admite o seu próprio precursor, a forma pela qual deve ser regulamentada a relação entre interesses públicos e privados, já que nenhuma regra se deixa extrair a partir do campo de tensão entre a liberdade e a justiça social, matéria que toca a esfera de decisão política, na busca da melhor equalização possível.[179]

Sem embargo, o preceito da primazia de conhecimento do direito privado também possui natureza jurídico-constitucional.[180] Dois aspectos demonstram essa realidade. O primeiro deles dá conta que a maior parte dos direitos fundamentais possui conteúdo de direito-liberdade, ou seja, estão ligados em maior ou em menor grau à liberdade de ação geral e ao direito de livre desenvolvimento da personalidade.[181] Nessa acepção, a liberdade é um princípio fundamental do direito, que experimenta configurações distintas nos diversos âmbitos jurídicos,[182] sendo que sua realização plena no dia a dia necessita de uma dogmática confiável de direito privado.[183] O segundo aspecto nessa direção aponta para o fato de que a liberdade privada da pessoa, de que o direito civil parte, é um pressuposto irrenunciável de uma decisão autorresponsável e das próprias possibilidades de decisão,[184]

---

[175] MESTMÄCKER, E. *Verhältnis,* p. 240.

[176] SCHLICHTING, G. *Zivilgerichtsbarkeit,* Rn. 1.

[177] RAISER, L. *Grundgesetz,* p. 8.

[178] RAISER, L. *Grundgesetz,* p. 19.

[179] RAISER, L. *Grundgesetz,* p. 19.

[180] RUFFERT, M. *Vorrang,* p. 52.

[181] RUFFERT, M. *Vorrang,* p. 52.

[182] SCHAPP, J. *Freiheit,* p. 1, sustentando que, para o direito civil, são fundamentais os princípios da liberdade contratual, da liberdade de propriedade e da liberdade de testamento. A constituição dá ao cidadão o direito ao livre desenvolvimento da personalidade.

[183] DIEDERICHSEN, U. *BVerfG,* p. 211.

[184] HESSE, K. *Verfassungsrecht,* p. 42; SCHAPP, J. *Grundrechte,* p. 152.

de modo que o preceito da primazia de conhecimento do direito privado acaba por representar uma das exigências fundamentais da constituição.[185]

Importa aqui investigar os efeitos da extensão da constituição sobre o ordenamento jurídico. Preocupante é a constatação de que setores tradicionais do direito civil sejam destruídos por ingerências demasiadas do direito constitucional, passando a atuar como mero caráter servil à constituição.[186] Ocorre que a constituição não necessita de um direito privado subserviente. Ao contrário, necessita de uma estrutura dogmática sólida, que lhe dê conteúdo. Meras fórmulas executoras dos preceitos da constituição não logram êxito em preencher afirmativamente o conteúdo da complexa estrutura dos direitos fundamentais. Para que a constituição se afirme, é indispensável o respaldo do direito ordinário sólido e consistente. Afinal de contas, o direito constitucional surgiu após o implemento de uma tradição de séculos do pensamento jurídico.[187]

Isso significa que o direito privado, com base em uma longa tradição que lhe agrega um suporte sólido, mostra-se como meio capaz de intermediar o significado de um direito fundamental às relações entre particulares. Essa estrutura sólida do direito privado é o resultado de uma longa evolução histórica, tendo a filosofia, a teologia e outras doutrinas científicas contribuído significativamente para o aprimoramento e desenvolvimento de conceitos. Não obstante, há que se consignar que um recurso direto à filosofia, teologia ou até mesmo estratégia militar, como forma de preencher o conteúdo de um direito fundamental com alto grau de indeterminação, pode atuar no sentido inverso, ou seja, tornar um direito fundamental injusticiável.[188] Isso se deve não apenas à variedade de concepções dessas correntes, mas também ao alto grau de controvérsia a elas inerente.

De outra banda, é inegável que a constituição possui uma primazia de vigência no ordenamento jurídico[189] que deriva do reconhecimento da dignidade da pessoa humana como fundamento do Estado e da vinculação dos órgãos estatais aos direitos fundamentais. Todavia, a essa primazia de vigência da constituição é confrontada uma primazia de conhecimento do direito privado, fundada não apenas em sua tradição milenar, como também na estrutura e proximidade do objeto de suas normas.[190] Se por um lado os direitos fundamentais, com sua afinidade particular aos modelos políticos e morais de argumentação, possuem uma hierarquia de vigência superior às normas civis, por outro, o sistema de normas de direito privado pode acusar uma racionalidade jurídica "mais alta" (*höhere*) ou até mesmo melhor, no sentido de mais pura *reinere*.[191] Nesse aspecto, o

---

[185] RUFFERT, M. *Vorrang,* p. 52.

[186] KLOEPFER, M. *Verfassungsausweitung,* p. 201.

[187] SCHLICHTING, G. *Zivilgerichtsbarkeit,* Rn. 1, sustentando que mais do que em outros âmbitos jurídicos, o direito civil mostrou-se como lugar na ciência do direito de expressão da essência da dogmática, fruto de séculos de tradição e de desenvolvimento da prática jurídica; KLOEPFER, M. *Verfassungsausweitung,* p. 201.

[188] BLECKMANN, A. *Staatsrecht,* p. 90.

[189] STARCK, C. *Bonner GG.* 4. Auf. (Präambel, Überschrift), Rn. 5.

[190] RUFFERT, M. *Vorrang,* p. 51; MESTMÄCKER, E. *Verhältnis,* p. 240; WAHL, R. *Vorrang,* p. 406; DI FABIO, U. *Recht,* p. 67; DIEDERICHSEN, U. *Rangverhältnisse,* p. 78; NEUNER, J. *Privatrecht,* p. 2; RÖTHEL, A. *Richterhand,* p. 426ss.

[191] DI FABIO, U. *Recht,* p. 67.

diálogo das fontes torna-se mais uma vez fundamental, visto que os dois âmbitos jurídicos têm muito a apreender um com o outro. O perigo que vem sendo aqui alertado é que a racionalidade inerente ao sistema de direito privado poderia vir a ser destruída em nome de violações abusivas em seu âmbito de vigência, praticadas em nome da judicatura de direitos fundamentais.[192]

Decisiva para tanto é a compreensão de que argumentos de índole moral, política ou emocional podem vir a ser controlados com muito mais dificuldade no plano jurídico-fundamental em relação ao que aconteceria no plano do direito civil.[193] Isso porque os direitos fundamentais são a expressão de valores com algo grau de abstração que, nessa medida, carecem de concretização, até mesmo para se tornarem compatíveis no seio de uma sociedade pluralista. Uma análise meramente abstrata de valores é um prato cheio para colisões e concorrências de toda sorte, frente às infindáveis possibilidades de derivações daí decorrentes. Um quadro normativo[194] sólido na sociedade adquire papel fundamental na configuração e harmonização de direitos e deveres, em que o antagonismo deve ceder espaço ao diálogo entre as fontes normativas.[195]

Dessa primazia de conhecimento do direito privado resulta uma suposição em torno de sua constitucionalidade.[196] Isso significa que salvo casos de notória incompatibilidade, o direito constitucional não se situa no caminho das soluções proporcionadas às controvérsias jurídicas pelo direito privado.[197] Nesse sentido, nota-se uma espécie de coefeito dessa primazia de conhecimento do direito privado, que consiste na apreciação de que, para várias prescrições jurídico-privadas, se deixa derivar uma fundamentação jurídico-constitucional, inclusive no que tange ao seu asseguramento.[198] Trata-se do reconhecimento de que as concepções de valor da coletividade têm que ser levadas em consideração na interpretação de preceitos jurídico-civis, sobretudo aqueles de conteúdo indeterminado.[199] Essa constatação não deve se afastar do fato de que, quando a ponderação entre bens conflitantes puder ser realizada no marco do direito civil, não há razões para elevá-la ao nível constitucional.[200]

Observe-se ainda que a constituição não contém (com algumas exceções)[201] regulações precisas de direito privado, de modo que, por regra, não visa a uma eliminação da estrutura dogmática tradicional e amadurecida desse ramo do direito.[202] Ajustes, contudo, são sempre

---

[192] DI FABIO, U. *Recht,* p. 67.

[193] DI FABIO, U. *Recht,* p. 67.

[194] DI FABIO, U. *Recht,* p. 67.

[195] JAYME, E. *Identité,* p. 251ss; EN, v. MARQUES, C. *Manual de Direito do Consumidor,* p. 129ss.

[196] RUFFERT, M. *Vorrang,* p. 51.

[197] WOLF, M. *Entscheidungsfreiheit,* p. 22.

[198] RUFFERT, M. *Vorrang,* p. 51; SCHMIDT-SALZER, J. *Vertragsfreiheit,* p. 12; WINDEL, P. *Privatrecht,* p. 406.

[199] SCHMIDT-SALZER, J. *Vertragsfreiheit,* p. 12.

[200] IPSEN, J. *Staatsrecht,* Rn. 58.

[201] Na CF identificam-se algumas disposições cujo âmbito de incidência toca matérias de direito privado, como, p. ex, uma série de direitos trabalhistas previstos ao longo do art. 7.°, aspectos da ordem econômica e financeira ligados à iniciativa privada (arts. 170 ss); disposições sobre a família, adolescentes, crianças e idosos (arts. 226ss).

[202] LARENZ, K. *AT BGB,* § 4, III, p. 86; RUFFERT, M. *Vorrang,* p. 51.

necessários, mas nesse caso são feitos de forma pontual, ou seja, sem abalar a estrutura do direito privado como um todo, por uma substituição de planos. Aqui se reforça o entendimento de que a afirmação da primazia de conhecimento do direito privado não vige de forma absoluta, já que está ligada a uma tendência de otimização,[203] podendo, nesse sentido, ser considerada até mesmo um princípio jurídico, passível de realização em maior ou menor grau. Isso significa que, na prática, quando uma regulamentação de direito privado não se deixa harmonizar com os valores da constituição, tem-se como consequência lógica o recuo do princípio da primazia de conhecimento do direito privado,[204] a fim de que os valores constitucionais não sejam desconsiderados na aplicação jurídica.

Todavia, uma visão que leva em consideração a essência do Estado de direito informa que deve ser valorizado o princípio de que os conceitos, institutos e a estrutura dogmática do direito privado devem ser observados o máximo possível pelo direito constitucional. As figuras jurídicas de natureza constitucional que carecem de preenchimento interpretativo ou de preenchimento por meio do direito ordinário têm que se orientar, na maior extensão viável, na estrutura existente do direito privado.[205] E é justamente essa necessidade de preenchimento valorativo que se coaduna com um modelo de eficácia indireta dos direitos fundamentais no direito privado.

O quadro acima apresentado deixa-se reconduzir ao fundamento de que sem legislação ordinária não há falar em um adequado desenvolvimento dos direitos fundamentais e, mais do que isso, em uma adequada interpenetração desses direitos no seio das relações sociais. Isso tem resultados concretos para a compreensão entre a relação entre o direito constitucional e o direito privado: em nenhum momento a condição de supremacia da constituição pode conduzir a um desprestígio do direito privado, situação que, ao menos em princípio, obstaculiza de forma indiscriminada uma aplicação direta das normas constitucionais, em detrimento das disposições legais infraconstitucionais. A sobrevalorização cega das normas constitucionais, em uma atitude de total desvalorização do direito ordinário, não traduz em si mesma a supremacia da constituição; representa, isso sim, um sentimento que já foi retratado na doutrina como *fetichismo constitucional*, conduta que, antes de qualquer coisa, pode levar à prática de um ativismo judicial e a uma indesejada diminuição da qualidade da produção normativa.[206] Nessa conectividade, todos os setores do ordenamento jurídico deveriam guardar a máxima de que nenhum tribunal deve tomar por base para a sua decisão uma regra que nem sequer o legislador poderia ordenar,[207] ideia que encontra aplicação expressa na jurisprudência do BVerfG.[208]

---

[203] RUFFERT, M. *Vorrang,* p. 52.

[204] RUFFERT, M. *Vorrang,* p. 52.

[205] RUFFERT, M. *Vorrang,* p. 51.

[206] REYES, M. *Juez,* p. 36, sublinhando ainda a importância da realização de leis de boa qualidade, como um bom caminho para que elas sejam respeitadas.

[207] ALEXY, R. *Verfassungsrecht,* p. 11.

[208] BVerfGE 89, 28 (NJW 1993, p. 2229).

É necessário, portanto, proclamar a adoção de medidas de reequilíbrio (curativas e preventivas, de contrapeso) e não deixar de lado o normativismo,[209] de forma a controlar o modo pelo qual valores ingressam nas decisões.[210] Esse é o caminho para que o Estado democrático de direito não acabe se convertendo em um *Estado de justiça*; aquele marcado pela busca de certeza, previsão, segurança, igualdade e liberdade nas relações sociais; este seria expressão do caldo de cultivo da arbitrariedade e da desigualdade.[211] Nessa conectividade, a lei deve ser vista como garantia dos direitos, pelo fato de que "é o único cimento firme da segurança jurídica".[212] Isso aponta para o reconhecimento da legislação como função originária e não simplesmente – e em todos os casos – derivada da constituição. Para que esse entendimento se harmonize com um sentimento de unidade do ordenamento jurídico, há que se conceber a constituição como um encadeamento aberto de elementos, cuja determinação histórica concreta, dentro dos limites de elasticidade permitidos por essa realidade, seja deixada ao legislador ordinário.[213] Entendimento contrário, em determinados casos, pode configurar aquilo que a doutrina denomina de soberba dos juristas, cujo resultado é a ocorrência de asfixia política por saturação jurídica, contra a democracia, o que revela que o uso alternativo do direito, no sentido de se derivar direta e indistintamente dos princípios constitucionais regras aplicáveis em sede jurisdicional, quanto às regras estabelecidas pelo legislador ordinário, pode representar antes de mais nada uma verdadeira *amputação*.[214]

É precisamente com o desiderato de sublinhar a importância do papel do direito ordinário no desenvolvimento dos direitos fundamentais que se coloca a questão: o que seriam os direitos fundamentais sem a legislação? A resposta passa pela constatação de que o significado da legislação se torna claro a partir do exato momento em que se pretenda abstrair dela, hipótese em que afirma que se faltasse aos direitos fundamentais o *alicerce* ou a *infraestrutura* (*Aufbau*) da ordem jurídica de grau inferior à da constituição, esses permaneceriam sem eficácia e ficariam "apenas no papel".[215] Em verdade, ignorar as dificuldades não impede que elas se produzam. Se, por um lado, é indubitável que a constituição é direito e que todo o ordenamento jurídico deve estar subordinado à constituição, tal condição não faz todos os problemas do cotidiano terem que ser necessariamente resolvidos a partir de uma aplicação direta da constituição, como se essa fosse a única disposição normativa, à semelhança de uma caixa de mágica que contivesse todas as regras resolutórias para toda a sorte de conflitos, em uma atitude de despojamento da lei.[216]

---

[209] REYES, M. *Juez*, p. 30s, destacando ainda que a excessiva jurisdicionalização da política conduz necessariamente à politização da justiça, situação evidentemente indesejável (p. 40).

[210] ALEXY, R. *Theorie*, p. 26, sustentando que aquilo que em cada caso é concebido como jurídico depende de uma análise que ultrapassa o âmbito de abrangência da jurisprudência dos valores.

[211] REYES, M. *Juez*, p. 31.

[212] LLORENTE, F. R. *Forma*, p. 334.

[213] ZAGREBELSKY, G. *Dúctil*, p. 152, deixando claro que a relação de tensão entre a constituição e a democracia leva à compreensão da delicada relação entre jurisdição e legislação.

[214] ZAGREBELSKY, G. *Dúctil*, p. 152.

[215] HÄBERLE, P. *Wesensgehaltgarantie*, p. 184.

[216] REYES, M. *Juez*, p. 37.

Ademais, se a constituição contivesse em si toda a ordem jurídica, ela seria, como enfaticamente aponta Ernst Forsthoff,[217] uma espécie de "ovo jurídico do mundo, do qual tudo surge, desde o código penal, até a lei sobre a fabricação de termômetros", mesmo porque, nessa ótica, teria a constituição a pretensão – não desejada – de determinar completamente o lado normativo de cada decisão judicial especializada.[218] A consequência disso seria uma banalização dos direitos fundamentais,[219] com perda da própria força normativa da constituição, e a consequente conversão do tribunal constitucional em superinstância revisora de conflitos de toda ordem.

Todas as considerações tecidas em face da chamada primazia de conhecimento do direito privado dão conta de que, em matéria de relação entre o direito constitucional e o direito privado, há que se abrir destaque para os efeitos que uma respectiva ampliação da constituição traz de forma geral para a dogmática jurídica. Parte desses efeitos, talvez os de maior importância, dizem respeito ao ganho de significado dos direitos fundamentais e, com isso, de valorização da própria pessoa humana no ordenamento jurídico. Entretanto, sem desqualificar tal importância, há que se ficar atento para outros tipos de consequências, de caráter colateral, que não podem passar despercebidas em uma análise jurídica voltada ao direito constitucional. Essas consequências dizem respeito, sobretudo, às modificações trazidas pelo advento de uma constituição sobre os mais diversos âmbitos do ordenamento jurídico. Em particular, no que toca ao objeto do presente estudo, constata que a identidade do direito civil é modificada essencialmente pelo advento de uma constituição democrática, regida pelos direitos fundamentais.[220]

Essa modificação de identidade é algo que à primeira vista mostra-se positivo. Encerra, contudo, perigos que podem significar justamente o contrário, caso ignorados ou mal compreendidos. No momento em que a constituição restringe a configuração de determinados negócios jurídicos privados, há que se perguntar se essa restrição viola a identidade do direito civil. Não se constatando tal violação, dá-se sinal verde para a penetração dos valores constitucionais no direito privado. De outra forma, havendo uma perda de identidade do direito civil por força de supostos preceitos constitucionais, abre-se um sinal vermelho, indicador de que uma transposição não autorizada de competências pode levar até mesmo ao rompimento de seguimentos essenciais da ordem jurídica, como a autonomia privada e o livre desenvolvimento da personalidade dos particulares.

Essa noção evita a destruição de elementos basilares do direito civil, por força de ingerências constitucionais indevidas. O direito civil deve viger em harmonia com a constituição. A ele não é dado contrariar a constituição, tampouco disputar um espaço de aplicação jurídica, visto que esse é definido em um primeiro momento pelo próprio conjunto de fatos da vida a ser regulamentado. Se por um lado não se pode atribuir ao direito civil uma função meramente subserviente à constituição, por outro não se pode ignorar que a

---

[217] FORSTHOFF, E. *Staat*, p. 144.
[218] ALEXY, R. *Verfassungsrecht*, p. 12.
[219] O problema da banalização dos direitos fundamentais é enfrentado por BETTERMANN, K. *Hypertrophie*, p. 3ss. EN, v. as considerações de FERRAZ JUNIOR, T. S. *Direitos humanos*, p. 517s.
[220] KLOEPFER, M. *Verfassungsausweitung*, p. 201.

supremacia da constituição impõe ao direito civil o *status* de direito infraconstitucional, o que traz consequências para a avaliação da constitucionalidade de suas normas.

A atribuição de uma classificação de direito infraconstitucional a âmbitos milenares do ordenamento jurídico, fruto do início do constitucionalismo moderno, embora inevitável como afirmação de supremacia da própria constituição, é algo que nem sempre resta perfeita e harmonicamente assimilado por esses ramos do direito. Isso porque esse "escalonamento para baixo" (*Herabstufung*) provocado pelo moderno direito constitucional faz séculos de pensamento jurídico terem que ser refletidos por força do respeito à hierarquia das normas que compõem o ordenamento jurídico-constitucional.[221] Se se trata da circunstância de que institutos tradicionais do direito (privado) têm que olhar para cima para se adequarem às prerrogativas do constitucionalismo ou de tratarem o direito constitucional com uma espécie de desprezo, por força de sua tradição centenária ou até mesmo milenar, isso não importa.[222] Importa sim a preservação da identidade desses ramos indispensáveis do ordenamento jurídico, a partir de um sentimento em torno da unidade desse mesmo ordenamento. Afirma-se assim que a perda da identidade de antigos âmbitos do ordenamento jurídico (como o direito privado como um todo), por meio de um recurso muito rápido e desprovido de maiores reflexões a preceitos constitucionais, em detrimento de uma sondagem inicial nos ramos específicos do direito ordinário, é o que se deve evitar na prática jurídica,[223] sem desconhecer que há uma estreita relação recíproca entre o direito ordinário e o direito constitucional.[224]

Alguns autores levam a ideia da primazia de aplicação do direito ordinário a um ponto, digamos assim, mais elevado. Nesse sentido, Uwe Diederichsen sustentou que entre os direitos fundamentais e as normas de direito privado domina, no que tange à realização de valores, uma igualdade hierárquica (*Gleichrangigkeit*) e, respectivamente, uma neutralidade hierárquica (*Rangneutralität*).[225] Por trás desse entendimento parece estar a constatação de que cada norma, seja da constituição ou do direito civil, possui um campo próprio de aplicação, de modo que elas tem que ser aplicadas paralelamente (*nebeneinander anzuwenden*).[226] O ponto de apoio dessa constatação é que conceitos tradicionais do direito civil, como autonomia privada, família e propriedade já eram considerados valores fundamentais nesse ramo do direito, antes de o constituinte ter decidido guindá-los à condição de direitos fundamentais.[227]

---

[221] KLOEPFER, M. *Verfassungsausweitung*, p. 201.

[222] KLOEPFER, M. *Verfassungsausweitung*, p. 201.

[223] KLOEPFER, M. *Verfassungsausweitung*, p. 202.

[224] KLOEPFER, M. *Verfassungsausweitung*, p. 203.

[225] DIEDERICHSEN, U. *Rangverhältnisse*, p. 70, fundamentando que a igualdade hierárquica expressa a relação lógica entre os dois sistemas normativos (da constituição e do direito privado), enquanto a neutralidade hierárquica expressa o caráter de sistema de direitos fundamentais como ordem de valores. O próprio autor reconhece que se trata de uma tese que pode chocar a doutrina tradicional (p. 95)

[226] DIEDERICHSEN, U. *Rangverhältnisse*, p. 70, sustentando que as valorações de ambos os sistemas normativos se encontram em um processo de concorrência, de forma que se torna possível que em determinadas situações o valor de um dos sistemas triunfe sobre o outro e vice-versa, de modo que a supremacia se mostra no modelo de neutralidade hierárquica não como normativa, mas como argumentativa.

[227] DIEDERICHSEN, U. *Rangverhältnisse*, p. 71, sem negar que hoje vigora um pensamento em torno da supremacia da constituição.

Isso se deixaria comprovar, de certa forma, pela constatação de que a autonomia privada reconhecida pelo código civil não se tornou outro instituto, após a constituição garantir o livre desenvolvimento da personalidade,[228] seja expressamente, seja por meio do reconhecimento de uma série de direitos ligados à personalidade individual, ainda que seja inegável que, com a previsão constitucional, haja um ganho efetivo de significado, no mínimo entendido à guisa de reforço. Valores como autonomia privada, propriedade, entre outros, não obstante integrarem o rol dos direitos fundamentais, há muito são considerados básicos e decisivos para a configuração do direito civil, haja vista que cresceram juntamente com a civilização, correspondendo assim à imagem da pessoa integral.[229]

Toda tese, quando bem construída e fundamentada – como é o caso da de Diederichsen –, ainda que não guarde concordância integral por parte de quem a recebe, possui valor. Isso porque contribui para reflexões que servem de ponto de correção, aprimoramento ou até mesmo de fortalecimento das convicções existentes. Frente à tese de Diederichsen fica-se aqui em um ponto intermediário. Não se concorda que o direito civil e o direito constitucional possuam igualdade hierárquica, pois isso acabaria por dificultar, na melhor das hipóteses, institutos como o próprio controle de constitucionalidade das normas e o entendimento da supremacia da constituição, voltado à unidade do ordenamento jurídico.

Contudo, a tese possui valor ao reforçar a ideia de que os direitos fundamentais não podem acabar com o direito privado, não apenas porque carecem de um direito privado sólido para a sua consolidação, como também pelo fato de que o direito constitucional e o direito privado são âmbitos jurídicos que vivem em uma relação recíproca de complementação e dependência. Da mesma forma, a tese contribui para lembrar que uma interpretação constitucional não pode ser algo "avassalador", devendo carecer em alguns momentos de uma atitude de autocontenção.[230] Não fosse isso verdade, não haveria sentido falar em limites à própria técnica de interpretação conforme a constituição, o que é universalmente reconhecido.

Todas as considerações acima realizadas apontam para a concepção ideal de ordenamento jurídico, para efeito de uma argumentação em torno da eficácia dos direitos fundamentais nas relações privadas e, em particular, nos contratos de consumo. Fundamental, nesse ponto, é que a supremacia de vigência da constituição e a primazia de conhecimento do direito privado realizem-se mutuamente,[231] hipótese proporcionada pelo pensamento da *convergência* do direito privado para o direito constitucional. A aplicação direta da constituição às relações jurídico-civis deve, portanto, limitar-se a situações excepcionais, gize-se, casos extremos ou em caráter supletivo ou subsidiário, condicionada à inexistência – se é que isso é possível, em face da existência de conceitos indeterminados e cláusulas gerais do direito civil dotadas de inegável abertura – de dispositivos legais infraconstitucionais que se mostrem capazes de resolver a controvérsia, desde que a norma constitucional, em sua estrutura, permita essa aplicação imediata.[232]

---

[228] DIEDERICHSEN, U. *Rangverhältnisse,* p. 72.
[229] DIEDERICHSEN, U. *Rangverhältnisse,* p. 72.
[230] DIEDERICHSEN, U. *Rangverhältnisse,* p. 96.
[231] RUFFERT, M. *Vorrang,* p. 52.
[232] REYES, M. *Juez,* p. 37.

2.5 Críticas à possibilidade de eficácia horizontal

Razões a favor e contra a eficácia horizontal são oferecidas pela doutrina, com preponderância para as primeiras.[233] Contudo, o início da década de 70 marcou o que se poderia chamar de final da tranquilidade em torno do debate da *Drittwirkung* e, por assim dizer, dos próprios fundamentos da sentença *Lüth*. Essa circunstância deve-se em grande parte ao trabalho do jurista Jürgen Schwabe,[234] que se destacou na doutrina como precursor da tese de que uma atuação privada que não se encontre em consonância com os direitos fundamentais tem que ser atribuída aos poderes públicos.[235] O próprio título do trabalho de Schwabe (*Die sogenannte Drittwirkung der Grundrechte*)[236] por si só é sugestivo. Em síntese, Schwabe tenta demonstrar que o debate em torno de uma eficácia privada dos direitos fundamentais é um "problema aparente" (*Scheinproblem*), a partir do momento em que conecta a responsabilidade estatal à elaboração de leis privadas e decisões jurídicas em matéria civil. Essa possibilidade divide-se em duas vertentes.

A primeira delas surge a partir do momento em que uma intervenção nos direitos fundamentais proveniente da esfera privada não é rechaçada por um órgão público devidamente legitimado, quando submetida ao seu exame de apreciação nas esferas competentes. Assim, tanto o legislador quanto um tribunal, na condição de órgãos estatais, interviriam em um direito fundamental de um particular, no instante em que não observassem de forma suficiente o significado desse direito por ocasião da elaboração de uma lei ou de uma decisão judicial.[237] Exemplo típico seria a hipótese de um juiz competente para decidir uma controvérsia de natureza privada não levar em consideração o significado de um direito fundamental no caso concreto, o que conduziria, ainda que indiretamente, a uma violação da constituição.

Por seu turno, a segunda vertente informa que toda intervenção em um direito fundamental por meio de ação privada representa em última análise uma intervenção estatal, pelo fato de que as pretensões jurídico-privadas nada mais são do que atos do poder público na forma de mandamentos ou proibições,[238] razão pela qual a teoria de Schwabe é descrita pela doutrina como teoria da "convergência estatista".[239] Para Schwabe, a doutrina dominante vive da ficção de que os comandos que representam intervenções nos direitos fundamentais partem de particulares, que não estão vinculados a esses direitos, quando em verdade são expressão de atos legitimados pelo poder público.[240] Assim, a vinculação aos direitos fundamentais seria idêntica, quer no âmbito do direito público, quer no do direito privado.[241] Dito de outro modo, se o Estado, pela atuação regular de seus órgãos

---

[233] Ptd, estabelecendo fundamentos favoráveis e contrários, v. LANGNER, T. *Problematik,* p. 39ss.

[234] SCHWABE, J. *Sogenannte,* p. 9ss.

[235] SCHWABE, J. *DW,* p. 229s.

[236] Etl, "a tal eficácia perante terceiros dos direitos fundamentais".

[237] SCHWABE, J. *Sogenannte,* p. 15, 88ss, 97.

[238] SCHWABE, J. *DW,* p. 230.

[239] MOTA PINTO, P. *Livre,* p. 230. EN, v. SARLET, I. *DF,* p. 133ss.

[240] SCHWABE, J. *DW,* p. 230.

[241] SCHWABE, J. *Sogenannte,* p. 26ss.

legitimados, não proíbe uma lesão a direito fundamental, então é porque a permite. Todo e qualquer aspecto relativo à eficácia dos direitos fundamentais no âmbito privado seria reconduzido desse modo à relação com o Estado, típica função de um direito de defesa.[242]

As duas vertentes que compõem a tese de Schwabe podem ser rebatidas a partir de uma análise do ordenamento jurídico como unidade. A primeira vertente desconsidera o fato de que o juiz tem que partir do direito vigente para a formulação de sua decisão,[243] o que vale também para o legislador no momento em que constrói a lei, visto que a formulação do direito não se dá em um ato isolado, mas sim em atenção aos comandos legislativos vigentes. Os direitos fundamentais vigem não apenas pelo fato de que um tribunal entende que eles devam viger; influenciam, contudo, a decisão de uma controvérsia entre privados, apenas na medida em que encontrem atuação também nessa espécie de relação.[244] Embora violações a direitos fundamentais também possam ser atribuídas ao poder judiciário, quando decisões arbitrárias forem tomadas ou quando não forem observados os procedimentos previstos na constituição, tal possibilidade deve ser separada da violação de um direito fundamental por parte de um sujeito privado.[245] Isso significa que a concepção de Schwabe deixa de considerar que uma violação a direitos fundamentais ocorrida no âmbito privado parte diretamente de um sujeito privado, sendo que pode ser acobertada apenas indiretamente pelo Estado (por meio da atuação de seus mais diversos órgãos). Essa constatação revela, ademais, uma ausência de identidade de sua tese com a cláusula constitucional que prevê que os direitos fundamentais vinculam diretamente os órgãos estatais.[246]

Já a segunda vertente pode ser rebatida a partir da constatação de que o ordenamento pode ser capaz de fornecer apenas a moldura jurídica para uma vida conjunta entre sujeitos privados, regulamentando expressamente as típicas situações de ameaça para os direitos dos particulares.[247] Mais do que isso seria não apenas improvável, como também inexigível. Ocorre que nem toda configuração pensável de conjuntos de fatos é passível de ser regulamentada do ponto de vista legal, sob pena de ser necessário um tribunal para toda conformação da ordem jurídico-privada por meio de particulares.[248] Acrescente-se a isso o fato de que tal entendimento conduziria a uma inegável inflação legislativa para a proteção de direitos fundamentais,[249] o que é de todo indesejável. Depreende-se daí que nem tudo que é proibido do ponto de vista normativo pode ser atribuído a uma legitimação estatal.[250]

---

[242] RUFFERT, M. *Vorrang*, p. 17, sustentando que o entendimento de Schwabe representa uma absolutização da função de defesa de um direito fundamental. Analisando a teoria de Schwabe, v. ainda ALEXY, R. *Theorie*, p. 482ss.

[243] PAPIER, H. *DW*, Rn. 5.

[244] PAPIER, H. *DW*, Rn. 5.

[245] PAPIER, H. *DW*, Rn. 5.

[246] BLECKMANN, A. *Staatsrecht*, p. 224s.

[247] PAPIER, H. *DW*, Rn. 6.

[248] PAPIER, H. *DW*, Rn. 6.

[249] STEINMETZ, W. *Vinculação*, p. 177.

[250] PAPIER, H. *DW*, Rn. 6.

Schwabe aduz que quando se analisam manifestações abstratas da jurisprudência à luz de um determinado caso concreto, com vistas a verificar se apenas nos casos de eficácia horizontal se deixa constatar uma vigência de direitos fundamentais distinta em relação àquela que se faz perante o Estado, acaba-se por chegar a uma resposta negativa.[251] Schwabe chega a sustentar que as aparentes particularidades da *Drittwirkung* mostram-se como uma miragem ou fantasia.[252] Para afastar a ocorrência de uma eficácia horizontal, Schwabe defende que há uma espécie de identidade absoluta na argumentação jurídico--fundamental empregada nos conflitos de direito público e privado.[253] Na acepção de Schwabe, a *Drittwirkung* sustenta-se em "pernas fracas".[254]

O entendimento de Schwabe, cuja voz é retratada na doutrina como a mais crítica da *Drittwirkung*,[255] em que pese ter obtido majoritário rechaço,[256] possui valor ao chamar a atenção para alguns aspectos problemáticos da relação entre a constituição e o direito privado, o que incentiva a tomada de esforço científico na busca de soluções com vista ao aperfeiçoamento das teorias vigentes. Com efeito, o pensamento central de Schwabe concentra-se em um ponto em que a doutrina majoritária da eficácia horizontal logra explicar dogmaticamente apenas à custa de muito esforço. Trata-se de fundamentar em quais casos e por que a não observância da ordem de valores jurídico-objetiva dos direitos fundamentais por meio de um juiz converte-se em uma violação ao direito fundamental (subjetivo) de um titular, a ponto de legitimar a ação corretiva da jurisdição constitucional pelos meios processuais adequados.[257]

É inegável que a relação entre a constituição e o direito privado é complexa, não apenas pelo fato de todos os particulares serem titulares de direitos fundamentais, como igualmente pela circunstância desses direitos estarem intimamente associados ao conceito de liberdade. O problema é que a teoria de Schwabe, ao sobrevalorizar a função de defesa dos direitos fundamentais, também não logra êxito em responder adequadamente à questão acima exposta,[258] o que requer a busca incessante de novos argumentos.

Mas não é apenas Schwabe que critica o reconhecimento de uma *Drittwirkung*. Há quem entenda ainda que o reconhecimento de uma eficácia horizontal é incompatível com o próprio direito privado,[259] visto que conduz a uma injustificada concessão de privilégios àqueles que têm a possibilidade de recorrer a um direito de liberdade em uma con-

---

[251] SCHWABE, J. *Anmerkung,* p. 690.

[252] SCHWABE, J. *Anmerkung,* p. 690.

[253] SCHWABE, J. *Anmerkung,* p. 690.

[254] SCHWABE, J. *Anmerkung,* p. 690, defendendo que o próprio argumento do poder social não se sustenta, até mesmo porque até hoje ninguém demonstra com clareza perante qual poder social o Sr. Lüth estava sujeito no conjunto de fatos que envolveram o famoso caso com o mesmo nome.

[255] SCHWABE, J. *DW,* p. 229s; SCHWABE, J. *Probleme,* p. 221ss; SCHWABE, J. *GR,* p. 1ss; SCHWABE, J. *Horn,* p. 396s.

[256] Ptd, v. FLOREN, D. *GRdogmatik,* p. 36s; BLECKMANN, A. *Staatsrecht,* p. 224s.

[257] RUFFERT, M. Vorrang, p. 18.

[258] RUFFERT, M. Vorrang, p. 18s.

[259] WESPI, K. *DW,* p. 93ss.

trovérsia de caráter privado.[260] Nesse caso, a eficácia horizontal levaria à paradoxal situação de representar uma violação à igualdade.[261] Há quem afirme inclusive que a aplicação dos direitos fundamentais nas relações privadas inverteria o próprio sentido desses direitos, no instante em que cada direito, ao invés de assegurar a liberdade dos seus titulares, acabaria por significar, na prática, restrição à liberdade dos sujeitos perante os quais ele são opostos. Nesse passo, os direitos de liberdade se converteriam em um sistema abrangente de restrições que acabariam por tornar a liberdade não funcional (*umfunktioniert*), sem que se pudesse derivar dos próprios direitos fundamentais uma justificativa suficiente para tanto.[262]

Outras críticas surgem no sentido de que a doutrina da eficácia horizontal não logra êxito em fundamentar mecanismos de solução de conflitos de direitos fundamentais. Assim, haveria que se abandonar a concepção da *Drittwirkung* em favor do pensamento de que é decisivo acentuar o conteúdo de significado das esferas de liberdade conflitantes, para então visualizá-las como bens jurídico-fundamentais conflitantes, compreendendo a competência estatal exclusivamente como instância de mediação, onde entraria em cena o legislador privado.[263] Trata-se de uma concepção que prioriza o fenômeno da colisão de direitos fundamentais.

Por um lado, a crítica é pertinente quando acentua a necessidade de criação de mecanismos de solução de conflitos entre liberdades opostas. Por outro, desconsidera que a doutrina da eficácia horizontal não nega que devam existir mecanismos de solução de conflitos de direitos fundamentais. Antes pelo contrário, pressupõe a existência dos mesmos, sobretudo quando prevê que a influência dos direitos fundamentais deve pressupor a mediação legislativa. O problema da eficácia horizontal é diverso do problema da colisão de direitos fundamentais,[264] haja vista que lhe ultrapassa, posto que o fenômeno da colisão é apenas uma de suas facetas. Assim, essa crítica somente adquire sentido em face da constatação de uma eficácia horizontal (*Drittwirkung*) direta, que dispensa a mediação legislativa.

O fenômeno da eficácia horizontal não se pode tornar vazio ou sem significado no ordenamento jurídico. Deve, pelo contrário, adquirir plenitude de sentido em todos os casos em que uma ponderação de valores se faça necessária, com vistas à proteção da liberdade no âmbito privado.[265] Por mais que se apontem controvérsias no modo pelo qual os direitos fundamentais influem no direito privado, não se cogita uma *impermeabilidade* do direito privado em face dos direitos fundamentais.[266] A devida conclusão é que grande parte das críticas dirigidas pela doutrina ao reconhecimento de uma eficácia horizontal não se devem ao reconhecimento da eficácia dos direitos fundamentais nas relações privadas em si, mas sim à modalidade pela qual essa eficácia é reconhecida. Consequentemente,

---

[260] WESPI, K. *DW*, p. 96.

[261] WESPI, K. *DW*, p. 96.

[262] KOPP, F. O. *Fiskalgeltung,* p. 155.

[263] BETHGE, H. *Problematik,* p. 396.

[264] LERCHE, P. *Grundrechtswirkungen,* p. 216; BETHGE, H. *Problematik,* p. 399s; GAMILLSCHEG, F. *GR,* p. 419s., ponderando que a questão do arbitramento de colisão de direitos fundamentais sempre surge no momento em que se passa a discutir a questão da *Drittwirkung;* ALEXY, R. *Theorie,* p. 480.

[265] MÜLLER, J. *GR,* p. 169.

[266] OLDIGES, M. *Aspekte,* p. 285, analisando a posição do BVerfG acerca da controvérsia da *Drittwirkung.*

ao se eleger uma construção que obtenha êxito em fundamentar racionalmente a eficácia dos direitos fundamentais nas relações privadas, o tom preponderante dessas críticas perde o sentido, inclusive no que diz respeito à realidade dos contratos de consumo.

2.6 Conclusões parciais

Há um consenso na doutrina de que os direitos fundamentais de liberdade, em seu âmbito nuclear mais estreito, acabam por influenciar a avaliação da legitimidade de determinadas ações privadas.[267] Isso significa que as ações privadas não podem ser conduzidas independentemente de uma análise de sua compatibilidade com a constituição. Todavia, somente a partir dessa assertiva nada está dito quanto à intensidade dessa análise, assim quanto ao modo pela qual ela deverá ser efetivada. A eficácia horizontal, a despeito da concepção eleita, só pode ser aceita se considerada limitada quanto aos seus efeitos.[268] No que tange à prática jurídica, a interpretação e aplicação do direito ordinário em processos de natureza constitucional revela-se como um problema que um tribunal constitucional não pode furtar-se de ocupar.[269] Nesse sentido, soluções padrão estão longe de serem alcançadas e surpresas são sempre esperadas.[270]

O reconhecimento da eficácia dos direitos fundamentais nas relações privadas traz consequências relevantes para o direito contratual e, em particular, para as relações de consumo. Isso porque ao mesmo tempo em que se considera o contrato como instrumento de circulação de riquezas, há que considerá-lo também como instrumento de proteção de direitos fundamentais.[271] As maiores dificuldades advindas do reconhecimento da eficácia horizontal resultam do fato de que ela pressupõe a atribuição de um determinado direito fundamental a um sujeito privado, que na prática é convertido em norma de conduta obrigatória para outro particular,[272] hipótese que, ao menos em princípio, tende à conflituosidade das relações jurídicas de caráter privado. Essa circunstância por si só aponta para a necessidade de abandono de argumentos de caráter extremado, em prol de soluções de índole pacificadora, de acordo com os parâmetros exigidos pela moderna dogmática do direito.

A questão da eficácia horizontal não pode – sob pena de permanecer muito restrita, deixando com isso de fornecer respostas esperadas pelo ordenamento jurídico – se restringir ao esquema liberal de separação do Estado e sociedade, no sentido de que a constituição e o direito privado são vistos respectivamente apenas como a ordenação do Estado e da sociedade.[273] Os complexos traços que envolvem a questão da eficácia horizontal dão conta que a determinação do seu modo de atuação, em harmonia com as exigências do Estado de direito, constitui uma das principais tarefas da dogmática jurídica.

---

[267] Ptd, v. SALZWEDEL, J. *DW,* p. 339.

[268] ROBBERS, G. *Sicherheit,* p. 201.

[269] HERZOG, R. *BVerfG,* p. 431 ss.

[270] HERZOG, R. *BVerfG,* p. 431.

[271] MARQUES, C. *Contratos,* p. 258, destacando o contrato como instrumento de proteção dos consumidores.

[272] FORSTHOFF, E. *Staat,* p. 254.

[273] RAISER, L. *Grundgesetz,* p. 9s.

Trata-se de um verdadeiro passo de engenharia constitucional, cujo material que dá forma e sustentação à obra é a argumentação jurídica racional. Há quem sustente inclusive que a doutrina da eficácia horizontal toma por base uma nova compreensão do caráter jurídico dos direitos fundamentais, cuja essência própria não repousa na delimitação individual de esferas de vontade (*Willenssphären*), mas sim na garantia de um determinado arranjo estrutural, relacionado com valores.[274] Em verdade, a delimitação racional das esferas de vontade, em um ambiente de realização dos direitos fundamentais e de segurança jurídica, requer indiscutivelmente um arranjo estrutural adequado, de modo que um aspecto é consequência do outro. Em síntese:

Os direitos fundamentais não podem garantir uma proteção efetiva se os particulares não puderem aplicá-los em determinadas relações privadas. Essa constatação abre caminho para uma penetração controlada, porém eficaz, dos valores constitucionais no direito privado e, com isso, para a própria possibilidade de controle do conteúdo de contratos privados com base na constituição em situações específicas. Atualmente, o parceiro contratual, categoria na qual se inclui o consumidor, é entendido como um titular de direitos fundamentais que, como tal, tem a sua manifestação de vontade e desenvolvimento da personalidade garantidos pela constituição.

Para que o direito constitucional possa atuar no direito privado, com vistas ao seu aperfeiçoamento e desenvolvimento, faz-se necessária uma relação de complementação recíproca. A norma constitucional, expressão de um ou mais valores, irradia um conteúdo indeterminado para uma norma de direito privado. Esse conteúdo indeterminado preenche valorativamente a norma privada, moldando a sua compreensão no sentido da constituição. Cria-se aqui a figura de uma *simbiose* entre a constituição e o direito privado: sem o direito privado, a norma constitucional pouco pode fazer, pelo fato de que a indeterminação de seu conteúdo não proporciona uma imposição concreta no ordenamento jurídico. A norma de direito privado, por sua vez, carece de valores constitucionais que guiem a sua interpretação e aplicação, a fim de que atinja a sua finalidade plena, de regulação do conjunto de fatos da vida, em harmonia com a unidade do ordenamento jurídico e no marco da constitucionalidade.

Não apenas o direito constitucional influi no direito privado, como este também influi naquele, o que se deixa comprovar pela ocorrência de um efeito recíproco entre ambos. Significa que os entrelaçamentos entre o direito constitucional e o direito privado, a par da condição de supremacia da constituição, são revelados por uma espécie de *mão dupla,* no sentido de que não apenas o direito constitucional contribui para o aperfeiçoamento do direito privado, mas paralelamente o próprio direito privado, a partir da sua primazia de conhecimento e exigência de precisão nas matérias que regula, contribui na sua medida e a seu modo para a interpretação dos dispositivos constitucionais que tratam de matérias privadas. Na prática, essa realidade é comprovada, dentre outras, com a forma pela qual a proteção do consumidor é disposta no ordenamento jurídico constitucional

---

[274] SMEND, R. *Recht,* p. 93; MÜLLER, J. *GR,* p. 163.

brasileiro: a constituição estabelece a proteção, a legislação estabelece como essa proteção deverá ser conduzida na prática.

No rumo de garantir uma eficácia dos direitos fundamentais nas relações privadas, em particular nas de consumo, sem ferir a unidade e as bases do ordenamento jurídico, há que se interpretar a lei em conformidade com a constituição, sendo que o resultado dessa interpretação tem que ser novamente reconduzido à interpretação da lei em si, em relação de efeito recíproco, para adquirir conteúdo pleno, voltado à realidade sobre a qual a lei incide. Nessa concepção, a interpretação conforme a constituição se dá sobre o direito legislado, que por sua vez, a partir de seu ganho de significado fundamental pelos valores da constituição, afina os limites até o ponto em que essa interpretação pode prosseguir, sem modificar a natureza da norma. De fato, se está aqui diante de uma perspectiva adicional da teoria do diálogo das fontes, que a aproxima da teoria da constituição.

O pensamento de efeito recíproco entre os diversos níveis do ordenamento jurídico é decorrência do reconhecimento de uma eficácia horizontal (*Drittwirkung*) indireta dos direitos fundamentais, como parte integrante da ordem de valores objetiva da constituição.

Grande parte do conteúdo das normas de direito fundamental não foi plantada na ordem jurídico-civil por fora, de forma que muitos valores constitucionais podem ser reconduzidos às decisões fundamentais jurídico-civis. Isso significa que o direito constitucional não logra êxito em cumprir integralmente a sua tarefa sem recorrer ao conteúdo do direito privado. O direito privado, com base em uma longa tradição que lhe agrega um suporte sólido, mostra-se como meio capaz de intermediar o significado de um direito fundamental às relações entre particulares, notadamente nas de consumo.

A concepção ideal de ordenamento jurídico, para efeito de uma argumentação em torno da eficácia dos direitos fundamentais nas relações privadas e, em particular, nos contratos de consumo, transmite a ideia de que a supremacia de vigência da constituição e a primazia de conhecimento do direito privado realizam-se mutuamente, hipótese que é proporcionada pelo pensamento da *convergência* do direito privado para o direito constitucional, que encerra em si a ideia de diálogo entre as fontes normativas.

Com base nas diretrizes ora levantadas, abre-se espaço para a formulação de um critério básico, capaz de legitimar o controle de conteúdo dos contratos, com base nos direitos fundamentais: sempre que disposições negociais privadas ferirem direitos fundamentais de uma parte, não havendo consentimento, possibilidade de reação fática ou noção exata por parte do destinatário da lesão quanto aos danos provocados por essa violação —hipótese que se configura em uma violação geral ao livre desenvolvimento da personalidade do particular —, tem-se que os direitos fundamentais vinculam os sujeitos privados, a fim de se garantir a observância das decisões de valor da constituição também no marco das relações de direito privado. E é justamente o reconhecimento dessa eficácia dos direitos fundamentais em negócios privados que legitima o controle jurídico de disposições negociais com base nesses direitos.

Nessa linha, todos os argumentos expendidos em favor do reconhecimento da eficácia dos direitos fundamentais nas relações privadas podem ser reconduzidos a uma base comum, em que se situa o ponto central deste estudo, que é a ideia de *convergência do direito privado para a constituição*. Esse pensamento de convergência colabora em larga medida para o reconhecimento de uma eficácia dos direitos fundamentais nos contratos de consumo (e nos contratos privados, em geral). Essa base comum é revelada por um pensamento de unidade da constituição, que não se identifica com um modelo de eficácia direta dos direitos fundamentais nas relações privadas, mas sim com o pensamento de diálogo das fontes.

CAPÍTULO **3**

Teorias acerca da eficácia dos direitos fundamentais nas relações privadas

Os fundamentos até aqui apresentados dão conta de que o reconhecimento de uma eficácia dos direitos fundamentais nas relações privadas não guarda em si maiores controvérsias no seio da doutrina constitucional contemporânea. Entretanto, o mesmo não ocorre em relação à intensidade e à forma dessa vinculação. Isso direciona o foco de análise da investigação para duas questões distintas: como (modo ou forma) e em que medida (intensidade ou extensão) os direitos fundamentais influem nas relações travadas entre particulares.[1]

Inicialmente, o problema que emerge nesse contexto diz respeito à definição de se os direitos fundamentais têm uma aplicação *direta* (imediata) ou *indireta* (mediata) no âmbito do direito privado. Dito de outro modo, reina a controvérsia quanto ao fato de os indivíduos poderem invocar os direitos fundamentais dos quais são titulares também perante outros particulares, em termos semelhantes àqueles opostos perante o Estado (eficácia direta) ou se tal influência se daria através dos preceitos e das cláusulas gerais (regulação legislativa) típicos do direito privado (eficácia indireta). Para melhor compreensão em torno do tema, segue uma abordagem sobre essas teorias, em que se busca refletir o pensamento de ambas as correntes.

---

[1] ALEXY, R. *Theorie*, p. 480s, destacando que a questão de como as normas de direitos fundamentais influem nas relações entre particulares diz respeito a um problema de construção, ao passo em que a questão acerca da extensão dessa vinculação (em qual medida) toca um problema de colisão, de caráter material. Ambos os problemas, de construção e de colisão, resultam de uma diferença fundamental entre a relação do Estado com os indivíduos e a relação dos particulares entre si. Naquela, há uma relação entre um titular de direito fundamental e um não-titular desse direito. Nesta, há uma relação entre dois titulares de direitos fundamentais, de que se abstrai a eminente possibilidade de colisão de direitos.

3.1 A teoria da eficácia direta (imediata) dos direitos fundamentais nas relações privadas

3.1.1 Origem da teoria da eficácia direta

A teoria da eficácia direta ou imediata dos direitos fundamentais nas relações entre os particulares foi cunhada na Alemanha, com a expressão *unmittelbare Drittwirkung der Grundrechte*. Ela ganhou repercussão a partir de uma obra de Hans Carl Nipperdey, intitulada *A Dignidade Humana*,[2] publicada no ano de 1954, na qual restou defendida a concepção em torno do reconhecimento de uma eficácia direta dos direitos fundamentais nas relações privadas. Essa obra encontrou eco sobretudo na jurisprudência do BAG, órgão no qual Nipperdey atuou, inclusive como seu primeiro Presidente. Anos mais tarde, em 1960, Walter Leisner publicou uma obra intitulada *Direitos Fundamentais e ireito Privado*,[3] na qual reforçou a tese de Nipperdey, igualmente orientada ao reconhecimento de uma eficácia direta dos direitos fundamentais nas relações privadas. Desde então, a doutrina reconhece as obras desses dois juristas como os pilares da chamada eficácia horizontal (*Drittwirkung*) direta.[4]

Levando-se em conta a estreita ligação de Nipperdey com o direito do trabalho, constata-se que grande parte do desenvolvimento da teoria da eficácia direta encontra-se na fundamentação de decisões dessa natureza. De fato, Nipperdey aplicou sua teoria ao longo de uma série de decisões proferidas no âmbito de competências do BAG, podendo-se dizer inclusive que os primeiros anos de atuação nesse tribunal foram marcados pelo reconhecimento de uma eficácia direta dos direitos fundamentais nas relações de trabalho.[5] Entre as principais decisões nesse sentido, destaca-se a decisão proferida no ano de 1954, que reconheceu a vinculação do empregador aos direitos fundamentais de liberdade de manifestação do pensamento e de não-discriminação por sexo. O fundamento para tanto foi que esses direitos representam princípios ordenadores da vida social (*Ordnungssätze für das soziale Leben*) e, como tal, podem ser descritos como arranjo estrutural da ordem pública de um ordenamento Estatal-jurídico.[6]

Frente a essa controvérsia, o BAG sustentou que não todos, mas uma significativa linha de direitos fundamentais, não deve garantir a liberdade somente perante o poder estatal, haja vista que, na condição de preceitos ordenadores para a vida social, possuem significado *direto* também para o tráfego jurídico privado. Nessa conectividade, negócios jurídico-privados não poderiam ingressar em contradição com aquilo que se entende como ordem pública de um Estado. Esse entendimento foi a mola propulsora para a constatação do BAG de que os direitos fundamentais clássicos, ligados à proteção da manifestação do pensamento e de convicção, de não-discriminação por raça, origem, religião etc., são valores básicos da própria dignidade humana, que tocam à igualdade e à liberdade es-

---

[2] NIPPERDEY, H. *Würde*, p. 1ss.
[3] LEISNER, W. *GR*, p. 1ss.
[4] EN, v. SARLET, I. *DF*, p. 121ss.
[5] STERN, K. *Staatsrecht III/1*, p. 1.538ss; MÜNCH, I. *DW*, p. 16ss.
[6] BAGE 1, 185 (NJW 1955, p. 606s).

piritual do cidadão; e devem, portanto, possuir significado não apenas nas relações travadas entre o particular e o Estado, mas igualmente nas relações privadas. Isso falaria, na acepção do tribunal, a favor do reconhecimento de uma eficácia privada direta das determinações de direitos fundamentais (*unmittelbare privatrechtliche Wirkung der Grundrechtsbestimmungen*).[7]

O tema ganhou concretude na Alemanha sobretudo a partir do debate travado sobre a impossibilidade de diferenciação de salários entre homens e mulheres frente a trabalho de mesma natureza, com base no art. 3º da LF, que prevê a igualdade de direitos entre homens e mulheres e a proibição de discriminação. Essa tese encontrou eco naquele país no âmbito da jurisdição trabalhista, consagrando o princípio da igualdade salarial (*Grundsatz der Lohngleichheit*).[8] A primeira decisão significativa acerca da aplicabilidade direta do princípio da igualdade em contratos de trabalho privados foi prolatada pelo BAG no ano de 1955, ocasião em que afirmou que o princípio da igualdade salarial como direito fundamental vincula não apenas o poder público, mas também as partes integrantes de um contrato coletivo de trabalho.[9] Nessa decisão, o BAG reproduziu o argumento esgrimido na decisão sobre a vinculação do empregador aos direitos fundamentais de liberdade de manifestação do pensamento, voltando a sustentar que uma linha de significativos direitos fundamentais garante não apenas direitos de liberdade oponíveis contra o poder público, mas também preceitos ordenadores, que podem adquirir significado direto (*unmittelbare Bedeutung*) em extensão evolutiva também para o tráfego jurídico privado.[10] O BAG fundamentou ainda que a constituição vincula de forma inequívoca os poderes públicos aos direitos fundamentais, entre os quais o legislador. Nesse sentido, contratos coletivos de trabalho são também uma expressão da legislação, lei em sentido material, porque eles nomeadamente fixam em suas condições contratuais direito objetivo para aqueles que tomam parte nas relações de trabalho por eles reguladas.[11]

Nessa linha, outra decisão no âmbito das relações de trabalho proferida pelo BAG no ano de 1957 pode ser citada como marcante do desenvolvimento da teoria da eficácia direta dos direitos fundamentais nas relações privadas. Tratava-se de um caso envolvendo um hospital privado, que possuía contratos de trabalho com as enfermeiras, marcados por uma cláusula que previa o despedimento dessas profissionais na hipótese de se casarem. Essa matéria ganhou destaque na doutrina[12] sob o título de "cláusulas de celibato". Por trás dessa cláusula repousava o nítido interesse do empregador em evitar que suas contratadas viessem a engravidar, para escapar desse modo das obrigações sociais daí decorrentes. O BAG invalidou a chamada "cláusula de celibato", sob o argumento de que elas violavam a proteção do matrimônio e da família, a dignidade humana e a garantia de livre desenvolvimento da personalidade.[13] Essa decisão causou sensação, justamente pelo fato

---

[7] BAGE 1, 185 (NJW 1955, p. 607).

[8] STERN, K. *Staatsrecht III/1*, p. 1.524s; v. DI FABIO, U. *Gleichberechtigung*, p. 404ss; HUSTER, S. *Frauenförderung*, p. 109ss.

[9] BAGE 1, 258 (NJW 1955, p. 684 LS b).

[10] BAGE 1, 258 (NJW 1955, p. 685s).

[11] BAGE 1, 258 (NJW 1955, p. 686).

[12] BLECKMANN, A. *Staatsrecht*, p. 220s; MÜNCH, I. *DW*, p. 15s.

[13] BAGE 4, 274 (NJW 1957, p. 1.688ss).

de que seus elementos de sustentação se basearam na teoria da eficácia direta dos direitos fundamentais invocados pelas trabalhadoras.[14] A argumentação do BAG seguiu a linha das decisões já aqui citadas, com a característica dos direitos fundamentais como preceitos ordenadores da vida social, com significado direto para as relações privadas,[15] e especificamente pelo fato de que acordos e negócios jurídico-privados em geral não se podem situar em contradição com aquilo que se pode denominar de arranjo estrutural ou ordem pública de um ordenamento jurídico-estatal concreto.[16]

Outras decisões sucederam-se no sentido de reconhecer que os direitos fundamentais vigem diretamente nas relações de trabalho.[17] Em certos casos o BAG reconheceu inclusive uma pretensão do trabalhador perante o empregador derivada da dignidade humana e do direito de personalidade geral,[18] casos que passaram a adquirir atenção na doutrina.[19] A partir da jurisprudência do BAG surgiu então uma forte linha argumentativa em torno do reconhecimento de uma eficácia horizontal direta. Essa linha fundamentou-se na constatação de que uma recusa à eficácia horizontal (direta) tornaria os direitos fundamentais sem efeito (*wirkungslos*) em vários âmbitos da vida social. Isso ocorreria sobretudo nos casos em que a incidência de poder econômico e social no tráfego jurídico privado, seja de forma coletiva, seja individual, revela-se capaz de restringir, por uma situação particular de força, direitos fundamentais de terceiros, de acordo com aquilo que a parte mais poderosa entende como correto, sem que todavia venha a ser responsabilizada para tanto. Assim, o não-reconhecimento de uma eficácia horizontal nesses termos conduziria inevitavelmente ao indesejado caráter declaratório (absoluto) dos direitos fundamentais.[20]

No momento em que o BAG afirmou que os direitos fundamentais traduzem princípios ordenadores da vida social, conectou-se ao significado dos direitos fundamentais como elementos da ordem objetiva, aduzindo que alguns direitos fundamentais também possuem, em extensão variável, significado para o tráfego jurídico privado.[21] Todavia, a questão está em saber se esse significado jurídico objetivo fundamenta realmente uma eficácia direta dos direitos fundamentais nas relações privadas? Com o tempo, a resposta a essa questão foi encontrada pelo próprio BAG. De fato, a teoria da eficácia direta, pelos problemas inerentes aos seus fundamentos basilares, acabou sendo colocada de lado mesmo pela jurisprudência do BAG, que na década de 1950 encontrou seu ponto crucial.[22] Em sua jurisprudência recente, o BAG apartou-se de sua concepção original acerca da eficácia direta dos direitos fundamentais no âmbito privado (no caso, no curso das relações trabalhistas), seguindo a partir de então a doutrina da eficácia indireta,[23] por vezes com

---

[14] MÜNCH, I. *DW*, p. 16.

[15] BAGE 4, 274 (NJW 1957, p. 1.689).

[16] BAGE 4, 274 (NJW 1957, p. 1.689).

[17] BAGE 23, 371; 29, 195 (199); 41, 150 (158).

[18] BAGE 2, 221 (224).

[19] MÜNCH, I. *DW*, p. 16ss.

[20] NIPPERDEY, H. *Lohn*, p. 125.

[21] BAGE 1, 185 (NJW 1955, p. 606).

[22] RUFFERT, M. *Vorrang*, p. 13.

[23] BAGE 47, 363; 48, 123; 76, 155.

base até mesmo nas cláusulas gerais do direito civil,[24] ainda que resquícios da fundamentação da teoria da eficácia direta ainda se façam presentes em decisões proferidas no âmbito de contratos coletivos de trabalho.[25]

3.1.2 Pilares da teoria da eficácia direta

Como visto na evolução da jurisprudência relacionada com as relações de trabalho, o ponto central da teoria da eficácia horizontal direta reside na constatação de que alguns direitos fundamentais alicerçam pretensões que não são dirigidas exclusivamente ao Estado, mas igualmente a sujeitos privados. No direito privado, assim como no público, há igual "carência" (*Bedürfnis*) de aplicação de direitos fundamentais,[26] sendo que, na dúvida, parte-se do pressuposto de que a constituição pretendeu configurar os direitos fundamentais como princípios jurídicos universalmente oponíveis para todos.[27] Assim, os direitos fundamentais teriam a par de seu significado como direitos de defesa, a função de preceitos ordenadores para a totalidade do ordenamento jurídico.[28] Contudo, é na análise das particularidades do seu conteúdo que a teoria da eficácia direta se deixa revelar com maior intensidade, bem como os seus problemas.

De início, é importante observar que a teoria da eficácia direta não prega que todos os direitos fundamentais devam ser aplicados no tráfego jurídico privado. Trata-se de um exame que requer avaliação no caso concreto, reconhecendo-se com frequência essa possibilidade nos direitos com conteúdo em dignidade humana e aqueles ligados ao livre desenvolvimento da personalidade.[29] Nesse sentido, o BAG, quando aplicou a teoria da eficácia direta, falou em "não todos, mas sim uma linha dos direitos fundamentais mais significativos da constituição".[30] Em vista disso, correto seria falar não em eficácia horizontal geral, mas sim em eficácia absoluta de certos direitos fundamentais (*absoluten Wirkung gewisser Grundrechte*).[31] Todavia, como a maioria dos direitos fundamentais constantes nos catálogos clássicos pode ser reconduzida a um conteúdo em dignidade humana ou à garantia de livre desenvolvimento da personalidade, com foco na liberdade de ação geral – sendo considerados por essa razão "significativos na constituição" –, fica claro que a teoria da eficácia direta, apesar dessa ressalva, acaba por abranger a grande maioria dos direitos fundamentais em sentido clássico de liberdade, essa ressalva perdendo de certa forma seu significado prático.

Os direitos subjetivos constitucionais são aqueles que investem seus titulares em situações jurídicas imediatamente desfrutáveis.[32] Em um quadro amplo, a teoria da eficácia

---

[24] BAGE 48, 122 (NJW 1985, p. 2.969s).
[25] BAGE 48, 307.
[26] LEISNER, W. *GR*, p. 333.
[27] NIPPERDEY, H. *Lohn*, p. 124.
[28] PAPIER, H. *DW*, Rn. 11.
[29] NIPPERDEY, H. *GR*, p. 20; do mesmo autor, v. NIPPERDEY, H. *Entfaltung*, p. 747s.
[30] BAGE 1, 185 (NJW 1955, p. 607); 1, 258 (NJW 1955, p. 685); 4, 274 (NJW 1957, p. 1.689).
[31] NIPPERDEY, H. *AT*, § 15, p. 94.
[32] BARROSO, L. *Curso de Direito Constitucional*, p. 223.

direta sindicaliza que os direitos fundamentais não necessitam em princípio de transformações para serem aplicados no âmbito das relações privadas. Assumem assim a função de direitos de defesa oponíveis contra outros particulares, de modo que os indivíduos podem invocar seus direitos subjetivos fundamentais também perante outros sujeitos privados, em termos semelhantes àqueles que os opunham contra o Estado.[33] Desse modo, certos direitos fundamentais possuem eficácia absoluta ou eficácia normativa direta em sua qualidade como direito constitucional vinculativo e objetivo, que revoga, modifica, complementa ou cria novas determinações de direito privado.[34] Esse direito constitucional contém para os âmbitos jurídicos exteriores à constituição não apenas "linhas diretivas" (*Leitsätze*) ou "regras de interpretação" (*Auslegungsregeln*), mas sim uma regulamentação normativa do ordenamento jurídico total como unidade, a partir do qual fluem também direitos privados subjetivos diretamente aplicáveis pelo particular (*unmittelbar subjektive private Rechte des Einzelnen*).[35]

A fundamentação da existência de direitos subjetivos no tráfego jurídico privado repousa no mandamento de proteção da dignidade humana: a dignidade humana só pode ser o princípio que domina o direito quando todos os sujeitos privados respeitarem e não violarem a dignidade dos demais; assim, proteção estatal da dignidade significa para o tráfego jurídico privado o reconhecimento de um direito subjetivo absoluto irrenunciável à dignidade, oponível perante outros sujeitos privados (*Anerkennung eines unverzichtbaren absoluten subjektiven Rechts auf Würde gegenüber den anderen Rechtspersonen*).[36] A dignidade humana é reconhecida como liberdade, mas mais do que somente a liberdade: é a "liberdade para algo" (*Freiheit zu etwas*), que em si é um valor, sendo que a mudança de significado dos direitos fundamentais que indica uma capacidade valorativa desse conceito aponta para uma eficácia horizontal primária de todas as liberdades.[37] Nesse sentido, o catálogo de direitos fundamentais concede ao particular direitos subjetivos públicos e privados de forma direta, ou seja, simultaneamente na forma de lei jurídica privada (*zugleich privatrechtliches Gesetz*).[38]

Os fundadores da teoria da eficácia direta sustentam em linha geral que os direitos fundamentais vigem diretamente nas relações privadas, na forma de mandamentos e proibições, não carecendo da mediação das normas de direito privado, como, por exemplo, as cláusulas gerais.[39] Pregam com isso uma revolução jurídico-privada constitucional (*verfassungs-privatrechtlichen Revolution*),[40] em um quadro no qual o direcionamento estatal

---

[33] NIPPERDEY, H. *Würde*, p. 18ss; do mesmo autor, v. NIPPERDEY, H. *GR*, p. 24ss; condensando os fundamentos da teoria da eficácia direta, v. STERN, K. *Staatsrecht III/1*, p. 1.538ss. EN, v. SARLET, I. *DF*, p. 122ss.

[34] NIPPERDEY, H. *GR*, p. 24.

[35] NIPPERDEY, H. *GR*, p. 24.

[36] NIPPERDEY, H. *Würde*, p. 20.

[37] LEISNER, W. *GR*, p. 143s.

[38] LEISNER, W. *GR*, p. 376. Sobre o conceito de direitos subjetivos públicos, remeta-se a CIRNE LIMA, R. *Princípios de Direito Administrativo*, p. 56, quando afirma que "existe direito subjetivo público quando uma pessoa administrativa se constitui em obrigação, segundo o direito público, para com o particular; ou, igualmente, o Estado, para com uma das pessoas administrativas por ele criadas".

[39] Ptd, v NIPPERDEY, H. *GR*, p. 23s.

[40] LEISNER, W. *GR*, p. 333.

como critério de aplicação dos direitos fundamentais tombou.[41] Trata-se de consequências práticas imediatas da ordem jurídico-constitucional que de modos distintos influem diretamente na liberdade contratual.[42] Para tanto, empregam uma linha argumentativa construída basicamente em cinco pilares principais:

1. O fundamento da ordem jurídica geral e, portanto, também do direito privado, é a dignidade humana;[43]

2. Os direitos fundamentais como expressão de valores supremos devem ser efetivamente assegurados na vida social. Trata-se de exigência advinda de seu próprio conteúdo material, que exige asseguramento e proteção amplos no interesse do particular;[44]

3. Os direitos fundamentais experimentaram uma modificação em seu significado. Essa mudança informa que esses direitos não mais devem ser compreendidos apenas como direitos de defesa oponíveis em face do poder estatal, haja vista que se encontram em conexão com as relações sociais, protegendo seu titular contra os poderes sociais privados;[45]

4. Deriva-se da interpretação histórica dos direitos fundamentais que esses direitos são concebidos como direitos multidirecionais ou universais, de modo que sua vigência não se limita às relações com o Estado. Assim, o quadro de desenvolvimento dos direitos fundamentais que melhor reflete as exigências e carências de uma sociedade moderna fala a favor da chamada tendência multidirecional (*allseitiger Tendenz*) dos direitos fundamentais;[46]

5. Os direitos fundamentais, ao serem considerados direitos imediatamente vigentes perante os poderes públicos, devem também ser considerados direitos imediatamente vigentes no âmbito privado.[47] Essa tese encontrou acepção no sentido de que aquilo que não é permitido ao Estado, também não o é no âmbito privado.[48]

Esses cinco pilares conduzem aos seguintes argumentos:[49] tanto acima quanto abaixo da soberania do Estado há grupos, poderes e relações que incidem na liberdade individual dos cidadãos, com uma força que muitas vezes não está ao alcance das autoridades públicas; um ordenamento jurídico não se pode basear na obsoleta antítese indivíduo-Estado, que não visualiza a pluralidade de estruturas e formas supraindividuais inseridas na sociedade atual, sob pena de simplificar as normas de conduta à ordem das relações indivíduo/Estado, com consequências para a efetividade dos direitos fundamentais; é possível e extremamente útil do ponto de vista dogmático-constitucional atribuir um *status social* aos

---

[41] LEISNER, W. *GR*, p. 338.

[42] LAUFKE, F. *Vertragsfreiheit*, p. 178.

[43] NIPPERDEY, H. *GR*, p. 17.

[44] LAUFKE, F. *Vertragsfreiheit*, p. 180 e 183; HAMEL, W. *Bedeutung*, p. 20ss; LEISNER, W. *GR*, p. 333; NIPPERDEY, H. *GR*, p. 20; GAMILLSCHEG, F. *GR*, p. 419ss.

[45] LAUFKE, F. *Vertragsfreiheit*, p. 182s; LEISNER, W. *GR*, p. 174ss; NIPPERDEY, H. *GR*, p. 20s.

[46] LEISNER, W. *GR*, p. 332.

[47] NIPPERDEY, H. *Lohn*, p. 125.

[48] GAMILLSCHEG, F. *GR*, p. 406.

[49] GARCÍA TORRES, J; JIMÉNEZ-BLANCO, A. *Derechos*, p. 24s.

direitos fundamentais; há uma tendência em transformar o conceito de liberdade clássico esculpido nas constituições em uma liberdade *socialmente vinculada.*

Assim edificados, esses pilares apontam para diferentes aspectos. O fato de que em tempos anteriores os direitos fundamentais foram concebidos como oponíveis apenas contra o Estado não é suficiente para afastar o seu significado direto para o direito civil. Nesse sentido, o sistema da constituição não impediria as chamadas consequências diretas ou a vigência imediata dos direitos fundamentais para o direito civil.[50] Além disso, os direitos fundamentais seriam a expressão geral de princípios que deveriam viger em uma sociedade justa, livre e socialmente ordenada, o que deve ser examinado em consideração ao conteúdo concreto, à essência e à função de cada direito fundamental.[51] A vinculação direta dos sujeitos privados seria particularmente observada nas relações privadas marcadas por uma desigualdade de poder social, pelo simples fato de que essa situação em muito se assemelharia à relação entre os cidadãos e o Estado.[52]

Nesse passo, várias tentativas foram levadas a efeito para embasar uma eficácia direta dos direitos fundamentais nas relações privadas. Uma delas é a diferenciação entre a ocorrência de uma eficácia horizontal em âmbito contratual e outra em âmbito extracontratual, proposta por Walter Leisner.[53] Essa diferenciação é uma tentativa de amenizar os efeitos trazidos pelo reconhecimento de uma eficácia direta dos direitos fundamentais na ordem jurídico-privada no que tange à restrição da autonomia privada.

Leisner defende o ponto de vista de que uma limitação contratual de direitos fundamentais é possível a partir do momento em que um particular pode renunciar a um direito fundamental do qual é titular. Por força do direito de livre desenvolvimento da personalidade, ambos os titulares de direitos fundamentais que tomam parte em um negócio privado teriam a liberdade de restringir contratualmente e de modo eficaz as suas respectivas posições jurídico-fundamentais. Esse seria, a propósito, o fundamento da ordem jurídico-negocial geral da vida econômica.[54] Decisivo para tanto é a existência de reserva legal para a restrição do respectivo direito. Isso porque se uma lei pode restringir um direito fundamental, não haveria razão pela qual um contrato também não pudesse fazê-lo.[55] Dois aspectos aqui devem se fazer presentes. O primeiro é que essa renúncia não poderia ser ilimitada, devendo ser observado o conteúdo essencial de cada direito fundamental na relação concreta. O segundo é que essa renúncia somente seria pensável na hipótese de se verificar uma situação de igualdade fática entre os parceiros contratuais, sob pena de a atuação na própria esfera jurídico-fundamental não ser livre.[56]

A segunda variante proposta por Leisner, de uma eficácia horizontal no âmbito extracontratual, informa que as eventuais violações a direitos fundamentais decorrem não

---

[50] LAUFKE, F. *Vertragsfreiheit*, p. 150 e 153.
[51] PAPIER, H. *DW*, Rn. 11.
[52] NIPPERDEY, H. *GR*, p. 28.
[53] LEISNER, W. *GR*, p. 379.
[54] LEISNER, W. *GR*, p. 384.
[55] LEISNER, W. *GR*, p. 384s.
[56] PAPIER, H. *DW*, Rn. 14.

de acordos contratuais – até mesmo porque aqui não se trata de contratos –, mas de atos reais.[57] Não se fala aqui de renúncia a direitos fundamentais – como cogitado na hipótese de eficácia horizontal no âmbito contratual –, mas de casos em que ocorrem colisões entre direitos fundamentais das partes envolvidas. A solução seria encontrada no caminho de uma ponderação entre os direitos envolvidos, levando-se em conta a existência de uma espécie de hierarquia entre eles.[58] Essa hierarquia abriria uma prevalência na ponderação para direitos fundamentais específicos em relação aos de caráter geral.[59]

Essas duas vertentes, no âmbito da teoria da eficácia direta, permitiriam a introdução dos direitos fundamentais (em atenção ao seu conteúdo específico) no direito privado, sem que isso provocasse uma perturbação revolucionária nesse âmbito do direito; para além disso, as consequências seriam esporádicas.[60] Todavia, essa linha argumentativa não se afasta por completo das demais, que preveem o reconhecimento de uma eficácia direta dos direitos fundamentais nas relações privadas.

Outras tentativas são verificadas na doutrina. Algumas são marcadas por certo radicalismo, no sentido de que o reconhecimento de uma eficácia apenas indireta dos direitos fundamentais representaria em verdade uma recusa da própria eficácia horizontal.[61] Isso porque a teoria de uma *Drittwirkung* indireta visualiza o Estado na condição de intermediário, que age apenas quando "a criança está prestes a cair na fonte".[62] Outras, contudo, mais amenas, optaram por demonstrar que o reconhecimento de uma eficácia direta se daria nos casos em que a aplicação imediata dos direitos fundamentais nas relações privadas se justificasse perfeitamente de acordo com uma questão reconhecível na constituição, bem como a partir da finalidade objetiva e do teor dos direitos fundamentais individualmente considerados. Essa circunstância não se verificaria na hipótese da sua aplicação indireta e desde que a aplicação (direta) desses direitos se revele como adequada no contexto de relações privadas.[63] Trata-se da variante de eficácia direta que, por assim dizer, encontra maior conformidade com as exigências do ordenamento jurídico.[64]

Com base nos argumentos acima elencados, a teoria da eficácia direta pressupõe que, em face da unidade do ordenamento jurídico, todo e qualquer direito deve viger apenas sob os fundamentos e dentro dos marcos da constituição, não fugindo o direito privado a esse desiderato.[65] Alega-se que a unidade do sistema jurídico impõe que, quando se aplica uma lei, todo o sistema legislativo é aplicado em conjunto, de forma que entre a constituição e a norma de direito privado a ser aplicada não se verificaria "um hiato, mas

---

[57] LEISNER, W. *GR*, p. 391ss.

[58] LEISNER, W. *GR*, p. 392s.

[59] LEISNER, W. *GR*, p. 392; PAPIER, H. *DW*, Rn. 15 cita o exemplo de que um eventual conflito entre o sigilo de correspondência e a liberdade de ação geral seria resolvido em favor do primeiro, na condição de direito fundamental de caráter mais específico.

[60] LEISNER, W. *GR*, p. 389.

[61] FRIEß, K. *Verzicht*, p. 131.

[62] LANGNER, T. *Problematik*, p. 239.

[63] LAUFKE, F. *Vertragsfreiheit*, p. 154.

[64] Remeta-se neste particular ao item 3.1 do presente estudo.

[65] NIPPERDEY, H. *GR*, p. 26.

um contínuo fluir".[66] Denota-se então uma verdadeira tendência ao enfraquecimento e remoção das barreiras entre o direito público e o direito privado.[67] O resultado dessa concepção é a proibição tendencial de limitações contratualmente pactuadas, bem como a geração de direito subjetivo à indenização, no caso de ofensa proveniente de sujeitos de direito privado.[68] Essa tese afirma assim a validade direta, sem mediações legislativas concretizadoras, dos direitos fundamentais frente a violações oriundas de particulares,[69] levando em conta que um sério enfoque do caráter normativo da constituição ergue a teoria que alça a vinculação direta dos particulares aos direitos fundamentais à condição de última fronteira da constituição normativa.[70]

Os defensores da eficácia direta adotam por regra o fundamento nuclear de que na esfera do conteúdo do princípio da dignidade humana[71] os direitos fundamentais são em tese irrenunciáveis – sendo esse conteúdo essencial indisponível inclusive para o legislador[72] –, estejam os particulares ou não em pé de igualdade, de modo que haja um dever geral de respeito por parte de todos os integrantes da comunidade para com os demais, circunstância que por si só justificaria essa modalidade de vinculação.[73] Assim, os direitos fundamentais, na condição de ponto fixo na crise de distinção entre o direito público e o direito privado, no plano mais elevado de sua universalidade, devem conduzir os respectivos âmbitos da ciência jurídica para uma última unidade que satisfaça a forma de sua aplicação.[74] Sob o manto da teoria da eficácia direta cogitou-se inclusive uma eficácia absoluta (*absolute Wirkung*) dos direitos fundamentais no âmbito jurídico-privado.[75]

Em rumo semelhante, há quem sustente que a norma constitucional, mesmo na ausência de legislação ordinária que discipline a controvérsia, pode ser a fonte da disciplina de uma relação de direito civil, ou seja, pode ser aplicada diretamente ao caso concreto. Isso ocorre em face do reconhecimento da preeminência das normas constitucionais e dos valores por ela expressos, mormente pelo fato de que a normativa constitucional não deve ser considerada sempre e somente como mera regra hermenêutica, mas igualmente como uma norma de comportamento de caráter idôneo, capaz de incidir sobre o conteúdo das relações entre situações subjetivas, funcionalizando-as com novos valores.[76] Assim,

---

[66] SILVA, V. *Vinculação*, p. 46, destacando que esse fluir contínuo é facilitado pelo fato de as constituições não se limitarem a consagrar a categoria de direitos contra o Estado, mas de se referirem também, de forma explícita ou implícita, à autonomia privada.

[67] LEISNER, W. *GR*, p. 404; v. ainda MÜNCH, I. *DW*, p. 14, sustentando que o elevadíssimo número de casos envolvendo a questão da *Drittwirkung* na Alemanha demonstra que "desmoronou o dique" que, segundo a doutrina precedente, separava o direito constitucional do direito privado.

[68] CANARIS, C. *GR*, p. 34.

[69] STERN, K. *Staatsrecht III/1*, p. 1.538.

[70] UBILLOS, J. *Eficacia*, p. 325.

[71] EN, v. SARLET, I. *Dignidade*, p. 114s, sustentando uma eficácia direta dos direitos fundamentais nas relações entre particulares com base no princípio da dignidade da pessoa humana.

[72] UBILLOS, J. *Eficacia*, p. 357.

[73] EN, v. SARLET, I. *Dignidade*, p. 114s.

[74] LEISNER, W. *GR*, p. 404.

[75] NIPPERDEY, H. *GR*, p. 24.

[76] PERLINGIERI, P. *Perfis*, p. 11s.

a vinculação dos particulares aos direitos fundamentais deve ser pautada pela constituição e não segundo os níveis de tolerância ou conveniência do direito privado.[77] Ligado a essa perspectiva, há quem aduza que em determinados casos a jurisprudência e a doutrina acabam por seguir, frequentemente de modo calado, a doutrina da eficácia direta, a partir do instante em que reconhecem um direito de personalidade geral diretamente sob fundamento na constituição como direito subjetivo privado.[78]

Nessa seara houve quem inclusive apontasse que o reconhecimento de uma vinculação direta dos particulares aos direitos fundamentais pressupõe uma opção política que, sem negar o constitucionalismo da liberdade, pretende abrir um caminho razoável para a fixação de um constitucionalismo de igualdade, mediante uma efetiva interpretação dos direitos fundamentais reconhecidos no âmbito do Estado social.[79] E justamente em prol dessa opção política, para afastar uma vinculação apenas indireta (mediata), já se perguntou: que eficácia de direitos fundamentais entre privados é essa que exige sempre a interferência de um poder público e que só encontra correção à medida que aparece envolvido um poder público?[80] Registre-se para melhor compreensão do tema que os adeptos da teoria da eficácia imediata não negam a existência de especificidades nessa modalidade de incidência, tampouco a necessidade de se ponderar o direito fundamental em jogo com a autonomia privada dos particulares envolvidos no caso concreto, não pregando assim a desconsideração da liberdade individual no tráfico jurídico privado.[81]

Em verdade, o principal argumento elencado pelos defensores da eficácia direta é que o poder social se mostra implacável na violação de direitos fundamentais. Esse argumento é empregado a partir da constatação de que grupos sociais detentores de poder representam uma ameaça à liberdade dos mais fracos, razão pela qual devem estar vinculados diretamente aos direitos fundamentais.[82] Nesse sentido, somente o reconhecimento de uma vinculação direta dos particulares aos direitos fundamentais poderia propiciar uma proteção efetiva desses sujeitos no tráfego jurídico privado.[83] Por trás desse entendimento está a constatação de que o princípio da autonomia privada, conquanto tenha que ser garantido no ordenamento jurídico, não pode ser ilimitado.[84] Isso revelaria uma especial sensibilidade às relações sociais marcadas por uma visível desigualdade, com base em uma tendência socializante da constituição, que embasaria a prática de proibições e intervenções de caráter diverso, voltada à efetivação plena dos direitos fundamentais.[85] Com isso, essa doutrina procurou abrir um caminho para a fixação de um constitucionalismo de

---

[77] STEINMETZ, W. *Vinculação*, p. 296.

[78] MÜLLER, J. *GR*, p. 171.

[79] VEGA GARCÍA, P. *Dificultades*, p. 278s.

[80] VILLALÓN, P. *Derechos*, p. 112.

[81] UBILLOS, J. *Eficacia*, p. 360s; EN, do, v. SARLET, I. *Eficácia*, p. 344; STEINMETZ, W. *Vinculação*, p. 263; SARMENTO, D. *DF*, p. 246.

[82] PAPIER, H. *DW*, Rn. 4, comentando esse fundamento, contudo, sem defendê-lo.

[83] Ptd, v. NIPPERDEY, H. *GR*, p. 28; v. NIPPERDEY, H. *Lohn*, p. 125. EN, v. SARLET, I. *DF*, p. 128ss; BRANCO, P *Aspectos*, p. 175.

[84] PERLINGIERI, P. *Perfis*, p. 277; MARTÍNEZ, G. *Curso*, p. 634; VIEIRA DE ANDRADE, J. *DF*, p. 266s.

[85] VIEIRA DE ANDRADE, J. *DF*, p. 253ss.

igualdade, mediante uma efetiva interpretação dos direitos fundamentais reconhecidos no âmbito do Estado Social.[86]

Na doutrina pátria, a aceitação de uma eficácia direta dos direitos fundamentais nas relações privadas ganhou espaço pelos escritos de Ingo Wolfgang Sarlet, sob o ponto de vista de que a eficácia direta dos direitos fundamentais nas relações entre particulares, estejam eles ou não em pé de igualdade, encontra fundamento junto ao princípio da dignidade humana, já que na esfera desse conteúdo são em tese irrenunciáveis. Nessa linha, Sarlet defende um modelo de eficácia direta que denomina de *prima facie*, pelo fato de que as normas de direitos fundamentais não são homogêneas, possuindo diversos graus de eficácia, com efeitos peculiares, razão pela qual, conquanto entenda que os particulares estão diretamente vinculados aos direitos fundamentais, não há falar de uma vinculação ou de uma eficácia direta de feições absolutas.[87] Pondera ainda que se do mandamento de respeito à dignidade decorrem direitos subjetivos à sua proteção pelo Estado e pelos particulares, haverá de estar presente a circunstância em que, por força da dimensão intersubjetiva da dignidade, se fundamenta um dever geral de respeito por parte de todos os integrantes da comunidade para com os demais.[88]

Para além do argumento relacionado com a proteção da dignidade humana, Sarlet recorre ao princípio da aplicabilidade direta das normas constitucionais.[89] Pondera que o fato de a CF/88 conter o princípio da aplicabilidade imediata dos direitos fundamentais, contudo, sem fazer menção expressa tanto aos poderes públicos quanto às relações privadas, não permite concluir que apenas os primeiros estariam abrangidos por esse princípio.[90] De fato, os defensores da teoria da eficácia direta sustentam em geral que, a partir da cláusula de aplicabilidade direta dos direitos fundamentais, somente se poderia extrair a conclusão de que os órgãos públicos estão vinculados aos direitos fundamentais, não sendo permitida a prática de raciocínio inverso: de que se os poderes públicos estão vinculados aos direitos fundamentais, os sujeitos privados por consequência não estariam.[91] Há quem entenda ainda que, embora não se possa inferir da norma de aplicabilidade direta uma vinculação evidente dos particulares aos direitos fundamentais, ela serve como argumento de reforço nesse sentido.[92]

Por fim, mesmo o argumento de que os direitos fundamentais possuem um elevado grau de abstração não seria suficiente para afastar o reconhecimento de uma eficácia direta nas relações privadas. Isso porque se esses direitos, independentemente de seu conteúdo abstrato, vinculam diretamente os poderes públicos, gerando direitos subjetivos para os particulares, não haveria como compreender por qual motivo, no âmbito das relações privadas, ainda que caracterizadas pelo conflito entre direitos fundamentais de diversos

---

[86] VEGA GARCÍA, P. *Dificultades*, p. 278s.
[87] SARLET, I. *DF*, p. 157.
[88] SARLET, I. *Dignidade*, p. 114s.
[89] Art. 5º, § 1º, CF/88.
[90] SARLET, I. *DF*, p. 152.
[91] PAPIER, H. *DW*, Rn. 16; BLECKMANN, A. *Staatsrecht*, § 10, Rn. 94.
[92] STEINMETZ, W. *Vinculação*, p. 272s.

titulares, tal abertura e indeterminação viesse a impedir o reconhecimento de uma vinculação direta dos particulares aos direitos fundamentais.[93] Nessa linha, restou afirmado entendimento favorável até mesmo à compatibilização da teoria da eficácia direta com a teoria dos deveres de proteção do Estado. O fundamento empregado para tanto seria que a teoria dos deveres de proteção, ao conceber os órgãos estatais como destinatários dos direitos fundamentais, não afastaria uma vinculação direta dos particulares a esses direitos, nas relações entre si.[94]

O pensamento de Sarlet repercutiu na doutrina pátria, conquistando apoio considerável, ainda que com desvios pontuais.[95] Essa corrente encontra também expressão, com mitigações em graus diversos, na doutrina portuguesa[96] e espanhola.[97] Entre nós, há quem sustente inclusive que a eficácia direta dos direitos individuais nas relações privadas pode ser verificada independentemente do reconhecimento de direito subjetivo específico de um particular em face de outro, sob o argumento de que não é possível resumir todas as hipóteses de aplicabilidade direta desses direitos nas relações privadas pelo ângulo de um direito subjetivo. Esse fato legitimaria a aplicação direta dos direitos fundamentais na interpretação de cláusulas contratuais ou de outras declarações de vontade, a despeito da invocação de qualquer conceito jurídico indeterminado do direito infraconstitucional.[98]

Gize-se que o reconhecimento de eficácia direta dos direitos fundamentais nas relações privadas já restou expressamente formulado até mesmo pela jurisprudência do STF,[99] por ocasião do julgamento de um caso que considerou inconstitucional o desligamento de um sócio de uma entidade privada (União Brasileira de Compositores) quando não presente a garantia da ampla defesa e do contraditório. Nesse caso, o STF entendeu que "os direitos fundamentais assegurados pela constituição vinculam *diretamente* não apenas os poderes públicos, estando direcionados também à proteção dos particulares em face dos poderes privados".[100] Em que pese esse caso ter sido marcado por particularidades,[101] visto que a natureza da atuação da entidade associativa em questão se confundia com serviço público por delegação legislativa (atividade essencial na cobrança de direitos autorais), cir-

---

[93] SARLET, I. *DF*, p. 144.

[94] SARLET, I. *DF*, p. 147.

[95] EN, defendendo um modelo de eficácia direta dos direitos fundamentais nas relações privadas, com mitigações variadas, v., por exemplo, CASTRO, C. R. S. *Aplicação dos DF*, p. 238s; GEBRAN NETO, J. P. *Aplicação imediata dos DF*, p. 165; SARMENTO, D. *DF*, p. 279ss; SOMBRA, T. *Eficácia*, p. 170; 202; STEINMETZ, W. *Vinculação*, p. 271ss e 374; TEPEDINO, G. *Incorporação*, p. 153ss; VALE, A. *Eficácia*, p. 178ss; ZANITELLI, L. *Direito*, p. 166.

[96] ABRANTES, J. *Vinculação*, p. 94ss; PRATA, A. *Tutela*, p. 136ss; SILVA, V. *Vinculação*, p. 45s; MIRANDA, J. *Manual*, T. IV, p. 324s; VIEIRA DE ANDRADE, J. *DF*, p. 244s.

[97] VEGA GARCÍA, P. *Dificuldades*, p. 278s; UBILLOS, J. Eficacia, p. 357; NARANJO DE LA CRUZ, R. *Límites*, p. 226ss; PRIETO SANCHÍS, L. *Estudios*, p. 210ss; QUADRA SALCEDO, T. *Amparo*, p. 73ss; MARTÍNEZ, G. *Curso*, p. 624ss.

[98] SARMENTO, D. *DF*, p. 299.

[99] Remeta-se neste particular ao item 3.1.5 do presente estudo.

[100] STF, RE 201.819, rel. p. acórdão Min. Gilmar Mendes. 2ª Turma, j. 11.10.2005, *DJe* 27.10.2006 (item I da ementa).

[101] MENDES, G. *Exclusão*, p. 139ss; BRANCO, P. *Associações*, p. 1ss.

cunstância que foi considerada decisiva no julgado para o embasamento de uma eficácia direta dos direitos fundamentais em uma relação privada, o STF, não obstante, mostrou-se favorável, como indicado, ao reconhecimento de uma eficácia direta dos direitos fundamentais em uma relação privada.[102]

Com base em todas as considerações acima elencadas, visualiza-se que a teoria da eficácia direta visa a conferir maior proteção aos particulares em face de agressões provenientes de sujeitos ou entidades privadas detentores de expressivo poder social. Seus pontos de apoio destacados são a garantia de proteção da dignidade humana e a natureza multidirecional dos direitos fundamentais, que os qualificam como preceitos ordenadores da vida social. Nesse passo, a teoria da eficácia direta revela especial sensibilidade às relações sociais marcadas por visível desigualdade, com base em uma tendência socializante da constituição e com fundamento na necessidade de os poderes públicos assegurarem aos diversos níveis da sociedade a igualdade e a justiça social, mediante condutas organizatórias e disciplinadoras das relações privadas, ora marcadas por intervenções, ora por proibições.

3.1.3 Críticas à teoria da eficácia direta dos direitos fundamentais nas relações privadas

A argumentação em torno de uma eficácia horizontal direta repousa em grande parte no entendimento consagrado de que frente a uma norma de direito fundamental há que se dar primazia para a interpretação que lhe garanta maior efetividade possível.[103] A partir daí duas questões adquirem destaque. A primeira delas é se a fundamentação em torno de uma eficácia horizontal direta se harmoniza com as exigências do ordenamento jurídico-constitucional. A segunda é se uma recusa em torno de uma eficácia horizontal nesses termos importaria a total perda de função dos próprios direitos fundamentais ou de sua maior efetividade.[104]

A doutrina sintetiza que contra a teoria da eficácia horizontal direta falam argumentos de interpretação gramatical, sistemática e histórica dos direitos fundamentais da constituição.[105] Na presente investigação, o reconhecimento geral de uma eficácia direta dos direitos fundamentais nas relações privadas pode ser afastado por uma linha argumentativa estruturada no seguinte sentido: conjunto da tradição histórica, natureza e função dos direitos fundamentais, impossibilidade de recondução à cláusula de aplicabilidade imediata e incompatibilidade com o princípio da autonomia privada. A argumentação que segue procurará demonstrar que não se pode cogitar uma eficácia horizontal direta como regra para todos os direitos fundamentais que encontram aplicação em relações

---

[102] Remeta-se neste particular ao item 3.1.5 do presente estudo, em que se analisa a evolução da jurisprudência do STF sobre o tema.

[103] THOMA, R. *Bedeutung*, p. 9; no mesmo sentido, entre outros, LAUFKE, F. *Vertragsfreiheit*, p. 150; MANGOLDT, H; KLEIN, F. *Bonner GG*, p. 118.

[104] BLECKMANN, A. *Staatsrecht*, p. 227, resumindo o argumento de vários defensores da *Drittwirkung* direta,, contudo, sem se aliara ele.

[105] CANARIS, C. *GR (AcP)*, p. 205; ERICHSEN, H. *Staatsrecht*, p. 43.

privadas, mas apenas em casos excepcionais, que decorrem da própria natureza dos direitos em questão, conectados inclusive à realidade brasileira, como os direitos trabalhistas, por exemplo.[106]

3.1.3.1 Conjunto da tradição histórica

A doutrina da eficácia horizontal direta foi um achado alemão do pós-Segunda Guerra. Por mais que os ordenamentos jurídico-constitucionais alemão e brasileiro sejam diversos, não há dúvida de que possuem muitos pontos em comum, particularmente no que diz respeito à sistemática de garantia dos direitos fundamentais[107] e ao foco de proteção da dignidade humana.[108] Caberia indagar se as particularidades do ordenamento jurídico brasileiro justificariam a adoção de um modelo que há muito foi abandonado pelo próprio país que o criou. Com efeito, representantes da doutrina alemã de diferentes gerações unem-se no sentido de que não mais se admite um modelo geral de eficácia direta dos direitos fundamentais nas relações privadas,[109] ao contrário do que prevalece na dogmática pátria, ainda que em determinados casos exceções possam ser configuradas.

Em verdade, a concepção em torno de uma eficácia horizontal direta justificava-se à luz da situação histórica vivida pela Alemanha por ocasião da promulgação da LF, o que, diga-se de passagem, não se verificou no Brasil e tampouco se verifica na realidade alemã atual. De fato, a concepção em torno de uma eficácia direta dos direitos fundamentais nas relações privadas tratou-se de uma consequência natural do necessário repúdio ao Nacional Socialismo na Alemanha, em que a afirmação demasiada dos direitos fundamentais, após anos de degradação da pessoa no pior sentido possível, era não apenas imaginável, como também necessária para garantir a afirmação de uma consciência total de que as atrocidades praticadas nunca mais poderiam ser aceitas nem repetidas. Nesse

---

[106] Remeta-se neste particular ao item 3.1.4 deste estudo.
[107] Ptd, v, EN, MENDES, G. *DF*, p. 1ss.
[108] Ptd, v, EN, SARLET, I. *Dignidade*, p. 29ss.
[109] BAMBERGER, H; ROTH, H. *Kommentar*, § 138 (1), Rn. 17; BIEDER, M. *Verhältnismäßigkeitsprinzip*, p. 104; BLECKMANN, A. *Staatsrecht*, p. 236s; BÖCKENFÖRDE, E. *GRdogmatik*, p. 26ss; CANARIS, C. *GR (AcP)*, p. 202ss; COING, H. *Kommentar zum BGB* (AT, §§ 1-12, Einl), Rn. 194; DREIER, H. *GG Kommentar* (Vorb. Art. 1), Rn. 98; DÜRIG, G. *Freizügigkeit*, p. 525; EHMKE, H. *Wirtschaft*, p. 78s; EPPING, V. *GR*, Rn. 323; ERICHSEN, H. *Staatsrecht*, p. 43; GRIMM, Dieter. *GG nach 40 J*, p. 1.308; GUBELT, M. *GG Kommentar* (Art. 3), Rn. 2; GUCKELBERGER, A. *DW*, p. 1.153; HÄBERLE, P. *Wesensgehaltgarantie*, p. 192ss; HERMES, G. *GRschutz*, p. 1.764; HESSE, K. *Grundzüge*, Rn. 355; HERZOG, R. *BVerfG*, p. 436s; HÖFLING, W. *GG Kommentar* (Art. 1 GG), Rn. 111; ISENSEE, J. *Privatautonomie*, p. 262; KIRCHHOF, P. *Verfassungswirklichkeit*, p. 22s; KOPP, F. O. *Fiskalgeltung*, p. 156s; KRINGS, G. *Grund*, p. 329; LANGNER, T. *Problematik*, p. 60ss; LEIBHOLZ, G; RINCK, Hs. *Kommentar* (Anm, Vorb. Art. 1-19), Rn. 2; LÜBBE-WOLFF, G. *Eingriffsabwehrrechte*, p. 160; MANGOLDT, H; KLEIN, F. *Bonner GG*, p. 566; MAUNZ, T; ZIPPELIUS, R. *Staatsrecht*, p. 138; MAURER, H. *Staatsrecht*, § 9, Rn. 40; MEDICUS, D. *Verhältnismäßigkeit*, p. 43; MÜNCH, I. *DW*, p. 28ss; OETER, S. *DW*, p. 534; OLDIGES, M. *Aspekte*, p. 282; PIEROTH, B; SCHLINK, B. *GR*, 25 Auf., Rn. 191ss; RÜFNER, W. *GG Kommentar* (Art. 3 GG), Rn. 191; SACHS, M. *GG Kommentar* (Vorb. Art. 1 GG), Rn. 32; SCHAPP, J. *Grundrechte*, p. 162; SCHLAICH, K; KORIOTH, S. *BVerfG*, Rn. 291; SCHMIDT-SALZER, J. *Vertragsfreiheit*, p. 12; SPIEß, G. *Inhaltskontrolle*, p. 1.224; STARCK, C. *Bonner GG*. 4. Auf., Art. 1, Rn. 270; STERN, K. *Staatsrecht III/1*, p. 1.553ss; UNRUH, P. *Dogmatik*, p. 68s; VOGT, D. *DW*, p. 225ss; WENGER, D. *Verwertung*, p. 620; WENTE, J. *DW*, p. 1.446; WOLF, M. *Entscheidungsfreiheit*, p. 22s.

sentido, foi o resultado de uma particular situação da criação da LF na Alemanha no pós-Segunda Guerra.[110]

Conectado a isso, vários argumentos são colocados pela doutrina para afastar uma aplicação da teoria da eficácia direta. Eles conduzem de maneira geral ao ponto de partida da interpretação da LF.[111] Albert Bleckmann[112] sustenta que os expoentes da doutrina da eficácia horizontal direta partiram de uma interpretação histórica que levava em conta o desenvolvimento dos direitos fundamentais apenas com base na realidade da Constituição de Weimar. Ocorre que se levar em conta que a LF de 1949 está direcionada à situação jurídica da Constituição de Weimar de 1919, o resultado é diverso em relação àquele que seria obtido a partir do emprego de um ponto de partida distinto.

Com efeito, frente à interpretação da LF deve-se partir da constatação que o seu catálogo de direitos fundamentais não está conectado diretamente à situação jurídica da Constituição de Weimar,[113] mas sim a uma proteção abrangente da liberdade, fruto de um desenvolvimento posterior.[114] Isso vale no que diz respeito aos direitos fundamentais clássicos de conteúdo de liberdade, que são o objeto claro da eficácia horizontal. No âmbito da CF/88, pode-se afirmar que o catálogo de direitos fundamentais está voltado a uma proteção abrangente da liberdade assim como ocorre com a LF. A propósito, essa proteção abrangente da liberdade é no fundo a própria motivação da necessidade de se agregar proteção diferenciada ao consumidor, enquanto sujeito nitidamente carente de proteção, para desenvolver sua personalidade e com isso a sua vontade real, em relações em que nitidamente há um desequilíbrio de poder.[115]

A crítica de Bleckmann aponta que o sentido dos direitos fundamentais positivados na LF estão ligados ao teor, à sistemática e à história da liberdade, o que fala contra a possibilidade de uma ampla eficácia direta dos direitos fundamentais no âmbito privado.[116] A relevância dessa constatação reside no seguinte ponto: se a liberdade é um valor constitucional a ser protegido, toda e qualquer construção dogmática que venha a limitar sensivelmente o exercício da liberdade pode entrar em contradição com a própria ideia estampada na constituição. É exatamente isso que ocorre ao se defender uma eficácia direta dos particulares aos direitos fundamentais. E tal constatação vale igualmente para a realidade da CF/88.

Para além dessa situação histórica concreta, a doutrina costuma criticar o emprego de uma eficácia direta dos direitos fundamentais também sob a perspectiva da própria evolução desses direitos. Os direitos fundamentais são, como é sabido, parte do direito

---

[110] CANARIS, C. *GR (AcP)*, p. 205; MÜNCH, I. *DW*, p. 10s.

[111] BÖCKENFÖRDE, E. *GRdogmatik*, p. 11ss.

[112] BLECKMANN, A. *Staatsrecht*, p. 231.

[113] Sobre a situação jurídica da constituição de Weimar, sobretudo no que tange aos DF, v. ANSCHÜTZ, G. *Verfassung*, p. 505ss; HARTUNG, F. *Verfassungsgeschichte*, § 62, p. 329ss; THOMA, R. *Bedeutung*, p. 1ss; sobre uma visão geral dos fundamentos da Constituição de Weimar de 1919, v. PREUSS, H. *Verfassungswerk*, p. 421ss; sobre a evolução do texto constitucional no período, v. TRIEPEL, H. *Reichsstaatsrecht*, p. 46ss; JELLINEK, W. *Revolution*, p. 4ss e 113ss.

[114] DÜRIG, G. *GG Kommentar* (Art. 1 GG), Rn. 104; BÖCKENFÖRDE, E. *GRdogmatik*, p. 12s.

[115] MARQUES, C. *Contratos*, p. 57.

[116] BLECKMANN, A. *Staatsrecht*, p. 236.

constitucional. Tradicionalmente, o objeto tradicional do direito constitucional é, por um lado, a organização estatal e, por outro, as relações jurídico-fundamentais entre os cidadãos e o Estado. Nesse sentido, a regulamentação das relações jurídicas entre privados não cai, ao menos em um primeiro momento, no âmbito de regulamentação da constituição, haja vista que se mostra matéria típica do direito privado, exaustivamente regulamentada em suas codificações.[117] Prova disso é que a própria sentença Lüth, que de fato abriu amplo espaço para o embasamento da eficácia dos direitos fundamentais nas relações privadas, deixou claro que um conflito entre privados sobre direitos e deveres ligados a normas de conduta do direito civil influenciadas pelos direitos fundamentais permanece material e processualmente um conflito jurídico civil.[118]

Isso não significa que o legislador constituinte esteja impedido de guindar à constituição matérias típicas de direito privado,[119] como de fato ocorre. Significa apenas que o campo do direito privado se mostra mais adequado para a regulamentação e solução de controvérsias privadas do que o campo do direito constitucional propriamente dito. Contudo, com isso não se afirma que inexistam influências recíprocas, particularmente da constituição no direito privado. Pelo contrário, influências recíprocas existem e devem ser fomentadas. O que não pode haver é uma suplantação de funções, no caso, de cima para baixo, cujo resultado seria uma perda de espaço do direito privado e dessa forma da própria funcionalidade das relações por ele tipicamente reguladas.

As circunstâncias ora relatadas dão conta de que a doutrina da eficácia direta dos direitos fundamentais se deixa compreender apenas do ponto de vista histórico e de uma realidade que não corresponde necessariamente à brasileira. Isso significa que as particularidades e a realidade atual do ordenamento jurídico brasileiro não justificam em princípio a adoção de um modelo de eficácia horizontal direta para os direitos fundamentais clássicos, que nem em seu ninho original encontra mais aplicação. Do mesmo modo, o fato de o reconhecimento de uma eficácia direta dos direitos fundamentais nas relações privadas encontrar fundamento no conjunto da tradição histórica, não implica que, com o passar dos tempos, nos pontos em que se verifica a afirmação plena da jurisdição constitucional e da garantia dos direitos fundamentais, ajustes na doutrina dos direitos fundamentais não se façam necessários. Entre esses ajustes está a compreensão de que os direitos fundamentais não vinculam diretamente os particulares de maneira geral. Isso não significa que os direitos fundamentais não desenvolvam efeitos no ordenamento jurídico privado; significa apenas que esses efeitos ocorrem de forma distinta a uma vinculação direta,[120] o que passa a ser objeto de análise desse trabalho.

3.1.3.2 Natureza e função dos direitos fundamentais

As críticas voltadas à aceitação de uma eficácia direta dos direitos fundamentais nas relações privadas conduzem à constatação de que os direitos fundamentais não podem de-

---

[117] SACHS, M. *Grundrechte*, p. 61s., Rn. 30.

[118] BVerfGE 7, 198 (205).

[119] SACHS, M. *Grundrechte*, p. 62, Rn. 30.

[120] CANARIS, C. *GR (AcP)*, p. 205.

senvolver eficácia absoluta sobre o direito privado.[121] Fala-se aqui da impossibilidade de transferência dos pressupostos que se fazem presentes na relação do indivíduo com o Estado para as relações eminentemente privadas,[122] no sentido de que a eficácia horizontal não pode significar uma transferência formal (*formale Übertragung*) de preceitos jurídicos constitucionais, que devem garantir ao indivíduo uma esfera livre da ação do Estado, para as relações jurídicas de caráter eminentemente privado.[123] Observa-se aqui uma crítica vigente no próprio círculo dos defensores da eficácia direta, no sentido de que aqueles que defendem a ocorrência geral de uma eficácia horizontal imediata nem sempre deixam claro o fato de que os direitos fundamentais no âmbito privado não são aplicados em sua configuração original inalterada – como direitos de defesa oponíveis contra os poderes estatais.[124]

Por vezes, a defesa do reconhecimento de uma eficácia direta é marcada por contradições. Isso se verifica quando mesmo parte daqueles que defendem a chamada eficácia absoluta dos direitos fundamentais entre privados acabam por reconhecer que essa eficácia absoluta tem que ser intermediada,[125] no caso pelas disposições inerentes ao próprio direito privado. Trata-se até mesmo do reconhecimento pela corrente da eficácia direta de que os direitos fundamentais, a partir de seu caráter geral, se podem afirmar como elementos de concretização (*Konkretisierungselemente*) de cláusulas gerais.[126] Isso se comprova, por exemplo, quando se acaba por reconhecer que os direitos fundamentais não podem desenvolver efeitos no direito privado por meio de seu conteúdo clássico original, na forma em que são dirigidos contra o Estado, mas somente mediante a consideração das particularidades do direito privado.[127] A questão que fica em aberto é como uma eficácia que se diz absoluta carece ao mesmo tempo de intermediação por outras normas?

No marco da crítica à teoria da eficácia direta é interessante notar a presença de mudanças significativas na própria formulação da teoria. Trata-se de uma cogitação inicial em torno da teoria da eficácia direta, no sentido de que os direitos fundamentais, enquanto expressão da dignidade humana, pelo fato de vincularem diretamente os poderes públicos, tinham que vincular necessariamente também os particulares, na forma de direitos públicos subjetivos. Isso quer dizer conceder aos particulares a possibilidade de invocarem os seus direitos subjetivos fundamentais também perante outros particulares, em termos semelhantes àqueles que os opunham contra o Estado.[128] Esse pensamento foi levado a cabo pelos seguidores de Nipperdey,[129] quando no curso de sua atuação como juiz do BAG, afirmou que a visão de que as normas da constituição vinculam (diretamente) apenas os

---

[121] DÜRIG, G. *GG Kommentar* (Art. 1 GG), Rn. 130; CANARIS, C. *GR (AcP)*, p. 204s; PIETZCKER, J. *DW*, p. 346.
[122] ISENSEE, J. *Privatautonomie*, p. 259, sustentando que aquilo que vige no eixo vertical não se deixa transmitir pura e simplesmente para o eixo horizontal de coordenação entre particulares.
[123] DÜRIG, G. *GR*, p. 168; MÜLLER, J. *GR*, p. 164.
[124] GAMILLSCHEG, F. *GR*, p. 405.
[125] KURTZ, D. *Urteilskritiken*, p. 42.
[126] LEISNER, W. *GR*, p. 307.
[127] NIPPERDEY, H. *AT*, § 15, p. 97; LEISNER, W. *GR*, p. 315s; GAMILLSCHEG, F. *GR*, p. 404s; WOLF, M. *Entscheidungsfreiheit*, p. 22.
[128] NIPPERDEY, H. *Würde*, p. 20ss.
[129] LAUFKE, F. *Vertragsfreiheit*, p. 145ss; KRÜGER, H. *Zumutbarkeit*, p. 368s; KOLL, M. *Grundlagen*, p. 74s; MÜLLER, G. *DW*, p. 121ss; STEINDORFF, E. *Persönlichkeitsschutz*, p. 12; GAMILLSCHEG, F. *GR*, p. 385ss. V. ainda o relato em STERN, K. *Staatsrecht III/1*, p. 1.538s.

poderes públicos é equivocada, havendo que se defender a existência de uma vinculação privada direta (ou imediata) das determinações de direitos fundamentais (*unmittelbare privatrechtliche Wirkung der grundrechtlichen Bestimmungen*).[130]

Todavia, essa linha foi abandonada pelo próprio criador da teoria da eficácia direta, quando em escritos posteriores sobre o tema admitiu que os direitos fundamentais vigem no direito privado apenas em sua qualidade de garantias institucionais e normas principiológicas e não, ao contrário, no sentido abrangente de direitos públicos subjetivos.[131] Nipperdey foi claro ao afirmar que os direitos fundamentais, no sentido de direitos públicos subjetivos, não são determinados para o tráfego jurídico privado.[132] Contudo, parte da doutrina que defende a existência de uma eficácia direta com base na criação doutrinária de Nipperdey permaneceu argumentando que os direitos fundamentais vigem nas relações privadas na forma de direitos públicos subjetivos, ainda que com mitigações.

Alguns sustentam que esses direitos se afirmam no tráfego jurídico privado como verdadeira legislação privada,[133] que os direitos fundamentais podem produzir direitos privados subjetivos nas relações entre particulares,[134] que os direitos fundamentais deveriam valer como "direitos subjetivos contra entidades privadas que constituam verdadeiros poderes sociais ou mesmo perante indivíduos que disponham, na relação com outros, de uma situação real de poder que possa equiparar-se, nesse ponto concreto, à supremacia do Estado",[135] que, pelo fato de direitos subjetivos à sua proteção pelo Estado e pelos particulares decorrerem do mandamento de respeito à dignidade, se fundamenta um dever geral de respeito por parte de todos os sujeitos privados e, com isso, uma vinculação direta dos particulares aos direitos fundamentais.[136]

Esse ponto de vista, querendo-se ou não, acaba por conceber uma vinculação dos sujeitos privados aos direitos fundamentais de modo semelhante à vinculação dos órgãos estatais, razão pela qual é rechaçada nesse trabalho, pelos fortes problemas construtivos e de conteúdo que essa concepção possui.[137] Ademais, na medida em que o legislador permanece vinculado aos direitos fundamentais – o que não encontra objeção de qualquer sorte –, permanece o caráter subjetivo-jurídico para a eficácia dos direitos fundamentais no direito privado em plena extensão, sendo esse aliás o sentido da cláusula de aplicabilidade direta dos direitos fundamentais.[138]

Para além disso, a argumentação em torno de uma eficácia direta dos direitos fundamentais no âmbito jurídico privado não se situa em harmonia com a própria constitui-

---

[130] NIPPERDEY, H. *Lohn*, p. 124s; BAGE 1, 185 (NJW 1955, p. 607); 4, 274 (NJW 1957, p. 1.689).

[131] NIPPERDEY, H. *AT*, § 15, p. 92.

[132] NIPPERDEY, H. *AT*, § 15, p. 92.

[133] LEISNER, W. *GR*, p. 376.

[134] FLOREN, D. *GRdogmatik*, p. 35.

[135] VIEIRA DE ANDRADE, J. *DF*, p. 244s.

[136] SARLET, I. *Dignidade*, p. 114s; v. ainda SARLET, I. *DF*, p. 144; avançando a extensão da eficácia para além do próprio reconhecimento de direitos subjetivos na esfera privada, v. SARMENTO, D. *DF*, p. 299ss.

[137] DREIER, H. *GG Kommentar* (Vorb. Art. 1), Rn. 98; RUFFERT, M. *Vorrang*, p. 13.

[138] STERN, K. *Staatsrecht III/1*, p. 1.566.

ção.[139] Um *déficit* de proteção jurídica contra agressões provenientes de sujeitos privados a bens protegidos jurídico-fundamentalmente não pode ser trabalhado na acepção clássica de direitos de defesa, ou seja, na forma exata como esses direitos protegem os seus titulares contra agressões provenientes do Estado.[140] Dito de outro modo, os direitos fundamentais não colocam à disposição dos sujeitos privados direitos de defesa, por meio dos quais um particular se possa opor diretamente a outro sujeito privado frente a violações em sua esfera de interesses, em relações nas quais o Estado não toma parte.[141] Essa realidade por si só fala contra um dos pressupostos basilares da teoria da eficácia direta, que é a possibilidade de aplicação dos direitos fundamentais nas relações privadas, independentemente de transformações, de modo a assumirem a função de direitos de defesa oponíveis contra outros particulares, permitindo que os indivíduos invoquem esses direitos também perante outros sujeitos privados em termos semelhantes àqueles em que os opõem perante o Estado.

Na condição de direitos de defesa, os direitos fundamentais não exigem do Estado que se omita da prática de toda e qualquer intervenção no âmbito protegido por esses direitos. O que se exige é que eventuais intervenções no âmbito protegido pelos direitos fundamentais sejam legitimadas pelo cumprimento de certos pressupostos jurídicos de caráter formal e material.[142] Esses pressupostos correspondem justamente à eficácia protetiva formal e material dos direitos fundamentais, exigência que não possui sentido quando contemplada do ponto de vista estritamente privado. Isso porque um sujeito privado não pode legitimar apenas por si intervenções praticadas junto à esfera protegida de outros titulares de direitos fundamentais.[143] Falta à teoria da eficácia direta justamente a remessa a conceitos legais que procedem a essa legitimação, sobretudo às normas de direito privado. Frente a essa realidade, há quem afirme que a teoria da eficácia direta não visa a remeter seus conceitos às normas válidas de direito privado, mas sim a remodelar seu próprio conteúdo.[144]

Já foi demonstrado nesse estudo que os direitos fundamentais possuem a natureza de normas abstratas, carentes, portanto, de concretização legislativa, seja para especificar o seu conteúdo, a fim de que se tornem realidade na vida social, seja para harmonizar seu exercício com outros direitos fundamentais em eventual rota de colisão. A legislação ordinária desempenha, pois, um papel fundamental para agregar funcionalidade aos direitos fundamentais, sob o pressuposto de poder ser reconduzida ao espírito e à ordem de valor não apenas desses direitos, mas da constituição como um todo.[145] Nessa conexão, a adoção de um modelo de eficácia direta levaria a uma espécie de "não funcionamento" (*Umfunktioniert*) da própria liberdade, pelo fato de que os direitos fundamentais acabariam formando um sistema abrangente de restrições recíprocas, sem que a partir deles se pudesse derivar uma justificação jurídica suficiente. Isso contrariaria em parte o próprio sentido desses

---

[139] EPPING, V. *GR*, Rn. 323.
[140] LÜBBE-WOLFF, G. *Eingriffsabwehrrechte*, p. 174; LANGNER, T. *Problematik*, p. 79.
[141] OLDIGES, M. *Aspekte*, p. 282.
[142] LÜBBE-WOLFF, G. *Eingriffsabwehrrechte*, p. 160.
[143] LÜBBE-WOLFF, G. *Eingriffsabwehrrechte*, p. 160.
[144] LÜBBE-WOLFF, G. *Eingriffsabwehrrechte*, p. 160s.
[145] HÄBERLE, P. *Wesensgehaltgarantie*, p. 192ss.

direitos.[146] Pode-se afirmar assim que a aceitação de uma eficácia horizontal direta acaba por inverter o sentido e a finalidade dos direitos fundamentais, que é a preservação das liberdades básicas do cidadão. Isso porque eles passariam de direitos exigíveis perante os poderes públicos para deveres exigíveis de todos os particulares, cujo resultado seria uma inevitável restrição da liberdade.[147]

No momento em que se reconhece uma eficácia geral direta dos direitos fundamentais nas relações privadas, há que necessariamente se admitir que as consequências das relações privadas teriam que se deixar derivar também diretamente dos direitos fundamentais, vigendo assim para todos os sujeitos privados. O resultado imediato desse entendimento seria uma contínua e interminável ponderação de interesses para a avaliação de todas as relações privadas, o que colocaria o juiz frente a uma difícil tarefa: ele teria que avaliar para cada controvérsia que lhe fosse submetida em que medida sua decisão é relevante para a eficácia direta dos direitos fundamentais nas relações privadas, situação que acabaria por colocar o próprio juiz em rota de concorrência com o legislador.[148] Isso porque, ao se derivar diretamente uma vinculação privada dos direitos fundamentais, a obra do legislador seria colocada de lado, em função da necessidade constante de ponderação judicial entre dois titulares distintos de direitos fundamentais, que nessa situação estariam obrigados por esses direitos ao mesmo tempo.

Grande parte do *déficit* insuperável da teoria da eficácia direta pode ser conduzido à concepção equivocada, no entender deste estudo, de que os particulares são destinatários de direitos fundamentais. Interessa aqui observar que contra a possibilidade de uma eficácia direta fala também o argumento de que o círculo dos sujeitos obrigados pelos direitos fundamentais seria aumentado em proporções muito elevadas, ao ponto de prejudicar o exercício da liberdade do próprio legitimado por essa vinculação. Isso porque o mesmo titular que se beneficia em uma relação em face da vinculação direta aos direitos fundamentais imposta a outro sujeito privado passa, em outra relação, a tornar-se igualmente vinculado e, com isso, à condição de obrigado perante terceiros e assim por diante.[149] Levando-se em conta que em uma relação privada todas as partes envolvidas podem recorrer aos direitos fundamentais, revela-se como tarefa do Estado a necessidade de delimitação e de coordenação das esferas de liberdade recíprocas, o que se mostra impraticável do ponto de vista de um recurso direto pelos particulares aos direitos fundamentais.[150]

Nessa acepção, uma transmissão da eficácia dos direitos fundamentais para o tráfego jurídico privado, na forma como ela se dá nas relações nas quais o Estado toma parte, significaria uma superexpansão (*Überdehnung*) das funções adequadas e necessárias dos direitos fundamentais no Estado constitucional democrático.[151] Esses direitos têm que

---

[146] KOPP, F. O. *Fiskalgeltung*, p. 155.
[147] PIEROTH, B; SCHLINK, B. *GR*, 24 Auf., Rn. 175; UNRUH, P. *Dogmatik*, p. 68.
[148] LANGNER, T. *Problematik*, p. 60.
[149] ERICHSEN, H. *Staatsrecht*, p. 42.
[150] HERMES, G. *GRschutz*, p. 1.764; UNRUH, P. *Dogmatik*, p. 68.
[151] UNRUH, P. *Dogmatik*, p. 68.

permanecer dirigidos ao Estado (*Staatsgerichtet bleiben*), caso eles não pretendam perder seu significado assegurador da liberdade.[152]

Note-se que o argumento de que os direitos fundamentais devem ser protegidos independentemente do lado de onde provém a agressão não se confunde com aquele em prol de uma vinculação direta dos particulares aos direitos fundamentais. Tão longe ele não vai. Isso porque uma vinculação direta equivale a dizer que intervenções privadas na esfera protegida pelos direitos fundamentais são equiparadas àquelas cometidas pelo Estado, de modo que para o destinatário desses direitos não interessa quem os restringe.[153] O problema é que essa perspectiva não é relevante, até o momento em que o particular, que sofre a intervenção por parte de um privado, também passa a intervir na esfera de outro sujeito privado. Assim, por exemplo, o mesmo sujeito que alega que não pode ser preterido por outro em um contrato de locação, não poderia resignar-se pelo fato de preterir outro em um contrato de compra e venda que pretenda praticar. Essa equiparação desconsidera que uma restrição à liberdade do particular praticada pelo Estado difere e se apresenta de outra forma, em relação às restrições praticadas por outros sujeitos privados, razão pela qual, diferentes mecanismos de defesa são colocados à disposição do lesado.[154] No tráfego privado, não há dúvidas de que esses mecanismos se encontram na esfera do direito civil vigente.

Diretamente ligado a isso está a seguinte questão: o reconhecimento de uma eficácia direta geral dos direitos fundamentais nas relações privadas pode violar até mesmo o princípio da separação dos poderes, seja por transmitir espaços de configuração legislativa ao próprio particular, seja por transferi-los ao juiz.

Quando se cogita que os direitos fundamentais podem ser diretamente aplicados nas relações entre particulares, entende-se que os particulares podem tomar decisões essenciais no que diz respeito não apenas à restrição do exercício desses direitos, mas igualmente à sua delimitação recíproca na hipótese de colisão.[155] Isso implicaria transferência ao particular de uma tarefa de caráter eminentemente legislativo, em atenção às regras de competência previstas na constituição. Nesse ponto de vista, a teoria da eficácia direta pode representar até mesmo uma violação ao princípio da separação de poderes,[156] entendimento que é compartilhado até mesmo por parte de alguns defensores originários da teoria.[157]

A constituição prega um exercício harmônico e independente dos poderes públicos,[158] por meio da delimitação das respectivas competências. A nenhum poder público é dado extrapolar as competências constitucionais, o que significa obviamente que cada poder tem que cumprir apenas as tarefas que lhe são atribuídas pela constituição.[159] Contudo,

---

[152] UNRUH, P. *Dogmatik*, p. 68.

[153] LANGNER, T. *Problematik*, p. 65.

[154] LANGNER, T. *Problematik*, p. 65.

[155] PAPIER, H. *DW*, Rn. 21.

[156] PAPIER, H. *DW*, Rn. 21; HERMES, G. *GR*, p. 104; KRINGS, G. *Grund*, p. 330.

[157] LEISNER, W. *GR*, p. 316ss.

[158] Art. 2° da CF/88.

[159] PAPIER, H. *DW*, Rn. 21.

por vezes a obviedade esconde aspectos relevantes que são desconsiderados, quando se limita a analisar apenas o significado superficial de um preceito. Aqui, frente à análise da separação dos poderes, isso não é diferente. Fácil é perceber que o princípio da separação dos poderes é tangenciado quando ao menos um dos poderes exerce assuntos que não são de sua competência.[160] Todavia, mais difícil é constatar que uma eficácia direta dos direitos fundamentais no ordenamento jurídico privado acaba por transferir imediatamente aos particulares uma tarefa típica da atividade legiferante. Trata-se da decisão de qual direito fundamental deve ter preferência em uma dada relação, de qual particular deve ter o exercício de seus direitos fundamentais restringido etc., o que, ao fim, tende a acabar na mesa do juiz.[161]

Em perspectiva semelhante, o juiz poderia tomar para si a configuração das relações privadas pelo instrumentário do direito constitucional, atividade que inegavelmente cabe ao legislador democraticamente eleito.[162] No caso de reconhecimento de uma eficácia direta, tem-se que as relações entre sujeitos privados seriam ordenadas imediatamente em conformidade com a constituição. Isso significa que frente às controvérsias daí incidentes, o juiz teria que decidir os casos sem o instrumentário legislativo adequado, o que representaria em um uma ingerência na esfera de competência do legislador.[163] Essa possibilidade carrega consigo imensas dificuldades aos próprios tribunais, pelo fato de que o ordenamento das condutas sociais passa a ser determinado não mais com base no direito privado, mas praticamente com base na esfera de decisão judicial, em face do elevado grau de abertura das normas constitucionais.[164]

O BVerfG já proferiu relevante ensinamento sobre essa questão, ao afirmar que aquilo que a lei deixa em aberto pode ser preenchido pelo direito judiciário. Contudo, essa tarefa não possui o mesmo significado daquela que se deixa caracterizar por uma ponderação de interesses e bens não intermediada no caso concreto. Essa pode até realizar em determinada medida a chamada justiça ao caso concreto. Todavia, ela não pode guiar o achado jurídico normativamente, como é a tarefa das leis e do direito judiciário de caráter complementar. Menos ainda, ela cumpre os mandamentos jurídico-estatais de calculabilidade do direito, de clareza e de segurança jurídicas.[165]

Assim, a teoria da eficácia direta abala também por esse lado o princípio da separação dos poderes,[166] colocando em questão a ordem fundamental democrática como um todo.[167] Isso porque ela transfere, a partir de uma interpretação extensiva da constituição, âmbitos importantes da configuração social das mãos do legislador democrático para as mãos dos tribunais, em que, em princípio, a realização de uma correção democrática de-

---

[160] MAURER, H. *Staatsrecht*. § 12, Rn. 2ss.
[161] PAPIER, H. *DW*, Rn. 21.
[162] LANGNER, T. *Problematik*, p. 61.
[163] ERICHSEN, H. *Staatsrecht*, p. 43.
[164] HESSE, K. *Bestand*, p. 437; ERICHSEN, H. *Staatsrecht*, p. 43.
[165] BVerfGE 66, 116 (138).
[166] LANGNER, T. *Problematik*, p. 61; OETER, S. *DW*, p. 534.
[167] EHMKE, H. *Wirtschaft*, p. 79.

veria estar subtraída desses órgãos.[168] Abre-se com isso o caminho para o chamado Estado jurisdicional (*Justizstaat*).[169]

Além disso, um dos argumentos empregados contra a possibilidade de uma eficácia horizontal direta toca a questão da exigência de reserva de lei para a restrição de direitos fundamentais. A constituição atribui ao legislador a competência primária para a concretização do conteúdo e do peso dos direitos fundamentais, competência essa que se afirma também perante o tribunal constitucional, que em última análise examina se essa tarefa foi exercida nos limites previstos pela constituição.[170] No momento em que se leva a teoria da eficácia direta às últimas consequências, acaba-se por transmitir parte dessa competência também para os próprios particulares, hipótese que acabaria por contrariar a constituição e, por que não, o Estado de direito, com base na supressão em larga escala do código civil pela constituição e pela insegurança jurídica daí decorrente.[171]

Assim, a hipótese de uma eficácia horizontal direta não se prova satisfatoriamente, até mesmo porque nela está implícita uma vinculação imediata de sujeitos privados aos direitos fundamentais. Se as pessoas de direito privado pudessem recorrer aos direitos fundamentais diretamente entre si, isso teria como consequência a elevação ao nível da constituição das questões de ponderação típicas de direito ordinário, com sua carência de precisão, fato que contradiria até mesmo o caráter do direito constitucional, como ordem quadro da coletividade.[172] Isso porque a teoria da eficácia direta contém o inconveniente de atribuir à jurisdição constitucional um papel que não lhe corresponde,[173] que seria o de examinar a constitucionalidade de toda e qualquer relação privada. De longe, se vê pelo menos um dos riscos que a aplicação geral da teoria da eficácia direta gera para a ordem jurídico-constitucional: a conversão do tribunal constitucional em superinstância revisora,[174] particularmente de conflitos jurídico-civis, hipótese de todo indesejada para a funcionalidade do ordenamento jurídico.

Há registros ainda de que a teoria da eficácia direta tem o inconveniente de gerar falsos critérios para o direito privado, critérios esses que voltam a ser inseridos no próprio direito constitucional.[175] Isso porque o direito privado tem uma racionalidade que lhe é própria, fruto da sua primazia de conhecimento. Essa objeção pode ser combatida à luz da ideia de *convergência* do direito privado para o direito constitucional, que guia este estudo. Isso porque é no modelo de eficácia indireta, e na variação específica de uma teoria de deveres de proteção do Estado, que a ideia de convergência encontra sua plenitude. Isso ocorre à medida que o modelo de eficácia direta encerra um elevado risco de sufocar determinados pilares do direito privado em função de uma aplicação descontrolada da

---

[168] EHMKE, H. *Wirtschaft*, p. 79; OETER, S. *DW*, p. 534.

[169] EHMKE, H. *Wirtschaft*, p. 79.

[170] BLECKMANN, A. *Staatsrecht*, p. 241.

[171] BLECKMANN, A. *Staatsrecht*, p. 241.

[172] GRAFVITZTHUM, W. *Funktionale*, Rn. 7, sustentando que uma aplicação direta dos direitos fundamentais no ordenamento jurídico privado não se justificaria nem mesmo em caráter excepcional.

[173] LANGNER, T. *Problematik*, p. 60.

[174] Ptd, v. ALLEWELDT, R. *BVerfG*, p. 211ss.

[175] EHMKE, H. *Wirtschaft*, p. 79.

constituição, haja vista que não conta com mecanismos de intermediação capazes de moderar o assim chamado diálogo entre as fontes normativas.

Note-se ainda que mesmo o argumento de proteção da dignidade humana não logra êxito em justificar um modelo de eficácia direta dos direitos fundamentais nas relações privadas. O motivo para tanto é que não se pode embasar diretamente uma dada pretensão jurídico-fundamental em valores abstratos, como é o caso da dignidade: a fundamentação há de ser indireta, vale dizer, lançam-se primeiro os argumentos, para então, em um momento posterior, verificar o que conduz ao princípio aplicável ao caso concreto, servindo o mesmo para o modelo de reconhecimento da eficácia dos direitos fundamentais nas relações privadas.

Isso aponta para o fato de que o preenchimento valorativo das normas infraconstitucionais, particularmente das cláusulas gerais e dos conceitos jurídicos indeterminados, deve estar voltado a um pensamento de racionalidade, que prega sobretudo a racionalização dos processos de decisão,[176] visto que a própria interpretação da constituição reclama uma compreensão conveniente, racional e razoável do seu texto e, em última análise, dos valores nele esculpidos.[177] Se por um lado a racionalidade do discurso jurídico não pode por certo determinar o conteúdo da decisão, ela pode, por outro lado, configurar (*bilden*) os fundamentos para a incorreção da decisão e os critérios para a sua crítica.[178] O pensamento de racionalidade é algo, portanto, que não se pode afastar da interpretação e aplicação jurídica.[179]

Tal constatação opõe-se a um pensamento que visualize valores abstratos, como a garantia da dignidade humana ou os próprios direitos fundamentais, na forma de uma espécie de escudo, contra a solução de todos os males. Essas garantias, apesar de reclamarem uma pretensão de eficácia no ordenamento jurídico, não são ilimitadas. Isso decorre até mesmo da sua estrutura. Normas jurídicas sérias não podem ser vistas como uma espécie de panaceia de cunho moral, incidente da mesma forma a um número indefinido de situações.[180] Dito de outro modo, há um perigo em se recorrer diretamente a valores para sustentar uma determinada posição jurídica. Por trás dessa afirmação figura o entendimento de que em um Estado democrático de direito a obra do legislador ordinário tem que ser respeitada. É claro que a constituição mostra-se como parâmetro último da análise da constitucionalidade de atuação do legislador.

Todavia, esse parâmetro não retira do legislador um considerável espaço de atuação. O problema surge logicamente quando o recurso incerto a valores se torna um obstáculo à ação do legislador. Ademais, o fato de os órgãos estatais estarem vinculados aos direitos fundamentais e, por conseguinte, à ordem de respeito e proteção da dignidade humana, o que concebe a existência de direitos subjetivos públicos oponíveis pelo cidadão contra o Estado não dá conteúdo jurídico aos direitos fundamentais, o que não significa que esses

---

[176] ALEXY, R. *Theorie der jA*, p. 358s.
[177] HESSE, K. *Grundzüge*, Rn. 77.
[178] ALEXY, R. *Theorie der jA*, p. 433.
[179] GADAMER, H. *Wahrheit*, p. 312s.
[180] MARTINS-COSTA, J. *DP*, p. 16, centrando sua análise nas cláusulas gerais, como a boa-fé.

direitos estejam à livre disposição do legislador.[181] Nesse sentido, a possibilidade de uma eficácia direta geral dos direitos fundamentais nas relações privadas é dificilmente compatível com a garantia de proteção da dignidade humana e corresponde ao mesmo tempo, apenas em pequena medida, à formulação desses direitos.[182]

No mais, o pensamento em torno de uma eficácia direta acaba por afetar até mesmo a preservação da segurança jurídica no ordenamento,[183] enquanto princípio integrador essencial do conceito de Estado de direito.[184] Isso porque a aplicação direta de preceitos constitucionais em relações privadas acabaria por substituir até mesmo a aplicação do CC, o que geraria a aplicação preferencial de normas de conteúdo altamente indeterminado, em detrimento de normas de conteúdo mais concreto.[185] Mas as incompatibilidades não param por aí. O princípio da segurança jurídica afirma que as normas têm que ser formuladas do modo mais claro e preciso possível, ao ponto que o destinatário da norma possa reconhecer qual conduta lhe é exigida.[186] Ocorre que a teoria da eficácia direta prevê que dois ou mais titulares de direitos fundamentais possam simultaneamente recorrer a esses direitos em relações jurídico-privadas, situação que aponta para a ocorrência de colisões.

Daí se depreende que, de início, o reconhecimento de uma eficácia direta dos particulares aos direitos fundamentais acaba por gerar permanentes colisões de direitos fundamentais,[187] circunstância que revela um inconveniente adicional. O problema maior é que as colisões são resolvidas no caso concreto, por regra, pela ponderação de bens. Todavia, é difícil para um particular imaginar como no seu caso essa ponderação poderia ser iniciada.[188] Conclui-se daí que a teoria da eficácia direta não permite ao particular desde o início reconhecer a conduta que lhe é exigida.[189] Nesse quadro, as eventuais vantagens de uma abrangente vigência e realização dos direitos fundamentais seriam obtidas à custa – e com o elevado preço – de uma lesão à segurança jurídica.[190] A adoção de uma eficácia horizontal direta em caráter geral violaria assim o próprio princípio do Estado de direito, cuja observância exigiria o reconhecimento de uma eficácia horizontal no máximo indireta.[191]

O reconhecimento de uma eficácia direta geral dos direitos fundamentais nas relações privadas abandona o chão da tradicional concepção desses direitos como direitos de defesa oponíveis contra o Estado e, com isso, o próprio alicerce da dogmática dos direitos fundamentais, que foi edificado a partir dessa noção.[192] Isso não significa que desenvolvimentos posteriores importantes não tenham sido experimentados e consagra-

---

[181] DÜRIG, G. GG Kommentar (Art. 1 GG), Rn. 7.
[182] PIETZCKER, J. DW, p. 347.
[183] PAPIER, H. DW, Rn. 20.
[184] COUTO E SILVA, A. Prescrição, p. 24; SOBOTA, K. Rechtsstaat, p. 154.
[185] BLECKMANN, A. Staatsrecht, p. 236.
[186] MAURER, H. Staatsrecht, § 8, Rn. 47.
[187] ERICHSEN, H. Staatsrecht, p. 43.
[188] PAPIER, H. DW, Rn. 20.
[189] PAPIER, H. DW, Rn. 20.
[190] HESSE, K. Bedeutung, Rn. 60.
[191] BLECKMANN, A. Staatsrecht, p. 236.
[192] LÜBBE-WOLFF, G. Eingriffsabwehrrechte, p. 160.

dos pelos direitos fundamentais. Significa apenas que o reconhecimento de uma eficácia direta parece ser um passo muito drástico, que não é suportado pela própria estrutura dos direitos fundamentais. Desse modo, o fato de que direitos fundamentais, como a vida, livre desenvolvimento da personalidade, liberdades em geral, propriedade etc., tenham que ser necessariamente respeitados também no curso de relações privadas, não implica que os particulares estejam diretamente vinculados a eles.[193]

Mesmo a questão do poder social como fator que fundamenta a eficácia dos direitos fundamentais nas relações privadas não é tida como suficiente para justificar uma vinculação direta dos particulares aos direitos fundamentais em geral. Isso porque o critério do poder social privado não aponta contornos suficientemente claros para determinar em que medida um particular poderia opor diretamente um direito fundamental perante outro particular, que é igualmente titular do mesmo ou de outros direitos igualmente fundamentais.[194] Da mesma forma, a simples constatação de incidência de poder social em um dos polos da relação contratual não conduz por si só a uma violação da liberdade fática das partes contratantes,[195] até mesmo pelo fato de que mesmo aqueles que detêm poder social são igualmente titulares de direitos fundamentais. A questão passa, portanto, pela busca de mecanismos que reprimam e controlem o abuso no exercício desse poder, cuja meta é a garantia efetiva do desenvolvimento da personalidade de todas as partes inseridas na relação.

Gize-se que as questões de se e em qual medida corresponde uma eficácia horizontal aos direitos fundamentais são por regra deixadas em aberto pela constituição, haja vista que faltam regulamentações constitucionais especiais para tanto.[196] Trata-se de mais um fundamento contrário à existência de uma eficácia horizontal direta, que destaca a importância da mediação legislativa para a efetivação dos direitos fundamentais. Isso também é evidenciado a partir da constatação de que nas relações privadas todos os participantes estão legitimados a recorrer da mesma forma à proteção garantida pelos direitos fundamentais, circunstância que não se repete na relação entre o cidadão e o Estado.[197]

Conduzindo ao encerramento desse tópico, tem-se que a melhor forma de garantir a eficácia dos direitos fundamentais para as relações privadas é por meio da função de proteção desses direitos. O BVerfG[198] tem evitado ao longo de sua atuação a aceitação de uma eficácia horizontal (*Drittwirkung*) direta, limitando-se ao reconhecimento de uma

---

[193] STARCK, C. *Schutzpflichten*, p. 68.

[194] HERMES, G. *GR*, p. 103s; KRINGS, G. *Grund*, p. 330.

[195] CANARIS, C. *GRGR (AcP)*, p. 207, sustentando que nem sempre um "pequeno" consumidor tem sua autonomia privada violada perante o "grande" fornecedor, desde que se faça presente uma concorrência funcional no mercado.

[196] HESSE, K. *Bestand*, p. 437.

[197] HESSE, K. *Bestand*, p. 437.

[198] Decisão chave: BVerfGE 7, 198 (LS 2); afirmando expressamente a impossibilidade de uma eficácia direta dos direitos fundamentais nas relações privadas, v. BVerfGE 73, 261 (269); 99, 185 (194). Em direção semelhante, v. ainda BVerfGE 25, 256 (263); 34, 269 (280ss); 42, 143 (148); 66, 116 (138); 81, 242 (255s); 89, 1 (8ss); 89, 214 (229s.); 90, 27 (33ss); 97, 125 (145s); 101, 361 (373ss; 388); 103, 89 (100); BVerfGE (NJW 2006, p. 598).

Drittwirkung indireta dos direitos fundamentais.[199] Importa que ao se negar expressamente a ocorrência de uma eficácia horizontal direta de um direito de personalidade geral, emanado da garantia fundamental de livre desenvolvimento da personalidade, reconheça-se simultaneamente que direitos dessa natureza obrigam o Estado, por meio de seus órgãos, a proteger o indivíduo contra ameaças à personalidade provenientes de terceiros.[200] Esse é o ponto explorado pela teoria dos deveres de proteção do Estado, que afasta por assim dizer a aplicação de uma teoria da eficácia direta dos direitos fundamentais nas relações privadas. Nesse contexto, há que se perceber que por meio da recusa a uma vinculação direta dos particulares aos direitos fundamentais não se descuida da proteção dos cidadãos, mesmo diante de outros sujeitos privados. Consequentemente, nessa linha, não há falar em perda de função, seja parcial ou total, dos direitos fundamentais. Isso porque essa proteção é suficientemente garantida e organizada pelo arsenal de normas privadas, sobretudo quando interpretadas à luz da constituição.[201]

Aqui se coloca a questão de se a teoria da eficácia direta possui realmente pontos de contato com a teoria dos deveres de proteção estatal. Como visto acima, há registros na doutrina pátria de que a teoria da eficácia direta se compatibiliza com a teoria dos deveres de proteção.[202] No sentir desta investigação, tal entendimento não se sustenta. Isso porque a teoria da eficácia direta não acusa pontos de contato com a teoria dos deveres de proteção do Estado, tendo em vista que, ao prever uma vinculação direta dos particulares aos direitos fundamentais, ela não reservou espaço para o Estado no esquema triangular dos deveres de proteção (agressor e vítima privados e o Estado).[203] Isso permite conduzir ao argumento geral de que um particular não é destinatário de direitos fundamentais, somente titular. Assim, o Estado intervém no âmbito de seu dever de proteção, pois ele é destinatário dos direitos fundamentais e sua função é protegê-los, independentemente do lado de onde provém a agressão. O dever de cada particular de não ofender direito fundamental de outrem decorre antes de tudo da legislação ordinária, expressão das normas gerais de convivência, que logicamente têm que encontrar fundamento na constituição. O ponto de referência com a constituição, muito embora existente, é, pois, indireto.

Observe-se que a ausência de pontos de contato próximos entre a teoria da eficácia direta e a dos deveres de proteção do Estado revela mais um ponto fraco daquela construção. Este reside na constatação de que a teoria da eficácia direta sugere que a concepção de uma vinculação imediata dos particulares aos direitos fundamentais assegura uma proteção jurídica suficiente aos titulares desses direitos.[204] Pelo contrário, a experiência jurídica tem demonstrado que uma proteção efetiva dos direitos fundamentais apenas pode ser garantida por meio de atividades estatais fáticas ou potenciais.[205] Essa garantia se

---

[199] HESSE, K. *Bestand*, p. 437.
[200] BVerfGE 73, 118 (201); 97, 125 (146); 99, 185 (194).
[201] SACHS, M. *Grundrechte*, p. 62, Rn. 31.
[202] SARLET, I. *DF*, p. 147.
[203] KRINGS, G. *Grund*, p. 329.
[204] KRINGS, G. *Grund*, p. 330.
[205] KRINGS, G. *Grund*, p. 330.

dá sobretudo pela disposição de todo o aparelhamento estatal na efetivação e proteção dos direitos fundamentais, assumindo a concepção do direito fundamental à organização e procedimento um papel de destaque, em que as disposições institucionais de caráter estatal, sobretudo os tribunais, têm que se tornar ativos para trazer à vigência o conteúdo jurídico desses direitos no dia a dia da coletividade.[206] Nesse mister há que se valorar, como lembra Cláudia Lima Marques, os verbos utilizados nas normas destinadas à proteção do consumidor, sendo essa valoração decisiva para o resultado que se espera frente a sua aplicação concreta.[207]

Do exposto, tem-se que a base para um modelo geral de eficácia direta dos direitos fundamentais nas relações privadas não se harmoniza com as exigências do ordenamento jurídico-constitucional. Esse modelo, além de poder ocasionar uma quebra no princípio da separação dos poderes, pode, ao fim e ao cabo, gerar efeito contrário à sua própria razão de ser, que é a busca da maior efetividade possível dos direitos fundamentais, a partir do momento em que se priva de um grau considerável de funcionalidade, proporcionado pela legislação ordinária. Some-se a isso o fato de que o modelo de eficácia direta tem o inconveniente adicional de fomentar uma considerável insegurança jurídica no ordenamento e conflitos demasiados entre titulares de direitos fundamentais diversos, justamente em face da interminável ponderação de interesses a que está associado – que sem o cimento da legislação ordinária, não encontra pontos de apoio sólidos para se desenvolver.

3.1.3.3 Impossibilidade de recondução à cláusula de aplicabilidade imediata

Um dos principais gargalos que se coloca no debate inerente à base de uma eficácia dos direitos fundamentais nas relações privadas situa-se em relação ao mandamento constitucional de aplicabilidade direta dos direitos fundamentais. A questão que se coloca nesta oportunidade é se o mandamento de aplicabilidade direta embasa uma eficácia direta dos direitos fundamentais nas relações privadas. Para que essa questão possa ser adequadamente respondida, há que se investigar o que está por trás dessa cláusula, desvendando seu significado.

A correta compreensão da cláusula de aplicabilidade direta dos direitos fundamentais fornece resposta às questões nucleares da dogmática constitucional.[208] Entretanto, seu conteúdo nem sempre é facilmente reconhecível, motivo pelo qual carece, no caminho da interpretação constitucional, de uma conexão sistemática com os direitos fundamentais isoladamente considerados, assim como de uma ligação com a origem da criação da norma.[209] No que toca ao tema da presente investigação, a análise se justifica pela circunstância de que a dogmática do conteúdo jurídico-objetivo dos direitos fundamentais seduz facilmente a visualizar a garantia de autoaplicabilidade desses direitos como ponto de

---

[206] HERMES, G. *GR*, p. 102s.
[207] MARQUES, C. *Prefácio Schmitt*, p. 16.
[208] KEMPEN, B. *GRverpflichtete*, Rn. 2.
[209] KEMPEN, B. *GRverpflichtete*, Rn. 2.

virada para a derivação de uma eficácia direta no ordenamento privado.[210] Não obstante, com isso se desconhece o fato de que a garantia de autoaplicabilidade não pode por si só alargar o alcance jurídico da vinculação aos direitos fundamentais, tampouco seu âmbito de aplicação funcional.[211]

É sabido que a temática da eficácia dos direitos fundamentais nas relações privadas encontra expressão sobretudo a partir da função de proteção desses direitos, que se deixa reconduzir sob alguns aspectos à própria função de defesa, quando analisada no quadro das possibilidades de intervenções estatais. Todavia, da função tradicional dos direitos fundamentais como direitos de defesa contra intervenções estatais na esfera de liberdade individual decorre que esses direitos não encontram aplicação direta nas relações travadas entre particulares.[212] Essa é a tese que se contrapõe ao que se considera uma espécie de *argumento de confusão*,[213] que verifica na cláusula de aplicabilidade imediata um fundamento para o reconhecimento de uma vinculação direta dos particulares aos direitos fundamentais. Ela será demonstrada pela análise do significado dessa norma para o ordenamento jurídico, bem como de seus limites estruturais.

A cláusula de aplicabilidade direta está prevista na CF/88.[214] Não é um achado brasileiro. A LF contém dispositivo semelhante,[215] muito embora mais nitidamente direcionado quanto aos seus destinatários. Enquanto a versão brasileira limita-se a afirmar que os direitos fundamentais têm aplicação imediata, a alemã especifica que essa aplicação imediata, na forma de vinculação, se dirige aos poderes públicos. A tese aqui sustentada é que o conteúdo da cláusula de aplicabilidade direta na CF/88 não difere do conteúdo de sua correspondente alemã, que, ao lhe anteceder, lhe serviu de modelo. Isso significa que a cláusula de aplicabilidade direta da CF/88 deve ser entendida como uma cláusula de vinculação dos órgãos estatais aos direitos fundamentais. Essa tese é sustentada por fundamentos de racionalidade relacionados com o próprio conteúdo e significado dessa cláusula. De fato, por razões ligadas à unidade do ordenamento jurídico e à realização do sistema de valores total da constituição, que inclui o respeito às regras de competência, não há como se derivar que os particulares sejam destinatários desse comando. Para demonstrar essa realidade, investiga-se inicialmente o significado da cláusula no contexto da elaboração da LF, verificando em ato contínuo se esse significado se deixa conduzir à realidade da CF/88.

A constituição, assim como qualquer norma jurídica, não é algo totalmente dissociado do seu conjunto histórico, haja vista que muitas de suas disposições são resultado de reflexões tomadas em momentos anteriores.[216] O exemplo fornecido pela LF no que diz respeito à vinculação dos poderes públicos aos direitos fundamentais é de grande valia para

---

[210] SCHWABE, J. *Sogenannte*, p. 15, 88ss; GRAF VITZTHUM, W. *Funktionale*, Rn. 9.

[211] GRAF VITZTHUM, W. *Funktionale*, Rn. 9.

[212] GRAF VITZTHUM, W. *Funktionale*, Rn. 6.

[213] SILVA, V. *Constitucionalização*, p. 57.

[214] Art. 5º, § 1º, CF/88: "As normas definidoras dos direitos e garantias fundamentais têm aplicação imediata".

[215] Art. 1º Abs. III LF, etl: "Os direitos fundamentais que seguem vinculam os poderes legislativo, executivo e judiciário como direito imediatamente vigente".

[216] ERICHSEN, H. *Staatsrecht*, p. 37, demonstrando com isso a importância da interpretação histórica na aplicação da constituição.

a compreensão de preceitos semelhantes fixados em outras constituições, particularmente no caso brasileiro, que prega a dignidade humana como fundamento do Estado. Nesse sentido, há que se recorrer à história de criação da norma na Alemanha. Registros dão conta de que uma vinculação direta dos sujeitos privados aos direitos fundamentais não foi nesse ponto idealizada.[217] Uma passagem interessante dos trabalhos preparatórios da LF, conhecidos como "Esboço de Herrenchiemsee" (*Herrenchiemsee-Entwurf* – HChE),[218] aponta até mesmo para a ideia de primazia de conhecimento do direito privado,[219] ao dispor, em seu art. 21 Abs. III, que os direitos fundamentais deveriam ser compreendidos no marco da ordem jurídica geral, salvo entendimento diverso resultante de seu conteúdo.[220] Por sua vez, os trabalhos de redação da LF no Conselho Parlamentar apontaram que a cláusula da aplicabilidade imediata deveria ser compreendida do ponto de vista das relações do indivíduo com o Estado,[221] o que toma por base a imagem dos direitos fundamentais como direitos de defesa.

O fato de os direitos fundamentais serem compreendidos a partir do seu direcionamento aos órgãos estatais é algo dedutível da própria história de criação moderna desses direitos, sobretudo a partir do seu caráter de defesa.[222] No momento em que a constituição impõe a vinculação direta dos órgãos estatais aos direitos fundamentais, tal imposição não indica necessariamente uma vinculação em direção oposta, no sentido de que os par-

---

[217] STERN, K. *Staatsrecht III/1*, p. 140ss, 156s e 166ss; DIEDERICHSEN, U. *Rangverhältnisse*, p. 48.

[218] O chamado Esboço de Herrenchiemsee é um documento que serviu de base para a redação da LF de Bonn, de 23.5.1949. Esse documento foi o resultado da convenção constitucional (*Verfassungskonvent*), realizada entre os dias 10 e 23.8.1948, na ilha lacustre Herrenchiemsee – daí o nome –, localizada no Estado da Baviera, por incumbência dos Ministros-presidentes dos Estados alemães ocidentais. Os trabalhos foram realizados por uma comissão integrada por onze representantes dos Estados ocidentais alemães localizados nas então três zonas de ocupação (França, Grã-Bretanha e Estados Unidos), além de outras autoridades e juristas convidados. Sua tarefa era elaborar um documento sólido para ser apresentado ao conselho parlamentar (*Parlamentarischer Rat*), que se reuniu a partir de 1º.9.1948, no Museu *Alexander Koenig*, na cidade de Bonn, sob a presidência de Konrad Adenauer, para analisar e retrabalhar aquele documento. Esse conselho parlamentar teve a natureza de um grêmio de natureza política, sendo integrado por 65 representantes dos estados ocidentais alemães localizados nas então três zonas de ocupação. Após diversas sessões de trabalho, chegou-se ao documento que gerou a LF propriamente dita. A relevância do chamado Esboço de Herrenchiemsee é frequentemente destacada pela doutrina, que não raro se utiliza do seu texto para interpretar o significado das disposições da LF. No que tange à questão do alcance do Art. 1 Abs. 3 LF, v. em particular DIEDERICHSEN, U. *Rangverhältnisse*, p. 48s. Informações detalhadas sobre a história da convenção constitucional de Herrenchiemsee podem ser vistas em BAUER-KIRSCH, A. *Verfassungskonvent*, p. 30ss; STERN, K. *Staatsrecht V*, p. 1.244ss; o teor do documento pode ser consultado em DOEMMING, K. B; FÜSSLEIN, R. W; MATZ, W. *Entstehungsgeschichte* (Band 1), p. 48ss; BAUER-KIRSCH, A. *Verfassungskonvent* (Anhang I). Sobre os debates travados no conselho parlamentar, v. MANGOLDT, H. *Bericht*, p. 5ss. Detalhes sobre o convento constitucional de Herrenchiemsee, sobretudo no que diz respeito à temática dos direitos fundamentais, podem ser vistos ainda em STERN, K. *Staatsrecht III/1*, p. 140ss; EN, v. HECK, L. *TCF*, p. 85ss. Para uma visão dos direitos fundamentais em geral à luz dos trabalhos do convento constitucional de Herrenchiemsee, v. NAWIASKY, H. *Grundgedanken*, p. 25ss.

[219] DIEDERICHSEN, U. *Rangverhältnisse*, p. 48s.

[220] BAUER-KIRSCH, A. *Verfassungskonvent*, p. 164, 171 e 180.

[221] MANGOLDT, H. *Bericht*, p. 5s.

[222] MANGOLDT, H. *Bericht*, p. 5s; HESSE, K. *Grundzüge*, Rn. 352; PIEROTH, B; SCHLINK, B. *GR*, 25 Auf., Rn. 191.

ticulares se encontram igualmente vinculados aos direitos fundamentais.[223] Contudo, isso não indica que os direitos fundamentais não desenvolvam efeitos no curso das relações privadas; mas apenas que esses efeitos ocorrem de forma distinta daquela verificada nas relações nas quais o Estado toma parte.[224]

Não se controverte que a CF/88 deixa nítida a vinculação dos órgãos estatais aos direitos fundamentais e ao mandamento de intangibilidade da dignidade humana. Note-se que ao declarar a dignidade como fundamento do Estado,[225] a CF/88 dirige esse comando ao próprio Estado. Mesmo o princípio da igualdade,[226] que ocupa local de destaque no catálogo de direitos fundamentais,[227] informa que todos são iguais perante a lei, ou seja, também se dirige a um órgão estatal (legislador). Da mesma forma, a lei é vista como parâmetro para que alguém seja obrigado a exercer ou deixar de exercer determinada conduta.[228] A partir da literalidade desses dispositivos, deduz-se a tese de que o significado histórico dos diretos fundamentais como direitos de defesa do cidadão contra o Estado, típico da natureza desses direitos, ainda é preponderante no contexto da CF/88, devendo, portanto, conduzir a interpretação da cláusula da aplicabilidade imediata.[229] Sustenta-se em outras palavras que o significado histórico dos direitos fundamentais, afirmado durante várias gerações, é preponderante para limitar o âmbito de incidência da cláusula de aplicabilidade direta às relações verticais, ou seja, entre o Estado e os cidadãos.[230] Consequentemente, a cláusula de aplicabilidade direta é dirigida exclusivamente aos órgãos estatais, haja vista que nessa conexão não estão pensadas as pessoas privadas.

Observe-se que de acordo com a própria visão de Nipperdey, ícone da teoria da eficácia direta, há que se refutar a tese de que se até mesmo os poderes públicos estão vinculados aos direitos fundamentais pela cláusula de aplicabilidade direta ou imediata desses direitos, os particulares também necessariamente devem estar, como se um fato decorresse do outro. Nipperdey justifica esse ponto de vista com base na constatação de que existe uma diferença fática entre os dois tipos de relação: enquanto a relação jurídico--fundamental entre os cidadãos e o Estado apresenta uma legitimação unilateral de um lado e uma obrigação de outro, na relação entre particulares ambos são igualmente legitimados e titulares de direitos fundamentais.[231]

Daí se depreende que, em que pese o Abs. III do art. 1º da LF não possuir a mesma redação do § 1º do art. 5º da CF/88, ambos têm o mesmo sentido: a vinculação dos órgãos estatais aos direitos fundamentais.[232] Isso porque a partir da previsão constitucional de vinculação dos poderes públicos aos direitos fundamentais, como imediatamente vigentes,

---

[223] HÖFLING, W. *GG Kommentar* (Art. 1 GG), Rn. 111.

[224] HÖFLING, W. *GG Kommentar* (Art. 1 GG), Rn. 111.

[225] Art. 1º, III, CF/88.

[226] EN, v. VELLOSO, A. *Isonomia*, p. 33ss, aprofundando a compreensão do princípio.

[227] Art. 5º, *caput*,, CF/88.

[228] Art. 5º, II, CF/88.

[229] PAPIER, H. *DW*, Rn. 17.

[230] CANARIS, C. *GRGR (AcP)*, p. 204.

[231] NIPPERDEY, H. *AT*, § 15, p. 97.

[232] SARLET, I. *Eficácia*, p. 239.

caracteriza-se o significado jurídico geral desses direitos: não são meras normas programáticas, mas sim normas efetivas oponíveis contra o Estado.[233] Trata-se de uma realidade que é intrínseca à própria compreensão da CF/88,[234] que revela a subordinação do Estado ao direito.[235] No mesmo passo, a inteligência do § 1º do art. 5º da CF/88 também dá conta de que as normas constitucionais são aplicáveis até onde possam, ou seja, até onde as instituições ofereçam condições para seu atendimento.[236] Dito de outro modo, não há como sustentar a aplicação imediata de direitos não definidos de maneira suficiente, cuja própria hipótese de incidência ou estrutura dependam claramente de integração por meio da lei.[237] Essas características apontam para o fato de que o significado de elaboração da cláusula de aplicabilidade direta no contexto de elaboração da LF conduz consideravelmente à formulação da CF/88. A ideia básica é a mesma: a cláusula de aplicabilidade direta mirou os direitos fundamentais, em princípio, a partir de sua função de defesa, voltados contra o Estado.

Feito esse registro, não há como se afastar da realidade de que os direitos fundamentais, para serem aplicados no curso de relações exclusivamente privadas, carecem de uma regulamentação mais detalhada do que nas relações em que o Estado toma parte. O motivo para tanto é manifesto: todos os particulares são igualmente titulares de direitos fundamentais, ao contrário do Estado, que é destinatário. Isso em nada contraria o entendimento aqui esposado, no sentido de que a intenção do poder constituinte, ao redigir o art. 5º, § 1º, da CF, foi a de vincular os órgãos estatais aos direitos fundamentais, afastando-lhes o caráter meramente programático. Interessa observar nessa conexão que nem toda norma constitucional dependente de regulamentação é norma programática, visto que seu conteúdo é o que informará ao final se ela o é.[238] Portanto, o fato de que não se pode extrair a conclusão, a partir do art. 5º, § 1º, da CF, de que os direitos fundamentais são diretamente aplicáveis nas relações privadas[239] não implica necessariamente qualificá-los de norma programática ou termo afim.

Com base nessa análise, da cláusula de aplicabilidade direta se inferem as seguintes posições acerca dos direitos fundamentais: vinculam a totalidade dos poderes públicos; não são meras normas programáticas, mas sim direito imediatamente vigente; vinculam seus destinatários não apenas como direito objetivo, concedendo aos seus titulares direitos subjetivos.[240] A menor margem de interpretação da cláusula diz respeito à vinculação dos poderes públicos, pelo fato de que todo o poder estatal está vinculado aos direitos fundamentais.[241] A

---

[233] MANGOLDT, H; KLEIN, F. *Bonner GG*, p. 159.

[234] SARLET, I. *Eficácia*, p. 70 e 240ss; MENDES, G. *DF*, p. 1; FERREIRA F. *Curso*, p. 340s; SILVA, J. A. *Aplicabilidade*, p. 88ss; BARROS, S. *Proporcionalidade*, p. 146s; BARROSO, L. *Dir. Constitucional*, p. 143s; BONAVIDES, P. *Curso*, p. 541s, visualiza essa realidade como um fenômeno do constitucionalismo moderno.

[235] BASTOS, C. *Curso*, p. 17.

[236] FERREIRA F. *Curso*, p. 341; SILVA, J. A. *Aplicabilidade*, p. 165.

[237] TAVARES, A. *Curso*, p. 386. Em sentido semelhante, v. BRANCO, P. *DF*, p. 287; DIMOULIS, D; MARTINS, L. *Teoria Geral dos DF*, p. 104s.

[238] HORTA, R. M. *Dir. Constitucional*, p. 197.

[239] SILVA, V. *Constitucionalização*, p. 57s.

[240] KEMPEN, B. *GRverpflichtete*, Rn. 2.

[241] KEMPEN, B. *GRverpflichtete*, Rn. 2.

CF/88 não indica de modo expresso que a cláusula da aplicabilidade direta se direciona aos poderes públicos. Mas nem precisaria fazê-lo, visto que se trata de pressuposto que decorre da própria natureza desse comando constitucional, que em última instância justifica sua própria existência e que conduz à realização dos valores da constituição.

Em verdade, o grande significado gerado pela cláusula da aplicabilidade imediata é informar que os direitos fundamentais não podem ser compreendidos como normas programáticas. Mas o que seria isso, afinal? Um direito fundamental para ser considerado como tal deve ser um direito imediatamente vigente. Essa assertiva pode ser entendida de várias formas possíveis, sendo o significado da sua interpretação decisivo para determinar seu alcance e as consequências para o ordenamento jurídico. A concepção clássica de um direito fundamental informa que ele deve ser um meio jurídico capaz de vincular a totalidade dos órgãos estatais, o que afasta a concepção em torno de meras declamações, declarações ou diretivas.[242] Direito fundamental é, pois, sinônimo de direito imediatamente vigente, capaz de embasar o acesso aos tribunais em caso de sua violação.[243] Nesse sentido, o significado dessa cláusula é deixar claro que os direitos fundamentais são considerados direito objetivo com eficácia vinculante direta para os órgãos estatais, a partir das quais resultam direitos públicos subjetivos aos seus titulares.[244] O foco desses direito é a proteção dos bens tutelados pelos direitos fundamentais.

Nesse passo, a afirmação da vinculação dos poderes públicos à constituição, sobretudo do legislador, marcou um momento histórico a partir do qual o direito constitucional adquiriu com maior nitidez seu próprio significado.[245] Disso não se afasta o art. 5°, § 1°, da CF/88. É importante ter em mente que no momento em que a constituição informa que os direitos fundamentais devem ser compreendidos como imediatamente vigentes, ela apenas quer dizer que esses direitos não podem ser compreendidos como meras normas programáticas, sem eficácia garantida.[246] Contudo, isso não significa que os direitos fundamentais sejam diretamente aplicados nas relações privadas.[247]

Há quem sustente inclusive que a cláusula de aplicabilidade direta dos direitos fundamentais, por meio da qual se destaca a vinculação do legislador, não obtém *para si* uma normatividade.[248] Com isso está dito apenas que ela não é capaz de transformar os direitos fundamentais em catálogo de desejos, sem que se negue o caráter normativo e não apelativo desses.[249] A garantia de autoaplicabilidade ata os poderes públicos aos direitos fundamentais apenas à medida que eles sejam aplicáveis à relação concreta.[250] Dela resulta como indício o fato de o constituinte ter pretendido conferir efetividade aos direitos

---

[242] SCHMID, C. *Entstehungsgeschichte*, p. 42s, informando que essa noção era incontroversa por ocasião do Convento Constitucional de Herrenchiemsee em 1948, onde se redigiu o projeto para a LF de 23.5.1949.

[243] SCHMID, C. *Entstehungsgeschichte*, p. 43.

[244] BADURA, P. *Staatsrecht*, C, p. 84, Rn. 4.

[245] KLOEPFER, M. *Verfassungsausweitung*, p. 199.

[246] STERN, K. *Staatsrecht III/1*, p. 1.518.

[247] STERN, K. *Staatsrecht III/1*, p. 1.518.

[248] MERTEN, D. *Begriff*, Rn. 84.

[249] MERTEN, D. *Begriff*, Rn. 84.

[250] GRAFVITZTHUM, W. *Funktionale*, Rn. 9.

fundamentais como função chave, protegidos de abolição da ordem constitucional e sem o caráter meramente programático.[251] Consenso há nessa perspectiva de que os direitos fundamentais vinculam os órgãos estatais como imediatamente vigentes.[252] Nada está dito, contudo, como se dá a vinculação dos particulares a esses direitos, nas relações levadas a efeito sem a presença do Estado.

Essa análise encontra respaldo até mesmo no fato de que a possibilidade de uma aplicabilidade direta de diretos fundamentais varia drasticamente de acordo com o tipo de pretensão por eles ensejada. É fácil reconhecer que os direitos fundamentais são diretamente aplicáveis perante os poderes públicos em sua função de defesa. Contudo, em outras funções típicas, os titulares não podem por regra recorrer diretamente a esses direitos, visto que essas normas devem ser concretizadas pelo legislador em um primeiro momento, de modo que pretensões diretas a sua efetivação não podem ser daí derivadas. Esse é o caso, por exemplo, dos direitos fundamentais em sua função de prestações sociais.[253] O mesmo vale para grande parte dos direitos fundamentais em sua função de proteção, em que o modo pelo qual a proteção é efetivada constitui em primeira linha decisão a ser tomada na esfera de competência do legislador ordinário. Assim, o fato de que nenhuma cláusula constitucional pode tornar autoaplicável aquilo que por sua natureza não pode ser[254] revela-se desde já pela compreensão das diferentes funções desses direitos, argumento que contribui para mostrar que a eficácia direta geral dos direitos fundamentais nas relações privadas não se sustenta a partir da cláusula de aplicabilidade direta desses direitos.

Esse quadro dá ensejo para se refutar a validade de um argumento colocado em sentido inverso: o conteúdo da cláusula de aplicabilidade direta não levaria à conclusão de que os sujeitos privados não estariam vinculados diretamente aos direitos fundamentais, pelo fato de que a constituição não nega expressamente essa possibilidade. De fato, existem razões significativas para se refutar esse argumento[255] e, ademais, em número considerável. Elas se deixam articular em circunstâncias de fundo histórico; na característica básica de que o significado de um direito fundamental se encontra no fato de ser justiciável; também no fato de que a cláusula da aplicabilidade direta se volta à função de defesa dos direitos fundamentais; na indeterminação do conteúdo desses direitos; na necessidade de considerar seu conteúdo de forma isolada; e, por fim, na circunstância de que os particulares são apenas titulares e não destinatários dos direitos fundamentais.

Como visto, a história de criação dos direitos fundamentais possui um alto significado na fundamentação em torno da impossibilidade de derivação de uma eficácia direta desses

---

[251] MERTEN, D. *Begriff*, Rn. 84.

[252] Ptd, v. STARCK, C. *Bonner GG*. 5. Auf., Art. 1 Abs. 3, Rn. 151ss.

[253] ENDERS, C. *Sozialstaatlichkeit*, p. 7ss; HILL, H. *Gesetzesgestaltung*, p. 172ss; HUFEN, F. *Gesetzesgestaltung*, p. 142ss; KOLLER, H. *Einleitungstitel*, p. 658; MUßGNUG, R. *Gesetzesgestaltung*, p. 113ss; WIEDERIN, E. *Sozialstaatlichkeit*, p. 53ss.

[254] FERREIRA F. *Curso*, p. 341.

[255] SARLET, I. *Entwicklung*, p. 94, não obstante defendendo um modelo de eficácia direta *prima facie* dos direitos fundamentais no tráfego jurídico privado, reconhece que existem objeções gerais válidas contra o embasamento de uma eficácia direta geral, a partir do art. 5°, § 1°, CF/88.

direitos no âmbito privado.[256] Não cabe aqui retomar esse argumento em pormenores, mas sim lhe agregar sentido com argumentos suplementares. O modo pelo qual os direitos fundamentais incidem nas relações privadas não é determinado pela cláusula de vigência imediata desses direitos, visto que decorre antes da própria compreensão das funções de cada direito fundamental, isoladamente considerados.[257] A cláusula de aplicabilidade direta fornece uma suposição de que os direitos fundamentais do catálogo embasam direitos públicos subjetivos de defesa do cidadão, qualidade que há muito é inquestionavelmente reconhecida pela doutrina.[258]

Por trás disso repousa o entendimento de que os tribunais têm que zelar pelos direitos fundamentais na medida em que eles vigem para uma determinada relação, e não por decidirem que eles devem viger.[259] Portanto, o significado principal da cláusula de aplicabilidade direta é deixar claro que nenhum direito fundamental pode permanecer não justiciável.[260] Entretanto, trata-se de um pensamento desenvolvido sob o ponto de vista da função clássica dos direitos fundamentais, ou seja, frente ao Estado como destinatário e consequentemente os particulares apenas como titulares desses direitos. Isso implica que o mandamento de aplicabilidade direta dos direitos fundamentais se dá somente em face da função dos direitos fundamentais como direitos de defesa.[261]

Nas relações nas quais o poder público toma parte, há uma relação entre um titular (sujeito privado) e um destinatário de direitos fundamentais (órgão do poder público), em que precisamente assume destaque essa função de defesa, objeto da cláusula de aplicabilidade imediata. Já no tráfego jurídico privado, em que entram em jogo diferentes titulares de direitos fundamentais, destaca-se a função de proteção desses direitos, sendo imprescindível a mediação legislativa. Assim, pelo fato de o modelo de eficácia dos direitos fundamentais nas relações privadas ser verificado no plano da função de proteção desses direitos, ele se compatibiliza com um modelo de eficácia indireta. Note-se que isso não significa que os direitos fundamentais permaneçam não justiciáveis em sua função de proteção, mas apenas que a mediação legislativa é um pressuposto fundamental para se agregar eficácia a esses direitos em relações privadas, na medida em que a constituição por si só não contém parâmetros minimamente seguros para definir em que medida e em quais situações um particular em uma situação fática pode opor direitos fundamentais do qual é titular perante outro sujeito privado, que igualmente goza dessa condição.

Esse argumento conecta-se imediatamente a outro, que diz respeito à indeterminação do conteúdo dos direitos fundamentais. A cláusula de vigência imediata, inclusive na forma como está prevista na CF/88, nada diz acerca do conteúdo dos direitos fundamentais,[262] nada diz sobre quais normas jurídicas sofrerão seus efeitos, não contendo

---

[256] ERICHSEN, H. *Staatsrecht*, p. 37.
[257] LERCHE, P. *Grundrechtswirkungen*, p. 231.
[258] DÜRIG, G. *GG Kommentar* (Art. 1 GG), Rn. 96; BLECKMANN, A. *Staatsrecht*, § 6, Rn. 1ss.
[259] DOEHRING, K. *Staatsrecht*, p. 209.
[260] BLECKMANN, A. *Staatsrecht*, § 6, Rn. 2.
[261] BLECKMANN, A. *Staatsrecht*, § 6, Rn. 3.
[262] LERCHE, P. *Grundrechtswirkungen*, p. 231.

indícios sobre o tipo de relação que deverá ser disciplinada pelos direitos fundamentais.[263] Por essa razão, não se presta para determinar, ao menos com o mínimo grau de certeza que a matéria exige, se esses direitos vigem ou não nas relações privadas e muito menos o modo dessa vigência. A vagueza inerente aos direitos fundamentais, assim como a frequente necessidade de ponderação entre eles, indicam que as prescrições de direito constitucional somente podem impor uma moldura normativa externa às relações em que apenas sujeitos privados tomam parte.[264] Esperar mais do que isso, o que equivaleria a aceitar uma eficácia direta dos direitos fundamentais nas relações privadas, seria exigir demais dos direitos fundamentais.

De fato, a questão da vagueza de conteúdo das normas de direito fundamental é um componente essencial na aferição de significado à cláusula da aplicabilidade imediata. A aplicabilidade direta de uma norma de direito fundamental deve encontrar seus limites lá onde o direito fundamental for tão indeterminado que, a partir dela, não mais se possa derivar uma linha diretiva para a decisão,[265] circunstância que impediria sua aplicabilidade direta, reduzindo consideravelmente sua própria justiciabilidade.[266] Isso vale particularmente para aspectos ligados à garantia de preservação da dignidade humana. Essa realidade bem demonstra que o objetivo de agregar justiciabilidade aos direitos fundamentais está sujeito de certa forma a limites externos.[267] Caso não existissem limites em tais situações, a consequência imediata seria que o juiz, a par do princípio da separação dos poderes, acabaria se convertendo em legislador ativo.[268] Nesse quadro, o direito ordinário, por meio de sua função concretizadora, afirma-se como peça indispensável para garantir a justiciabilidade de um direito fundamental com elevado grau de indeterminação, em observância às exigências do Estado de direito. Essa realidade também fala contrariamente à possibilidade de se embasar uma vinculação direta dos particulares aos direitos fundamentais, com base na cláusula de aplicabilidade direta.

Outro argumento que se poderia colocar diz respeito ao conteúdo dos direitos fundamentais isoladamente considerados. Só se poderia cogitar a eficácia direta de um direito fundamental em uma relação privada – em caráter excepcional – se a própria estrutura desse direito, expressa pela sua formulação na constituição, abrigasse tal possibilidade sem maiores esforços ou mecanismos interpretativos, como ocorre em determinados direitos de natureza trabalhista previstos na CF/88, por exemplo. Ocorre que esse não é o caso da grande maioria dos direitos fundamentais e sobretudo daqueles que incidem com frequência em contratos negociais de natureza jurídico-civil, como é o caso dos contratos

---

[263] SILVA, V. *Constitucionalização*, p. 58.

[264] BYDLINSKI, F. *Kriterien*, p. 332 (nota 26).

[265] BLECKMANN, A. *Staatsrecht*, § 6, Rn. 2.

[266] Trata-se, contudo, de um quadro marcado pela excepcionalidade e não pela regra. Seguramente, pode-se partir do fato de que a maioria dos direitos fundamentais de liberdade, ao menos em seu núcleo clássico, que se faz presente em grande parte dos catálogos das constituições dos países de tradição democrática, são atualmente justiciáveis. V. BLECKMANN, A. *Staatsrecht*, § 6, Rn. 2ss.

[267] MAJEWSKI, O. *Auslegung*, p. 86, sustentando que o direito constitucional, assim como o direito ordinário, não está com suas disposições sempre prontas para serem aplicadas, visto que antes de tudo representa uma espécie de rascunho possível para a configuração da realidade política e social.

[268] BLECKMANN, A. *Staatsrecht*, § 6, Rn. 2.

de consumo. Portanto, uma consequência dessa ordem jamais poderia ser derivada de maneira geral da cláusula de aplicabilidade direta dos direitos fundamentais. Com efeito, se excepcionais consequências imediatas para a configuração das relações privadas têm que decorrer da literalidade expressa da constituição, toda essa sistemática seria quebrada, caso se estendesse essa possibilidade para outros direitos fundamentais, não compreendidos nessa conexão.[269] O resultado seria a inversão do sentido e da finalidade dos direitos fundamentais: direitos perante os poderes públicos se tornariam deveres perante todos os cidadãos e, com isso, o resultado inevitável seria uma restrição da liberdade.[270]

Por fim, um argumento adicional é aqui apresentado, que no conjunto não se mostra menos relevante do que os demais. Conceber os particulares apenas como titulares de direitos fundamentais, e não como destinatários, inviabiliza um embasamento de eficácia direta dos direitos fundamentais nas relações privadas com base na cláusula de aplicabilidade direta. Quem pretende derivar da cláusula de aplicabilidade direta dos direitos fundamentais vinculação imediata dos particulares a esses direitos, por meio da ampliação do círculo dos destinatários desses direitos, acaba por estabelecer uma espécie de mudança ou troca de significado (*Begriffsvertauschung*), que como tal carece de fundamentação objetiva, difícil de ser obtida na prática.[271]

Os direitos fundamentais, sob uma perspectiva estritamente técnica, não são outra coisa do que normas jurídicas.[272] Como tais, erguem aos seus titulares uma pretensão de serem observados pelos seus respectivos destinatários, a quem se vinculam consequências jurídicas.[273] Por um lado, a cláusula da aplicabilidade direta em nenhum momento define os sujeitos privados como destinatários de direitos fundamentais, haja vista que o pensamento dominante da constituição é de que os cidadãos são titulares desses direitos.[274] Por outro lado, a própria natureza da cláusula informa que a atuação estatal está vinculada aos direitos fundamentais, independentemente de forma jurídica e de que modo ela resulta[275]. Aqui reside o argumento clássico da confusão: um destinatário de direito fundamental não pode ser ao mesmo tempo titular desse direito.[276] Por isso é que o Estado não recorre aos direitos fundamentais, ao menos em sua acepção clássica. Ocorre que enquanto o cidadão assegura a proteção de sua liberdade nas relações com o Estado, este atua perante o cidadão com fundamento em regras de competência e não em direitos fundamentais.[277] Isso marca a propósito uma diferença essencial: enquanto o particular pode renunciar parcialmente ao exercício de liberdades garantidas jurídico-fundamentalmente, ao Estado não é dado o poder de renunciar às suas competências, transferindo-as ao seu bel prazer.[278]

---

[269] GUCKELBERGER, A. *DW*, p. 1.153.

[270] PIEROTH, B; SCHLINK, B. *GR*, 16 Auf., Rn. 175.

[271] DIEDERICHSEN, U. *Rangverhältnisse*, p. 49.

[272] SACHS, M. *Grundrechte*, p. 24, Rn. 1.

[273] SACHS, M. *Grundrechte*, p. 24, Rn. 1.

[274] Ptd, v. LEIBHOLZ, G.; RINCK, H.-J. *Kommentar* (Vorb. Art. 1-19), Rn. 21.

[275] STERN, K. *Staatsrecht III/1*, p. 1.203.

[276] GRAF VITZTHUM, W. *Funktionale*, Rn. 10.

[277] GRAF VITZTHUM, W. *Funktionale*, Rn. 10.

[278] GRAF VITZTHUM, W. *Funktionale*, Rn. 10.

Todos os argumentos acima colacionados dão conta de que a cláusula de aplicabilidade direta dos direitos fundamentais não fundamenta uma eficácia direta desses direitos nas relações privadas. Sem embargo, caso se deseje ir mais a fundo nessa relação, acabará se constatando que os direitos fundamentais não vigem no ordenamento jurídico privado exatamente da mesma forma que vigem perante o Estado. Em verdade, é um equívoco acreditar que os direitos fundamentais vigem no direito privado no sentido abrangente de direitos públicos subjetivos, em semelhança com o que ocorre nas relações entre os cidadãos e o Estado.[279] Note-se que nem mesmo o fundador da teoria da eficácia direta dos direitos fundamentais no âmbito jurídico privado permaneceu sustentando tal afirmação. O simples fato de reconhecer que a cláusula de aplicabilidade direta vincula os órgãos estatais não significa que os particulares também estejam ali compreendidos, como se isso fosse consequência direta do respectivo preceito constitucional. Trata-se de uma premissa que dificilmente consegue ser derivada da constituição, pelo fato de que a vinculação dos particulares aos direitos fundamentais não é um *minus*, mas sim um *aliud* à vinculação do Estado aos direitos fundamentais.[280]

Ademais, nenhuma constituição, por mais bem-intencionada que seja, dá conta de cobrir com o seu catálogo de direitos fundamentais a totalidade do espectro das relações privadas. Faltariam parâmetros suficientemente detalhados para tanto. Se nem mesmo um código civil, que é inteiramente orientado a essa atividade, é capaz de fazê-lo, o que se dirá de uma constituição, cuja finalidade de seus preceitos possui natureza diversa, direcionada aos princípios fundamentais do ordenamento jurídico e à organização estatal como um todo. Isso implica − circunstância que vale tanto para a CF/88 quanto para a LF − que uma simples declaração de aplicabilidade direta de normas constitucionais não é suficiente para conceder aos direitos fundamentais uma força vinculativa, ou seja, não basta para tornar os direitos fundamentais imediatamente vigentes na vida social privada.[281]

O quadro até aqui moldado dá conta de que a cláusula de aplicabilidade direta dos direitos fundamentais se dirige aos poderes públicos, não se aplicando às relações privadas. Ela assegura uma vinculação dos particulares a esses direitos por meio da intermediação do direito ordinário. Indiretamente vinculados estão, pois, os particulares; diretamente vinculados, os órgãos estatais.[282] Note-se que alguns dos próprios defensores originais da teoria da eficácia direta dos direitos fundamentais nas relações privadas afirmam que não se pode extrair imediatamente do princípio da aplicabilidade direta a aplicação de um preceito jurídico apto à resolução de controvérsias jurídico-privadas.[283] De fato, tal possibilidade seria caracterizada como um erro metodológico.[284] Para essa visão, tampouco

---

[279] DREIER, H. *GG Kommentar* (Vorb. Art. 1), Rn. 98 (nota 404).

[280] RUFFERT, M. *Vorrang*, p. 13.

[281] MANGOLDT, H; KLEIN, F. *Bonner GG*, p. 159, sustentando que para tanto se torna necessário em maior medida que a literalidade de cada direito fundamental deixe claro onde reside a vontade do legislador constituinte.

[282] EPPING, V. *GR*, Rn. 323.

[283] LEISNER, W. *GR*, p. 315, ponderando, contudo, que o princípio da aplicabilidade direta não impede a ocorrência de uma *Drittwirkung*.

[284] RAISER, L. *Grundgesetz*, p. 11.

passou despercebido o dado de que nem mesmo a vinculação direta do poder judiciário aos direitos fundamentais pode gerar eficácia horizontal direta.[285] Além disso, a cláusula em questão vincula os órgãos estatais a partir de um determinado conteúdo do direito fundamental em jogo, entretanto sem nada dizer acerca desse conteúdo.[286] Apenas o conteúdo de uma norma pode fornecer uma conclusão acerca de qual conjunto de fatos ela deve viger,[287] de modo que quanto maior for o grau de abstração da norma, tão mais longe se estará dessa possibilidade.

Nesse sentido, a doutrina é firme ao dispor que a cláusula constitucional que declara os direitos fundamentais como imediatamente vigentes (*als unmittelbar geltendes Recht*) – o que equivale a considerá-los como diretamente aplicáveis – não alicerça por si só uma eficácia direta desses direitos nas relações privadas ou uma vinculação geral abrangente dos particulares aos direitos fundamentais.[288] Nessa direção pesam não apenas argumentos relacionados com a literalidade da constituição, mas igualmente à sua própria interpretação sistemática.[289] O pensamento da unidade do ordenamento jurídico não fundamenta, portanto, o direcionamento da cláusula da aplicabilidade direta para as relações privadas.

Resta fortalecido, portanto, o entendimento de que a cláusula de aplicabilidade direta dos direitos fundamentais vincula apenas os poderes públicos,[290] já que nessa conexão não estão pensadas as pessoas privadas.[291] Ademais, sustentar por analogia que a cláusula de aplicabilidade direta dos direitos fundamentais também se aplica em face de sujeitos privados esbarra inclusive na própria essência do direito privado, razão pela qual tal hipótese deve ser recusada.[292] Isso porque ela implicaria incontrolável extensão da aplicação do princípio da igualdade às relações privadas, o que se revela incompatível com a própria concepção de uma sociedade pluralista.[293] A conclusão a que se chega é que a própria discussão em torno da eficácia horizontal dá conta de que o problema da eficácia dos direitos fundamentais nas relações privadas não pode ser pensado ou solucionado a partir da cláusula que qualifica os direitos fundamentais como imediatamente vigentes ou diretamente aplicáveis.[294] A unidade do ordenamento jurídico, aliada à realização dos valores da constituição, não fundamenta, portanto, o recurso à cláusula de aplicabilidade direta para a construção de um modelo de eficácia geral dos direitos fundamentais nas relações

---

[285] LEISNER, W. *GR*, p. 315.

[286] LEISNER, W. *GR*, p. 315.

[287] RAISER, L. *Grundgesetz*, p. 11.

[288] CANARIS, C. *GRGR (AcP)*, p. 204s; DIEDERICHSEN, U. *Rangverhältnisse*, p. 49; ERICHSEN, H. *Staatsrecht*, p. 37; GRAF VITZTHUM, W. *Funktionale*, Rn. 9; ISENSEE, J. *Abwehrrecht*, Rn. 103; KEMPEN, B. *GRverpflichtete*, Rn. 69; NEUNER, J. *Entwicklung*, p. 169; PAPIER, H. *DW*, Rn. 17; SINGER, R. *Vertragsfreiheit*, p. 1.135s; UNRUH, P. *Dogmatik*, p. 68. EN, v. SILVA, V. *Constitucionalização*, p. 57s.

[289] ERICHSEN, H. *Staatsrecht*, p. 37.

[290] ERICHSEN, H. *DW*, p. 530; PIEROTH, B; SCHLINK, B. *GR*, 16 Auf., Rn. 175; GUCKELBERGER, A. *DW*, p. 1153.

[291] PAPIER, H. *DW*, Rn. 1 e 16.

[292] NEUNER, J. *Entwicklung*, p. 169; CANARIS, C. *GRGR (AcP)*, p. 204s; SINGER, R. *Vertragsfreiheit*, p. 1.135s.

[293] NEUNER, J. *Entwicklung*, p. 169.

[294] Ptd, v. MANGOLDT, H; KLEIN, F. *Bonner GG*, p. 159; DIEDERICHSEN, U. *Rangverhältnisse*, p. 49.

privadas. O que se pode sustentar nessa linha é que a cláusula de aplicabilidade direta cria indiretamente um importante pressuposto para a eficácia horizontal, no sentido de afastar a falsa ideia de que nada é possível a partir do caráter geral dos direitos fundamentais.[295]

3.1.3.4 Incompatibilidade do modelo de eficácia horizontal direta com o princípio da autonomia privada

Um dos âmbitos mais importantes no qual a questão do desenvolvimento da personalidade do cidadão é abordada é o dos contratos privados em geral, em que se situam as relações de consumo. Focado nesse âmbito, um dos principais fundamentos contrários à construção de um modelo de eficácia direta dos direitos fundamentais nas relações privadas repousa na sua incompatibilidade com o princípio da autonomia privada. Isso se deixa comprovar mesmo nos contratos de consumo, em que a questão da autonomia privada carece de mitigações adicionais, em face da notória desigualdade entre as partes contratantes. Nessa conexão, busca-se demonstrar em que medida os direitos fundamentais estão aptos para dar base à realização de restrições diversas na autonomia da vontade das partes nos contratos privados, em particular nos de consumo. A busca de uma resposta a essa questão orienta-se na demonstração da incompatibilidade com a própria constituição, da teoria que defende uma vinculação direta dos particulares aos direitos fundamentais à luz do princípio da autonomia privada.

Para cumprir esse objetivo, articula-se a argumentação na seguinte linha: significado da autonomia privada; garantia da autonomia privada na constituição; estrutura do direito de livre desenvolvimento da personalidade: liberdade de ação geral; importância do conceito de liberdade para a definição dos contornos da autonomia privada; necessidade de compatibilização da liberdade entre titulares diversos; autonomia como valor central do direito privado; limites à autonomia privada; necessidade de configuração legislativa; o exemplo do *caso fianças*; e conclusão pela incompatibilidade do modelo de eficácia direta com o princípio da autonomia privada.

A. Significado da autonomia privada

A evolução dos direitos fundamentais ao longo dos tempos deu conta de que a história desses direitos é simultaneamente a história da liberdade humana.[296] É inegável que o princípio da autonomia privada, e com ele o da liberdade contratual, experimentaram considerável desenvolvimento no curso da história,[297] situação que repercutiu sensivelmente no aprimoramento dos seus respectivos conceitos. O conceito clássico de autonomia privada, que de modo amplo abrange o conceito da liberdade contratual, significa a autoconfiguração das relações jurídicas por meio do particular, de acordo com a própria vontade.[298] Trata-se de um conceito geral, que apenas indica o ponto de destaque da ma-

---

[295] LEISNER, W. *GR*, p. 315.
[296] MANGOLDT, H. *Bericht*, p. 6; PLANISS, H. *Ideengeschichte*, p. 597.
[297] REPGEN, T. *Antidiskriminierung*, p. 50ss, tecendo considerações históricas detalhadas.
[298] FLUME, W. *Rechtsgeschäft*, p. 141. Trata-se de um conceito que é amplamente seguido pela doutrina. V. ISENSEE, J. *Privatautonomie*, p. 249; REPGEN, T. *Antidiskriminierung*, p. 39; LOBINGER, T. *Vertragsfreiheit*, p. 102.

téria, a existência do elemento de autoconfiguração de uma relação privada. Resta saber o que está por trás desse elemento.

A autonomia privada é um princípio abstrato, que adquire no ordenamento jurídico privado uma configuração concreta.[299] Como tal, abrange a liberdade contratual como liberdade de se autovincular por meio de um contrato, de escolha dos parceiros contratuais e de configuração do conteúdo propriamente dito do contrato a ser celebrado.[300] Assim compreendida, a autonomia privada liga-se em sentido amplo à noção de liberdade e de livre desenvolvimento da personalidade. Em sentido estrito, a ligação se dá com o princípio da liberdade contratual como emanação do direito fundamental de livre desenvolvimento da personalidade. Nessa acepção, a autonomia privada, na feição da liberdade contratual, já foi descrita pela doutrina como *primum principium* da ordem jurídico-privada[301] ou como princípio fundamental de toda ordem jurídica civil que conheça a configuração das relações jurídicas pelos particulares,[302] que, diga-se de passagem, é o caso da ordem jurídico-constitucional brasileira, sob a égide da CF/88.

Autonomia privada significa, portanto, o reconhecimento da autodeterminação do particular na configuração das suas relações jurídicas, mesmo frente a determinações alheias.[303] Dizer que se reconhece ao particular o direito ao livre desenvolvimento de sua personalidade, significa reconhecer a possibilidade de autodeterminação dos objetivos e meios de sua atuação.[304] Com isso, a autonomia privada aparece como uma forma de proteção da liberdade garantida jurídico-fundamentalmente.[305] Inerente ao conceito de autonomia privada é a possibilidade de um particular celebrar contratos que não lhe sejam vantajosos e que, nessa condição, possam até mesmo restringir direitos fundamentais do qual é titular.[306] Anote-se que a possibilidade de celebração de um contrato que não implique vantagem (indevida) para seu titular pode ser até mesmo depreendida da cláusula geral de bons costumes, à medida que essa cláusula diz respeito aos limites exteriores dessa possibilidade. Não fosse esse o caso, a consagrada cláusula geral não seria mais do que supérflua.[307]

A autonomia privada é um conceito tão caro ao ordenamento jurídico, que parte da doutrina entende inviável a aplicação do próprio princípio da proporcionalidade no curso de relações privadas, com receio de que tal princípio viesse a restringi-la demasiadamente.[308] Contudo, o entendimento mais correto é aquele que verifica a possibilidade de aplicação do preceito inclusive nas relações privadas, como forma de avaliar a conduta privada a que se atribui uma lesão a direito fundamental. Isso não significa que a intensidade de

---

[299] ISENSEE, J. *Privatautonomie*, p. 257.

[300] ISENSEE, J. *Privatautonomie*, p. 249.

[301] ISENSEE, J. *Privatautonomie*, p. 240.

[302] FLUME, W. *Rechtsgeschäft*, p. 141.

[303] MURSWIEK, D. *GG Kommentar* (Art. 2 GG), Rn. 45; BADURA, P. *Wirtschaftsordnung*, Rn. 15.

[304] BLECKMANN, A. *Grundrechtsschutz*, p. 335.

[305] MÜLLER, J. *GR*, p. 175.

[306] PAPIER, H. *DW*, Rn. 19.

[307] PAPIER, H. *DW*, Rn. 19.

[308] PAPIER, H. *DW*, Rn. PAPIER, H. *DW*, Rn. 19.

sua aplicação seja idêntica aos casos nos quais o Estado se mostre como parte integrante da relação, particularmente na condição de violador de direitos fundamentais por meio de seus órgãos de atuação. Nesse sentido, mesmo no marco da avaliação das cláusulas gerais que prevejam a possibilidade de reparação de danos, o preceito da proporcionalidade pode se mostrar útil para uma competente avaliação dos danos supostamente impostos aos direitos fundamentais envolvidos, haja vista que não raro em sede de controvérsias civis – palco de aplicação das cláusulas gerais e tema dos contratos de consumo – se verifica a sobreposição de direitos fundamentais de titulares distintos.[309]

B. Garantia da autonomia privada na constituição

Todas as considerações já tecidas nesse estudo dão conta de que a garantia da autonomia privada encontra respaldo na ordem de valores da constituição. No momento em que a CF/88 reconhece a dignidade humana como fundamento do Estado e fixa uma série de direitos fundamentais ligados à personalidade do seu titular,[310] ela acaba por estabelecer uma garantia geral de livre desenvolvimento da personalidade individual.[311] Essa garantia assenta-se na constatação de que o conteúdo jurídico-fundamental do livre desenvolvimento da personalidade é, acima de tudo, a concretização do princípio maior da dignidade humana,[312] representando verdadeira continuidade do pensamento base da dignidade.[313] Essa base sólida, por sua vez, é reforçada por outras disposições da própria CF/88, entre elas a que reconhece que o Brasil se rege nas suas relações internacionais pelo princípio de autodeterminação dos povos[314] e que a livre iniciativa é fundamento da ordem econômica.[315]

De fato, o conceito de liberdade está na base dos direitos fundamentais.[316] O Estado de direito atraca-se à liberdade,[317] ao mesmo tempo em que a competência de atuação individual ou conjunta do particular do ponto de vista empreendedor se constitui em elemento sustentador da ordem jurídica e econômica. Consequentemente, a liberdade

---

[309] BLECKMANN, A. *Staatsrecht*, p. 237.

[310] Na CF/88 destacam-se exemplificativamente os direitos de liberdade de ação geral, com base no princípio da legalidade (art. 5°, II); liberdade de manifestação do pensamento (art. 5°, IV); de resposta (art. 5°, V), liberdade de consciência e de crença (art. 5°, VIII); liberdade de expressão intelectual, artística, científica e de comunicação (art. 5°, IX); inviolabilidade da intimidade e da vida privada, honra e imagem (art. 5°, X).

[311] EN, reconhecendo a garantia ao livre desenvolvimento da personalidade (à luz do modelo alemão) como princípio implícito de pleno vigor na CF/88, a partir da consagração da dignidade humana e de vários direitos consagrados ao longo do art. 5° da CF/88, bem como da proteção da livre iniciativa (art. 170, CF/88). Ptd, v. LUDWIG, M. *Livre Desenvolvimento*, p. 291ss. V. ainda MARTINS-COSTA, J. *Opção*, p. 69s, quando sustenta que a garantia do livre desenvolvimento da personalidade é um princípio que passa a habitar de forma explícita ou implícita o universo constitucional.

[312] DI FABIO, U. *GG Kommentar* (Art. 2 Abs. 1 GG), Rn. 2; HESSE, K. *Grundzüge*, Rn. 426, destacando a conexão material do princípio do livre desenvolvimento da personalidade com o princípio da dignidade humana.

[313] MANGOLDT, H; KLEIN, F. *Bonner GG*, p. 161.

[314] Art. 4°, III, CF/88.

[315] Art. 170, CF/88.

[316] KLEIN, H. *GR*, p. 31.

[317] FORSTHOFF, E. *Begriff*, p. 19.

contratual pode ser compreendida como um direito fundamental,[318] o que aponta para duas realidades distintas: carece de proteção,[319] ao mesmo tempo em que não pode viger ilimitadamente, sujeitando-se a restrições diversas.[320] Na realidade da CF/88, a liberdade contratual pode ser reconhecida como um direito fundamental não escrito, decorrente da garantia geral do livre desenvolvimento da personalidade.

As constituições, em geral, não optam por uma garantia expressa da liberdade contratual. Entretanto, costumam incorporar a autonomia privada, seja sob o ponto de vista da liberdade econômica do particular, de livre iniciativa, seja por meio da garantia do livre desenvolvimento da personalidade,[321] o que na CF/88, como visto, é levado a efeito por uma série de preceitos. Daí se depreende que não gera maiores dificuldades conduzir a liberdade contratual, como expressão da autonomia privada, a fundamentos constitucionais.[322] Isso significa que a autonomia privada, enquanto expressão do livre desenvolvimento da personalidade é um valor constitucional.

Contudo, pelo fato de os contratos privados serem expressão da autonomia individual, a mensuração do seu conteúdo com base nos direitos fundamentais sempre foi – e sempre será – um assunto consideravelmente problemático.[323] Isso porque uma ordem jurídica que decide pelo reconhecimento do direito ao livre desenvolvimento da personalidade dos seus cidadãos deve proteger a liberdade contratual e a autonomia privada. Com isso, ela deve conceder aos particulares a liberdade para a autorregulação dos seus contratos. Fundamento para tanto é que o direito ao livre desenvolvimento da personalidade contém necessariamente o direito à liberdade contratual.[324] Por força dessa estreita conexão, mostra-se como pura questão de técnica constitucional se o catálogo de direitos fundamentais, ao lado dos direitos ligados ao desenvolvimento da personalidade do cidadão, deverá conter adicionalmente um direito expresso à garantia da liberdade contratual. Isso porque a garantia dessa liberdade resulta em última análise da garantia ao livre desenvolvimento da personalidade.[325]

Todavia, com isso nada está dito em relação ao modo pelo qual as relações jurídico-privadas deverão ser configuradas no ordenamento jurídico. Dois aspectos aqui ganham destaque. O primeiro deles é que essa liberdade contratual não é ilimitada, visto que deve guardar correspondência com os valores expressos na constituição, cuja observância integral pressupõe forçosamente limites ao exercício dessa liberdade. O segundo é que a constituição em si não fornece o detalhamento para essa configuração e nem poderia

---

[318] SCHMIDT-SALZER, J. *Vertragsfreiheit*, p. 14.

[319] STERN, K. *Staatsrecht III/1*, p. 1.595, sustentando que a autonomia privada não tem que ser apenas respeitada, mas explicitamente protegida.

[320] LARENZ, K. *AT BGB*, § 2°, II, p. 42; NEUHAUS, P. *Grundbegriffe*, p. 251ss.

[321] BADURA, P. *Wirtschaftsordnung*, Rn. 15.

[322] Há quem sustente inclusive que de modo subsidiário a autonomia privada é garantida como direito-liberdade inominado. V. RUFFERT, M. *Vorrang*, p. 554, ponderando ainda que a autonomia privada é objeto de uma garantia institucional da constituição.

[323] MURSWIEK, D. *GG Kommentar* (Art. 2 GG), Rn. 37a.

[324] SCHMIDT-SALZER, J. *Vertragsfreiheit*, p. 10.

[325] SCHMIDT-SALZER, J. *Vertragsfreiheit*, p. 10.

fazê-lo, na medida em que a constituição não deve ser compreendida como uma versão comprimida (*komprimierte Fassung*) do direito civil, penal ou administrativo.[326] A tese defendida nessa investigação dá conta de que um modelo geral de eficácia direta dos direitos fundamentais nas relações privadas sufoca a autonomia privada de tal maneira que não permite sua realização nos termos garantidos pela constituição.

C. Estrutura do direito de livre desenvolvimento da personalidade: liberdade de ação geral

O livre desenvolvimento da personalidade é um direito fundamental que guarda dificuldades em sua interpretação.[327] É entendido no sentido de liberdade de ação geral, tanto pela doutrina[328] quanto pela jurisprudência.[329] Significa que a liberdade de ação geral tem como pressuposto a garantia de livre desenvolvimento da personalidade,[330] que é frequentemente analisada na base do direito de personalidade geral.[331] A liberdade de ação geral prevista na constituição é considerada uma espécie de direito fundamental mãe (*Muttergrundrecht*), a partir do qual vários outros direitos fundamentais fluem.[332] A configuração das relações jurídicas de acordo com a vontade do particular é, portanto, uma parte da liberdade de ação geral,[333] garantindo a constituição a autonomia privada como a autodeterminação do particular na vida jurídica.[334] É nesse sentido que a liberdade de ação geral ou a garantia de livre desenvolvimento da personalidade, caso se prefira, serve como direito de defesa oponível contra os órgãos estatais, requerendo ainda a proteção contra violações provenientes de privados, situação que na prática adquire um grande significado.[335]

A abertura considerável do princípio do livre desenvolvimento da personalidade fez o BVerfG ser chamado a especificar seu conteúdo em uma pluralidade de situações concretas. Algumas delas não possuíam à primeira vista um objeto de análise típico da atuação do tribunal constitucional. Sem embargo, contribuíram em maior ou em menor medida, a partir da fundamentação que lhes foi dirigida, para o desenvolvimento do

---

[326] SCHMIDT-SALZER, J. *Vertragsfreiheit*, p. 10, ponderando que a constituição contém apenas decisões fundamentais de configuração estatal, cuja execução é assessória à constituição.

[327] NAWIASKY, H. *Grundgedanken*, p. 26. Aprofundando o tema, v. PIEROTH, B. *Wert*, p. 33ss. Destacando a relação do direito de livre desenvolvimento da personalidade com vários princípios constitucionais, v. SCHMIDT, W. *Verfassungsvorbehalt*, p. 502ss.

[328] NIPPERDEY, H. *AT*, § 15, p. 98; DÜRIG, G. *GG Kommentar* (Art. 1 GG), Rn. 11; BÖCKENFÖRDE, E. *GRdogmatik*, p. 15; DI FABIO, U. *GG Kommentar* (Art. 2 Abs. 1 GG), Rn. 11s; BLECKMANN, A. *Staatsrecht*, p. 594; MURSWIEK, D. *GG Kommentar* (Art. 2 GG), Rn. 43. Diferenciações em âmbitos específicos, quanto aos seus elementos constitutivos são vistas em DI FABIO, U. *GG Kommentar* (Art. 2 Abs. 1 GG), Rn. 12ss; MURSWIEK, D. *GG Kommentar* (Art. 2 GG), Rn. 60ss.

[329] BVerfGE 6, 32 (36); 80, 137 (153). Diferenciações em âmbitos específicos são relatadas nas decisões BVerfGE 54, 148 (153); 79, 256 (268).

[330] BÖCKENFÖRDE, E. *GRdogmatik*, p. 15.

[331] HESSE, K. *Grundzüge*, Rn. 428; MURSWIEK, D. *GG Kommentar* (Art. 2 GG), Rn. 60; REPGEN, T. *Antidiskriminierung*, p. 65ss. Na jurisprudência, v. BVerfGE 54, 148 (153); 79, 256 (268).

[332] BLECKMANN, A. *Staatsrecht*, p. 87.

[333] BVerfGE 8, 274 (328); 72, 155 (NJW 1986, p. 1.860); 89, 214 (231).

[334] FLUME, W. *AT des BGBs*, Band II, p. 19.

[335] MURSWIEK, D. *GG Kommentar* (Art. 2 GG), Rn. 59.

alcance do princípio. Nesse sentido, o BVerfG apreciou controvérsias que abrangeram, entre outras atividades e situações, a (im)possibilidade de restrições às seguintes liberdades: econômica,[336] de viagem para o exterior,[337] de divulgar escritos capazes de ameaçar a juventude,[338] de alimentar pombas em praças públicas,[339] de domar falcões para caçadas,[340] de vestir uniformes,[341] de conduzir motocicletas sem capacete,[342] de conduzir determinados títulos,[343] de se reunir livremente em lugares públicos,[344] de distribuição de panfletos nas ruas,[345] de livre escolha de contratação de seguro de saúde,[346] de imposição de corte de cabelo a detidos para fins de identificação criminal por parte de testemunhas,[347] de depositar urnas mortuárias em jardins privados,[348] tutela ou curatela forçadas,[349] de cavalgar na floresta,[350] de proibição de fumo em bares,[351] de utilizar duplo sobrenome,[352] de reconhecimento automático de placas de veículos,[353] entre outros.

Sempre que se fala em direito ao livre desenvolvimento da personalidade como expressão da liberdade de ação geral, deve-se partir de uma antiga máxima, que preenche esse direito com conteúdo e sentido: todos têm a liberdade de fazer ou deixar de fazer tudo aquilo que não viole os direitos dos demais. Na CF/88 essa ideia encontra realidade de certa forma sob a ótica do princípio da legalidade.[354] Trata-se de um argumento que contempla a própria história de criação da norma e que, ao longo da prática jurídica, é complementado por argumentos adicionais, inclusive de caráter funcional.[355] Na jurisprudência, sem prejuízo dos casos acima referidos, destacam-se as fundamentações apresentadas pelo BVerfG originalmente nas sentenças Elfes[356] e Reiten im Walde.[357] Na primeira delas reconheceu-se que a liberdade de ação geral deve ser interpretada em sentido amplo, como forma de desenvolver a máxima eficácia dos direitos fundamentais. Na segunda, afirmou-se que a proteção ampla à liberdade de atuação humana, ao lado dos

---

[336] BVerfGE 25, 371 (407); 50, 290 (366).

[337] BVerfGE 6, 32 (LS 2).

[338] BVerfGE 11, 234 (238).

[339] BVerfGE 54, 143 (144).

[340] BVerfGE 55, 159 (165s).

[341] BVerfGE 57, 29 (NJW 1981, p. 2.113); JZ 1991, p. 437.

[342] BVerfGE 59, 275 (NJW 1982, p. 1.276).

[343] BVerfGE 26, 246 (258); 28, 364 (NJW 1970, p. 1.591).

[344] BVerfGE 20, 150 (154s).

[345] BVerfGE 7, 111 (119).

[346] BVerfGE 40, 65 (75).

[347] BVerfGE 47, 239 (248s).

[348] BVerfGE 50, 256 (NJW 1979, p. 1.493).

[349] BVerfGE 19, 93 (NJW 1965, p. 2.051).

[350] BVerfGE 80, 137 (154ss).

[351] BVerfGE (NJW 2008, p. 2.413ss).

[352] BVerfGE (NJW 2009, p. 1.657ss).

[353] BVerfGE 120, 378 (397s).

[354] Art. 5º, II, CF/88.

[355] MURSWIEK, D. *GG Kommentar* (Art. 2 GG), Rn. 43.

[356] BVerfGE 6, 32 (36ss).

[357] BVerfGE 80, 137 (154).

demais direitos de liberdade constitucionalmente garantidos, desempenha valorosa função no asseguramento da própria liberdade que, não obstante as possibilidades de restrição ao seu exercício, garante uma proteção de peso substancial.[358]

Para a apreensão do significado da liberdade de ação geral importa saber para onde a comunidade estatal está voltada. Por regra, ela pode estar voltada tanto para a coletividade quanto para o indivíduo.[359] A escolha de um ou de outro rumo possui consequências importantes para a compreensão de vários institutos jurídicos, entre eles, no que interessa neste estudo, para a liberdade contratual e sua relação com a constituição. Nessa análise não se contempla a questão da dignidade humana como valor supremo da pessoa, já que isso é pressuposto em ambos os modelos. Contemplam-se, entretanto, os limites impostos ao desenvolvimento da personalidade individual.

No momento em que se centra o valor supremo da comunidade em sua coletividade, as decisões relativas à admissão de contratos são voltadas para a vontade coletiva e não individual. Consequência prática desse modelo é que não existe do ponto de vista jurídico-constitucional um forte amparo à autonomia privada e, com isso, uma obrigação em torno da admissão individual de contratos, haja vista que o foco se dá nas decisões de conformidade aos fins, com caráter organizatório. Em contrapartida, centrando-se esse valor no indivíduo, essas decisões orientam-se à vontade individual, de modo que existe uma obrigação à admissão de contratos, focada na autonomia privada e alicerçada do ponto de vista constitucional.[360]

A partir do instante em que a ordem constitucional foca a pessoa como centro do ordenamento jurídico, reconhecendo-lhe uma série de direitos inerentes a sua personalidade, ela deixa claro que centra o valor maior no indivíduo. Trata-se de um espectro no qual o direito constitucional contém uma decisão valorativa que garante ao indivíduo uma pretensão em favor do livre desenvolvimento da sua personalidade,[361] de modo que o ordenamento não fornece indicações apenas do ponto de vista organizacional-estatal, mas igualmente do ponto de vista da proteção da autonomia privada dos cidadãos.

Contudo, isso não significa que a imagem da pessoa estampada na constituição seja a de indivíduo isolado, desprovido de conexões na vida social. Forte aqui é a constatação da jurisprudência, de que a liberdade garantida pela constituição não é compreendida como a de um indivíduo isolado e totalmente dono de si mesmo, mas sim como a liberdade

---

[358] Esse entendimento não guardou unanimidade, ao menos em sua íntegra. Destaca-se aqui o voto divergente proferido pelo juiz Dieter Grimm, que ganhou notoriedade na doutrina especializada: BVerfGE Abw. 80, 137 (164ss). Grimm ponderou que a garantia de livre desenvolvimento da personalidade não protege qualquer comportamento, mas somente aqueles que tenham relevância para o desenvolvimento da personalidade, similar à relevância atribuída pelos direitos fundamentais específicos da constituição. Decisivo para Grimm é que a conduta individual que se apoia na garantia do livre desenvolvimento da personalidade possua relevância para esse desenvolvimento.

[359] SCHMIDT-SALZER, J. *Vertragsfreiheit*, p. 9.

[360] SCHMIDT-SALZER, J. *Vertragsfreiheit*, p. 9.

[361] SCHMIDT-SALZER, J. *Vertragsfreiheit*, p. 10.

de uma pessoa referida e vinculada a uma comunidade.[362] Isso lhe atribui uma dupla dimensão: individual e social. Trata-se de entendimento que também encontra expressão na doutrina, no sentido de que o significado da dignidade humana não considera a imagem da pessoa como um verdadeiro *Robinson Crusoe*, ou seja, como um indivíduo soberano e isolado, pelo fato de que vincula o indivíduo à sociedade, o que de certa forma reflete a tensão existente entre ambos,[363] Por trás disso está a constatação de que o núcleo da dignidade humana está justamente no reconhecimento de um direito *prima facie* da pessoa, no sentido de percorrer seu próprio caminho.[364] Para tanto, há que se reconhecer ao particular a possibilidade de exigir respeito ao seu plano de vida, desde que esse se afirme como expressão pessoal suprema de sua personalidade individual.[365]

As considerações aqui levantadas apontam para a relevância da garantia de liberdade contratual no ordenamento jurídico-constitucional. Parte da doutrina entende inclusive que a garantia da liberdade contratual pode vir a ser fragilizada caso compreendida apenas do ponto de vista de uma liberdade de ação geral.[366] Isso porque o núcleo da liberdade contratual não configura ao particular uma concepção genérica nesse sentido, praticamente intangível do ponto de vista jurídico, haja vista que lhe concede uma competência jurídica no marco do ordenamento jurídico privado que o torna apto a ordenar as suas relações com força jurídica vinculante e sob sua autorresponsabilidade.[367] Tal receio fica de certa forma neutralizado, quando se leva em conta que a proteção conferida pela garantia fundamental da liberdade de ação geral, também sob o ponto de vista da liberdade contratual, é subsidiária. Aplicação subsidiária, bem entendida, não na acepção de um direito meramente reserva,[368] mas no sentido de entrar em ação apenas quando os direitos fundamentais de conteúdo mais específico – e por isso mais eficazes – não se aplicarem ao caso concreto.[369] É o exemplo da liberdade de manifestação do pensamento, de crença ou convicção, de profissão, da propriedade etc.

---

[362] BVerfGE 4, 7 (15); 8, 274 (329); 27, 1 (7); 30, 1 (20); 30, 173 (193); 32, 98 (107s); 33, 303 (334); 45, 187 (227); 50, 166 (175); 50, 290 (353); 65, 1 (44).

[363] ISENSEE, J. *Privatautonomie*, p. 251; WINTRICH, J. *Problematik*, p. 6s; STARCK, C. *Bonner GG*. 5. Auf., Art. 2, Rn. 2; STERN, K. *Idee*, Rn. 78,; ALEXY, R. *Theorie*, p. 323, destacando que o conceito de liberdade desempenha um papel fundamental e inarredável na concepção de dignidade humana; GAVARA DE CARA, J. C. *Derechos fundamentales*, p. 223s. A ideia em torno da liberdade de uma pessoa referida e vinculada à comunidade pode ser de certa forma reconduzida aos escritos de ARENDT, H. *A Condição Humana*, p. 201, quando sustenta o entendimento de que estar isolado é estar privado da capacidade de agir. EN, v. OLIVEIRA JUNIOR, J. *Cultura*, p. 5, lembrando que se existe um "agir social" é porque existe intersubjetividade, um pensar comunicativo, na base das relações sociais.

[364] BRUGGER, W. *Staatszwecke*, p. 2.434.

[365] BRUGGER, W. *Staatszwecke*, p. 2.434.

[366] RAISER, L. *Grundgesetz*, p. 18; FLUME, W. *Rechtsgeschäft*, p. 141ss, fundamentando com a necessidade de se definir a essência e os limites da autonomia privada.

[367] RAISER, L. *Grundgesetz*, p. 19, sustentando que essa competência é parte de qualquer ordenamento jurídico privado e que encontra respaldo na decisão fundamental (de caráter político) da constituição.

[368] Essa é a preocupação estampada por DI FABIO, U. *GG Kommentar* (Art. 2 Abs. 1 GG), Rn. 7.

[369] BADURA, P. *Wirtschaftsordnung*, Rn. 18; WEHRHAHN, H. *Vorfragen*, p. 253, fala em garantia complementar (*Komplementärgarantie*).

Nessa conexão, o valor indivisível da pessoa exige uma proteção jurídico-fundamental das formas de ocorrência do livre desenvolvimento da personalidade, ainda que essas formas não sejam objeto de um direito fundamental específico.[370] A doutrina[371] e a jurisprudência[372] reconhecem que a liberdade de ação geral, apesar de sua abertura considerável, possui o caráter de direito público subjetivo. Trata-se em última análise do próprio corolário de consolidação primária da autonomia ou do direito de autodeterminação da pessoa com base na garantia da dignidade humana, entendimento consolidado na doutrina[373] e na jurisprudência.[374] Isso revela que a questão da liberdade de desenvolvimento da personalidade é um tema de estrema relevância constitucional, dada a sua estreita ligação com os pressupostos de asseguramento da dignidade humana. Como tal, deve-se evitar um emprego desse direito voltado a fins banais,[375] aqui compreendidos como fins que não possuem relevância considerável para o ordenamento jurídico.

Nesse passo, há um jargão popular que afirma que algo que acaba servindo para tudo corre o risco de não servir para nada. Ainda que se trate de uma construção ligeiramente extremada, ela nos leva a algumas reflexões que podem ser empregadas no direito, no momento em que a banalização de determinados institutos pode levar a um efeito por todos indesejado, que é a perda da sua eficácia. Esse risco já foi apontado pela doutrina, que vê a possibilidade de saturação da liberdade de ação geral, por força de um emprego indiscriminado na forma de um direito constitucional substituto para todos os casos (*verfassungsrechtlicher Notnagel*), na ausência de algo mais apropriado em uma situação de necessidade.[376] É evidente que não se deseja atribuir tal caráter à liberdade de ação geral. Da mesma forma que não se pretende conceber a liberdade de ação geral como uma espécie de direito reserva, com aplicação meramente subsidiária. Ambos os extremos devem ser evitados, o que só pode ser atingido quando se respeitam os limites estruturais da liberdade de ação geral.

Esse quadro demonstra a incompatibilidade de um modelo geral de eficácia direta dos direitos fundamentais nas relações privadas com a própria garantia de liberdade de ação geral. Note-se que a liberdade de ação geral, como o próprio nome sugere, é compreendida como um dos direitos fundamentais de maior grau de abstração, a começar pela grande variedade de nomenclaturas a que está associado, como, por exemplo, *direito de liberdade principal, direito fundamental mãe* ou *fonte de direito*.[377] A consequência imediata dessa realidade é que a liberdade de ação geral é empregada pela doutrina e pela jurisprudência como fundamento de um amplo espectro de novas construções, dentro das quais são fornecidas

---

[370] MÜLLER, J. *GR*, p. 133.

[371] DÜRIG, G. *Menschenwürde*, p. 130; DI FABIO, U. *GG Kommentar* (Art. 2 Abs. 1 GG), Rn. 12.

[372] BVerfGE 4, 7 (15); 6, 32 (36); 10, 89 (99); 20, 150 (154).

[373] DÜRIG, G. *GG Kommentar* (Art. 1 GG), Rn. 18; NIPPERDEY, H. *Würde*, p. 15; STARCK, C. *Bonner GG*. 4. Auf., Art. 1, Rn. 100ss; BLECKMANN, A. *Staatsrecht*, p. 541; UNRUH, P. *Dogmatik*, p. 35.

[374] BVerfGE 5, 85 (204s); 30, 173 (214); 115, 118 (153).

[375] HERING, C. J. *Verzicht*, p. 513.

[376] MERTEN, D. *Recht*, p. 345.

[377] BLECKMANN, A. *Staatsrecht*, p. 592.

não raro soluções "surpreendentes".[378] Tal circunstância demonstra a dificuldade de se fundamentar uma eficácia direta desse direito nas relações privadas. A partir do instante em que a garantia de liberdade de ação geral é um direito marcado por elevado grau de abstração, carecendo de delimitações distintas para ser implementado no conjunto da vida social, torna-se impraticável conceber um modelo geral de eficácia direta, frente a titulares distintos da mesma liberdade. Isso porque faltariam nessa perspectiva contornos mais precisos, aptos a delimitar a extensão da liberdade em jogo em situações concretas.

Verifica-se ainda que os direitos fundamentais, ao menos em sua formulação básica, não fornecem de início uma solução clara à questão, de quanto em autonomia privada é efetivamente garantido pela constituição.[379] Esses contornos são justamente assunto da legislação ordinária, expressão da mediação legislativa e, com isso, de um modelo de eficácia indireta dos direitos fundamentais nas relações privadas. Isso se deixa comprovar com clareza nas próprias relações de consumo. Como se poderia imaginar a garantia de livre desenvolvimento da personalidade do consumidor, focada em contratos de consumo, independentemente das regulamentações específicas do CDC e dos demais comandos legislativos que incidem nesse tipo de relação? Por trás dessa constatação, está a ideia de que a legislação ordinária regulamenta o espaço de autonomia privada garantido pela constituição. Nessa ótica, interessa visualizar o papel do conceito de liberdade para a definição dos contornos da autonomia privada.

D. A importância do conceito de liberdade para a definição dos contornos da autonomia privada

Tema central dos direitos fundamentais é a liberdade.[380] Isso aponta para a aceitação do fato de que o conceito de liberdade é um – senão o mais decisivo – elemento constitutivo no sistema dogmático das garantias jurídico-fundamentais.[381] Em face disso, constata-se que tanto um único conceito de liberdade pode servir de base para diversos direitos fundamentais, da mesma forma em que, sob diversas circunstâncias, um ou mais direitos fundamentais podem referir-se a diversos conceitos de liberdade.[382] Importa aqui que todos os conceitos imagináveis de liberdade sejam colocados em relação com o conceito de liberdade jurídico-fundamental da constituição para se tornarem efetivos.[383]

De fato, cabe ao Estado proteger os direitos fundamentais, seja por meio da sua concretização, seja pela própria restrição desses direitos, em face da necessidade de harmonização com outros bens jurídicos de hierarquia constitucional. Contudo, em oposição ao poder estatal, o poder privado em princípio goza de um desenvolvimento de liberdade

---

[378] BLECKMANN, A. *Staatsrecht*, p. 592.

[379] ISENSEE, J. *Privatautonomie*, p. 244.

[380] KREBS, W. *Freiheit*, Rn. 7. EN, ptd, v. TORRES, R. *Cidadania*, p. 259ss.

[381] KREBS, W. *Freiheit*, Rn. 7, afirmando em outra passagem que a liberdade possui uma função chave na dogmática jurídica (Rn. 48); SCHMIDT, W. *Entscheidungsfreiheit*, p. 29, fala em liberdade individual como núcleo do problema, focando sua análise na liberdade de decisão do particular.

[382] KREBS, W. *Freiheit*, Rn. 8.

[383] KREBS, W. *Freiheit*, Rn. 8.

protegido jurídico-fundamentalmente.[384] Nessa acepção particular, o reconhecimento de uma eficácia direta dos direitos fundamentais no tráfego jurídico privado corresponderia a uma limitação da própria liberdade que de modo geral acabaria por se situar em oposição à própria função dos direitos fundamentais de asseguramento da liberdade.[385]

Na doutrina, visualiza-se o debate de se a liberdade contratual é um direito fundamental propriamente dito ou não.[386] Mais importante do que essa constatação é a ciência de que a liberdade contratual tem que ser realizada em conformidade com o direito privado e simultaneamente com a supremacia da constituição.[387] De qualquer forma, a liberdade contratual é uma emanação do livre desenvolvimento da personalidade, que é de modo inequívoco um direito fundamental consagrado. Nesse sentido, pode-se afirmar que a liberdade contratual é protegida por um direito fundamental de grande significado. Observe-se que os contratos e os negócios jurídicos em geral devem sua vinculatividade jurídica a comandos normativos estatais. Nesse sentido, o preceito *pacta sunt servanda* não está contido na constituição; mais do que isso, é por ela pressuposto.[388]

Liberdade, acima de tudo, é a livre escolha de vinculação do ponto de vista dos pressupostos da liberdade em uma coletividade viva. Decisiva para tanto é a ligação entre a razão do dia a dia e a interpretação dos direitos fundamentais. Quem se engaja para a estabilidade da sociedade, quem fomenta instituições de valor, postos de trabalho, ciência e economia, faz jus ao respeito por parte dos poderes públicos[389] e, em medida extensiva, do setor privado. A partir do elemento essencial da autonomia privada, à liberdade contratual podem ser associados diferentes direitos fundamentais que, em intensidade diversa, servem para a sua garantia.[390] Esses direitos, enquanto concretização das determinações de objetivos estatais, desenvolvem um programa de ação estatal em favor da liberdade real.[391] Isso porque a constituição não se restringe a limitar o poder de decisão estatal e a regulamentar a relação do Estado com os cidadãos, visto que diz respeito no essencial à existência da pessoa em si e, com isso, à sua relação com os demais indivíduos na coletividade.[392]

A fundamentação e a ordenação da liberdade contratual por meio do direito privado seguem diferentes princípios de justiça no interesse da coletividade e da proteção de terceiros, inserindo-se o pensamento de liberdade na temática da autonomia privada.[393] A autonomia privada, ao fornecer àquele que toma parte no tráfego jurídico privado a capacidade jurídica de configurar suas relações jurídicas com terceiros, em conformidade com sua vontade de se autodeterminar, confere ao particular a faculdade de, no marco da lei,

---

[384] EPPING, V. *GR*, Rn. 323.
[385] EPPING, V. *GR*, Rn. 323.
[386] FLUME, W. *Rechtsgeschäft*, p. 136ss.
[387] ISENSEE, J. *Privatautonomie*, p. 255ss.
[388] ISENSEE, J. *Privatautonomie*, p. 257.
[389] DI FABIO, U. *Wertesystem*, Rn. 57.
[390] RUFFERT, M. *Vorrang*, p. 554.
[391] KREBS, W. *Freiheit*, Rn. 101.
[392] ERICHSEN, H. *Handlungsfreiheit*, Rn. 5.
[393] BADURA, P. *Wirtschaftsordnung*, Rn. 15.

dispor sobre os seus direitos e deveres no bojo da celebração de negócios jurídicos.[394] Para além disso, a liberdade assegurada pelos direitos fundamentais possui uma nítida finalidade político-estatal: abrir ao particular a possibilidade de, por meio do exercício de sua liberdade no âmbito social, tomar parte na formação das decisões estatais.[395] Da mesma forma, possui um conteúdo social, no momento em que possibilita ao indivíduo participar da concepção do quadro da coletividade.[396]

Se o princípio do Estado de direito abrange uma dupla tarefa, que não está direcionada de modo unidimensional a uma pura limitação da atuação estatal, haja vista que pode exigir simultaneamente uma atuação estatal para a proteção dos cidadãos – sobretudo nas relações entre si –, institui-se para o Estado uma espécie de "dilema da liberdade". Esse dilema define-se pela existência de duas vertentes: por um lado, a existência de um dever de atuação do Estado (proteção); por outro, a necessidade de limites dessa atuação (liberdade).[397] Ocorre que na prática a liberdade de ação geral pode vir a ser violada não apenas quando determinadas atividades são proibidas, mas igualmente quando determinadas atividades são ordenadas.[398] De maneira geral, os direitos fundamentais que regulamentam as relações dos particulares com o Estado transferem àqueles a possibilidade de regulamentar suas relações, de modo que o Estado é obrigado, em princípio, a respeitar atos relativos à autonomia privada dos seus cidadãos.[399]

A importância do conceito de liberdade para a definição dos contornos da autonomia privada revela-se pelo fato de que o cidadão possui uma esfera de responsabilidade própria, no momento em que tem assegurada a liberdade de opções.[400] A possibilidade de se vincular no tráfego jurídico privado diz respeito frequentemente ao exercício de direitos fundamentais.[401] Portanto, ao ser cortar ou impedir tal possibilidade, pode-se gerar uma lesão na própria esfera de liberdade garantida pelos direitos fundamentais. A questão resume-se em verificar a existência de pressupostos que fundamentem, sob a ordem de valores da constituição, a implantação de medidas restritivas à possibilidade de vinculação no bojo das relações privadas. Trata-se de uma tarefa nem sempre fácil de ser implementada, que aponta para a necessidade de compatibilização de diferentes liberdades, sendo em última análise também tarefa da própria constituição.

E. Necessidade de compatibilização da liberdade entre titulares diversos

O conceito de liberdade jurídico-estatal da constituição não se esgota na delimitação de um espaço de liberdade de acordo com determinada vontade, já que tem em vista uma

---

[394] LARENZ, K. *AT BGB*, § 2°, II, p. 41.
[395] ERICHSEN, H. *Handlungsfreiheit*, Rn. 7.
[396] ERICHSEN, H. *Handlungsfreiheit*, Rn. 8.
[397] CALLIESS, C. *Schutzpflichten*, Rn. 3.
[398] BLECKMANN, A. *Staatsrecht*, p. 599.
[399] ISENSEE, J. *Privatautonomie*, p. 260.
[400] DEPENHEUER, O. *Burgerverantwortung*, p. 125.
[401] JARASS, H. *Funktionen*, Rn. 69.

liberdade ordenada.[402] O Estado de direito garante a liberdade por meio de uma ordem total liberal que, por um lado, configura vinculativamente e coordena os âmbitos da atividade estatal com vistas a excluir o abuso de poder e, por outro, assenta-se sobre um *status* de liberdade do particular juridicamente garantido, configurado e protegido.[403] Somente pelo reconhecimento dessa estrutura é que os direitos fundamentais convertem-se em uma parte importante do todo – como módulos – que se fazem presentes em toda a ordem jurídica, sendo capazes de influenciar a totalidade das relações jurídicas.[404]

O exercício jurídico-fundamental da liberdade tem como pressuposto e objeto o convívio social, de modo que a liberdade garantida pela constituição deve ser entendida e concebida como socialmente vinculada.[405] Esse exercício socialmente vinculado pode ser reconduzido à própria garantia da dignidade, com foco em um dever de pacificação, em que se mostra a dupla tarefa do Estado de direito em sua forma unitária: disciplinar e ativar a atuação estatal como fundamento de um dever geral de pacificação que o Estado de direito impõe aos seus cidadãos.[406] Trata-se do corolário de que a pessoa, tanto do ponto de vista individual quanto coletivo, é digna de liberdade perante os poderes públicos.[407] Mas esse dever de pacificação alastra-se para as relações privadas também como tarefa do Estado de direito. De nada adianta o Estado pacificar as relações em que toma parte, deixando o campo da atuação privada sujeito à lei do mais forte. De fato, a liberdade econômica, enquanto expressão da liberdade negocial geral, deve ser garantida apenas em conformidade com uma ordem jurídico-estatal social.[408] É por isso que os direitos fundamentais positivados na constituição representam uma tentativa de síntese entre liberdade e comunidade.[409]

Isso significa que a liberdade não pode ser exercida de forma egoísta, visto que a liberdade garantida pela constituição é uma liberdade vinculada à coletividade (*gemeinschaftsgebundene Freiheit*), pelo fato de que a constituição é uma ordem vinculada a valores, que reconhece a proteção da liberdade e da dignidade humana como a finalidade suprema de todo o direito; sua imagem da pessoa não é a de um indivíduo que somente persegue interesses próprios, sem respeitar os demais, mas a de um indivíduo inserido na coletividade, por meio de uma personalidade engajada e multifacetada.[410] Trata-se do reconhecimento de que a ordem jurídica deve conter os pressupostos segundo os quais os negócios levados a efeito entre particulares, no curso da livre configuração, são considerados válidos.[411] Afinal, a liberdade contratual somente pode ser garantida em conformidade com a ordem jurídica.[412]

---

[402] SCHMIDT-AßMANN, E. *Rechtsstaat*, Rn. 31.

[403] HESSE, K. *Grundzüge*, Rn. 191.

[404] SCHMIDT-AßMANN, E. *Rechtsstaat*, Rn. 31.

[405] ERICHSEN, H. *Handlungsfreiheit*, Rn. 8.

[406] SCHMIDT-AßMANN, E. *Rechtsstaat*, Rn. 32.

[407] DI FABIO, U. *Wertesystem*, Rn. 41.

[408] SPIEß, G. *Inhaltskontrolle*, p. 1223.

[409] VOLKMANN U. *Freiheit*, Rn. 39.

[410] BVerfGE 12, 45 (51).

[411] LARENZ, K. *AT BGB*, § 1°, V, p. 31.

[412] HUBER, H. *Bedeutung*, p. 19.

De fato, a autonomia privada é parte integrante da liberdade individual e, como tal, afirma-se como a expressão de um valor que, do ponto de vista jurídico-constitucional, pode apresentar incompatibilidade nas relações dos particulares entre si.[413] Para a compatibilização de liberdades eventualmente opostas é necessário que se adote uma postura com entendimento voltado ao fato de que a vinculação à sociedade se constitui em elemento central da imagem da pessoa reconhecida pela constituição.[414] É claro que na condição de ordem da liberdade, a coletividade tem que ser estável. Todavia, isso só pode ser atingido quando os sujeitos jurídicos aptos a exercerem a liberdade se comportem de tal maneira que torne possível o desenvolvimento da liberdade dos outros e, com isso, da própria coletividade. Não se trata de um rigorismo de imposição a qualquer preço, mas de um exercício responsável e autodelimitado dos direitos fundamentais.[415]

Nessa conectividade, o emprego racional da liberdade reconhece o dever de *honestas iuridica* como liberdade real, pois nenhuma liberdade é pensável sem estar condicionada à compatibilidade com a liberdade dos demais.[416] Sob a perspectiva do tráfego jurídico privado, a liberdade é preenchida com pensamento de autorresponsabilidade:[417] a liberdade e a dignidade humana não podem significar jamais liberdade para a violação da pessoa pelo seu semelhante.[418] Nesse ponto, o quadro da pessoa que, por exemplo, estampa a estrutura do BGB é fundado nos princípios de liberdade e responsabilidade,[419] o que se pode sustentar igualmente à luz do novo CC.[420] Resta saber nesse quadro qual é o valor central do direito privado e como ele se compatibiliza com a constituição.

F. Propaganda eleitoral em áreas de uso comum de condomínios residenciais

O tema das campanhas eleitorais atrai olhares para uma discussão atual no contexto da eficácia horizontal dos direitos fundamentais. Diz respeito aos limites impostos à exteriorização e convicções políticas no interior de condomínios residenciais. A matéria ganha enorme fôlego em época de campanha eleitoral, em que os ânimos costumam ficar exaltados. Viver em condomínio significa desenvolver a difícil habilidade de compartilhar espaços comuns. O público e o privado, lado a lado. A manutenção do bem-estar dos condôminos é meta de toda convivência condominial. Considerando que as manifestações políticas são marcadas por paixões, muitas vezes exacerbadas e até mesmo irracionais, não é difícil concluir que a prática de propaganda eleitoral no interior de condomínios, seja pela fixação de cartazes, bandeiras ou qualquer outro símbolo que faça alusão a candidatos ou a partidos políticos, constitui comportamento tendente à desagregação, ao menos no interior dessas unidades.

---

[413] PIETZCKER, J. *DW*, p. 346.
[414] DI FABIO, U. *Wertesystem*, Rn. 26.
[415] DI FABIO, U. *Wertesystem*, Rn. 27, destacando o quadro do exercício responsável dos direitos fundamentais.
[416] DI FABIO, U. *Wertesystem*, Rn. 44.
[417] MÜLLER-GRAFF, P. *Gemeinschaftsrecht*, p. 20.
[418] MÜLLER, J. *GR*, p. 133.
[419] REPGEN, T. *Antidiskriminierung*, p. 62ss.
[420] MARTINS-COSTA, J. *NCC*, p. 87ss.

O problema é que o direito fundamental à liberdade de expressão consagra a liberdade que as pessoas possuem para ganhar os demais por suas opiniões e palavras[421], inclusive nos assuntos de natureza político-idelológica. Por seu turno, a legislação civil e eleitoral não disciplina com pormenores a matéria, limitando-se a estabelecer poucas e esparsas regras.[422] A última se limita a impor regras em espaços públicos, não atingindo assim a órbita dos condomínios residenciais. É por essa razão que na prática o tema acaba sendo remetido ao regimento interno ou à convenção condominial, que teoricamente teriam o poder de fixar regras atinentes aos limites da expressão política no interior do condomínio. A jurisprudência da mesma forma é tímida.[423] Todavia, ao considerar que a liberdade de expressão é um direito fundamental, pode uma convenção de condomínio restringi-la? Sem dúvida, é um tema inerente à eficácia horizontal dos direitos fundamentais, considerando que diz respeito à restrição do direio fundamental de um particular por outro.

Como todo conflito que envolve direitos fundamentais, há que se realizar uma ponderação entre os direitos envolvidos, buscando verificar qual possui maior peso.[424] Isso significa que um princípio constitucional não pode vir a ser realizado à custa de outro, mas sim por meio de uma harmonização conjunta. Por trás dessa constatação, reconhece-se a necessidade de harmonização como mandamento fundamental de toda interpretação constitucional.[425] A harmonização que aqui se busca reside na compatibilidade entre a liberdade de expressão e valores que são caros à vida em condomínio, como, por exemplo, evitar animosidades entre os moradores em face de assuntos que costumam despertar reações acaloradas, manutenção do sossego nas áreas codominais, combate à poluição visual nas dependências do condomínio, necessidade de uniformização das fachadas, proliferação de lixo em face de materiais de campanha, como santinhos etc.

Esse conflito entre interesses dignos de proteção revela que a assembleia condominial tem poder para impor restrições à liberdade de manifestação no que diz respeito à realização de propaganda política no interior de condomínio, ao estabelecer as regras pertinentes por meio da convenção, a fim de garantir a tranquilidade e o bem-estar dos moradores. Isso significa que na prática não se revela incompatível com os direitos fundamentais regra que proíbe atos de propaganda política no interior de condomínios, como fixação de cartazes, adesivos de candidatos, circulação de carros de som, comícios etc. Os fundamentos que justificam essa restrição à liberdade de expressão já foram em parte discutidos no

---

[421] FERREIRA F. *Curso*, p. 325s.

[422] A Lei n. 9.504/1997, que estabelece normas para as eleições, e que a cada pleito vem sendo objeto de sucessivas alterações, estabelece: "Art. 37, § 2º. Não é permitida a veiculação de material de propaganda eleitoral em bens públicos ou particulares, exceto de: II – adesivo plástico em automóveis, caminhões, bicicletas, motocicletas e janelas residenciais, desde que não exceda a 0,5 m² (meio metro quadrado). § 8º A veiculação de propaganda eleitoral em bens particulares deve ser espontânea e gratuita, sendo vedado qualquer tipo de pagamento em troca de espaço para esta finalidade".

[423] TSE, AgR-Respe 85130/MG, rel. Min. José de Castro Meira, j. 11.2.2014, *DJe* 18.9.2014. "A fixação de propaganda eleitoral em condomínio residencial fechado não caracteriza ofensa ao art. 37 da Lei n. 9.504/97, pois as áreas destinadas ao uso dos condôminos não se equiparam às que a população em geral tem acesso".

[424] ALEXY, R. *Theorie*, p. 78s.

[425] KLEIN, H. *GR*, p. 77.

presente estudo.[426] O alto significado desse direito fundamental, sobretudo no que tange à liberdade de manifestação da opinião política em um Estado democrático, não tem como consequência o fato de que uma opinião possa vir a ser expressada em toda a forma e por todos os meios imagináveis.[427] Nesse sentido, as leis gerais mostram-se como meio apto a restringir o exercício de determinados direitos fundamentais, assumindo destaque as disposições de direito privado, que efetivam um direito de defesa contra violações à propriedade ou às regras de convivência comum, cabendo à convenção de condomínio prever regulamentos que compatibilizem os interesses de todos os moradores de acordo com as regras de boa convivência.

No momento em que um condômino fixa uma faixa de propaganda política em área de uso comum, ele acaba por gerar efeitos na propriedade alheia. Da mesma forma, se o faz por meio de intervenções na fachada do prédio, o problema é que os demais condôminos não são obrigados a tolerar propagandas políticas que não correspondam aos seus ideais, de modo que a melhor solução de fato é proibir a prática. A harmonia da vida em condomío agradece, lembrando que os espaços públicos, bens de uso comum do povo, estão aptos a receber as manifestações políticas na forma da legislação vigente. É bom lembrar que na medida em que convenções condominais imponham restrições às liberdades fundamentais, elas, como qualquer outro ato privado nesse sentido, sujeitam-se a controle jurídico. Nesse ponto, cabe aos tribunais examinar o modo pelo qual as relações privadas entre os condôminos se deixam influenciar pelas normas de direito fundamental, a fim de que se verifique, a partir de uma ponderação de interesses opostos, se há uma prevalência de um dos direitos envolvidos (propriedade comum ou de demonstração de convicção política).

Considerando os interesses em jogo, propõe-se o seguinte critério de solução de conflitos. Quanto mais a restrição à liberdade de exteriorização de convicação política, que se desenvolve por meio da fixação de materiais ou atos de campanha nas dependências do condomínio, for destinada à preservação do sossego, à uniformização das áreas comuns (inclusive fachadas), ao combate à poluição visual e à prevenção de desavenças entre os condôminos, maior será a tendência de se garantir à convenção o poder de restringir o uso de propaganda e atividades políticas nas áreas condominiais. Por outro lado, quanto mais se evidenciar que atos concretos não ameaçam esses bens, menor será o fundamento para imposição das respectivas restrições.

É por esse motivo que alguns atos de campanha, ainda que realizados no interior de condomínios, não podem ser proibidos por completo pela convenção, sob pena de gerar forte incompatibilidade com direitos fundamentais ligados à liberdade de expressão. Imagine-se aqui o caso em que um morador, candidato, reserva um salão de festas ou churrasqueira nas dependências do condomínio para fazer uma confraternização destinada a pedir apoio à sua campanha perante amigos ou correligionários. Desde que o evento não extrapole as regras atinentes ao uso dessas dependências, como limite de horário, barulho

---

[426] Remeta-se neste particular aos itens 3.1.5 e 3.2.10 do presente estudo.
[427] BVerfGE 7, 230 (NJW 1958, p. 259).

etc, não haveria razão alguma do ponto de vista das restrições impostas à liberdade de expressão para proibi-lo.

O mesmo se diga em relação à possibilidade de esse morador abordar outros condôminos para divulgar e conversar sobre sua plataforma entregar material informativo etc. Desde que respeite os limites claramente impostos pela vontade alheia e as regras implícitas de boa convivência, uma proibição pura e simples de abordagem seria considerada desproporcional, pois nesse caso se chegaria à absurda conclusão de que ninguém poderia tocar em assuntos considerados polêmicos no interior das dependências condominiais, o que configuraria censura, inadmissível pela ordem constitucional. Lembre-se ademais que a liberdade de pensamento pressupõe o contato dos indivíduos com seus semelhantes.[428] O que se poderia cogitar nesses casos é a distribuição indiscriminada de santinhos, visando a evitar acúmulo de lixo nas áreas comuns.

Com base nas considerações e nos limites acima expostos, parte-se do pressuposto de que, na ausência de proibição explícita pela legislação, cabe ao regimento interno ou à convenção estabelecer as regras relativas à divulgação de material de propaganda política no interior de condomínios privados, sendo que no caso de omissão se recomenda a convocação de uma assembleia para discutir esses temas, nos termos da legislação vigente.

G. Autonomia como valor central do direito

A autonomia privada constitui-se em fundamento da ordem jurídico-privada, representando o seu valor central.[429] Do ponto de vista jurídico-constitucional, torna-se visível e ativa como bem jurídico individual, detentor de expectativas constitucionais.[430] A constituição, ao garantir o livre desenvolvimento da personalidade, apresenta um fundamento que há muito estava enraizado na cultura do direito privado: a liberdade contratual se legitima no reconhecimento da personalidade da pessoa, de modo que nesta última repousa o sentido mais profundo do direito privado.[431] Notam-se aqui novamente conexões entre autonomia e dignidade humana. Nesse quadro, a liberdade contratual é uma parte integrante do direito privado, que pode ser compreendida em duas perspectivas: positiva, quando contribui para a vigência da autonomia privada, desde que em cada polo da relação jurídica se constate a existência de vontade para a fundamentação de uma relação jurídica de caráter vinculativo; negativa, quando assegura a autonomia privada ao impedir vinculações jurídico-negociais indesejadas.[432]

Ao conteúdo essencial da autonomia privada também pertence a liberdade para a tomada de decisões seletivas, ou seja, decisões tomadas com base no livre arbítrio do indivíduo. A fundamentação empregada pela doutrina para tanto informa que em relação à

---

[428] SILVA, J. A. *Curso de Direito Constitucional*, p. 241.

[429] FLUME, W. *Rechtsgeschäft*, p. 135ss.

[430] RUFFERT, M. *Vorrang*, p. 551.

[431] REPGEN, T. *Antidiskriminierung*, p. 65.

[432] LOBINGER, T. *Vertragsfreiheit*, p. 103. Destacando a perspectiva negativa da autonomia privada, v. ISENSEE, J. *Privatautonomie*, p. 249, ao centrar o conceito sob o ponto de vista da independência do poder de vontade alheio.

esfera subjetiva do particular deve dominar a vontade individual e não a vontade comum estatal, entendimento que naturalmente encontra limites no direito dos outros, no padrão moral mínimo vigente na sociedade, bem como nas leis proibitivas vigentes.[433] Liberdade negativa é aqui compreendida como subjetividade, a partir da qual decorre a liberdade contratual.[434] Trata-se de um entendimento voltado à máxima de que na esfera íntima do particular a "vontade substitui a razão" (*stat pro ratione voluntas*).[435]

Nessa conexão, sustenta-se que o contrato é a obra da liberdade e os direitos fundamentais são essencialmente títulos jurídicos que outorgam aos seus titulares a possibilidade de uma coordenação autônoma.[436] De fato, ao longo dos tempos firmou-se o entendimento de que o direito privado é a parte do ordenamento jurídico que regulamenta as relações dos particulares entre si, sob o fundamento de sua igualdade e autodeterminação.[437] Assim compreendido, o direito privado é marcado por uma supremacia da autonomia privada, ao menos como característica geral.[438] Constitui elemento sustentador da ordem jurídico-econômica de caráter liberal, destinar a competência de atuação individual ou conjunta do particular, do ponto de vista empreendedor, às normas de direito privado, ordenando seu conteúdo essencial de acordo com a autonomia privada.[439] Nesse sentido, a necessidade de se conferir aos particulares um amplo espaço de autoconfiguração das suas relações jurídicas constitui o papel político do direito privado,[440] podendo-se sustentar que o objetivo da liberdade contratual é o desenvolvimento da autonomia privada. Desse modo, o direito privado é um elemento essencial do Estado e como tal deve permanecer.[441]

O direito privado é também fundamento e meio da vida econômica.[442] Toda e qualquer tentativa que vise a acabar com a autonomia do direito privado enquanto instituição jurídica deve ser rechaçada. Interessa sempre que a interpretação ou a aplicação de uma determinada disposição concreta esteja em conformidade com a constituição. A jurisprudência, afinando-se com esse entendimento, já afirmou que o contrato, por meio do qual as partes podem determinar como os seus interesses individuais podem ser compatibilizados, é um instrumento decisivo para a realização da atuação livre e autorresponsável no direito privado.[443] Desse modo, enquanto expressão da autonomia privada, o direito privado se deixa revelar a partir do momento em que o ordenamento jurídico reconhece o contrato como instrumento decisivo para a realização dessa atuação livre e autorresponsável no marco de relações privadas.[444] Essa constatação encontra amparo na seguinte

---

[433] LOBINGER, T. *Vertragsfreiheit*, p. 104; ISENSEE, J. *Privatautonomie*, p. 249.

[434] ISENSEE, J. *Privatautonomie*, p. 249.

[435] FLUME, W. *AT des BGBs*, Band II, p. 6.

[436] ISENSEE, J. *Privatautonomie*, p. 252.

[437] LARENZ, K. *AT BGB*, § 1°, I, p. 1.

[438] CANARIS, C. *Kreditkündigung*, p. 124.

[439] BADURA, P. *Wirtschaftsordnung*, Rn. 13.

[440] ZÖLLNER, W. *Rolle*, p. 335.

[441] SPIEß, G. *Inhaltskontrolle*, p. 1.229.

[442] BADURA, P. *Wirtschaftsordnung*, Rn. 13.

[443] BVerfGE 103, 89 (100).

[444] BVerfGE 103, 89 (100s); 114, 1 (34).

realidade: a partir do momento em que se criam as condições para a configuração autor-responsável das relações da vida, acaba-se por criar espaços de liberdade argumentativos (*argumentative Freiräume*),[445] que contribuem não apenas na legitimação de posições jurídicas daí decorrentes, mas igualmente na imposição jurídica dessas pretensões. A autonomia privada afirma-se assim como elemento estrutural de uma ordem social livre.[446]

Isso não significa que os contratos privados sejam instrumentos imunes à ação dos direitos fundamentais. Pelo contrário.[447] O elemento chave aqui é a constatação de uma atuação livre que em última análise é o objeto comum das garantias fundamentais. Quando se está a falar em atuação livre, também se fala naquilo que a doutrina denominou *condições da liberdade*, ou seja, as garantias mínimas exigidas para que possa florescer a liberdade,[448] sem as quais não se justifica o próprio emprego do termo, aspecto que atrai a influência dos direitos fundamentais sobre disposições de caráter privado. Consequentemente, todo contrato no qual não se verifique a possibilidade de uma atuação livre, pode ser revisto sob a ótica da constituição. O fundamento para tanto é claro: a constituição visa a proteger a atuação livre do cidadão, dentro dos parâmetros gerais por ela mesma estabelecidos. Nesse sentido, a constituição reconhece não apenas o direito privado como instituição, como também a possibilidade de o cidadão se vincular a obrigações jurídicas, no marco das regulamentações específicas desse ramo do direito. A busca de uma fundamentação à imposição de limites à autonomia privada é o ponto que assume nesse sentido grande destaque.

H. Autonomia no marco de preferências pessoais e da objeção de consciência

Todas as considerações até aqui formulada apontam para a grande dificuldade que é inerente ao tema da eficácia horizontal dos direitos fundamentais: os limites da atuação individual de cada um e a possibilidade de o Estado interferir em escolhas que são de caráter eminentemente privado. Quando se leva essa realidade em consideração, verifica--se que trabalhar com a eficácia vertical dos direitos fundamentais é muito mais simples. Isso porque o Estado, como atua com base em regras de competência, não costuma agir invocando direitos fundamentais como liberdade de expressão, religiosa, reunião, profissão etc. Ainda que os direitos fundamentais possam eventualmente vir a ser titularizados pelas pessoas de direito público, quando houver pertinência temática, a regra de atuação estatal possui lógica diferente.

Essa é a razão pela qual o Estado, focado no princípio da legalidade estrita, tem sua atuação pautada por regra em critérios objetivos, definidos em lei. A exceção corre por conta de espaços de discricionariedade atribuídos aos poderes públicos, nas hipóteses constitucionalmente previstas, de caráter residual.[449] Todavia, quando se fala de privados,

---

[445] MÜLLER-GRAFF, P. *Lissabon*, p. 339.
[446] BVerfGE 81, 242 (254).
[447] BECKER, M. *Unfaire Vertrag*, p. 41ss; MARQUES, C. *Contratos*, p. 255ss.
[448] TORRES, R. *Cidadania*, p. 262.
[449] Como nomeação de autoridades, cargos em comissão, funções de confiança etc.

pessoas físicas ou jurídicas, a equação assume outras variáveis, muito mais complexas por sinal. Na prática, a liberdade de ação geral conferida pela constituição aos particulares permite até mesmo tocar as escolhas da vida com certa margem de discriminação, o que seria muito difícil de se justificar, caso o Estado figurasse como parte nessas escolhas. Para tanto, basta imaginar: qual é a margem que o Estado tem para investir um funcionário em cargo público ou para celebrar negócios em comparação com um particular quando escolhe uma pessoa para trabalhar sob seu poder diretivo ou um parceiro comercial para negociar? É claro que a margem conferida ao particular é muito maior.

Goste-se ou não, discriminações até certo grau são inerentes às relações privadas. O problema é que a palavra "discriminar" é forte e por isso pode conduzir às mais variadas interpretações. Ela pode ser interpretada tanto em um sentido mais suave, quando indica a mera tarefa de separar por algum critério, como também em um sentido duro, quando indica segregação, apartação e com isso preconceito. O fato é que nas escolhas da vida muitas vezes se tomam atitudes discriminatórias, sem que isso gere necessariamente tipificação de crime. Imagine-se, por exemplo, as seguintes situações.

a) Um particular oferece à locação um imóvel de sua propriedade. Vários candidatos se apresentam à locação, com perfis políticos, religiosos, artísticos ou culturais dos mais variados. Nesse caso, o locador resolve decidir por um perfil específico, cedendo seu imóvel em locação para um candidato e consequentemente descartando os demais, por não concordar com determinadas concepções de mundo – aquilo que a filosofia costuma denominar de *Weltanschauung*.

b) Um particular oferece uma vaga de emprego em sua loja. Vários candidatos apresentam-se com igual qualificação para exercerem as tarefas solicitadas. O empregador decide por um candidato específico, por conta de um critério eminentemente pessoal, levando em conta questões de afinidade cultural, de gênero ou até mesmo físicas.

c) Um particular coloca à venda um automóvel de sua propriedade. Após vários interessados demonstrarem interesse na compra, ele decide vender para uma determinada pessoa. Outro interessado informa que não apenas cobrirá a oferta, como também pagará mais pelo automóvel, mas o proprietário mesmo assim recusa a oferta maior, por não gostar do respectivo comprador.

d) Um particular, ao sair do trabalho ou da faculdade, oferece carona para três colegas por sua livre escolha, preterindo outros que igualmente poderiam se beneficiar do ato. A escolha igualmente se dá por critérios pessoais, como convicções políticas, ideológicas, religiosas ou, quem sabe, até em razão de gênero, beleza, entre outras características físicas ou pessoais.

e) Um particular resolve comemorar seu aniversário em sua residência e faz um convite que não contempla todos os colegas de trabalho ou da faculdade. Mais uma vez o critério se dá por motivos de afinidade política, religiosa, cultural ou até mesmo voltado a características físicas.

f) Um particular procura um sócio para um empreendimento. Várias pessoas demonstram interesse, com igual capacidade para tocar o empreendimento, mas ele se decide por uma pessoa específica por algum critério eminentemente pessoal.

g) Uma pessoa recebe vários convites para sair, mas rejeita todos, exceto os que foram realizados por uma determinada pessoa. Os motivos que levaram à recusa vão desde convicções religiosas, políticas ou ideológicas, passando por atributos físicos ou de beleza daqueles que não receberam o respectivo aceite.

h) Durante a faculdade uma pessoa é questionada por vários colegas se poderia emprestar um livro do qual é proprietário. Da mesma forma, empresta o livro apenas para um dos solicitantes pelos mesmos motivos acima referidos.

Os casos são fictícios e exemplificativos, sem prejuízo de vários outros que poderiam ser trazidos ao debate. Todos eles conduzem a uma base comum, qual seja, escolhas de caráter pessoal que são feitas todos os dias pelos membros do corpo social. Duas questões podem ser imediatamente colocadas: as respectivas escolhas se dão por critérios discriminatórios? Em princípio, sim; as respectivas discriminações podem ser combatidas pelo direito? Em princípio, não.

Note-se que, ainda que se cogite que as escolhas acima referidas venham a ser tomadas por imperativos eticamente corretos, em algum momento um determinado critério deverá ser eleito por parte de quem decide e aquele que se sentiu desprestigiado por assim dizer sofrerá, tendendo a encarar a escolha como um ato discriminatório, no pior sentido do termo. Quem duvida disso, basta se perguntar: quem gosta de ser preterido em uma vaga de emprego, em uma oferta de locação, em um convite para uma festa ou para pegar uma carona, em um convite para sair etc.? Como se costuma reagir a escolhas pessoais de outrem que não nos são favoráveis?

Do mesmo modo, quando as decisões são tomadas por conta de critérios pessoais imorais ou de forma meramente arbitrária, sem critério algum, o problema da incapacidade do direito para resolver tais discriminações persiste. Isso porque esses critérios pessoais de decisão podem ser até injustificáveis, mas é muito difícil que o direito produza instrumentos capazes de "moralizar" tais escolhas, pelo fato de serem estritamente pessoais. Não fosse assim, seria necessário cogitar que escolhas dessa natureza deveriam ser tomadas por sorteio ou por qualquer outro meio neutro, que garantisse uma eventual igualdade de chances para todos. Contudo, se isso fosse sequer possível, por amor ao debate, ficará evidente que as desvantagens daí advindas anulariam por completo as vantagens, pois aí se passaria a viver em um mundo tão sufocante, pelo fato das escolhas pessoais não terem mais qualquer proteção. A vida seria controlada demasiadamente pelo Estado que por sua vez teria que formular critérios subjetivos, com enorme dificuldade de justificação.

A liberdade tombaria por uma suposta neutralidade que jamais seria alcançada na prática, já que nenhuma norma jurídica tem o condão de fazer alguém vir a gostar de outrem. A experiência da vida mostra essa realidade. Certo é que a teoria da eficácia horizontal não consegue por si só resolver esta questão. No máximo, ela pode oferecer alguns critérios para balizar o problema e contribuir para que as relações sociais sejam travadas da melhor forma possível, de modo a perseguir o objetivo fundental da República, de não discriminação de qualquer natureza. O drama dos limites racionais da liberdade, que se abriga na discussão em torno da vinculação dos particulares aos direitos fundamentais, fomenta a busca de soluções nem sempre fáceis, que nunca serão capazes de resolver adequadamente todos os desafios concretos. Independentemente dessa dificuldade, alguns critérios podem ser formulados.

1. Quanto maior for o grau de pessoalidade da relação, maior será a tendência de critérios pessoais, como empatia, visão de mundo ou até mesmo preferências por determinadas características estritamente pessoais, serem respeitados como fundamento das respectivas escolhas.

2. Quanto mais a decisão se abrigar na liberdade de consciência ou de crença, que são invioláveis, maior será a tendência de critérios subjetivos serem reconhecidos como fundamento das respectivas escolhas.

3. Quanto mais a pessoa guardar para si seus critérios pessoais de escolha, de modo a não ferir aquele que venha a ser eventualmente preterido, maior será a tendência desses critérios subjetivos serem reconhecidos como fundamento das respectivas escolhas.

4. Por outro lado, quanto mais a exteriorização dos motivos por parte de quem decide ferir aquele que é preterido, de modo a atingir sua personalidade, maior será a tendência de o direito intervir, punindo aquele que, por emprego abusivo da liberdade de expressão, viola a dignidade de outrem.

É por essa razão que as escolhas pessoais estão em princípio imunes ao direito. Serão, contudo, objeto de enquadramento jurídico, com as sanções daí decorrentes, quando tiverem o condão de ferir diretamente a dignidade alheia por ato próprio e voluntário. Isso significa que as pessoas são livres para fazer suas escolhas de caráter privado, ainda que moralmente questionáveis, mas não são livres para ferir a dignidade de quem é afetado por essas escolhas. Isso significa na prática que quanto mais as opções se situem dentro da consciência pessoal de cada um, menor será a chance de intervenção do Estado, ao passo que quanto mais tais escolhas venham a ser exteriorizadas, maior será a chance de responsabilização por elas.[450]

Considerando a complexidade que marca as interações pessoais, mais alguns critérios podem ser formulados para contribuir para a solução de conflitos. Como visto, o aspecto pessoal de uma relação afirma-se como elemento decisivo na hora de avaliar a intensidade da vinculação dos direitos fundamentais nas relações privadas e, com isso, a capacidade de

---

[450] FERREIRA F. *Curso*, p. 325s, traz uma rica passagem, quando estabelece a diferença entre consciência e crença: "A propósito da liberdade de pensamento, deve-se, de pronto, distinguir duas facetas: a liberdade de consciência e a liberdade de expressão ou manifestação do pensamento. A primeira é a liberdade de foro íntimo. Enquanto não manifesta, é condicionável por meios variados, mas é livre sempre, já que ninguém pode ser obrigado a pensar deste ou daquele modo. A liberdade de consciência e de crença, porém, se extroverte, se manifesta na medida em que os indivíduos, segundo suas crenças, agem deste ou daquele modo, na medida em que, por uma inclinação natural, tendem a expor seu pensamento aos outros e, mais, a ganhá-los para suas ideias. As manifestações devem ser protegidas, ao mesmo tempo que impedidas de destruir ou prejudicar a sociedade".

o direito interferir em decisões privadas, de caráter pessoal, para preservar direitos de outro particular. O caráter profissional de uma relação, assim como a publicidade de uma oferta, são elementos a serem levados em conta na hora de legitimar escolhas pessoais. Alias, esse é o motivo pelo qual relações comerciais entre dois consumidores, não profissionais, não são tuteladas pelo CDC, sendo consideradas puramente civis, sujeitas ao CC.[451] A natureza estritamente pessoal e não profissional afasta a necessidade de uma proteção legislativa diferenciada, que fica mais difícil de ser fundamentada, considerando a tendência de não--caracterização de uma condição de hipossuficiência em um dos lados da relação.

A partir daí, pode-se concluir que quando uma oferta, ainda que realizada no seio de relações pessoais privadas, ganhe publicidade, no sentido de atingir um número indeterminado de pessoas, menor será o espaço reconhecido pelo direito para critérios de decisão. Imagine-se a seguinte situação. Um grupo de alunos da faculdade organiza uma festa, divulgando cartazes em todo o *campus*, convidando todos os interessados a comparecerem. Eis que alguns são barrados na porta, por força de critérios subjetivos dos organizadores. Fica evidente que a margem de discricionariedade que ocorre em convites fechados não se reproduz nesse caso, já que a oferta foi pública. É claro que há ofertas públicas que também possuem marguem de discricionariedade, como anúncios para locação, venda de veículos etc. Só que nesses casos, a venda ou a locação somente pode ser realizada para uma única pessoa, o que contribui para ampliar a margem daquele que toma a decisão. O mesmo raciocínio é aplicado para um restaurante privado que eventualmente coloque um cartaz na porta de entrada proibindo o ingresso de pessoas de determinadas características ou visões de mundo. Ou uma loja ou comércio que não atende pessoas de um determinado perfil. Como a oferta é pública, dirigida a um número indeterminado de pessoas – e nesse caso profissional – tais preferências não seriam justificáveis; pelo contrário, seriam consideradas atentatórias aos direitos fundamentais e à própria dignidade humana.

Ou seja, um critério adicional pode ser formulado: quanto mais a oferta adquirir caráter público e for dirigida a um número indeterminado de pessoas que simultaneamente dela possam se beneficiar, menor será a possibilidade de utilização de critérios subjetivos ou íntimos como fundamento das respectivas escolhas. Sem prejuízo, quando mais ficar configurado que a negativa se dá em função de racismo ou outra característica pessoal discriminatória, como opção sexual, procedência etc., maior será a possibilidade de o direito intervir, com as sanções a ele inerentes, de modo a anular a discriminação em defesa da dignidade humana. Nesse sentido, leis que proíbam a discriminação em lojas que trabalham com o público devem ser em princípio reputadas como constitucionais.

Certo é que haverá casos considerados difíceis, em que uma única resposta correta se mostra improvável de ser apresentada. Pense-se, por exemplo, nos empreendimentos comerciais que são voltados a um perfil específico de clientes. Nessa direção, um hotel de luxo pode se negar a hospedar famílias com crianças, sob a justificativa de que pretende atrair um público que deseja acima de tudo descansar em ambiente de silêncio? Se por um lado a condição imposta pela oferta se ampara na livre iniciativa, por outro ela se in-

---

[451] MARQUES, C. *Manual de Direito do Consumidor*, p. 119.

compatibiliza com o próprio direito fundamental inerente à unidade familiar. Se em um lugar turístico todos os hotéis portarem tal exigência, ela ficaria difícil de ser justificada. Contudo, se for apenas um entre tantos, essa exigência já adquire maior plausibilidade.

Igualmente complexa é a questão que envolve clubes que buscam reunir associados por determinados critérios, entre eles, o econômico. Não raros são os exemplos nos quais certas associações submetem o ingresso de novos sócios ao poder de veto dos atuais associados. Em que medida um sócio, por exemplo, pode vetar o ingresso de outro por motivos de convicção religiosa, política, ideológica etc, ou até mesmo por características físicas? Aqui se ingressa em um campo de inegável turbulência social, típico dos casos que envolvem a eficácia horizontal dos direitos fundamentais. Todavia, não se pode deixar de construir critérios de solução de conflitos para esses casos.

1. Quanto mais se evidenciar que o veto ao ingresso de novos sócios se ampara em fatores de discriminação fortemente vedados pela constituição, como cor da pele, procedência, orientação sexual etc, menor será a chance de se abrigar tais escolhas.

2. Quanto mais se evidenciar, por outro lado, que o novo ingressante se distancia frontalmente da visão de mundo ou do ramo de atividade que justifica a associação, independentemente das caracteríscas que são comuns a todos os seres humanos, maior será a possibilidade de uma visão contrária ser utilizada como fundamento para o ingresso de novos associados.

   Imagine-se, por exemplo, uma associação que é constituída para discutir o pensamento liberal, formada apenas por liberais. Ela não estará obrigada a admitir nos seus quadros um novo sócio que nega veementemente o pensamento liberal. Um partido político que representa uma ideologia de esquerda não é obrigado a abrigar em seus quadros quem defende uma ideologia de direita e vice-versa. Ou quem sabe, uma associação com fins esportivos, que congrega fãs ou admiradores exaltados do time de futebol "A", não é obrigada a permitir o ingresso de uma pessoa que torce fervorosamente pelo time "B", que ao ingressar na associação pretende utilizar os adereços de seu time, de modo a constranger os demais. Nesses casos, as respectivas decisões em sentido contrário devem ser marcadas pela liberalidade, diminuindo-se a margem de imposições, podendo seus estatutos conter regras nesse sentido.

3. Quanto mais habilidades técnicas justificarem a constituição de uma associação, maior será a possibilidade de recusa de novos associados, na proporção em que se distanciam de tais habilidades. Por exemplo, uma associação de velejadores pode recusar o ingresso de não velejadores, mas não poderia recusar o ingresso de velejadores apenas por motivos de convicção filosófica, política, características físicas etc.

4. Quanto mais ficar evidenciado que o veto ao ingresso de novos sócios se dá apenas por questões econômicas ou de *status* social, maior será a possiblidade de esse veto ser considerado arbitrário e, portanto, contrário ao direito.

Todas essas questões, como visto, envolvem dilemas de consciência, bem como os limites a sua exteriorização. É por isso que a eficácia horizontal dos direitos fundamentais encontra um destacado campo de inciência no chamado direito fundamental de objeção de consciência, que tradicionalmente é pensado em face de restrições impostas pelo Estado, mas que inegavelmente possui forte ponto de contato com as relações privadas. Com efeito, a constituição determina que ninguém deverá ser privado de direitos por força de suas convicções pessoais, salvo se as invocar para se eximir de obrigação legal a todos imposta e ao mesmo tempo se negar a cumprir prestação alternativa legalmente fixada.[452] Trata-se do direito da escusa ou do imperativo da consciência, como direito individual reconhecido mediante norma de eficácia contida, que se dá mediante lei restritiva, que fixe essa prestação alternativa.[453]

Abstraindo-se da ocasião em que uma pessoa recorre a suas convicções pessoais para se negar a cumprir uma obrigação legal,[454] que acaba por dirigir o debate para a eficácia vertical dos direitos fundamentais, por se tratar de obrigação imposta pelo Estado, ainda existem grupos de casos que podem ser pensados no marco das relações privadas e, portanto, da eficácia horizontal. Imagine-se, por exemplo, o caso em que um médico particular deixa de prestar atendimento regular a um paciente por discordar frontalmente de suas convicções políticas, ideológicas, visão de mundo etc. Não sendo caso de emergência médica, o profissional liberal poderia ser obrigado a prestar um atendimento quando, por divergir de visões de mundo, não se sente confortável para manter uma relação de confiança com seu paciente? Um advogado criminalista pode recusar um caso que envolva crimes sexuais pelo fato de não se sentir confortável em defender uma pessoa acusada de crime dessa gravidade? Um professor pode se negar a orientar uma tese de doutorado por discordar completamente das premissas que envolvem as hipóteses de pesquisa? Um artista pode se negar a confeccionar uma estátua que vise a homenagear uma personalidade que ele abomina ou a participar de um *show* promovido por quem não nutre afinidade?

Há ainda casos em que a objeção de consciência pode inviabilizar até mesmo uma relação de emprego. Imagine-se, por exemplo, a hipótese em que um funcionário de uma fábrica de armamentos é visto em um protesto público defendendo o fim da indústria armamentista. Suponha-se que a referida participação no ato vem ao conhecimento dos proprietários da empresa que, contrariados, despedem o funcionário. Nesse caso, não há como considerar a despedida abusiva ou contrária ao direito, pois na particularidade das relações trabalhistas, de caráter privado, há de se preservar um elemento mínimo de confiança entre empregadores e empregados. Em outras palavras, não se pode obrigar alguém a empregar uma pessoa que luta pelo fim da própria empresa, ainda que no curso das suas atividades diárias não tenha realizado nenhum ato concreto nesse sentido. Certo é que aqui não haveria como se manter um grau mínimo de confiança, de modo que a objeção de consciência não poderia ser referida em favor da permanência no emprego.

---

[452] Art. 5º, VIII, CF/88: "Ninguém será privado de direitos por motivo de crença religiosa ou de convicção filosófica ou política, salvo se as invocar para eximir-se de obrigação legal a todos imposta e recusar-se a cumprir prestação alternativa, fixada em lei".

[453] SILVA, J. A. *Curso de Direito Constitucional*, p. 242.

[454] Como, por exemplo, recusa de prestação ao serviço militar obrigatório por força de convicção filosófica contrária ao emprego de armas.

Em comum, todos esses exemplos apontam para a seguinte circunstância: uma pessoa se sente constrangida em interagir profissionalmente com outra em razão de discordar frontalmente da sua visão de mundo. Esses casos, muito comuns na sociedade, são tutelados pelo direito fundamental de objeção de consciência. Isso significa que tais recusas são protegidas pelo direito, desde que naturalmente sejam observados os mesmos critérios acima referidos.

Quanto maior for a exteriorização dos motivos que levam à negativa de prestação de serviços, maior será o risco de a pessoa preterida ser ofendida em sua dignidade e isso gerar sanções. Recomenda-se, portanto, que toda negativa por objeção de consciência em relações privadas seja fundamentada apenas em razões de foro íntimo, de modo a que ninguém seja violado em sua dignidade. Vale dizer, por meio da exteriorização de pensamentos, não se pode rebaixar ou diminuir as pessoas por suas convicções, ao mesmo tempo que não se pode obrigar alguém a trabalhar para outrem. As negativas de prestação de serviços profissionais por objeção de consciência devem preservar na maior medida possível a dignidade das pessoas, de modo que sua exteriorização costuma conduzir a resultados desagradáveis para ambas as partes. É claro que há casos em que a objeção de consciência pode ser afastada. Imagine-se, como exemplo, situações de emergência médica ou que envolvam a integridade física de alguém. Nesses casos a vida deve vir sempre em primeiro lugar.

Um dos casos mais emblemáticos que toca à objeção de consciência foi julgado pela Suprema Corte Americana no ano de 2018 e vem servindo para aprimorar os limites da garantia, em contraste com outros princípios constitucionais relevantes.[455] Tem como pano de fundo a negativa de um confeiteiro cristão[456] em fazer um bolo para celebrar o casamento entre dois homens. Essa negativa foi objeto de denúncia perante a Comissão de Direitos Civis do Estado do Colorado, que deu vitória ao casal, por considerar o comportamento discriminatório e, portanto, contrário à lei estadual que determina a proibição de discriminação por parte de estabelecimentos que atendem ao público em geral, inclusive com base em orientação sexual.

O argumento do confeiteiro para afastar a ocorrência de discriminação baseou-se no fato de que não se recusaria a vender outro doce para o casal; apenas não concordava em contribuir para algo que não considerava certo do ponto de vista de suas convicções religiosas, como um casamento entre pessoas do mesmo sexo. Ou seja, um doce identificado com casamento não; outro sem conotação alguma, sim.[457] Referido argumento não foi acolhido pela Comissão, tampouco pelo Tribunal do Estado do Colorado, que manteve a

---

[455] Supreme Court of the United States, 584 U. S. Masterpiece Cakeshop, Ltd., et al *v*. Colorado Civil Rights Commission et al (2018)., julgado em 4.6. 2018.

[456] De nome Jack Philips, situado em Lakewood, próximo à cidade de Denver, estado do Colorado.

[457] Na prática, foi constatado que se tratava da recusa de elaborar para um casal homossexual o mesmo bolo que poderia ser vendido para um casal heterossexual, o que inclinaria a recusa para a orientação sexual do cliente e não para o produto em si. Inclusive, a decisão observou que esses detalhes sequer chegaram a ficar claros no conflito, pois a recusa do confeiteiro foi explícita, no sentido de não fazer bolos para casamentos entre pessoas do mesmo sexo.

decisão contrária ao confeiteiro, o que levou o caso à Suprema Corte, que, por seu turno, por 7 votos a 2, rechaçou a punição imposta ao confeiteiro, sob o argumento de que a referida Comissão avaliou o caso a partir de um viés antirreligioso, o que contraria o direito à liberdade religiosa, consagrado na Primeira Emenda da Constituição Norte-americana.

Na prática, considerou-se que o pronunciamento da Comissão foi inconsistente com a obrigação do Estado de neutralidade religiosa, levando-se em conta que os motivos que levaram o confeiteiro a recusar o pedido se basearam unicamente nas suas sinceras convicções e crenças. A decisão não realizou uma ponderação mais aprofundada dos direitos em questão, limitando-se a observar que se por um lado uma empresa que atende ao público pode ter seu livre exercício limitado por leis gerais – inclusive quanto às convicções religiosas dos seus proprietários –, por outro, a delicada questão de quando o livre exercício de uma religião pode ser submetido ao poder válido do Estado necessita ser averiguada em um julgamento no qual a hostilidade religiosa por meio de um órgão estatal (referindo-se, no caso, à Comissão de Direitos Civis) não seja um fator na balança. Em suma, a Suprema Corte considerou a posição da Comissão hostil à liberdade religiosa e esse foi o fator decisivo para afastar a punição do confeiteiro. No mais, a decisão se omitiu de estabelecer parâmetros gerais para esse tipo de negativa, valendo especificamente para este caso. Portanto, não se pode extrair do achado jurídico um parâmetro claro, apto a definir se uma empresa tem o direito de não atender clientes homossexuais empregando a liberdade de convicção religiosa como argumento. Nesse sentido, a discussão sobre em que medida uma pessoa pode invocar princípios religiosos para desobedecer uma lei de antidiscriminação ficará para o futuro.

A objeção de consciência pode ser utilizada inclusive para justificar a proibição de imposições contrárias a determinadas convicções religiosas. Por exemplo, uma decisão judicial não pode obrigar um religioso a celebrar um casamento entre pessoas do mesmo sexo, caso a religião que representa reconhecer apenas o casamento entre homem e mulher. Entendimento contrário significaria a intromissão do Estado em assunto de índole estritamente religiosa, sujeito a sacramentos e dogmas que merecem proteção constitucional, ainda que deles se possa discordar. Obviamente que, pela natureza laica do Estado, tal negativa não pode ser estendida ao casamento civil.

I. Os discursos de ódio

Outra perspectiva atual diz respeito à (in)compatibilidade com a constituição dos chamados discursos de ódio, usualmente denominados de *hate speech*, em particular dos que se utilizam de palavras de ataque. No presente estudo já se descreveu o famoso caso Ellwanger,[458] ocasião em que o STF reconheceu o exercício abusivo da liberdade de expressão. Aqui, mais uma vez, se está diante de uma temática típica dos conflitos entre direitos fundamentais no curso das relações privadas. Daniel Sarmento[459] possui ótimo trabalho sobre o tema, tecendo observação perante a qual se filia, na íntegra: é necessária

---

[458] Remeta-se neste paticular ao item 3.1.5 do presente estudo.
[459] SARMENTO, D. *Hate speech* (np).

redobrada cautela quando se trata de restringir a liberdade de expressão pelo conteúdo das ideias que transmite. O motivo é que um direito tão importante para a democracia e para a autorrealização individual venha a se tornar refém de concepções morais majoritárias, sobre aquilo que se considera "politicamente correto". Portanto, como observa o estudo, não se pode conceber a liberdade de expressão apenas como um direito voltado à proteção das opiniões que estão em conformidade com os valores defendidos pela maioria, mas igualmente em face de concepções contrárias, que se chocam com elas.

Parece inevitável que a questão deva ser discutida no marco da ponderação de direitos fundamentais. Parte-se aqui do pressuposto de que a liberdade de expressão não é um direito absoluto e, como tal, sujeita-se a restrições em maior ou menor grau, que podem sob certas condições jurídicas qualificar determinados discursos, marcados por determinadas expressões, como contrários à constituição.[460]

Pode-se dizer que no lado quase extremo da discussão está a jurisprudência norte-americana sobre o tema. Por razões ligadas à fundação do país, a jurisprudência da Suprema Corte confere à liberdade de expressão máxima proteção, ao ponto de legitimar discursos de ódio, mesmo quando eles tragam consigo consideráveis custos para a dignidade, honra e igualdade dos atingidos ou para a própria civilidade do confronto e da paz pública.[461] Sem embargo, a mesma jurisprudência, ainda que com consideráveis oscilações, estabelece algumas restrições, embora tímidas, a determinados discursos de ódio. Em geral, a Suprema Corte limita-se a condenar aquilo que denomina de *fighting words*, ou "palavras combativas", ou seja, aquelas manifestações que, por sua natureza agressiva, tendem a provocar uma reação violenta e imediata por parte daqueles que se sentem atingidos. O fundamento está antes na garantia da ordem e da paz públicas do que na proteção do direito das vítimas.[462] Nesse passo, o caso Chaplinsky *vs.* New Hampshire entendeu por punir apenas aquelas palavras consideradas lascivas, obscenas, profanas, difamatórias e insultantes ou combativas, essas consideradas como as que, por sua própria elocução, infligem danos ou tendem a incitar uma quebra imediata da paz. A corte observou que tais expressões não são parte essencial de qualquer exposição de ideias e são de pouco valor social, ao passo que qualquer benefício que delas possa ser derivado resta claramente superado pelo interesse social em ordem e moralidade.[463]

Em decisão posterior, a Suprema Corte, no caso R.A.V. *vs.* City of St. Paul,[464] relativizou o precedente anteior, por apertada maioria (5 votos a 4), ponderando que o Estado poderia proibir penalizando o uso dessas *fighting words*, desde que não o fizesse de forma parcial, hipótese em que atingisse apenas algumas concepções repudiadas pela maioria. Caberia ao legislador assim observar um dever de neutralidade em relação aos diversos pontos de vista existentes na sociedade, punindo apenas aquelas expressões que insultassem ou provocassem violência, com base em raça, cor, credo, religião ou gênero, independentemente do ponto

---

[460] BRUGGER, W. *Verbot*, p. 372ss.
[461] BRUGGER, W. *Verbot*, p. 374.
[462] SARMENTO, D. *Hate speech* (np).
[463] Supreme Court of the United States. 315 U. S. 568 (1942).
[464] Supreme Court of the United States. 505 U. S. 377 (1992).

de vista, liberando as demais.[465] Ou seja, as manifestações, por mais cruéis ou agressivas que sejam, são liberadas, a menos que fossem endereçadas a apenas um dos tópicos específicos desfavoráveis, hipótese em que contemplariam somente um dos lados da questão.[466]

Já na tradição alemã, notam-se parâmetros mais severos para enquadrar determinados discursos de ódio como contrários à ordem constitucional.[467] Isso se deve em grande parte ao trauma gerado pelo passado totalitário, sob o manto do nacional-socialismo. Não é por menos que um dos casos mais rumorosos, que envolveu a temática dos discursos de ódio foi denominado de "mentira de Auschwitz" (*Auschwitzlüge*), que envolveu a proibição de um evento de cunho revisionista na cidade de Munique, visando a negar o holocausto. Em síntese, o BVerfG entendeu que um discurso que nega o holocausto não pode estar coberto pelo direito fundamental de liberdade de expressão, pois afirmações sobre fatos (*Tatsachenbehauptungen*) não são em sentido estrito manifestações de opinião. Em contraste com essas manifestações, a relação objetiva entre a manifestação e a realidade situa-se em primeiro plano. A esse respeito, as afirmações sobre fatos sujeitam-se a um exame quanto ao seu conteúdo em verdade, de modo que não podem ser protegidas pela liberdade de expressão quando não correspondem à verdade. O tribunal afirmou que a proteção das afirmações sobre fatos termina onde elas não podem contribuir como pressuposto jurídico constitucional da formação de opinião. Sob esse ponto de vista, a informação inverídica não é um bem digno de proteção constitucional. Em suma, a jurisprudência do Tribunal dirige-se para a constatação de que as afirmações comprovadamente inverídicas sobre fatos não estão abrangidas pela proteção à liberdade de expressão.[468]

Os discursos de ódio costumam ser dirigidos aos chamados coletivos ou aos indivíduos na condição de integrantes desses coletivos, marcados em regra pelo insulto à dignidade de grupos em função de raça, etnia, nacionalidade, religião, entre outros.[469] Nesse contexto, o combate aos discursos de ódio justifica o estabelecimento de restrições a diversos direitos que como meio ou fim estejam diretamente conectados à liberdade de expressão, como, por exemplo, o direito de publicação de obras contendo incitação ao ódio, direito de reunião, acesso à informação, liberdade de imprensa etc., sempre que ficar caracterizado que a manifestação do pensamento é empregada para incitar o ódio, difamar ou ridicularizar determinados grupos.[470] Aqui, o fortalecimento do Ministério Público, bem como dos órgãos policiais de investigação, constitui medida imprescindível para o combate à intolerância e ao abuso da liberdade de expressão.

Todas as considerações até aqui expostas permitem uma tomada de posição. Os discursos de ódio não merecem proteção constitucional. Isso porque a liberdade de expressão não é um direito absoluto, já que encontra limites na própria ordem constitucional, no direito de terceiros e na lei moral vigente. É o que a doutrina costuma denominar de

---

[465] Supreme Court of the United States. 505 U. S. 391 (1992).

[466] Supreme Court of the United States. 505 U. S. 391 (1992).

[467] KÜBLER, F. *Rassenhetze*, p. 109ss.

[468] BVerfGE 90, 241 (247).

[469] BRUGGER, W. *Verbot*, p. 373ss e 382.

[470] Remeta-se neste particular ao item 3.1.5 deste estudo.

"limites imanentes" dos direitos fundamentais (*immanenten Grundrechtsschranken*),[471] que apontam para o fato de que todos os direitos fundamentais estão sujeitos a limites que por regra restringem a liberdade de ação geral, independentemente de previsão expressa no texto da constituição, de modo a se garantir a existência de bens coletivos de hierarquia constitucional.[472] Entendimento contrário levaria à absurda conclusão de que a constituição nos entregaria um direito apto a rasgar a própria constituição. Seria o caso de se cogitar, sem lógica, que a liberdade de expressão consagraria eventual direito a manifestações racistas quando a própria constituição proíbe expressamente o racismo. A liberdade de expressão não faria assim sentido algum.

É preciso registrar, contudo, que nem todo discurso duro ou agressivo deve ser reputado como discurso de ódio em sentido estrito. Lembre-se aqui da proteção constitucional à liberdade de imprensa e à própria liberdade de manifestação do pensamento.[473] Críticas duras, por mais que se apresentem de forma severa ou impiedosa, não podem ser confundidas por si só com uso abusivo da liberdade de expressão. Criticar é uma coisa; odiar é outra. Há um limite, ainda que por vezes tênue, entre ambas as categorias. Certo é que a proteção se inicia com o direito de criticar e termina lá onde o ódio assume o lugar da crítica, medida que deve ser tomada até mesmo para aferir as fronteiras abrigadas pela imunidade parlamentar material, por opiniões, palavras e votos.

Esses limites serão tão mais precisos na medida em que se compreenda que a democracia se desenvolve em duas dimensões: enquanto filosofia (democracia substancial), afirma a concepção política que faz do Estado um meio necessário para servir à pessoa em sua dignidade e em seus direitos fundamentais; enquanto processo político (democracia instrumental), informa o princípio de organização dos instrumentos políticos pelo qual os cidadãos devem participar da formação da vontade do Estado. Importa compreender que a primeira dimensão confere sentido à segunda, de modo que a democracia instrumental é o recurso mais adequado à efetivação da filosofia democrática [474]

Essa é uma orientação de sentido que deve até mesmo guiar os rumos da chamada democracia militante (*streitbare Demokratie*), que vive do sopesamento entre a liberdade e a proteção do próprio regime democrático. A ideia é que se por um lado a substância da democracia liberal não se deixa assegurar pela redução da liberdade, por outro, o livre exercício das forças políticas deve encontrar um limite nas atitudes dos opositores da ordem democrática, que, recorrendo aos próprios instrumentos da democracia, procuram eliminá-la.[475] A democracia militante visa, portanto, a separar o debate abrangido pelo marco da constituição – feito pela militância política – do debate feito pelos inimigos da democracia, que se valem das regras do jogo democrático apenas para tomar o poder e para dar o bote e subverter o regime assim que lá chegam. É por esse motivo que no

---

[471] Ptd, v. ISENSEE, J. *Abwehrrecht*, Rn. 56.

[472] DÜRIG, G. *GG Kommentar* (Art. 17a GG), Rn. 16.

[473] Remeta-se neste particular ao item 3.1.5 do presente estudo.

[474] SOUZA JR. *A Crise da Democracia no Brasil*, p. 21.

[475] HESSE, K. *Grundzüge* Rn. 694 e 714. Na jurisprudência, vide BVerfGE 5, 85 (139); 28, 36 (48s); 28, 51 (55); 30, 1 (19s).

marco da avaliação do que configura um discurso de ódio sempre há de se ter em mente que ser contra o governo (no sentido de crítico áspero aos seus objetivos) significa fazer oposição, que, quando exercida de forma saudável e responsável, se torna fundamental para a consolidação e o aperfeiçoamento da democracia; já ser contra o Estado significa subversão, na medida em que abala o consenso relativo aos seus objetivos permanentes, desagrega a sociedade e dificulta – se não impede – a democracia política.[476]

É por essa razão que o tema dos discursos de ódio está umbilicalmente ligado à manutenção da ordem democrática. O direito tem que tomar medidas preventivas para que, a despeito da importância dos partidos políticos para a manutenção da democracia, não vença no comportamento dos eleitos a lealdade partidária sobre a lógica real (*Sachlogik*) dos respectivos âmbitos funcionais, razão pela qual seria um erro renunciar ao direito como meio de limitação do Estado partidário.[477] Afinal de contas, uma ordem política sadia é aquela em que o efeito integrador é maior do que em processos que terminam com a vitória de somente um dos lados, de modo que soluções radicais costumam ter poucas chances.[478] Em suma, discursos de ódio não são compatíveis com uma democracia sadia.

Encerra-se este tópico lembrando que a proteção da dignidade humana é o norte a ser perseguido. Aquilo que o direito necessariamente não cobre deve ser aprimorado por meio da educação, que tem um papel fundamental em uma sociedade livre, justa e solidária. A educação deve convergir para libertar as pessoas de seus ódios e preconceitos. Nesse sentido, ele pode ser muito mais eficaz que normas positivadas.

J. Limites à autonomia privada

Liberdade contratual significa a possibilidade de se fundamentar direitos e deveres unilaterais ou mútuos com outro parceiro contratual, por meio de um acordo de vontades jurídico-negocial, com base na livre decisão se o contrato deve ser celebrado, com quem deve ser celebrado e sobre qual seu conteúdo.[479] Por meio da liberdade contratual se reconhece a liberdade da pessoa de celebrar acordos com vinculatividade jurídica.[480] Essa constatação aponta para duas realidades distintas. Por um lado, uma vez que a autodeterminação se mostre suficiente para configurar uma relação jurídica de acordo com a vontade do particular, não se fala em determinação alheia ou em imposição de vontades.[481] Fala-se sim em plenitude da autonomia privada, pelo fato de que a vontade vale porque ela foi desejada e, nesse sentido, a vontade do particular deve ser respeitada como tal.[482] Por outro lado, sempre que não se verificar verdadeiro poder de autodeterminação,

---

[476] SOUZA JR. *A Crise da Democracia no Brasil*, p. 83ss.

[477] GRIMM, D. *Verfassung und Politik*, p. 168s.

[478] GRIMM, D. *Verfassung und Politik*, p. 317, destacando com isso a importância da própria forma de Estado federativa na condução da política nacional.

[479] BADURA, P. *Wirtschaftsordnung*, Rn. 15; BLECKMANN, A. *Staatsrecht*, p. 606.

[480] HUBER, H. *Bedeutung*, p. 11.

[481] FLUME, W. *Rechtsgeschäft*, p. 141.

[482] FLUME, W. *Rechtsgeschäft*, p. 141, ponderando que na medida em que a possibilidade de uma configuração autônoma privada é juridicamente reconhecida pelo ordenamento, ela não carece de nenhuma outra configuração jurídica adicional do que a própria vontade do particular na sua efetivação.

não há falar de autonomia privada e muito menos em recurso a essa garantia como forma de evitar a prática de controle do conteúdo de contratos.

Daí se depreende que relações marcadas por nítida desigualdade de poder hão de ser regulamentadas preventivamente, de forma a garantir a liberdade de determinação da parte mais fraca.[483] A razão para tanto é clara: a liberdade fornece ao seu titular apenas a possibilidade de autodeterminação, mas não o direito de usurpar no círculo jurídico dos demais, o que equivaleria a uma determinação alheia, contrária ao próprio conceito de liberdade e, por isso, contrária ao próprio direito.[484] De fato, a autonomia privada, assim como a liberdade contratual jurídico-material, perde seu próprio sentido a partir do instante em que se converte em instrumento de domínio dos mais fracos pelo mais forte.[485] O fundamento constitucional que dá amparo a essa possibilidade repousa na própria garantia de livre desenvolvimento da personalidade. Só é livre para decidir aquele que pode desenvolver livremente a sua personalidade em uma relação jurídica. É por isso que nas relações entre particulares não se cogita uma liberdade ilimitada.[486] Trata-se da clássica acepção de que a liberdade de um termina a partir do momento em que começa a violar a liberdade de outro.[487] Assim, o direito dos outros constitui um limite à liberdade de ação geral e, com isso, uma restrição geral à fruição de direitos fundamentais.[488]

A questão em torno da possibilidade de restrição à autonomia privada repousa, portanto, na constatação de que a garantia de livre desenvolvimento da personalidade (entendida como liberdade de ação geral) não é ilimitada. O fundamento desses limites reconduz-se à própria constituição, que traduz a imagem da pessoa como indivíduo socialmente vinculado. *Convergindo* para a constituição, a fonte básica para a limitação da autonomia privada é o direito privado, sobretudo as determinações constantes no código civil.[489] Nessa seara, há dificuldades que não podem ser ignoradas, que de maneira geral conduzem à delimitação do âmbito de proteção da liberdade de ação geral do particular.

A decisão do BVerfG sobre o direito de cavalgar na floresta marcou época por proceder a um profundo debate sobre os limites da liberdade de ação geral, ainda que seu pano de fundo não fosse uma realidade de particular significado jurídico-constitucional. Fato é que serviu para esclarecer os contornos desse direito fundamental, sobretudo em face do teor do voto divergente levado a efeito pelo juiz Dieter Grimm.[490] Ele argumentou que não é o sentido histórico ou funcional dos direitos fundamentais que agrega uma proteção

---

[483] HIPPEL, E. *Schutz*, p. 29ss.

[484] ISENSEE, J. *Privatautonomie*, p. 252.

[485] Essa é a lição de NEUHAUS, P. *Grundbegriffe*, p. 257. EN, essa lição é trabalhada por MARQUES, C. *Confiança*, p. 351s.

[486] NEUNER, J. *Privatrecht*, p. 153.

[487] SIEYES, E. *Schriften*, p. 247, sustentando que os limites da liberdade pessoal iniciam apenas onde começa a haver violação da liberdade de outro. V. ISENSEE, J. *Sicherheit*, p. 44s; ISENSEE, J. *Staat*, Rn. 22.

[488] ISENSEE, J. *Sicherheit*, p. 44s.

[489] LARENZ, K. *AT BGB*, § 2°, II, p. 42.

[490] BVerfGE Abw. 80, 137 (164ss). V. PIEROTH, B. *Wert*, p. 34ss.

Teorias acerca da eficácia dos direitos fundamentais nas relações privadas ■ **129**

especial a toda e qualquer conduta humana pensável,[491] de modo que, se o direito fundamental ao livre desenvolvimento da personalidade possui um amplo âmbito de proteção, isso não significa que seja ilimitado.[492] Decisivo para tanto é que a conduta individual que se apoia na garantia do livre desenvolvimento da personalidade possua relevância para esse desenvolvimento.[493] Contra essa argumentação pesou o entendimento de que a autonomia do particular pode vir a ser ameaçada exatamente a partir do momento em que se reconheça que ao Estado cabe definir aquilo que é relevante para o desenvolvimento da personalidade do particular e aquilo que não é.[494] A ele cabe assim reconhecer ao indivíduo a faculdade de autodeterminação em relação àquilo que entende por relevante para si mesmo, o que conduz a uma proteção abrangente da autonomia individual.[495]

Trata-se sem dúvida de dois pontos de vista que contêm argumentos relevantes e que devem ser harmonizados por essa razão. Se por um lado se reconhece que o Estado avançaria demasiadamente na esfera individual do particular, ao determinar aquilo que tem relevância para o seu autodesenvolvimento, por outro, há que se tecer esforços no sentido de não banalizar o conteúdo e o sentido dos direitos fundamentais. Em matéria de livre-desenvolvimento da personalidade, constata-se que a grande discussão em torno de uma possível banalização do seu conteúdo diz respeito especificamente à interpretação extensiva do seu respectivo âmbito de proteção.[496] Ao mesmo tempo em que a liberdade de atuação geral do particular não pode ser demasiadamente restringida pelo Estado, ela não pode abranger toda a sorte de insignificâncias, como, por exemplo, o direito de alimentar pombas nas ruas.[497]

---

[491] BVerfGE Abw. 80, 137 (164), demonstrando que o direito de cavalgar na floresta não goza de proteção jurídico-fundamental.

[492] BVerfGE Abw. 80, 137 (165).

[493] BVerfGE Abw. 80, 137 (165).

[494] MURSWIEK, D. *GG Kommentar* (Art. 2 GG), Rn. 49.

[495] MURSWIEK, D. *GG Kommentar* (Art. 2 GG), Rn. 49.

[496] BVerfGE 54, 143 (146); 80, 137 (168).

[497] BVerfGE 54, 143. Trata-se do caso em que o BVerfG no ano de 1980 foi chamado a analisar a constitucionalidade de uma medida legislativa municipal que proibia a alimentação de pombas em lugares públicos por força dos danos que esse hábito poderia causar à saúde e à limpeza públicas. Argumentou-se além disso que a limpeza pública serviria como proteção da própria propriedade, no instante em que a proibição de alimentar pombas reduziria os danos causados aos imóveis (públicos e privados) pela sujeira que normalmente é provocada por esses animais e que contribuiria até mesmo para a segurança do trânsito e dos pedestres. A argumentação do recorrente era de que o direito de alimentar pombas em praça pública era constitucionalmente garantido a partir da liberdade de ação geral (direito ao livre desenvolvimento da personalidade) que, nesse caso, abrangeria a pretensão do cidadão como forma de expressão do amor aos animais. O BVerfG decidiu que a respectiva proibição não contrariava a LF, em particular a liberdade de ação geral. A fundamentação empregada pelo tribunal foi no sentido de que a alimentação das pombas, em que pese ser uma forma de manifestação de amor aos animais – e com isso uma forma de manifestação da liberdade de ação geral –, não recai no núcleo de proteção absoluta de configuração da vida privada, que está subtraído da interferência dos poderes públicos. Assim, o tribunal ponderou que nos casos em que o âmbito intangível de configuração da vida privada não é violado. Todos, na condição de indivíduos inseridos e vinculados à coletividade, têm que aceitar as medidas estatais que resultam do interesse preponderante da coletividade, em estrita observância ao preceito da proporcionalidade (p. 146s da decisão).

Isso porque o direito fundamental ao livre desenvolvimento da personalidade, apesar de garantir a liberdade de ação geral em sentido amplo,[498] é garantido já de início apenas sobre a reserva da ordem constitucional.[499] Constata-se a partir daí que esse direito fundamental não abrange toda a sorte de situações fáticas, independentemente do seu significado jurídico.[500] Isso quer dizer que determinadas restrições na liberdade de ação geral, com fundamento em leis editadas formal e materialmente em conformidade com a constituição (expressão da ordem constitucional),[501] são admissíveis[502] quando não contrariem o preceito da proporcionalidade.[503] Importa acima de tudo verificar se há uma lesão ao núcleo de proteção absoluta de configuração da vida privada, que está subtraído da interferência dos poderes públicos.[504] Objeto precípuo da proteção é a esfera de vida pessoal mais estreita do particular.[505]

O grande problema na delimitação do âmbito de proteção da liberdade de ação geral do particular reside na constatação de que uma "liberdade de ação geral" é algo em si ilimitado, pelo simples fato de que não há atuação humana que não esteja compreendida nesse conceito amplo.[506] Isso aponta para o fato de que nem sempre a clareza de que não existe um direito a "alimentar pombas em praça pública", ainda que tal pretensão possa de um modo ou de outro vir a recair no âmbito de proteção oferecido pela liberdade de ação geral,[507] é obtida a despeito de uma restrição do âmbito de proteção. Abrir esse âmbito em demasia para depois restringi-lo pontualmente, de caso em caso, é uma estratégia que nem sempre resulta satisfatória, pela dificuldade de se agregar uma fundamentação coerente em torno daquilo que pode vir a ser restringido e o que não pode.[508] Há argumentos inclusive ligados à manutenção da segurança jurídica que falam contra essa possibilidade, ainda que com isso nada esteja dito contra a importância da análise de casos para a obtenção de clareza jurídica em torno dos limites impostos à liberdade de ação geral.[509] Sobre outro ângulo, a liberdade de ação geral perderia severamente o sentido caso fosse restringida já de antemão.

Fato é que se constata a existência de uma relação de tensão entre a garantia de um amplo alcance jurídico da liberdade de ação geral e uma garantia mais limitada aos direitos de personalidade como expressão verdadeira do seu livre desenvolvimento, sobretudo quando o núcleo essencial do existir humano está em jogo.[510] O princípio da unidade da constituição visa a garantir que relações de tensão desse tipo não acabem por abalar a própria estrutura do ordenamento jurídico, em que intervenções estatais se fazem por

---

[498] DI FABIO, U. *GG Kommentar* (Art. 2 Abs. 1 GG), Rn. 12.

[499] BVerfGE 54, 143 (144).

[500] MURSWIEK, D. *GG Kommentar* (Art. 2 GG), Rn. 50.

[501] BVerfGE 6, 32 (LS 3); 6, 389 (433).

[502] BVerfGE 54, 143 (144).

[503] BVerfGE 54, 143 (146s); ptd, v. DI FABIO, U. *GG Kommentar* (Art. 2 Abs. 1 GG), Rn. 16ss.

[504] BVerfGE 54, 143 (146).

[505] HESSE, K. *Grundzüge*, Rn. 426.

[506] HESSE, K. *Grundzüge*, Rn. 427.

[507] MURSWIEK, D. *GG Kommentar* (Art. 2 GG), Rn. 50.

[508] HESSE, K. *Grundzüge*, Rn. 425s.

[509] DI FABIO, U. *GG Kommentar* (Art. 2 Abs. 1 GG), Rn. 20; ERICHSEN, H. *Handlungsfreiheit*, Rn. 24.

[510] DI FABIO, U. *GG Kommentar* (Art. 2 Abs. 1 GG), Rn. 18.

vezes necessárias com a finalidade de corrigir determinadas distorções, geralmente ligadas à incidência de poder social.[511]

Em matéria de liberdade de ação geral,ou mesmo diante de outros direitos fundamentais, o exame da constitucionalidade de medidas que eventualmente violam esses direitos deve partir da constatação de se a medida que está na base do ato atacado faz parte da ordem constitucional ou se a sua interpretação infringe o direito constitucional. A partir desse exame, o tribunal constitucional pode manter o alcance da liberdade de ação geral, evitando repercussões insustentáveis de sua interpretação, sobretudo aquelas que acabam por converter o tribunal constitucional efetiva ou potencialmente em uma indesejável superinstância revisora.[512] De qualquer forma, esse exame requer que o âmbito de proteção oferecido pela liberdade de ação geral não seja demasiadamente amplo, sob pena de não se evitarem parte das consequências indesejáveis ora reportadas, principalmente a de uma avalanche de recursos constitucionais.

Aqui, como é comum em matéria de direitos fundamentais, soluções extremadas hão de ser evitadas. Para tanto, parte-se do reconhecimento de que a liberdade de ação geral está conectada a condutas que estejam diretamente ligadas em sua essência à configuração da vida privada, não cabendo ao Estado interferir em princípio – e sobretudo desproporcionalmente – nessa decisão. Admite-se nessa linha que o ponto de partida deve guardar uma amplitude considerável na forma de uma cláusula geral,[513] ciente desde o início que amplitude considerável não se confunde com ilimitada. Nessa perspectiva, o BVerfG,[514] ao evoluir seu conceito de *Drittwirkung*, deixou em aberto qual forma de liberdade está na base dessa nova função dos direitos fundamentais.[515] Tendo em vista que o conteúdo jurídico do direito fundamental de liberdade em sentido amplo se deve desenvolver nas prescrições de direito privado, tem que ser buscada a concepção jurídico-fundamental de liberdade que o legislador e os tribunais devem levar em conta nas suas atividades de criação, interpretação e aplicação das normas civis.[516]

Na doutrina, Konrad Hesse advoga que muitas das dificuldades em torno da interpretação do âmbito de proteção do direito ao livre desenvolvimento da personalidade deixam de existir a partir do momento em que se adota uma interpretação restritiva desse direito. Essa interpretação tem que enxergar o conteúdo do livre desenvolvimento da personalidade dentro dos limites da ordem constitucional e na garantia da esfera da vida pessoal mais estreita (não restrito ao desenvolvimento puramente espiritual e moral), que deve ser limitada apenas pela própria constituição e concretizada a cada vez.[517] Na acep-

---

[511] FLUME, W. *Rechtsgeschäft*, p. 143ss; ERICHSEN, H. *Staatsrecht*, p. 46s; HUBER, H. *Bedeutung*, p. 15ss; SPIEß, G. *Inhaltskontrolle*, p. 1.223ss.

[512] HESSE, K. *Grundzüge*, Rn. 427.

[513] MURSWIEK, D. *GG Kommentar* (Art. 2 GG), Rn. 51.

[514] BVerfGE 7, 198 (205ss); 25, 256 (263); 34, 269 (280ss); 42, 143 (148); 66, 116 (138);73, 261 (269); 99, 185 (194); 81, 242 (255s); 89, 1 (8ss); 89, 214 (229s); 90, 27 (33ss); 97, 125 (145s); 101, 361 (373ss; 388); 103, 89 (100); BVerfGE (NJW 2006, p. 598).

[515] KREBS,W. *Freiheit*, Rn. 48.

[516] KREBS,W. *Freiheit*, Rn.48.

[517] HESSE, K. *Grundzüge*, Rn. 428.

ção de Hesse, a interpretação restritiva da liberdade de ação geral corresponde à própria peculiaridade dos direitos fundamentais como garantias pontuais da liberdade em âmbitos da vida especialmente importantes ou ameaçados, que garantem mais do que fazer apenas aquilo que não está proibido.[518] O ponto central dessa concepção dirige-se à constatação de que a liberdade de ação geral é uma liberdade jurídica e, nessa condição, limitada, mas protegida dentro de seus limites.[519]

Bens coletivos e o interesse público justificam em maior ou em menor grau eventuais restrições de caráter proporcional.[520] Nesse ponto, coloca-se igualmente a questão de se a autonomia privada pode significar que a pessoa como sujeito privado, nas relações com outros sujeitos também privados, tem o direito de dispor juridicamente sobre a sua dignidade lá onde o Estado, na condição de agressor, não poderia fazê-lo. Há quem responda positivamente a essa questão,[521] da mesma forma que há quem afaste expressamente tal possibilidade.[522] Na acepção de uma cláusula geral, o direito de livre desenvolvimento da personalidade adquire os traços de um direito fundamental com conteúdo de garantia visivelmente variável, marcado assim por diferentes níveis de proteção: quando se analisa o problema somente a partir da liberdade de ação geral, espera-se uma proteção mínima; todavia, quando se trata da apreciação de esferas de liberdade em relação sistemática com a dignidade humana, no sentido de que sem a concessão dessa liberdade a dignidade ficaria simultaneamente sem substância, a proteção oferecida torna-se máxima.[523]

Essa é a propósito a direção que o BVerfG parece ter seguido, em que pese partir do entendimento favorável à concepção de um âmbito de proteção amplo para a liberdade de ação geral.[524] Tal conclusão é formulada a partir do instante em que o tribunal examina casos ligados à proteção da esfera privada e íntima, em que vê na liberdade de ação geral, em conjunto com a garantia de intangibilidade da dignidade humana,[525] uma garantia jurídico-fundamental ao direito de personalidade geral, formando com isso um elemento identificador desse desenvolvimento.[526] A linha condutora aponta para o fato de que a liberdade de ação geral abrange e é decisiva para a proteção da esfera de vida pessoal íntima.[527]

---

[518] HESSE, K. *Grundzüge*, Rn. 428.

[519] HESSE, K. *Grundzüge*, Rn. 425.

[520] ALEXY, R. *Individuelle*, p. 232ss; BADURA, P. *Wirtschaftsordnung*, Rn. 15ss.

[521] DÜRIG, G. *Menschenwürde*, p. 124, sustentando que a preservação da autodeterminação do particular, a partir da constatação geral de que a intensidade de proteção da dignidade humana em direção estatal não confere necessariamente com essa proteção no âmbito estritamente privado.

[522] MÜLLER, J. *GR*, p. 177, sustentando que a autonomia privada perderia o seu sentido caso permitisse uma faculdade de disposição sobre a dignidade pessoal do seu titular ou se garantisse uma faculdade de violação da dignidade no convívio interpessoal.

[523] DI FABIO, U. *GG Kommentar* (Art. 2 Abs. 1 GG), Rn. 18.

[524] BVerfGE 6, 32 (36).

[525] BVerfGE 6, 32 (40ss); 27, 1 (6); 32, 373 (379); 54, 148 (153); 54, 208 (217); 63, 131 (142s); 78, 277 (NJW 1988, p. 2.031); 79, 256 (268); 89, 69 (NJW 1993, p. 2.365); 90, 255 (260s).

[526] BVerfGE 54, 148 (153); 79, 256 (268); na doutrina, v. HESSE, K. *Grundzüge*, Rn. 428.

[527] BVerfGE 60, 329 (NJW 1982, p. 2.365); 90, 255 (260).

Teorias acerca da eficácia dos direitos fundamentais nas relações privadas ▪ 133

A liberdade de ação geral frente ao exame constitucional permanece com caráter subsidiário,[528] sem que isso, contudo, abale sua força de vigência autônoma.[529] Não entrando em consideração a proteção por meio de um direito fundamental determinado (ou especial), o exame se volta à garantia da liberdade de ação geral.[530] Isso significa que a garantia de livre desenvolvimento da personalidade é considerada *Lex generalis* em relação aos direitos fundamentais específicos. Estes, por essa razão, lhe precedem quando individualmente aplicáveis ao caso concreto,[531] ainda que não se possa falar de uma hierarquia entre a norma geral de livre desenvolvimento da personalidade e as normas daí derivadas.[532] Importa ter em mente que essa relação de generalidade só vale à medida que uma violação da garantia de livre desenvolvimento da personalidade entre em consideração sobre o mesmo ponto de vista objetivo em relação a um direito fundamental "específico". Assim, não se afasta a aplicação protetiva dessa garantia, quando ela é violada sob um ponto de vista que não recai no âmbito de proteção de um direito fundamental particularmente considerado.[533]

A estrutura argumentativa empregada pelo BVerfG surge no seguinte sentido: o direito de personalidade geral complementa, na condição de direito de liberdade inominado (*unbenannten Freiheitsrechte*), os direitos de liberdade especiais ou nominados (*benannten Freiheitsrechte*),[534] que protegem os elementos constitutivos da personalidade; a tarefa desse direito de liberdade inominado é garantir, no sentido do princípio constitucional supremo da dignidade humana, a esfera de vida pessoal íntima e a manutenção de suas condições fundamentais, que não se deixam compreender categoricamente pelas garantias de liberdade concretas tradicionais; trata-se de uma necessidade originada especialmente à vista do desenvolvimento moderno e nas novas ameaças para a proteção da personalidade humana a ele vinculadas.[535] Frente à natureza altamente abstrata do direito de personalidade geral, o BVerfG opta por não descrever categoricamente o conteúdo do direito protegido, em vez disso passando a trabalhar as suas manifestações frente à peculiaridade dos casos concretos.[536]

Para a determinação do conteúdo e do alcance jurídico do direito de livre desenvolvimento da personalidade, tem que se levar em consideração o fato de que seu conteúdo essencial não pode ser violado e que a dignidade humana é intangível, gerando como tal uma pretensão de respeito e de proteção por parte de todos os poderes públicos.[537] Assim,

---

[528] MURSWIEK, D. *GG Kommentar* (Art. 2 GG), Rn. 59; GLAESER, W. S. *Schutz*, Rn. 17; BLECKMANN, A. *Staatsrecht*, § 22, Rn. 63.

[529] DÜRIG, G. *GG Kommentar* (Art. 1 GG), Rn. 11; GLAESER, W. S. *Schutz*, Rn. 17.

[530] BVerfGE 1, 264 (273ss); 6, 32 (37); 9, 63 (73); 9, 73 (77); 9, 338 (343); 10, 55 (NJW 1959, p. 1.627); 19, 206 (225); 23, 50 (55s); 54, 148 (153); 79, 256 (268).

[531] BLECKMANN, A. *Staatsrecht*, § 22, Rn. 63.

[532] LAUFKE, F. *Vertragsfreiheit*, p. 180, ponderando que eventual hierarquia e peso entre as liberdades individualmente consideradas são determinados a partir de seu significado para a vida e para a dignidade humana.

[533] BVerfGE 19, 206 (225).

[534] Como, por exemplo, as liberdades de manifestação do pensamento, de consciência, credo etc.

[535] BVerfGE 54, 148 (153); 79, 256 (268).

[536] BVerfGE 79, 256 (268).

[537] BVerfGE 6, 32 (41); 6, 389 (433); 27, 1 (6); 32, 373 (379); 65, 1 (45); 89, 69 (NJW 1993, p. 2.365).

se nem toda conduta humana é necessariamente uma expressão direta da dignidade, por certo é que o âmbito total da vida privada não está sob a proteção absoluta do direito fundamental de livre desenvolvimento da personalidade.[538] Essa constatação é importante para afastar da proteção desse direito fundamental determinadas condutas que não possuem um mínimo grau de significância para o ordenamento jurídico, a ponto de atraírem a intervenção da jurisdição constitucional.

Essa visão que aparta determinadas condutas da proteção jurídico-fundamental oferecida pelos direitos de personalidade toma por base a constatação de que a intensidade da proteção oferecida pela liberdade de ação geral está ligada à proximidade de eventuais ameaças ou de lesões ativas ao âmbito intangível de configuração da vida privada.[539] Isso porque se a liberdade pressupõe a existência de uma autonomia privada, isso não significa que consista apenas nela, de modo que não se pode cogitar em nenhum momento que em nome da preservação da autonomia privada se destrua a liberdade e a dignidade dos particulares.[540] Assim, quanto maior for a ameaça ou a lesão efetiva ao âmbito intangível de configuração da vida privada, maior é a proteção gerada pela garantia constitucional de livre desenvolvimento da personalidade. Nessa conectividade, como bens protegidos pelo direito de personalidade geral situa-se sobretudo a esfera privada, secreta e íntima do particular.[541]

As considerações até aqui elencadas abrem o caminho para a fundamentação de limites à autonomia privada e com isso à possibilidade de controle do conteúdo de contratos privados, como, por exemplo, os de consumo. A partir do instante em que a autonomia privada encontra amparo na garantia constitucional de livre desenvolvimento da personalidade e a partir do instante em que essa garantia, como visto, não vige ilimitadamente no ordenamento jurídico, não há outro caminho a seguir senão considerar que a autonomia privada, assim como qualquer outra norma do ordenamento jurídico, não pode ser ilimitada.[542] Condiciona em contrapartida a aplicação dos direitos fundamentais nas relações privadas, sob pena de ser vulnerada em seu conteúdo essencial,[543] não admitindo desse modo um modelo que preveja a vinculação ampla e direta dos particulares aos direitos fundamentais. Inegavelmente, a autonomia tem que sempre permanecer referida ao seu núcleo, que é a configuração vital autorresponsável da personalidade. A partir dessa configuração é que ela recebe medida e também seus limites.[544]

O fundamento da autonomia privada e de sua manifestação mais importante, a liberdade contratual, é uma situação jurídica e fática marcada por uma igualdade ao menos aproximada da possibilidade de afirmação da vontade das partes, de modo que onde faltar esse pressuposto da igualdade a autonomia privada de uma parte poderá conduzir à falta

---

[538] BVerfGE 32, 373 (379).

[539] BVerfGE 6, 32 (41); 27, 1 (6); 32, 373 (379); 6, 389 (433); 65, 1 (45); 89, 69 (NJW 1993, p. 2.365).

[540] BRANCO, P *Aspectos*, p. 175.

[541] BVerfGE 54, 148 (154).

[542] Ptd, v. LARENZ, K. *AT BGB*, § 2°, II, p. 42.

[543] MIRANDA, J. *Manual*, T. IV, p. 323s.

[544] MÜLLER, J. *GR*, p. 177.

de liberdade da outra.[545] Trata-se de um cenário típico das relações marcadas por flagrante desigualdade de poder de barganha, em que a incidência de poder em apenas um dos polos da relação conduz não apenas a um desequilibro contratual, mas igualmente à supressão da manifestação livre da vontade. Aqui se revela um aspecto importante. A simples incidência de poder social em uma relação jurídica não justifica um modelo de eficácia direta dos direitos fundamentais nas relações privadas, pelo fato de que mesmo aqueles que detêm o chamado poder social também são titulares de direitos fundamentais.[546]

Consequentemente, o que a propugnada *irradiação* dos direitos fundamentais para todos os âmbitos jurídicos deve combater não é a existência do poder social em si, visto que sua existência é protegida pela constituição, até mesmo pela garantia de livre iniciativa.[547] O alvo desse combate é antes de tudo o abuso do exercício desse poder, em atitude contrária à ordem de valores da constituição. Aqui se mostra mais do que nunca que apenas um direito privado sólido, marcado por uma tradição e primazia de conhecimento efetivos, por meio de normas específicas e encadeadas entre si, pode dar conta dessa realidade. Trata-se de um fundamento de peso, voltado à inviabilidade de uma concepção em torno de um modelo geral de eficácia direta dos direitos fundamentais nas relações privadas.

Ao se sustentar que a autonomia privada não é ilimitada, não significa que ela não é um valor em si. Significa apenas que ela não representa um princípio subtraído ao controle de sua correspondência e funcionalização no sistema das normas constitucionais.[548] No momento em que a autonomia privada encontra justificação na circunstância de que a autodeterminação do particular é reconhecida como um valor, ela somente pode vir a ser realizada como princípio jurídico quando se verifica o poder fático de autodeterminação.[549] Desse modo, a garantia da autonomia privada por meio do livre desenvolvimento da personalidade pressupõe que as condições fáticas para a autodeterminação do particular estejam presentes, o que vale em primeira linha para a liberdade contratual.[550] Livre desenvolvimento da personalidade nessa conexão só pode significar que cada indivíduo deve ser capaz de determinar livremente os objetivos e os meios de sua atuação.[551]

O traço marcante da liberdade ou da autonomia é que o particular pode deixar guiar a sua atuação sozinho de acordo com suas preferências pessoais. Entretanto, essa liberdade carece de controle, sob pena de se converter no dia a dia em arbitrariedade contrária ao direito. Para tanto, o ordenamento jurídico oferece mecanismos protetivos, seja ao exigir consenso livre entre as partes, como forma de reconhecimento da eficácia das relações jurídicas, seja ao impor às partes as consequências de sua respectiva atuação.[552] Nesse sentido, a doutrina já apontou a existência de um fenômeno chamado de "perversão da liberdade

---

[545] HESSE, K. *Verfassungsrecht*, p. 25 e 37s.

[546] RÜFNER, W. *Träger*, Rn. 2ss.

[547] Art. 1°, IV, CF/88.

[548] PERLINGIERI, P. *Perfis*, p. 277s, embora considere que a autonomia privada não é um valor em si.

[549] FLUME, W. *Rechtsgeschäft*, p. 143, sustentando que coação e autonomia privada são aspectos incompatíveis entre si.

[550] BADURA, P. *Wirtschaftsordnung*, Rn. 17.

[551] BLECKMANN, A. *Staatsrecht*, p. 541.

[552] LOBINGER, T. *Vertragsfreiheit*, p. 104.

contratual",[553] que descreve abusos nessa liberdade, sobretudo pela concentração de poder em um dos polos da relação. Essa constatação não é estranha à sociedade de massas. Pelo contrário, diz respeito ao seu dia a dia. Isso somente demonstra que a autonomia privada carece de limites, sob pena de não merecer o nome dado ao conceito.

Portanto, caso se leve em conta apenas um lado da questão, de que a vinculação gerada pelos contratos privados é uma consequência do exercício constitucionalmente protegido da autonomia privada, poderá se argumentar em um primeiro momento que esses contratos não violam direitos fundamentais.[554] Todavia, ao se partir para um segundo plano de análise, que é a verificação do próprio âmbito protegido pela autonomia privada, bem como de sua real existência, supera-se essa impressão inicial e se constata que a autonomia privada não é uma espécie de salvo conduto capaz de, em seu nome, gerar toda a sorte de violações, inclusive em face de bens que abstratamente gozam de igual proteção constitucional. Sempre que se conceder a uma das partes o direito de determinar ou modificar isoladamente o conteúdo de um contrato, há uma restrição à autonomia privada da outra parte. Essa restrição só se deixa justificar juridicamente quando os interesses da parte que não pode manifestar sua vontade real sejam protegidos por regulamentações legais de proteção de caráter compensatório.[555] E é esse caráter compensatório que deve expressar a chamada eficácia irradiante dos direitos fundamentais nas relações privadas. Trata-se, por exemplo, da realidade estampada pelas relações de consumo, em que o caráter compensatório é desenvolvido particularmente pelo CDC e por outras disposições incidentes do direito civil.[556]

É por isso que a autonomia privada só adquire plenitude de sentido quando é medida em vista do objetivo constitucional de livre desenvolvimento da personalidade.[557] Isso porque a constituição não garante a liberdade contratual como um direito autônomo. Ela goza de proteção na forma da liberdade de ação geral e, nessa concepção, apenas quando serve à garantia de livre desenvolvimento da personalidade.[558] O que a autonomia privada visa a proteger é, portanto, a possibilidade de o indivíduo desenvolver sua personalidade, de exercitar a racionalidade do seu agir, que marca uma das características principais do existir humano. Assim, a liberdade contratual pressupõe como forma de apresentação mais importante da autonomia privada uma situação de igualdade jurídica e fática dos parceiros contratuais, visto que sem ela uma autodeterminação do sujeito jurídico está de antemão excluída.[559]

No mais, a liberdade contratual e suas restrições não se comportam como regra e exceção, mas sim como tese e antítese de uma relação dialética entre indivíduo e coletividade.[560] Ambas se situam em uma conexão estreita e indissolúvel: a decisão pela admissão de um tráfego jurídico privado de caráter intersubjetivo exige simultaneamente uma

---

[553] KRAMMER, E. A. *Krise*, p. 64, empregando a expressão *Perversion der Vertragsfreiheit*.

[554] MURSWIEK, D. *GG Kommentar* (Art. 2 GG), Rn. 37a.

[555] MURSWIEK, D. *GG Kommentar* (Art. 2 GG), Rn. 37a.

[556] MARQUES, C. *Superação*, p. 34ss.

[557] FLUME, W. *Rechtsgeschäft*, p. 145ss; MÜLLER, J. *GR*, p. 176.

[558] RAISER, L. *Vertragsfreiheit*, p. 6.

[559] MÜLLER, J. *GR*, p. 176.

[560] RAISER, L. *Vertragsfreiheit*, p. 6; SCHMIDT-SALZER, J. *Vertragsfreiheit*, p. 14.

decisão complementar quanto a suas restrições.[561] Na doutrina, Joachim Schmidt-Salzer traz considerações interessantes acerca do modo de compreensão da liberdade contratual no marco do direito constitucional. Para tanto, informa que sob a perspectiva jurídico--constitucional, a questão dos limites à liberdade contratual parece estar compreendida à primeira vista nas restrições aos direitos fundamentais. Isso porque o âmbito de proteção dos direitos fundamentais, assim como as competências de intervenção do legislador nesses direitos, parecem estar definidos na constituição. A consequência desse raciocínio é que cada restrição à liberdade contratual representaria ao mesmo tempo uma questão de compatibilidade dessa restrição à constituição, o que corresponde por regra à relação geral dos direitos fundamentais com as suas respectivas restrições.[562]

Todavia, Schmidt-Salzer observa que essa questão pode ser compreendida a partir de um ponto de vista distinto. No que tange à liberdade contratual e às restrições que lhe são inerentes, não se trata de uma delimitação de um espaço de liberdade originário, mas sim, contrariamente, da consolidação dos pressupostos a partir dos quais os sujeitos privados podem ordenar suas relações em autorresponsabilidade e com eficácia jurídica vinculativa. Nesse sentido, aponta que o direito fundamental à liberdade contratual possui um conteúdo atípico: ele não contém apenas a garantia jurídico-constitucional para uma determinada liberdade de atuação, mas além disso uma pretensão jurídico-constitucional ao reconhecimento de uma competência jurídica para a autoconfiguração das relações privadas.[563]

Isso se deixa observar pela seguinte realidade. Frente aos direitos de liberdade tradicionais, costuma-se buscar a proteção de uma determinada conduta da vida social em face de intervenções estatais. Já a liberdade para a formulação de regras próprias incidentes nas relações privadas, com caráter juridicamente vinculante, é obtida inicialmente por meio do direito privado, em que acordos estipulados entre indivíduos são reconhecidos. Com isso está dito que o direito fundamental à liberdade contratual se afirma não apenas do ponto de vista negativo, a partir do qual o Estado tem que se omitir de violar a esfera de liberdade do cidadão; ele se afirma também do ponto de vista positivo, que expressa uma obrigação da ordem jurídica de reconhecer juridicamente essas estipulações e, além disso, de garantir sua imposição efetiva por meio do aparato de coerção estatal. A partir desse conteúdo positivo, a liberdade contratual adquire um significado jurídico-constitucional atípico: por um lado, o Estado tem que respeitar a liberdade de atuação fática dos cidadãos; por outro lado, tem que disciplinar suas ordenações no marco do direito, a fim de que o direito fundamental à liberdade contratual se converta acima de tudo em uma possibilidade efetiva de desenvolvimento da personalidade.[564] O fundamento da intervenção estatal, vale dizer, das restrições impostas à autonomia privada repousa ao fim e ao cabo na própria garantia dessa autonomia, voltada no caso à parte que na relação contratual não logra êxito em reduzir a termo sua vontade por motivos a ela alheios.

---

[561] LEISNER, W. *GR*, p. 329ss; SCHMIDT-SALZER, J. *Vertragsfreiheit*, p. 14.

[562] SCHMIDT-SALZER, J. *Vertragsfreiheit*, p. 14.

[563] SCHMIDT-SALZER, J. *Vertragsfreiheit*, p. 14.

[564] SCHMIDT-SALZER, J. *Vertragsfreiheit*, p. 14.

O quadro até aqui delineado encontra nítida concretização a partir do mandamento constitucional de proteção do consumidor na forma da lei.[565] Nessa conexão, as normas de direito privado, ao regulamentarem as mais variadas situações inerentes a esse ramo do direito, não apenas impõem limites à liberdade do particular, já que ao mesmo tempo permitem-no fazer uso de sua liberdade até atingir esses limites.[566] Trata-se de aspecto que ressalta a necessidade de configuração legislativa para delimitar os limites impostos ao exercício da autonomia privada.

L. Necessidade de configuração legislativa para garantia da autonomia privada

Todas as considerações até aqui apresentadas dão conta de que a autonomia privada é um valor que goza de proteção constitucional, visto que decorre da liberdade de ação geral, expressão da garantia de livre desenvolvimento da personalidade, como direito fundamental. Para que a autonomia seja verdadeiramente atingida, ela carece de restrições sobretudo de modo preventivo, a fim de que a liberdade de configuração de um contrato seja estendida faticamente às partes que não gozam de poder em uma relação contratual, exemplo típico dos contratos de consumo e de prestação de serviços em face de grupos privados detentores de poder social. Trata-se de um quadro marcado pela necessidade de equacionamento de posições desiguais de poder: quanto menor for a possibilidade de autodeterminação de uma parte da relação, mais eficazes devem ser os mecanismos jurídicos que o ordenamento coloca à disposição do indivíduo para fazer valer sua vontade, a fim de se vincular a partir dela.

Contudo, para que esse equacionamento seja atingido, faz-se necessário o recurso às normas de direito ordinário, o que traduz a necessidade de mediação legislativa. Significa que ao mesmo tempo em que a autonomia privada é necessariamente limitada, ela também carece de configuração jurídica,[567] situação que decorre do fato de que a liberdade contratual não pode ser garantida de outra forma que não seja em conformidade com a ordem jurídica.[568] Constitui, portanto, tarefa do legislador ordinário determinar e descrever os limites da liberdade individual.[569] Isso porque os limites à liberdade contratual não podem ser medidos diretamente na constituição. De fato, o direito fundamental à liberdade contratual, decorrente da garantia de livre desenvolvimento da personalidade, situa-se no campo de regulamentação legislativa do tráfego jurídico privado, ou seja, na competência de atuação do legislador. Assim, a liberdade contratual não é mensurada apenas e preponderantemente pelo direito constitucional, visto que a constituição contém apenas uma decisão fundamental em favor da liberdade contratual, enquanto sua concretização é determinada pelo direito civil.[570]

---

[565] Art. 5°, XXXII, CF/88.
[566] PIETZCKER, J. *DW*, p. 353.
[567] BADURA, P. *Wirtschaftsordnung*, Rn. 17; BVerfGE 89, 214 (231).
[568] NIERHAUS, M. *Grundrechte*, p. 91.
[569] ISENSEE, J. *Staat*, Rn. 176.
[570] SCHMIDT-SALZER, J. *Vertragsfreiheit*, p. 15.

Isso não significa que o legislador é inteiramente livre para a configuração do direito contratual: ele tem que respeitar as decisões fundamentais da constituição, particularmente aquelas derivadas do direito fundamental ao livre desenvolvimento da personalidade, a fim de que a liberdade reste verdadeiramente garantida, sem falar de outros aspectos relacionados com a própria garantia da dignidade humana. Importa que as restrições à liberdade contratual deixem intacto um âmbito de liberdade que ainda possa fazer jus ao termo *liberdade contratual*,[571] da mesma forma que a autonomia seja garantia a todas partes da relação, a fim de igualmente fazer jus a esse termo.[572] Sem embargo, reconhece-se ao legislador um amplo espaço de manobra para a configuração da autonomia privada e para o asseguramento dos seus pressupostos.[573]

A liberdade de celebração de contratos pertence a uma parte elementar da autonomia privada, de modo que a prática de restrições nesse âmbito requer, via de regra, uma visível autocontenção.[574] Todavia, em uma ordem jurídico-estatal social o contrato é visto como meio de estabelecimento de relações justas entre as pessoas, de modo que não pode ser compreendido como um instrumento de domínio da parte economicamente mais forte sobre a mais fraca.[575] A partir daí se verificam os pressupostos de reconhecimento da liberdade contratual em respeito à constituição. O legislador não se deve contentar com a mera elaboração de um direito contratual formal, pois deve atuar em favor do estabelecimento de uma garantia mais efetiva possível em prol da justiça contratual material, o que é levado a efeito por meio da construção de mecanismos contratuais corretivos, que evitem a conversão do contrato em instrumento de domínio alheio.[576] Nesse ponto, evidencia-se que a própria liberdade de configuração legislativa é limitada.

O legislador, ao receber da constituição uma incumbência de regulamentação das relações privadas, tem o dever de realizá-la,[577] permanecendo em sua esfera de discricionariedade o modo e a forma dessa regulamentação.[578] Em outras palavras, a constituição ordena que o legislador atue, mas não especifica como e em que extensão ele deve atuar. Não obstante, o direito fundamental ao livre desenvolvimento da personalidade obriga o legislador a criar um direito contratual por meio do qual a autonomia privada possa se desenvolver, ao mesmo tempo em que os valores da ordem jurídico-objetiva da constituição sejam preservados, o que requer uma atividade de equalização de interesses.[579] Fundamental aqui é que as posições jurídico-fundamentais colidentes sejam vistas em uma relação de efeito recíproco, a fim de que nesses termos sejam delimitadas, de modo a restar garantida a máxima eficácia possível de todos os direitos em jogo.[580]

---

[571] SCHMIDT-SALZER, J. *Vertragsfreiheit*, p. 15.

[572] SCHNAPP, F. *Grundrechtsbindung*, p. 941.

[573] RUFFERT, M. *Vorrang*, p. 554.

[574] CANARIS, C. *Kreditkündigung*, p. 123.

[575] ISENSEE, J. *Privatautonomie*, p. 251; SCHMIDT-SALZER, J. *Vertragsfreiheit*, p. 11.

[576] SCHMIDT-SALZER, J. *Vertragsfreiheit*, p. 11.

[577] WENGER, D. *Verwertung*, p. 620.

[578] SCHMIDT-SALZER, J. *Vertragsfreiheit*, p. 11.

[579] BVerfGE 89, 214 (232).

[580] BVerfGE 89, 214 (232).

Em síntese, cabe ao legislador democraticamente legitimado, em sua esfera de responsabilidade, traçar os limites necessários ao exercício da liberdade contratual. Daí se depreende que o direito constitucional contém uma incumbência de organização dirigida ao direito civil, marcada por um amplo espaço de configuração legislativa, que em medida considerável foge do exame jurídico-constitucional. Nesse contexto, a mudança da ideia fundamental do direito privado por meio do legislador, ao restringir a liberdade contratual das partes para garantir sua autonomia real no contrato – sobretudo da parte mais fraca –, representa um fenômeno interessante que é constatado com clareza no campo do direito de proteção do consumidor.[581] Ao legislador cabe, portanto, a tarefa de abrir um espaço adequado de atividades ao particular na vida jurídica,[582] matéria que quando analisada sob o dever de configuração da ordem jurídico-privada, coloca o próprio legislador frente ao desafio de atingir a concordância prática,[583] problema que não pode ser resolvido somente à luz de atuações privadas, independentemente de mediação legislativa.

M. O exemplo do Caso Fianças

O estudo da eficácia horizontal volta-se à busca de soluções que amenizam o grau de tensão entre o exercício da liberdade e o gozo de determinados direitos fundamentais, em que a determinação dos limites da liberdade se constitui em questão de relevada importância.[584] Nesse palco, determinados negócios privados, entre os quais se inserem os contratos de garantia firmados com instituições financeiras, constituem-se em instrumentos capazes de lesar direitos fundamentais dos contratantes, na condição de parte mais fraca da relação.[585] No Brasil, essa concepção ganhou inegável força a partir do reconhecimento pelo STF[586] da aplicação do CDC frente às instituições financeiras.[587] Daí surge a necessidade de as leis limitarem o poder de regular cláusulas contratuais em face do imperativo de se preservar certas garantias.[588] Fundamento para tanto é que todo ramo jurídico deve ser compreendido em primeira linha a partir das suas bases constitucionais, não fugindo nem mesmo o direito econômico e seus contratos de crédito a esse desiderato.[589] Atualmente, do ponto de vista do direito contratual, a matéria ganha fôlego sobretudo pela perspectiva do contrato *como ponto de encontro de direitos fundamentais*.[590]

Diretamente conectada a essa perspectiva, situa-se a decisão proferida pelo BVerfG no famoso caso dos contratos de fiança (*Bürgschaftsverträge*),[591] julgado em 19.10.1993,[592]

---

[581] ZÖLLNER, W. *Rolle*, p. 332. EN, v. MARQUES, C. *Manual de Direito do Consumidor*, p. 129ss.

[582] BADURA, P. *Wirtschaftsordnung*, Rn. 17.

[583] V. HESSE, K. *Grundzüge*, Rn. 72; v. BVerfGE 89, 214 (232).

[584] Ptd, v. SCHAPP, J. *Grenzen*, p. 581ss.

[585] Ptd, v. MARQUES, C. *Boa-fé*, p. 233ss.

[586] ADI n. 2.591.

[587] Ptd, v. MARQUES, C. *ADI 2.591*, p. 363ss.

[588] COUTO E SILVA, C. *Obrigação*, p. 23s.

[589] ASHTON, P. *Econômico*, p. 174.

[590] MARQUES, C. *Contratos*, p. 255ss.

[591] Em verdade, contratos de prestação de garantia pessoal fidejussória firmados perante instituições financeiras, denominados em alemão de *Bürgschaft*.

[592] BVerfGE 89, 214.

que encontra ampla referência na doutrina dada a grande repercussão dos seus fundamentos.[593] A questão que se colocou nesse julgado era saber em que medida os tribunais cíveis estão obrigados pela constituição a submeter a um controle de conteúdo contratos de fiança com bancos quando familiares sem rendimento e sem bens do tomador de crédito assumem como cidadãos riscos de responsabilidade altos.[594] Nesse caso, duas situações concretas foram objeto de recursos constitucionais distintos, as quais foram analisadas em conjunto pelo Primeiro Senado do BVerfG. A primeira envolvia o caso de uma fiança prestada pela filha (jovem sem formação profissional e sem patrimônio e renda compatíveis com a quantia afiançada) em favor do pai para garantir um contrato de crédito em conta-corrente seguido de financiamento bancário.[595] A segunda envolvia o caso de uma fiança prestada pela esposa (dona de casa sem patrimônio e renda, mãe de dois filhos em tenra idade) em favor do marido para garantir um contrato de empréstimo de seguro.[596] Com vistas a obter o reconhecimento judicial da nulidade das fianças, após terem sido notificadas pelas respectivas instituições financeiras para saldarem o cumprimento das obrigações assumidas frente ao inadimplemento dos afiançados, ambas ingressaram com as medidas judiciais competentes. Comum aos dois casos era o fato de as fiadoras terem prestado fianças em favor de familiares próximos, independentemente de possuírem renda ou patrimônio compatíveis com as garantias prestadas perante as instituições financeiras.

Trata-se de uma típica controvérsia em que se analisa a questão da eficácia dos direitos fundamentais no bojo de um contrato privado, tendo como pano de fundo a garantia da autonomia privada, cujo desdobramento apontou para a nulidade dos contratos de fiança sob o fundamento nuclear de que eventual exigência do pagamento dos débitos levaria a uma situação que violaria a própria garantia de livre desenvolvimento da personalidade das fiadoras.[597] A análise detalhada desse caso justifica-se sob todos os aspectos.[598] Particularmente, por demonstrar que o fato de a liberdade de um limitar a de outro não encerra em si uma contradição.[599] Nesse sentido, deve-se intervir proporcionalmente quando o poder de negociação entre as partes for manifestamente desigual.[600] O Caso Fianças demonstra com clareza que a liberdade não pode ser ilimitada e deve poder ser sancionada juridicamente quando for o caso.[601] Afinal de contas, agrega-se sentido à liberdade individual quando o Estado assegura condições efetivas para o seu exercício, vale dizer, mediante deveres de proteção, assegura aos indivíduos as melhores condições de igualdade em suas relações.

---

[593] Ptd, v. SCHAPP, J. *Konkretisierung*, p. 973ss; do mesmo autor, SCHAPP, J. *Privatautonomie*, p. 30ss; CANARIS, C. *Wandlungen*, p. 296ss. EN, v. MARQUES, C. *Crédito*, p. 73ss; DUQUE, M. S. *DF e contrato de garantia*, p. 163ss; HECK, L. *DF*, p. 50ss; MARTINS, L. *Vínculo*, p. 109ss.

[594] BVerfGE 89, 214 (214s).

[595] BVerfGE 89, 214 (218). Na doutrina, v. WIEDEMANN, H. *Inhaltskontrolle*, p. 408.

[596] BVerfGE 89, 214 (221) Na doutrina, v. WIEDEMANN, H. *Inhaltskontrolle*, p. 408.

[597] WIEDEMANN, H. *Inhaltskontrolle*, p. 408.

[598] BVerfGE 89, 214 (*Bürgschaftsverträge*).

[599] SCHAPP, J. *Grenzen*, p. 585.

[600] BLECKMANN, A. *Grundrechtsverzicht*, p. 62.

[601] DÜRIG, G. *GR*, p. 159.

A relação de tensão entre autonomia privada e possibilidade de controle do conteúdo de contratos fica evidente a partir do momento em que as instituições financeiras jamais se preocuparam com o fato de as fiadoras não possuírem reais condições de garantir o contrato. A nota de destaque da decisão foi, portanto, considerar contrária aos bons costumes uma exigência *mais ficta do que real*, qual seja, a fiança prestada por um familiar sem renda e patrimônio em favor de outro que, na hipótese de vir a ser exigida por força de decisão judicial, representaria uma verdadeira dívida asfixiante.[602] Gritante foi assim a ausência de um dever de informação e transparência[603] quanto à real responsabilidade e riscos advindos do contrato.[604] A ausência desse dever de informação torna-se ainda mais nítida quando se leva em conta a inexperiência negocial das fiadoras.

É bem verdade que a decisão do BVerfG no *Caso Fianças* foi criticada por estender um controle de conteúdo dos contratos demasiadamente para a constituição. O cerne da crítica baseia-se no fato de que o dever de proteção ligado à autonomia privada não exige um controle de conteúdo jurídico-constitucional amplo por meio dos juízes, visto que conduz meramente à proteção da autonomia contra violações que representem uma subtração dos fundamentos para uma atuação autodeterminável no tráfego jurídico.[605] De qualquer forma, a intervenção do BVerfG mostra-se positiva, por demonstrar que um contrato celebrado nessas circunstâncias não se formou em um regime de livre autodeterminação, o que afasta a possibilidade de se negar uma intervenção estatal corretiva sob o argumento de livre renúncia de direitos.[606]

Por traz desse raciocínio reside a constatação de que a inalienabilidade de certos direitos fundamentais deriva da personalidade do titular desses direitos, implicando proteção contra a *ausência de esperança*,[607] aqui compreendida como sinônimo de superendividamento,[608] barreira ao livre desenvolvimento da personalidade. Positivo ainda é o fato de a decisão mostrar o caminho de realização dos direitos fundamentais no direito privado, ao salientar que os tribunais ordinários estão obrigados em virtude da constituição a considerar os direitos fundamentais como *linhas diretivas* na interpretação e aplicação das cláusulas gerais; e que a constituição contém em seu catálogo de direitos fundamentais decisões básicas jurídico-constitucionais para todos os âmbitos do direito, decisões essas que se desenvolvem por meio das prescrições que dominam diretamente o campo jurídico privado, com significado marcante para sua interpretação (em particular, frente às das cláusulas gerais).[609] Trata-se sem sombra de dúvidas do reconhecimento de um modelo de eficácia indireta dos direitos fundamentais nas relações privadas.

---

[602] MARQUES, C. *Crédito*, p. 74.

[603] MARQUES, C. *Boa-fé*, p. 237ss.

[604] Conforme noticia SCHAPP, J. *Privatautonomie*, p. 32, no caso da fiança prestada pela estudante em favor de seu pai, a instituição financeira teria inclusive, por meio de um funcionário, informado à fiadora que ela não estaria incorrendo em grandes riscos porquanto a fiança se tratava de mera formalidade contratual para a efetivação da verba requerida pelo seu pai.

[605] RUFFERT, M. *Vorrang*, p. 554.

[606] NEUNER, J. *BGB e LF*, p. 254.

[607] NEUNER, J. *BGB e LF*, p. 256.

[608] MARQUES, C; CAVALLAZZI, R. *Endividado*, p. 13ss.

[609] BVerfGE 89, 214 (229s).

N. A reafirmação do modelo de eficácia horizontal indireta na jurisprudência do BVerfG: proibição de ingresso em estádios de futebol à luz do princípio da igualdade

Em abril de 2018, o BVerfG, por ocasião do julgamento de um recurso constitucional que analisou a possibilidade de um clube de futebol profissional proibir torcedores de ingressar em estádios de futebol em toda a Alemanha pelo fato de terem se envolvido em brigas e depredações após uma partida,[610] reafirmou que os direitos fundamentais geram efeitos indiretos nas relações jurídico-privadas. E o fez à luz da análise do efeito de irradiação do princípio de igualdade geral no direito civil. Trata-se da reafirmação da eficácia horizontal indireta dos direitos fundamentais nas relações privadas.

Ao decidir pela improcedência do recurso constitucional e consequentemente pela validade da proibição de ingresso em estádios de futebol impostas aos torcedores que se envolveram em brigas por ordem dos tribunais ordinários, o BVerfG ponderou que as decisões recorridas levaram em consideração de forma suficiente o efeito de irradiação dos direitos fundamentais no direito civil.

O BVerfG considerou que a proibição imposta deve ser medida à luz do princípio de igualdade de tratamento previsto no art. 3 (1) da LF. Como fundamento[611], considerou que a partir da doutrina da eficácia horizontal indireta (*mittelbare Drittwirkung*) dos direitos fundamentais, não se extrai um princípio constitucional objetivo segundo o qual as relações jurídicas entre privados deveriam ser configuradas por essa garantia de igualdade. Contudo, o princípio de igualdade geral desenvolve uma eficácia horizontal indireta nas relações privadas quando entes privados por decisão própria exercem seu direito de fazer cumprir regras internas de direito privado para excluir pessoas individualmente conside-

---

[610] BVerfGE 1 BvR 3080/09, julgado em 11.4.2018. Em 2006, um torcedor de 16 anos do time do Bayern de Munique se envolveu em uma briga após a saída do estádio de futebol, em uma partida contra o MSV Duisburg, no estádio do adversário. A briga resultou em lesões corporais e danos à propriedade. Junto com outros torcedores, foi colocado em cusódia pela polícia para verificação de identidade e posteriormente processado pelo Ministério Público, sob a acusação de gerar tumulto em evento esportivo. A direção do time MSV Duisburg, por sugestão do chefe de polícia local, impôs ao torcedor uma pena de proibição de ingresso em todos os estádios de futebol na Alemanha até o mês de junho de 2008. Nesse caso, o MSV Duisburg atuou como agente em nome da Federação Alemã de Futebol e de seus clubes afiliados, que delegavam uns aos outros o poder de impor tais penalidades, na condição de organizadores das partidas, de modo a coagir os torcedores a respeitarem as regras de cada praça desportiva em um regulamento denominado de "diretrizes sobre a proibição de estádios" da Federação Alemã de Futebol, na versão válida na época. O torcedor foi expulso de seu clube e teve seu passe de ingressos na temporada cancelado. Contudo, o processo criminal foi suspenso, com base na lei processual vigente, pelo fato de o acusado ser menor de idade e considerando a natureza do delito cometido. Todavia, o MSV Duisburg invocou seu direito de aplicar as regras da casa e, a despeito da suspensão do processo, decidiu sem ter ouvido o acusado que a proibição de ingresso nos estádios seria mantida. Inconformado, o torcedor ajuizou uma ação requerendo que a proibição de ingresso em estádios, nacionalmente válida, fosse suspensa. Sua demanda não teve êxito, tampouco os recursos impetrados, inclusive no âmbito do Tribunal Federal de Justiça (BGH). Apresentou então recurso constituconal ao BverfG, sob o argumento de violação aos seus direitos fundamentais, pelo fato de que foi proibido de ingressar nos estádios com base em mera suspeita, sem base ou justificativa plausível. O recurso constitucional também foi julgado improcedente pelo BverfG.

[611] Segue a transcrição, etl, dos fundamentos mais relevantes da decisão BVerfGE 1 BvR 3080/09.

radas de eventos organizados para o grande público, em que o ingresso é garantido sem distinção, e quando essa exclusão tem um considerável impacto nas pessoas interessadas em participar da vida social.

Ponderou ainda que aos organizadores do evento não é permitido usar seus poderes discricionários para excluir determinadas pessoas sem fundamentos fáticos. No entanto, a imposição de uma proibição de frequentar um estádio não precisa ser apoiada na prova de que a pessoa em questão cometeu um ato criminoso; em vez disso, é suficiente demonstrar que as circunstâncias fáticas suscitam preocupações de que as pessoas afetadas pela proibição causarão distúrbios futuros. Antes da imposição de uma proibição, as pessoas atingidas devem em princípio ser ouvidas para que possam solicitar os fundamentos empregados para a proibição de ingresso no estádio e viabilizar eventual recurso.

Todas essas considerações do BVerfG basearam-se na premissa de que a avaliação jurídico constitucional das decisões proferidas pelos tribunais ordinários, que mantiveram a proibição do torcedor de ingressar nos estádios de futebol, se orientavam ao princípio da eficácia horizontal indireta dos direitos fundamentais. As decisões recorridas dizem respeito a uma controvérsia jurídica entre sujeitos privados relacionada com o alcance jurídico dos direitos de propriedade perante terceiros à luz do direito privado. De acordo com a jurisprudência constante do BVerfG, os direitos fundamentais podem desenvolver efeitos em tais controvérsias no caminho de uma eficácia horizontal indireta. Os direitos fundamentais em princípio não criam obrigações diretas entre os particulares. No entanto, eles desenvolvem um efeito de irradiação nas relações jurídico-privadas, cabendo aos tribunais ordinários reconhecer a eficácia desses direitos fundamentais na interpretação da legislação infraconstitucional, em particular por meio das cláusulas gerais de direito civil e dos conceitos jurídicos indeterminados. Os direitos fundamentais, na condição de decisões valorativas de hierarquia jurídico-constitucional, irradiam-se para o direito civil.

Assim, ponderou o BverfG que o alcance jurídico da eficácia indireta dos direitos fundamentais nas relações privadas depende das circunstâncias do caso concreto. É decisivo que seja buscado um equilíbro entre as esferas de liberdade dos respectivos titulares, a fim de que seja dada eficácia suficiente às decisões sobre os valores constitucionais inerentes aos direitos fundamentais. No entanto, o direito fundamental de igualdade não contém um princípio constitucional objetivo, segundo o qual as relações jurídicas entre privados deveriam ser configuradas por essa garantia de igualdade. Os requisitos para esse efeito também não resultam da doutrina da eficácia horizontal indireta. Em princípio, todas as pessoas têm a liberdade de determinar de acordo com suas próprias preferências quando, com quem e sob quais circunstâncias desejam celebrar contratos e como querem fazer uso de suas propriedades nesse contexto.

No entanto, em constelações específicas, exigências quanto às relações entre particulares podem resultar do direito fundamental à igualdade. A proibição de ingressar em estádios em todo o território nacional baseia-se em tais constelações. Com esses fundamentos, o BverfG não visualizou uma lesão aos direitos fundamentais do torcedor que havia sido punido com a pena de proibição de ingresso em estádios de futebol, inclusive no que diz respeito ao princípio da igualdade. Constatou, entretanto, que os direitos fundamentais vinculam apenas indiretamente os sujeitos privados no curso de suas relações privadas.

O. Conclusão pela incompatibilidade do modelo de eficácia direta com o princípio da autonomia privada

No direito privado vige o princípio da liberdade contratual. A partir do instante em que um parceiro contratual está obrigado diretamente a observar os direitos fundamentais da outra parte, a autonomia privada acaba de uma forma ou de outra sendo atingida.[612] Resta saber se uma intervenção na autonomia privada decorrente do reconhecimento de uma eficácia dos direitos fundamentais na esfera privada ocorre dentro dos limites preconizados pela constituição. Para os defensores de um modelo de eficácia direta dos direitos fundamentais nas relações privadas, a autonomia privada não é atingida em "sua raiz" pelo fato de se reconhecer que os particulares estão diretamente vinculados aos direitos fundamentais.[613] As considerações tecidas nesse tópico demonstram que essa posição não se sustentam razão de os direitos fundamentais, em face tanto da sua estrutura quanto da necessidade de compatibilização recíproca, estarem aptos apenas em medida limitada a dar base à realização de restrições diversas na autonomia da vontade das partes nos contratos privados. E essa medida limitada não se deixa produzir à luz da teoria da eficácia direta.

O pensamento da eficácia direta dá conta de que uma violação de um direito fundamental no bojo de um contrato privado conduziria à própria nulidade do contrato.[614] Um dos grandes problemas dessa teoria é a constatação de que no âmbito das relações privadas — ao contrário do que acontece nas relações entre o Estado e os cidadãos — há uma pluralidade de sujeitos que têm em comum o fato de poderem recorrer aos direitos fundamentais na condição de titulares efetivos. Isso se observa particularment, nas relações contratuais, em que todos os participantes podem em teoria recorrer a seu direito de livre desenvolvimento da personalidade.[615] Não se nega que mesmo nesse tipo de relações possa haver uma violação de direitos fundamentais. De fato, um contrato que venha a abolir direitos fundamentais, sobretudo quando a parte mais fraca não tem poder fático de disposição sobre os termos pactuados, atrairá para si a pecha da nulidade, porque nessas condições não restaria integralmente protegida a autodeterminação da personalidade individual.[616] Contudo, o modo de proteção sugerido pela teoria da eficácia direta não é o mais adequado, em função de sua incompatibilidade com outros aspectos jurídico-fundamentais, como, por exemplo, a necessidade de preservação da autonomia privada e a inviabilidade de se constitucionalizar o direito privado como um todo.[617]

---

[612] HESSE, K. *Verfassungsrecht*, p. 25ss; PAPIER, H. *DW*, Rn. 14.

[613] NIPPERDEY, H. *GR*, p. 26.

[614] NIPPERDEY, H. *GR*, p. 24; PAPIER, H. *DW*, Rn. 12.

[615] PAPIER, H. *DW*, Rn. 13 e 18.

[616] STERN, K. *Staatsrecht* III/2, p. 907.

[617] Essa realidade não passou despercebida na doutrina pátria. Conforme observa TAVARES, A. *Curso*, p. 390, "com a eficácia direta e imediata corre-se o grave risco, especialmente no Brasil, de constitucionalizar todo o Direito e todas as relações particulares, relegando o Direito privado a segundo plano no tratamento de tais matérias. Como produto dessa tese ter-se-ia, ademais, a transformação do STF em verdadeira Corte de Revisão, porque todas as relações sociais passariam imediatamente a ser relações de índole constitucional, o que não é desejável". Tavares ressalva, contudo, os casos de omissão do legislador. V. ainda MARTINS, L. *50 Anos*, p. 95s, tecendo duras críticas ao modo pelo qual o fenômeno da constitucionalização do ordenamento jurídico vem sendo encarado no Brasil.

O reconhecimento da eficácia horizontal não significa necessariamente a restrição de uma liberdade "em si" (como instituto jurídico) para a configuração autônoma das relações privadas. Isso porque a autonomia privada apenas se pode realizar em um ordenamento jurídico cujos fundamentos são determinados pelos princípios jurídico-fundamentais da constituição.[618] Mas para que isso seja verificado, há que se condicionar por regra a transposição dos direitos fundamentais ao ordenamento jurídico privado à mediação legislativa. Em outras palavras, um modelo de eficácia horizontal que não viola a autonomia privada em "sua raiz" é um modelo de *Drittwirkung* indireta, não direta. Significa que os particulares não estão diretamente vinculados aos direitos fundamentais nas relações travadas entre si, mas apenas indiretamente.

Em matéria de reconhecimento geral de uma eficácia direta dos direitos fundamentais nas relações privadas, um problema acaba por atrair outro. Isso porque a teoria da eficácia direta inverte a direção de finalidade dos direitos fundamentais, a partir do instante em que autoriza os cidadãos – titulares de direitos fundamentais – a praticarem a função estatal de controle de conteúdo da liberdade. Essa inversão acaba por causar um efeito contrário à própria eficácia dos direitos fundamentais: uma diminuição dos espaços de liberdade e um enfraquecimento,[619] eliminação[620] ou limitação indevida,[621] quiçá sepultamento[622] ou destruição[623] do núcleo da autonomia privada, representando dessa forma uma ameaça à perda da identidade do próprio direito privado.[624] Some-se a isso o fato de que a impossibilidade de conceber o direito constitucional como um código civil comprimido fala contra a possibilidade do reconhecimento geral de uma eficácia direta dos direitos fundamentais no âmbito privado.[625]

Daí se conclui que uma eficácia horizontal direta, vale dizer, uma vinculação dos particulares aos direitos fundamentais em sentido análogo à vinculação a que os poderes estatais estão sujeitos, conduz, de acordo com a concepção geral da constituição e dos próprios direitos fundamentais, a uma sensível restrição à autonomia privada, gerando com isso uma supressão significativa da liberdade autorresponsável, cujo resultado imediato seria a modificação do próprio significado do direito privado.[626] O resultado esperado é a desnaturação das liberdades fundamentais, no caminho de uma abrangente ordem de deveres,[627] indesejável, sob todos os aspectos à luz do Estado de direito.

Ao mesmo tempo em que se tenha que garantir a liberdade de autodeterminação real das partes no contrato, particularmente frente a relações marcadas por evidente desigualdade de poder, não se pode extrair da constituição uma lei proibitiva de eficácia geral que

---

[618] MÜLLER, J. *GR*, p. 177.

[619] DÜRIG, G. *GR*, p. 168ss; KRINGS, G. *Grund*, p. 329.

[620] OETER, S. *DW*, p. 534; EHMKE, H. *Wirtschaft*, p. 79.

[621] HESSE, K. *Verfassungsrecht*, p. 25ss.

[622] LÜBBE-WOLFF, G. *Eingriffsabwehrrechte*, p. 160.

[623] DREIER, H. *GG Kommentar* (Vorb. Art. 1), Rn. 98.

[624] HESSE, K. *Verfassungsrecht*, p. 25.

[625] SCHMIDT-SALZER, J. *Vertragsfreiheit*, p. 12.

[626] HESSE, K. *Bestand*, p. 437.

[627] DREIER, H. *GG Kommentar* (Vorb. Art. 1), Rn. 98.

acabe por ferir a autonomia privada dos particulares.[628] Nessa conexão, uma das razões determinantes pelas quais a teoria da eficácia direta não consegue se impor é o fato de que, a partir da pretensão de vigência dos direitos fundamentais, a constituição deixa claro que a liberdade do cidadão tem que ser garantida.[629] Significa que a autonomia privada e em particular a liberdade contratual são protegidas pela constituição.[630] Assim, o direito ao livre desenvolvimento da personalidade, que em princípio é dirigido ao Estado, tem que abranger também a liberdade.[631]

Nessa perspectiva, guarda razão quem sustenta que frente a um conflito entre autonomia privada (liberdade) e outros direitos fundamentais há que se recorrer a uma análise baseada nas circunstâncias do caso concreto, marcada pelo equilíbrio, pela concordância prática[632] – não pelo sacrifício completo de um dos direitos fundamentais em jogo –, e também pela busca de uma solução norteada pelos valores em pauta, através de uma ponderação de bens voltada à preservação da essência de cada um dos direitos envolvidos.[633] Nesse passo, a busca de uma conexão de coerência entre a constituição e o direito privado é fundamental, sob pena de ruptura da ordem normativa.[634]

A fonte básica para a limitação da autonomia privada deve ser as normas de direito civil, que devem *convergir* para a constituição, a fim de garantir a penetração dos seus valores no âmbito das relações privadas. Isso porque os limites à liberdade contratual não podem ser medidos diretamente na constituição, sob pena de, em vista do seu elevado grau de abstração, tornarem-se impraticáveis sob a ótica de compatibilização de liberdades diversas. O pensamento de convergência traduz-se assim na circunstância de que os direitos fundamentais matizam a autonomia privada, assim como essa em sua medida matiza os direitos fundamentais. Prova disso é que o direito de contratar pressupõe o respeito à autonomia privada, pois sem liberdade de fazê-lo não se pode conceber direito de contratação algum.[635] Portanto, em matéria de eficácia dos direitos fundamentais nas relações privadas, campo em que a autonomia privada carece de restrições, torna-se indispensável a prática de mediação legislativa, devendo ser traçados os limites necessários ao exercício da liberdade contratual.

3.1.4 Possibilidade de reconhecimento de um caráter excepcional ou subsidiário da eficácia direta

O modelo de eficácia direta dos direitos fundamentais nas relações privadas sustenta que o tratamento dado à prática de uma intervenção privada na esfera protegida pelos

---

[628] JELLINEK, W. *Entlohnung*, p. 426, empregando a expressão *allgemein gültiges Verbotsgesetz*.

[629] DÜRIG, G. *GR*, p. 159.

[630] MÜNCH, I. *Grundbegriffe*, Rn. 191, citando o exemplo de que um motorista de carro pode dar carona para quem desejar, assim como um proprietário pode buscar seu inquilino de acordo com uma escolha pessoal, sem estar sujeito a uma *Drittwirkung* direta.

[631] DÜRIG, G. *GR*, p. 158s.

[632] HESSE, K. *Grundzüge*, Rn. 72.

[633] SARLET, I. *Eficácia*, p. 344.

[634] DUQUE, M. S. *DF e Direito Privado*, p. 136.

[635] SALVADOR CODERCH, P.; FERRER i RIBA, J. *Grundrecht*, p. 75ss.

direitos fundamentais de outro sujeito privado deve ser o mesmo que seria dado caso a intervenção proviesse do próprio Estado.[636] A principal diferença entre as teorias de eficácia direta e indireta dos direitos fundamentais nas relações privadas é que a primeira, ao contrário da segunda, defende a desnecessidade de mediação legislativa para que os direitos fundamentais produzam efeitos nas relações privadas, dispensando dessa forma uma base complexa para a transposição dos efeitos dos direitos fundamentais nas relações privadas.[637] As considerações até aqui apresentadas dão conta de que um modelo de eficácia geral dos direitos fundamentais nas relações privadas não se sustenta. A questão que se poderia colocar é se, não obstante essa realidade, é possível alicerçar o reconhecimento de uma eficácia direta de determinados direitos fundamentais nas relações privadas em caráter subsidiário ou excepcional.

Mesmo os defensores da teoria da eficácia direta admitem que o reconhecimento de uma "eficácia absoluta" (*absolute Wirkung*) não significa que todos os direitos fundamentais tenham que viger no âmbito jurídico-privado. Para essa corrente, trata-se de questão que deve ser respondida em consideração ao conteúdo concreto, essência e função de cada direito fundamental isoladamente considerado.[638] De qualquer forma, a doutrina da eficácia direta estende essa possibilidade de modo geral a um grande número de direitos, aproximando as relações entre privados das relações em que o Estado toma parte, ou seja, estendendo na prática a função de defesa dos direitos fundamentais às relações privadas. Os contratos privados seriam nesse sentido palco do reconhecimento dessa eficácia.

O fato de a concepção de uma vinculação geral direta dos particulares aos direitos fundamentais encontrar problemas de compatibilização com a ordem jurídico-constitucional informa de início que uma eficácia direta dos direitos fundamentais no ordenamento jurídico privado poderia ser cogitada em caráter excepcional. Resta saber o que justificaria na prática essa situação de excepcionalidade. Citam-se aqui duas vertentes que poderiam traduzir essa possibilidade: a existência de direitos fundamentais específicos, que por sua natureza permitem uma aplicação *direta* no tráfego jurídico privado, e a ausência de mediação legislativa suficiente, capaz de agregar pretensão de eficácia a um direito fundamental.

3.1.4.1 Eficácia horizontal direta no âmbito das relações de trabalho

Em sede de abordagem preliminar, pode-se já deixar registrado que a eficácia horizontal dos direitos fundamentais não diz respeito apenas aos chamados direitos de liberdade, ou de primeira geração, pelo fato de que podem incidir também sobre os ditos direitos sociais, denominados de segunda geração.[639] Nesse contexto, é possível visualizar

---

[636] SILVA, V. *Constitucionalização*, p. 86s, exemplificando a partir do direito fundamental de liberdade de reunião, em que questiona se é possível um sujeito ou grupo privado perturbar uma manifestação pacífica de forma que ela não tenha como ser exercida de forma plena.

[637] NIPPERDEY, H. *GR*, p. 17ss; DÜRIG, G. *GR*, p. 157ss; STERN, K. *Staatsrecht III/1*, p. 1.538ss. EN, v. SILVA, V. *Constitucionalização*, p. 89ss.

[638] NIPPERDEY, H. *GR*, p. 28.

[639] MATEUS, C. G. *Direitos Fundamentais Sociais*, p. 137ss., sobre a incidência da eficácia horizontal no curso de direitos sociais.

a existência de direitos fundamentais no ordenamento jurídico, cuja estrutura permitiria em tese gerar uma eficácia direta no curso das relações privadas. No caso brasileiro, essa possibilidade pode ser verificada particularmente à luz dos direitos trabalhistas previstos na CF/88.[640] Por estarem inseridos no Título II,[641] que trata dos *Direitos e Garantias Fundamentais*, adquirem incontroversos traços de fundamentalidade, ainda que se possa discutir em qual extensão, o que foge ao âmbito de investigação deste estudo. Seja como for, os direitos trabalhistas ganharam uma posição privilegiada na construção do texto constitucional brasileiro. A partir do momento em que a CF/88 optou por incorporar grande parte de direitos de natureza trabalhista, ela abriu espaço para uma eficácia direta desses direitos nas relações de trabalho, já que várias dessas garantias adquirem expressão prática em relações de natureza privada.[642]

Mas mesmo a possibilidade de eficácia horizontal direta desses direitos nas relações de trabalho deve ser vista com certo grau de cautela. Isso porque o gozo efetivo de alguns direitos trabalhistas, não obstante estarem previstos na constituição, acabam por depender na prática de regulamentação precisa pela legislação ordinária, com vistas a delimitar não apenas a medida de sua extensão em cada caso, mas também o modo como elas são implementadas.[643] Está-se aqui diante do campo das chamadas normas de eficácia limitada, na clássica visão de José Afonso da Silva,[644] cuja eficácia concreta depende de legislação infraconstitucional posterior que lhe confira efetiva aplicação, ou seja, significado prático. Essa afirmação resta confirmada, de outra banda, pela importância que a CLT desempenha na regulamentação das relações trabalhistas, sem falar de outros dispositivos legais específicos, passando até mesmo pelos acordos e convenções coletivos de trabalho.

Pense-se, por exemplo, na proibição de trabalho escravo com fundamento direto na constituição. É uma medida possível e até desejável. Contudo, a delimitação jurídica ou a própria tipificação penal que caracteriza escravidão deve ser objeto de conformação legislativa infraconstitucional, correndo o risco de não se conseguir definir com o mínimo de segurança jurídica as consequências de tal conduta nefasta e o que na prática configura ou não escravidão. Nem todo tratamento inadequado praticado pelo empregador em face de seus empregados configura ou pode ser tratado como escravidão, sob pena de se banalizar o conceito e a própria prática.

---

[640] STEINMETZ, W. *Vinculação*, p. 277ss.

[641] Art. 7º, CF/88.

[642] SACHS, M. *Grundrechte*, p. 63, Rn. 35, ponderando que o âmbito jurídico no qual se desenvolveu o pensamento de uma *Drittwirkung* direta não foi o direito do trabalho por acaso. Isso porque se trata de um âmbito tipicamente marcado por relações de desigualdade de poder, em que o risco de violações aos direitos fundamentais da parte mais fraca gera preocupações.

[643] Exemplos são as regulamentações inerentes ao 13º salário, indenização por despedida, seguro desemprego, fundo de garantia por tempo de serviço, remuneração de trabalho noturno superior ao diurno, gozo de férias, entre tantas outras. Note-se que a CF/88 não especifica a forma de pagamento do 13º salário, os requisitos que configuram a despedida sem justa causa, o valor do seguro-desemprego, as regras relativas ao fundo de garantia, o que é entendido como trabalho noturno, as regras relativas ao período aquisitivo e concessivo de férias etc.

[644] SILVA, J. A. *Aplicabilidade*, p. 83.

Ademais, se toda má conduta por parte do empregador fosse tratada como escravidão, isso acabaria por conduzir a um afrouxamento das próprias penalidades impostas àqueles que de fato praticam trabalho escravo, o que não pode ser tolerado, considerando a gravidade desse tipo de crime. Escravidão sempre deverá ser tratada como escravidão, vale dizer, com o máximo rigor, assim como condutas menos graves devem ser tratadas na proporção dos danos que causam. Cabe ao legislador, no espaço de conformação legislativa que a própria constituição lhe atribui, estabelecer parâmetros claros acerca do que configura escravidão, diminuindo assim a discricionariedade por parte daqueles que devem fiscalizar e punir a prática. Isso diminui o arbítrio e contribui para a segurança jurídica. Em outras palavras, fala contra a fundamentação de uma eficácia horizontal direta.

Independentemente dessa realidade, como mostrado no tópico que analisou a origem do debate da eficácia horizontal direta no âmbito das relações trabalhistas na Alemanha,[645] é fato que nos contratos laborais, frequentemente marcados por incontroversa desigualdade de poder, a questão da vinculação dos particulares aos direitos fundamentais adquire significado prático incontestável. Algumas questões podem ser aqui delimitadas como típicos casos excepcionais de eficácia horizontal direta ou imediata, pelo fato de as soluções jurídicas neles empregadas fazerem menção direta a dispositivos da CF/88.

Nesse sentido, pode-se lembrar de casos em que foi reconhecida a abusividade de revistas íntimas em empregados por violação ao princípio da dignidade humana, bem como por violação da intimidade, honra e imagem da pessoa.[646] A questão que se coloca aqui é como um(a) trabalhador(a) poderia resistir à prática sem perder o seu emprego? A matéria já foi objeto inclusive de análise pelo STF, mas é no âmbito do TST que os casos se mostram mais frequentes. De forma geral, a jurisprudência do TST afirma que o fato de existir a revista não fere por si só garantias constitucionais do trabalhador. Tudo dependerá da forma como a revista é realizada.

Isso significa que o contato corporal é medida a ser totalmente evitada no procedimento de revista, já que possui difícil compatibilização com os direitos fundamentais antes referidos. Da mesma forma, o procedimento não deve ser realizado de forma a expor o trabalhador diante de seus colegas de profissão. O procedimento correto e compatível com os direitos fundamentais do trabalhador é a realização de revistas de modo generalizado, sem atingir o corpo do funcionário ou, em outras palavras, sem invadir sua intimidade, limitando-se assim a examinar os bens materiais que possui, como bolsas, sacolas, mochilas etc. Ademais, não expõe o trabalhador ao testemunho de terceiros, em particular clientes do estabelecimento onde ocorre o trabalho.[647] Em outras palavras: a revista que mira apenas os pertences do empregado, quando realizada de forma não discriminatória e sem contato físico afirma-se como direito compreendido dentro do poder de direção e fiscalização do empregador, decorrente até mesmo do direito fundamental à propriedade,

---

[645] Remeta-se neste particular ao item 3.1.1 do presente estudo.

[646] Remeta-se neste particular ao item 3.1.5 do presente estudo.

[647] TST, RR 41-95.2010.5.09.0662, rel. Min. Alexandre de Souza Agra Belmonte, 3ª Turma, j. 15.2.2017, *DEJT* 17.2.2017; RR n. 427685-51.2009.5.12.0030, rel. Min. Alexandre de Souza Agra Belmonte, 3ª Turma, j. 26.10.2016, *DEJT* 28.10.2016.

do qual decorre o inegável direito de zelar pelo seu patrimônio. Práticas que ignoram essa realidade sujeitam a condenação do empregador ao pagamento de danos morais em favor do empregado.

Surge aqui a construção do TST em torno da diferenciação entre revista pessoal e revista íntima.[648] A primeira é marcada pela simples conferência dos pertences do empregado, afirmando-se como medida razoável para a proteção do patrimônio do empregador, inserida no seu poder diretivo; a segunda ocorre quando o trabalhador é obrigado a se despir ou ainda quando existe alguma espécie de contato físico, o que denota sua abusividade.

Isso significa que do ponto de vista da eficácia horizontal dos direitos fundamentais se pode combater o modo como determinadas revistas são realizadas, mas não a prática em si, em particular aquela que se limita aos bens materiais, sem contato físico. Com base na jurisprudência do TST,[649] podem ser construídos os seguintes critérios, dentro de uma perspectiva de eficácia horizontal dos direitos fundamentais:

1. O regular exercício do poder diretivo do empregador não se confunde com o exercício abusivo do direito.

2. Quanto mais a revista incidir sobre o corpo do empregado, maior é a violação à sua dignidade, intimidade, vida privada, honra e imagem. Logo, a empresa pode utilizar todos os meios necessários à fiscalização eficaz de seu patrimônio, salvo os que avancem sobre a intimidade dos empregados.

3. As revistas diárias não podem ser realizadas de forma discriminatória, ou seja, dirigidas somente a uma pessoa. Devem ser conduzidas de forma generalizada, impessoal e moderada, a fim de evitar a exposição individual. Havendo necessidade de exame individual em face de claros indícios de ato ilícito, a revista deve ser realizada de modo discreto, sem coerção física, humilhação ou qualquer ato que implique tratamento degradante.

4. Quanto mais as revistas venham a ser realizadas em frente de terceiros, como clientes, maior será a exposição do trabalhador e consequentemente a violação dos seus direitos de personalidade.

5. As revistas devem seguir à lógica da proporcionalidade, em particular no que diz respeito ao exame da necessidade. A tecnologia, como câmeras de segurança, pode tornar em alguns casos a prática de revistas até mesmo desnecessária.

---

[648] TST, RR 383-78.2012.5.09.0002, rel. Min. Maria Helena Mallmann, 2ª Turma, j. 19.9.2018, *DEJT* 21.9.2018.

[649] TST, RR 113400-97.2009.5.19.0009, rel. Min. Augusto César Leite de Carvalho, 6ª Turma, j. 20.6.2018, *DEJT* 22.6.2018; RR 1077-26.2015.5.05.0011, rel. Min. Kátia Magalhães Arruda, 6ª Turma, j. 20.6.2018, *DEJT* 22.6.2018; RR 1297-07.2014.5.05.0028, rel. Min. Guilherme Augusto Caputo Bastos, 5ª Turma, j. 22.11.2017, *DEJT* 24.11.2017; RR 163400-87.2005.5.03.0106, rel. Min. Kátia Magalhães Arruda, 5ª Turma, j. 23.6.2010, *DEJT* 6.8.2010; RR 802-82.2013.5.05.0032, rel. Min. Dora Maria da Costa, 8ª Turma, j. 22.6.2016, *DEJT* 24.6.2016; RR 2332800-74.2008.5.09.0015, rel. Min. Renato de Lacerda Paiva, 2ª Turma, j. 22.9.2010, *DEJT* 1°.102010; RR 435800-97.2008.5.09.0024, rel. Min. Aloysio Corrêa da Veiga, 6ª Turma, j. 15.9.2010, *DEJT* 24.9.2010.

Nessa temática, observa-se como, mesmo diante de direitos fundamentais cuja eficácia horizontal direta pode ser defendida, a conformação legislativa infraconstitucional se mostra necessária para agregar maior proteção aos direitos fundamentais em questão. Isso se deixa comprovar pela Lei n. 9.799/1999, que incluiu o art. 373-A na CLT, proibindo expressamente a prática da revista íntima em trabalhadoras do sexo feminino.[650] Trata-se de medida apropriada a garantir outro direito fundamental de eficácia limitada, cuja eficácia horizontal direta seria, portanto, de difícil implementação, por ausência de densidade normativa: a proteção do mercado de trabalho da mulher.[651] Ainda aqui convém lembrar que do ponto de vista da eficácia horizontal dos direitos fundamentais, considerando até mesmo o princípio da igualdade, não há como interpretar o art. 373-A da CLT como uma norma aplicável exclusivamente às trabalhadoras do sexo feminino, sob pena de se desconsiderar a dignidade da pessoa humana como atributo inerente, independentemente de gênero.

No mais, ciente de que as restrições aos direitos fundamentais somente podem ser analisadas no caso concreto, é evidente que algumas questões podem receber soluções diferenciadas. Cite-se de modo exemplificativo aquelas atividades empresariais que exponham a segurança nacional a riscos, como fábricas de armamentos ou que envolvam tecnologias ou dados sensíveis à soberania nacional. É claro que nesses casos a revista deverá ser mais minuciosa, sem que se recorra para tanto ao contato corporal propriamente dito. Aqui se abre espaço para o emprego da tecnologia, como *scanners* coporais, detectores de metais etc. como meio hábil para a compatibilização de bens jurídicos diversos, como segurança nacional, dignidade humana e intimidade dela decorrente. Não se nega que o *scanner* corporal possui um grau de invasão superior à mera revista visual de pertences, normalmente empregada em atividades corriqueiras. Todavia, em se tratando da necessidade de proteção de bens jurídicos essenciais como os mencionados, a medida se torna proporcional na ausência de outra alternativa menos invasiva, que consiga chegar à proteção desejada, até mesmo no interesse da coletividade. Infelizmente, na atual sociedade de riscos, não se pode realizar os valores da privacidade e da segurança de forma efetiva sem que ambos acabem por sofrer restrições recíprocas.

Ainda na linha das relações de trabalho, pode-se lembrar dos casos que envolvem a vigilância dos empregados por meio de câmeras nos ambientes laborais. Nesse ponto, a jurisprudência do TST[652] firmou o entendimento de que, embora seja reconhecido ao empregador tomar medidas preventivas para a proteção do seu patrimônio, constituiu "excesso do poder de vigilância" e, portanto, do próprio poder diretivo, proceder à instalação de câmeras de vigilância nos vestiários dos empregados, haja vista que tal medida viola os direitos à privacidade e à intimidade dos trabalhadores, bem como o princípio da dignidade humana.

---

[650] Art. 373-A, CLT: "Ressalvadas as disposições legais destinadas a corrigir as distorções que afetam o acesso da mulher ao mercado de trabalho e certas especificidades estabelecidas nos acordos trabalhistas, é vedado: [...] VI – proceder o empregador ou preposto a revistas íntimas nas empregadas ou funcionárias."

[651] Art. 7, XX, CF/88 "proteção do mercado de trabalho da mulher, mediante incentivos específicos, nos termos da lei".

[652] TST, RR 906-07.2016.5.14.0004, rel. Min. Maria Helena Mallmann, 2ª Turma, j. 8.5.2018, *DEJT* 11.5.2018.

Nesse contexto, o TST assentou que os direitos fundamentais, tais como a inviolabilidade do direito à vida, à intimidade, à vida privada, à honra e à imagem da pessoa, entre outros, criam uma fronteira inegável ao exercício das funções fiscalizatórias no contexto empregatício, tornando incompatíveis com as ordens constitucional e infraconstitucional aquelas medidas que venham cercear a liberdade e a dignidade do trabalhador. Assim se reputou abusiva a instalação de câmeras de sistema de monitoramento por imagens em vestiário, ainda que direcionadas aos armários, por considerar que se trata de recinto extremamente íntimo, bem como pelo fato de não se saber com exatidão qual o campo de visibilidade dos equipamentos de monitoramento.[653]

Nesse ponto, pode-se definir o seguinte critério: quanto mais as câmeras de vigilância estiverem direcionadas a locais onde a intimidade do empregado deva ser protegida, como vestiários, sanitários etc, maior será a lesão aos seus direitos de personalidade e à sua dignidade. Por outro lado, quanto mais as câmeras se limitarem a filmar os ambientes onde o trabalho é propriamente realizado, maior é a probabilidade de essa vigilância estar inserida no legítimo poder diretivo do empregador sem configurar ofensa aos referidos princípios constitucionais.

A temática ainda pode ser discutida sob a perspectiva do monitoramento do correio eletrônico, de aplicativos de troca de mensagens ou similares por parte do empregador. O núcleo da eficácia horizontal nesse tema pode ser colocado nos seguintes termos: em que medida é dado ao empregador monitorar a correspondência dos seus empregados sem que isso represente uma violação ao direito fundamental ao sigilo das comunicações?

Uma análise na jurisprudência do TST permite construir alguns parâmetros para a solução de controvérsias que relacionam o poder diretivo do empregador e o direito fundamental ao sigilo de comunicações do empregado. O primeiro deles é que o empregador, no âmbito do seu poder diretivo, pode adotar determinadas medidas para assegurar o cumprimento dos compromissos de trabalho pelos empregados, bem como para proteger a propriedade empresarial. Contudo, essas medidas devem ser tomadas dentro dos parâmetros garantidos a todas as pessoas pela constituição, o que significa que, ao fazê-lo, deve ser observado o direito à intimidade e à privacidade do empregado, concretizado no caso pela garantia ao sigilo de comunicações. Isso sugere que o acesso não consentido a dispositivos de mensagens, como *e-mails*, aplicativos de mensagens instantâneas e similares, tende a violar direitos de personalidade, caracterizando assim abuso do poder diretivo e ensejando dano moral.[654]

A questão assume complexidade na hipótese de o empregado utilizar de forma inapropriada e recorrente equipamentos da empresa durante o horário de trabalho para finalidades de uso estritamente pessoal. Nesses casos, a melhor saída está na aplicação das penalidades previstas na legislação trabalhista no lugar de se promover uma violação ao sigilo de correspondência do trabalhador, cuja justificativa exigiria um ônus argumentativo extremamente complexo.

---

[653] TST, RR 1813-46.2015.5.23.0107, rel. Min. Mauricio Godinho Delgado, 3ª Turma, j. 4.4.2018, *DEJT* 6.4.2018.

[654] TST, RR - 4497-69.2010.5.15.0000, rel. Min. Hugo Carlos Scheuermann, 1ª Turma, j. 26.2.2014, *DEJT* 7.3.2014.

No caso dos *e-mails*, a saída é até mais fácil, basta impedir o acesso pelos computadores da empresa a servidores particulares, por meio de mecanismos de configuração de rede, limitando-se o uso às contas corporativas. Ocorre que não raro uma solução parcial atrai outro problema, não sendo aqui diferente. Como se resolveria a questão de um empregado utilizar o e-mail corporativo para troca de mensagens pessoais de conteúdo contrário à imagem da empresa? Imagine-se, por exemplo, a constrangedora situação para uma empresa de um *e-mail* com sua logomarca ser empregado para a transmissão de imagens pornográficas ou de conteúdo incompatível com a própria filosofia da empresa?

É por essa razão que a jurisprudência passou a fazer a distinção entre contas de *e-mail* corporativo e pessoais para efeitos de quebra de sigilo das comunicações por parte do empregador. O objetivo é evitar situações de uso indevido de *e-mails* corporativos, capazes de comprometer o próprio nome da empresa. Aqui, o critério construído pelo TST foi de que na hipótese de utilização pelo empregado de meio de comunicação institucional – da pessoa jurídica –, não há falar em violação do sigilo de correspondência pela própria empresa, haja vista que em princípio o conteúdo deve ou pode ser conhecido por ela. Trata-se aqui da noção de que se o correio eletrônico é disponibilizado pela empresa como instrumento exclusivo de trabalho; não haveria impedimento insuperável para que a empresa a ele tenha acesso, até mesmo para verificar se está sendo utilizado adequadamente, evitando assim riscos de comprometer seu nome na hipótese de mau uso. Nesse sentido, o TST decidiu que não há dano moral a ser indenizado em face de verificação por parte da empresa do conteúdo de correio eletrônico corporativo utilizado pelo empregado quando houver fundada suspeita de divulgação de material inadequado, como pornografia, por exemplo.[655]

Na prática, a posição da jurisprudência sugere que se o empregado desejar preservar sua privacidade impedindo o empregador de acessar sua correspondência, deve utilizar *e-mails* particulares ou aplicativos de troca de mensagens que não tenham nenhuma vinculação com a empresa, suportando assim o risco de cometimento de falta laboral caso isso não seja permitido durante o horário de trabalho. É claro que – e isso é reconhecido pela própria jurisprudência – que tanto *e-mails* corporativos quanto pessoais podem ser eventualmente empregados para fins particulares, sem que isso venha a extrapolar os limites da moral e da razoabilidade. Não é qualquer uso de *e-mail* durante a jornada de trabalho que ensejará necessariamente falta ou justificará uma investigação sobre seu conteúdo por parte do empregador. O acesso ao conteúdo do *e-mail* corporativo é medida excepcional, quando seu uso por parte do empregado contrariar o bom senso e puder trazer prejuízos à empresa.

Neste ponto, pode-se definir os seguintes critérios:

1. Tanto a imagem da empresa quanto o sigilo de correspondência do empregado são bens tutelados pela constituição no marco dos direitos de personalidade. Eventuais

---

[655] TST, EDcl-RR 996100-34.2004.5.09.0015, rel. Min. Ives Gandra Martins Filho, 7ª Turma, j. 18.2.2009, *DEJT* 20.2.2009; AIRR 1461-48.2010.5.10.0003, rel. Min. Alexandre de Souza Agra Belmonte, 3ª Turma, j. 25.2.2015, *DEJT* 27.2.2015; RR 61300-23.2000.5.10.0013, rel. Min. João Oreste Dalazen, 1ª Turma, j. 18/05/2005, *DJ* 10.6.2005.

restrições devem observar os limites informados pelos critérios de ponderação de bens, em conformidade com o preceito da proporcionalidade.

2. O *e-mail* particular do empregado, acessado por meio de provedor próprio, desfruta da proteção constitucional da inviolabilidade de correspondência, razão pela qual eventual quebra de sigilo deverá obedecer estritamente à legislação vigente, dentro do marco da reserva de jurisdição. O mesmo se diga em relação a aplicativos particulares de troca de mensagens, entre outros.

3. O uso inadequado e desproporcional de *e-mails* ou aplicativos de troca de mensagens privados ou similares durante a jornada de trabalho pode ensejar falta, em prejuízo do empregado, nos termos da legislação vigente, devendo a comprovação se dar por outros meios que não a quebra de sigilo de comunicações.

4. O *e-mail* corporativo, por ser uma ferramenta de trabalho proporcionada pela empresa para a realização do serviço pelo empregado, pode ser monitorado pelo empregador, recomendando-se que o empregado tenha nítida ciência dessa possibilidade, bem como dos limites ao seu emprego para justificar da forma mais razoável possível o monitoramento. O mesmo raciocínio deve ser utilizado quando a empresa disponibiliza ao empregado um aplicativo de mensagens corporativo, que não se confunde com o de uso pessoal do trabalhador.

5. Quando maior for o caráter privado do mecanismo de correspondência (*e-mail* particular, número pessoal de telefone celular etc.), maior será o ônus argumentativo necessário à quebra de sigilo, exigindo-se inclusive autorização judicial para tanto (reserva de jurisdição).

6. Quanto mais ficar evidenciado, por outro lado, que o empregado utiliza-se de equipamentos ou servidores fornecidos pela empresa (*e-mails* corporativos, número de celular etc.), maior será a possibilidade de se justificar o monitoramento pelo empregador desse tipo de comunicação, devendo constar preferencialmente no contrato de trabalho essa possibilidade para tornar a questão clara entre as partes, evitando-se assim contragostos recíprocos em face de falsa expectativa de privacidade.

A temática ainda pode ser discutida sob a perspectiva das chamadas "listas negras" de empregados, elaboradas por empregadores. O núcleo da eficácia horizontal nesse tema pode ser colocado nos seguintes termos: em que medida é dado ao empregador, com base na liberdade de expressão, divulgar uma lista contendo o nome de ex-empregados que tenham ajuizado reclamatórias trabalhistas por motivos revanchistas? Ao se levar em conta que os direitos fundamentais não são absolutos[656] e que as liberdades garantidas pela constituição não podem ser empregadas, entre outras situações, quando seu uso concreto viola direitos de terceiros, sob pena de uso abusivo de direito, visualiza-se com clareza o contato dessa prática com o problema da eficácia horizontal dos direitos fundamentais, considerando que é inegável que práticas dessa natureza podem, não raro, sujeitar o empregado à discriminação no mercado de trabalho, impondo-lhe consideráveis dificuldades para obtenção de um novo emprego. Tratam-se de listas que acabam por assumir a verda-

---

[656] MORAES, A. *Direito Constitucional*, p. 31.

deira função de banco de dados negativo, contendo o nome de pessoas que ajuizaram reclamatórias trabalhistas ou serviram de testemunhas nesses processos em desfavor de seus ex-empregadores. Negativo, pois inquestionavelmente têm como única função impedir a obtenção de novo emprego em outras empresas.

A questão está em definir os limites impostos à liberdade de expressão nesse tipo de conduta. Pelo fato de as relações de trabalho em geral serem marcadas por inegável desigualdade de poder social, ao menos nos casos em que as chamadas "listas negras" costumam ser utilizadas, pode-se argumentar que os obstáculos impostos à empregabilidade nessas situações fundamentam restrições à liberdade de expressão dos empregadores no que diz respeito à divulgação intencional de empregados que litigaram na Justiça do Trabalho. Isso porque o ônus imposto ao trabalhador é muito superior às eventuais vantagens que tais listas trariam aos empregadores, considerando em teoria que, se o contrato de trabalho tivesse sido celebrado e cumprido nos termos da legislação vigente, não haveria porque cogitar o sucesso de eventual reclamatória.

É claro que por trás dessa discussão está a necessidade de se aprimorar a legislação trabalhista, com a finalidade de se evitar a chamada "indústria das reclamatórias", assim entendidas aquelas que, apesar de serem totalmente improcedentes, estando fora do debate racional em torno de controvérsias jurídicas ou interpretativas acerca de determinados direitos, acabam por ser ajuizadas independentemente da imposição de qualquer ônus àqueles que as promovem. Isso só colabora com o raciocínio de que mesmo nos casos em que eventual eficácia horizontal direta dos direitos fundamentais for cogitada, como no caso dos direitos trabalhistas, a configuração legislativa é fundamental para a correta fruição desses direitos, diminuindo a ocorrência de conflitos, por aclarar seus respectivos limites.

Sem embargo, a jurisprudência do TST considera abusiva a prática pelo empregador desse tipo de lista, classificando a prática como ato ilícito, sujeito à imposição de danos morais.[657] O fundamento reside justamente no caráter discriminatório desse tipo de lista, bem como nos efeitos nocivos, focados nos obstáculos gerados para a busca de novo emprego. Ainda nessa linha, pode-se elencar como abusiva a divulgação por parte do empregador de informações que desabonam o empregado em redes sociais pelos mesmos fundamentos acima referidos: a abusividade da liberdade de expressão quando exercida de forma desproporcional, trazendo incontestáveis desvantagens ao trabalhador na busca de novo emprego.

Assim, na visão da jurisprudência, a divulgação em rede social de dados relacionados com informações funcionais do empregado caracteriza excessiva exposição, sobretudo quando presente referência informativa de que o trabalhador foi dispensado, motivos para tanto etc.,[658] da mesma forma quando a empresa justifica dispensa alegando que o critério

---

[657] TST, RR 1592-20.2010.5.02.0464, rel. Min. Luiz Philippe Vieira de Mello Filho, 7ª Turma, j. 20.6.2018, *DEJT* 22.6.2018; RR 113500-33.2009.5.17.0001, rel. Min. Maria Helena Mallmann, 2ª Turma, j. 23.5.2018, *DEJT* 1º.6.2018; RR 579-43.2010.5.09.0091, rel. Min. Cláudio Mascarenhas Brandão, 7ª Turma, j. 24.5.2017, *DEJT* 2.6.2017.

[658] TST, RR 118-55.2013.5.09.0127, rel. Min. Kátia Magalhães Arruda, 6ª Turma, j. 6.12.2017, *DEJT* 15.12.2017; RR 118-55.2013.5.09.0127, rel. Min. Kátia Magalhães Arruda, 6ª Turma, j. 6.12.2017, *DEJT* 15.12.2017.

empregado foi o da qualidade, sugerindo que os despedidos eram ruins, tendo permanecido apenas os bons. Esse tipo de informação, além de não trazer nenhuma vantagem para o empregador, reduz drasticamente as chances do trabalhador de reinserção no mercado de trabalho, configurando flagrante violação a seus diretos de personalidade, tutelados pela constituição.

De outra banda, há que se consignar que a divulgação de dados salariais de empregados em redes sociais deixa de ser um problema de eficácia horizontal quando praticada com base nos princípios constitucionais da Administração Pública, em particular da publicidade e moralidade. Nesse caso, por envolver recursos públicos, custeados pelo contribuinte, assume a feição de problema ligado à chamada eficácia vertical, já que eventuais violações aos direitos de personalidade dos empregados ou funcionários públicos, caso cogitáveis, seriam praticadas pelo próprio Estado no curso das administrações direta e indireta, ainda que, no caso da última, algumas instituições possam ter personalidade jurídica de direito privado, como as empresas públicas, sociedades de economia mista e fundações governamentais.[659] Consigne-se todavia que a matéria já foi objeto de análise pelo STF, que considerou constitucional a divulgação desse tipo de informação,[660] no marco da Lei de Acesso à Informação,[661] que concretiza o direito fundamental de acesso à informação, previsto no art. 5º, XXXIII, da CF/88,[662] afastando assim a ocorrência de lesão à privacidade dos agentes públicos.

Sem prejuízo do que foi afirmado, há que se lembrar que nem toda manifestação do ex-empregador acerca de conduta praticada por ex-empregado deve ser considerada abusiva ou contrária aos direitos fundamentais. Evidentemente, há um espaço que deve ser respeitado e pertence ao âmbito protegido pela liberdade de expressão, como, por exemplo, aquelas manifestações que configuram as chamadas "referências", que são solicitadas por parte de potencial novo empregador. Imagine-se aqui a hipótese de alguém, ao entrevistar candidato a emprego, buscar saber como foi a conduta do profissional em outra empresa. É claro que esse tipo de informação pode estar abrigado pela liberdade de manifestação, pois não tem o condão de representar necessariamente as chamadas "listas negras", estando inserido no exercício do direito de crítica, desde que não contemplem elementos que caracterizem abuso da liberdade de expressão na direção da calúnia, injúria ou difamação.

Com base nesses apontamentos, podem ser formulados os seguintes critérios para qualificar informações como abusivas por parte de ex-empregadores:

---

[659] Sobre o tema, v. CARVALHO FILHO, J. S. *Direito Administrativo*, p. 487ss.

[660] É legítima a publicação, inclusive em sítio eletrônico mantido pela administração pública, dos nomes dos seus servidores e do valor dos correspondentes vencimentos e vantagens pecuniárias. STF, ARE 652.777, rel. Min. Teori Zavascki, j. 23-.4-.2015, P, *DJe* 1º.7.2015. No mesmo sentido, v. ainda STF, SS 3.902, rel.Min. Gilmar Mendes, j. 17.3.2015, *DJe* 20.3.2015.

[661] Lei n. 12.527/2011.

[662] Art. 5º, XXXIII, CF/88: "Todos têm direito a receber dos órgãos públicos informações de seu interesse particular, ou de interesse coletivo ou geral, que serão prestadas no prazo da lei, sob pena de responsabilidade, ressalvadas aquelas cujo sigilo seja imprescindível à segurança da sociedade e do Estado".

1. A liberdade de expressão não é um direito absoluto. Como tal, não pode ser exercida de forma abusiva, em particular quando viola direito de terceiros.

2. Quanto mais a conduta do ex-empregador se direcionar à formação de um banco de dados, listando o nome de ex-funcionários que atuaram como reclamantes ou testemunhas em ações trabalhistas, com a clara finalidade de dificultar a empregabilidade dessas pessoas, desincentivando assim o ajuizamento de ações dessa natureza, maior será a tendência de se configurar a prática como abusiva, violadora não só dos direitos de personalidade dos trabalhadores, como também do direito social ao trabalho.

3. Quanto mais as informações trazidas por ex-empregadores tiverem caráter público, por meio de banco de dados, redes sociais etc., maior será a tendência à abusividade pela excessiva exposição gerada ao trabalhador.

4. Por outro lado, quando maior for o caráter reservado da informação, no sentido de se basear apenas em referências acerca da conduta profissional de ex-empregado, sem que tais informações constituam na prática banco de dados de acesso geral por parte de outros empregadores, maior será a possibilidade de se enquadrar a conduta dentro dos limites protegidos pela liberdade de expressão.

Outro problema comum que une o tema da eficácia horizontal às relações de trabalho diz respeito àquelas práticas que obrigam a participação de empregados em situações de cunho vexatório, sob o pretexto de configurarem situação motivacional, como, por exemplo, obrigação de entoar cânticos, bater palmas, realizar passos de dança, rebolados, gritos de guerra etc. Trata-se à toda evidência de obrigação de padrão comportamental extremamente constrangedor, que foge aos limites do poder diretivo do empregador, configurado assédio moral, violador dos direitos de personalidade protegidos pela constituição.[663] O mesmo se diga na hipótese de ordens para utilização de uniformes que exponham o trabalhador a constrangimentos por serem vexatórios ou por exporem o corpo da pessoa de forma desproporcional, incentivando a sexualidade etc.

Aqui se está mais uma vez diante de uma questão complexa: o conflito entre o poder diretivo do empregador e os direitos de personalidade do empregado no que que tange à fixação de padrões para o curso da jornada de trabalho, que atingem desde a questão do uniforme até padrões físicos de aparência, como necessidade de cortes de cabelo, cumprimento de barba, tatuagens expostas etc. A questão que se coloca no ramo da eficácia horizontal dos direitos fundamentai, é: qual é o limite imposto ao poder diretivo do empregador pelos direitos de personalidade do empregado no modo como o trabalhador se deve apresentar durante a jornada de trabalho?

---

[663] TST, RR 20663-08.2013.5.04.0121, j. rel. Min. José Roberto Freire Pimenta, 2ª Turma, j. 1º.6.2016, *DEJT* 3.6.2016; RR 873-80.2013.5.04.0301, rel. Min. Dora Maria da Costa, 8ª Turma, j. 11.5.2016, *DEJT* 13.5.2016; AIRR 10318-10.2014.5.12.0061, rel. Min. Emmanoel Pereira, 5ª Turma, j. 9.12.2015, *DEJT* 11.12.2015;; RR 507-32.2013.5.04.0304, rel. Min. Luiz Philippe Vieira de Mello Filho, 7ª Turma, j. 19.8.2015, *DEJT* 21.8.2015; RR 876-87.2012.5.04.0004, rel. Min. José Roberto Freire Pimenta, 2ª Turma, j. 16.11.2015, *DEJT* 20.11.2015.

Por partes: inicialmente, há que se consignar que o problema não está na obrigatoriedade do uniforme, matéria atinente ao poder diretivo do empregador, mas sim em determinados tipos de uniforme que venham a expor a pessoa ao ridículo ou constrangê-la pelo fato de violar sua intimidade ou outros direitos de personalidade. A jurisprudência aponta algumas situações como incompatíveis com os direitos fundamentais dos empregados, que podem ser agrupadas para a formulação de critérios de solução de conflitos envolvendo o poder diretivo do empregador e os direitos de personalidade do empregado.

1. O uso indevido da imagem do trabalhador, com a imposição de utilização de uniforme com as logomarcas de produtos comercializados pela empresa, sem sua autorização e retribuição implica lesão a direito da personalidade e por consequência configura hipótese de dano moral.[664] Isso porque o direito à imagem é um direito autônomo e compreende todas as características do indivíduo como ser social. Dessa forma, depreende-se por imagem não apenas a representação física da pessoa, mas todos os caracteres que a envolvem.[665]

O problema aqui não reside, em geral, na exposição do trabalhador ao ridículo, mas sim no uso da imagem de uma pessoa sem autorização para fins comerciais, o que contraria a legislação vigente.[666] Considerando a hipossuficiência do trabalhador, parece inegável constatar que haveria margem de escolha neste sentido. Qual trabalhador teria espaço para não aceitar as referidas logomarcas em seu uniforme sem temer pela perda do seu emprego? Anote-se que o mero uso de logomarcas em uniformes não expõe necessariamente o trabalhador ao ridículo. Não fosse assim, o que se diria do uso frequente de patrocínios nos uniformes utilizados por atletas profissionais, em particular no ramo futebolístico? É por esse motivo que essa questão deve ser resolvida antecipadamente em sede de acordo ou convenção coletiva de trabalho, estipulando desde já o ganho econômico em favor do empregado, para que não se discuta quanto à (im)possibilidade de obrigatoriedade de uso de uniforme contendo logomarcas.

A relação entre o aspecto econômico do direito de imagem, conectada à obrigatoriedade do uniforme, lembra outro aspecto que pode ser aqui abordado: o empregador não pode exigir de seus empregados a utilização de roupas da grife no ambiente de trabalho, sobretudo das marcas que comercializa, ainda que possibilite sua aquisição

---

[664] TST, RR 1010-65.2014.5.05.0021, rel. Min. Walmir Oliveira da Costa, 1ª Turma, j. 22.8.2018, *DEJT* 24.8.2018; RR 1741-44.2012.5.03.0035, rel. Min. Douglas Alencar Rodrigues, 7ª Turma, j. 13.4.2016, *DEJT* 15.4.2016; RR 782-64.2011.5.03.0017, rel. Min. Márcio Eurico Vitral Amaro, 8ª Turma, j. 21.10.2015, *DEJT* 23.10.2015.

[665] TST, RR 596-21.2011.5.05.0038 rel. Min. Renato de Lacerda Paiva, 2ª Turma, j. 25.11.2015, *DEJT* 4.12.2015.

[666] Art. 20, CC: "Salvo se autorizadas, ou se necessárias à administração da justiça ou à manutenção da ordem pública, a divulgação de escritos, a transmissão da palavra, ou a publicação, a exposição ou a utilização da imagem de uma pessoa poderão ser proibidas, a seu requerimento e sem prejuízo da indenização que couber, se lhe atingirem a honra, a boa fama ou a respeitabilidade, ou se se destinarem a fins comerciais". Não se olvide por outro lado que o STF, no ano de 2015, por ocasião do julgamento da ADI 4.815, conferiu interpretação conforme a CF/88 ao referido dispositivo, para declarar inexigível o consentimento de pessoa biografada relativamente a obras biográficas literárias ou audiovisuais, matéria que será analisada posteriormente neste estudo.

com valores inferiores aos destinados ao público em geral.[667] Além de violar direitos de personalidade do empregado, no sentido de serem obrigados a vestir determinada grife, acabam por impor uma dificuldade maior à própria manutenção do trabalho, pelas despesas adicionais que isso representa, considerando que esse tipo de roupa têm custo nitidamente maior em relação às chamadas marcas "genéricas".

2. O uso de uniforme cujas características expõem claramente o trabalhador à situação humilhante e vexatória, seja perante colegas de trabalho, seja perante os clientes, gerando comentários negativos a respeito de sua personalidade, configura prática ilícita, ensejadora de danos morais. Isso ocorre, por exemplo, quando o empregador obriga empregado do sexo masculino a utilizar uniforme de corte feminino ou vice-versa.[668] Em direção parecida, obrigar os funcionários a vestir fantasias quando tal prática não guarda qualquer relação com a função laboral configura igualmente atividade lesiva aos direitos de personalidade, pelos constrangimentos que causa àqueles que não se sentem confortáveis com a prática. Nesse sentido, quanto menor for a relação da fantasia de uso obrigatório com a atividade laboral propriamente dita, maior a chance de se provocar constrangimento excessivo ao trabalhador e consequentemente de violação aos seus direitos de personalidade.

Lembre-se, contudo, que mau gosto não é necessariamente sinônimo de tratamento vexatório, até mesmo pela impossibilidade de se unificar um único padrão de vestimenta como sóbrio ou belo. Gosto é questão pessoal, de caráter subjetivo, de modo que somente aqueles excessos, compartilhados à vista da total falta de razoabilidade, costumam ensejar sanções. É por essa razão que nem todo uniforme "feio" tende a caracterizar prática capaz de expor o trabalhador à humilhação. Ademais, quanto maior for a necessidade de se garantir a segurança e o conforto do trabalhador, maior é a possibilidade de padrões de beleza de uniformes cederem em prol dessas prioridades.

3. Outra questão que pode ser aventada é a impossibilidade de o empregador obrigar seus funcionários a estamparem em seus uniformes adesivos ou similares que façam propaganda política em favor ou contra determinados candidatos, independentemente da natureza do pleito. Tal prática configuraria violação direta à liberdade de convicção política do trabalhador, incompatível em todos os sentidos com a ordem constitucional vigente. Toda e qualquer pressão política exercida pelo empregador frente a seus empregados tende a ser incompatível com a liberdade de crença garantida pela constituição.

Para além da questão do uniforme, embora a ela conectada, há que se abrir uma discussão paralela relativa à liberdade de crença política. O problema são os limites da influência do mais forte sobre o mais fraco. Se o empregador se limita a dar a sua opinião sobre determinado assunto ou posição, criticando este ou aquele político, a prática pode se mostrar eventualmente compatível com a própria liberdade de expressão. Contudo,

---

[667] TST, RR 41-95.2010.5.09.0662, rel. Min. Alexandre de Souza Agra Belmonte, 3ª Turma, j. 15.2.2017, *DEJT* 17.2.2017.

[668] TST, RR 130600-85.2007.5.20.0001, rel. Min. Ives Gandra Martins Filho, 7ª Turma, j. 13.5.2009, *DEJT* 15.5.2009.

quando a opinião cede lugar à pressão ainda que velada, de modo a impor ao trabalhador o risco de perder seu emprego caso não demonstre a mesma convicção política, aí se passa a ingressar no perigoso terreno da coação que, considerando a desigualdade de poder típica das relações de trabalho, assume difícil compatibilidade com a ordem constitucional. Evidentemente, somente a análise do caso concreto será capaz de definir eventual ilicitude nesse sentido. O critério a ser empregado é o mesmo das ferramentas ligadas à liberdade de expressão. Quanto mais a prática se restringir à argumentação, ou seja, à análise de diferentes pontos de vista, maior é a tendência de se mostrar compatível com a constituição; todavia, quando mais a manifestação do empregador visar a constranger seus funcionários a deixarem de pensar de modo diferente, exprimindo uma visão que não necessariamente concordem, maior será a tendência de assédio político, incompatível com o ambiente de trabalho. O problema pode ser abordado sob a perspectiva da objeção de consciência,[669] já que ninguém deverá ser privado de direitos por aquilo que acredita, dentro do marco constitucional vigente.

4. Obrigatoriedade de troca de uniforme por força de barreira sanitária erguida pela legislação vigente, que leva os trabalhadores a circular com trajes íntimos, ainda que por breves momentos em frente aos seus colegas de trabalho do mesmo sexo.

A jurisprudência divide-se quanto ao caráter abusivo da prática. Há julgados que consideram que se trata de prática razoável não configuradora de danos morais. Nessa posição, a jurisprudência argumenta que a circulação dos trabalhadores em trajes íntimos nos banheiros durante a troca de uniforme decorre do cumprimento das normas de higiene, exigíveis das empresas do ramo alimentício, o que descaracterizaria a prática de situação constrangedora ou humilhante, capaz de caracterizar o assédio moral. Condição para tanto é que a conduta do empregador derive de normas administrativas de natureza sanitária, de ordem pública e caráter cogente, com vistas a resguardar a saúde pública, assim como que o procedimento seja realizado em face de todos os trabalhadores indistintamente e que exista vestiário específico para cada sexo. Ressalta-se, ainda, a necessidade de instalação de de portas nos boxes dos chuveiros, a fim de evitar a exposição excessiva e injustificada da intimidade dos empregados.[670] Nota-se aqui a ponderação realizada pela jurisprudência, apontando para a necessidade de o direito à intimidade e à privacidade ceder no caso concreto ao direito fundamental à saúde pública, direito de todos.[671]

---

[669] Remeta-se neste particular ao item 3.1.3.4, H, do presente estudo.

[670] TST, RR 1556-82.2012.5.18.0101, Rel. Min. Alexandre Luiz Ramos, 4ª Turma, j. 13.02.2019, DEJT 22/02/2019; ARR 11672-42.2015.5.18.0102, Rel. Des. Convocada: Cilene Ferreira Amaro Santos, 6ª Turma, j. 06.02.2019, DEJT 15/02/2019; ARR 11755-24.2016.5.18.0102 , Rel. Min. Kátia Magalhães Arruda, 6ª Turma, j. 05/12/2018, DEJT 07/12/2018.

[671] TST, ARR 10753-12.2015.5.12.0008, rel. Min. Dora Maria da Costa, 8ª Turma, j. 26.6.2018, *DEJT* 29.6.2018; E-ARR 10037-91.2013.5.18.0103, rel. Min. João Oreste Dalazen, SDI-1, j. 01.12.2016, *DEJT* 11.4.2017;RR 2266-02.2012.5.18.0102, Rel. Min. Aloysio Corrêa da Veiga, 6ª Turma, j. 07.05.2014, *DEJT 09.05.2014;*; RR 1484-95.2012.5.18.0101, rel. Min. Vieira de Mello Filho, 7ª Turma, j. 03.12.2013, *DEJT* 6.12.2013.

Por outro lado, há posicionamentos que apontam que a simples necessidade de obedecer às normas vigentes de controle sanitário não autorizam a exposição desnecessária do empregado, sobretudo a nudez. Caso em que se reconheceu a abusividade de condutas que extrapolam os limites fixados nas normas técnicas, em particular quando se constata que a empresa faz seus funcionários ficarem totalmente despidos de modo desnecessário, por disponibilizarem apenas chuveiros separados por divisórias, sem portas, expondo o empregado a situações vexatórias ou humilhantes, frente a seus colegas de trabalho, ainda que do mesmo sexo, violando assim sua intimidade.[672] Nessa linha, há farta jurisprudência no sentido de que o simples trânsito coletivo dos trabalhadores em trajes íntimos pelos vestiários da empresa se traduz em exposição do corpo inadmissível e por consequência da intimidade dos trabalhadores aos seus colegas de profissão, constrangimento passível de reparação por dano moral. Fundamento para isso é que a legislação sanitária prega efetivamente que as vestimentas utilizadas no ambiente externo não adentrem o ambiente fabril onde ocorre a manipulação de alimentos, ou seja, as roupas utilizadas externamente devem ser trocadas por roupas higienizadas, sem que os detalhes de como esse procedimento seja feito sejam especificados pela norma, já que apenas o resultado é exigido.[673]

A clara divergência jurisprudencial acerca do tema recomenda a formulação dos seguintes critérios de solução de conflitos:

a) Quanto maior for a necessidade de se observar a legislação sanitária vigente no que diz respeito à proteção da saúde pública, tão mais fortes serão os argumentos aptos a impor restrições aos direitos de personalidade dos trabalhadores.

b) A necessidade de observação das normas sanitárias não justifica por si só práticas que levem à exposição excessiva do corpo dos funcionários. Consequentemente, as restrições aos direitos de personalidade dos trabalhadores não podem ocorrer de forma excessiva, devendo preservar o núcleo essencial do direito à intimidade e à privacidade.

c) A troca de uniformes deve ser realizada em vestiários separados para cada sexo, garantindo-se chuveiros com portas ou cortinas individuais, de forma a preservar a intimidade de cada um.

d) Quanto mais ficar evidenciado que a barreira sanitária obriga o trabalhador a se expor apenas com roupas íntimas perante seus colegas de trabalho, ainda que do mesmo sexo, maior a tendência de ficar caracterizada abusividade da prática, sujeitando aqueles que a ordenam à condenação por danos morais.

---

[672] TST, E-ARR 10037-91.2013.5.18.0103, rel. Min. João Oreste Dalazen, SDI-1, j. 01.12.2016, *DEJT* 11.4.2017.

[673] TST, RR 1454-45.2014.5.12.0008, rel. Min. Luiz Philippe Vieira de Mello Filho, 7ª Turma, j. 11.4.2018, *DEJT* 13.4.2018; RR 10490-56.2015.5.12.0015, rel. Min. Delaíde Miranda Arantes, 2ª Turma, j. 04/04/2018, *DEJT* 13.4.2018; ARR 282-68.2014.5.12.0008, rel. Min. José Roberto Freire Pimenta, 2ª Turma, j. 22.03.2017, *DEJT* 24.3.2017; RR 2006-22.2012.5.18.0102, rel. Min. Augusto César Leite de Carvalho, 6ª Turma, j. 06.09.2017, *DEJT* 22.9.2017; RR 924-38.2014.5.12.0009, rel. Min. Augusto César Leite de Carvalho, 6ª Turma, j. 09.11.2016, *DEJT* 11.11.2016.

Essas considerações servem para apontar a ilicitude de procedimentos fora do contexto das barreiras sanitárias. Pode-se lembrar aqui aquelas práticas que obrigam trabalhadores a se vestir com trajes sumários, na busca da erotização do corpo voltada à captação de clientes em diferentes ramos, não se tratando forçosamente de prostituição. Trata-se de conduta que na realidade brasileira costuma ser praticada usualmente, mesmo que não com exclusividade com trabalhadoras do sexo feminino, quando são obrigadas a trabalhar vestindo minissaias, decotes exagerados etc., em ramos como gastronomia, bares, hotelaria, transportes aéreos, academias de ginástica, entretenimento, entre outros. O problema que se enfrenta aqui é a prática de exploração sexual da mulher – corriqueira em uma sociedade machista como a nossa –, ainda que de forma indireta ou dissimulada, com nítidos prejuízos a seus direitos de personalidade.

Uma das questões mais complexas, que destoa das demais por envolver um âmbito da livre iniciativa que encontra proteção constitucional, diz respeito ao limite da discricionariedade do empregador para critérios de admissão com base em características físicas dos empregados. A matéria pode ser analisada sob diferentes perspectivas, em grau diverso de complexidade.

Em primeiro lugar, não se pode admitir em nenhuma hipótese critérios racistas para a oferta de empregos. Atitude contrária significaria violação da própria ordem constitucional brasileira, que repudia o racismo até por meio dos princípios que a República se rege nas relações internacionais,[674] além de considerar sua prática crime inafiançável e imprescritível.[675] Assim, quanto mais ficar evidenciado que a cor da pele assume critério determinante da contratação, maior será a possibilidade de se enquadrar o fato em prática criminosa, nos termos da legislação vigente.

Em que medida, contudo, é dado ao empregador no curso de seu poder diretivo impor padrões de aparência aos seus empregados? Imagine-se a situação em que regras de uma empresa impedem o uso de cabelos longos, barbas, tatuagens, *piercings* etc. A prudência entende que nessa temática uma solução uniforme dificilmente poderá ser encontrada. Isso porque algumas atividades empresariais podem demandar alguns cuidados, seja para garantir o cumprimento fiel das normas vigentes, seja para zelar pela própria integridade dos trabalhadores. Dentro dessa realidade, pode-se perceber com razoabilidade que o uso de uniformes e equipamentos de segurança do trabalho devem se sobrepor a padrões individuais de aparência por parte dos empregados. Atividades que devem ser desenvolvidas em ambientes controlados, como hospitais, laboratórios de pesquisa, indústrias alimentícias, entre outros, podem justificar proibições como uso de maquiagens, cabelos soltos, barbas longas etc.

Um dos aspectos decisivos é saber em que medida certas exigências decorrem da natureza da função ou se originam por mera discricionariedade do empregador e nesse caso se tal margem de preferência estaria protegida pela liberdade de ação geral garantida pela própria constituição. O cerne da eficácia horizontal que aqui se coloca é que a cons-

---

[674] Art. 4º, VIII, CF/88.

[675] Art. 5º, XLII, CF/88.

tituição proíbe quaisquer formas de preconceito ou por motivo de origem, raça, sexo, cor, idade ou por outros elementos discriminatórios.[676] No âmbito das relações de trabalho há disposição expressa que garante a eficácia horizontal direta do dispositivo,[677] inclusive para a proteção da pessoa com deficiência.[678]

O que se pode argumentar para início de debate é que na maioria das vezes os trabalhadores acabam cedendo às exigências dos empregadores em prol da manutenção do emprego. Assim como restou acima consignado, quando se analisou a possibilidade de determinados uniformes violarem direitos de personalidade, utiliza-se o mesmo critério: a segurança e depois o bem-estar do trabalhador são os vetores utilizados para definir os padrões de aparência física e estética que podem ser exigidos nos ambientes de trabalho.

Isso sugere que aspectos ligados a predileções individuais, inclusive do trabalhador, devem recuar quando esteja em jogo sua segurança e seu bem-estar, justificando a imposição por parte do empregador de determinadas normas de conduta, vestuário e apresentação pessoal. Vários exemplos poderiam ser citados, com a finalidade de permitir a construção de critérios de solução de conflitos para funcionários e operadores:

a) com cabelos longos, que não devem operar máquina que movimente grandes peças móveis para evitar riscos de se prender à máquina e causar sério acidente do trabalho. Justifica-se aqui a proibição de trabalhar com cabelo longo solto.

b) que trabalham com equipamentos de alta voltagem e podem ser proibidos, conforme o caso, de utilizarem joias que sirvam como condutores de eletricidade, como metais nobres, por exemplo.

c) que trabalham em locais expostos a agentes químicos e podem ser proibidos de trabalhar com calçados abertos ou roupas decotadas.

d) que trabalham em setores sujeitos a severo controle sanitário e podem ser proibidos de trabalhar com barbas e/ou cabelos longos.

e) que trabalham em ambientes hospitalares e podem ser proibidos de utilizar maquiagens quando as regras de saúde assim recomendarem.

f) que trabalham sob forte exposição solar e podem ser proibidos de utilizar roupas curtas ou decotadas, obrigando-se ainda ao uso de chapéu.

Enfim, os exemplos são muitos e não podem ser aqui esgotados. A temática toca ainda ao uso obrigatório dos chamados equipamentos de proteção individual, que não raro são evitados pelos trabalhadores pelo desconforto que causam, cabendo a fiscalização do seu uso ao empregador.

Nessas situações, podem ser formulados os seguintes critérios:

---

[676] Art. 3º, IV, CF/88.

[677] Art. 7º, XXX, CF/88: "proibição de diferença de salários, de exercício de funções e de critério de admissão por motivo de sexo, idade, cor ou estado civil".

[678] Art. 7º, XXXI, CF/88: "proibição de qualquer discriminação no tocante a salário e critérios de admissão do trabalhador portador de deficiência".

1. Restrições a predileções pessoais dos trabalhadores, como cortes de cabelo, penteados, barbas, roupas, maquiagens etc., podem ser justificadas quando a natureza da função laborativa assim recomendar, sem que isso represente necessariamente restrição arbitrária ou lesão a direitos de personalidade do empregado.

2. Quanto mais intensas forem as exigências sanitárias impostas à empresa, maiores serão as restrições impostas ao modo de apresentação pessoal dos empregados durante a jornada de trabalho.

3. A natureza da função pode justificar excepcionalmente restrição de contratação em face de sexo, idade[679] ou até mesmo por condições físicas ou mentais da pessoa, sem que se esteja diante de situações de cunho discriminatório, violadoras da ordem constitucional vigente.

O que ainda pode ser questionado é em que medida regras de apresentação pessoal podem ser impostas pelo empregador quando não estejam em jogo questões atinentes à segurança ou ao bem-estar dos funcionários. É nesse aspecto que talvez resida o maior ponto de conflito na temática da eficácia horizontal, já que se confrontam os limites da liberdade de ação geral de cada parte, o que passa a dificultar nesse ponto específico a ocorrência de eficácia horizontal direta, mesmo nas relações de trabalho, já que uma mediação legislativa, mesmo que por meio de cláusulas gerais do direito, se pode tornar imprescindível.

Para ilustrar o debate, pode-se imaginar que o empregador estabeleça como critério de admissão ou de manutenção no emprego determinadas regras de apresentação pessoal que não estão necessariamente conectadas à atividade-fim da empresa e que sob determinado prisma podem ser consideradas como discriminação estética ou pessoal, apta a ferir direitos de personalidade do trabalhador.

Imagine que determinada empresa contrate para funções administrativas apenas pessoas jovens, pelo critério da beleza ou aparência corporal, hipótese em que pessoas com maior ou menor grau de obesidade são preteridas. Ou ainda quando o critério for a estatura, cor dos olhos ou outros traços de aparência eminentemente física. É muito difícil estabelecer um padrão de controle para esse tipo de discriminação. Em se tratando de atividade privada, em que medida é dado ao Estado interferir nos critérios de admissão do empregador quando não se evidencia a ocorrência de práticas absolutamente proibidas como racismo, por exemplo? É aqui que se verifica que muitas vezes os esforços doutrinários ou jurisprudenciais acabam não logrando êxito em afastar práticas discriminatórias pelo simples motivo de que algumas decisões pessoais, ainda que tomadas por imperativos eticamente incorretos, também acabam sendo objeto de proteção constitucional, sob pena de o Estado interferir demasiadamente na vida das pessoas. Assim como o Estado não pode obrigar ninguém a convidar outrem a ir a sua casa em uma festa, a pegar carona em seu carro, muitas vezes essa impossibilidade se estende aos critérios de contratação na

---

[679] Súmula n. 683, STF: "O limite de idade para a inscrição em concurso público só se legitima em face do art. 7º, XXX, da Constituição, quando possa ser justificado pela natureza das atribuições do cargo a ser preenchido".

iniciativa privada. A questão está em saber se a negativa por parte do empregador acaba por humilhar o candidato ou não ou se contribui para ferir sua dignidade de forma inaceitável, situações que podem levar à prática de sanções.[680]

A dificuldade está em determinar o que configura excesso de poder diretivo ou não. Tome-se o exemplo das vestimentas dos funcionários ou da própria apresentação pessoal. É crível aceitar que uma loja que atenda o público jovem tenha preferência por vendedores jovens, até mesmo para facilitar a comunicação entre o vendedor e o comprador. Trata-se, entretanto, de um critério que deve ser empregado com muita parcimônia, em situações específicas, considerando que uma grande mazela da sociedade moderna é a cultura que dificulta o acesso de pessoas de meia ou terceira idade aos postos de trabalho.

Do mesmo modo, é possível que uma loja de roupas íntimas femininas tenha preferência por funcionárias do sexo feminino ou uma loja de produtos luxuosos, que atende a um público conservador, exija dos seus funcionários o uso de trajes sóbrios. Complicado ainda é o ramo empresarial que trabalha com determinados padrões de beleza definidos pela própria sociedade. Aqui se pode citar o exemplo de uma empresa de modelos fotográficos. É crível imaginar que nesse caso o critério "beleza" não pode ser utilizado pelo empregador na seleção de seus profissionais? Por mais que isso pareça discriminatório, a natureza das coisas assim o determina. É uma questão muito mais de predileções sociais do que de contornos passíveis de regulamentação jurídica.

Outra questão que deve ser trazida à discussão diz respeito à possibilidade de sanção jurídica àquele que pauta suas contratações por critérios eminentemente físicos, quando a natureza da função não os necessita. Aqui se está novamente diante dos fluidos contornos da liberdade de ação geral. Será muito difícil pensar em qualquer forma de punição quando se verificar que, por exemplo, em uma loja que tenha somente duas vendedoras, ambas sejam mulheres bonitas ou bem apessoadas no sentido físico da palavra. Nesse caso, é complicado sugerir que houve discriminação por sexo, aparência física, etc. por parte do empregador, já que a amostragem é inegavelmente pequena, impossibilitando qualquer conclusão definitiva nesse sentido. Todavia, outra seria a situação caso se constatasse que uma grande rede de supermercados emprega apenas mulheres com esse perfil. Aí já existiriam elementos capazes de denotar prática discriminatória, sem razoabilidade da conduta empresarial pela simples improbabilidade de "coincidência". Esse critério pode ser utilizado inclusive para coibir práticas de racismo na seleção de candidatos em estabelecimentos com elevado número de postos de trabalho.

Em geral, o empregador pode proibir que seus funcionários se vistam de forma desleixada quando isso for incompatível com a sua atividade. A empresa pode zelar pela sua imagem quando decisões pessoais do empregado sejam com ela incompatíveis. O problema é que o bom senso, que deve pautar essas decisões, é algo que nem sempre encontra fácil definição pelas partes, motivo pelo qual somente a análise do caso concreto pode determinar a melhor direção a ser seguida. Fundamental aqui é investir em treinamento e orientação, buscando na maior medida possível preservar a dignidade das pessoas e suas

---

[680] Remeta-se neste particular ao item 3.1.3.4, H, do presente estudo.

predileções pessoais. É por isso que o uso de uniformes ou código de vestimenta muitas vezes resolve o problema, já que trata de forma padronizada várias situações, evitando assim discriminações pessoais.

Alguns critérios podem ser construídos para fomentar o debate:

1. Todas as restrições impostas em face de padrões estéticos devem estar em compatibilidade com o princípio da dignidade humana.

2. Quanto mais se evidenciar que a clientela, razão de ser da atividade empresarial, preza por um certo padrão visual em atividades específicas, maior é a possiblidade de o empregador impor códigos de vestimenta.

3. Quanto mais se evidenciar que a natureza da atividade depende de certos padrões físico, maior será a possiblidade de o empregador se valer dos respectivos padrões como critério de admissão de funcionários, exceto quando configurem prática de racismo.

4. Por outro lado, quando mais ficar evidente que a competência ou habilidade profissional se mostram mais relevantes e decisivas do que a aparência física, maior será a possibilidade de se constatar discriminações por parte do empregador, incompatíveis com a ordem constitucional.

5. Quanto maior for o número de postos de trabalho em uma empresa, maior será a possibilidade de se perceber discriminações por parte do empregador, utilizando critérios de seleção por aparência física, estética etc.

Outra violação possível no marco da eficácia horizontal diz respeito às ordens dadas pelo empregador para que seus empregados participem de cultos religiosos ou de rezas nas dependências da empresa, a partir de sua convicção religiosa. Trata-se de nítida violação não apenas dos direitos de personalidade do empregado, como também de sua liberdade religiosa. Nesse ponto, a jurisprudência observa a possibilidade de indenização por danos morais, ainda que tal conduta por parte do empregador não tenha a forma de "ordem" em sentido formal, o que se pode denominar de obrigatoriedade por vias indiretas. Isso porque na prática essas "recomendações" podem constranger o empregado a participar de cultos ou rezas, mesmo contra sua convicção interior, por medo de sofrer retaliações em relação marcada pela hipossuficiência. Nesses casos, está-se diante da hipótese de que o empregado se sente compelido a participar de atividades religiosas durante a jornada de trabalho pelo fato de que não o fazer pode ser encarado pelos supervisores como conduta negativa, o que acaba invariavelmente constrangendo aqueles que não possuem interesse em tomar parte dessas astividades.[681]

Evidentemente que aqui podem ser formulados os seguintes critérios:

1. Quanto mais a prática de cultos religiosos no lugar de trabalho constranger os empregados à participação, ainda que por via indireta, maior será a possibilidade de violação de sua liberdade religiosa e de seus direitos de personalidade.

---

[681] TST, RR 1519-55.2011.5.03.0021, rel. Min. Delaíde Miranda Arantes, 2ª Turma, j. 23.9.2015, *DEJT* 2.10.2015.

2. Quanto mais ficar evidenciado que a participação de empregados em cultos religiosos se dá por mera liberalidade, não impondo nenhum juízo valorativo em sua conduta, inclusive para sua manutenção no quadro funcional da empresa, menor será a possibilidade de se considerar tal prática como abusiva, por estar enquadrada na liberdade religiosa do empregador.

No âmbito da eficácia horizontal no seio de relações trabalhistas, podem ser apontados ainda os casos em que o assédio moral imposto ao empregado se soma a lesões à sua saúde. Está-se aqui diante de casos em que particularmente empregadas são obrigadas a trabalhar maquiadas e/ou com sapatos de salto alto, sob pena de constrangimento ou perda do emprego. Na medida em que esse tipo de ordem permeia a integralidade da jornada de trabalho, nota-se a possibilidade de danos à saúde das trabalhadoras, considerando os riscos gerados à pele pela exposição contínua e prolongada à maquiagem, bem como as lesões físicas decorrentes do uso diário de sapatos de salto alto. Tal prática já foi objeto de análise pela jurisprudência.[682] Note-se que os bens objeto de proteção são integridade física, inviolabilidade corporal e a própria saúde das trabalhadoras em sentido amplo.

É por isso que não se pode concordar como premissa básica com a afirmação de que a simples exigência de mulheres trabalharem calçando sapatos de salto alto não torna o local de trabalho perigoso, o que dispensaria a culpa do empregador por acidentes de trabalho envolvendo quedas, pelo fato de esse tipo de calçado ser usado corriqueiramente por mulheres.[683] Veja que esse argumento, além de desconsiderar o impacto que o calçado de salto alto gera na saúde da mulher quando utilizado diariamente, bem como na estabilidade do seu caminhar, parte do falso pressuposto de que as mulheres em geral, por um suposto conceito de moda dominante na sociedade, são obrigadas a se adaptar ao uso de saltos. Respeitosamente, trata-se de argumento que além de violar os bens jurídicos antes referidos, beira à discriminação e estigmatização das mulheres, o que não pode encontrar justificativa no alvorecer do novo século.

No que tange à proteção à saúde, também se poderia considerar abusiva a manutenção de trabalhadores em ambientes exclusivos para fumantes. Isso porque trabalhar em ambientes como esse tornam o empregado fumante passivo diário, com sérios riscos a sua saúde. Em bom momento, a legislação brasileira evoluiu bastante nos últimos anos, sendo considerada até mesmo modelo, ao impedir a prática de fumo em locais confinados, evitando até mesmo um problema de feições trabalhistas, como à época em que havia, por exemplo, a possibilidade de setor de fumantes em aviões, bares e restaurantes etc.

O debate que costuma surgir com maior intensidade não diz respeito tanto aos aspectos materiais dessa legislação, mas sim aos formais, problema relativo à chamada inconstitucionalidade formal, caracterizada por defeito de formação da norma pela não observância de questões de ordem técnica no ciclo de sua formação ou pela violação das regras de competência.[684] Na temática da legislação antifumo, trata-se do segundo aspecto, no complexo

---

[682] TST: RR 178-65.2011.5.09.0008 rel. Min. Augusto César Leite de Carvalho, 6ª Turma, j. 28.2.2018, *DEJT* 2.3.2018.

[683] Entendimento contrário, v. TST, AIRR 10259-03.2015.5.03.0040 rel. Min. Fernando Eizo Ono, 4ª Turma, j. 6.9.2017, *DEJT* 15.9.2017.

[684] MENDES, G; BRANCO, P. G. G. *Curso de Dir. Constitucional*, p. 1.124s.

tema da repartição de competências legislativas no Brasil, matéria ínsita à exigência da estrutura federal,[685] ou seja, à forma federativa de Estado.

Tudo começa no Título III da CF/88, que trata da organização do Estado. O inciso XII do art. 24 da CF/88 confere aos Estados competência concorrente para legislar sobre proteção e defesa da saúde da população.Em princípio, não há falar em inconstitucionalidade formal de leis estaduais que proíbam o fumo no interior de edificações, limitando-se a União a editar normas gerais acerca da matéria, caso queira, na forma do § 1º do referido dispositivo constitucional. O que não pode ocorrer é a norma estadual em matéria de legislação concorrente contrariar a norma geral federal, caso existente (art. 24, § 2º, CF/88), lembrando que, inexistindo lei federal sobre normais gerais, os Estados exercerão a competência legislativa plena para atender a suas peculiaridades (art. 24, § 3º, CF), cabendo aos Municípios se for o caso suplementar a legislação federal e a estadual no que lhes couber (art. 30, II, CF/88). Em suma: os Estados detêm competência para aprovar legislações antifumo, desde que não contrariem o que está previsto em lei federal, com base nas regras de competência legislativa concorrente em matéria de saúde.[686]

Ainda no tema da saúde, pode-se também analisar a perspectiva da eficácia horizontal dos direitos fundamentais nos casos em que o empregador solicita dos empregados determinados testes clínicos que exponham sua intimidade, como, por exemplo, testes de HIV. A matéria é objeto da recomendação nº 200 da OIT,[687] que embora não possua caráter vinculativo, é utilizada como parâmetro interpretativo. Os princípios *h* e *i* do item 3 dessa resolução estabelecem que:

(h) os trabalhadores, suas famílias e seus dependentes deveriam gozar de proteção da sua privacidade, incluindo a confidencialidade relacionada ao HIV e à Aids, em particular no que diz respeito ao seu próprio estado sorológico para o HIV;

(i) nenhum trabalhador deveria ser obrigado a realizar o teste de HIV ou revelar seu estado sorológico para o HIV [...].

A linha adotada pelo TST parte do pressuposto de que se deve presumir discriminatória a despedida de empregado portador do vírus HIV ou de outra doença grave que suscite estigma ou preconceito, entendimento que restou cristalizado pela Súmula n. 443 do referido tribunal,[688] tendo sido aplicada em várias decisões posteriores.[689] A controvérsia reside em duas questões principais:

---

[685] HORTA, R. M. *Dir. Constitucional*, p. 341ss.

[686] Sobre o tema, v. DUQUE, M. S. *Competência legislativa estadual,,,* p. 497ss.

[687] OIT, *R200*.

[688] Súmula n. 443, TST: "Presume-se discriminatória a despedida de empregado portador do vírus HIV ou de outra doença grave que suscite estigma ou preconceito. Inválido o ato, o empregado tem direito à reintegração no emprego". Res. 185/2012, *DEJT* 25-27.9.2012.

[689] TST, RR 113900-71.2011.5.17.0132 rel. Min. Alexandre de Souza Agra Belmonte, 3ª Turma, j. 2.5.2018, *DEJT* 4.5.2018; ARR 1250-15.2014.5.19.0005, rel. Min. Dora Maria da Costa, 8ª Turma, j. 06.12.2017, *DEJT* 11.12.2017; AIRR 974-32.2015.5.09.0003, rel. Min. José Roberto Freire Pimenta, 2ª Turma, j. 17.10.2017, *DEJT* 20.10.2017; RR-109000-58.2013.5.17.0008, rel. Min. Alexandre de Souza Agra Belmonte, 3ª Turma, j. 10/05/2017, *DEJT* 12.5.2017; AIRR 546-35.2015.5.23.0076, rel. Min. Mauricio Godinho Delgado, 3ª Turma, j. 28.09.2016, *DEJT* 30.9.2016.

1. No momento de eventual dispensa, o empregador tinha ciência de que o empregado era soropositivo, sendo esse o motivo da dispensa?
2. O trabalhador pode ser obrigado a se submeter a testes clínicos de HIV como condição de aceso ao emprego?

O primeiro aspecto é menos complexo, já que a dispensa do empregado só pode ser estudada do ponto de vista da discriminação se houver prova da ciência de sua condição clínica pelo empregador. Havendo outros motivos que justificam a dispensa, ela não pode ser considerada discriminatória apenas pelo fato de o trabalhador possuir moléstia grave, como o HIV. Isso porque se a empresa desconhece o estado de saúde do empregado, não teria como levar esse fato em consideração no momento da dispensa.

Mais complexa, contudo, é a questão em torno da (im)possibilidade de exigir teste de HIV como condição para acesso ou manutenção no emprego. Como visto, a recomendação n. 200 da OIT, no princípio *i"* do item 3, veda que o trabalhador venha a ser obrigado a realizar o teste ou a revelar seu estado sorológico para o HIV. Por seu turno, o art. 1º da Lei n. 9.029/1995[690] proíbe a exigência de atestados de gravidez, esterilização ou outras práticas discriminatórias para efeitos admissionais, nos moldes do que preconiza o já referido inciso XXX do art. 7º da CF/88, sem se referir expressamente à questão sorológica.

Como regra geral, pode-se afirmar com base no princípio da dignidade humana e no avanço da medicina que, pelo fato de o trabalhador soropositivo possuir expectativa de vida considerável, bem como controle dos sintomas da doença, não existem razões que por si só levem à necessidade de dispensa do funcionário apenas em razão da doença. Nos termos da jurisprudência citada, está-se diante de um imperativo de proteção dos trabalhadores que se encontram em situações de vulnerabilidade, o que acaba por impor ao empregador o ônus probatório de que eventual dispensa não possui contorno discriminatório. Por trás dessa constatação repousa a inquestionável realidade de que doenças graves, em particular o HIV, costumam despertar fortes sentimentos de estigma e preconceito na sociedade, aspectos que elevam em grande medida as dificuldades de reinserção no mercado de trabalho e a concretização do comando constitucional da busca do pleno emprego.

Entretanto, como todo tema complexo assume contornos difíceis, quando se buscam soluções definitivas, há que se compreender que a natureza da atividade pode demandar soluções diferenciadas. Poder-se-ia cogitar que excepcionalment, existam atividades profissionais que são incompatíveis com determinadas moléstias, em particular quando seu desempenho concreto envolva considerável risco de contaminação. É o caso de determinadas profissões que estão diariamente sujeitas a esse tipo de risco com sangue, por exemplo. Nesses casos, seria possível encontrar um fundamento excepcional, que justifique a impossibilidade de manutenção de um funcionário portador de HIV no desempenho dessas atividades específicas, recomendando-se, entretanto, não sua dispensa, mas a trans-

---

[690] Art. 1º, Lei n. 9.029/1995. "Fica proibida a adoção de qualquer prática discriminatória e limitativa para efeito de acesso a relação de emprego, ou sua manutenção, por motivo de sexo, origem, raça, cor, estado civil, situação familiar ou idade, ressalvadas, neste caso, as hipóteses de proteção ao menor previstas no inciso XXIII do art. 7º da Constituição Federal".

ferência para um setor administrativo, por exemplo, onde os riscos não se mostram como impeditivos para o desempenho da função.

Finalmente, a proteção dos direitos de personalidade dos trabalhadores poderia ser analisada em conflito com a proteção da atividade empresarial, sob a perspectiva da (im)possibilidade de exigência pelo empregador de antecedentes criminais de candidatos ao emprego (fase pré-contratual). A matéria foi objeto de manifestação de TST em julgado marcado por inegável polêmica, considerando a crise de segurança pública que o País enfrenta. Em sede de julgamento de um recurso de revista repetitivo, o TST fixou o tema n. 0001, afirmando em síntese que a exigência de certidão de antecedentes criminais de candidato a emprego é ilegítima e configura dano moral quando representar tratamento discriminatório ou não se justificar em razão de previsão legal, da natureza do trabalho ou da fidúcia especial exigida pela atividade concreta a ser desempenhada.[691]

A jurisprudência do TST firmou, portanto, o entendimento de que:

1. Por regra, empresas não podem exigir certidão de antecedentes criminais de candidatos a emprego, sob pena de caracterizar lesão a direitos de personalidade do trabalhador sujeita a dano moral.

2. A exceção decorre de funções cuja previsão legal ordena tal verificação (serviços de vigilância armada, por exemplo) ou quando o chamado *grau especial de fidúcia* ou confiança constitua pressuposto intrínseco à própria atividade, como, por exemplo, empregados domésticos, cuidadores de menores, idosos ou deficientes (em creches, asilos ou instituições afins), motoristas rodoviários de carga, empregados no setor da agroindústria que manejam ferramentas de trabalho perfurocortantes, bancários e afins, trabalhadores que atuam com substâncias tóxicas, entorpecentes e armas ou com informações sigilosas, ainda que por *telemarketing*.

A temática enquadra-se perfeitamente na perspectiva da eficácia horizontal dos direitos fundamentais no momento em que incide sobre direitos de todas as partes envolvidas na controvérsia.

A favor da argumentação em torno da proibição como regra da exigência de certidão de antecedentes criminais, concorrem normas com elevadíssimo grau de abstração, como a valorização do trabalho como fundamento da República e da própria ordem econômica, até chegar nos direitos de personalidade do trabalhador, expressão de sua dignidade, que visam a evitar a estigmatização da pessoa que cumpriu pena e sua consequente privação do mercado de trabalho. Leva-se em conta que a conduta pretérita do candidato, para efeito de certidão de ocorrência criminal, não tem necessariamente relação com as habilidades que deveriam ser medidas para a respectiva vaga. A partir daí é que todos os argumentos foram construídos para a fixação da referida tese, chegando-se até mesmo a falar sobre "direito ao esquecimento". O núcleo da tese repousa, portanto, na impossibilidade de se estigmatizar o trabalhador por fato alheio ao trabalho.

---

[691] TST, IRR 243000-58.2013.5.13.0023, rel. Min. Maria Cristina Irigoyen Peduzzi, j. 20.4.2017, *DJ* 22.9.2017.

Por outro lado, a favor da tese contrária repousam direitos igualmente ancorados na constituição, como, por exemplo, segurança, proteção da propriedade, acesso à informação, autonomia privada, entre outros. Isso por si só sugere uma dura ponderação entre os bens em conflito, considerando que processos criminais na maioria dos casos têm caráter público. A evidência de que existem argumentos relevantes em ambos os lados da controvérsia é que o próprio tribunal reconheceu que existem atividades em que a pesquisa em torno dos antecedentes do candidato a emprego se mostra possível do ponto de vista jurídico. O problema está, como se pode imaginar, na impossibilidade de se estabelecer uma lista fechada em torno das profissões, cujo acesso a esse tipo de dados como condição da futura contratação parece razoável. Desdobramentos em face da manutenção do princípio da igualdade são do mesmo modo inevitáveis.

Nesse mister, parece que a melhor saída seria evitar a construção de uma jurisprudência proibindo ainda que parcialmente o acesso às informações de antecedentes criminais como condição de empregabilidade. Em seu lugar, poder-se-ia investir em campanhas focadas na importância do acesso ao emprego como uma das principais medidas efetivas à tão desejada ressocialização de ex-apenados, quem sabe até por meio de programas oficiais, com incentivos a quem contrata pessoas que cumpriram pena e apresentaram bom comportamento no curso de sua execução. Na prática, o ideal de valorização do trabalho não pode ser buscado quando no seu realizar concreto se acaba por violar em seu conteúdo essencial prerrogativas constitucionais do empregador de grande envergadura, como seu direito à segurança, proteção patrimonial, além do próprio acesso à informação, considerando, como dito, que nem mesmo os processos criminais são protegidos por segredo de justiça como regra. Esse fato revela uma certa contradição no julgado, tendente a apontar para uma ponderação inadequada dos direitos em conflito.

Todas as situações discutidas neste tópico, listadas de forma meramente exemplificativa, apontam para o fato de que uma eficácia horizontal direta dos direitos fundamentais pode ser fundamentada no âmbito das relações trabalhistas. Em comum, os casos analisados traduzem situações nas quais a conduta da parte mais forte da relação – o empregador – pode gerar um sentimento que abala a própria autoestima do empregado, caracterizando, em determinados casos e sob determinadas condições, violação dos seus direitos fundamentais. O principal argumento em torno da possibilidade excepcional de eficácia horizontal direta é que a CF/88 catalogou diversos direitos dos trabalhadores com *status* de direitos fundamentais, passíveis de aplicação imediata, considerando a natureza das relações para as quais foram pensados.

3.1.4.2 Eficácia horizontal direta em face de direito de reunião e *flashmobs*

Para além dos direitos de natureza trabalhista poderia cogitar-se de outros, como, por exemplo, os direitos de reunião[692] e de associação.[693] Trata-se de direitos que possuem

---

[692] Art. 5°, XVI, CF/88.
[693] Art. 5°, XVII, CF/88.

Teorias acerca da eficácia dos direitos fundamentais nas relações privadas ∎ 173

significado estreito nas relações privadas, razão pela qual se podem verificar casos em que uma eficácia horizontal direta seria admissível.[694] Os principais casos que costumam ser discutidos dentro da temática da eficácia horizontal dos direitos fundamentais dizem respeito aos limites impostos por sujeitos privados à liberdade de reunião ou associação de outros particulares. É por essa razão que controvérsias como as chamadas "marchas da maconha", por exemplo, não podem ser discutidas apropriadamente apenas dentro da perspectiva da vinculação dos particulares aos direitos fundamentais.

O motivo para tanto é que a polêmica se dava em torno da (im)possibilidade da criminalização desse tipo de movimento, em função de eventual crime de apologia à prática criminosa, hipótese que foi afastada pelo STF, por ocasião do julgamento da ADI n. 4.274 em conjunto com a ADPF 187. Neessa oportunidade o tribunal excluiu qualquer interpretação que enseje a proibição de manifestações e debates públicos acerca da descriminalização ou legalização do uso de drogas ou de qualquer substância que leve o ser humano ao entorpecimento.[695] Por se tratar de criminalização, o problema passa a ser analisado sob a perspectiva da eficácia vertical dos direitos fundamentais, já que eventual restrição ao direito de reunião nesses casos seria levada a efeito pelo próprio Estado e não por particulares, que não têm o condão de criminalizar determinadas condutas.

Diferente, contudo, são os casos em que determinadas reuniões são impedidas por particulares, como ocorre, por exemplo, na prática dos chamados *flashmobs* ou manifestações relâmpago, assim entendidas aquelas aglomerações instantâneas de pessoas em certo lugar para realizar uma ação inusitada, previamente combinada, cuja dispersão se dá tão rapidamente quanto a própria aglomeração. Aqui se está diante de um típico caso de eficácia horizontal. Trata-se, como estudado em outra oportunidade, de um encontro que envolve grupos de pessoas geralmente jovens, convocado por meio das redes sociais e de outras plataformas da internet. É um fenômeno que pode ser estudado sob a perspectiva sociológica, já que possui nítido conteúdo reivindicatório, de protesto, ainda que muitas vezes em tom velado. A prática ganhou notoriedade no Brasil, sobretudo a partir do ano de 2013, em atividade que recebeu o apelido de "rolezinho". Ocorreu em particular quando jovens de frágil condição econômica passaram a ser discriminados em *shopping centers*, ao ter sua entrada barrada por seguranças desses estabelecimentos, por não se confundirem com eventuais clientes, ainda que não propusessem nenhuma ameaça ao patrimônio comercial.

Esses atos discriminatórios acabaram por gerar revolta nos grupos atingidos, que passaram a se organizar de forma criativa por meio das redes sociais, convocando diversas pessoas a se reunirem no interior dos *shoppings* para uma volta ou passeio, chamado de "rolê", na gíria popular, o que acabou por originar a expressão "rolezinho". Sem dúvida, é um fenômeno da modernidade, pois somente se mostrou possível pelo emprego de redes sociais, que servem como meio hábil e eficaz para construir grandes e rápidas mobilizações populares em torno dos mais variados assuntos. Na prática, as redes sociais alertavam

---

[694] DIEDERICHSEN, U. *Rangverhältnisse*, p. 53; BADURA, P. *Staatsrecht*, p. 110, Rn. 23; KOPP, F. O. *Fiskalgeltung*, p. 154s. EN, v. SILVA, V. *Constitucionalização*, p. 86s.

[695] STF, ADI 4.274, rel. Min. Ayres Britto, Pleno, j. 23.11.2011, *DJe* 2.5.2012; ADPF 187, rel. Min. Celso de Mello, Pleno, j. 15.6.2011, *DJe* 29.5.2014.

para a prática de discriminações e convocavam pessoas a reagir de forma pacífica por meio de um passeio nos locais onde o ato fora praticado. À época, por se tratar de um novo fenômeno, os administradores de *shoppings* foram pegos de surpresa e muitos não sabiam bem como lidar com a situação, que, diga-se de passagem, envolve um complexo conflito de direitos fundamentais.

Em um primeiro momento, vários estabelecimentos, ao notarem que um grupo significativo de pessoas, sobretudo jovens, pretendia adentrar no mesmo horário as suas dependências, passaram a impedir a entrada dos participantes do movimento, temendo riscos ao seu patrimônio ou de seus clientes. O aspecto que liga o tema à eficácia horizontal diz respeito ao fato de que um ente privado (*shopping*) obstaculiza o direito de reunião de um grupo de particulares, que são os participantes do rolezinho. A prática acabou viralizando por um certo período e ganhou as manchetes jornalísticas. O grande problema é que esse tipo de reunião não costuma ocorrer em praças, ruas ou outros locais públicos, mas no interior de estabelecimentos comerciais privados, o que coloca sérias dúvidas sobre a compatibilidade da prática com o direito fundamental de reunião. Como se sabe, esse direito é garantido pela CF/88 quando exercido em locais públicos e mediante prévio aviso à autoridade competente,[696] para que possa prevenir eventuais excessos e garantir a segurança de todos aqueles que acabam se envolvendo com o evento de forma direta ou indireta.

Como é comum aos temas que dizem respeito à eficácia horizontal, costumam surgir argumentos em ambos os lados da controvérsia. Aqueles que sustentam que os *shoppings* não podem impedir o ingresso de pessoas apenas por sua condição econômica acertam, pois tal prática configuraria inegável discriminação, já que são estabelecimentos que abrem suas portas – mediante alvará concedido pelo poder administrativo – ao público em geral, não existindo nenhum critério razoável para barrar a entrada dessa ou daquela pessoa somente com base no respectivo poder aquisitivo de cada um. É claro que essa análise parte do pressuposto de que não estão em causa condutas que impliquem moléstia por parte dos frequentadores uns aos outros ou aos lojistas. Fosse o caso de moléstia de qualquer natureza, independentemente do grupo social, é claro que haveria razões suficientes para não se permitir a manutenção daqueles que descumprem as regras inerentes ao saudável convívio social.

Se por um lado não se pode impedir que pessoas sejam barradas em estabelecimentos comerciais simplesmente por força de sua condição física, econômica ou da roupa que vestem, por outro lado os interesses dos proprietários não podem ser ignorados por completo. Isso sugere que a questão também deve ser analisada sob a perspectiva dos administradores dos *shoppings*. A partir do momento em que centenas ou até milhares de pessoas no curso do chamado rolezinho ingressam simultaneamente no estabelecimento comercial, isso pode gerar uma situação que coloca em risco bens garantidos pela constituição. Pode-se iniciar o debate com a questão ligada à própria segurança das pessoas, clientes ou não, considerando que os corredores desses estabelecimentos não são projetados para absorver um número

---

[696] Art. 5º, XVI, CF/88: "Todos podem reunir-se pacificamente, sem armas, em locais abertos ao público, independentemente de autorização, desde que não frustrem outra reunião anteriormente convocada para o mesmo local, sendo apenas exigido prévio aviso à autoridade competente".

elevado de pessoas, como os que tomam parte nessas mobilizações convocadas pelas redes sociais. Para tanto, basta imaginar os riscos à integridade física que podem ser gerados por um tumulto generalizado que venha a ocorrer no interior de um *shopping*.

A solução mais adequada para esse fenômeno social passa por uma ponderação que leve em consideração a totalidade de interesses em conflito, merecendo a segurança das pessoas um peso considerável na solução da controvérsia. Não é por menos que a CF/88 em sua sabedoria determina que o direito de reunião deve ser exercido em locais abertos ao público, aqui interpretados como os bens ao ar livre e de uso comum do povo, na exata acepção do inciso I do art. 99 do CC, como ruas, parques, praças, praias etc.[697], e não particulares.

Mas não apenas a segurança das pessoas está em jogo. O tema também diz respeito à própria viabilidade da atividade comercial. Como se sabe, os lojistas de *shoppings* arcam com pesadíssimos encargos condominiais para manter suas operações diárias. Não é difícil imaginar que quando centenas de pessoas convocadas pelas redes sociais adentram simultaneamente nesse estabelecimento, passando a circular conjuntamente em local fechado, isso acaba gerando uma situação de desconforto, não pelo fato de quem está circulando, mas pelo número de pessoas e pela sensação incômoda que isso gera. Esse aglomerado de pessoas, que em princípio não têm a finalidade de consumir, pode eventualmente afugentar os consumidores que, em última análise, são a razão de existir dos estabelecimentos comerciais, responsáveis pela geração empregos, renda e recolhimento de tributos. Aqui haveria reflexos nas próprias garantias da ordem econômica, de livre iniciativa e liberdade de exercício profissional.

Ao se colocarem todas essas questões no debate, é possível concluir que o problema do "rolezinho", que o conecta à temática da eficácia horizontal, não está, portanto, apenas no motivo que leva ao ato em si, mas na proporção e na forma como é dada a resposta. Nesse caso, uma solução de equilíbrio seria condicionar sua prática em parques ou praças – locais ao ar livre e abertos ao público, na acepção constitucional. Um possível critério de solução de conflitos aqui passaria pela seguinte proposição: quanto mais a prática do "rolezinho" tenha fundamento no direito de reunião – e não no consumo –, maior é a possiblidade de essa prática ser considerada abusiva quando exercida no interior de estabelecimentos comerciais de natureza privada. Busca-se com esse entendimento proporcionar o direito de reunião ao mesmo tempo em que se evitam os riscos à segurança e os prejuízos comerciais dele decorrentes.

Ao mesmo tempo, deve-se levar em conta a origem do problema, construindo o seguinte critério: quanto mais ficar evidenciada a prática discriminatória por parte dos administradores de estabelecimentos comerciais e seus prepostos, maior será a ocorrência de lesão aos direitos de personalidade e a fundamentação em torno da prática de sanções dela decorrentes.

No direito comparado, os *flashmobs* foram analisados em diferentes oportunidades, como casos ligados à eficácia horizontal dos direitos fundamentais. Destacam-se duas decisões pro-

---

[697] Art. 99, CC: "São bens públicos: I – os de uso comum do povo, tais como rios, mares, estradas, ruas e praças."

feridas pelo BVerfG. A primeira, no ano de 2014,[698] tratou da possibilidade de grevistas que atuavam no setor do varejo ingressarem na condição de clientes em momento pré-acordado nas redes sociais em supermercados que furavam a greve, onde cada um se limitava a adquirir uma pequena mercadoria, cujo custo era de apenas poucos centavos, para com isso gerar um impacto na fluidez do atendimento e assim espantar os demais clientes, inviabilizando o funcionamento do estabelecimento durante a greve. A ação durou entre 45 e 60 minutos e acabou chegando à justiça do trabalho alemã, que considerou a ação de *flashmob* compatível com o direito fundamental de associação, inclusive por meio de decisão do BAG. A matéria foi submetida ao BVerfG, por meio de um recurso constitucional interposto por uma associação de empregadores varejistas, que se sentia prejudicada pela estratégia dos grevistas, solicitando ao tribunal a proibição de práticas semelhantes no futuro. O BVerfG julgou improcedente o recurso constitucional, reconhecendo na prática a compatibilidade do referido *flashmob* com a LF, com base nos seguintes argumentos:

a) a proteção conferida pelo art. 9 (3) da LF não se limita à greve ou bloqueio como formas tradicionalmente reconhecidas da luta trabalhista. A escolha dos meios que as associações consideram adequadas para a consecução de suas finalidades específicas de coalizão lhes é dada pelo próprio Artigo 9 (3) da LF (que trata da liberdade de associação)[699]. A LF não prescreve como as posições jurídico-fundamentais opostas devem ser delimitadas em cada caso; não se exige otimização das condições de disputa. Medidas de disputa trabalhista controversas são examinadas sob o ponto de vista da proporcionalidade; do emprego dessas medidas não deve resultar uma preponderância unilateral pelas negociações coletivas. Por essa razão, a orientação do BAG na aplicação do princípio da proporcionalidade nesse respeito não deve ser objetada.

b) Uma violação aos direitos do recorrente em sua liberdade de associação não se deixa verificar pelos julgamentos contestados. O BAG leva em consideração particularmente o fato de que por meio da participação de terceiros em ações de *flashmob* se pode aumentar o risco de essas ações saírem do controle, pelo fato de que terceiros são menos passíveis de influência pelos próprios sindicatos. A decisão do tribunal

---

[698] BVerfG. 1 BvR 3185/09, etl. A mobilização foi convocada por um sindicato por meio de panfletos virtuais, com a seguinte pergunta: você tem vontade de participar de uma ação de *flashmob*? O panfleto explicava que a ação ocorreria em supermercados que estavam furando a greve e convocava pessoas para irem simultaneamente às compras no respectivo estabelecimento. Informava também que os interessados deveriam cadastrar seu número de telefone celular, de modo a serem avisados por SMS no momento em que a referida ação tivesse curso. Ao mesmo tempo, esclarecia como isso deveria ocorrer: "muitas pessoas devem ingressar ao mesmo tempo no supermercado para comprar um artigo que custa poucos centavos e com isso bloquear por longo tempo o setor dos caixas". Para maiores informações sobre o ato e a respectiva decisão, v. informativo à imprensa, BVERFG, *Pressemitteilung Nr. 35/2014.*

[699] Art. 9 (3), LF, etl: "A todas as pessoas e em todas as profissões ou ocupações será garantido o direito de formar associações para defender e melhorar as condições econômicas e de trabalho. Serão nulos os acordos que restrinjam ou tendam a impedir o exercício desse direito, e ilegais as medidas tomadas nesse sentido. As medidas tomadas no âmbito dos artigos 12a; 35, §§ 2 e 3; 87a, § 4; e 91 não poderão contrariar convenções trabalhistas firmadas por associações, no exercício do direito previsto na primeira frase deste parágrafo, para salvaguardar e melhorar as condições econômicas e de trabalho".

trabalhista estabelece assim limites legais para a participação de terceiros nessas ações. Com isso, os *flashmobs* devem ser reconhecidos como ações apoiadas pelos sindicatos, o que se mostra significativo na hipóteses de danos, cuja indenização pode ser eventualmente requerida pelo empregador no caso de ações ilegais, o que na decisão recorrida foi apreciado do ponto de vista das contramedidas efetivas que o empregador poderia tomar contra um *flashmob* comandado durante uma greve.

c) Não é tarefa do BVerfG colocar sua própria avaliação da eficácia prática de possíveis reações dos empregadores no lugar das respostas fornecidas pelos tribunais ordinários, desde que essas não assumam um claro erro de julgamento. O BverfG ponderou que o caso em exame não contém erro evidente nesse ponto, salientando que o BAG também levou em consideração os interesses dos empregadores. Não há, portanto, nenhuma preocupação sob a perspectiva do direito constitucional com relação à avaliação dos tribunais ordinários de que o exercício dos direitos de propriedade e inviolabilidade do domicílio, além do fechamento temporário da loja, poderiam ser lembrados como meios efetivos de defesa contra a ação de *flashmob*.

d) Por fim, o BVerfG ponderou que o argumento de que a decisão da Justiça do Trabalho teria desconsiderado os limites jurídico-constitucionais do aperfeiçoalmento jurídico da lei no marco do seu desenvolvimento não prospera. Devido a sua pretenção de garantir a justiça, os tribunais obrigam-se a fornecer proteção jurídica efetiva. Se os preceitos legais forem insuficientes, os tribunais devem deduzir dos fundamentos jurídicos existentes o que vige no caso concreto, por meio dos métodos reconhecidos para o achado do direito. Se os tribunais competentes para controvérsias laborais não decidissem sobre disputas trabalhistas com base na falta de regulamentos legais, eles mesmos agiriam de maneira inconstitucional. Com esse raciocínio, o BverfG concluiu que os *flashmobs* por sindicatos não podem ser geralmente considerados como inadmissíveis.

A segunda decisão do BVerfG que diz respeito à temática do *flashmob* ocorreu no ano de 2015,[700] envolvendo a realização de uma reunião relâmpago em um terreno privado, mas que era aberto ao trânsito de pessoas contra a vontade da proprietária.[701] O tribunal

---

[700] BVerfG. 1 BvQ 25/15.

[701] Os organizadores do evento convocaram um *flashmob* em um terreno privado, localizado no sul da cidade de Passau (Nibelungenplatz), que era muito frequentado e estava aberto ao trânsito do público em geral. A mobilização estava prevista para durar cerca de 15 minutos e foi chamada de "*Flashmob* latas de cerveja pela liberdade" (*Bierdosen-Flashmob für die Freiheit*). Consistia em um protesto pela diminuição do monopólio da força pelo Estado e contra as crescentes restrições às liberdades. Sob o comando "beba para a liberdade", os participantes deveriam abrir uma lata de cerveja e bebê-la o mais rápido possível e, em seguida, proferir um discurso que contribuísse para a respectiva discussão. A proprietária do terreno, uma empresa privada, que era contrária à reunião, ingressou com uma medida judicial para proibir o evento, medida que foi rejeitada pelo tribunal competente. Em procedimento cautelar de urgência, a matéria foi submetida ao BVerfG, sob o fundamento de que o *flashmob*, por estar organizado para um terreno privado contra a vontade da proprietária, implicaria violação ao direito de propriedade garantido pela LF. O BVerfG indeferiu a medida judicial contrária à manifestação, mantendo a validade do *flashmob*. Para maiores informações sobre o ato e a respectiva decisão, v. informativo à imprensa, BVERFG, *Pressemittelung Nr. 56/2015*.

reconheceu a impossibilidade de a proprietária do terreno obstaculizar o evento, com base nos seguintes fundamentos:

1. O direito fundamental de liberdade de reunião não proporciona o direito de acesso a todo e qualquer lugar. No entanto, ele garante a realização de reuniões nos lugares onde um trânsito público em geral já foi aberto. Apesar de o local da reunião pertencer à propriedade de um ente privado, ele também se encontra aberto ao público e, de acordo com as considerações do tribunal local, cria um espaço destinado ao passeio, à permanência, bem como ao encontro de pessoas, que correspondem à concepção do fórum público.

2. Na condição de ente privado, a proprietária do terreno não está diretamente vinculada aos direitos fundamentais como o poder estatal. Contudo, os direitos fundamentais, como princípios objetivos, desenvolvem eficácia jurídica. A liberdade de reunião deve ser observada sob os parâmetros de uma ponderação no caminho de uma eficácia horizontal indireta (*im Wege der mittelbaren Drittwirkung*). Dependendo da configuração do caso concreto, pode aproximar-se ou até mesmo igualar-se a uma vinculação do Estado aos direitos fundamentais. Para a proteção da comunicação isso entra particularmente em consideração quando empresas privadas tomam para si a disponibilização das condições gerais da comunicação pública, ingressando com isso em uma praxe que anteriormente era atribuída apenas ao Estado. Por se tratar de procedimento cautelar de urgência, ponderou-se que a Câmara não poderia tecer considerações pormenorizadas e por meio delas decidir sobre o caso, cuja atribuição tocaria ao Senado do Tribunal Constitucional. A decisão da Câmara tratou apenas de realizar uma ponderação das consequências para o caso concreto.

3. No presente caso, resta difícil deferir a proibição fática da manifestação por meio da proibição de ingresso dos manifestantes no terreno privado. O local escolhido para o evento possui um significado particular para a temática do *flashmob* (restrições crescentes das liberdades e a privatização da segurança interna). Em contrapartida, não se verifica uma lesão equivalente ao direito de propriedade da proprietária do terreno. A reunião é limitada a um período de cerca de 15 minutos e deve ser realizada de forma estacionária. Nesse caso, não se reconhecem reflexões jurídicas em torno do direito de reunião contrárias ao evento por parte das autoridades locais. Se o contrário for evidente, isso poderá ser neutralizado por meio de medidas restritivas, que se mostram como meio mais brando em comparação com a proibição total de realização do evento.

Contudo, o mesmo argumento tecido frente aos direitos trabalhistas também pode ser aqui aplicado: mesmo adiante dqueles direitos que possuem um significado direto por assim dizer para as relações privadas, constata-se na prática que eles não conseguem se efetivar plenamente, a despeito de uma adequada mediação legislativa. Além disso, o fato de existirem direitos que se aplicam por sua própria natureza às relações privadas não significa que essa aplicação sempre irá ocorrer ou que será obrigatória.[702] Aqui a legislação

---

[702] SILVA, V. *Constitucionalização*, p. 23.

ordinária desempenha um papel fundamental na concretização desses direitos e, nesse sentido, na sua efetividade para o mundo jurídico. É por essa razão que o BVerfG, quando decidiu pela possibilidade de realização de um *flashmob* em um terreno privado cujo acesso já vinha sendo franqueado ao público em geral, fundamentou a decisão não com base em uma eficácia horizontal (*Drittwirkung*) direta, mas sim indireta.

Por fim, outra vertente a ser cogitada é se nos casos em que a proteção efetiva de um bem constitucional não puder vir a ser garantida de forma suficiente no tráfego privado pelo instrumental do direito civil, acabaria por se justificar também em caráter excepcional uma eficácia direta dos direitos fundamentais nesse tipo de relação. No plano teórico, parte da doutrina responde afirmativamente a essa questão, ponderando que em tais casos a constituição assumiria excepcionalmente a tarefa de configurar a ordem jurídico-privada nos seus termos.[703] Trata-se de hipótese na qual o legislador não cumpre sua tarefa primária, determinada pela constituição, de concretizar os direitos fundamentais nas relações privadas ou ainda quando as normas existentes não conhecem uma regulamentação ou não dão conta de efetuar proteção suficiente em face da multiplicidade e complexidade das relações sociais vigentes.[704] Nesses casos, seria possível em tese derivar uma solução diretamente a partir dos direitos fundamentais,[705] abrindo-se ao juiz um inegável espaço de configuração legislativa.

É claro que essa possibilidade de caráter subsidiário se restringe a casos de evidente insuficiência de normas capazes de transportar o conteúdo dos direitos fundamentais para o direito civil,[706] até mesmo pelos riscos que encerra. Transformar o juiz em legislador e gerar insegurança jurídica pela ausência de um grau mínimo de universalização dos parâmetros empregados na busca de soluções para conflitos seriam apenas alguns exemplos. A conclusão a que se chega é que essa possibilidade excepcional deve ser compreendida com elevado grau de reserva, até mesmo do ponto de vista prático, haja vista que a aplicação das cláusulas gerais do direito civil quando orientadas ao sentido dos direitos fundamentais dá conta da grande maioria dos casos considerados inovadores.

Observe-se que o juiz, ao preencher valorativamente uma cláusula geral, acaba por concretizá-la na prática. Nesse caso, a eficácia de um direito fundamental na esfera privada também não se dá de forma direta, mas sim pela mediação do poder judiciário que, na condição de poder público vinculado aos direitos fundamentais, apenas aplica uma norma existente em harmonia com esses direitos. Nesses casos, houve uma decisão do legislador de transferir ao juiz um considerável espaço de apreciação na forma como preenche as cláusulas gerais. Essa mediação, gize-se, não ocorre no plano constitucional, mas sim no do direito ordinário. Vale o corolário de que nem todas as matérias podem ter regulamentação exaustiva. Some-se a isso o fato de que a já madura técnica de interpretação das leis conforme a constituição contribui em larga medida para a solução desses casos.

---

[703] BLECKMANN, A. *Staatsrecht*, p. 236; MÜLLER, J. *GR*, p. 177s; SACHS, M. *Grundrechte*, p. 63, Rn. 36.
[704] MÜLLER, J. *GR*, p. 177s.
[705] BLECKMANN, A. *Staatsrecht*, p. 236; do mesmo autor, v. BLECKMANN, A. *Neue Aspekte*, p. 943.
[706] BADURA, P. *Persönlichkeitsrechtliche*, p. 5.

Esse quadro geral demonstra que do ponto de vista do direito contratual, e particularmente das relações de consumo, fala-se de uma possibilidade de caráter mais hipotético do que real. Isso porque as normas de direito infraconstitucional competentes dão conta de uma proteção suficiente dos consumidores no marco de uma eficácia indireta dos direitos fundamentais – vale dizer, mediada por essas normas – no direito privado. Note-se que na proteção do consumidor, em atenção ao mandamento constitucional específico,[707] diversas fontes normativas *dialogam* entre si na busca da proteção mais efetiva possível.[708]

Com base nessas considerações, verifica-se que a possibilidade de aplicação direta dos direitos fundamentais nas relações privadas se restringe a casos excepcionais, que fogem da regra. Por se tratar de uma possibilidade levantada em caráter excepcional e no marco de situações muito específicas, não se justifica a defesa de uma eficácia direta generalizada como pregado por parte da doutrina. Frente a contratos privados, sobretudo os de consumo, há uma possibilidade mais ficta do que real, considerando a qualidade do material jurídico existente.

3.1.5 A contribuição do STF para o debate

A matéria da eficácia horizontal dos direitos fundamentais não chega a possuir destaque na jurisprudência do STF, não se podendo cogitar até o presente uma doutrina jurisprudencial consistente e dominante sobre o tema[709] como ocorre na Alemanha, por exemplo. Contudo, isso não significa que não existam casos interessantes apreciados pelo tribunal acerca do reconhecimento da vinculação dos particulares aos direitos fundamentais. O que se pode notar em princípio é que o STF evita adentrar no embasamento das teorias acerca da modalidade de eficácia possível, partindo para uma solução dos casos mais voltada em técnica de ponderação de direitos fundamentais. Sem embargo, nota-se uma tendência para o aprofundamento das discussões nos últimos anos. A doutrina pátria tem importante contribuição na temática ao coletar jurisprudência sob o tema.[710]

Em linhas gerais, nota-se que o STF evita utilizar a expressão eficácia horizontal ou equivalente na maioria dos casos em que decide controvérsias que envolvam a eficácia dos direitos fundamentais nas relações privadas. De outra banda, grande parte dos casos analisados ocorreram em sede de controle abstrato de constitucionalidade, ou seja, em análise que estuda a compatibilidade de uma lei com a constituição de forma genérica, independentemente de uma situação concreta na qual a lei em questão é aplicada. Contudo, o sistema de controle concentrado de constitucionalidade, com técnica de exame em abstrato,[711] não impede que a análise dos julgados seja feita sob a perspectiva da eficácia horizontal dos direitos fundamentais. Isso porque a lei oferece padrões para o gozo dos

---

[707] Art. 5°, XXXII, CF/88.

[708] MARQUES, C. *Superação*, p. 34ss.

[709] SARLET, I. *Curso de Direito Constitucional*, p. 380.

[710] STEINMETZ, W. *Vinculação*, p. 289ss; SILVA, V. *Constitucionalização*, p. 93s; SOMBRA, T. *Eficácia*, p. 137ss; SARMENTO, D. *DF*, p. 292ss.

[711] EN, v. RAMOS, E. S. *Controle de constitucionalidade*, p. 250ss, sobre sistemas e técnicas de controle de constitucionalidade.

direitos fundamentais em relações privadas. É por essa razão que a moderna teoria da vinculação dos particulares aos direitos fundamentais costuma fazer referência aos deveres de proteção do Estado,[712] em particular por meio do legislador, que oferece padrões de conduta para verificar até que ponto um particular pode avançar com base nos seus direitos fundamentais em posições jurídicas de outras pessoas privadas, igualmente protegidas por direitos fundamentais.

O motivo pelo qual grande parte dos casos se dá em sede de controle abstato deriva de outro, de índole prática e processual. Quando a temática é analisada em face de controle incidental, com técnica de exame da constitucionalidade em concreto – em que casos muito ricos, diga-se de passagem, costmuam aparecer – surge um problema adicional. O STF evita analisar recursos extraordinários ou remédios constitucionais manejados no sistema difuso de controle, quando a eventual ofensa à constituição é considerada reflexa ou indireta. Trata-se de questão processual que costuma servir de poderoso filtro para impedir a análise de controvérsias jurídico-privadas no âmbito da jurisdição constitucional. É por essa razão que o prequestionamento das matérias perante as instâncias ordinárias se afirma como técnica processual fundamental para possibilitar a discussão em torno dos limites do gozo de direitos fundamentais em relações privadas no âmbito da competência recursal do STF.[713] Feito esse registro, passa-se à análise de vários precedentes garimpados na jurisprudência do tribunal.

No ano de 1996, em acórdão sucinto, o STF[714] decidiu que, na hipótese de exclusão de associado de cooperativa decorrente de conduta contrária aos seus estatutos, se impõe a observância ao devido processo legal, de forma a viabilizar o exercício amplo da defesa pelo cooperativado. É um caso típico de eficácia horizontal, que afirma que princípios constitucionais ligados ao devido processo legal devem ser obrigatoriamente observados por entidade privada (cooperativa) na hipótese de processo disciplinar.

---

[712] Remeta-se nesse particular ao item 3.3 desse estudo.

[713] STF, ARE 814.135 AgR/MG. rel. Min. Roberto Barroso. 1ª Turma, j. 18.11.2014, *DJe* 17.12.2014. Veja-se a integra da ementa, que bem traduz a questão processual levantada: "Agravo regimental em recurso extraordinário com agravo. Responsabilidade civil. Cooperativa de trabalho. Exclusão de associado. Ausência de prequestionamento de dispositivos constitucionais tidos por violados. Alegada ofensa ao princípio da legalidade. Controvérsia que demanda análise de legislação infraconstitucional. Ofensa indireta ou reflexa à Constituição. Ofensa ao art. 93, IX, da Constituição Federal. Não caracterização. Os temas constitucionais do apelo extremo não foram objeto de análise prévia e conclusiva pelo Tribunal de origem. Incidência das Súmulas ns. 282 e 356/STF. A jurisprudência do Supremo Tribunal Federal afasta o cabimento de recurso extraordinário para o questionamento de alegadas violações à legislação infraconstitucional sem que se discuta o seu sentido à luz da Constituição. Em se tratando especificamente de supostas ofensas ao princípio da legalidade, o que se pode discutir nesta sede, em linha de princípio, é o eventual descumprimento da própria reserva legal, ou seja, da exigência de que determinada matéria seja disciplinada por lei, e não por ato secundário. Não é disso que se trata nos autos. A decisão está devidamente fundamentada, embora em sentido contrário aos interesses da parte agravante. Agravo regimental a que se nega provimento".

[714] STF, RE 158.215/RS, rel. Min. Marco Aurélio Mello, 1ª Turma, j. 30.4.1996, *DJ* 7.6.1996.

182 ■ Eficácia Horizontal dos Direitos Fundamentais e Jurisdição Constitucional

O mesmo tema voltou à jurisdição do STF anos mais tarde. Como mencionado acima, o caso paradigma, que costuma ser citado com maior frequência,[715] diz respeito à necessidade de uma entidade de direito privado (União Brasileira de Compositores – UBC), que possui estatutos e atos regimentais próprios, sujeitar-se às garantias inerentes ao contraditório e à ampla defesa no trato com seus associados.[716] No caso, discutiu-se se um membro dessa entidade poderia vir a ser excluído sumariamente dos seus quadros, a despeito de lhe serem asseguradas as regras atinentes ao devido processo legal, com imediatos reflexos na própria liberdade de exercício profissional e, dentro das peculiaridades do caso, na própria arrecadação de direitos autorais, considerando que a UBC integra a estrutura do ECAD e, portanto, assume posição privilegiada para determinar a extensão do gozo e fruição dos direitos autorais de seus associados. O STF concluiu que os princípios constitucionais inerentes ao contraditório e à ampla defesa não podem ser desconsiderados pela autonomia conferida pela própria CF/88 às associações privadas. Na ocasião, ficou assentado que:

1. As violações a direitos fundamentais não ocorrem somente no âmbito das relações entre o cidadão e o Estado, mas igualmente nas relações travadas entre pessoas físicas e jurídicas de direito privado. Assim, os direitos fundamentais assegurados pela CF/88 vinculam diretamente não apenas os poderes públicos, estando direcionados também à proteção dos particulares em face dos poderes privados.

2. A ordem jurídico-constitucional brasileira não conferiu a qualquer associação civil a possibilidade de agir à revelia dos princípios inscritos nas leis e, em especial, dos postulados que têm por fundamento direto o próprio texto da CF/88, notadamente em tema de proteção às liberdades e garantias fundamentais. O espaço de autonomia privada garantido pela Carta Magna às associações não está imune à incidência dos princípios constitucionais que asseguram o respeito aos direitos fundamentais de seus associados. A autonomia privada, que encontra claras limitações de ordem jurídica, não pode ser exercida em detrimento ou com desrespeito aos direitos e garantias de terceiros, especialmente aqueles positivados em sede constitucional, pois a autonomia da vontade não confere aos particulares, no domínio de sua incidência e atuação, o poder de transgredir ou de ignorar as restrições postas e definidas pela própria CF/88, cuja eficácia e força normativa também se impõem aos particulares no âmbito de suas relações privadas em tema de liberdades fundamentais.

3. A exclusão de sócio do quadro social da UBC sem qualquer garantia de ampla defesa, contraditório ou devido processo constitucional onera consideravelmente o recorrido, o qual fica impossibilitado de perceber os direitos autorais relativos à execução de suas obras. A vedação das garantias constitucionais do devido processo legal acaba por restringir a própria liberdade de exercício profissional do sócio. O caráter público da atividade exercida pela sociedade e a dependência do vínculo associativo para o

---

[715] MENDES, G. *Estado de Direito*, p. 30, observa que talvez se trate do mais importante precedente sobre a matéria.

[716] STF, RE 201.819,rel. Min. Gilmar Mendes, 2ª Turma, j. 11.10.2005, *DJ* 27.10.2006.

exercício profissional de seus sócios legitimam no caso concreto a aplicação direta dos direitos fundamentais concernentes ao devido processo legal, ao contraditório e à ampla defesa (art. 5°, LIV e LV, CF/88).

Aqui se nota a clara posição do STF em reconhecer a eficácia horizontal dos direitos fundamentais, em particular quando observa que a CF/88 não conferiu a qualquer associação privada a possibilidade de agir à revelia dos princípios constitucionais. Entretanto, conforme já mencionado neste estudo, cumpre destacar para efeito de análise da fundamentação do achado jurídico que a UBC não se trata de uma entidade 100% privada, ao menos na acepção prática do termo, considerando que integra o chamado espaço público por sua vinculação à estrutura do ECAD e confundindo-se assim com serviço público por delegação legislativa por se mostrar como atividade essencial na cobrança de direitos autorais dos músicos. Essa constatação acabou sendo levada em conta pelo tribunal no momento de fundamentar uma eficácia horizontal direta, ainda que não com essa nomenclatura.[717]

No âmbito de relações trabalhistas, destaca-se um caso em que o STF[718] investigou a aplicação do princípio da igualdade em uma relação privada. Cuidou-se de hipótese na qual um trabalhador de nacionalidade brasileira[719] empregado da companhia aérea Air France requereu em juízo a extensão de direitos trabalhistas que somente estavam sendo conferidos aos trabalhadores de nacionalidade francesa, conforme o estatuto de pessoal da empresa. Na ocasião, o tribunal ponderou que a partir do momento em que a empregadora deixa de estender benefícios ao trabalhador brasileiro apenas por não ser francês ela acaba por violar o princípio da igualdade, caracterizando assim discriminação que se baseia em nota intrínseca ou extrínseca do indivíduo, incompatível com a CF/88.

No ano de 1998, o STF[720] decidiu pela incompatibilidade com os princípios constitucionais (implícitos) de proporcionalidade e razoabilidade de cláusula embutida em contrato de consórcio que preveja a devolução nominal dos valores já pagos pelo consorciado sem correção monetária no caso de desistência do consórcio. O julgado concluiu que a CF/88 não abriga cláusula de contrato de adesão que resulte em verdadeiro enriquecimento sem causa. Na fundamentação, o acórdão consignou que não se pode interpretar um preceito constitucional de maneira isolada, com a automaticidade estranha à busca da prevalência do trinômio lei, direito e justiça, de modo que a interpretação deve objetivar extrair dos preceitos constitucionais ou infraconstitucionais uma eficácia consentânea com os anseios da sociedade, avessos ao oportunismo. Apesar de o acórdão não ter feito menção à vinculação dos particulares aos direitos fundamentais ou a algo parecido, cuida-se de decisão perfeitamente inserida na temática.

---

[717] MENDES, G. *Exclusão*, p. 139ss.
[718] STF, RE 161.243/*DF*, rel. Min. Carlos Velloso, 2ª Turma, j. 29.10.1996, *DJ* 19.12.1997.
[719] Remeta-se neste particular ao item 3.1.4, A, do presente estudo.
[720] STF, RE 175.161/SP, rel. Min. Marco Aurélio, 2ª Turma, j. 15.12.1998, *DJ* 14.5.1999.

No ano de 1995, o STF[721] chegou perto de analisar a violação da dignidade humana em face da submissão das operárias de indústria de vestuário a procedimento de revista íntima, sob ameaça de dispensa. Em que pese o acórdão ter dado sinais de que tal conduta praticada por sujeito privado viola a garantia constitucional da intimidade de outro sujeito privado, a discussão não chegou a avançar em face da corrência de prescrição superveniente da pretensão punitiva.

No ano de 2003, o STF[722] julgou um dos casos mais marcantes da sua jurisprudência, quando afirmou que escrever, editar, divulgar e comerciar livros fazendo apologia de ideias preconceituosas e discriminatórias contra a comunidade judaica constitui crime de racismo sujeito às cláusulas de inafiançabilidade e imprescritibilidade.[723] O pano de fundo da controvérsia residiu na abrangência do conceito de racismo. A tese construída pelo editor – se os judeus não são uma raça, segue-se que contra eles não pode haver discriminação capaz de ensejar a exceção constitucional de imprescritibilidade – foi considerada inconsistente pelo tribunal. O fundamento para tanto foi que a divisão dos seres humanos em raças resulta de um processo de conteúdo meramente político-social, a partir do qual se origina o racismo e que por sua vez gera a discriminação e o preconceito segregacionista. Para chegar a essa conclusão, o STF lembrou que a própria evolução da tecnologia, em particular com o mapeamento do genoma humano, permite concluir que do ponto de vista científico não existem distinções entre os seres humanos, seja por pigmentação da pele, formato dos olhos, altura, pelos ou por quaisquer outras características físicas, visto que todos se qualificam como espécie humana. Não há, portanto, diferenças biológicas entre os seres humanos, pois na essência todos são iguais. Essa conclusão permitiu equiparar a divulgação de ideias discriminatórias ao conceito de racismo, com as consequências penais que a gravidade do crime enseja. Por se tratar de controvérisa inserida nos limites impostos à liberdade de expressão, o tema também diz respeito à eficácia horizontal dos direitos fundamentais, na medida em que a liberdade de manifestação de um particular não pode ir tão longe, ao ponto de ferir não somente a ordem constitucional – que veda o racismo –, como também direitos de terceiros, que sofrem as consequências da conduta criminosa. No ano de 2006, o STF[724] decidiu uma controvérsia em sede de controle abstrato de normas, que possui imenso significado no tráfego jurídico privado. Trata-se da relação entre entidades que realizam pesquisas eleitorais, os meios de comunicação interessados em divulgá-las, e os eleitores, na busca de acesso à informação, ou seja, um conjunto de entes privados. O problema se deu no seguinte contexto. O Congresso Nacional aprovou uma lei que ficou conhecida como "minirreforma eleitoral". Um dos seus dispositivos proibia em todo o território nacional a divulgação de pesquisas eleitorais nos 15 dias anteriores ao pleito.[725] O STF declarou a inconstitucionalidade do referido dispo-

---

[721] STF, RE 160.222/RJ, rel. Min. Sepúlveda Pertence. 1ª Turma, j. 11.4.1995, *DJ* 1º.9.1995.

[722] STF, HC 82.424, rel. Min. Maurício Corrêa, Pleno, j. 17.9.2003, *DJ* 19.3.2004.

[723] Art. 5º, XLII, CF/88: "A prática do racismo constitui crime inafiançável e imprescritível, sujeito à pena de reclusão, nos termos da lei."

[724] STF, ADI 3.741/DF, rel. Min. Ricardo Lewandowski. Pleno, j. 6.8.2006, *DJ* 23.2.2007.

[725] Art. 35-A, Lei n. 9.504/1997, introduzido pela Lei n. 11.300/2006: "É vedada a divulgação de pesquisas eleitorais por qualquer meio de comunicação, a partir do décimo quinto dia anterior até as 18 (dezoito) horas do dia do pleito."

sitivo, sob o argumento que a referida restrição implicaria violação ao direto à informação livre e plural. A partir do voto condutor, podem ser destacados os seguintes argumentos:

1. A liberdade de expressão completa-se no direito à informação, livre e plural, como valor indissociável da ideia de democracia.

2. Ao se analisar a questão sob a ótica pragmática, conclui-se que a proibição de divulgação de pesquisas eleitorais apenas contribuiria na realidade brasileira para ensejar a circulação de boatos e dados apócrifos, dando azo a toda sorte de manipulações indevidas, que acabariam por solapar a confiança do povo no processo eleitoral, atingindo-o no que ele tem de fundamental, que é a livre circulação de informações.

3. Vedar a divulgação de pesquisas a pretexto de que poderiam influir de um modo ou de outro na disposição dos eleitores configura-se como medida imprópria, motivo pelo qual a restrição ao direito à informação se mostra inadequada, desnecessária e desproporcional quando confrontada com o objetivo perseguido pela legislação eleitoral, que é permitir que o cidadão forme sua convicção de modo mais amplo e livre possível.

A partir do momento em que a restrição pretendida pelo legislador atinge posições jurídicas em relações tipicamente privadas, o assunto também pode ser estudado sob a perspectiva da eficácia horizontal. Isso porque a proibição de divulgar pesquisas eleitorais pode influir na configuração de direitos fundamentais de particulares no curso de relações recíprocas. Note-se que nesse caso há vários direitos que concorrem para afastar a proibição pretendida pela lei: liberdade de expressão, liberdade de imprensa, acesso à informação, livre iniciativa, liberdade de profissão e até mesmo liberdade científica, considerando que as pesquisas contêm métodos científicos de coleta de dados.

Os fundamentos esgrimidos pelo STF conduzem a algumas reflexões importantes. Se por um lado a proibição restringe consideravelmente direitos de elevada hierarquia constitucional, por outro, é questionável se a divulgação de pesquisas eleitorais em momento tão próximo ao pleito não possui de fato o condão de influenciar a vontade do eleitor pela ação de elementos externos. Há muito se sabe que o fenômeno do voto útil está presente no cenário eleitoral brasileiro; Pessoas alegam não votarem no "melhor" candidato pelo fato de não possuir chances. A questão que pode ser colocada é: as pesquisas podem com margem confiável refletir essa realidade ou são passíveis de construir cenários artificiais para justamente influenciar a vontade do eleitor?

Essa é uma questão que nos limites do presente estudo deve ficar em aberto, ciente de que existem no país institutos sérios que não possuem outro objetivo senão demonstrar a fotografia do cenário eleitoral em determinado momento. Entretanto, como a democracia é um valor fundamental para qualquer sociedade civilizada, zelar pela sua manutenção nunca é demais. Por certo, a legislação deve ser continuamente aperfeiçoada, a fim de garantir a máxima transparência dos procedimentos adotados pelos institutos de pesquisa, em particular no que tange a sua metodologia, qualidade dos procedimentos de amostragens e confiabilidade dos seus resultados. Por todas essas questões, é provável que o tema volte a ser objeto de reflexões fututras na busca por otimizar os três grandes direitos que se destacam na controvérsia: liberdade de expressão, de imprensa e acesso à informação, com a proteção da ordem democrática. Se a melhor saída não se dá com a proibição, talvez seja necessário aperfeiçoar a fiscalização dos institutos de pesquisa, em um cenário de compatibilidade de direitos, para que o resultado das suas amostragens seja aquilo que de fato pode ser extraído da sociedade no momento da coleta de dados.

No ano de 2008, o STF[726] firmou o entendimento de que entidades privadas não podem instalar obstáculos em ruas públicas com o intuito de restringir a liberdade de circulação de outros particulares. Trata-se de polêmica marcada por inegável atualidade, considerando que a crise de segurança que o País enfrenta tem incentivado a criação das chamadas "ruas privadas", que garantem acesso apenas aos respectivos moradores, ainda que dentro de espaços que tecnicamente são de uso comum do povo, como as ruas das cidades. Por dizer respeito a restrições à liberdade de ir e vir impostas por uma entidade privada em face de outras pessoas privadas, o assunto acaba convergindo para a temática da eficácia horizontal dos direitos fundamentais.

Além de outros fundamentos jurídicos que não são analisados por não dizerem respeito ao tema do presente estudo, o STF consignou que ninguém é obrigado a se associar ou a permanecer associado a "condomínios" que não foram regularmente instituídos. Nesse sentido, norma que possibilita a fixação de obstáculos por entidades privadas, a fim de dificultar a entrada e saída de veículos nos limites externos das quadras ou conjuntos residenciais, é revestida de inconstitucionalidade por violar o direito à circulação, que é a manifestação mais característica do direito de locomoção.

Essa é a razão pela qual as assim denominadas "associações de moradores", na condição de entidades privadas, não podem compelir ninguém à associação e muito menos a impedir por meio de obstáculos físicos a circulação de pessoas estranhas à associação em ruas integrantes do espaço público.

No ano de 2009, o STF[727] analisou os limites impostos à liberdade de imprensa, ocasião em que decidiu pela não-recepção pela CF/88 de todo o conjunto de dispositivos da Lei Federal n. 5.250/1967, conhecida como Lei de Imprensa, que regulava a liberdade de manifestação do pensamento e de informação. Aqui se está diante de um caso típico de eficácia horizontal, pois envolve particularmente o conflito entre a liberdade de expressão jornalística e diversos direitos ligados à personalidade, como a proteção de imagem, honra, privacidade etc. Nessa ocasião, o STF não abordou expressamente a temática da eficácia horizontal, muito embora seu pano de fundo seja exatamente o da vinculação dos particulares aos direitos fundamentais, tendo em vista que os órgãos de imprensa no Brasil são majoritariamente privados. Os fundamentos sustentadores da decisão assentam-se nos seguintes pilares nos termos da ementa, que segue parcialmente transcrita:

1. O corpo normativo da Constituição brasileira sinonimiza liberdade de informação jornalística e liberdade de imprensa, rechaçante de qualquer censura prévia a um

---

[726] STF, ADI 1.706, rel. Min. Eros Grau. Pleno, j. 9.4.2008, *DJe* 12.9.2008.
[727] STF, ADPF 130/DF. rel. Min. Carlos Britto. Pleno, j. 30.4.2009, *DJe* 6.11.2009.

direito que é signo e penhor da mais encarecida dignidade da pessoa humana, assim como do mais evoluído estado de civilização.

2. Os direitos que dão conteúdo à liberdade de imprensa são bens de personalidade que se qualificam como sobredireitos. Daí que, no limite, as relações de imprensa e as relações de intimidade, vida privada, imagem e honra são de mútua excludência, no sentido de que as primeiras se antecipam, no tempo, às segundas; ou seja, antes de tudo prevalecem as relações de imprensa como superiores bens jurídicos e natural forma de controle social sobre o poder do Estado, sobrevindo as demais relações como eventual responsabilização ou consequência do pleno gozo das primeiras.

3. Primeiramente, assegura-se o gozo dos sobredireitos de personalidade em que se traduz a livre e plena manifestação do pensamento, da criação e da informação. Somente depois é que se passa a cobrar do titular de tais situações jurídicas ativas um eventual desrespeito a direitos constitucionais alheios, ainda que também densificadores da personalidade humana.

4. Relação de mútua causalidade entre liberdade de imprensa e democracia. A plena liberdade de imprensa é um patrimônio imaterial que corresponde ao mais eloquente atestado de evolução político-cultural de todo um povo.

5. O pensamento crítico é parte integrante da informação plena e fidedigna. O possível conteúdo socialmente útil da obra compensa eventuais excessos de estilo e da própria verve do autor. O exercício concreto da liberdade de imprensa assegura ao jornalista o direito de expender críticas a qualquer pessoa, ainda que em tom áspero ou contundente, especialmente contra as autoridades e os agentes do Estado. A crítica jornalística, pela sua relação de inerência com o interesse público, não é aprioristicamente suscetível de censura, mesmo que legislativa ou judicialmente intentada. O próprio das atividades de imprensa é operar como formadora de opinião pública, espaço natural do pensamento crítico e real alternativa à versão oficial dos fatos.

O julgamento da ADPF n. 130 é um marco nas questões inerentes à eficácia horizontal, muito embora o notável acórdão não tenha feito referência expressa à temática. A sensibilidade do tema é tamanha que nos anos posteriores inúmeros julgados voltaram à pauta do STF, sendo que suas soluções acabam fazendo menção ao referido precedente.

O STF[728], no ano de 2010, analisou em sede de controle abstrato de normas a compatibilidade com a CF/88 de dispositivos da Lei das Eleições (Lei n. 9.504/1997) que foram objeto de alteração legislativa, visando a restringir a liberdade de imprensa sob a alegação de garantir o imperativo de imparcialidade das emissoras de rádio e televisão. Em particular, foram questionados dispositivos que em síntese proibiam as emissoras de rádio e televisão de usar trucagem, montagem ou outro recurso de áudio ou vídeo que de qualquer forma degradassem ou ridicularizassem candidatos ou partidos ou ainda de veicular propaganda política ou difundir opinião favorável ou contrária a candidatos, partidos

---

[728] STF, ADI 4.451 MC-REF/DF, rel. Min. Ayres Britto. Pleno, j. 2.9.2010, *DJe* 1º.7.2011.

etc.[729] O grande alvo da lei era o risco de programas humorísticos, com seus comentários ácidos e satíricos, prejudicarem a imagem dos partidos políticos e dos seus representantes, muitos investidos de função pública. Levando-se em conta que os partidos políticos são entidades de direito privado (art. 17, § 2º, CF/88), assim como grande parte das emissoras de rádio e televisão, fica evidente a dimensão horizontal da perspectiva.

Até mesmo pela proximidade do caso com o julgamento da ADPF n. 130, notou-se que grande parte dos argumentos jurídicos que foram construídos naquela oportunidade restaram desta feita replicados, com o condão de reconhecer a inconstitucionalidade material das restrições impostas à liberade de imprensa, em particular em face das proibições de usar trucagem ou montagem para degradar ou ridicularizar candidatos, além da proibição de difundir opinião favorável ou contrária a candidatos, partidos etc.[730]

Destacam-se os seguintes fundamentos no julgado:

1. Não há liberdade de imprensa pela metade ou sob as tenazes da censura prévia, pouco importando o Poder estatal de que ela provenha. A liberdade de imprensa não é uma bolha normativa ou uma fórmula prescritiva oca. Tem conteúdo, e esse conteúdo é formado pelo rol de liberdades que se lê a partir da cabeça do art. 220 da CF: liberdade de manifestação do pensamento, liberdade de criação, liberdade de expressão, liberdade de informação. Liberdades constitutivas de verdadeiros bens de personalidade.

2. Programas humorísticos, charges e modo caricatural de pôr em circulação ideias, opiniões, frases e quadros espirituosos compõem as atividades de imprensa, sinônimo perfeito de informação jornalística (§ 1º do art. 220 da CF). Nessa medida, gozam da plenitude de liberdade que é assegurada pela CF à imprensa. Dando-se que o exercício concreto dessa liberdade em plenitude assegura ao jornalista o direito de expender críticas a qualquer pessoa, ainda que em tom áspero, contundente, sarcástico, irônico ou irreverente, especialmente contra as autoridades e aparelhos de Estado.

3. O rádio e a televisão, por constituírem serviços públicos, dependentes de outorga do Estado e prestados mediante a utilização de um bem público (espectro de radiofrequências), têm um dever que não se estende à mídia escrita: o dever da imparcialidade ou da equidistância perante os candidatos. Imparcialidade, porém, que não significa

---

[729] Art. 45, Lei n. 9.504/1997: "Encerrado o prazo para a realização das convenções no ano das eleições, é vedado às emissoras de rádio e televisão, em sua programação normal e em seu noticiário: [...] II – usar trucagem, montagem ou outro recurso de áudio ou vídeo que, de qualquer forma, degradem ou ridicularizem candidato, partido ou coligação, ou produzir ou veicular programa com esse efeito; III – veicular propaganda política ou difundir opinião favorável ou contrária a candidato, partido, coligação, a seus órgãos ou representantes; [...] § 4º Entende-se por trucagem todo e qualquer efeito realizado em áudio ou vídeo que degradar ou ridicularizar candidato, partido político ou coligação, ou que desvirtuar a realidade e beneficiar ou prejudicar qualquer candidato, partido político ou coligação; § 5º Entende-se por montagem toda e qualquer junção de registros de áudio ou vídeo que degradar ou ridicularizar candidato, partido político ou coligação, ou que desvirtuar a realidade e beneficiar ou prejudicar qualquer candidato, partido político ou coligação."

[730] O STF determinou a suspensão de eficácia do inciso II do art. 45 da Lei n. 9.504/1997 e, por arrastamento, dos §§ 4º e 5º do mesmo artigo, incluídos pela Lei n. 12.034/2009, além da suspensão de eficácia da expressão "ou difundir opinião favorável ou contrária a candidato, partido, coligação, a seus órgãos ou representantes", contida no inciso III do art. 45 da Lei n. 9.504/1997.

ausência de opinião ou de crítica jornalística. Equidistância que apenas veda às emissoras de rádio e televisão encamparem, ou então repudiarem, essa ou aquela candidatura a cargo político-eletivo.

4. Os dispositivos legais não se voltam, propriamente, para aquilo que o TSE vê como imperativo de imparcialidade das emissoras de rádio e televisão. Visa a coibir um estilo peculiar de fazer imprensa: aquele que se utiliza da trucagem, da montagem ou de outros recursos de áudio e vídeo como técnicas de expressão da crítica jornalística, em especial os programas humorísticos.

5. Apenas se estará diante de uma conduta vedada quando a crítica ou matéria jornalísticas venham a descambar para a propaganda política, passando nitidamente a favorecer uma das partes na disputa eleitoral. Hipótese a ser avaliada em cada caso concreto.

O traço distintivo desse julgado é a proteção da liberdade de imprensa mesmo em face de programas humorísticos, além de diferenciar para efeitos de limites impostos às atividades jornalísticas as mídias impressas e faladas a partir do espectro de radiofrequência (rádio e TV).

Esse entendimento foi complementado no ano de 2011[731] quando o STF, ainda dentro da temática da liberdade de expressão, consignou que direito de crítica jornalística é uma prerrogativa político-jurídica de índole constitucional, razão pela qual não induz responsabilidade civil a publicação de matéria jornalística cujo conteúdo divulgue observações em caráter "mordaz ou irônico ou, então, veicule opiniões em tom de crítica severa, dura ou, até, impiedosa". Nessa oportunidade, o STF lembrou que a crítica que os meios de comunicação social dirigem às pessoas públicas e às figuras notórias, por mais dura e veemente que possa ser, deixa de sofrer quanto ao seu concreto exercício as limitações externas que ordinariamente resultam dos direitos de personalidade. A consequência prática desse entendimento é que as pessoas que ostentam a condição de figuras notórias ou públicas, investidas ou não de autoridade governamental, pela sua natureza acabam por qualificar o direito de crítica, diminuindo a ocorrência do intuito doloso de ofender.

No mesmo ano de 2011, o STF[732] analisou os limites ligados à liberdade de expressão entre particulares em um caso que dizia respeito à matéria jornalística que expunha fatos e veiculava opinião em tom de crítica. Nessa ocasião o tribunal analisou com base nos argumentos expendidos na ADPF n. 130 os limites impostos pelo ordenamento às opiniões dos jornalistas. O STF ponderou que:

1. O interesse social, que legitima o direito de criticar, sobrepõe-se a eventuais suscetibilidades que possam revelar as pessoas públicas ou as figuras notórias, exercentes, ou não, de cargos oficiais. A crítica que os meios de comunicação social dirigem às pessoas públicas, por mais dura e veemente que possa ser, deixa de sofrer, quanto ao seu concreto exercício, as limitações externas que ordinariamente resultam dos direitos de personalidade.

---

[731] STF, AI 690.841 AgR/SP, rel. Min. Celso de Mello. 2ª Turma, j. 21.6.2011, *DJe* 5.8.2011.
[732] STF, AI 705.630 AgR/SC, rel. Min. Celso de Mello, 2ª Turma, j. 22.3.2011, *DJe* 6.4.2011.

2. Não induz responsabilidade civil a publicação de matéria jornalística cujo conteúdo divulgue observações em caráter mordaz ou irônico ou, então, veicule opiniões em tom de crítica severa, dura ou, até, impiedosa, ainda mais se a pessoa a quem tais observações forem dirigidas ostentar a condição de figura pública, investida, ou não, de autoridade governamental, pois, em tal contexto, a liberdade de crítica qualifica-se como verdadeira excludente anímica, apta a afastar o intuito doloso de ofender.

3. Mostra-se incompatível com o pluralismo de ideias, que legitima a divergência de opiniões, a visão daqueles que pretendem negar, aos meios de comunicação social (e aos seus profissionais), o direito de buscar e de interpretar as informações, bem assim a prerrogativa de expender as críticas pertinentes.

4. É arbitrária e inconciliável com a proteção constitucional da informação, a repressão à crítica jornalística, pois o Estado – inclusive seus Juízes e Tribunais – não dispõe de poder algum sobre a palavra, sobre as ideias e sobre as convicções manifestadas pelos profissionais da Imprensa.

A partir da análise da jurisprudência do STF, alguns critérios podem ser delimitados:

1. Pessoas notórias, independentemente de ocuparem cargos oficiais (eletivos ou não), devem sujeitar-se às críticas jornalísticas.

2. Quanto maior for a exposição pública de uma pessoa, maior será o ônus argumentativo necessário à prova de lesão aos seus direitos de personalidade por ocasião de manifestações em tom crítico, sujeitas à apreciação subjetiva.

3. Quanto mais a crítica se inclinar para a imputação de fatos falsos, que não dependem de mera avaliação subjetiva, maior será a tendência de se ingressar naquilo que se chama de uso abusivo da liberdade de expressão, justificando-se não apenas o direito de resposta, mas também a indenização por danos materiais, morais e à imagem, na forma da CF/88, além do respectivo enquadramento penal, no capítulo dos crimes contra a honra.

No ano de 2016, o STF[733] voltou a se manifestar sobre os limites à chamada imunidade material, que protege os membros do Poder Legislativo por suas opiniões, palavras e votos.[734] Considerando que a matéria diz respeito aos limites da liberdade de expressão, ainda que exercida por integrantes de Poder Público, não há como negar que a temática também diz respeito à eficácia horizontal, pois lida com opiniões pessoais em cenários marcados muitas vezes pelo calor e pela emoção das discussões políticas, ainda mais quando se leva em conta que a referida imunidade não se restringe às dependências da respectiva casa legislativa. No referido precedente, o STF estudou exatamente os limites da liberdade de expressão sob o ângulo da imunidade parlamentar material, seja do ponto de vista do seu conteúdo, seja do local onde é exercida.

---

[733] STF, Inq 3948/DF, rel. Min. Rosa Weber, 1ª Turma, j. 22.11.2016, *DJe* 7.2.2017.

[734] Art. 53, CF/88. "Os Deputados e Senadores são invioláveis, civil e penalmente, por quaisquer de suas opiniões, palavras e votos."

O precedente cuidava de avaliar se um discurso duro, potencialmente ofensivo à honra de membro do Ministério Público Federal, proferido por deputado federal em emissora de rádio, extrapolava os limites constitucionais conferidos pela referida imunidade. A conclusão do STF é que a eventual má qualidade do debate público não atrai necessariamente a incidência do direito penal, estando assim coberta pela imunidade material, afastando assim a responsabilização do parlamentar no caso concreto. Destacam-se os seguintes fundamentos construídos pelo tribunal:

1. A imunidade por opiniões, palavras e votos visa a resguardar a independência do parlamentar no exercício de seu mandato, vitaminando sua representatividade com um *plus* de liberdade de expressão, sem, contudo, constituir privilégio pessoal do congressista.

2. A imunidade material contempla as hipóteses em que supostas ofensas proferidas por parlamentares guardem pertinência com suas atividades, ainda que as palavras sejam proferidas fora do recinto do Congresso Nacional.

3. Mesmo quando evidentemente enquadráveis em hipóteses de abuso do direito de livre expressão, as palavras dos parlamentares, desde que guardem pertinência com a atividade parlamentar, estarão livres da persecução penal. A vinculação da declaração com o desempenho do mandato deve ser aferida com base no alcance das atribuições dos parlamentares. As funções parlamentares abrangem, além da elaboração de leis, a fiscalização dos outros Poderes e, de modo ainda mais amplo, o debate de ideias, fundamental para o desenvolvimento da democracia. Assim, a verbalização da representação parlamentar não é estranha à ocasional emissão de juízos de valor sobre os homens públicos envolvidos no debate.

4. A natureza ríspida e potencialmente geradora de desconforto ao humano médio, típica da fala parlamentar, não configura, necessariamente, conduta ilícita. Isso porque o vernáculo contundente, ainda que considerado deplorável para o padrão de respeito mútuo a que se aspira em uma sociedade civilizada, pode embalar a própria exposição do ponto de vista do orador investido em mandato eletivo.

5. A imunidade material não contempla ofensas pessoais, achincalhamento ou libertinagem da fala, mas, por outro lado, aprova um modelo de expressão menos protocolar, ou mesmo rude, manifestado às vezes de forma ácida, jocosa, mordaz, ou até impiedosa.

Todas essas considerações tecidas pelo STF sugerem que quanto maior for a deliberada intenção de ofender, maior será a possibilidade de a respectiva manifestação restar descoberta pela garantia da imunidade parlamentar material (tipicidade objetiva). Entretanto, tal apreciação sempre deverá ser realizada à luz do contexto em que tal manifestação é proferida (tipicidade subjetiva), de modo que só a análise do respectivo contexto pode levar a alguma conclusão nesse sentido, considerando que juízos de valor são características praticamente indissociáveis do debate político.

No ano de 2011 surgiu um caso interessante na pauta do STF. Nele se discutiu a possibilidade de obrigar músicos profissionais a se registrarem no Conselho Federal da Ordem dos Músicos do Brasil como condição ao exercício de profissão, inclusive em espaços privados.[735] Na ocasião, o STF entendeu que não são todos os ofícios ou profissões que podem ser condicionados ao cumprimento de condições legais para seu exercício, sendo exigida a inscrição em conselho de fiscalização profissional somente os casos que demonstrem potencial lesivo na atividade.

Nesse sentido, condicionar a inscrição nos quadros do conselho para que o músico possa exercer sua atividade profissional, inclusive em espaços privados, conflita com a prerrogativa que assegura a qualquer pessoa o livre exercício da atividade artística, que é assegurado pela CF/88 independentemente de censura ou licença[736]. A proximidade com o tema da eficácia horizontal seria dada pela impossibilidade de um contratante privado remunerar oficialmente um músico profissional que não estivesse inscrito no referido conselho, o que restou afastado pelo tribunal. Em que pese a decisão ter feito ponderações interessantes sobre a intensidade das restrições impostas aos direitos fundamentais, bem como os reflexos que isso traz para os músicos profissionais que pretendem se apresentar em espaços privados, a decisão não pode ser tecnicamente analisada sob a perspectiva da eficácia horizontal. Isso porque o referido conselho possui natureza autárquica, integrando assim a Administração Pública indireta, o que atrai o tema para a perspectiva da eficácia vertical dos direitos fundamentais. Tratou-se acima de tudo do estudo dos limites conferidos pela CF/88 à liberdade conformadora do legislador, no marco das normas de eficácia contida.[737]

No ano de 2014, por ocasião da realização da Copa do Mundo de futebol no Brasil, o STF[738] foi chamado a se pronunciar sob a temática que evolvia restrições à liberdade de expressão no interior de estádios de futebol durante as partidas oficiais do evento. Considerando que a FIFA é uma entidade privada e que a CF/88 assegura aos particulares a liberdade de exteriorizarem suas convicções filosóficas, religiosas ou políticas, o tema pode ser analisado sob a perspectiva da eficácia horizontal. A controvérsia surgiu em torno da constitucionalidade de artigo da Lei Geral da Copa que proibia esse tipo de manifestação em estádios de futebol, ainda que o referido dispositivo fizesse menção apenas às mensagens de cunho racista, xenófobo ou discriminatório e ressalvasse o direito à plena liberdade de expressão em defesa da dignidade da pessoa humana.[739] A grande polêmica

---

[735] STF, RE 635.023/DF, rel. Min. Celso de Mello, 1ª Turma, j. 30.8.2011, *DJ* 28.10.2011. Nessa ocasião, o STF ponderou que a liberdade de expressão artística não se sujeita a controles estatais, "pois o espírito humano, que há de ser permanentemente livre, não pode expor-se, no processo de criação, a mecanismos burocráticos que imprimam restrições administrativas, que estabeleçam limitações ideológicas ou que imponham condicionamentos estéticos à exteriorização dos sentimentos que se produzem nas profundezas mais recônditas da alma de seu criador".

[736] Art. 5º, IX, CF/88: "é livre a expressão da atividade intelectual, artística, científica e de comunicação, independentemente de censura ou licença".

[737] Remeta-se neste particular ao item 3.2.7 do presente estudo.

[738] STF, ADI 5.136 MC/DF, rel. Min. Gilmar Mendes, Pleno, j. 1º.7.2014, *DJe* 30.10.2014.

[739] Art. 28, Lei n. 12.663/2012: "São condições para o acesso e permanência de qualquer pessoa nos Locais Oficiais de Competição, entre outras: [...] IV - não portar ou ostentar cartazes, bandeiras, símbolos ou outros sinais com mensagens ofensivas, de caráter racista, xenófobo ou que estimulem outras formas de discriminação. § 1º É ressalvado o direito constitucional ao livre exercício de manifestação e à plena liberdade de expressão em defesa da dignidade da pessoa humana. § 2º O não cumprimento de condição estabelecida neste artigo implicará a impossibilidade de ingresso da pessoa no Local Oficial de Competição ou o seu afastamento imediato do recinto, sem prejuízo de outras sanções administrativas, civis ou penais."

ocorreu em torno da impossibilidade fática de torcedores ingressarem nos estádios portando cartazes ou vestindo camisetas com mensagens de cunho político, desabonadoras de governantes, autoridades etc., em uma época em que o País enfrentava turbulências políticas consideráveis, particularmente pelas discussões que envolviam a realização do evento. Esses fatos levaram ao ajuizamento da ADI n. 5.136 perante o STF, por iniciativa de um partido político representado no Congresso Nacional.

Recorrendo ao princípio da proporcionalidade, o STF considerou que a referida lei não poderia ser considerada como violadora da liberdade de expressão, que, como qualquer direito, não se reveste de caráter absoluto. O fundamento foi o reconhecimento de um correto espaço de apreciação pelo legislador no sentido de que as restrições impostas à liberdade de expressão restariam justificadas em face da necessidade de se limitar manifestações que tenderiam a gerar maiores conflitos e atentar contra a segurança dos participantes em evento de grande porte.

No ano de 2016, o STF[740] analisou os limites da liberdade de expressão sob a perspectiva de convicções religiosas. No caso, investigou-se em que medida um religioso poderia incorrer no crime de incitação à discriminação religiosa pelo fato de publicar livro com conteúdo supostamente discriminatório, capaz de atingir a doutrina espírita. Por integrar os limites da liberdade de expressão em comunhão com a liberdade de crença religiosa, trata-se inegavelmente de caso que permeia a temática da eficácia horizontal dos direitos fundamentais. Nos autos, entendeu-se que o livro incitava um grupo a empreender resgate religioso direcionado à salvação de adeptos do espiritismo, em atitude que considera inferiores os praticantes de fé distinta. Apesar de considerar a prática "intolerante, pedante e prepotente", o tribunal ponderou que as observações estavam inseridas naquilo que denomina de cenário do embate entre religiões, que decorre da liberdade de proselitismo, parte integrante e essencial ao exercício da liberdade de expressão religiosa, não se justificando qualquer punição jurídica. Alguns fundamentos do julgado merecem referência pelo fato de contribuírem para a delimitação dos limites do discurso religioso.

1. A manifestação foi feita sem sinalização de violência, dominação, exploração, escravização, eliminação, supressão ou redução de direitos fundamentais.

2. Em um cenário permeado por dogmas com fundamentos emocionais, os indivíduos tendem a crer que professam sua fé dentro da religião correta e que aquela é a melhor, e essa certeza contém intrínseca hierarquização. A finalidade de alcançar o outro, mediante persuasão, com técnica de discurso proselitista, configura comportamento intrínseco às religiões que se alçam a universais. Para a consecução de tal objetivo, não se revela ilícito, por si só, a comparação entre diversas religiões, inclusive com explicitação de certa hierarquização ou animosidade entre elas. Eventual infelicidade de declarações e explicitações escapa do espectro de atuação estatal. Assim, eventual animosidade decorrente de observações desigualadoras não configura, necessariamente, preconceito ou discriminação.

---

[740] STF, RHC 134.682, rel. Min. Edson Fachin, 1ª Turma, j. 29.11.2016, *DJe* 29.8.2017.

3. O discurso discriminatório criminoso somente se materializa após ultrapassadas três etapas indispensáveis. Uma de caráter cognitivo, em que atestada a desigualdade entre grupos e/ou indivíduos; outra de viés valorativo, em que se assenta suposta relação de superioridade entre eles; e, por fim, uma terceira, em que o agente, a partir das fases anteriores, supõe legítima a dominação, exploração, escravização, eliminação, supressão ou redução de direitos fundamentais do diferente que compreende inferior. A discriminação não libera consequências jurídicas negativas, especialmente no âmbito penal, na hipótese em que as etapas iniciais de desigualação desembocam na suposta prestação de auxílio ao grupo ou indivíduo que, na percepção do agente, encontrar-se-ia em situação desfavorável.

A temática voltou à mesa do STF[741] no ano de 2018. Nessa ocasião, o tribunal manteve a condenação por incitação à discriminação religiosa de líder religioso que pregava inclusive na internet discurso contrário a diversas religiões, defendendo o fim de algumas delas e imputando fatos criminosos e ofensivos aos seus devotos e sacerdotes. As instâncias ordinárias condenaram o religioso pelo referido crime, considerando que a natureza do discurso não se limitava à defesa da sua religião, alastrando-se para o ataque a outras crenças. A matéria foi sujeita ao STF, que manteve a condenação com os seguintes fundamentos:

1. O direito à liberdade religiosa é, em grande medida, o direito à existência de uma multiplicidade de crenças/descrenças religiosas, que se vinculam e se harmonizam – para a sobrevivência de toda a multiplicidade de fés protegida constitucionalmente – na chamada tolerância religiosa.

2. Há que se distinguir entre o discurso religioso (que é centrado na própria crença e nas razões da crença) e o discurso sobre a crença alheia, especialmente quando se faça com intuito de atingi-la, rebaixá-la ou desmerecê-la (ou a seus seguidores). Um é tipicamente a representação do direito à liberdade de crença religiosa; outro, em sentido diametralmente oposto, é o ataque ao mesmo direito.

Com base nessas premissas, o STF reconheceu que o discurso não centrado apenas na defesa da própria religião, culto, crença ou ideologia por provocar ataque ao culto alheio acaba por colocar em risco a liberdade religiosa daqueles que professam fé diferente. E essa circunstância configura na prática exercício abusivo da liberdade de crença, passível de condenação pelo crime de incitação à discriminação religiosa.

No ano de 2017, o STF[742] julgou em sede de controle abstrato a possibilidade de a lei federal que institui o marco regulatório da TV por assinatura no Brasil[743] criar critérios distintos para oferta de publicidade em função do local da contratação, Brasil ou exterior. A conclusão do tribunal foi que o art. 25 da referida Lei,[744] ao condicionar a possibilidade

---

[741] STF, RHC 146.303, rel. Min. Dias Toffoli. 2ª Turma, j. 6.3.2018, *DJe* 7.8.2018.

[742] STF, ADI 4.923/DF, rel. Min. Luiz Fux, Pleno, j. 8.11.2017, *DJe* 5.4.2018.

[743] Denominada "comunicação audiovisual de acesso condicionado".

[744] Art. 25, Lei n. 12.485/2011: "Os programadores não poderão ofertar canais que contenham publicidade de serviços e produtos em língua portuguesa, legendada em português ou de qualquer forma direcionada ao público brasileiro, com veiculação contratada no exterior, senão por meio de agência de publicidade nacional."

de veiculação publicitária aos contratos firmados no Brasil por agências de publicidade nacionais, se mostra incompatível com a CF/88 por ferir o princípio da igualdade. Segundo o tribunal, ao estabelecer completa exclusividade em proveito das empresas brasileiras se estaria pressupondo uma vulnerabilidade das empresas nacionais de publicidade, sem qualquer indicativo plausível para tanto, o que acarretaria na prática reserva de mercado. Esse é um tema que atrai a perspectiva da eficácia horizontal ao direito da concorrência, como há muito já se estuda na Europa,[745] lembrando que a livre concorrência é um dos princípios constitucionais da ordem econômica.[746] A partir do momento em que uma empresa privada é preterida por outra com base em norma inconstitucional, abala-se a liberdade concorrencial, permitindo que a relação comercial venha a ser discutida inclusive sob a perspectiva da vinculação dos particulares aos direitos fundamentais.

Eis que no ano de 2015 foi apreciado pelo STF o caso com maior contato com a temática da eficácia horizontal dos direitos fundamentais ao menos nos últimos tempos. Trata-se do julgamento que reconheceu a constitucionalidade da publicação de biografias não autorizadas, realizado em sede de controle abstrato de normas, por meio da ADI n. 4.815.[747] Aqui se investiga em que medida um particular pode publicar uma biografia independentemente de autorização do biografado, cujo conteúdo repercuta em seus direitos de personalidade, como a privacidade e a própria intimidade. Aqui se vislumbra um autêntico conflito de direitos fundamentais na esfera privada, já que nem aquele que publica tampouco o biografado pertecem à esfera estatal. O STF, apesar de não ter feito uma abordagem sobre as teorias da eficácia horizontal dos direitos fundamentais, decidiu que se mostra inexigível a autorização prévia de pessoa biografada relativamente a obras biográficas literárias ou audiovisuais, sendo também desnecessária autorização de pessoas retratadas como coadjuvantes ou de seus familiares, em caso de pessoas falecidas ou ausentes. Para tanto, o tribunal conferiu interpretação conforme a CF/88 dos arts. 20 e 21 do CC, relativos à divulgação de escritos, transmissão da palavra, produção, publicação, exposição ou utilização da imagem de pessoa biografada, com base nos fundamentos a seguir sintetizados:

1. A constituição proíbe qualquer censura, de modo que o exercício do direito à liberdade de expressão não pode ser cerceada pelo Estado ou por particular.

2. O direito de informação, garantido pela constituição, contém a liberdade de informar, de se informar e de ser informado. Engloba a formação da opinião pública, conferindo aos cidadãos o poder de receber livremente dados sobre assuntos de interesse da coletividade e sobre as pessoas cujas ações, público-estatais ou público-sociais, interferem em sua esfera do acervo do direito de saber, de aprender sobre temas relacionados a suas legítimas cogitações.

---

[745] JAEGER Jr., A. *Direito internacional da concorrência*, p. 149ss. Do mesmo autor, v. JAEGER Jr., A. *Mercados*, p. 1ss.

[746] Art. 170, CF/88. "A ordem econômica, fundada na valorização do trabalho humano e na livre iniciativa, tem por fim assegurar a todos existência digna, conforme os ditames da justiça social, observados os seguintes princípios: [...] IV – livre concorrência."

[747] STF, ADI 4.815, rel. Min. Cármen Lúcia, Pleno, j. 10.6.2015, *DJe* 1º.2.2016.

3. Autorização prévia para biografia constitui censura prévia particular. O recolhimento de obras é censura judicial, a substituir a administrativa. O risco é próprio do viver. Erros corrigem-se segundo o direito, não se coartando liberdades conquistadas. A reparação de danos e o direito de resposta devem ser exercidos nos termos da lei.

4. A liberdade é constitucionalmente garantida, não se podendo anular por outra norma constitucional, menos ainda por norma de hierarquia inferior (lei civil), ainda que sob o argumento de se estar a resguardar e proteger outro direito constitucionalmente assegurado, qual seja, o da inviolabilidade do direito à intimidade, à privacidade, à honra e à imagem.

5. Para a coexistência das normas constitucionais, há de se acolher o balanceamento de direitos, conjugando-se o direito às liberdades com a inviolabilidade da intimidade, da privacidade, da honra e da imagem da pessoa biografada e daqueles que pretendem elaborar as biografias.

Para além dos fundamentos referidos na ementa do julgado, o voto da Min. Cármen Lúcia, relatora da ADI, fez algumas menções à eficácia horizontal dos direitos fundamentais para embasar suas conclusões no julgado.

1. As regras civis configurariam arcabouço de proteção de alguns direitos fundamentais constitucionalmente tutelados (principalmente o direito à privacidade), formulando regras de conteúdo proibitivo em relação de horizontalidade (dimensão horizontal dos direitos fundamentais aplicados e a serem respeitados nas relações civis).[748]

2. Os princípios constitucionais relativos a direitos fundamentais não obrigam apenas os entes e órgãos estatais, mas também são de acatamento impositivo e insuperável de todos os cidadãos em relação aos demais. O exercício do direito à liberdade de expressão não pode ser cerceado pelo Estado nem pelo vizinho, salvo nos limites impostos pela legislação legítima para garantir a igual liberdade do outro, não a ablação desse direito para superposição do direito de um sobre o outro.[749]

3. Atualmente, doutrina e jurisprudência reconhecem que a eficácia dos direitos fundamentais se espraia nas relações entre particulares. Diversamente dos primeiros momentos do Estado moderno, no qual, sendo o ente estatal o principal agressor a direitos fundamentais, contra ele se opunham as normas garantidoras desses direitos, hoje não é permitido pensar que somente o Estado é fonte de ofensa ao acervo jurídico essencial de alguém. O particular não pode se substituir ao Estado na condição de deter o poder sobre outro a ponto de cercear ou anular direitos fundamentais.[750]

4. Quanto mais se amplia o espaço de poder social, mais se tem a possibilidade de ser a liberdade restringida pela ação de particulares contra um indivíduo ou grupo. A proteção dos direitos não se limita à ação estatal, mas estende-se também à ação dos particulares nas relações intersubjetivas.[751]

---

[748] Voto da rel. Min. Cármen Lúcia, nos autos da ADI 4.815, p. 32.

[749] Voto da rel. Min. Cármen Lúcia, nos autos da ADI 4.815, p. 64.

[750] Voto da rel. Min. Cármen Lúcia, nos autos da ADI 4.815, p. 64s.

[751] Voto da rel. Min. Cármen Lúcia, nos autos da ADI 4.815, p. 65.

5. Por isso a eficácia dos direitos fundamentais é tida como extensiva ao Estado e também aos particulares, que não podem atuar em desrespeito às garantias estabelecidas pelo sistema constitucional.[752]

6. Quanto ao direito à liberdade de expressão, a eficácia dos direitos fundamentais não se limita ao provimento estatal, impõe-se a toda a sociedade, não persistindo o agir isolado ou privado pela só circunstância de não ser estatal. O poder individual não pode se substituir ao poder estatal, nem ser imune às obrigações relativas aos direitos fundamentais.[753]

7. Por fim, o voto condutor fez menção à famosa sentença *Lüth*, uma das mais famosas construções do BVerfG,[754] bem como à sua fundamentação em torno da eficácia dos direitos fundamentais nas relações privadas.

Com base nesse relato, pode-se afirmar que o caso das biografias não autorizadas foi o que permitiu ao STF um maior número de considerações em torno da temática da eficácia horizontal, muito embora o tribunal não tenha estabelecido uma visão em pormenores quanto às teorias que dizem respeito ao problema.

No ano de 2016, o STF[755] teve a oportunidade de analisar em sede de controle abstrato de normas a compatibilidade com a CF/88 de dispositivo inserido no ECA,[756] que proibia a transmissão em meios de comunicação de determinados conteúdos em horário diverso do autorizado ou sem aviso de sua classificação. O STF entendeu que a expressão "em horário diverso do autorizado" é incompatível com a CF/88, devendo ser exigida apenas a classificação por faixa etária. Como fundamentos, o voto condutor sustentou, entre outros aspectos, que:[757]

1. A classificação dos produtos audiovisuais busca esclarecer, informar, indicar aos pais a existência de conteúdo inadequado para as crianças e os adolescentes. A submissão ao Ministério da Justiça ocorre, exclusivamente, para que a União exerça sua competência administrativa prevista no inciso XVI do art. 21 da CF, qual seja, classificar, para efeito indicativo, as diversões públicas e os programas de rádio e televisão, o que não se confunde com autorização. Entretanto, essa atividade não pode ser confundida com um ato de licença, nem confere poder à União para determinar que a exibição da programação somente se dê nos horários determinados pelo Ministério da Justiça, de forma a caracterizar uma imposição, e não uma recomendação. Não há horário autorizado, mas horário recomendado.

---

[752] Voto da rel. Min. Cármen Lúcia, nos autos da ADI 4.815, p. 65.

[753] Voto da rel. Min. Cármen Lúcia, nos autos da ADI 4.815, p. 66.

[754] Remeta-se neste particular ao item 2.2 do presente estudo.

[755] STF, ADI 2.404/DF, rel. Min. Dias Toffoli, Pleno, j. 31.8.2016, *DJe* 1º.8.2017.

[756] Art. 254, Lei n. 8.069/1990: "Transmitir, através de rádio ou televisão, espetáculo em horário diverso do autorizado ou sem aviso de sua classificação. Pena – multa de vinte a cem salários de referência; duplicada em caso de reincidência a autoridade judiciária poderá determinar a suspensão da programação da emissora por até dois dias."

[757] Transcrição parcial de conclusões exaradas no voto do rel. Min. Rel. Dias Toffoli da ADI 2.404/DF.

2. Permanece o dever das emissoras de rádio e de televisão de exibir ao público o aviso de classificação etária, antes e no decorrer da veiculação do conteúdo. O que se faz, nesse caso, não é classificação indicativa, mas restrição prévia à liberdade de conformação das emissoras de rádio e de televisão, inclusive acompanhada de elemento repressor, de punição. Esse caráter autorizativo, vinculativo e compulsório conferido pela norma questionada ao sistema de classificação não se harmoniza com os arts. 5º, IX; 21, XVI; e 220, § 3º, I, da CF.

3. Deve o Estado conferir maior publicidade aos avisos de classificação, bem como desenvolver programas educativos acerca do sistema de classificação indicativa, divulgando, para toda a sociedade, a importância de se fazer uma escolha refletida acerca da programação ofertada ao público infantojuvenil. É fundamental que a sociedade atraia para si essa atribuição, cabendo ao Estado incentivá-la nessa tomada de decisão, e não tutelá-la. Esse controle parental pode ser feito, inclusive, com o auxílio de meios eletrônicos de seleção e de restrição de acesso a determinados programas radiodifundidos, como já é feito em vários países.

4. O que não pode persistir, porém, é legislação que, a pretexto de defender valor constitucionalmente consagrado (proteção da criança e do adolescente), acabe por amesquinhar outro tão relevante quanto, como a liberdade de expressão. Não se pode admitir que o instrumento constitucionalmente legítimo da classificação indicativa seja, na prática, concretizado por meio de autorização estatal, mediante a qual se determina de forma cogente a conduta das emissoras no que diz respeito ao horário de sua programação, caracterizando-se como mecanismo de censura e de restrição à liberdade de expressão.

De modo semelhante à temática da ADPF n. 130, o referido julgado realizou uma ponderação que atinge direitos fundamentais no curso de relações privadas. Há a limitação imposta a órgãos de imprensa e, em oposição, um importante interesse da sociedade, na questão destinada à proteção das crianças, adolescentes e jovens. Se por um lado o acórdão destacou a importância da liberdade de imprensa para a sociedade – o que não se discute –, por outro, não ficou claro o significado que a própria CF/88 atribui à expressão "absoluta prioridade"[758] no momento de proteger esse público extremamente vulnerável. O que poderia ser melhor debatido é o significado prático que a expressão deve acarretar nessa ponderação de direitos fundamentais.

A ideia que passa é que, quando a prioridade é absoluta, a própria CF/88 está autorizando em maior intensidade restrições aos bens jurídicos envolvidos, como liberdade de expressão, de imprensa e livre iniciativa em geral. Isso é realizado pela perspectiva da lei da ponderação, que afirma que quanto mais intensiva é uma intervenção em um direito fundamental, tanto mais graves ou relevantes devem ser as razões que a justi-

---

[758] Art. 227, CF/88: "É dever da família, da sociedade e do Estado assegurar à criança, ao adolescente e ao jovem, com absoluta prioridade, o direito à vida, à saúde, à alimentação, à educação, ao lazer, à profissionalização, à cultura, à dignidade, ao respeito, à liberdade e à convivência familiar e comunitária, além de colocá-los a salvo de toda forma de negligência, discriminação, exploração, violência, crueldade e opressão."

Teorias acerca da eficácia dos direitos fundamentais nas relações privadas ∎ 199

ficam.[759] Em outras palavras, o dever de absoluta prioridade deveria fundamentar um recuo em maior intensidade dos direitos que concorrem para a liberdade de expressão em sentido amplo, justificando a imposição de determinados horários para exibição nos meios de comunicação de conteúdo impróprio ao público infantojuvenil, sem que isso fosse enquadrado como censura, já que a exibição em si não restaria proibida, mas apenas em determinados horários.

Por fim, um último caso pode ser analisado. Ele diz respeito aos conflitos inerentes ao direito de greve e reunião. No primeiro semestre de 2018, o País enfrentou uma greve de caminhoneiros que causou enormes impactos na cadeia de distribuição e abastecimento, em particular de combustíveis. Várias estradas foram obstaculizadas por grevistas, que se organizavam em grande parte por meio de redes sociais. Pelo fato de a paralisação ter se estendido por vários dias, não assumiu as feições de um *flashmob*, considerando não apenas o tempo de permanência dos protestos, como igualmente o longo tempo para sua mobilização e desmobilização.

Em face dos riscos ao abastecimento nacional, bem como de interrupção de atividades essenciais, o STF[760] foi chamado a se manifestar sobre uma "guerra de liminares" estabelecida em face de ordens judiciais contraditórias, que ora ordenavam a desobstrução das rodovias, ora negavam tal ordem, fundamentadas na garantia do direito constitucional de greve. Considerando a horizontalidade da controvérisa, o tema pode ser analisado fielmente sob a perspectiva da vinculação dos particulares aos direitos fundamentais. Na ocasião, o STF ordenou a desobstrução das rodovias, inclusive mediante o uso da força, se necessário, com base nos seguintes fundamentos:

1. O direito de reunião – que incluiu o direito de passeata e carreata – configura-se como um dos princípios basilares de um Estado Democrático, assim como a liberdade de expressão, pois não se compreenderia a efetividade de reuniões sem que os participantes pudessem discutir e manifestar suas opiniões livremente, tendo que se limitar apenas ao direito de ouvir, quando se sabe que o direito de reunião compreende não só o direito de organizá-la e convocá-la, como também o de total participação ativa. A garantia plena e o efetivo exercício dos direitos de greve e reunião consistem em exigência nuclear do direito fundamental à livre manifestação de pensamento, sendo absolutamente necessários na efetivação da cidadania popular e fundamentais no desenvolvimento dos ideais democráticos.

2. A relatividade e razoabilidade no exercício dos direitos de reunião e greve são requisitos essenciais em todos os ordenamentos jurídicos democráticos, sendo necessário harmonizá-los com os demais direitos e garantias fundamentais nas hipóteses de conflitos, de forma a coordenar e combinar os bens jurídicos em atrito, evitando o sacrifício total de uns em relação aos outros, realizando uma redução proporcional do âmbito de alcance de cada qual, sempre em busca do verdadeiro significado da norma e da harmonia do texto constitucional com suas finalidades precípuas e buscando o

---

[759] ALEXY, R. *Kollision*, p. 24, definindo essa construção como a "lei da ponderação" (*Abwägungsgesetz*).

[760] STF, ADPF 519 MC/DF, rel. Min. Alexandre de Moraes, j. 25.5.2018, *DJe* 28.5.2018.

bem-estar de uma sociedade democrática. O STF, na compatibilização prática dos direitos fundamentais, deve pautar-se pela razoabilidade, no sentido de evitar o excesso ou abuso de direito, e, consequentemente, afastar a possibilidade de prejuízos de grandes proporções à Sociedade.

3. Não há dúvidas, portanto, que os movimentos reivindicatórios de empregadores e trabalhadores – seja por meio de greves, seja por meio de reuniões e passeatas –, não podem obstar o exercício, por parte do restante da Sociedade, dos demais direitos fundamentais, configurando-se, claramente abusivo, o exercício desses direitos que impeçam o livre acesso das demais pessoas aos aeroportos, rodovias e hospitais, por exemplo, em flagrante desrespeito à liberdade constitucional de locomoção (ir e vir), colocando em risco a harmonia, a segurança e a Saúde Pública, como na presente hipótese.

Esse é um precedente importante, que revela o caráter não absoluto dos direitos de reunião e greve, bem como a necessidade de exame da proporcionalidade dos meios necessários à solução de controvérsias que envolvem não apenas a obstrução de bens públicos, como estradas e rodovias, mas também as necessidades da população frente aos riscos de desabastecimento, em geral.

3.1.6 O problema das chamadas *fake news*

A análise da jurisprudência do STF sobre casos que envolvem conflitos de direitos fundamentais no curso de relações privadas dá conta da pluralidade de casos em que a temática merece atenção. Isso fica ainda mais evidente quando se analisam os casos de direito comparado, em particular de origem alemã – considerando que lá a matéria ganhou elevado desenvolvimento jurídico –, retratados ao longo do presente estudo. Por maior que seja o leque em que a ação de um particular pode vir a violar bens protegidos de outro, alguns tipos de relações despertam nossa atenção com maior intensidade, considerando as tendências e até mesmo os avanços tecnológicos de cada momento.

De fato, existe um âmbito que, sem desmerecer todas as demais perspectivas de aplicação da eficácia horizontal, merece atenção redobrada: o das "notícias falsas" ou *fake news*, nos termos da nomenclatura internacionalmente consagrada. A questão das *fake news* diz respeito ao abuso da liberdade de expressão, pois se caracteriza pela manipulação de fatos, que não se confunde com meras opiniões pessoais ou subjetivas acerca de acontecimentos. O que torna uma notícia falsa não é simplesmente uma apreciação subjetiva, que mereceria proteção constitucional. Não se trata pura e simplesmente de equívoco frente a determinado juízo de apreciação. Pelo contrário, é o dolo de mentir, de fazer pessoas acreditarem em fatos que se sabem ser falsos, com vistas à manipulação de opiniões em grande escala.

É por essa razão que as *fake news* não devem ser tratadas como manifestações no âmbito do excesso de crítica, pois de crítica não se tratam. Quem pretende criticar uma conduta, age no âmbito da sua liberdade de expressão, ainda que se compreenda não ser direito absoluto. No ponto da liberdade de expressão, no contexto da atividade jornalística, como estudado acima, o STF entende que o conteúdo socialmente útil da liberdade de expressão, em particular da liberdade de imprensa, compensa eventuais excessos de estilo e da própria verve do autor, já que serve de alternativa à chamada "versão oficial dos fatos", aspecto importante para a consolidação do regime democrático. A questão é diferenciar os casos. *Fake news* jamais podem ser tratadas como alternativa à versão oficial dos fatos, até mesmo porque não incidem sobre fatos, mas sobre uma invenção, que já nasce voltada à manipulação.

O que justifica a proteção constitucional à liberdade de expressão é a possibilidade que os ordenamentos constitucionais democráticos conferem às pessoas de ganhar outras pelas suas palavras e opiniões, em um cenário onde o argumento é a arma tolerada e não o poder social ou qualquer outra forma de pressão, que obriga alguém a pensar como outrem, aspecto ligado à persuasão e não ao convencimento.[761] Uma crença, quando se extroverte, manifesta-se na medida em que os indivíduos, segundo suas convicções pessoais, agem de um modo ou de outro, uma vez que por uma inclinação natural tendem a expor seu pensamento aos demais membros do corpo social e, mais, a ganhá-los para suas ideias.[762]

Assim, as notícias falsas, embora visem a disseminar opiniões, não podem ser abrigadas sob o manto da liberdade de expressão, pois já nascem com um sério vício de origem, que diz respeito não apenas à violação do direito de terceiros, mas igualmente à própria ordem constitucional, a partir do momento em que se voltam a caluniar, difamar ou até mesmo a distorcer realidades que podem servir de base para o consenso social. O caráter não absoluto da liberdade de expressão justifica a tomada de medidas combativas à prática das notícias falsas.

O grande problema prático, que torna extremamente difícil o combate às *fake news*, relaciona-se com sua velocidade de propagação, com base nas tecnologias de comunicação do mundo moderno, em particular as redes sociais, aplicativos de trocas de mensagens instantâneas etc. O nível de proteção dos âmbitos da vida tutelados pelos direitos fundamentais deve levar em conta o grau de ameaça a que estão sujeitos. Esse é um dos pontos que ajuda a reforçar a ideia que constitui o núcleo do pensamento do presente estudo, de que o tema da eficácia horizontal dos direitos fundamentais deve ser estudado sob a perspectiva dos deveres de proteção do Estado[763] e não apenas sob o ponto de vista de uma eficácia direta nas relações privadas, já que aqui uma mediação legislativa é fundamental.

Cabe ao Estado desenvolver meios de proteção contra os efeitos danosos da prática. E em particular cabe ao legislador constatar os âmbitos da vida que são mais sensíveis às *fake news*. Sem dúvida, o processo eleitoral é um deles. Notícias mundiais dão conta de que a prática de notícias falsas tem condições de abalar consideravelmente o processo eleitoral conduzido em países democráticos. Ao levar em conta a importância que um processo eleitoral hígido tem para a democracia, o combate às *fake news* não pode ser colocado à margem dos assuntos relevantes na cultura jurídica contemporânea.

---

[761] Remeta-se neste particular às considerações trazidas nos itens 3.2.6 e 3.2.11 deste estudo (casos Lüth *e* Blinkfüer).

[762] FERREIRA F. *Curso*, p. 325s.

[763] Remeta-se nesse particular ao item 3.3 do presente estudo.

Nesse passo, não há dúvidas que a divulgação de *fake news* pode conduziar a sérias lesões não apenas aos direitos de personalidade, como também colocar a própria ordem democrática em risco, sendo um problema intrínseco à eficácia horizontal dos direitos fundamentais. O critério que pode ser formulado no âmbito de propagação e notícias falsas é o seguinte: quanto mais se verificar o dolo na manipulação de fatos, de modo a conceder aparência de verdade a acontecimentos que se sabem falsos, maior será a tendência à responsabilização por lesão a direitos de personalidade daqueles que são direta ou indiretamente atingidos por esses fatos. É por essa razão que se recomenda extrema cautela àqueles que têm como costume replicar notícias por meio de aplicativos de mensagens instantâneas. Nesses casos é necessário criar na sociedade a cultura em torno de um juízo crítico, que inspire as pessoas a agir com maior responsabilidade no momento de difundir informações cujo conteúdo é duvidoso, levando-se em conta que o potencial lesivo à honra e à imagem das pessoas desse tipo de comunicação é tremendo.

Certo é que o tema da eficácia horizontal deverá ser utilizado em grande escala, não apenas para estudar, como também para combater a propagação de notícias falsas. Cabe à comunidade jurídica em particular debater e propor soluções preventivas e repressivas, com vistas a resguardar a liberdade de expressão, que não se deve deixar contaminar com práticas que no fundo visam a desconstituí-la. Seguindo a lógica de que não é pelo temor do abuso que se vai combater o uso,[764] não se deve tolheraqueles que usam a liberdade de expressão nos limites constitucionais, mas sim punir aqueles que deliberadamente conspiram para desgastá-la. Esse é o tratamento que o direito – e a interpretação da constituição – deve conferir às *fake news*.

3.1.7 Conclusões parciais

O princípio da unidade do ordenamento jurídico não fundamenta um modelo geral ou irrestrito de eficácia direta dos direitos fundamentais nas relações privadas. As exceções justificam-se por imperativos constitucionais específicos, como no caso das relações trabalhistas e aspectos ligados ao direito de reunião, por exemplo. Se por um lado a manutenção da unidade do ordenamento jurídico exige que todos os âmbitos jurídicos encontrem vigência sob os fundamentos da constituição, por outro, ela não exige que a constituição passe a regular por ela mesma o lado normativo de toda e qualquer relação jurídica. O que o princípio da unidade do ordenamento reclama é a harmonia do direito privado com a ordem de valores da constituição, o que é obtido a partir de um pensamento de *convergência*, que encontra inspiração na teoria do diálogo das fontes. Esse pensamento requer uma atividade mediadora do direito ordinário, de modo a permitir a eficácia dos direitos fundamentais nas relações privadas, em atenção à unidade do ordenamento jurídico. Assim, o fato de os direitos fundamentais serem considerados imediatamente vigentes perante os poderes públicos não implica necessariamente que também devem ser nas relações privadas.

---

[764] Consideração trazida ao debate pelo voto do Min. Carlos Brito, relator da ADPF 130 (p. 9 do voto).

A temática da eficácia dos direitos fundamentais nas relações privadas encontra expressão sobretudo a partir da função de proteção desses direitos, que se deixa conduzir sob alguns aspectos à própria função de defesa, quando analisada no quadro das possibilidades de intervenção estatal. Todavia, da função tradicional dos direitos fundamentais como direitos de defesa contra intervenções estatais na esfera de liberdade individual decorre que esses direitos não encontram aplicação direta nas relações travadas entre particulares. Essa é a tese que se contrapõe ao que se considera uma espécie de *argumento de confusão*, que verifica na cláusula de aplicabilidade imediata um fundamento para o reconhecimento de uma vinculação geral direta dos particulares aos direitos fundamentais.

O fato de se reconhecer que: o fundamento da ordem jurídica geral é a dignidade humana; os direitos fundamentais como expressão de valores supremos devem ser assegurados na vida social; ao longo da evolução social os direitos fundamentais experimentaram uma modificação em seu significado; essa modificação informa que esses direitos não mais devem ser compreendidos apenas como direitos de defesa oponíveis em face do poder estatal, devendo proteger seu titular também das agressões provenientes da esfera privada, revelando assim um caráter ou tendência multidirecional, não fundamenta igualmente um modelo de eficácia direta, particularmente à luz dos contratos de consumo.

Essas características, aliadas ao próprio reconhecimento de uma eficácia horizontal, contribuíram em alto grau para a potencialização dos direitos fundamentais na vida social. A própria proteção do consumidor colhe frutos a partir daí. Entretanto, os direitos fundamentais em particular desenvolvem seu conteúdo de sentido pleno não meramente a partir de si mesmos; pelo contrário, sua interpretação tem que seguir o sistema total valorativo da constituição,[765] o que significa levar em conta o arranjo total jurídico constitucional e com isso as instituições e regulamentações específicas de direito privado. O reconhecimento de uma eficácia direta desses direitos na ordem jurídico-privada fala contra essa possibilidade, pois deixa de levar em conta não apenas aspectos ligados à separação dos poderes, à garantia da autonomia privada, como também a própria segurança jurídica.

Um modelo geral de eficácia direta dos direitos fundamentais nas relações privadas sufoca a autonomia privada de tal maneira a não permitir sua realização nos termos garantidos pela constituição. Ao sufocar demasiadamente a autonomia privada, a teoria da eficácia direta falha em buscar até mesmo seu objetivo precípuo, que é a fixação de um constitucionalismo de igualdade, visto que a autonomia deve ser assegurada a todas as partes integrantes em uma relação privada. A proteção da autonomia privada contraria o argumento de que no direito privado, assim como no público, há igual "carência" de aplicação de direitos fundamentais. Isso não apenas se opõe à garantia de livre desenvolvimento da personalidade do particular, que encontra expressão na garantia maior da dignidade humana, como também ao espírito de liberdade que permeia os direitos fundamentais como um todo. A meta de combater abusos no exercício da autonomia privada pode ser satisfatoriamente cumprida a partir da mediação das regras de direito privado, que refletem a ordem de valores da constituição.

---

[765] SMEND, R. *Recht*, p. 91s.

Nessa conexão de elementos, a fundamentação em torno de uma eficácia horizontal direta não se harmoniza com as exigências do ordenamento jurídico-constitucional. Nem mesmo a circunstância de reconhecer que a norma constitucional tem que ser interpretada da forma que lhe garanta maior efetividade possível fundamenta por si só a ocorrência de uma eficácia horizontal direta. A partir de um modelo de eficácia indireta, marcado pela mediação das normas de direito ordinário, os direitos fundamentais permanecem conservando o importante e decisivo significado em sua função como direitos de defesa oponíveis contra o Estado[766] e ao lado disso logram êxito em propiciar a proteção dos particulares nas relações travadas entre si. Nesse sentido, a recusa em torno de um modelo geral de eficácia horizontal direta não implica perda de função dos próprios direitos fundamentais para as relações privadas e além disso não provoca danos sensíveis ao arranjo constitucional como um todo.

Todos esses fatores contribuem para excluir uma possibilidade viável de vinculação direta dos particulares aos direitos fundamentais. Todavia, como se faz necessária a eficácia desses direitos também no âmbito privado, há que se encontrar outra forma de permitir a efetivação desses direitos nesse tipo de relação.[767] Uma solução para esse problema é proporcionada, como já adiantado, pelas teorias de eficácia indireta e em uma acepção particular pelos deveres de proteção do Estado, cuja análise ora se apresenta.

3.2 Teoria da eficácia horizontal indireta (mediata) dos direitos fundamentais nas relações privadas

3.2.1 Origem e elementos principais da teoria da eficácia horizontal indireta

A teoria da eficácia horizontal indireta ou mediata (*Mittelbare Drittwirkung*) é uma criação atribuída ao jurista Günter Dürig,[768] que no ano de 1954 defendeu a impossibilidade de contratos privados excluírem a possibilidade de livre circulação de uma das partes contratantes. Contudo, ela conta com alguns precursores em um ou outro sentido.[769] De fato, um olhar mais atento à doutrina revela que outros autores em escritos anteriores já previam essa possibilidade, ainda que sem a fundamentação minuciosa esposada por Dürig. Entre eles, citam-se os trabalhos de Herbert Krüger, Walter Jellinek e Alfred Hueck.

Krüger, em escrito datado de 1949, afirmou que a constituição, na condição de norma suprema do Estado, é a fonte mais nobre para o preenchimento dos conceitos e das cláusulas gerais do direito civil carentes de preenchimento valorativo (*wertausfüllungsbedürftigen Begriffe und Generalklauseln*),[770] expressão que acabou ganhando notoriedade na doutrina a partir de Dürig.[771] W. Jellinek, em 1950, destacou a influência da cláusula geral de bons

---

[766] BLECKMANN, A. *Staatsrecht*, p. 227.
[767] PAPIER, H. *DW*, Rn. 22.
[768] DÜRIG, G. *Freizügigkeit*, p. 525.
[769] STERN, K. *Staatsrecht III/1*, p. 1.543s.
[770] KRÜGER, H. *Verfassungen*, p. 163.
[771] DÜRIG, G. *GR*, p. 176s.

costumes para a aferição da legalidade de contratos privados à luz de preceitos constitucionais, como o princípio da igualdade, inclusive no bojo de relações de trabalho.[772] Em seu ponto de vista, não era dado aos tribunais diminuir a liberdade contratual assegurada pela constituição, desde que os respectivos contratos se movessem- dentro dos limites dos bons costumes.[773] Hueck, por seu turno, em 1951, defendeu que o princípio da igualdade não possuía aplicação imediata no curso de contratos individuais de trabalho, na medida em que os direitos fundamentais vinculam diretamente apenas os órgãos estatais.[774] No mesmo sentido de W. Jellinek, Hueck afirmou que os bons costumes servem de limite a determinadas convenções privadas, sendo que os direitos fundamentais adquiriram grande influência na determinação do que deve ser visto como bons costumes.[775]

Sem prejuízo de colaborações anteriores, Dürig foi quem sem dúvida se afirmoue como o jurista responsável pela criação e desenvolvimento da teoria da eficácia indireta dos direitos fundamentais no âmbito jurídico privado, havendo quem declare que a questão da eficácia horizontal indireta, do modo que foi reconhecida pelo BVerfG, se atrela inegavelmente à concepção de Dürig.[776] De fato, uma referência à doutrina de Dürig é localizada na quase totalidade dos comentários que tratam da eficácia horizontal, sendo reconhecido que seus escritos influenciaram a dogmática de direitos fundamentais como um todo, assim como a própria jurisprudência do BVerfG.[777]

A clássica formulação de Dürig dá conta de que a eficácia dos direitos fundamentais nas relações privadas ocorre de forma indireta, por meio da interpretação das cláusulas gerais do direito civil, passíveis e carentes de preenchimento valorativo (*wertausfüllungsfähigen und wertausfüllungsbedürftigen Generalklauseln*).[778] A partir da análise da doutrina de Dürig, revela-se sobretudo que as posições jurídico-subjetivas reconhecidas e asseguradas pelos direitos fundamentais e dirigidas contra o Estado não se podem transferir de modo direto para as relações entre particulares, tendo em vista que a força conformadora dos direitos fundamentais ocorre por meio da legislação infraconstitucional.

Para Dürig, o preenchimento dos conceitos jurídicos privados (*privatrechtlichen Begriffe*) e das cláusulas gerais se dá com o conteúdo valorativo moldado nos direitos fundamentais em graus de intensidade variados.[779] Assim, os direitos fundamentais devem concretizar em maior ou em menor grau os conceitos jurídicos indeterminados e as cláusulas gerais como linhas diretas de interpretação, clarificando-as (*Wertverdeutlichung*),

---

[772] JELLINEK, W. *Entlohnung*, p. 425, salientando na época que os direitos fundamentais não represam faculdades privadas desde que sejam observados os limites impostos pelos bons costumes.

[773] JELLINEK, W. *Entlohnung*, p. 426.

[774] HUECK, A. *Bedeutung*, p. 27s.

[775] HUECK, A. *Bedeutung*, p. 25, dando como exemplo a impossibilidade de proprietários de imóveis localizados em uma pequena rua decidirem e acordarem conjuntamente não alugar nenhum imóvel da rua para locatários judeus. Para Hueck, essa impossibilidade não decorre da aplicação direta do princípio constitucional da igualdade, mas do fato de que tal estipulação fere diretamente a cláusula geral de bons costumes.

[776] HERZOG, R. *BVerfG*, p. 436.

[777] HÄBERLE, P. *Staatsrechtslehre*, p. 9ss e 16.

[778] DÜRIG, G. *GR*, p. 176s.

[779] DÜRIG, G. *GR*, p. 177s.

acentuando ou desacentuando determinados elementos do seu conteúdo (*Wertakzentuierung, Wertverschärfung*) ou, em casos extremos, colmatando e preenchendo as lacunas (*Wertschutzlückenschliessung*).[780] Importa que essa concretização ocorra sempre dentro do espírito do direito privado, fruto da autonomia desse âmbito jurídico,[781] corolário do entendimento básico de que regras de direito privado decidem no plano jurídico sobre conflitos de interesse entre privados.[782]

Nessa acepção, Dürig concebeu os direitos fundamentais como parte essencial de um sistema de valores,[783] que deve ser objeto de uma proteção abrangente.[784] Contudo, essa proteção, em harmonia com sua concepção de ordem valorativa,[785] não fundamenta uma eficácia direta dos direitos fundamentais no tráfego jurídico privado, visto que todos os particulares são titulares de direitos fundamentais.[786] Além disso, entre os direitos fundamentais está garantida a liberdade de ação geral, o que representa uma decisão fundamental da constituição a favor da liberdade do particular perante o Estado, incluindo uma liberdade no tráfego jurídico privado.[787] Dürig centrou seu argumento na constatação de que o dever de respeito à dignidade humana é a norma central do ordenamento jurídico, a partir da qual se gera um efeito de irradiação. Esse efeito concretiza-se por meio de diversos direitos fundamentais, que por um lado garantem a liberdade e a autonomia do particular contra o Estado como direitos subjetivos e, por outro, desenvolvem efeitos também no tráfego jurídico privado, corolário de preservação da unidade da moral jurídica como consequência do próprio respeito à dignidade humana.[788]

3.2.2 A abrangência da teoria da eficácia indireta para além do veículo das cláusulas gerais e conceitos jurídicos indeterminados

Parte significativa da doutrina especializada, ao comentar a construção de Dürig, defende que não apenas as cláusulas gerais do direito civil podem ser preenchidas pelos direitos fundamentais, vindo a servir desse modo como meio de transposição desses direitos para o tráfego jurídico privado, mas igualmente os conceitos indeterminados (*unbestimmte Rechtsbegriffe*) empregados pelo legislador em suas regulações,[789] além de outras normas

---

[780] DÜRIG, G. *GR*, p. 177s; do mesmo autor, v. DÜRIG, G. *GG Kommentar* (Art. 1 GG), Rn. 133.

[781] HESSE, K. *Verfassungsrecht*, p. 39ss, ao sustentar que a história revela que o direito privado se deixa guiar de forma preponderante por outras fontes que não o direito constitucional, muito embora não possa ser considerado um sistema fechado, de modo que também se sujeita às influências da constituição.

[782] MÜLLER-GRAFF, P. *Gemeinschaftsrecht*, p. 19.

[783] DÜRIG, G. *GR*, p. 176.

[784] DÜRIG, G. *Menschenwürde*, p. 122.

[785] DÜRIG, G. *Menschenauffassung*, p. 259ss.

[786] DÜRIG, G. *GG Kommentar* (Art. 1 GG), Rn. 130.

[787] DÜRIG, G. *GR*, p. 158s.

[788] DÜRIG, G. *GG Kommentar* (Art. 1 GG), Rn. 130ss.

[789] HESSE, K. *Grundzüge*, Rn. 356.

de direito privado, de acordo com as circunstâncias do caso concreto.[790] Certo é que os direitos fundamentais em geral carecem de uma norma de direito privado como chave (*Norm des Zivilrechts als Schlüssel*), a fim de que possam encontrar admissão em uma relação privada.[791] À primeira vista as cláusulas gerais do direito civil apresentam-se como essa chave.[792] Não são, contudo, a única. Trata-se de consideração importante, que ainda não é compartilhada por alguns setores da doutrina pátria.[793]

Significa que não só cláusulas gerais podem funcionar como veículo para a eficácia horizontal, mas também o conjunto das normas jurídico-civis, naquilo que forem pertinentes.[794] Isso fica claro quando a doutrina refere que a influência dos direitos fundamentais no direito civil ocorre particularmente (*insbesondere*) pelo preenchimento das cláusulas gerais.[795] Assim, o significado dos direitos fundamentais para o direito privado, à luz da teoria da eficácia indireta, não se pode exaurir nas cláusulas gerais do direito civil, sendo essa apenas uma das modalidades desse tipo de eficácia.[796] Assim, sustenta-se que outros dispositivos de direito privado, que não apenas as cláusulas gerais e os conceitos indeterminados,[797] são capazes de mediar a incidência dos direitos fundamentais na configuração das relações privadas, hipótese que sublima a atividade legislativa nessa conexão de elementos. O CDC é um exemplo vivo dessa realidade, ao disciplinar a proteção do consumidor ordenada pela CF/88. Decisivo é o fato de que os direitos fundamentais em si não são considerados vinculativos para as pessoas privadas, visto que desenvolvem efeitos pelo meio (*durch das Medium*) das normas de direito privado vigentes no ordenamento jurídico.[798] Essa constatação é relevante para demonstrar que a teoria dos deveres de proteção do Estado – que atualmente predomina no debate em torno da eficácia dos direitos fundamentais nas relações entre particulares – é em sua essência uma modalidade de eficácia indireta dos direitos fundamentais no tráfego jurídico privado.

Essa perspectiva contribui para alargar o chamado campo de incidência da doutrina da eficácia horizontal (*Drittwirkung*) indireta, afastando o que poderia ser considerada uma interpretação literal da formulação de Dürig,[799] uma vez que outros conceitos jurídicos

---

[790] CANARIS, C. *GRGR (AcP)*, p. 222s, que, ao justificar a prática usual dessa técnica a partir de exemplos diversos, coloca a questão de por que os direitos fundamentais devem influir sobre o direito privado apenas por meio das cláusulas gerais ou dos conceitos indeterminados do direito civil.

[791] JELLINEK, W. *Entlohnung*, p. 425s; MÜNCH, I. *Grundbegriffe*, Rn. 187; KRINGS, G. *Grund*, p. 331.

[792] KRINGS, G. *Grund*, p. 332.

[793] V., do, TAVARES, A. *Curso*, p. 388, entendendo que, de acordo com a doutrina da eficácia indireta, os direitos fundamentais só produziriam efeitos nas relações entre particulares por meio das cláusulas gerais..

[794] KRINGS, G. *Grund*, p. 335.

[795] SACHS, M. *Grundrechte*, p. 64, Rn. 39; BADURA, P. *Wirtschaftsordnung*, Rn. 14; GRAF VITZTHUM, W. *Funktionale*, Rn. 8.

[796] STERN, K. *Staatsrecht III/1*, p. 1.557s.

[797] V. MARQUES, C. *Boa-fé*, p. 228ss, sobre a relação entre cláusulas gerais e conceitos indeterminados.

[798] SACHS, M. *Grundrechte*, p. 64, Rn. 39.

[799] Como adverte STERN, K. *Staatsrecht III/1*, p. 1.558, um olhar mais atento aos escritos de Günter Dürig revela que sua concepção original sobre a *Drittwirkung* indireta é mais flexível do que é frequentemente interpretada pela doutrina, haja vista que não se restringe às cláusulas gerais e conceitos indeterminados, sendo essa apenas uma forma geral de se colocar a questão; entendimento contrário é defendido por LÜCKE, J. *DW*, p. 383, sustentando que a concepção de Dürig se limita àqueles conceitos indeterminados e cláusulas gerais.

que não aqueles de conteúdo notadamente abstrato se prestam a uma interpretação conforme a constituição e por conseguinte como veículo para a transposição e adequação do conteúdo dos direitos fundamentais para o tráfego jurídico privado. Note-se que Dürig fala de uma interpretação das normas de direito privado como um todo, não se limitando às cláusulas gerais do direito civil. Aqui se percebem pontos em comum entre o que hoje é conhecido como técnica de interpretação conforme a constituição e a teoria da eficácia direta. Ao se perceber que não apenas as cláusulas gerais do direito civil funcionam como veículo para a transposição do conteúdo das normas de direitos fundamentais para os negócios privados, diminuem os obstáculos para a aceitação da teoria da eficácia indireta, calcados em parte na constatação de que um recurso isolado às cláusulas gerais poderia limitar o alcance dos direitos fundamentais nas relações privadas.

Nesse sentido, um ponto forte da teoria da eficácia indireta é o fato de que ela se coaduna com o princípio da segurança jurídica, no momento em que não se limita a empregar cláusulas gerais e conceitos jurídicos indeterminados como ponto de atuação dos direitos fundamentais no tráfego jurídico privado, mas sim uma ampla gama de normas privadas, cuja estrutura está amadurecida e moldada à realidade das relações travadas entre particulares. Efetivamente, constitui em primeira linha tarefa do legislador levar em conta a influência dos direitos fundamentais no direto privado, a fim de que se evite uma lesão à segurança jurídica.[800] Isso resulta de certa forma da "teoria da essencialidade" (*Wesentlichkeitstheorie*), que foi desenvolvida pelo BVerfG[801] para a relação entre os cidadãos e o Estado.[802] Segundo essa teoria, o legislador tem o dever de tomar por si todas as decisões essenciais no âmbito normativo fundamental. Trata-se de um imperativo decorrente dos princípios do Estado de direito e democrático,[803] bem como da separação de poderes,[804] que em última análise dizem respeito à própria responsabilidade política do legislador.[805]

Significa que intervenções significativas na esfera jurídica do particular não devem ser transferidas para o espaço de discricionariedade do poder executivo, devendo o legislador assumir a responsabilidade pela sua configuração.[806] Em âmbitos relevantes para os direitos fundamentais, "essencial" (*wesentlich*) significa, para além do significado objetivo do bem jurídico tutelado para a vida individual e pública,[807] "essencial para a realização dos direitos fundamentais" (*wesentlich für die Verwirklichung der Grundrechte*).[808] O exame da essencialidade toca inevitavelmente a restrição do exercício de direitos fundamentais ou

---

[800] PAPIER, H. *DW*, Rn. 21.

[801] BVerfGE 20, 150 (157fl.); 33, 1 (10); 34, 165 (192fl.); 47, 46 (78fls.); 49, 89 (126fls.); 57, 295 (320fl.); 58, 257 (268fls.).

[802] PAPIER, H. *DW*, Rn. 21.

[803] BVerfGE 58, 257 (268).

[804] BVerfGE 20, 150 (157).

[805] BVerfGE 49, 89 (90).

[806] BVerfGE 47, 46 (82). Argumenta o BVerfG que todas as questões que em elevada medida dizem respeito ao âmbito de relevância dos direitos fundamentais detêm elevado peso para o exercício desses direitos. Nesse sentido, dizem respeito a decisões fundamentais que têm que ser tomadas pelo legislador, não sendo passíveis de delegação ao poder executivo.

[807] BVerfGE 57, 295 (320fl.)

[808] BVerfGE 47, 46 (79).

sua delimitação recíproca em caso de colisão.[809] Conclusão lógica é que intervenções significativas no âmbito negocial privado, como, por exemplo, determinações relativas à (in) capacidade para celebração de atos da vida civil,[810] à validade[811] ou nulidade[812] do negócio jurídico, à ilicitude dos atos jurídicos,[813] entre tantas outras, devem ser objeto igualmente da ação legislativa.

O ponto de conexão entre as teorias da essencialidade e da eficácia indireta dos direitos fundamentais no âmbito jurídico privado reside justamente no aspecto de que é tarefa do legislador delimitar por si a esfera jurídica dos cidadãos no âmbito de exercício dos direitos fundamentais,[814] não a transferindo tampouco ao executivo (administração)[815] e às entidades privadas, mesmo pela via contratual.[816] No momento em que o legislador é obrigado pela constituição – na observância de regras de competência – a tomar todas as decisões fundamentais em âmbitos normativos que digam respeito ao exercício dos direitos fundamentais,[817] exclui-se o espaço de aplicação de uma eficácia direta dos direitos fundamentais no tráfego-jurídico privado. Ademais, a ocorrência de colisões entre diferentes posições jurídico-fundamentais é uma realidade que está atrelada ao fenômeno da eficácia horizontal. Nesse aspecto também, e mais do que nunca, constitui tarefa do legislador – e não dos próprios particulares – equalizar essas colisões de direitos.[818]

Um exemplo clássico dessa realidade, típico do direito pátrio, são as normas de direito do consumidor que em maior ou em menor grau, porém com força expansiva,[819] concretizam e densificam um direito fundamental de defesa desse sujeito especial,[820] assegurado pela CF/88.[821] Esse dispositivo constitucional, ao afirmar que "o Estado promoverá, na forma da lei, a defesa do consumidor", traduz uma eficácia indireta de um direito fundamental no âmbito privado, através de uma lei infraconstitucional, no caso, o CDC.

3.2.3 A teoria da eficácia indireta como corolário da exigência de mediação legislativa

O núcleo da teoria da eficácia indireta conduz à constatação de que a influência dos direitos fundamentais sobre o direito privado é em primeiro lugar uma tarefa do legislador ordinário, vinculado por sua vez aos direitos fundamentais, a quem cabe concretizar o conteúdo jurídico desses direitos, demarcando as posições dos sujeitos privados garantidas

---

[809] HESSE, K. *Bedeutung.*, Rn. 64.
[810] Art. 3° ss, CC.
[811] Art. 104, CC.
[812] Art. 166ss, CC.
[813] Art. 186 ss, CC.
[814] BVerfGE 34, 165 (193).
[815] BVerfGE 20, 150 (158).
[816] BVerfGE 57, 295 (321),
[817] BVerfGE 49, 89 (126).
[818] BVerfGE 57, 295 (321).
[819] LORENZETTI, R. *Teoria*, p. 46.
[820] MARQUES, C. *Contratos*, p. 262ss, define o consumidor como *sujeito especial*.
[821] Art. 5°, XXXII, CF/88.

pela constituição. A ideia central é que cabe ao legislador a tarefa precípua de determinar o equilíbrio entre o respeito à liberdade individual e a vigência efetiva dos direitos fundamentais.[822] A vinculação indireta dos particulares aos direitos fundamentais é em última análise consequência da vinculação direta dos órgãos estatais aos direitos fundamentais.[823]

A teoria da eficácia indireta afirma que o direito civil, ao regulamentar a relação entre particulares, tem que levar em consideração os valores expressos pelos direitos fundamentais,[824] no caso, aqueles que possuem pertinência nas relações privadas. Ocorre que as normas civis relacionadas com a proteção desses direitos acabam por tocar os mesmos valores a partir dos quais resulta a imagem da pessoa, valores esses que figuram não apenas como fundamento para as relações da pessoa com o Estado, mas igualmente como base para a configuração do direito civil.[825] Assim entendida, uma eficácia horizontal indireta significa uma influência de decisões valorativas elementares intermediadas por meio da legislação, expressadas pelos direitos fundamentais que incidem sobre relações privadas.[826]

Muitos preceitos constitucionais adquirem significado prático apenas na concretização e atualização por meio do direito ordinário.[827] Com os direitos fundamentais isso não é diferente, haja vista a necessidade de delimitação de seu âmbito de aplicação e de compatibilização com outros direitos igualmente fundamentais, que não raro ingressam em rota de colisão. Aí emerge um aspecto relevante da teoria da eficácia indireta, que se contrapõe às bases da eficácia direta: normas infraconstitucionais possuem relevância constitutiva na resolução de casos típicos de direito privado, visto que os princípios jurídico-fundamentais não possuem o condão de apontar em cada caso uma única solução.[828]

Demonstra-se com isso que dificilmente é possível determinar com uma margem significativa de certeza aquilo que os direitos fundamentais, notadamente em face de seu conteúdo principiológico, exigem nas relações jurídico-privadas, de modo que em situações como essas é essencial que o juiz ordinário se apoie na legislação civil para a solução dos casos concretos.[829] Significa que até o momento em que a constituição não especifique de modo suficiente claro como um direito fundamental incide em uma relação privada, a medida detalhada da eficácia horizontal tem que permanecer em primeira linha nas mãos do legislador.[830] Mostra-se nessa perspectiva a importância do direito civil na função de limitar e definir o âmbito de proteção de cada direito fundamental em jogo em uma relação de caráter jurídico-privado.[831] Trata-se do corolário de que a constituição não pre-

---

[822] ALFARO, J. *Autonomia*, p. 65.

[823] HÖFLING, W. *GG Kommentar* (Art. 1 GG), Rn. 112.

[824] STARCK, C. *Schutzpflichten*, p. 68.

[825] STARCK, C. *Schutzpflichten*, p. 68.

[826] STARCK, C. *Schutzpflichten*, p. 68.

[827] KOPP, F. O. *Fiskalgeltung*, p. 161.

[828] ALEXY, R. *Theorie*, p. 492.

[829] ALEXY, R. *Theorie*, p. 492, sustentando a inviabilidade de o juiz ordinário, afastando a incidência das normas do direito ordinário, solucionar casos de direito privado recorrendo diretamente às normas de direitos fundamentais.

[830] LERCHE, P. *Grundrechtswirkungen*, p. 222.

[831] Ptd, v. HÄBERLE, P. *Wesensgehaltgarantie*, p. 184.

tende substituir a ordem jurídico-privada por princípios carentes de execução detalhada.[832] Ao contrário, a constituição visa ao reconhecimento e à confirmação da ordem privada como um todo em face de seus fundamentos determinantes, o que é atingido a partir de um direcionamento do direito privado aos critérios valorativos da constituição, cuja meta é a integração da ordem jurídica total.[833] É justamente nessa noção de direcionamento que encontra fundamento a ideia da *convergência* do direito privado para a constituição.

Por razões baseadas na garantia do pluralismo,[834] não se deve excluir uma política legislativa sobre os direitos fundamentais, já que esses, embora assegurados pela constituição, o são somente em face do seu conteúdo essencial e não no completo e detalhado regime do exercício de cada direito, que deve tocar à legislação infraconstitucional.[835] Tal entendimento em verdade se harmoniza com a concepção de que o legislador ordinário deve atuar em função da configuração dos direitos fundamentais no âmbito de discricionariedade que lhe permite a delimitação constitucional, de modo que se vulnerar a respectiva essência desses direitos, sua atuação normativa incorrerá em inconstitucionalidade.[836]

A teoria da eficácia indireta não prega que um tribunal tenha que aplicar um direito fundamental em vez de uma norma civil para a solução de uma controvérsia privada.[837] Pelo contrário, da norma civil se derivam direitos privados subjetivos orientados aos direitos fundamentais, direitos esses que sempre existiram no marco do direito civil, ainda que em certos casos o texto da norma não lhes oferecesse um fundamento manifesto.[838] A aplicação das cláusulas gerais no marco de controvérsias privadas dá conta dessa realidade. Assim, o legislador ordinário e a partir dele os tribunais, no desenvolvimento de uma ação protetiva dos cidadãos, têm ao seu encargo a tarefa decisiva para a efetivação dos direitos fundamentais nas relações privadas. Normalmente, essa efetivação significa a prática de uma diferenciação entre posições jurídico-fundamentais conflitantes, bem como o traçamento equacionado dos seus respectivos limites.[839]

A teoria da eficácia indireta pretende, pois, defender certa margem de ação e de liberdade para os particulares, com vistas a evitar através de um *intervencionismo asfixiante* ou de um *igualitarismo extremo* uma afetação no sentimento de liberdade e de iniciativa dos particulares.[840] O reconhecimento e a tutela dos direitos fundamentais no âmbito das relações de direito privado processa-se então mediante os meios de proteção próprios desse ramo

---

[832] LARENZ, K. *AT* BGB, § 4, III, p. 86.

[833] LARENZ, K. *AT* BGB, § 4, III, p. 86.

[834] Pluralismo aqui é compreendido na acepção de KELSEN, H. *Hüter*, p. 602 e 604, no sentido de que consiste em uma esfera de vida social livre do Estado (*Staatsfreie Sphäre gesellschaftlichen Lebens*) de onde surjam influências de diferentes lados sobre a formação da vontade estatal (*Staatliche Willensbildung*), sobretudo por uma ampla articulação do povo em partidos políticos.

[835] REYES, M. *Juez*, p. 33.

[836] MARTÍNEZ-PUJALTE, A. *Garantía*, p. 82.

[837] FLOREN, D. *GRdogmatik*, p. 35.

[838] FLOREN, D. *GRdogmatik*, p. 35.

[839] LERCHE, P. *Grundrechtswirkungen*, p. 223.

[840] VIEIRA DE ANDRADE, J. *DF*, p. 253, ponderando que essa concepção privilegiou as normas constitucionais que resguardam a autonomia privada, o livre desenvolvimento da personalidade, bem como a liberdade negocial.

do direito.[841] Dessa forma, o legislador deverá buscar incansavelmente uma regulação que concretize os pressupostos e os efeitos da influência dos direitos fundamentais, de modo a obter maior determinação da regulação normativa, bem como maior clareza, certeza e previsibilidade jurídicas, em relação a que seria obtida por um recurso direto e imediato aos direitos fundamentais.[842] Mas isso pressupõe, como lembra Cláudia Lima Marques,[843] que os aplicadores das leis infraconstitucionais estejam sempre atualizados, atentos e conscientes da potencialidade e da eficiência prática que certos direitos subjetivos possuem, com vistas a extrair deles a máxima potencialidade na aplicação prática do dia a dia das relações contratuais.

Nesse caminho, a teoria da eficácia indireta apoia-se no fato de que o direito civil desenvolveu uma série de soluções que expressam os valores gerais do ordenamento jurídico, valores esses que estão enraizados na consciência geral da coletividade e que nesse sentido acabam por possuir significado relevante para a interpretação e aplicação da constituição.[844] Assim, a aplicação e interpretação do direito ordinário revelam-se preponderantemente como o caminho da realização do direito constitucional (em particular dos direitos fundamentais) sobre o direito privado.[845] A conclusão que se faz necessária é que ao menos em regra os efeitos das decisões de valor da constituição que são dirigidos ao tráfego jurídico privado tocam um problema da configuração do direito civil, enquadrando-se com isso na tarefa a ser conduzida na esfera de responsabilidade do legislador.[846]

Quando se compreende que a questão da vinculação dos particulares aos direitos fundamentais não se trata de uma vigência imediata dos direitos de liberdade para o tráfego jurídico privado, mas sim de um direcionamento do direito civil às decisões de valor expressas pelos direitos fundamentais, tem-se que os direitos fundamentais podem – e têm que – ser estabelecidos e fixados no ordenamento privado em relação aos preceitos que dominam o direito civil.[847] Esse direcionamento do direito civil às decisões de valor inerentes aos direitos fundamentais é que expressa o pensamento de *convergência* do direito privado para a constituição. Trata-se acima de tudo de uma *convergência na interpretação*, que demonstra que a relação entre o direito constitucional e o direito privado não é uma "via de mão única".[848]

Não se nega que as decisões de valor da constituição, expressas em grande parte pelos direitos fundamentais, devem ser vistas a partir de sua condição de princípios jurídicos, ou seja, do ponto de vista de um considerável grau de abstração.[849] Sua aplicação no dia

---

[841] HESSE, K. *Verfassungsrecht*, p. 39ss; MOTA PINTO, C. *Teoria*, p. 73.

[842] HESSE, K. *Verfassungsrecht*, p. 27s, ponderando que na mesma medida se evitam os perigos expostos da invasão do direito privado pelo direito constitucional, já que aquele, por suas peculiaridades, *defende-se* melhor.

[843] MARQUES, C. *Solidariedade*, p. 187.

[844] KOPP, F. O. *Fiskalgeltung*, p. 161, sustentando que muitos preceitos constitucionais adquirem seu significado prático após a concretização e atualização por meio do direito ordinário.

[845] BÖCKENFÖRDE, E. *GRdogmatik*, p. 26.

[846] SCHMIDT-SALZER, J. *Vertragsfreiheit*, p. 13.

[847] RAISER, L. *Grundgesetz*, p. 29s; SCHMIDT-SALZER, J. *Vertragsfreiheit*, p. 14.

[848] RUFFERT, M. *Vorrang*, p. 49.

[849] Ptd, v. ÁVILA, H. *Teoria*, p. 48ss.

a dia carece, portanto, daquilo que se poderia chamar de "tradução" para as relações dos âmbitos da vida isoladamente considerados, a fim de que possam ser plenamente introduzidos como normas no contexto da ordem jurídico-privada.[850] É justamente essa *tradução* das decisões de valor jurídico-fundamentais para a conexão objetiva social particular que permite que essas normas venham a ser confrontadas com os valores dominantes do direito privado, para que então possa ser produzido um resultado concreto,[851] aceitável do ponto de vista da unidade do ordenamento jurídico. Esse trabalho compete ao legislador e subsidiariamente ao juiz no campo do desenvolvimento do direito.[852] Essa ação subsidiária dos tribunais, no caminho da transposição de princípios abstratos para a realidade da vida social, abre um novo foco de análise da teoria da eficácia indireta, que é o papel de mediação dos tribunais no plano dessa teoria.

3.2.4 A mediação dos tribunais no plano da teoria da eficácia indireta

A concepção esposada por Günter Dürig[853] revela que junto à mediação legislativa – e de certo modo como resposta a eventuais insuficiências desse próprio procedimento de recepção – existe uma segunda via de penetração (indireta) dos direitos fundamentais no âmbito do direito privado. Essa se dá através da mediação do poder judiciário,[854] fundamentada na circunstância de que os juízes por um mandamento constitucional (*Verfassungsgebot*) podem examinar se as disposições de direito civil que devem aplicar estão influenciadas pelos direitos fundamentais na forma de critérios valorativos, que se realizam sobretudo mediante as disposições de direito privado que contêm um direito imperativo (*zwingendes Recht*) e que, portanto, formam parte da ordem pública em sentido amplo, isto é, princípios, que por fundamentos em prol do interesse geral devem ser vinculantes para a configuração das relações jurídicas entre particulares e que por isso estão subtraídos do domínio da autonomia da vontade.[855]

Nesse marco, constata-se que os juízes podem tomar em consideração os direitos fundamentais como critérios de integração privilegiados na hora de interpretar o direito ordinário, frente à incapacidade das normas constitucionais para solucionar diretamente um conflito de caráter jurídico-privado.[856] Esse quadro evidencia que os casos de eficácia horizontal indireta são normalmente caracterizados pela participação de três atores distintos: dois atores privados, que na condição de titulares de direitos fundamentais não estão

---

[850] RAISER, L. *Grundgesetz*, p. 19.

[851] RAISER, L. *Grundgesetz*, p. 30.

[852] RAISER, L. *Grundgesetz*, p. 19s.

[853] DÜRIG, G. *GR*, p. 176ss.

[854] A atuação do poder judiciário, de forma supletiva, como veículo mediador na influência dos direitos fundamentais na órbita privada é em geral aceita pela doutrina. Ptd, v. STERN, K. *Staatsrecht III/1*, p. 1.551ss; EN, v. SARLET, I. *DF*, p. 142ss; MENDES, G. *Eficácia*, p. 43.

[855] BVerfGE, 7, 198 (206).

[856] UBILLOS, J. Eficacia, p. 302. Sobre o caráter concretizador dos direitos fundamentais nas decisões judiciais, v. SCHÄFER, J. *Dir. Fundamentais*, p. 120ss.

diretamente a eles vinculados; e um ator público, na configuração de um tribunal, que por sua condição de órgão estatal está diretamente vinculado a esses direitos.[857]

Há que cuidar todavia para não incorrer no equívoco de acreditar que essa mediação supletiva a ser levada a cabo pelo poder judiciário equivale a uma aplicação direta dos direitos fundamentais nos moldes preconizados pela teoria da eficácia direta dos direitos fundamentais nas relações jurídico-privadas. Se a legislação infraconstitucional não tem em vista (hipótese de omissão total) ou o tem apenas incompletamente (hipótese de omissão parcial) que os direitos fundamentais têm a função, como elementos da ordem objetiva da coletividade, de proteger a medida mínima de liberdade dos particulares, então as regulações correspondentes devem ser interpretadas à luz dos direitos fundamentais. A partir disso se abre a possibilidade para que os tribunais, no exercício do seu dever de proteção estatal, garantam os efeitos dos direitos fundamentais no tráfego jurídico privado.[858] Nessa perspectiva, se o legislador, no curso de sua atividade legiferante, não delimitou o alcance de um determinado direito fundamental em uma dada regulação concreta ou se o fez a partir de conceitos indeterminados ou cláusulas gerais, está-se de certa forma diante de uma hipótese de falta – em maior ou menor grau – de concretização legal, circunstância que abre as portas para que os tribunais satisfaçam a influência dos direitos fundamentais nas relações jurídico-privadas.[859]

Essa mediação judicial de caráter supletivo consiste no fato de que o juiz deve interpretar o direito aplicável ao caso concreto em conformidade com a constituição, observando os direitos fundamentais na interpretação das normas, particularmente como princípios objetivos no preenchimento valorativo dos conceitos indeterminados ou na interpretação das cláusulas gerais do direito privado.[860] E de certa forma não poderia ser diferente, no instante em que não seria crível admitir que o legislador pudesse renunciar de forma irrestrita à utilização dessas ferramentas, uma vez que logram êxito em conduzir a uma maior regulação normativa e maiores clareza, certeza e previsibilidade jurídicas em comparação com um recurso imediato aos direitos fundamentais.[861] Ademais, não se pode admitir que o legislador possua resposta para todos os casos possíveis, de modo que a possibilidade de existir uma mediação supletiva a cargo do poder judiciário não afasta a existência de uma mediação legislativa prévia, que nessas circunstâncias ocorre por meio de disposições normativas de caráter notoriamente abstrato.[862]

Essa constatação decorre do fato de que os direitos fundamentais conferem tanto ao legislador quanto ao juiz um espaço considerável de apreciação, atribuindo ao direito

---

[857] KEMPEN, B. *GRverpflichtete*, Rn. 69, sustentando que o conceito de *Drittwirkung* indireta diz respeito – ainda que não unicamente – a uma extensão da força de vigência dos direitos fundamentais sobre a aplicação das normas jurídico-civis, intermediada pela jurisprudência.

[858] HESSE, K. *Grundzüge*, Rn. 357.

[859] HESSE, K. *Grundzüge*, Rn. 356.

[860] HESSE, K. *Verfassungsrecht*, p. 28s.

[861] HESSE, K. *Verfassungsrecht*, p. 28.

[862] Ptd, v. HECK, L. Apr. Cachapuz, p. 15ss, para uma visão sobre o papel das cláusulas gerais do direito civil.

privado um *trabalho fino*, cuja interpretação não pode ser substituída ou deslocada.[863] Ao direito ordinário incumbe, como já demonstrado, transformar determinados direitos fundamentais em instrumentos concretos de ação, o que é feito com o emprego de cláusulas gerais e conceitos jurídicos indeterminados. Consequentemente, mesmo a mediação judicial nos moldes aqui concebidos tem como pressuposto a existência de uma interposição legislativa, configurando-se assim em uma modalidade de eficácia indireta dos direitos fundamentais no âmbito privado.

Tal assertiva justifica-se pelo fato de que os juízes, para extraírem dos direitos fundamentais uma eficácia nas relações jurídico-privadas, estarão invariavelmente apoiados e condicionados aos limites das cláusulas gerais ou dos conceitos indeterminados do direito civil. O reconhecimento de que tais dispositivos possuem limites é fundamental para que o ordenamento jurídico não sofra uma ruptura. Ademais, as cláusulas gerais não podem e não devem significar que outras normas de direito privado não existem, perderam a validade ou sua eficácia, de modo que a ideia de que existe um repertório limitado de critérios para que se chegue a uma solução normativa para um determinado problema inspire segurança e gere previsibilidade.[864] Aqui, a busca de critérios que contribuam para a racionalização dos processos de decisão e das decisões deles derivados é essencial. Isso significa, portanto, que o preenchimento das cláusulas gerais,[865] conquanto não seja limitado a um número restrito de hipóteses,[866] não é incondicionado; antes pelo contrário, requer sempre uma fundamentação jurídica racional. Por essa razão, não se pode admitir uma decisão judicial tomada a partir de parâmetros que apenas o próprio juiz da causa possa compreender,[867] sendo aconselhável que no manejo das cláusulas gerais ele fundamente sua decisão, ainda mais do que nos outros casos, explicitando para as partes as razões do seu convencimento.[868]

Afasta-se assim a concepção geral no sentido de que o recurso aos conceitos indeterminados e às cláusulas gerais do direito civil conferem ao juiz uma discricionariedade que lhe atribuiria em última análise, no lugar do legislador democraticamente eleito, a solução dos conflitos entre autonomia privada e direitos fundamentais.[869] Ocorre que a discricionariedade se dá na escolha e não no conceito, de modo que o juiz não é discricionário

---

[863] RÜFNER, W. *DW*, p. 227, destacando que em vista disso o tribunal constitucional pode reparar decisões fundamentadas em prescrições jurídico-civis apenas em casos raros, frente a grandes violações de posições jurídico-fundamentais,.

[864] WAMBIER, T. *Reflexão*, p. 70 e 78, sustentando ainda que o sentido e o alcance das cláusulas gerais não pode ser tão amplo a ponto de dar ao juiz tal margem de liberdade que se venha a instalar o caos.

[865] Cláusulas que, na visão de MARQUES, C. *Boa-fé*, p. 231, possuem uma concepção mais abrangente, podendo inclusive conter um conceito jurídico indeterminado.

[866] Interessa observar os ensinamentos de JAYME, E. *Visões*, p. 33, quando sugere que as expectativas e visões de mundo da figura (irreal) da pessoa média (*Durchschnittsperson*) ajudam a interpretar e a concretizar os conceitos de direito, os conceitos indeterminados e as cláusulas gerais.

[867] WAMBIER, T. *Reflexão*, p. 77, sustentando que hipótese contrária implica negação da própria ideia do que seja o direito.

[868] AGUIAR JUNIOR, R. *PJ*, p. 227.

[869] Entendimento contrário é sustentado por UBILLOS, J. *Eficacia*, p. 318, argumentando que a eficácia indireta dos direitos fundamentais nas relações jurídico-privadas é ilusória.

frente aos conceitos indeterminados e às cláusulas gerais do direito civil.[870] Nessa conexão de elementos, o juiz avalia qual direito fundamental está em jogo no caso vertente, para a partir daí extrair seu significado na relação em questão. Ao juiz caberá interpretar o caso concreto e é apenas na interpretação que se revela a discricionariedade. Em outras palavras, deve-se deixar uma abertura suficiente para a interpretação. Sob essas circunstâncias, os tribunais devem respeitar o significado do respectivo direito fundamental, na exata medida que ele vige na relação concreta, pois um direito fundamental não vige pura e simplesmente apenas porque um tribunal assim decidiu.[871]

É por essa razão que os tribunais, à luz da teoria que advoga a eficácia indireta, devem considerar os direitos fundamentais como medida de decisão dos casos concretos.[872] Tal solução permite ao menos em princípio uma *filtragem* do conteúdo das normas constitucionais em sua proteção sobre o direito privado, mantendo sob certo aspecto o espírito do setor privado no ordenamento jurídico.[873] Saliente-se que o fato de a aplicação das normas constitucionais em atividades privadas se fazer com referência a instrumentos e regras próprias do direito privado decorre da necessidade de atenuações à plena afirmação de um ou de outro princípio constitucional isoladamente considerados, por força de princípios fundamentais de direito privado que (também) vigem em conformidade com a constituição.[874]

Interessante, nessa abordagem, é o pensamento levado a efeito por Claus-Wilhelm Canaris,[875] quando sustenta que o objeto da vinculação dos direitos fundamentais não é a decisão judicial em si, mas as proposições que a sustenta. Nesse ponto, a *ratio decidendi* dos tribunais deve estar sujeita à vinculação aos direitos fundamentais, como se norma fosse, nas suas funções típicas de proibição de intervenção (*Eingriffsverbote*), ou seja, direitos de defesa para proibir excessos interventivos no âmbito de proteção de um determinado direito fundamental e como mandamentos de proteção (*Schutzgebote*) que proíbem omissões por parte dos órgãos estatais.[876]

Mesmo nessa conectividade, não se pode negar que a mediação supletiva a cargo dos tribunais encerra dificuldades, razão pela qual deve ser levada em conta com extrema cautela. A mais considerável delas, e que de certa maneira engloba todas as demais, reside em não perder de vista que a influência dos direitos fundamentais no tráfego jurídico privado deve garantir apenas um padrão mínimo de liberdade individual, sem reduzir em contrapartida essa liberdade a um padrão mínimo.[877] Isso fica mais claro quando se tem em mente que um

---

[870] V. DWORKIN, R. Taking rights, p. 33, quando afirma que "o poder discricionário de um funcionário não significa que ele esteja livre para decidir sem recorrer a padrões de bom senso e equidade, mas apenas que sua decisão não é controlada por um padrão formulado pela autoridade particular que temos em mente quando colocamos a questão do poder discricionário".

[871] STERN, K. *Staatsrecht III/1*, p. 1.551.

[872] CANOTILHO, J. Dir. constitucional, p. 1.276.

[873] UBILLOS, J. *Eficacia*, p. 303.

[874] MOTA PINTO, C. *Teoria*, p. 74s, ponderando que "sem essa atenuação, a vida jurídico-privada, para além as incertezas derivadas do caráter muito genérico dos preceitos constitucionais, conheceria uma extrema rigidez, inautenticidade e irrealismo, de todo o ponto indesejáveis".

[875] CANARIS, C. *GR*, p. 92 (conclusão 2ª).

[876] V. CANARIS, C. *GR* (AcP), p. 212ss, para maior detalhamento dessa concepção.

[877] HESSE, K. *Grundzüge*, Rn. 356.

conflito envolvendo particulares que verse sobre direitos e deveres derivados das normas de direito civil influenciadas pelos direitos fundamentais segue sendo material e processualmente um conflito jurídico civil,[878] de modo que se interpreta e se aplica o direito civil, ainda quando sua interpretação tenha que seguir o direito público e, por sua vez, a constituição.

É justamente nesse sentido que assume particular relevância a constatação de que o tribunal encarregado de zelar pela constituição, com o poder de proferir a última palavra – e muito menos as instâncias ordinárias do poder judiciário – não devem dizer como o legislador deve por si mesmo legislar, sob pena de ferir a autonomia constitucional do poder legislativo. A uma, porque não é sua função; a duas, pelo fato de que a forma de concreção dos direitos fundamentais, por meio da atividade legiferante ordinária, é um aspecto que reclama, como visto, um ambiente de pluralismo ideológico, que é estranho à jurisdição. Aliás, como bem intuiu Georg Jellinek,[879] um mesmo fim pode ser alcançado por diferentes meios, de modo que o simples conhecimento desse fim não indica por si só os possíveis meios para realizá-lo.[880]

Não é por menos que a politização excessiva da jurisdição constitucional representa um grande perigo a sua atuação,[881] sobretudo quando o direito constitucional recebe essas influências a partir de uma eficácia direta dos direitos fundamentais no âmbito do direito privado.[882] Em face dessa realidade, o poder judiciário em qualquer de suas instâncias não pode pretender tomar o lugar do legislador democraticamente eleito, atitude que implicaria a realização do papel típico da atividade legislativa. Tal entendimento acaba de certo modo por se aproximar da concepção de que a incorporação de preceitos substantivos na constituição deve ser compatível com o pluralismo político, tendo em vista que o legislador não é um mero executor da constituição, mas sim a expressão de um poder que atua livremente nos limites da moldura constitucional,[883] sendo que a determinação desses limites é tarefa da interpretação constitucional.

Somente ciente dessa realidade é que se poderá cogitar, na linha do que foi dito, que ao legislador ou supletivamente ao juiz cabe a tarefa de definir o alcance dos direitos fundamentais nas relações entre sujeitos privados como condição para o reconhecimento dos direitos fundamentais na órbita das relações entre os particulares. Em realidade, a concepção original da teoria que defende a eficácia indireta dos direitos fundamentais na esfera privada parte da premissa de que esses direitos integram uma ordem de valores objetiva, com reflexos em todo o ordenamento jurídico. Trata-se de uma concepção que em um primeiro momento se opõe veementemente aos defensores da eficácia direta, por entender que o reconhecimento de uma eficácia imediata no âmbito das relações entre particulares acabaria inequívoca e tendencialmente por estatizar (ou socializar) o direito privado como um todo.[884] Observe-se

---

[878] BVerfGE 7, 198 (205s).
[879] JELLINEK, G. *Staatslehre*, p. 238.
[880] DUQUE, M. S. *Importância*, p. 10.
[881] GRIMM, D. *Verfassung und Politik*, p. 209ss; LLORENTE, F. R. *Forma*, p. 182. Sobre o tema v. ainda SCHULTE, M. *Lage*, p. 1.009ss.
[882] RÜFNER, W. *DW*, p. 230.
[883] LLORENTE, F. R. *Forma*, p. 577.
[884] DÜRIG, G. *GR*, p. 183s.

que Dürig, enquanto expoente da eficácia indireta, realmente acredita que uma aplicação direta dos direitos fundamentais às relações privadas acabaria por suprimir ou restringir imoderadamente o princípio da autonomia privada, por meio de uma espécie de coação para a liberdade (*Zwang zur Freiheit*),[885] considerando que o próprio sistema de direitos fundamentais é que autoriza e legitima que os particulares confiram aos negócios da esfera privada uma conformação não idêntica àqueles direitos.[886]

Com base nessas considerações, verifica-se que a mediação do legislador permanece como o caminho adequado para a tutela dos direitos fundamentais em face de ameaças provenientes de entidades privadas. Caberia à lei, portanto, a tarefa de delimitar a liberdade de uns frente à liberdade de outros.[887] A sensibilidade do legislador quanto a sua capacidade de regulamentar pormenorizadamente o contorno dos negócios privados é que define o grau de abertura dessas regulamentações, vale dizer, a intensidade do espaço de configuração que é destinado ao juiz. Sem embargo, a necessidade de se atribuir aos tribunais uma parcela na intermediação do alcance dos direitos fundamentais nas relações privadas resulta até mesmo da constatação de que se o legislador pretende delimitar a liberdade em cada caso, mediante a aprovação de novas leis de direito privado, a eficácia dos direitos fundamentais poderá perder sua *força explosiva* com o transcurso do tempo. Isso porque o benefício de uma proteção geral e eficaz desses direitos se converteria nessa hipótese em uma indesejável inflação de direitos fundamentais, em que o direito privado teria pouco a ganhar e o verdadeiro significado dos direitos fundamentais, muito a perder.[888]

3.2.5 A questão da interpretação conforme a constituição

A estrutura da teoria da eficácia direta demonstra que ela possui pontos em comum com a chamada técnica de interpretação conforme a constituição, sobretudo quando se cogita a mediação supletiva do poder judiciário na transposição dos conteúdos valorativos da constituição para regras de direito privado. O ponto de partida dessa análise repousa na constatação de que o problema da eficácia horizontal conduz essencialmente à questão da interpretação conforme a constituição.[889] Isso abre ensejo para investigar os traços principais dessa técnica, focando a análise na busca de respostas a quatro questões principais:[890] 1. Em que consiste e como é legitimada? 2. Quem é competente para efetuá-la e

---

[885] DÜRIG, G. *GR*, p. 168.

[886] DÜRIG, G. *GG Kommentar* (Art. 1 GG), Rn. 130; EN, v. MENDES, G. *DF*, p. 124.

[887] HESSE, K. *Verfassungsrecht*, p. 29s.

[888] HESSE, K. *Verfassungsrecht*, p. 29s.

[889] WINTRICH, J. *Problematik*, p. 13; MÜLLER, J. *GR*, p. 179.

[890] Observações preciosas quanto aos contornos da interpretação conforme a constituição, em que essas questões foram discutidas, ocorreram por ocasião da segunda conferência dos tribunais constitucionais europeus e instituições afins, realizada nos dias 14 a 16.10.1974, nas cidades alemãs de Karlsruhe e Baden-Baden, cujo relatório coube ao juiz constitucional alemão Helmut Simon. Essas observações estão disponíveis em SIMON, H. *Verfassungskonforme*, p. 85ss, que servem de base para o presente estudo. Os debates ocorridos nessa conferência encontraram repercussão positiva na doutrina especializada, abrangendo a realidade de diversos Estados europeus, com diferentes modelos de jurisdição constitucional. Ptd, v. RUPP-VON BRÜNNECK, W. *Verfassungsgerichtsbarkeit*, p. 19.

quem detém a última palavra? 3. Ela possui eficácia vinculante? 4. Onde repousam os seus limites?

3.2.5.1 Em que consiste e como é legitimada a interpretação conforme?

O entendimento básico e central em torno do que significa uma interpretação conforme a constituição pode ser sintetizado da seguinte forma: admitindo que uma norma passível de interpretação de acordo com os métodos tradicionais pode oferecer mais de uma possibilidade de interpretação, na dúvida, há que se dar supremacia àquela que corresponda à constituição, excluindo-se em contrapartida todos os resultados de interpretação que conduzam a um resultado que lhe seja incompatível.[891] Trata-se de um entendimento desenvolvido já desde o início da atuação do BVerfG,[892] que expressa em um primeiro momento certa obviedade, mas desaparece à medida que se constata o alto grau de complexidade dessa questão.

Nesse ponto, cabe destacar que se deve evitar a compreensão equivocada no sentido de que em casos de interpretação da lei há apenas uma possível conforme a constituição, que representaria o resultado de uma atuação conjunta dos princípios de proibição de excesso e de insuficiência. O fato de existir frequentemente um espaço mais ou menos amplo de configuração jurídica por parte do direito ordinário fala contra essa possibilidade.[893] Além disso, a própria complexidade da sociedade moderna impede que em todos os casos mais ou menos problemáticos haja sempre uma única solução. Isso porque justamente na complexa teia de relações sociais a multiplicidade de valores e interesses possibilita uma variedade de expectativas sobre os textos jurídicos e particularmente sobre a constituição.[894] Certo é que a constituição desempenha um papel fundamental para a interpretação das normas jurídicas, independentemente do fato de se tratar de um exame abstrato de constitucionalidade ou de um exame concreto. Em ambos os casos, a interpretação conferida à norma, cuja aplicação é pressuposto para a solução da controvérsia, mostra-se decisiva para o teor do achado jurídico em questão. Trata-se do reconhecimento de que a constituição adquire um significado elevado para o aperfeiçoamento e para a interpretação do direito privado.[895]

Ao tribunal constitucional não é dado declarar a inconstitucionalidade de uma norma até o momento em que os métodos usuais de interpretação admitirem um resultado que se situe em harmonia com a constituição.[896] Nesse sentido, uma norma mostra-se inconstitucional somente quando ela contrariar a constituição em todas as interpre-

---

[891] SIMON, H. *Verfassungskonforme*, p. 86; MÜLLER, J. *GR*, p. 178; SCHLAICH, K; KORIOTH, S. *BVerfG*, Rn. 442.

[892] BVerfGE 2, 226 (282), etl: "Uma lei não é inconstitucional, quando é possível uma interpretação, que se situa em harmonia com a constituição."

[893] CANARIS, C. *Grundrechtswirkungen*, p. 163.

[894] NEVES, M. *Interpretação*, p. 365, sustentando que as questões jurídicas, ao ganharem um significado constitucional, carregam um forte potencial de conflito interpretativo.

[895] LARENZ, K. *AT BGB*, § 4, III, p. 82.

[896] HESSE, K. *Grundzüge*, Rn. 80.

tações possíveis,[897] levando-se em conta que uma interpretação conforme somente é possível no marco das regras de interpretação jurídica usuais.[898] Importa que após o resultado do processo de interpretação nenhuma norma pode contrariar mandamentos ou proibições constitucionais.[899] Desse modo, pressuposto para a prática de uma interpretação conforme é que um eventual erro na aplicação da lei possa ser corrigido pela via da interpretação. Essa técnica se mostra como critério de correção da interpretação da lei, com parâmetro na constituição,[900] circunstância que evidencia que o controle exercido pelo tribunal constitucional possui natureza *negativa*, ou seja, rechaça uma interpretação conferida por um tribunal ordinário caso a considere incompatível com a constituição.

Na prática, do ponto de vista da necessidade de respeito ao legislador democraticamente eleito, isso significa que se deve manter a validade na maior medida possível daquilo que se mostra como a intenção do legislador, logicamente na proporção do que é permitido pela constituição.[901] Trata-se do reconhecimento do chamado *favor legis*,[902] princípio de atuação há muito reconhecido pelo BVerfG,[903] que se deixa fundamentar do ponto de vista da segurança jurídica e do funcionamento regular da atividade legislativa, a partir do reconhecimento da supremacia do legislador na concretização da constituição.[904] Importa que a prescrição legal que é interpretada conforme a constituição continue representando a decisão primária do legislador.[905] Não sendo esse o caso, não mais se está diante de um ato de decisão do legislador, mas sim de um ato de configuração do tribunal, que fixa nesses termos uma competência no lugar do órgão legislativo.[906] É por essa razão que há muito se reconhece que a interpretação conforme há que partir do chamado "chão do direito vigente" (*Boden des geltenden Rechts*), ou seja, tem que tomar por base a vontade manifesta do legislador, não podendo em nenhuma hipótese perder de vista ou distorcer a finalidade legislativa em um ponto essencial.[907]

De outra banda, a unidade e a ausência de contradições do ordenamento jurídico requerem que as normas de direito ordinário passíveis de interpretação sejam interpre-

---

[897] SIMON, H. *Verfassungskonforme*, p. 86, ponderando com isso que no procedimento de controle abstrato de normas à técnica de interpretação conforme a constituição se mostra como uma alternativa à declaração de nulidade das normas, circunstância que a diferencia dos tradicionais métodos de interpretação.

[898] STARCK, C. *Rechtsfortbildung*, p. 219; ZIPPELIUS, R. *Auslegung*, p. 115s.

[899] HERZOG, R. *GG Kommentar* (Art. 20 Abs. III GG), Rn. 27.

[900] GUSY, C. *Gesetzgeber*, p. 221s.

[901] SIMON, H. *Verfassungskonforme*, p. 86.

[902] HESSE, K. *Grundzüge*, Rn. 80, sustentando que o importante é manter o máximo daquilo que o legislador pretendeu ao construir a lei, de modo que em nenhum caso uma lei deverá ser declarada nula se a inconstitucionalidade não for evidente. V. ainda RUPP-VON BRÜNNECK, W. *Verfassungsgerichtsbarkeit*, p. 19; BETHGE, H. *Kommentar* (§ 31), Rn. 263; ZIPPELIUS, R. *Auslegung*, p. 110s.

[903] BVerfGE 2, 266 (282); 119, 247 (NVwZ 2007, p. 1.401).

[904] MENDES, G. *Jurisdição*, p. 289.

[905] GUSY, C. *Gesetzgeber*, p. 222.

[906] GUSY, C. *Gesetzgeber*, p. 222.

[907] BVerfGE 2, 336 (340s); 8, 28 (34).

tadas e aplicadas em concordância com a constituição.[908] Nesse sentido, a interpretação conforme a constituição afirma-se como um complemento necessário aos métodos de interpretação tradicionais, encontrando reconhecimento nesses termos.[909] A constatação de uma eficácia irradiante dos direitos fundamentais no direito privado apresenta assim um caso de aplicação de interpretação conforme a constituição que de maneira geral pode ser caracterizada como interpretação conforme os direitos fundamentais.[910]

3.2.5.2 Quem é competente para efetuar a interpretação conforme e quem detém a última palavra?

É um engano supor que o tribunal constitucional seria o único órgão encarregado de realizar uma interpretação conforme a constituição. Considerando que todos os órgãos estatais estão vinculados à constituição, tem-se como consequência que a prática de uma interpretação conforme não é um monopólio do tribunal constitucional.[911] Nesse sentido, fala-se de uma obrigação dos tribunais ordinários em proceder a uma interpretação das normas de direito privado conforme a constituição[912] ou até mesmo em mandamento (*Gebot*) de interpretação conforme.[913] Todavia, ao tribunal constitucional reserva-se a última palavra sobre a matéria,[914] com destaque para o efeito vinculante das respectivas decisões. Desse modo, na interpretação por meio do tribunal constitucional, a constituição desenvolve-se como verdadeira norma jurídica, com eficácia prática.[915]

Uma das questões práticas que se colocam nesse particular é a (im)possibilidade de recusa dos tribunais superiores para assuntos civis em analisar um recurso quando a decisão recorrida se assenta também em fundamentos de natureza constitucional. No exemplo pátrio, constata-se uma tendência do STJ em negar a apreciação de matérias em sede de recurso especial quando o objeto recursal encontra assento em matéria constitucional, caso típico, diga-se de passagem, das matérias inerentes aos contratos de consumo, levan-

---

[908] HESSE, K. *Grundzüge*, Rn. 81. EN, v. MENDES, G. *Jurisdição*, p. 289.

[909] SIMON, H. *Verfassungskonforme*, p. 91.

[910] JARASS, H. *Funktionen*, Rn. 60.

[911] SIMON, H. *Verfassungskonforme*, p. 87 e 91, destacando que reside certa uniformidade na doutrina quanto ao fato de que cada juiz é competente para executar uma interpretação conforme a constituição, dentro dos seus limites estruturais. Sobre o tema v. ainda OSSENBÜHL, F. *Gerichtsbarkeit*, p. 133ss; STERN, K. *Gesetzesauslegung*, p. 1.435; STERN, K. *BVerfG*, p. 227; RUFFERT, M. *Vorrang*, p. 136; PETERS, K. *BVerfG*, p. 230ss; KISCHEL, U. *BVerfG*, p. 223; SPANNER, H. *Auslegung*, p. 503ss. Em tom crítico à doutrina majoritária, v. VOßKUHLE, A. *Theorie*, p. 182ss e 196, defendendo a contratese de que, por razões de competência funcional, o tribunal constitucional em princípio deveria, frente à interpretação conforme a constituição, se vincular à interpretação proferida pelos tribunais ordinários praticada em face da legislação infraconstitucional.

[912] RUFFERT, M. *Vorrang*, p. 130. Entretanto, há quem sustente que se trata de uma interpretação apenas orientada aos direitos fundamentais, em que a constituição não força um determinado resultado, já que por regra apenas o sugere. V. JARASS, H. *Funktionen*, Rn. 60.

[913] LARENZ, K. *Methodenlehre*, p. 339ss.

[914] SIMON, H. *Verfassungskonforme*, p. 87 e 91.

[915] ISENSEE, J. *Quo vadis*, p. 1.086.

do-se em conta a previsão constitucional de proteção do consumidor.[916] Trata-se de um entendimento passível de crítica.[917] Isso porque muitas dessas questões podem ser resolvidas de forma favorável ao consumidor – e nesse sentido como imperativo de um dever de proteção estatal –, à luz de uma interpretação conforme a constituição, que como visto não é atividade exclusiva do tribunal constitucional, até mesmo porque decorre da unidade do ordenamento jurídico.[918] Quando um tribunal inclusive superior interpreta um direito ou uma controvérsia judicial em conformidade com a constituição, não há falar por si só em supressão de competências, mas pelo contrário de atividade judicante voltada à constituição, que inclusive pode contribuir para desafogar o tribunal constitucional e aprimorar sua jurisprudência. Trata-se da necessária *relação de diálogo* que deve existir entre o tribunal superior para assuntos civis e o tribunal constitucional,[919] que não deve ser vista como invasão de competências quando praticada nos limites do próprio instituto e que nessa linha contribui para o aperfeiçoamento do próprio direito constitucional, até mesmo pelo fato de que os órgãos civis dispõem do maior material de casos.[920]

E é justamente pelo fato de o tribunal encarregado de dar a última palavra em assuntos civis estar "mais perto" da matéria civil do que o tribunal constitucional, que ele não deve se furtar de examinar controvérsias dessa natureza apenas pela circunstância de tocarem assuntos com repercussões constitucionais. Todo juiz tem que observar a totalidade (*Gesamtheit*) das normas jurídicas para a solução do caso que lhe é apresentado e em particular zelar pela vigência da constituição, interpretando-a se for o caso.[921] Decisões civis que encontram fundamento na constituição não podem mais ser consideradas raridade no ordenamento jurídico. A própria orientação do direito privado à constituição, aqui compreendida sob a ideia de *convergência*, bem demonstra essa realidade. Importa para a preservação das competências distintas entre os órgãos que ambos atuem dentro de um sentimento de lealdade e principalmente que a fundamentação empregada seja plausível, visto que uma das mais importantes delimitações do poder judicial é a exigência de uma

---

[916] Por exemplo, STJ, REsp 686.203/AL, rel. Min. João Otávio de Noronha, 4ª Turma, j. 4.6.2009, *DJe* 15.6.2009: "Refoge da competência outorgada ao STJ apreciar, em sede de recurso especial, a interpretação de normas e princípios de natureza constitucional"; REsp 1.061.530/RS, rel. Min. Nancy Andrighi, 2ª Seção, j. 22.10.2008, *DJe* 10.03.2010: "O recurso especial não constitui via adequada para o exame de temas constitucionais, sob pena de usurpação da competência do STF"; REsp 252.440/RJ, rel. Min. Paulo Gallotti, 2ª Turma, j. 17.10.2000, *DJe* 28.5.2001: "Inviável o conhecimento do recurso especial quando as questões nele suscitadas têm natureza constitucional". Em sentido semelhante, v.: STJ, REsp 976.539/MG, rel. Min. Castro Meira, 2ª Turma, j. 20.5.2008, *DJe* 17.11.2009; AgRg no REsp 1.077.065/RS, rel. Min. Humberto Martins, 2ª Turma, j. 25.8.2009, *DJe* 16.9.2009; REsp 823.256/RN, rel. Min. João Otávio de Noronha, 4ª Turma, j. 19.2.2008, *DJe* 22.4.2008; REsp 704.639/AP, rel. Min. Teori Zavascki, 1ª Turma, j. 22.8.2006, *DJe* 25.9.2006; REsp 797.130/SC, rel. Min. Francisco Falcão, 1ª Turma, j. 16.2.2006, *DJe* 6.3.2006; EDcl no AgRg no REsp 966.026/MG, rel. Min. Luiz Fux, 1ª Turma, j. 8.4.2008, *DJe* 14.5.2008; EDcl no REsp 918.903/MG, rel. Min. José Delgado, 1ª Turma, j. 11.9.2007, *DJe* 11.10.2007; EDcl no AgRg no REsp 594.896/RS, rel. Min. Carlos Alberto Menezes Direito, 3ª Turma, j. 3.8.2004, *DJe* 16.11.2004.

[917] Detalhado em SIMON, H. *Verfassungskonforme*, p. 87ss.

[918] SPANNER, H. *Auslegung*, p. 535.

[919] FALLER, H. *BVerfG*, p. 209.

[920] FALLER, H. *BVerfG*, p. 209.

[921] STERN, K. *BVerfG*, p. 227.

fundamentação racional e imaginável do achado jurídico.[922] O STJ está plenamente apto a realizar essa conduta, mediante uma atividade de interpretação conforme a constituição das matérias inerentes aos contratos de consumo, sem que reste ferida assim a competência do STF determinada pela constituição.

Note-se ademais que ninguém espera que o tribunal superior para assuntos civis trabalhe sempre em perfeita harmonia com o tribunal constitucional pelo simples fato de que os assuntos que lhe são submetidos com reflexo constitucional costumam possuir considerável grau de dificuldade, razão pela qual diferenças de concepções visíveis na jurisprudência de ambos os órgãos não são apenas previsíveis, como também até mesmo inevitáveis.[923] Some-se a isso o fato de que apesar de existirem limites entre as atuações de ambos os tribunais no que diz respeito ao exame de controvérsias de natureza civil, esses limites não se deixam traçar de maneira rígida e fixa, o que aponta para a necessidade de se reservar um espaço de manobra para eles.[924] O STJ, ao negar a apreciação de um recurso, pelo fato de a matéria a ele inerente possuir reflexo constitucional, acaba por abrir mão desse próprio espaço de manobra, em uma postura que não se revela favorável aos jurisdicionados e em particular aos consumidores. Por derradeiro, se o incentivo à prática de uma interpretação conforme a constituição pelos tribunais ordinários (incluindo-se os superiores) se faz presente mesmo nos sistemas de controle concentrado de constitucionalidade, aqui considerados mais evoluídos, menor razão assiste a sua recusa no caso de um ordenamento jurídico marcado pelo chamado sistema misto, que cumula o controle concentrado com o difuso, como é o caso brasileiro.[925] Trata-se de uma inegável contradição no sistema, que nesse sentido carece de aperfeiçoamento. A conclusão necessária é que a Súmula n. 126 do STJ[926] deve ser revista, pois, na forma em que está redigida (e vem de certo modo sendo aplicada), impõe um duro obstáculo – podendo significar na prática até mesmo a negação de um dever de proteção estatal – ao reconhecimento da eficácia dos direitos fundamentais nas relações privadas e em particular nas de consumo.

Independentemente dessa realidade, a referida súmula poderia também ser atualizada na hipótese de o STF já ter reconhecido a ausência de repercussão geral, nos termos do § 3º do art. 102 da CF/88.[927] Isso porque nesse caso não haveria qualquer fundamento para a parte interpor o recurso extraordinário em conjunto com o especial, em que já existe decisão do STF contrária ao seu processamento. Hipótese contrária levaria a parte a interpor recurso manifestamente improcedente perante o STF, podendo eventual discussão de matéria constitucional restar prejudicada também no âmbito do STJ, em particular no marco da técnica

---

[922] SCHENKE, W. *Umfang*, p. 1.327.

[923] FALLER, H. *BVerfG*, p. 209.

[924] OSSENBÜHL, F. *Gerichtsbarkeit*, p. 13.

[925] RAMOS, E. S. *Controle de constitucionalidade*, p. 250ss.

[926] Súmula n. 126, STJ: "É inadmissível recurso especial, quando o acórdão recorrido assenta em fundamentos constitucional e infraconstitucional, qualquer deles suficiente, por si só, para mantê-lo, e a parte vencida não manifesta recurso extraordinário".

[927] Art. 102, § 3º, CF/88,: "No recurso extraordinário o recorrente deverá demonstrar a repercussão geral das questões constitucionais discutidas no caso, nos termos da lei, a fim de que o Tribunal examine a admissão do recurso, somente podendo recusá-lo pela manifestação de dois terços de seus membros".

de interpretação conforme a constituição. Gize-se que o próprio STJ já se manifestou contrariamente a qualquer relação entre a Súmula n. 126 e o instituto da repercussão geral.[928]

No que toca à competência não exclusiva do tribunal constitucional para proceder à interpretação conforme, ainda se costuma questionar se ele estaria vinculado à interpretação do direito ordinário, proferida pelas instâncias especializadas, vale dizer, pelos tribunais infraconstitucionais. Essa questão assume relevância pelo fato de que a interpretação conforme requer em ampla extensão, como o próprio nome sugere, uma interpretação do direito ordinário, tarefa que em primeira linha toca aos tribunais especializados.[929] Nesse ponto, constata-se que os tribunais ordinários se mostram em maior ou em menor medida conforme sua estrutura, particularmente qualificados ao cumprimento dessa tarefa, seja pelo fato de disporem de ampla experiência em relação ao seu âmbito de atuação, seja por se situarem em uma situação vantajosa para proceder a uma interpretação gradual, pois estão próximos da hipótese de incidência concreta.[930]

De maneira geral, responde-se negativamente a essa questão, pois uma das tarefas do tribunal constitucional nesse campo é justamente examinar se os tribunais ordinários aplicaram corretamente uma norma ao caso concreto à luz da constituição.[931] Essencial à atividade do tribunal constitucional é examinar se os tribunais ordinários reconhecem e observam as normas constitucionais, bem como os critérios por elas estabelecidos no curso de suas decisões.[932] Trata-se sem dúvida de matéria que encerra alto grau de complexidade, em função do risco de converter o tribunal constitucional em superinstância revisora, papel que é de todo indesejado. Essa ocasião é propícia para se apontar que uma lei não pode vir a ser declarada inconstitucional pelo tribunal constitucional por ter sido aplicada ou interpretada equivocadamente pelas instâncias ordinárias, com consequência de produzir um resultado incompatível com a constituição.[933] Aqui se revela com nitidez a função da interpretação conforme como meio hábil a manter na maior medida possível a vigência das normas no mundo jurídico, da mesma forma que seu papel na transposição de valores constitucionais para o direito privado.

Portanto, a partir do momento em que se concebe o tribunal constitucional como guarda da constituição,[934] conferindo-lhe a última palavra para assuntos constitucionais, torna-se difícil argumentar no sentido de que não é dado a esse órgão impor seu método de interpretação perante as instâncias ordinárias. Isso decorre até mesmo de que o tribunal constitucional deve criar ordem no âmbito das questões jurídico-constitucionais.[935] Todavia,

---

[928] "A exigência de que seja interposto Recurso Extraordinário, na hipótese em que existente fundamento constitucional autônomo e suficiente à mantença do acórdão recorrido (Súmula n. 126/STJ), nada tem a ver com a nova sistemática da chamada repercussão geral, eis que visa, tão-somente, a impedir o trânsito em julgado de tal fundamento, até o exame daqueloutro de índole infraconstitucional." (STJ, EDcl no REsp. 1.031.457/DF, rel. Min. Francisco Falcão, j. 8.4.2008, *DJe* 8.5.2008).

[929] SIMON, H. *Verfassungskonforme*, p. 90.

[930] SIMON, H. *Verfassungskonforme*, p. 90.

[931] SIMON, H. *Verfassungskonforme*, p. 88.

[932] SCHLICHTING, G. *Zivilgerichtsbarkeit*, Rn. 30.

[933] SIMON, H. *Verfassungskonforme*, p. 88.

[934] KELSEN, H. *Hüter*, p. 576ss.

[935] SMEND, R. *BVerfG*, p. 593.

essa possibilidade de *imposição* tem que ser considerada dentro de determinados limites, sob pena de se incorrer em má compreensão. Esses limites resultam inicialmente de o tribunal constitucional não escolher livremente qual método de interpretação pretende empregar no caso concreto. Isso porque, em que pese não possuírem uma hierarquia rígida e específica, eles não podem ser trocados entre si apenas conforme a vontade de quem decide.[936]

Significa que as circunstâncias do caso concreto é que determinam o método de interpretação a ser empregado para o achado jurídico e se nesse caso a interpretação conforme se fará presente ou não. Por regra, raros são os casos nos quais um tribunal pode eleger entre dois métodos de interpretação distintos, que no caso se mostram bem fundamentados para a construção da decisão. Contudo, se assim for, levando-se em conta a função do tribunal constitucional no ordenamento jurídico, seria admitido por fim que ele poderia impor seu método de interpretação perante as instâncias ordinárias.[937] Aqui o equilíbrio é fundamental, pois ao mesmo tempo em que o tribunal constitucional tem o dever de zelar pela integridade e pelo respeito à constituição, ele não pode sufocar a margem de atuação dos tribunais ordinários, cuja legitimidade também decorre da constituição.

Um critério nesse sentido pode ser desenvolvido nos seguintes termos. Uma consideração insuficiente da eficácia irradiante tende a gerar a ocorrência de uma lesão a direito fundamental no âmbito da interpretação e aplicação do direito privado. Isso ocorre sobretudo quando a partir das considerações do tribunal se deixam reconhecer erros de interpretação que digam respeito à incorreta concepção principiológica do significado de um direito fundamental. Esses erros de interpretação dizem respeito particularmente à extensão do âmbito de proteção dos direitos fundamentais em jogo e, para que legitimem a atuação corretiva pela via da jurisdição constitucional, devem possuir peso em seu significado material para a solução do caso concreto.[938] Com base nesses critérios, admite-se a intervenção corretiva do tribunal constitucional nos parâmetros interpretativos levados a efeito pelas instâncias ordinárias.

3.2.5.3 A interpretação conforme possui eficácia vinculante?

Os fundamentos jurídicos sustentadores de uma decisão proferida pelo tribunal constitucional possuem efeito vinculante, sobretudo quando interpretam a constituição, efeito esse que se estende tanto às partes integrantes no processo quanto aos órgãos estatais que são abrangidos pelo caso concreto.[939] No momento em que se atribui efeito vinculante aos fundamentos sustentadores de uma decisão que interpreta a constituição, essa interpretação conforme une "no sentido químico da palavra" a manifestação constitucional com a manifestação interpretativa do direito ordinário.[940] Nesse sentido, o tribunal constitucional deve indicar na parte dispositiva da decisão que a norma examinada não se coaduna com a constituição nos termos da fundamentação do julgado, especificando o ponto de interpretação desejado.[941] Nessa linha, quanto mais o tribunal constitucional se

---

[936] LARENZ, K. *Methodenlehre*, p. 340.
[937] LARENZ, K. *Methodenlehre*, p. 340.
[938] BVerfGE 81, 242 (253); 89, 214 (230); 102, 347 (362); 103, 89 (100).
[939] SIMON, H. *Verfassungskonforme*, p. 88.
[940] LÖWER, W. *Zuständigkeiten*, Rn. 111.
[941] LÖWER, W. *Zuständigkeiten*, Rn. 111.

mantiver nos limites de sua atuação, em respeito às funções dos demais órgãos estatais, tanto mais favoráveis se tornam os argumentos a favor de concessão de um efeito vinculante aos fundamentos sustentadores das suas decisões quando interpretam a constituição.[942]

O objetivo de agregar eficácia vinculante a uma decisão visa em última análise a servir ao autocontrole do Estado do ponto de vista da legalidade das suas próprias manifestações, levando em conta o pensamento de que o Estado somente pode se manifestar, quanto a questões fundamentais em um único sentido, evitando assim a prática de contradições.[943] Desse modo, as decisões do tribunal constitucional produzem efeito vinculante em relação aos demais órgãos estatais, de forma que o Estado possua apenas uma opinião em matéria de assuntos constitucionais.[944]

No momento em que se cogita que uma decisão proferida pelo tribunal constitucional possa deter efeito vinculante geral, a consequência imediata é que os fundamentos devem ser construídos da forma mais clara possível, a fim de que os "clientes" desse tribunal, na metáfora empregada por Roman Herzog, possam aferir com exatidão os motivos que levaram o tribunal à tomada de uma determinada decisão.[945] É claro que aquilo que uma ementa deve conter no caso concreto sempre é algo que pode vir a ser discutido. Todavia, um tribunal que não pretenda ter apenas o poder de decidir, mas igualmente uma força de convencimento, tem que formular de modo adequado os fundamentos das suas decisões.[946]

O objeto da eficácia vinculante de uma decisão do tribunal constitucional é a decisão concreta, aqui compreendida como as decisões de mérito (*Sachentscheidungen*) passíveis de trânsito em julgado e não as questões de caráter meramente processual ou interlocutório.[947] Diretamente ligados a essa questão estão os referidos fundamentos jurídicos sustentadores da decisão (*tragenden Rechtsgründen*), que segundo a doutrina expressam o núcleo dos fundamentos jurídicos que compõem uma decisão,[948] sem os quais a ementa não se torna passível de fundamentação, não podendo dessa forma ser derivada do direito.[949]

O BVerfG firmou o entendimento em reiteradas decisões de que os órgãos estatais[950] não estão vinculados apenas à parte dispositiva da decisão, mas igualmente aos seus fun-

---

[942] SIMON, H. *Verfassungskonforme*, p. 91.

[943] WILLMS, G. *BVerfGG*, p. 525.

[944] WILLMS, G. *BVerfGG*, p. 525, sustentando que a partir daí eventual vinculação passaria a contrariar os próprios limites e tarefas da jurisdição constitucional.

[945] HERZOG, R. *BVerfG*, p. 431, empregando a expressão "clientes do tribunal constitucional".

[946] PESTALOZZA, C. *Verfassungsprozeßrecht*, § 20, Rn. 35.

[947] RENNERT, K. *Verbindlichkeit*, Rn. 71; BETHGE, H. *Kommentar* (§ 31), Rn. 82s; MENDES, G. *Efeito*, p. 1ss. Contra esse entendimento, v. LEIBHOLZ, G. RUPPRECHT, R. *BVerfGG*, § 31, p. 99, sustentando que apenas as questões meramente configuradoras do processo é que não desenvolvem efeito vinculante.

[948] Sobre a evolução do conceito, v. VOGEL, K. *Rechtskraft*, p. 600.

[949] PESTALOZZA, C. *Verfassungsprozeßrecht*, § 20, Rn. 35.

[950] No que tange à delimitação dos órgãos estatais que estão vinculados, há consenso de que os poderes executivo e judiciário integram esse rol. No que diz respeito à possibilidade de incluir o poder legislativo nesse grupo, há controvérsia. Uma das primeiras decisões do BVerfG sobre matéria ponderou que inclusive o legislador está abrangido pelo efeito vinculante das decisões do tribunal constitucional [nesse sentido claramente, v. BVerfGE 1, 14 (LS 5)]. Na sequência, outra decisão do BVerfG apresentou uma fundamentação semelhante, no sentido de que não se deve admitir que um mesmo conjunto de fatos venha a ser novamente submetido a um processo judicial ou administrativo, inclusive nos Senados do tribunal constitucional [BVerfGE 1, 89 (NJW 1952, p. 59)].

damentos sustentadores.[951] Trata-se de uma concepção que encontrou desenvolvimento originário, ao menos em seus contornos mais específicos, na doutrina de Willi Geiger,[952] que passou a ser contestada em diferentes ocasiões.[953] Todavia, na atualidade, a visualização da questão voltou a tender para o lado que reconhece essa possibilidade, ainda que com mitigações variadas.[954] Aqui se está diante de um terreno fértil à polêmica. A controvérsia reina tanto na definição de qual ou quais partes da decisão proferida pelo tribunal constitucional são consideradas vinculantes (limites objetivos), quanto no que tange à extensão dos destinatários que estão sujeitos a essa vinculação (limites subjetivos).[955]

Essa perspectiva é útil para a diferenciação de dois institutos recorrentes no direito pátrio que, embora afins, são distintos.[956] Trata-se da chamada *eficácia contra todos* (*erga omnes*) e do *efeito vinculante* (*Bindungswirkung*).[957] Ao que tudo indica, os termos "eficácia contra todos" e "efeito vinculante" empregados pela legislação brasileira colheram inspiração na BVerfGG,[958] particularmente em seu § 31, razão pelo qual um olhar atento aos seus comentários se torna fundamental para a compreensão desses institutos.

No Brasil, o STF já firmou entendimento de que a eficácia geral e o efeito vinculante de uma decisão proferida pelo STF não alcançam o poder legislativo, que pode vir a editar nova lei com idêntico teor ao texto anteriormente censurado pelo tribunal (informativo STF 477/2007 – MC na Rcl 5.442/PE; AgRg na Rcl 2.617/MG).

[951] BVerfGE 1, 14 (LS 5 e p. 37); 4, 31 (38s); 19, 377 (392); 24, 289 (297); 40, 88 (93s); 112, 268 (NJW 2005, p. 2.448); 115, 97 (109s). Para visualizar a polêmica da questão, v. particularmente BVerfGE 20, 56 (86s); em sentido dúbio, v. BVerfGE 78, 320 (NJW 1988, p. 2.289).

[952] GEIGER, W. *Gesetz*, p. 114s; e ainda GEIGER, W. *Grenzen*, p. 1.058ss.

[953] ARNDT, A. *BVerfG*, p. 2; JESCH, D. *Bindung*, p. 530; BETTERMANN, K. *Normenkontrolle*, p. 95; BIEHLER, G. *Bindungswirkung*, p. 1.239; BULLERT, H. *Gesetzeskraft*, p. 118s; WISCHERMANN, N. *Rechtskraft*, p. 121; HOFFMANN-RIEM. *Beharrung*, p. 349ss e 363; GUSY, C. *Gesetzgeber*, p. 238; WILLMS, G. *BVerfGG*, p. 527; a polêmica doutrinária é vista detalhadamente em SACHS, M. *Bindung*, p. 66ss; e SCHLAICH, K; KORIOTH, S. *BVerfG*, Rn. 487, nesse caso, voltando críticas à vinculação aos fundamentos sustentadores da decisão.

[954] PESTALOZZA, C. *Verfassungsprozeßrecht*, § 20, Rn. 36 e 91s; ZIEKOW, J. *Abweichung*, p. 248; LEIBHOLZ, G; RUPPRECHT, R. *BVerfGG*, § 31, p. 98; BETHGE, H. *Kommentar* (§ 31), Rn. 98; RENNERT, K. *Verbindlichkeit*, Rn. 72; JESTAEDT, M. *Grundrechtsentfaltung*, p. 172; KLEIN, E. *Entscheidungsinhalt*, § 37, Rn. 1.243; SCHULZE-FIELITZ, H. *Wirkung*, p. 390; LÖWER, W. *Zuständigkeiten*, Rn. 111; LORZ, R. *Interorganrespekt*, p. 68; SIMON, H. *Verfassungskonforme*, p. 89; BRYDE, B. *Verfassungsentwicklung*, p. 420s; RUPP, H. *Bindungswirkung*, p. 406; VOGEL, K. *Rechtskraft*, p. 604; EN, ptd, v. MENDES, G. *Efeito*, p. 1ss; demonstrando certa indiferença à questão, v. LECHNER, H; ZUCK, R. *Kommentar*, § 31, Rn. 30s.

[955] Ptd, v. PESTALOZZA, C. *Verfassungsprozeßrecht*, § 20, Rn. 82ss.

[956] MENDES, G. *Efeito*, p. 1ss.

[957] Institutos que encontram previsão simultânea no § 2° do art. 102 da CF/88: "As decisões definitivas de mérito, proferidas pelo STF, nas ações diretas de inconstitucionalidade e nas ações declaratórias de constitucionalidade produzirão eficácia contra todos e efeito vinculante, relativamente aos demais órgãos do Poder Judiciário e à administração pública direta e indireta, nas esferas federal, estadual e municipal". Esses mesmos institutos encontram-se previstos no parágrafo único do art. 28 da Lei n. 9.868/99 (Lei da ADIn e ADC): "A declaração de constitucionalidade ou de inconstitucionalidade, inclusive a interpretação conforme a Constituição e a declaração parcial de inconstitucionalidade sem redução de texto, têm eficácia contra todos e efeito vinculante em relação aos órgãos do Poder Judiciário e à Administração Pública federal, estadual e municipal") e n § 3° do art. 10 da Lei n. 9.882/1999 (Lei da ADPF): "A decisão terá eficácia contra todos e efeito vinculante relativamente aos demais órgãos do Poder Público".

[958] Observação nítida em MENDES, G. *Jurisdição*, p. 279ss; assim como em MENDES, G. *Efeito*, p. 1ss; HECK, L. *Jurisdição*, p. 7s.

O § 31 da BVerfGG[959] divide-se em duas seções que contemplam os institutos em tela, cada um com significado autônomo.[960] O instituto do efeito vinculante encontra-se previsto no § 31 (1) BVerfGG, que informa que as decisões proferidas pelo BVerfG vinculam os órgãos constitucionais da federação e dos Estados, assim como todos os tribunais e a administração pública. Já o instituto da eficácia contra todos equivale à chamada força de lei (*Gesetzeskraft*) atribuída às decisões proferidas pelo BVerfG em determinados casos,[961] nos termos do § 31 (2) BVerfGG. A diferença prática entre os dois institutos revela-se nos limites objetivos da decisão, ou seja, a parte da decisão proferida pelo tribunal constitucional considerada vinculante. A doutrina parece inclinar-se para a posição de que a "eficácia contra todos" ou força de lei abrange exclusivamente a parte dispositiva da sentença (*Tenor, Entscheidungsformel*),[962] enquanto o efeito vinculante decorre dos fundamentos sustentadores da decisão.[963]

O efeito vinculante restringe-se por isso à parte dos fundamentos da decisão que dizem respeito à interpretação e à aplicação da constituição, ou seja, aos fundamentos que contenham esclarecimentos para sua interpretação.[964] Nesse sentido, afirma-se seu "efeito transcendente".[965] Caracterizam-se assim por serem manifestações de caráter jurídico-constitucional. Isso não impede que, conforme a natureza do caso, argumentos de direito

---

[959] A tradução da BVerfGG (na íntegra) para o português encontra-se disponível em HECK, L. *Jurisdição*, p. 67ss. Nas palavras do tradutor (p. 84s): "§ 31 [Vinculatividade das decisões]. (1) As decisões do tribunal constitucional federal vinculam os órgãos constitucionais da federação e dos estados, assim como todos os tribunais e autoridades. (2) Nos casos do § 13, ns. 6, 6.ª, 11, 12 e 14, a decisão do tribunal constitucional federal tem força de lei. Isso vale também nos casos do § 13, n. 8.ª, quando o tribunal constitucional federal declara uma lei compatível ou incompatível com a LF, ou nula. À medida que uma lei é declarada compatível ou incompatível com a LF ou com outro direito federal, ou nula, o dispositivo da decisão deve ser publicado no diário oficial da federação pelo ministério federal da justiça. Análogo vale para o dispositivo da decisão nos casos do § 13, ns. 12 e 14".

[960] VOGEL, K. *Rechtskraft*, p. 602.

[961] Basicamente no controle abstrato e concreto de normas, conflitos federativos e de direito internacional público e de matérias atinentes ao recurso constitucional.

[962] GEIGER, W. *Gesetz*, p. 116; ARNDT, A. *BVerfG*, p. 2; LECHNER, H; ZUCK, R. *Kommentar*, § 31, Rn. 37; LEIBHOLZ, G; RUPPRECHT, R. *BVerfGG*, § 31, p. 101; MAURER, H. *Staatsrecht*, § 20, Rn. 32; SCHULZE-FIELITZ, H. *Wirkung*, p. 395; RUPP, H. *Bindungswirkung*, p. 409; BETHGE, H. *Kommentar* (§ 31), Rn. 162; PESTALOZZA, C. *Verfassungsprozeßrecht*, § 20, Rn. 102; RENNERT, K. *Verbindlichkeit*, Rn. 103. Na jurisprudência esse entendimento vem sendo consolidado desde o início da atuação do BVerfG. Ex, BVerfGE 4, 31 (38s).

[963] Na literatura alemã, essa diferenciação é derivada sobretudo a partir dos comentários ao § 31 BVerfGG, quando a questão do efeito vinculante [§ 31 (1) BVerfGG] é tratada com nítido enfoque nos chamados fundamentos sustentadores da decisão, que por regra não são apreciados em face do instituto da força de lei [§ 31 (2) BVerfGG]. V. GEIGER, W. *Gesetz*, p. 114ss; LEIBHOLZ, G; RUPPRECHT, R. *BVerfGG*, § 31, p. 97s e 102; RUPP, H. *Bindungswirkung*, p. 406ss; LECHNER, H; ZUCK, R. *Kommentar*, § 31, Rn. 30ss; PESTALOZZA, C. *Verfassungsprozeßrecht* § 20, Rn. 90ss; BETHGE, H. *Kommentar* (§ 31), Rn. 98ss; VOGEL, K. *Rechtskraft*, p. 602ss; KLEIN, E. *Entscheidungsinhalt*, *§ 37, Rn. 1.237ss;* BRYDE, B. *Verfassungsentwicklung*, p. 413ss; RENNERT, K. *Verbindlichkeit*, Rn. 71ss; 98s; EN, ptd, v., MENDES, G. *Efeito*, p. 1ss; veja-se ainda no mesmo sentido STF, Rcl 1.987/*DF*, voto do Min. Gilmar Mendes, Pleno, p. 102.

[964] BVerfGE 19, 377 (392); 40, 88 (93s); 112, 168 (NJW 2005, p. 2.448).

[965] STF, Rcl 1.987/*DF*, voto do Min. Gilmar Mendes, Pleno, p. 102, ponderando que a eficácia da decisão proferida pelo tribunal constitucional transcende ao caso singular, de modo que tanto a parte dispositiva da decisão, quanto os fundamentos determinantes sobre a interpretação da constituição têm que ser observados por todos.

ordinário também possam ser relevantes para a decisão, adquirindo a partir disso caráter sustentador da decisão em sentido amplo, ainda que não vinculantes.[966] De fato, o efeito vinculante não se estende à realização de tarefas que têm por objeto apenas a interpretação do direito ordinário, encargo que toca aos tribunais especializados.[967]

Na prática, quando o tribunal constitucional afirma que determinada interpretação de uma norma proferida por um tribunal ordinário é inconstitucional, os tribunais vinculam-se à interpretação do tribunal constitucional, de modo que não mais podem interpretar a norma no sentido considerado inconstitucional.[968] Nessa direção, o BVerfG afirmou inclusive que quando pronuncia uma interpretação de norma do direito ordinário como "conforme a constituição", todas as demais possibilidades de interpretação que não se coadunem com essa interpretação "conforme" têm que ser rechaçadas pelos tribunais ordinários, sob pena de inconstitucionalidade da decisão,[969] significando que não se podem excluir de antemão variações nesse grau de conformidade à constituição.

Nessa conexão, há que se destacar ainda o fato que inexiste efeito vinculante para o próprio tribunal constitucional, que não está obrigado a manter posição jurídica sustentada em uma decisão posterior.[970] Trata-se de um entendimento que é reconhecido pelo próprio BVerfG,[971] que por seu turno colabora para evitar os riscos da chamada petrificação constitucional.[972] É bem verdade que a jurisprudência do tribunal constitucional não pode oscilar a tal ponto de gerar insegurança jurídica. Entretanto, mesmo as razões ligadas à preservação da segurança jurídica não se sobrepõem à necessidade de mudanças quando elas decorrem da realidade dos fatos.[973] Nesse sentido, no âmbito da jurisprudência, o objetivo da correção jurídica adquire uma primazia *prima facie* em relação a considerações voltadas à segurança jurídica.[974]

---

[966] PESTALOZZA, C. *Verfassungsprozeßrecht*, § 20, Rn. 36, ponderando com isso que todos os argumentos que sejam considerados relevantes para a decisão adquirem caráter sustentador, sendo que apenas parte deles, aqueles que nomeadamente dizem respeito a manifestações constitucionais propriamente ditas, geram efeitos vinculantes.

[967] BVerfGE 40, 88 (93s).

[968] BVerfGE 72, 119 (NJW 1986, p. 2.305).

[969] BVerfGE 40, 88 (94).

[970] GEIGER, W. *Grenzen*, p. 1.058; ainda em GEIGER, W. *Gesetz*, p. 115; LEIBHOLZ, G; RUPPRECHT, R. *BVerfGG*, § 31, p. 100; BETHGE, H. *Kommentar* (§ 31), Rn. 99; RENNERT, K. *Verbindlichkeit*, Rn. 79; KLEIN, E. *Entscheidungsinhalt*, § 37, Rn. 1.259; RUPP, H. *Bindungswirkung*, p. 413; SACHS, M. *Bindung*, p. 91s; SCHLAICH, K; KORIOTH, S. *BVerfG*, Rn. 482, ponderando todavia que isso somente foi feito em raras ocasiões; MENDES, G. *Efeito*, p. 1ss; v. BULLERT, H. *Gesetzeskraft*, p. 105ss, criticando essa possibilidade.

[971] BVerfGE 4, 31 (38); 20, 56 (87); 33, 199 (NJW 1972, p. 1.701); 77, 84 (104); 78, 320 (NJW 1988, p. 2.289); 82, 198 (NJW 1990, p. 2.876s); 104, 151 (NJW 2002, p. 1.560). Na decisão Maastricht BVerfGE 89, 155 (175), o BVerfG menciona inclusive de forma expressa um desvio em relação a sua jurisprudência anterior [BVerfGE 58, 1 (27)].

[972] Nesse ponto há que se registrar a observação de LORZ, R. *Interorganrespekt*, p. 69, no sentido de que o tribunal constitucional não dispõe de iniciativa para modificar uma posição inicialmente adotada, eis que para tanto carece de provocação nas vias competentes.

[973] SACHS, M. *Bindung*, p. 93.

[974] SACHS, M. *Bindung*, p. 94.

Assim, no momento em que o tribunal constitucional interpreta uma norma de direito ordinário em conformidade com a constituição, os esclarecimentos daí decorrentes desenvolvem um efeito vinculante que se limita em princípio à exclusão de uma ou mais variantes de interpretação que foram consideradas expressamente inconstitucionais pelo tribunal.[975] Isso significa que outras interpretações que venham a ser conferidas à norma em questão, que não aquelas rechaçadas pelo tribunal constitucional, poderão ser consideradas válidas caso não venham a violar a constituição, análise que requer um exame posterior e específico. O fundamento para tanto é claro: o manejo do direito ordinário – e sua interpretação primária – permanece sendo assunto dos tribunais especializados,[976] circunstância reconhecida pelo BVerfG[977] pelo fato de não dispor em primeira linha de poder de interpretação em questões de direito ordinário.[978]

3.2.5.4 Onde repousam os limites da interpretação conforme?

No direito dificilmente haverá espaço para aplicação ilimitada de um preceito jurídico. Com a interpretação conforme não é diferente. Isso se deixa verificar com relativa nitidez frente às normas constitucionais que admitem espaço para a prática de diferentes configurações jurídicas, como é o caso dos direitos fundamentais. A primeira consequência desse entendimento é que toda interpretação conforme a constituição requer a clarificação desse espaço.[979] A segunda é que a questão dos limites da interpretação conforme não se deixa responder satisfatoriamente sem levar em consideração aspectos ligados à relação funcional dos órgãos estatais entre si.[980]

A relevância dessas constatações para o estabelecimento de limites à interpretação conforme pelo tribunal constitucional é manifesta: permanecendo uma norma em diversas interpretações imagináveis no marco desse espaço de configurações jurídicas admissíveis, não cabe ao tribunal constitucional favorecer determinada interpretação de caráter geral como a única interpretação conforme a constituição aceitável, não cabendo por conseguinte impô-la perante os demais órgãos estatais.[981] Em matéria de traçamento de limites à interpretação conforme, há que se concentrarem esforços para que o papel do tribunal constitucional não sofra deformação. Aqui o risco se mostra tanto mais elevado quanto mais o tribunal constitucional, no curso de sua interpretação, se afastar daquilo que o legislador tinha em mente quando editou a norma.[982] Note-se que quando o tribunal constitucional em casos extremos não mais examina aquilo que foi legislado, mas sim aquilo que poderia ter sido legislado e quando a própria interpretação é apresentada de antemão com a solução conforme a constituição, perde-se uma das vantagens essenciais de um sistema constitucional baseado na repartição de poderes, que é justamente a

---

[975] BETHGE, H. *Kommentar* (§ 31), Rn. 88.

[976] BETTERMANN, K. Normenkontrolle, p. 95.

[977] BVerfGE 40, 88 (93s); 72, 119 (NJW 1986, p. 2.305).

[978] BETHGE, H. *Kommentar* (§ 31), Rn. 88 e 101.

[979] SIMON, H. *Verfassungskonforme*, p. 89.

[980] SIMON, H. *Verfassungskonforme*, p. 89.

[981] SIMON, H. *Verfassungskonforme*, p. 89.

[982] SIMON, H. *Verfassungskonforme*, p. 89s.

possibilidade de as decisões proferidas por um órgão estatal virem a ser controladas criticamente pelos demais.[983]

Na doutrina, verificam-se por vezes advertências em face do que se considera uma espécie de extensão demasiada da prática de uma interpretação conforme a constituição, o que em determinados casos configura uma espécie de abuso no emprego desse instituto.[984] Importa levar em conta que só há espaço para a prática de uma interpretação conforme a constituição quando a norma em exame seja acima de tudo passível de interpretação,[985] de modo que, contra a literalidade clara de uma determinação legal, uma interpretação conforme a constituição não se torna mais possível, visto que não pode ultrapassar a conexão de significado (*Bedeutungszusammenhang*) da lei,[986] sob pena de deixar de ser interpretação.[987] Essa advertência reforça o princípio da primazia de vinculação da jurisprudência civil à lei e com isso a primazia de configuração jurídica do legislador, de modo que dentro desses limites a prática de uma interpretação conforme não importa em uma quebra sistemática da relação entre a vinculação do juiz à lei e à constituição.[988] É por isso que os tribunais ao interpretarem às leis têm que se ater o máximo possível no marco do constitucionalmente admissível à vontade manifesta do legislador.[989]

Na jurisprudência, diferentes critérios são sugeridos. A interpretação conforme encontra seus limites lá onde a literalidade e a clara e reconhecível vontade do legislador ingressariam em contradição com o resultado da interpretação.[990] O respeito ao legislador democraticamente eleito proíbe que se conceda no caminho da interpretação um sentido contrário à literalidade e ao sentido claros da lei.[991] O mesmo vale em relação ao conteúdo jurídico das leis. Uma interpretação conforme a constituição, na roupagem de uma correção da lei, não pode ter como consequência a determinação fundamental de um novo conteúdo normativo à norma interpretada, o que representa em última análise o desvio ao objetivo perseguido pelo legislador em um ponto essencial.[992] Tal entendimento visa a garantir uma clareza geral e vinculativa frente a questões constitucionais, evitando assim a prática de uma proliferação jurídica com base em decisões divergentes e com isso a instauração de insegurança jurídica no ordenamento.[993] Por fim, todos os métodos de interpretação convencionais auxiliam na tarefa de interpretação das leis, sem que se possa afirmar de antemão que um possua primazia sobre outro.[994] Para o BVerfG, o fato de que

---

[983] SIMON, H. *Verfassungskonforme*, p. 90.

[984] PESTALOZZA, C. *Gesetzgebung*, p. 2.087; RÖTHEL, A. *Richterhand*, p. 428.

[985] SIMON, H. *Verfassungskonforme*, p. 85; LARENZ, K. *Methodenlehre*, p. 339ss.

[986] LARENZ, K. *Methodenlehre*, p. 340; ZIPPELIUS, R. *Auslegung*, p. 115s; JARASS, H. *GG*, Einl, Rn. 13.

[987] LARENZ, K. *Methodenlehre*, p. 340.

[988] RÖTHEL, A. *Richterhand*, p. 428.

[989] BVerfGE 49, 148 (NJW 1979, p. 151); 63, 131 (141); 86, 288 (320), 90, 263 (275s).

[990] BVerfGE 8, 28 (34); 8, 38 (41); 18, 97 (111); 19, 242 (247); 20, 162 (218); 25, 296 (NJW 1969, p. 1.020); BVerfGE 38, 41 (NJW 1974, p. 1.902); 49, 148 (157); 54, 277 (299); 71, 81 (105); 72, 278 (NJW 1987, p. 429); 86, 288 (320); 90, 263 (276).

[991] BVerfGE 8, 28 (34); BVerfGE 9, 194 (NJW 1959, p. 1.123); 54, 277 (299); 90, 263 (276); 109, 279 (316s).

[992] BVerfGE 54, 277 (283 e 299); 71, 81 (105); 86, 71 (77); 90, 263 (276); 109, 279 (316s).

[993] BVerfGE 63, 131 (141); 42, 42 (NJW 1976, p. 1.446); 63, 131 (141).

[994] BVerfGE 105, 135 (157).

232 ■ Eficácia Horizontal dos Direitos Fundamentais e Jurisdição Constitucional

frente a uma interpretação conforme a constituição não se pode deixar de lado a finalidade da lei[995] é algo que se deixa compreender por si mesmo.[996]

Nessa conexão, a vontade do legislador perante a interpretação só pode ser levada em consideração à medida que ela mesma encontre de maneira suficiente uma determinada expressão na lei.[997] Trata-se aqui do reconhecimento da vontade objetiva do legislador,[998] que segundo a acepção do BVerfG nem sempre é decisiva para a apreciação constitucional, conforme a natureza do caso examinado.[999] Todavia, o BVerfG deixa claro ao ressaltar sua competência de atuação que a tarefa essencial do controle de constitucionalidade de normas é a salvaguarda da autoridade do legislador, de modo a evitar que um tribunal ordinário sobreponha sua vontade em relação à dele.[1000]

É crucial que a interpretação conforme a constituição permaneça como "interpretação", ou seja, deve-se manter no marco do sentido literal da constituição não podendo inverter o objetivo da norma a ser interpretada.[1001] Uma interpretação que contrarie a literalidade e a finalidade da norma, sua conexão sistemática e a vontade do legislador não podem ser justificadas pelo fato de conferir à norma em questão um conteúdo conforme à constituição. Nesses casos, impõe-se à norma um conteúdo diverso àquele compreendido pelo seu criador e pelos próprios cidadãos. Em verdade, trata-se aqui de uma situação em que a norma não é mais interpretada, mas sim reformada: ela tem seu significado modificado (*umgedeutet*) ao ponto de se tornar outra.[1002] Na prática, tem-se uma imposição de norma na roupagem de uma interpretação normativa.[1003]

Está-se aqui diante da constatação de que a interpretação conforme pode significar, quando extrapola certos limites, uma ameaça aos domínios da atividade do legislador e com isso ao princípio da separação dos poderes.[1004] Isso ocorre quando o tribunal constitucional impõe um sentido à norma interpretada (*ratio legis*) que destoa daquele pretendido pelo legislador, a quem cabe em primeira linha a elaboração do sentido de uma norma, por meio de um espaço de apreciação constitucionalmente reconhecido.[1005] Assim, toda interpretação que atue como mudança da norma, impondo novo conteúdo à prescrição legal existente, há que ser rechaçada, sob pena de o tribunal constitucional ultrapassar os limites de sua atuação colocando-se no lugar do legislador.[1006] Nessa direção, uma atitude particular de autorrestrição do tribunal constitucional é esperada, quando ele se desvia

---

[995] BVerfGE 9, 194 (NJW 1959, p. 1.123).

[996] BVerfGE 2, 266 (282).

[997] BVerfGE 59, 128 (153).

[998] BVerfGE 11, 126 (129s), estabelecendo diferenciações entre as teorias da vontade objetiva e subjetiva do legislador e assentando que para a determinação da primeira todos os métodos usuais de interpretação se mostram válidos. Na doutrina, v., do, SPANNER, H. *Auslegung*, p. 510ss.

[999] BVerfGE 59, 128 (153).

[1000] BVerfGE 1, 184 (197s); 2, 124 (129s); 4, 331 (NJW 1956, p. 137)

[1001] LARENZ, K. *AT* BGB, § 4, III, p. 82.

[1002] BETTERMANN, K. *Normenkontrolle*, p. 94.

[1003] BETTERMANN, K. *Normenkontrolle*, p. 94.

[1004] KREY, V. *BVerfG*, p. 222.

[1005] KREY, V. *BVerfG*, p. 223.

[1006] SIMON, H. *Verfassungskonforme*, p. 90.

de uma interpretação das instâncias ordinárias que se impôs ao longo do tempo como dominante, que é reconhecida pelos tribunais superiores e que além disso coincide com a intenção reconhecível do legislador.[1007]

3.2.5.5 A relevância da técnica de interpretação conforme para o problema da eficácia horizontal

O presente tópico foi aberto sob a constatação de que o problema da eficácia horizontal conduz à questão da interpretação conforme. Isso se deixa comprovar particularmente pela circunstância de que essa técnica de interpretação representa o estabelecimento de uma congruência – que pode ser entendida como *convergência* – entre a lei como decisão do poder legislativo e a constituição.[1008] Assim, ao expressar a ideia de convergência entre os planos jurídicos do direito privado e constitucional ela acaba por incorporar em sua essência a questão da eficácia horizontal.

Fundamental para o reconhecimento da ideia de *convergência* entre a constituição e o direito privado é a prática de uma comunicação frutífera entre a doutrina e jurisprudência, o que aliás foi verificado pela fundamentação esgrimida já na sentença Lüth.[1009] Mas essa necessidade de comunicação frutífera não se esgota por aí. Decisiva também é a necessidade de uma comunicação frutífera entre as fontes normativas, não só entre a constituição e as normas de direito privado, como também entre diferentes institutos de direito privado em si,[1010] na busca por uma otimização da proteção por eles propiciada. Está-se aqui mais uma vez diante da necessidade de se unir a questão da eficácia horizontal a um pensamento de diálogo das fontes como forma de fomentar a unidade do ordenamento jurídico.[1011]

Atualmente, muitas disposições típicas do direito ordinário são erguidas ao patamar da constituição. Em geral, apenas no que concerne ao âmbito do direito privado, há exemplos que vão desde a determinação do conteúdo de contratos, em que certas discriminações ou exigências são vedadas,[1012] até chegar ao próprio direito de família,[1013] sem falar de estipulações de natureza trabalhista.[1014] Se é o caso de chegar à concepção de que o direito constitucional se torna ou tende a se tornar uma espécie de "concentrado do direito infraconstitucional" (*Konzentrat des Unterverfassungsrechts*),[1015] situação que não pode ser considerada de todo desejável, parece não ser nesse ponto de análise a preocupação mais relevante. Fundamental, contudo, é a noção de que o intérprete constitucional tem que conhecer o que se passa no plano do direito ordinário, aqui em particular do direito privado, a fim de permitir uma relação sólida e harmônica desse ramo do direito com a

---

[1007] SIMON, H. *Verfassungskonforme*, p. 91.
[1008] GUSY, C. *Gesetzgeber*, p. 222.
[1009] BÖCKENFÖRDE, E. *GRdogmatik*, p. 26.
[1010] MARQUES, C. *Superação*, p. 34ss.
[1011] DUQUE, M. S. Proteção do consumidor, p. 142ss.
[1012] Por exemplo, art. 5°, *caput* e I, V, X, XIII a XVII e XX, CF/88.
[1013] Art. 226, CF/88.
[1014] Art. 7°, CF/88.
[1015] KLOEPFER, M. *Verfassungsausweitung*, p. 204.

constituição. Para tanto, as manifestações do direito ordinário devem ser não apenas conhecidas como também levadas em conta para uma interpretação sustentável e de cunho prático dos direitos fundamentais.[1016]

Interpretação conforme significa que a jurisprudência, frente à aplicação da lei, recebe diretivas e impulsos dos princípios da constituição, contribuindo assim para a realização unitária de sua ordem de valores.[1017] Nesse âmbito, a tradição milenar do direito privado impõe o reconhecimento de uma força de imposição dos seus conceitos. Isso significa que nem sempre a interpretação conforme a constituição, motivada por uma tarefa de proteção de valores, pode remover cláusulas ou conceitos de direito privado.[1018]

3.2.6 A importância da sentença Lüth para a afirmação da teoria da eficácia indireta

Não se pode negar que a teoria da eficácia indireta, ainda que se cogitem variações em sua concepção, acabou por prevalecer[1019] com amparo doutrinário suficiente[1020] já a partir do paradigmático caso Lüth, passando a ser adotada não expressamente pelo BVerfG na maioria dos casos,[1021] em outros de certa forma sim.[1022] Desse modo, a sentença Lüth caracteriza-se pela propagação jurisprudencial do conceito da eficácia indireta (mediata) dos direitos fundamentais no âmbito jurídico-privado e pela possibilidade de exame constitucional de decisões proferidas por tribunais civis. Do ponto de vista dogmático, a grande inovação[1023] não foi a aceitação de que os direitos fundamentais também podem viger no tráfego jurídico privado, visto que a própria Constituição de Weimar já havia dado suporte a decisões nesse sentido.

Com efeito, sob a égide da Constituição de Weimar afirmou-se que determinados direitos fundamentais[1024] possuíam um âmbito de aplicação que excepciona a regra de que a liberdade do particular é protegida apenas em face do Estado e não perante outros particulares.[1025] Foi alegada inclusive a conexão sistemática entre um direito fundamental e uma cláusula geral do código civil, atribuindo à parte que lesasse um direito funda-

---

[1016] KLOEPFER, M. *Verfassungsausweitung*, p. 203s, demonstrando com isso que muitos juristas não afetos tradicionalmente ao direito constitucional, mas sim a ramos específicos do direito privado, e acabam se tornando intérpretes competentes de determinados dispositivos da constituição.

[1017] MÜLLER, J. *GR*, p. 179, colhendo inspiração nos fundamentos da sentença Lüth.

[1018] MÜLLER, J. *GR*, p. 171.

[1019] Na acepção de MÜNCH, I. *DW*, p. 21, a teoria da *Drittwirkung* indireta dos direitos fundamentais representa na Alemanha efetivo direito vigente, entendendo o BVerfG que se trata de construção de caráter interpretativo.

[1020] PAPIER, H. *DW*, Rn. 24.V. ainda HERZOG, R. *BVerfG*, p. 436.

[1021] SARLET, I. *DF*, p. 124s.

[1022] BVerfGE 73, 261 (269); 99, 185 (194).

[1023] V. HOFFMANN-RIEM. *Innovationsoffenheit*, p. 255ss, sobre a questão da inovação jurídica e da responsabilidade na sua implementação,.

[1024] Como, por exemplo, a liberdade de manifestação do pensamento e o sigilo de correspondência.

[1025] ANSCHÜTZ, G. *Verfassung*, Anm. 5 zu art. 118 Abs. 1, p. 556, citando por exemplo, a liberdade de manifestação do pensamento e o sigilo de correspondência.

mental garantido pela constituição o dever de indenizar.[1026] Esse pensamento, ainda que marcado por uma interpretação restritiva, com o objetivo de evitar a prática de resultados inaceitáveis do ponto de vista jurídico,[1027] revela as raízes de uma eficácia horizontal indireta no ordenamento jurídico. Com a sentença Lüth a inovação principal foi, portanto, a aceitação de que os direitos fundamentais personificam também uma ordem de valores objetiva e que o conteúdo jurídico desses direitos se desenvolve indiretamente por meio de prescrições de direito privado.[1028]

A doutrina afirma que raras são as manifestações contrárias à fundamentação empregada na sentença Lüth.[1029] No momento em que o Estado cumpre seu dever de configurar o direito privado em conformidade com a constituição, torna-se ativo na ampliação das liberdades. A eficácia horizontal indireta pode ser vista assim como uma ampliação da esfera de liberdade do particular no tráfego jurídico privado.[1030] O problema é que a liberdade de um está frequentemente ligada ao estreitamento da esfera da liberdade de outro,[1031] de modo que a questão inerente à eficácia horizontal não se pode dissociar – sob pena de se tornar supérflua – da matéria inerente ao conflito de direitos fundamentais.

Os fundamentos esgrimidos na sentença Lüth, com referência expressa à doutrina de Dürig, permaneceram por mais de 40 anos sem revide, firmando a concepção do BVerfG em torno de uma eficácia indireta dos direitos fundamentais nas relações privadas.[1032] Em parte, isso foi propiciado pela relativa flexibilidade dos argumentos esgrimidos pelo BVerfG, os quais permitiram a apreciação materialmente justa dos poucos casos práticos de significado relevante.[1033] Contudo, uma série de decisões do BVerfG tidas como espetaculares na década de 90 romperam esse período de tranquilidade, em que novos e calorosos debates doutrinários em torno desse tema voltaram a ocorrer.[1034]

Com o passar dos tempos, novos componentes se agregaram ao debate, porém quase sempre no sentido de agregar matizamentos à teoria da eficácia indireta, em vez de rechaçá-la.[1035] Incontroverso é o fato de que a sentença Lüth recusou a possibilidade em torno de uma eficácia direta dos direitos fundamentais no tráfego jurídico privado.[1036] A

[1026] ANSCHÜTZ, G. *Verfassung*, Anm. 1 zu art. 117, p. 549, apontando o dever de indenizar com base no § 823 Abs. 2 do BGB frente a uma violação (proferida por um sujeito privado) do sigilo de correspondência garantido pelo art. 117 da Constituição de Weimar.

[1027] ANSCHÜTZ, G. *Verfassung*, Anm. 5 zu art. 118 Abs. 1, p. 556.

[1028] KREBS, W. *Freiheit*, Rn. 45, referindo-se às frases diretivas 1 e 2 da ementa da decisão.

[1029] OETER, S. *DW*, p. 534. As críticas são capitaneadas em geral por SCHWABE, J. *BVerfG*, p. 442ss.

[1030] KREBS, W. *Freiheit*, Rn. 81.

[1031] KREBS, W. *Freiheit*, Rn. 81.

[1032] RUFFERT, M. *Vorrang*, p. 16.

[1033] RUFFERT, M. *Vorrang*, p. 16, destacando que apesar disso nem todas as questões individuais suscitadas perante o BVerfG encontraram respostas.

[1034] RUFFERT, M. *Vorrang*, p. 1, citando, por exemplo, as decisões do representante comercial (*Handelsvertreter* – BVerfGE 81, 214), das fianças (*Bürgschaft* – BVerfGE 89, 214), do direito de posse do locatário (*Besitzrecht des Mieters*, também conhecida como "aluguel como propriedade" – *Mietereigentum* – BVerfGE 89, 1) e da antena parabólica de locatário estrangeiro (*Parabolantenne ausländischer Mieter* – BVerfGE 90, 27).

[1035] Ptd, v. ALEXY, R. *Theorie*, p. 484ss.

[1036] BVerfGE 7, 198 (206).

maioria das críticas surgidas diz respeito à abertura do significado de parte da argumentação esgrimida na decisão,[1037] que é essencial para o desenvolvimento de critérios aptos a verificar a intensidade do efeito de irradiação dos direitos fundamentais no ordenamento jurídico privado. Efetivamente, não há como negar que a sentença Lüth ficou longe de fechar a maioria das lacunas inerentes à problemática da eficácia horizontal. Entretanto, considerando-se o momento histórico em que foi proclamada, bem como seu caráter inovador, seria talvez esperar demais o contrário.

Nessa direção, permanece sempre em aberto, ainda que desenvolvimentos posteriores na jurisprudência tenham sido verificados,[1038] o modo de influência concreta de um direito fundamental isoladamente considerado em uma relação privada, o alcance jurídico dessa influência para a interpretação do direito privado e com isso sua repercussão para o conteúdo da decisão a ser tomada no caso concreto.[1039] Como visto, trata-se de questões da mais alta complexidade, que estão longe de serem resolvidas a partir do emprego de uma fórmula geral "mágica". Todavia, isso não impede que critérios possam ser desenvolvidos com vistas a agregar uma racionalidade às decisões, não apenas em prol da segurança jurídica, como igualmente do respeito à constituição e à unidade do ordenamento jurídico.

Parece não haver dúvidas de que a teoria da eficácia indireta abre ao aplicador do direito um amplo espaço de manobra, que é realizado no caso concreto por meio da interpretação das normas de direito privado.[1040] Isso deixa claro que a própria fundamentação consagrada pela sentença Lüth é objeto de preenchimento valorativo distinto com o passar dos tempos.[1041] A partir da referida sentença, o BVerfG consolidou o entendimento de que restrições à autonomia privada, como reconhecimento de uma eficácia horizontal indireta, repousam primariamente nas mãos do legislador.[1042]

Nessa conexão de elementos, os direitos fundamentais influem de forma evidente sobre o direito civil, já que nenhuma norma de conteúdo jurídico-civil deverá contrariá-los, sendo mandatório por sua vez que seja interpretada de acordo com o espírito da constituição.[1043] A partir do momento em que o BVerfG afirma que a constituição não pretende ser uma ordem neutra em valores,[1044] com sua influência se dando no direito civil sobretudo perante as prescrições de direito privado que contêm um direito imperativo e, portanto, dando forma a uma parte da ordem pública em sentido amplo,[1045] ele está acentuando que as normas de direito civil aplicáveis ao caso têm que guardar sintonia com os valores inerentes aos direitos fundamentais. É exatamente nesse ponto que surge a clássica

---

[1037] RUFFERT, M. *Vorrang*, p. 16.

[1038] Em geral, atrelados à teoria dos deveres de proteção do Estado.

[1039] RUFFERT, M. *Vorrang*, p. 16.

[1040] RUFFERT, M. *Vorrang*, p. 16.

[1041] LERCHE, P. *Grundrechtswirkungen*, p. 216; PIETZCKER, J. *DW*, p. 346.

[1042] UNRUH, P. *Dogmatik*, p. 70.

[1043] BVerfGE 7, 198 (205).

[1044] BVerfGE 7, 198 (205).

[1045] BVerfGE 7, 198 (206).

formulação de Dürig,[1046] acolhida pelo BVerfG na sentença Lüth,[1047] de que o meio para irradiação dos direitos fundamentais para as relações privadas seriam (ainda que não exclusivamente, como visto) as cláusulas gerais do direito civil, que serviriam como porta de entrada ou *pontos de irrupção* (*Einbruchstellen*) dos direitos fundamentais na esfera do direito privado. Nessa perspectiva, o juiz deverá examinar em que medida as disposições de direito civil que deve aplicar materialmente estão influenciadas pelos direitos fundamentais, levando em conta essa influência ao interpretar e aplicar a lei ao caso concreto.[1048]

Essa construção jurídica, caracterizadora da teoria da eficácia indireta, revela o papel do tribunal constitucional – e com isso a dimensão processual do problema – no sentido de examinar se os tribunais ordinários julgam com acerto o alcance e o efeito dos direitos fundamentais no âmbito do direito civil.[1049] Trata-se de matéria relativa à densidade do exame jurídico-constitucional praticado pelo tribunal constitucional frente a controvérsias civis, que não pode ser deixada de lado, sob pena de desprover de significado prático a questão da eficácia horizontal.

3.2.7 Densidade do exame do tribunal constitucional frente a controvérsias jurídico-privadas

Grande parte das novidades em matéria de direito constitucional, sobretudo aquelas que atingem outros âmbitos do direito, como em matéria de eficácia dos direitos fundamentais no âmbito jurídico privado, deve sua existência à implementação de uma jurisdição constitucional organizada, que ao precisar o conteúdo de preceitos constitucionais acaba por criar novas construções.[1050] A tarefa da investigação científica é, portanto, colaborar para o aprimoramento da jurisdição constitucional. A partir do momento em que a teoria da eficácia indireta estabelece como requisito para a transposição dos direitos fundamentais às relações privadas a intermediação de um órgão estatal, seja pela via do legislador, seja pelos tribunais, ela passa a se revestir de um aspecto processual indissociável. Esse aspecto diz respeito à densidade do exame do tribunal constitucional frente a controvérsias jurídico-privadas.

Com efeito, a análise dos limites de atuação de um tribunal constitucional é indispensável para que se compreenda o alcance da eficácia horizontal indireta, sob pena de a abordagem se despir de significado prático. Nesse ponto, a questão que se coloca é

[1046] DÜRIG, G. *Freizügigkeit*, p. 525, etl: "Os pontos de irrupção dos direitos fundamentais no direito civil são as normas carentes e passíveis de preenchimento valorativo constantes nos §§ 138, 242 e 826 do Código Civil". A saber, os §§ citados por Dürig em relação ao BGB dizem respeito respectivamente: § 138 (1), etl: "Um negócio jurídico que viola os bons-costumes é nulo"; § 242, etl: "O devedor está obrigado a cumprir a prestação, assim como o exija a boa-fé, em consideração aos costumes de tráfego"; § 826, etl: "Quem dolosamente causa dano a outro, de maneira contrária aos bons costumes, está obrigado a repará-lo".

[1047] BVerfGE 7, 198 (206), etl: "Por isso, as cláusulas gerais foram com razão designadas como pontos de irrupção dos direitos fundamentais no direito civil".

[1048] GARCÍA TORRES, J; JIMÉNEZ-BLANCO, A. Derechos, p. 30.

[1049] BVerfGE 7, 198 (207).

[1050] STARCK, C. *Schutzpflichten*, p. 65.

como se deve compreender a realização do princípio do Estado de direito na constituição quando o tribunal encarregado de dar a última palavra em matéria constitucional deriva decisões com força de lei (efeito vinculante) em assuntos de caráter eminentemente privado? A resposta a essa questão passa pela definição dos limites impostos à atuação de um tribunal constitucional no que diz respeito à aferição do efeito de irradiação dos direitos fundamentais aos negócios privados.

Nesse particular, o problema se divide em dois. Por um lado, examina-se a competência de controle do tribunal constitucional em face de decisões tomadas pelo legislador (e a partir daí também pela administração pública), exame que conduz a nítidas controvérsias quanto aos âmbitos de atuação do direito e da política. Por outro lado, examina-se a delimitação da competência decisória entre os tribunais especializados e o tribunal constitucional, exame que conduz a controvérsias no âmbito interno do próprio poder judiciário. Como visto, trata-se de problemas de natureza e complexidade diversas. No primeiro caso, busca-se uma linha demarcatória entre órgãos estatais de natureza completamente diversa; no segundo, o debate permanece em ambos os lados em torno de competências judiciais, ainda que em planos distintos.[1051]

O exercício de competências públicas carece de constitucionalização no sentido de legitimação e controle,[1052] razão pela qual nos dois casos se evidencia um problema de competências de atuação de órgãos estatais. A diferença que se faz marcante é que no primeiro há nítida vinculação do problema à questão de legitimação democrática, em que se coloca a questão do Estado judicial,[1053] que não se verifica no segundo. Isso porque na relação entre o legislador e o tribunal constitucional, a questão em torno da competência de atuação não é apenas voltada ao exame da conformidade de medidas estatais à constituição ou da busca de um achado jurídico ótimo, mas sim um problema fundamental do sistema de domínio formulado na constituição.[1054]

3.2.7.1 Densidade do controle exercido pelo tribunal constitucional em face de decisões tomadas pelo legislador

Toda questão em torno de limites costuma ter significado decisivo.[1055] Frente à jurisdição constitucional isso não é diferente. A questão relacionada com os limites de atuação do tribunal constitucional em face do exercício de competências legislativas aponta para um problema fundamental da jurisdição constitucional moderna.[1056] Isso porque a complexidade da relação entre a jurisdição constitucional e o legislador faz não se deixar reconhecer muitas vezes uma linha unitária clara que marque os limites do exercício de

---

[1051] OSSENBÜHL, F. *Gerichtsbarkeit*, p. 129.

[1052] MÜLLER-GRAFF, P. *Nizza*, p. 218.

[1053] BRYDE, B. *Verfassungsentwicklung*, p. 325.

[1054] OSSENBÜHL, F. *Gerichtsbarkeit*, p. 129.

[1055] KAUFMANN, E. *Grenzen*, p. 2, ponderando que o conhecimento de limites pertence à essência da própria pessoa, uma vez que a pessoa é o único ser que pode ter consciência acerca da existência de limites a sua atuação.

[1056] NIEBLER, E. *Einfluß*, p. 259ss, sobre a inflência do tribunal constitucional no direito privado.

competência de cada órgão. A consequência daí resultante é insegurança jurídica e uma previsibilidade de resultados carente de exatidão.[1057]

Ao longo dessa investigação restou demonstrado que um dos grandes desafios da jurisdição constitucional é trabalhar na guarda da constituição, sem, contudo, se converter em legislador ativo. Sem dúvida, trata-se de uma tarefa que em certas ocasiões adquire um elevado grau de complexidade, cujo desempenho satisfatório não prescinde de instituições desenvolvidas e devidamente equipadas e equilibradas. Em matéria de eficácia dos direitos fundamentais nas relações privadas, a questão que adquire destaque frente à densidade do controle exercido pelo do tribunal constitucional é se a obra do legislador privado logrou êxito em transportar o significado dos direitos fundamentais para as relações privadas.

Quanto mais o tribunal constitucional estiver pronto para respeitar o papel do legislador e da administração, vale dizer, quanto mais o tribunal conservar uma atitude reservada, quando ela for possível, tanto mais poderão ser evitados conflitos entre os respectivos órgãos, diminuindo assim os riscos de uma remoção de funções a favor da jurisdição constitucional.[1058] Como a atividade do tribunal constitucional se destina exclusivamente à conservação da constituição,[1059] é justamente o cumprimento estrito dessa tarefa que mantém o equilíbrio e a garantia da sua atuação ao longo dos tempos.

A doutrina converge no sentido de que o legislador é destinatário das regulamentações impostas pela constituição,[1060] de modo que a ele cabe a tarefa de regulamentar em seus pormenores as determinações constitucionais, assim como as restrições ao exercício de direitos fundamentais que eventualmente se façam necessárias, determinando seu alcance prático.[1061] Nessa acepção, cabe ao legislador a equalização proporcional dos interesses jurídico-fundamentais dos sujeitos privados por meio de regulamentações de caráter abstrato e genérico. A partir daí, a jurisprudência está vinculada primeiramente às configurações impostas pelo legislador ordinário, situação que adquire significado também para a aferição do controle exercido pelo tribunal constitucional frente às decisões proferidas pelas instâncias ordinárias em matéria civil. Trata-se da chamada primazia de vinculação da jurisprudência civil à lei (*Vorrang der Gesetzesbindung für die Zivilrechtsprechung*),[1062] que decorre em última análise do reconhecimento de uma primazia de conhecimento do direito privado e que visa a garantir a própria autonomia desse ramo do direito.[1063]

"Primeiramente" deve ser entendido como ponto de partida e não em caráter definitivo, haja vista que a vinculação primordial da jurisprudência à legislação ordinária não pode abafar a supremacia da constituição, cujas disposições vincularam diretamente

---

[1057] HESSE, K. *Kontrolle*, p. 541, destacando que a partir desse cenário surpresas são sempre esperadas.

[1058] HESSE, K. *Grundzüge*, Rn. 567.

[1059] HESSE, K. *Grundzüge*, Rn. 567.

[1060] HESSE, K. *Grundzüge*, Rn. 83; HERZOG, R. *GG Kommentar* (Art. 20 Abs. III GG), Rn. 26; SCHAPP, J. *Hauptprobleme*, p. 45; WAHL, R. *Vorrang*, p. 407; CLASSEN, C. D.. *DW*, p. 84ss; DIEDERICHSEN, U. *BVerfG*, p. 234s; MEDICUS, D. *Verhältnismäßigkeit*, p. 55s; HERMES, G. *GRschutz*, p. 1.767; OETER, S. *DW*, p. 547s.

[1061] HESSE, K. *Grundzüge*, Rn. 569.

[1062] RÖTHEL, A. *Richterhand*, p. 426s.

[1063] RÖTHEL, A. *Richterhand*, p. 429.

a totalidade dos órgãos estatais. Isso significa que em princípio não é dado aos tribunais passar por cima dessas configurações, impondo em seu lugar suas próprias considerações constitucionais, em uma atividade que representaria o esvaziamento da liberdade de configuração legislativa por meio de um direito judicial imposto.[1064] Trata-se, portanto, de uma espécie de primazia *prima facie* de aplicação do direito privado para a solução de controvérsias jurídico-civis.[1065] Essa primazia decorre não apenas da estrutura das normas de direito privado, que se revelam mais adequadas para a solução da maioria dos conflitos de natureza privada do dia a dia,[1066] como também das regras de competência da própria constituição, que conferem ao legislador a legitimidade para a regulamentação das matérias aí pertinentes.

Nesse passo, há duas situações que atenuam essa chamada primazia de vinculação dos tribunais à obra do legislador ordinário. A primeira se dá quando há uma transferência consciente por parte do legislador do seu espaço de configuração jurídica à jurisprudência (delegação de faculdades de conformação do direito);[1067] a segunda se dá frente a prática de uma interpretação conforme a constituição,[1068] que igualmente desempenha um papel de destaque no marco da teoria da eficácia indireta. Aqui, cabe destaque particular para a primeira situação. Essa transferência do espaço de configuração jurídica aos tribunais diz respeito ao emprego de cláusulas gerais ou de conceitos jurídicos indeterminados.[1069] A doutrina já alertou que a prática jurídica deve se acostumar ao fato de as cláusulas gerais servirem como autorização para a conformação judicial.[1070] Os motivos para o que se costuma chamar de delegação de conformação do direito (*Rechtsbildungsdelegation*) são os mais variados possíveis e as exigências que a partir daí se colocam perante os juízes são por essa razão diferentes.[1071] Fato é que nem sempre o legislador consegue cobrir com sua obra a totalidade dos casos que se apresentam para regulação, desempenhando as cláusulas gerais um papel relevante nesse particular como instrumento flexível na busca de soluções apropriadas.

Sem prejuízo dessas situações particulares, tem-se que o modelo que valoriza a aplicação do direito privado para a solução de controvérsias jurídico-civis não fere a constituição, tampouco a unidade do ordenamento jurídico. Enquanto a vinculação do legislador

---

[1064] HESSE, K. *Grundzüge*, Rn. 83; CANARIS, C. *GRGR (AcP)*, p. 231; WAHL, R. *Vorrang*, p. 407; KRAUSE, P. *Rechtsprechung*, p. 659s; RÖTHEL, A. *Richterhand*, p. 426; HERMES, G. *GRschutz*, p. 1.765.

[1065] RÖTHEL, A. *Richterhand*, p. 424ss.

[1066] DI FABIO, U. *Recht*, p. 67.

[1067] IPSEN, J. *Richterrecht*, p. 63ss.

[1068] HERZOG, R. *GG Kommentar* (Art. 20 Abs. III GG), Rn. 27; RÖTHEL, A. *Richterhand*, p. 427.

[1069] A distinção entre cláusulas gerais e conceitos jurídicos indeterminados não é relevante para este estudo já que ambos são utilizados como porta de entrada dos direitos fundamentais no direito privado. Por terem em comum o fato de serem normas jurídicas de caráter nitidamente abstrato, a ausência de uma distinção não ofusca a constatação de que ambos ilustram o fenômeno ora analisado, que é a delegação pelo legislador à jurisprudência de um espaço de conformação do direito. Contudo, isso não significa que a doutrina não ofereça diferenciações de caráter variado, seja do ponto técnico-jurídico seja teórico-jurídico. V. IPSEN, J. *Richterrecht*, p. 65; WEBER, R. *Gedanken*, p. 522ss; JESCH, D. *Rechtsbegriff*, p. 181ss.

[1070] ESSER, J. *Grundsatz*, p. 65.

[1071] IPSEN, J. *Richterrecht*, p. 64, destacando entre eles o papel constitutivo da jurisprudência na conformação do direito ao lado da legislação.

aos direitos fundamentais estatui uma espécie de primazia de aplicação do direito ordinário para a solução de controvérsias jurídico-civis, a vinculação dos órgãos estatais à constituição exige que a ordem jurídica total se situe em harmonia com a constituição.[1072] Trata-se do reconhecimento de que o legislador tem o dever de trazer a situação jurídica que se lhe apresenta em harmonia com a constituição.[1073] A favor dessa perspectiva fala também o princípio do Estado de direito,[1074] ao prever a segurança jurídica como mandamento da confiabilidade e calculabilidade do ordenamento jurídico privado,[1075] em que a proteção jurídica é efetivada pela reserva de lei.[1076] É por essa razão que o desenvolvimento da constituição no direito privado toca ao legislador, pois somente um compromisso entre essa necessidade de confiabilidade e calculabilidade da ordem jurídico-privada torna possível a obtenção dos fundamentos para a autonomia privada e para a equalização de interesses em conformidade com a constituição.[1077] Uma ordem jurídica que ignora essa realidade e que se omite de remeter à lei a configuração das diversas liberdades de atuação privadas, cedendo desde o início a tarefa de concretização constitucional aos tribunais, acaba por cair em conflito com o próprio princípio do Estado de direito.[1078]

Todas essas considerações dão conta de que o tribunal constitucional deve agir com uma conduta marcada pela *autorrestrição*, ao avaliar se o legislador cumpriu seu mandamento constitucional de transpor para as regulamentações privadas o significado dos direitos fundamentais. Trata-se de uma postura que encontra expressão a partir da noção de mandamento de autorrestrição judicial (*judicial self-restraint*)[1079] dirigido ao tribunal constitucional. Esse mandamento, na forma de um princípio jurídico, não significa uma diminuição ou um enfraquecimento das suas competências de atuação.[1080] Isso porque as competências de atuação dos órgãos constitucionais estão estabelecidas pela própria constituição. A ideia por ele transmitida é que o tribunal constitucional deve renunciar à "prática de política" (*Verzicht "Politik zu treiben"*), ou seja, não intervir nos espaços criados pela constituição para a configuração política do legislador.[1081] O mandamento de autorrestrição judicial visa, portanto, a garantir aos outros órgãos constitucionais um espaço aberto de livre configuração política nos limites permitidos pela constituição.[1082]

[1072] RÖTHEL, A. *Richterhand*, p. 425.

[1073] BVerfGE 90, 263 (276).

[1074] HERZOG, R. *GG Kommentar* (Art. 20 Abs. I GG), Rn. 27.

[1075] RÖTHEL, A. *Richterhand*, p. 426.

[1076] HERZOG, R. *GG Kommentar* (Art. 20 Abs. III GG), Rn. 57.

[1077] KRAUSE, P. *Rechtsprechung*, p. 660.

[1078] RÖTHEL, A. *Richterhand*, p. 426.

[1079] A formulação clássica do mandamento de autorrestrição judicial (*judicial self-restraint*) ocorreu na doutrina constitucional norte-americana, sobretudo a partir da obra de James B. Thayer, Professor da Universidade de Harvard, datada de 1893. V. THAYER, J. *Origin*, p. 129ss; KRIELE, M. *Gestaltungsspielraum*, Rn. 8ss, ponderando que o desenvolvimento posterior da teoria tanto nos Estados Unidos quanto nos países de tradição romano-germânica se apartou em certa medida do seu desenvolvimento original, considerado uma "posição radical" (Rn. 12ss.). V. ainda SCHENKE, W. *Umfang*, p. 1.324ss; HEYDTE, F. *S-Restraint*, p. 911.

[1080] BVerfGE 36, 1 (14).

[1081] BVerfGE 36, 1 (14).

[1082] BVerfGE 36, 1 (14s).

Essa postura de autorrestrição judicial, que revela uma atitude de autolimitação (*Selbstbeschränkung*) judicial do tribunal constitucional[1083] é saudada de forma preponderante pela literatura especializada.[1084] Em sintonia com essa perspectiva, a doutrina clássica informa que o mandamento de autorrestriçãojudicial é o *elixir da vida* (*Lebenselexier*) da jurisprudência do tribunal constitucional,[1085] valendo sobretudo quando se deve dar ao legislador, legitimado diretamente pelo povo no curso do controle jurídico-constitucional, prescrições para a conformação positiva da ordem social.[1086] Isso significa que o tribunal constitucional não pode como cada político trazer para si problemas particularmente encantadores e dessa maneira configurar a vida constitucional, de modo que sua atuação se dá para corrigir violações estatais quando posições jurídico constitucionais são efetivamente afetadas.[1087] Tal assertiva justifica-se também pelo fato de que a própria constituição, como visto, não pode ter a pretensão de determinar a normatividade por completo de cada decisão judicial especializada. A vinculação constitucional a que a política está submetida no Estado democrático é, pois, uma vinculação jurídica.[1088]

O lado reverso da questão da autorrestrição do tribunal constitucional é marcado pelo fato de que os seus limites fluidos permitem que essa postura venha a ser deixada de lado a qualquer tempo, situação que não raro é visualizada na prática.[1089] O critério para tanto é o grau de indisposição (mal-estar) do tribunal com a situação, bem como o sentimento do dever de ajudar, situação que não obstante revela-se como compreensível, permanece subjetiva e, com isso, discricionária.[1090] Essa situação fomenta uma série de críticas na doutrina voltadas à compreensão desse mandamento. Essas críticas reconduzem de forma geral à circunstância de que a prática de autorrestrição pelo tribunal constitucional se revela na forma de uma fórmula vaga, sem conteúdo e contornos nítidos que por essa razão pouco contribui para a delimitação de suas competências de exame, ameaçando a própria autoridade do tribunal, dado o elevado grau de subjetividade a que está sujeita.[1091] O ponto básico dessa crítica é que a autorrestrição judicial ingressaria em contradição como a própria função da jurisdição constitucional, uma vez que a constituição vedaria todo e qualquer recuo da competência de exame desse órgão constitucional.[1092] Assim, o resultado não passaria de uma autorrestrição do tribunal variável de caso a caso, conforme a avaliação subjetiva do corpo julgador.[1093]

[1083] SCHLAICH, K; KORIOTH, S. *BVerfG*, Rn. 505ss.

[1084] Ptd, v. STERN, K. *Staatsrecht* III/2, p. 1.711.

[1085] LEIBHOLZ, G. *Prinzipien*, p. 119.

[1086] BVerfGE 39, 1, (69s.).

[1087] BENDA, E. *BVerfG*, p. 5.

[1088] GRIMM, D. *Verfassung und Politik*, p. 183s.

[1089] RENNERT, K. *Verfassungswidrigkeit*, p. 13. Uma análise crítica dos procedimentos de formação das decisões do BVerfG, fundada em uma pesquisa contendo dados estatísticos a partir de análise de casos, que de certa forma confirma essa realidade, pode ser vista em PHILIPPI, K. *Tatsachenfeststellungen*, p. 1ss.

[1090] RENNERT, K. *Verfassungswidrigkeit*, p. 13.

[1091] SCHLAICH, K; KORIOTH, S. *BVerfG*, Rn. 505; HEUN, W. *Schranken*, p. 11s; BÖCKENFÖRDE, E. *GRdogmatik*, p. 64.

[1092] HEUN, W. *Schranken*, p. 12.

[1093] BÖCKENFÖRDE, E. *GRdogmatik*, p. 64.

Essa crítica pode ser contemplada na seguinte perspectiva. A ampliação da vigência dos direitos fundamentais, sobretudo a partir do reconhecimento do conteúdo jurídico--objetivo desses direitos, consolida-se em sede de jurisdição constitucional. Isso implica necessariamente uma ampliação da atuação do tribunal constitucional, que em determinados casos pode entrar em conflito com o espaço de configuração legislativa destinado ao legislador, ou seja, um típico conflito de competências. Uma assertiva dura, porém não equivocada em sua plenitude, diria que no momento em que se deseja um aumento de vigência dos direitos fundamentais, há que se desejar simultaneamente um aumento na atuação interventiva do tribunal constitucional e com isso um aumento potencial nesse conflito de competências.[1094] Isso parece de certo modo até inevitável. Evitável, contudo, é que determinados limites sejam ultrapassados, a fim de que as diferentes funções estatais possam ser exercidas sobre um mínimo grau de harmonia e independência.

Nesse passo, a exigência de um *self-restraint* judicial não pode descuidar a vinculação do tribunal constitucional à constituição, já que sua atividade tem que se orientar pelas tarefas normalizadas jurídico-constitucionalmente, que dependendo do caso podem reclamar uma intervenção decisiva.[1095] Todavia, ciente de que ao tribunal constitucional não é permitido se desengajar de sua função de guarda da constituição, anota-se que ele não poderá intervir demasiadamente no espaço de apreciação política do legislador democraticamente eleito, caso esse espaço seja compatível com os ditames constitucionais.[1096] Recomenda-se assim que a jurisdição constitucional pratique um determinado grau de *self*-restraint em prol de sua própria efetividade, decorrente da abertura estrutural da constituição.[1097] Encontrar essa medida é uma das grandes tarefas de qualquer ordem jurídica democrática. Atitude contrária conduziria àquilo que aqui foi referido como Estado de justiça de características asfixiantes, missão que nenhum tribunal constitucional que faz jus ao nome gostaria de ser chamado a cumprir. Se essa regra for ignorada, corre-se o risco de o Estado de direito se converter em um *Estado jurisdicional*,[1098] em que a segurança jurídica não tem lugar.[1099]

Um dos grandes problemas na relação entre o legislador e a jurisdição constitucional é que as críticas costumam surgir sempre em maior medida do que a ajuda. O papel da doutrina e da jurisprudência não deve se voltar à tentativa de construção de limites fixos de atuação para cada órgão, pelo fato de inexistir uma regra geral que se adapte à totalidade de situações possíveis. Isso seria desde o início equivocado,[1100] aspecto que se deixa constatar já a partir da análise da natureza de um direito fundamental. Como norma abstrata, carente de concretização e de preenchimento valorativo, torna-se difícil prever de antemão o que sig-

---

[1094] BÖCKENFÖRDE, E. *GRdogmatik*, p. 66s.

[1095] HESSE, K. *Grundzüge*, Rn. 570, ponderando que há necessidade de soluções diferenciadas de acordo com o caso concreto.

[1096] STERN, K. *Staatsrecht* III/2, p. 1.712.

[1097] SCHNEIDER, H. *Verfassungsinterpretation*, p. 44. EN, v. MENDES, G. *DF*, p. 462.

[1098] STERN, K. *Staatsrecht* III/2, p. 1.712.

[1099] Conforme noticia HESSE, K. *Kontrolle*, p. 559, o preço de um controle jurídico-constitucional ilimitado por parte do tribunal constitucional é o de conversão de um Estado democrático em um Estado jurisdicional, ou seja, um preço alto demais a ser pago.

[1100] HESSE, K. *Kontrolle*, p. 541.

nifica para a totalidade dos casos em que se apresenta. Nesse ponto, a questão da autorrestrição do tribunal constitucional não deve ser vista como um momento subjetivo, imposto por fora, como um elemento essencialmente estranho à constituição, mas sim como uma exigência da própria constituição, com fundamento em sua específica estrutura normativa.[1101]

Portanto, a questão não deve ser colocada de modo radical no sentido de saber em quem os cidadãos confiam mais, se no legislador ou no tribunal constitucional.[1102] A dogmática constitucional decide de certa forma essa questão, ao afirmar que o legislador é o representante político dos cidadãos, enquanto o tribunal constitucional é o representante argumentativo.[1103] Importante é não perder de vista que aquilo que todos esperam de um tribunal constitucional é que suas decisões não sejam tomadas de forma arbitrária, mas que pelo contrário se deixem derivar de preceitos da constituição e fundamentar racionalmente.[1104] Como se percebe, essas características dizem respeito em primeira linha ao modo pelo qual se compõem os poderes públicos e não dizem nada a respeito de como decidir matéria que toca à teoria e à práxis da democracia militante[1105] e, por assim dizer, aos limites funcionais de cada poder.[1106]

Nesse universo de considerações, a questão da autorrestrição judicial não é uma matéria estranha ao BVerfG,[1107] que coloca esse princípio no centro de suas considerações quando entende necessário,[1108] circunstância que deve *inspirar* a jurisdição constitucional pátria. Levando-se em conta que de maneira geral nem a constituição, tampouco a legislação ordinária, traçam limites claros e específicos quanto à atuação dos órgãos constitucionais, o reconhecimento e a determinação desses limites acabam por se constituir em tarefa do próprio tribunal constitucional,[1109] que deve exercê-la com alto grau de responsabilidade. Nesse tópico, a fonte de inspiração no modelo alemão revela-se sobretudo a partir de uma constatação que cada vez salta mais aos olhos quando focada na realidade brasileira: a inviabilidade de cumulação em um mesmo órgão das jurisdições ordinária e constitucional.

A convivência entre sistemas de controle de constitucionalidade distintos é uma tarefa por si só difícil[1110] e problemática.[1111] Por razões de segurança jurídica, o controle monopolizado (centralizado ou concentrado) de constitucionalidade das normas, como

---

[1101] SCHNEIDER, H. *Verfassungsinterpretation*, p. 44.

[1102] Questão formulada por BÖCKENFÖRDE, E. *GRdogmatik*, p. 73.

[1103] ALEXY, R. *Grundrechte*, p. 35.

[1104] PHILIPPI, K. *Tatsachenfeststellungen*, p. 1.

[1105] PAPIER, H; DURNER, W. *Streitbare*, p. 340ss.

[1106] HEUN, W. *Schranken*, p. 13ss.

[1107] A doutrina informa que em uma das primeiras ocasiões em que o BVerfG se deparou com o princípio da autorrestrição judicial foi em 1955, por ocasião da chamada decisão sobre o Estatuto de Saarland (BVerfGE 4, 157), que analisou a constitucionalidade do tratado internacional que acertou a anexação do Estado de Saarland à Alemanha. Nos fundamentos da decisão, o BVerfG argumentou que a situação política de partida, vale dizer, a realidade política a partir da qual o tratado cresceu, não pode ser perdida de vista pelo tribunal [BVerfGE 4, 157 (168)]. Comentando essa decisão, v. HEYDTE, F. *S-Restraint*, p. 910.

[1108] Sobre o tema, v. relatórios de KAUFMANN, E. *Grenzen*, p. 1ss. e DRATH, M. *Grenzen*, p. 17ss.

[1109] HEYDTE, F. *S-Restraint*, p. 914.

[1110] MENDES, G. *DF*, p. 328.

[1111] MARTINS, L. *Proporcionalidade*, p. 203.

praticado na Alemanha, é mais eficaz que o chamado controle difuso, exercido no Brasil.[1112] Com isso não se quer dizer que deva existir um monopólio de exame de questões constitucionais por parte do órgão encarregado de zelar pela guarda da constituição. O que se defende em última análise é que esse órgão detenha o chamado *monopólio de rejeição* (*Verwerfungsmonopol*), ou seja, somente um tribunal constitucional deve deter a prerrogativa de julgar e declarar a inconstitucionalidade de uma norma.[1113] Assim, o exame da constitucionalidade pode ser compartilhado entre as diferentes jurisdições, enquanto a possibilidade de rejeição de uma norma em face de sua eventual incompatibilidade com a constituição deve ser tarefa exclusiva da jurisdição constitucional, vale dizer, de um tribunal especializado.[1114]

O principal motivo para tanto se verifica pela uniformidade da jurisdição e pela maior segurança jurídica transmitida por esse modelo não cumulado de jurisdições.[1115] Ao contrário do controle monopolizado de constitucionalidade, o difuso encerra a possibilidade de que uma única norma seja considerada constitucional em um processo e inconstitucional em outro. O problema agrava-se quando se leva em conta o fato de que costuma decorrer muito tempo até a definição irrecorrível em última instância, período no qual reinará considerável incerteza acerca da situação jurídica, bem como a tomada de tratamento desigual das partes no processo.[1116] Além disso, o controle monopolizado de constitucionalidade traduz um respeito ao legislador democraticamente eleito, o qual não se deseja submeter ao controle de um tribunal ordinário, mas ao de maior hierarquia, colocado ao nível de um órgão estatal supremo[1117] com dupla função: tribunal e órgão constitucional.[1118]

Ademais, a complexidade das relações sociais faz a atividade legiferante ter cada vez mais sua atuação voltada para o futuro.[1119] O poder legislativo tende a trabalhar em vista disso cada vez mais com prognoses,[1120] sendo que a correspondente apreciação constitu-

---

[1112] Essa é a conclusão a que também chega FERREIRA F. *Curso*, p. 64s, ponderando que o controle difuso de constitucionalidade como praticado no Brasil tem a desvantagem de ensejar por muito tempo a dúvida sobre a constitucionalidade, visto que diversos juízes são chamados a apreciar a mesma questão constitucional e podem ter opinião divergente, o que acarretará decisões que se contradizem entre si, não em relação à interpretação conforme a constituição, mas em relação à própria validade do ato impugnado.

[1113] Concepção defendida com vigor por KELSEN, H. *Wesen*, p. 48.

[1114] No controle concreto de constitucionalidade de normas praticado na Alemanha (regulado no art. 100 I LF), a partir do instante em que um tribunal ordinário considera que uma norma que se mostra decisiva para a solução do caso é inconstitucional, o processo é suspenso – ou seja, o juízo ordinário não declara a inconstitucionalidade da norma – e os autos são apresentados ao tribunal constitucional, em um procedimento denominado de "apresentação judicial" (*Richtervorlage*), a fim de que este decida se a norma em questão é constitucional ou não. Aprofundando o tema, v. HEUN, W. *Richtervorlagen*, p. 610ss; STERN, K. *BVerfG*, p. 223ss. EN, estudando o tema, v. MENDES, G. *Jurisdição* 114ss; HECK, L. *TCF*, p. 132ss; MORAES, A. *Jurisdição*, p. 152ss.

[1115] GRIMM, D. *Verfassung und Politik*, p. 206.

[1116] GRIMM, D. *Verfassung und Politik*, p. 207.

[1117] GRIMM, D. *Verfassung und Politik*, p. 206.

[1118] BENDA, E. *BVerfG*, p. 2.

[1119] GRIMM, D. *Verfassung und Politik*, p. 207.

[1120] STERN, K. *Staatsrecht* III/2, p. 1.711. Conforme noticia BRYDE, B. *Verfassungsentwicklung*, p. 348, na prática, a atitude de autocontenção do tribunal constitucional é expressada frequentemente pelo reconhecimento ao legislador de um espaço de prognose em sua esfera de regulamentação.

cional passa a depender do quão acertadas são tais suposições no que diz respeito a seu real desenvolvimento futuro, no âmbito da regulamentação normativa.[1121] Isso adquire significado particularmente quando se analisa que grande parte da implementação dos direitos fundamentais nas relações privadas se dá por meio da perspectiva dos deveres de proteção do Estado, em que a forma pela qual a proteção é desempenhada – inclusive no tráfego jurídico privado – leva em conta justamente essa questão de prognoses legislativas. Nesse sentido, a jurisdição constitucional é uma garantia judicial da constituição, como elo no sistema de medidas técnico-jurídicas que têm por finalidade assegurar o exercício das funções estatais em conformidade com o direito.[1122] E é justamente a jurisdição constitucional especializada que detém as melhores condições para tanto, haja vista que um tribunal constitucional, por sua estrutura[1123] peculiar e natureza de suas funções,[1124] é um órgão que detém visão de conjunto, indispensável para a análise de tais questões.

Gize-se que o direito é a meta da política[1125] e a jurisdição constitucional cria direito.[1126] Esse caráter criador reclama, portanto, um instrumentário adequado capaz de valorar as suposições do legislador e de graduar a intensidade do exame e das consequências jurídicas[1127] e políticas[1128] daí decorrentes. Em suma, apenas um tribunal constitucional devidamente estruturado pode realizar de modo adequado a complexa tarefa de servir como instrumento adicional de equilíbrio dos poderes,[1129] obrigando o legislador a uma correção posterior caso o desenvolvimento de suas prognoses decorra de forma divergente, gerando inconstitucionalidade[1130]. Nessa direção, a cumulação de jurisdições constitucional e ordinária em um mesmo órgão gera uma série de problemas que afetam a funcionalidade da vida jurisdicional como um todo, particularmente quando o assunto é direitos fundamentais e direito privado, levando-se em conta a constante necessidade de avaliação da transposição dos critérios de valor da constituição para a legislação privada.

Do exposto, tem-se que compreensão do princípio do Estado de direito na constituição passa pela ideia central de uma concepção moderna de divisão de poderes. Essa ideia consiste na associação de tarefas estatais a órgãos diferentemente estruturados, sendo que a estrutura de cada órgão deve se adequar e se direcionar ao exercício das competências a ele reservadas.[1131] Daí se depreende que o poder judiciário, em todas as suas manifestações, está vinculado tanto à legislação ordinária quanto à constituição. Trata-se de aspecto ligado à própria proteção institucional dos direitos fundamentais.[1132] Todavia, dos princí-

---

[1121] GRIMM, D. *Verfassung und Politik*, p. 207.
[1122] KELSEN, H. *Wesen*, p. 30.
[1123] HECK, L. *TCF*, p. 105ss.
[1124] SOUZA JR. *Tribunal*, p. 118ss.
[1125] GRIMM, D. *Recht und Politik*, p. 504.
[1126] LLORENTE, F. R. *Forma*, p. 491s.
[1127] GRIMM, D. *Verfassung und Politik*, p. 207.
[1128] LLORENTE, F. R. *Forma*, p. 546.
[1129] BENDA, E. *BVerfG*, p. 3.
[1130] GRIMM, D. *Verfassung und Politik*, p. 207.
[1131] HEUN, W. *Schranken*, p. 13.
[1132] MORAES, G. P. *Curso*, p. 188s.

pios jurídico-fundamentais da separação de poderes e do Estado de direito decorre uma espécie de primazia *prima facie* de vinculação da jurisprudência civil à legislação (civil) ordinária, de modo que em princípio apenas uma delegação consciente do espaço de configuração legislativa, por meio de formulações de caráter aberto do direito ordinário, permite que a jurisprudência recorra à constituição para fim de configuração do direito.[1133] Ao tribunal constitucional cabe nesse sentido observar da forma mais larga possível o modo pelo qual o legislador decidiu transportar o conteúdo valorativo da constituição para as relações privadas, o que só é possível mediante um pensamento de *convergência* do direito privado para a constituição. Isso dá ensejo para a análise de uma segunda perspectiva de exame, que é o da densidade de controle exercido pelo tribunal constitucional em face das decisões proferidas pelas instâncias ordinárias em matéria civil.

3.2.7.2 Densidade do controle exercido pelo tribunal constitucional em face de decisões proferidas pelas instâncias ordinárias em matéria civil

Sob a perspectiva da teoria da eficácia horizontal indireta, o problema da *Drittwirkung*, para ganhar significado prático, carece da compreensão do modo pelo qual é reconhecido e levado a efeito pelos tribunais. Decisiva, portanto, é a compreensão da densidade de controle praticada pelo tribunal constitucional em face das decisões proferidas pelas instâncias ordinárias. A questão que se coloca nessa oportunidade é quais critérios devem ser praticados pelo tribunal constitucional para avaliar se os tribunais ordinários lograram êxito em compreender o chamado efeito de irradiação dos direitos fundamentais para o âmbito privado em matéria civil.

O ponto de partida das considerações tecidas frente à densidade do controle exercido pelo tribunal constitucional em face das decisões proferidas pelos tribunais civis é a relação de tensão que existe entre dois aspectos distintos: a preocupação em torno da preservação dos direitos fundamentais nas relações privadas e o risco de se converter o tribunal constitucional em uma superinstância revisora.[1134] Consenso há no sentido de que se trata de duas preocupações relevantes. Particularmente, no que tange à segunda delas, cumpre destacar o entendimento majoritário da doutrina no sentido de que o tribunal constitucional não pode se colocar no papel de uma superinstância revisora,[1135] capaz de ser ativado toda a vez que um tribunal ordinário, particularmente em matéria civil, aplica ou interpreta de modo equivocado uma norma empregada para a solução do caso a ele

---

[1133] RÖTHEL, A. *Richterhand*, p. 429.

[1134] Aprofundando o tema, v. JESTAEDT, M. *Verfassungsrecht*, p. 1.309ss. ROZEK, J. *Abschied*, p. 517ss, sobre a questão da sobrecarga do tribunal constitucional à luz do crescente número de recursos constitucionais que lhe são submetidos anualmente,. SEEGMÜLLER, R. *Probleme*, p. 738ss, sobre os pressupostos de admissão do recurso constitucional.

[1135] DÜRIG, G. *Verwirkung*, p. 516; HESSE, K. *Grundzüge*, Rn. 427; DIEDERICHSEN, U. *BVerfG*, p. 257ss; HERZOG, R. *BVerfG*, p. 434ss; ALEXY, R. *Verfassungsrecht*, p. 12; SCHLAICH, K; KORIOTH, S. *BVerfG*, Rn. 283ss; ALLEWELDT, R. *BVerfG*, p. 211ss; SCHUPPERT, G. *Nachprüfung*, p. 45; BRYDE, B. *Verfassungsentwicklung*, p. 313s; RENNERT, K. *Verfassungswidrigkeit*, p. 13; GARCÍA TORRES, J; JIMÉNEZ-BLANCO, A. *Derechos*, p. 15ss.

submetido. Trata-se de um entendimento que é reconhecido expressamente pelo BVer-fG.[1136] Em verdade, forma-se um dilema que há muito foi sintetizado pela sentença Lüth, no sentido de que o tribunal constitucional não deve se tornar ativo como superinstância revisora, ao mesmo tempo em que não pode prescindir de maneira geral do exame posterior de tais sentenças, de forma a passar ao largo do desconhecimento de normas e parâmetros jurídico-constitucionais.[1137]

O foco dessa análise deve ser a ciência de que a constituição não pode ser vista como um documento capaz de conter em si toda a ordem jurídica, hipótese que invariavelmente faria o tribunal encarregado de dar a última palavra em sede de jurisdição constitucional se converter em uma superinstância revisora, contraindo para si o indesejado papel de *tribunal civil supremo (oberstes Zivilgericht)*.[1138] A conclusão acerca da atribuição desse referido órgão é formulada por Robert Alexy[1139] de um modo irretocável, conquanto peculiar: "seria um *Moloch* devorador de duas vítimas: os outros poderes e a si próprio".

Esse quadro revela que a questão da eficácia horizontal encerra em si uma grande dificuldade de cunho processual[1140]. No momento em que o tribunal constitucional se converte em superinstância revisora, sua atuação torna-se incompatível com a distribuição de tarefas constitucionalmente delimitadas, entre ele e os tribunais especializados[1141]. Está-se aqui diante do considerável perigo de uma avalanche de ações temerárias submetidas ao tribunal constitucional, cuja consequência seria um intolerável congestionamento de funções[1142], difícil de ser controlado na prática. Se por um lado o recurso constitucional deve ser compreendido como um remédio jurídico extraordinário – como o próprio nome consagrado no direito pátrio sugere –, e não como um recurso "adicional" (*zusätzlicher*),[1143] por outro, o reconhecimento de uma eficácia dos direitos fundamentais nas relações privadas e com isso de uma carência de proteção jurídico-fundamental nesse âmbito jurídico, acaba por acarretar inevitavelmente um aumento na carga de trabalho dos tribunais constitucionais e principalmente uma certa inovação na natureza das matérias a eles submetidas, "impregnadas" de conteúdo jurídico-civil por força da realidade social.[1144]

De fato, inerente à atuação de grande parte dos tribunais constitucionais dos países de tradição democrática é a presença da questão de se e em que medida esses tribunais têm que examinar fatos relevantes para a aplicação de direitos fundamentais ou se devem con-

---

[1136] BVerfGE 7, 198 (207); 18, 85 (92); 49, 304 (314); 52, 131 (157); 76, 143 (162).

[1137] BVerfGE 7, 198 (207).

[1138] DIEDERICHSEN, U. *BVerfG*, p. 257ss, oportunidade em que dirige duras críticas à possibilidade de conversão do tribunal constitucional em superinstância revisora, sobretudo na hipótese de atuação do tribunal constitucional na solução de conflitos jurídico-civis.

[1139] ALEXY, R. *Verfassungsrecht*, p. 12, embora não concorde que o desenvolvimento constitucional verificado nos últimos cinquenta anos seja marcado por uma *sobreconstitucionalização*.

[1140] RÜFNER, W. *DW*, p. 226ss, sobre as consequências processuais oriundas do reconhecimento de uma eficácia dos direitos fundamentais no âmbito jurídico-privado.

[1141] HESSE, K. *Grundzüge*, Rn. 427.

[1142] KELSEN, H. *Wesen*, p. 73s.

[1143] SCHLAICH, K; KORIOTH, S. *BVerfG*, Rn. 283.

[1144] DUQUE, M. S. *DF e Direito Privado*, p. 87ss.

fiar a determinação desses fatos às instâncias ordinárias.[1145] Aqui se mantêm presentes as mesmas críticas tecidas no tópico acima no que tange à cumulação no modelo pátrio das jurisdições constitucional e ordinária em um mesmo órgão. A análise que ora se inicia visa ao aperfeiçoamento do modelo vigente no Brasil, com base na jurisprudência do BVerfG.

O critério adotado pelo tribunal constitucional quanto à densidade do exame em matéria de direitos fundamentais é resumido da seguinte forma: quanto mais intensamente o âmbito de proteção de um determinado direito fundamental é colocado em questão, mais intensivo se torna o exame jurídico constitucional.[1146] Nesse sentido, o exame proferido pelo tribunal constitucional não se limita à verificação de uma incorreta concepção do significado de um direito fundamental, podendo referir-se até mesmo a erros de interpretação isoladamente considerados, quando decisivos para a determinação do alcance da percepção em torno do seu âmbito de proteção.[1147] Por se tratar de uma orientação geral, uma especificação dos seus contornos se torna necessária, o que é feito a partir de uma análise à luz da jurisprudência do BVerfG.

De acordo com a jurisprudência constante do BVerfG, as decisões proferidas pelos tribunais ordinários em matéria civil somente podem ser examinadas pelo tribunal constitucional em medida limitada.[1148] Ademais, a constituição não descreve o modo pelo qual uma solução de controvérsia civil deve ser vista como "correta".[1149] Além disso, o próprio sentido do recurso constitucional, assim como a tarefa particular do tribunal constitucional, não seriam plenamente atingidos, caso esse órgão viesse a atuar de maneira semelhante a uma instância revisora. Por essa razão, um exame jurídico ilimitado das matérias submetidas ao tribunal constitucional, sobretudo no âmbito jurídico-civil, não se faz desejável, pelo fato de uma decisão ter eventualmente tocado direitos fundamentais.[1150] Nessa linha, vários aspectos devem ser levados em consideração.

Os direitos fundamentais, como é sabido, vinculam não apenas o legislador no que diz respeito à configuração do seu conteúdo. Os tribunais ordinários têm por sua vez que observar os limites impostos pela constituição por ocasião da interpretação e aplicação do direito. Importa aqui que frente à interpretação e aplicação das leis seja alcançada uma ponderação de interesses sobre fundamentos constitucionais, que garanta a proteção dos institutos garantidos na constituição, evitando restrições desproporcionais.[1151] Contudo, o tribunal constitucional examina as decisões proferidas pelos tribunais ordinários em sede de controvérsias jurídico-civis apenas em extensão limitada. A determinação e apreciação do conjunto de fatos, a interpretação do direito ordinário, assim como sua aplicação no caso concreto constituem deveres dos tribunais competentes.[1152]

[1145] BLECKMANN, A. *Staatsrecht*, p. 199.

[1146] BÖCKENFÖRDE, E. *GRdogmatik*, p. 33.

[1147] BÖCKENFÖRDE, E. *GRdogmatik*, p. 33.

[1148] BVerfGE 18, 85 (92s); 22, 93 (98s); 32, 311 (316); 42, 143 (147ss); 49, 304 (314); 52, 131 (172); 110, 226 (270); BVerfGE (NJW 1997, p. 2.509s).

[1149] BVerfGE 42, 143 (148); 49, 304 (314).

[1150] BVerfGE 49, 304 (314).

[1151] BVerfGE 79, 292 (303).

[1152] BVerfGE 18, 85 (92); 30, 173 (196s); 32, 311 (316).

Uma decisão proferida por um tribunal civil é cassada pelo tribunal constitucional quando ela viola direito constitucional (específico), quando as equivocadas interpretação e aplicação do direito residem em uma violação a direito fundamental.[1153] Essa afirmação, contudo, encerra uma dificuldade muito maior do que a primeira vista pode parecer, sobretudo em face da relação entre o direito constitucional e o direito civil. Nessa linha, não se pode fugir da realidade de que as controvérsias de natureza jurídico-civil submetidas ao exame do tribunal constitucional têm em comum o fato de terem que ser decididas em correspondência com as prescrições dominantes nesse ramo do direito, ou seja, normas de direito privado.[1154] Entretanto, tal realidade requer o desenvolvimento de uma dogmática adequada no que tange às possibilidades de controle pelo tribunal constitucional. Isso porque a interpretação e a aplicação do direito ordinário são em princípio assunto das instâncias especializadas, de modo que estão subtraídas à possibilidade de seu reexame pelo tribunal constitucional.[1155]

Isso vale inclusive para as decisões proferidas pelos tribunais de última instância em matéria civil,[1156] pelo fato de que o tribunal constitucional não tem a função de instância revisora.[1157] Contudo, há que valer uma exceção a essa regra quando a aplicação equivocada do direito ordinário reside em uma violação a direito fundamental.[1158] Nesse caso, o tribunal constitucional tem que examinar em particular se o juiz, no curso da interpretação de conceitos jurídicos indeterminados, partiu de considerações que em seu conteúdo violam um direito fundamental[1159]. Por trás dessa assertiva repousa o fundamento de que frente à interpretação e à aplicação do direito ordinário os tribunais têm que levar em consideração a influência dos direitos fundamentais e os valores a eles inerentes sobre as prescrições passíveis de interpretação, entre as quais se encontram as normas de direito civil.[1160] Em outras palavras, situa-se no âmbito de competência do tribunal constitucional examinar se as instâncias ordinárias levaram em conta de modo suficiente o efeito de irradiação[1161] das decisões de valores contidas nos direitos fundamentais para o âmbito do direito civil.[1162]

O achado fundamental de um tribunal constitucional frente a controvérsias de natureza jurídico-privada é o liame entre a inadequada constatação por meio de um juiz ordinário do efeito de irradiação dos direitos fundamentais sobre o direito privado e as consequências que a partir daí são geradas, no caso, uma violação do direito fundamental (subjetivo) em questão. Se por um lado os tribunais ordinários somente podem empregar

---

[1153] BVerfGE 32, 311 (316); 42, 143 (148); 54, 129 (135); 85, 1 (13).

[1154] BVerfGE 97, 125 (145).

[1155] BVerfGE 3, 213 (219); 4, 52 (58); 18, 85 (92); 19, 377 (390); 30, 173 (196s); 34, 269 (280); 35, 202 (219); 42, 163 (168); 43, 130 (135); 54, 129 (135); 66, 116 (131); 80, 109 (NJW 1989, p. 2.680); 82, 209 (NJW 1990, p. 2.309); 85, 1 (13).

[1156] BVerfGE 17, 337 (346).

[1157] BVerfGE 3. 213 (219).

[1158] BVerfGE 4, 52 (58); 17, 337 (346).

[1159] BVerfGE 4, 52 (58).

[1160] BVerfGE 7, 198 (207); 42, 143 (147); 85, 1 (13); 97, 125 (145).

[1161] BVerfGE 7, 198 (206fl.).

[1162] BVerfGE 35, 202 (219).

normas que se situem em correspondência com a constituição como fundamento de suas decisões, por outro, têm que levar em consideração de maneira suficiente o significado e o alcance jurídico dos diretos fundamentais em jogo por ocasião da interpretação e aplicação dessas normas.[1163] Apenas a observância dessa exigência é que é examinada pelo tribunal constitucional.[1164] Nessa hipótese, cabe à parte lesada demonstrar a circunstância de que a incorreção da interpretação acaba por atribuir à norma um sentido incompatível com a constituição.[1165]

A partir daí pertence a decisão dessa questão jurídica à competência do tribunal constitucional,[1166] sendo que o sucesso de eventual pretensão dirigida a esse tribunal dependerá em última análise do fato de a decisão proferida pelas instâncias ordinárias se basear efetivamente no sentido de uma interpretação incorreta − e, portanto, inconstitucional −, ao ponto de seu resultado violar o direito fundamental em questão.[1167] A questão adquire contornos mais complexos, à medida que se reconhece que a decisão constitucionalmente correta pode se basear em uma particularidade da interpretação. Nessa hipótese, mesmo os erros de interpretação individualmente considerados não podem ficar fora da consideração do tribunal constitucional caso possuam conexão decisiva com o significado dos direitos fundamentais em jogo.[1168] Aqui, carece-se do exame de se a decisão impugnada se baseia exatamente em tal erro e se em vista disso acaba por violar um direito fundamental.[1169]

Importa notar que o tribunal constitucional não avalia o conjunto dos fatos de uma controvérsia jurídico-civil no sentido de se o contrato realmente foi levado a cabo como o credor ou o devedor afirmam. O montante de uma indenização por reparação civil é o exemplo de matéria que dificilmente estaria submetida ao exame de um tribunal constitucional.[1170] Quanto a isso, a jurisdição constitucional não tem nada a decidir, já que um tribunal constitucional não deve se colocar no lugar dos tribunais ordinários por ocasião da apreciação do conjunto dos fatos.[1171] Nesse particular, o tribunal constitucional tem que tomar por base as determinações fáticas da decisão impugnada.[1172] Em contrapartida, a ele incumbe assegurar a observação das normas de direito fundamental e dos respectivos critérios de interpretação e aplicação por meio dos tribunais ordinários.[1173]

É claro que os limites das possibilidades de intervenção do tribunal constitucional no cumprimento dessa tarefa não se deixam traçar de maneira fixa e sempre constante.[1174] Isso

---

[1163] BVerfGE 7, 198 (207); 30, 173 (201); 32, 311 (316); 34, 269 (280); 35, 202 (219); 42, 163 (168); 49, 304 (314); 82, 1 (5); 97, 125 (145).

[1164] BVerfGE 97, 125 (145).

[1165] BVerfGE 3, 213 (220); 17, 337 (346).

[1166] BVerfGE 17, 337 (346).

[1167] BVerfGE 3, 213 (220).

[1168] BVerfGE 42, 163 (169); 43, 130 (136); 49, 304 (314); 54, 129 (136); 54, 208 (216s).

[1169] BVerfGE 35, 202 (219); 43, 163 (169).

[1170] BVerfGE 54, 208 (215s).

[1171] BVerfGE 20, 323 (330); 30, 173 (197).

[1172] BVerfGE 20, 323 (330).

[1173] BVerfGE 42, 143 (148); 54, 129 (135); 54, 148 (151); 66, 116 (131); 85, 1 (13).

[1174] BVerfGE 18, 85 (93); 42, 143 (148); 42, 163 (168); 54, 129 (135).

se deve ao fato de que ao tribunal constitucional deve ser deixado um espaço de manobra que permita a consideração de uma situação particular do caso concreto.[1175] Esses limites dependem na prática da intensidade[1176] da violação ao direito fundamental em questão: quanto mais uma decisão jurídica proferida por um tribunal civil diminuir os pressupostos protegidos jurídico-fundamentalmente para uma existência livre e as atividades que lhe são inerentes, tão mais severo terá que ser seu exame jurídico-constitucional, a fim de averiguar se tal diminuição pode ser justificada do ponto de vista da constituição.[1177]

Isso significa por seu turno que quanto mais uma sentença de um tribunal ordinário atingir a esfera protegida de um titular de direitos fundamentais, tanto mais severas devem ser as exigências quanto a sua base, tornando-se mais amplas as possibilidades de exame pelo tribunal constitucional.[1178] Isso justifica em casos extremos, em que se constata uma intensa violação aos direitos fundamentais, até mesmo que o tribunal constitucional proceda a uma substituição (nem sempre autorizada)[1179] da concepção de valores empregada pelos tribunais ordinários pelos seus próprios valores.[1180] Com isso, o tribunal constitucional visa a obter fundamentos sustentadores para a apreciação jurídico-constitucional das controvérsias que lhe são submetidas.[1181] Trata-se do corolário do reconhecimento do tribunal constitucional como órgão encarregado de dar a última palavra sobre assuntos constitucionais, sobretudo no cumprimento de sua função de guardião dos direitos fundamentais em todos os âmbitos do ordenamento jurídico.[1182]

Todavia, dizer que os limites da atuação do tribunal sobre as decisões proferidas pelas instâncias ordinárias dependem da intensidade da violação ao direito fundamental em jogo requer uma apreciação do próprio conceito de intensidade, o que não dispensa a compreensão em torno do âmbito de proteção de todos os direitos fundamentais envolvidos. Nessa conectividade, ao tribunal constitucional não é dado intervir em uma decisão proferida por um tribunal ordinário unicamente pelo fato de que, por ocasião da avaliação de posições jurídico-fundamentais conflitantes, acaba por impor um acento diverso, chegando por essa razão a um resultado diferente.[1183] A porta de violação de direito constitucional objetivo, que chama a atuação corretiva do tribunal constitucional, abre-se muito mais quando a decisão questionada reside em uma visão principiológica equivocada do significado e alcance dos direitos fundamentais envolvidos,[1184] particularmente quanto à extensão do seu âmbito de proteção[1185] ou ainda quando o resultado da interpretação pra-

---

[1175] BVerfGE 18, 85 (93); 42, 143 (148); 42, 163 (168).

[1176] BVerfGE 42, 143 (148); 66, 116 (131); 67, 213 (223).

[1177] BVerfGE 42, 143 (148s); 42, 163 (168); 43, 130 (135s); 54, 129 (135); 66, 116 (131).

[1178] BVerfGE 42, 143 (149); 43, 130 (135); 67, 213 (223).

[1179] BVerfGE 54, 148 (152); 54, 208 (216).

[1180] BVerfGE Abw. 30, 173 (202); BVerfGE 42, 143 (149).

[1181] BVerfGE 35, 202 (219).

[1182] BVerfGE 30, 173 (202), em sede de voto dissidente proferido pelo juiz Dr. Stein.

[1183] BVerfGE 42, 143 (148).

[1184] BVerfGE 4, 52 (58); 17, 337 (346); 18, 85 (93); 20, 323 (330s); 30, 173 (197); 49, 304 (314); 80, 109 (NJW 1989, p. 2.680); 85, 1 (13); 97, 125 (145).

[1185] BVerfGE 18, 85 (93); 30, 173 (197); 42, 143 (149); 42, 163 (169); 43, 130 (136); 54, 129 (136); 54, 148 (151s); 66, 116 (131); 67, 213 (223); 79, 292 (303); 82, 209 (NJW 1990, p. 2.309); 85, 1 (13).

Teorias acerca da eficácia dos direitos fundamentais nas relações privadas ■ 253

ticada for incompatível em medida significativa no caso concreto com os próprios direitos fundamentais e com a ordem de valores por eles estabelecida.[1186]

Tal realidade revela que a argumentação é a maior arma de um tribunal constitucional.[1187] Isso significa que a argumentação deve ser sempre imaginável do ponto de vista do destinatário da decisão. Contudo, problemas podem surgir quando a decisão se baseia naquilo que pode ser compreendido como consideração racional ou na racionalidade do cidadão médio, haja vista que se trata de conceitos por demais abertos e por essa razão pouco esclarecedores.[1188] Acima de tudo, uma decisão tem que ser capaz de encontrar o caminho do achado jurídico em conformidade com a constituição.[1189] Daí se depreende que um juiz não pode trazer ao seu bel prazer as concepções de valor da constituição à vigência em sua decisão.[1190] Nesse particular, já se reconheceu que mesmo uma decisão que aparentemente corresponda às concepções de valor da constituição pode acabar por violá-la, se para atingir tal achado jurídico o juiz se acabe conduzindo por um caminho metodológico que desatenda os limites jurídico-constitucionais.[1191] Trata-se de hipótese na qual o tribunal constitucional é chamado a intervir.[1192]

[1186] BVerfGE 32, 311 (316); 54, 148 (151s); 54, 208 (216s); 79, 292 (303); 80, 109 (NJW 1989, p. 2.680).

[1187] ALEXY, R. *Grundrechte*, p. 35s.

[1188] Exemplo clássico foi a controvérsia relativa à possibilidade de venda de camisetas na Alemanha contendo motivos satíricos em torno de Adolf Hitler, personagem mais negativo da história alemã [BVerfGE 82, 1 (*Hitler-T-Shirt*), julgada pelo BVerfG em abril de 1990 com base no seguinte conjunto de fatos. Para alguns, a venda dessas camisetas tinha que ser proibida, pois seu objeto estaria relacionado com características de uma organização nacional-socialista. A questão a ser decidida pelo BVerfG foi se apresentações satíricas podem ser removidas ou não da proteção do direito fundamental de liberdade artística. Nesse caso concreto, coube ao BVerfG manifestar-se quanto à possibilidade de uma delimitação adequada para formas de apresentação satíricas ou de paródia, passível de enquadramento no âmbito de proteção do direito fundamental de liberdade artística (fl. 3). Justamente nesse tópico que o tribunal se deparou com a dificílima questão de determinar se para o cidadão médio racional os materiais questionados representariam uma mera sátira, estando, portanto, cobertos pela garantia de liberdade artística ou se por trás deles haveria uma tentativa de emprego de símbolos proibidos (fl. 5). Para definir o que se trata de uma "apreciação racional", o BVerfG teve que examinar as particularidades da interpretação do direito ordinário (inclusive no âmbito penal), com vistas a verificar sua compatibilidade com a constituição (fl. 4s), situação que expõe a tenuidade dos limites de sua atuação frente às instâncias ordinárias. Ao final, o BVerfG considerou que apresentações satíricas não podem ser removidas da proteção do direito fundamental de liberdade artística quando fique evidente que sua finalidade não é outra que não a produção de uma sátira ou paródia, ainda que seu objeto tenha como pano de fundo símbolos ligados a uma organização nacional-socialista do passado (preceito condutor da decisão). Uma decisão anterior [BVerfGE 67, 213 (*Anachronistischer Zug*), julgada em julho de 1984] abordou fato semelhante, sob o fundamento de que se por um lado se tem presente a necessidade de repúdio absoluto a fatos ligados às atrocidades cometidas pela ditadura nacional-socialista, por outro se reconhece que os próprios artistas foram submetidos a limitações extremas nesse período, circunstância que também possui significado para a interpretação do direito fundamental de liberdade artística. A partir daí, firmou-se o entendimento de que a garantia de liberdade artística não pode ser restringida, seja pela supressão valorativa do conceito de arte, seja pela interpretação extensiva ou por analogia às restrições inerentes a outras determinações constitucionais (fl.224).

[1189] BVerfGE 34, 269 (280).

[1190] BVerfGE 34, 269 (280).

[1191] BVerfGE 34, 269 (280); 49, 304 (314).

[1192] BVerfGE 34, 269 (280).

3.2.7.3 Fórmulas desenvolvidas pela doutrina para demarcar a densidade do exame do tribunal constitucional

O desenvolvimento de critérios voltados à delimitação da competência de exame jurídico-constitucional do tribunal constitucional foi considerada uma tarefa de urgência pela literatura nas últimas décadas, uma vez que a abertura do recurso constitucional a violações de direitos fundamentais (sobretudo pelos poderes públicos) poderia converter o tribunal constitucional em uma superinstância revisora,[1193] papel, como visto, incompatível com sua função constitucional. Coadunado a esse espírito, o BVerfG desenvolveu ao longo de sua atuação algumas fórmulas para tentar delimitar com maior clareza os limites de sua atuação em face da jurisdição ordinária.[1194] Nesse particular, decisões-chave do tribunal[1195] conduziram a um amplo debate doutrinário focado nessa questão.[1196]

A. Fórmula de Heck – Direito constitucional específico

Em geral, o problema dos limites do exame jurídico-constitucional do BVerfG é tratado do ponto de vista jurídico-funcional, ou seja, o tribunal visualiza essa delimitação como uma questão de competência.[1197] A solução passa pela distribuição de tarefas aos diversos tribunais, que se aprimoram por meio da realização constitucional.[1198] Os respectivos limites são marcados pela postura do tribunal em não se converter em uma superinstância revisora e com recurso à fórmula geral do *direito constitucional específico*, conhecida na doutrina[1199] e na jurisprudência[1200] como a fórmula Heck (*Heck'sche Formel*), em alusão ao juiz do BVerfG Karl Heck.[1201] A questão que se coloca logicamente é em que medida repousa esse paralelismo de tarefas.[1202]

Segundo a fórmula de Heck, para ensejar a intervenção do tribunal constitucional, o equívoco da decisão proferida por um tribunal ordinário deve residir na não observância ou na desconsideração de um direito fundamental, ou seja, na desconsideração de um direito fundamental específico (*spezifisches Verfassungsrecht*).[1203] Trata-se de uma consideração voltada à circunstância de que o tribunal constitucional não deve examinar na íntegra as sentenças proferidas pelas instâncias inferiores, mas tão somente o efeito de irradiação

---

[1193] BRYDE, B. *Verfassungsentwicklung*, p. 313s.
[1194] Na doutrina, ptd, v. STEINWEDEL, U. *Spezifisches*, p. 33ss.
[1195] BVerfGE 7, 198 (206s); 18, 85 (92); 30, 173 (188, 196s); 42, 143 (148ss).
[1196] Ptd, v. OSSENBÜHL, F. *Gerichtsbarkeit*, p. 131ss, sintetizando os argumentos do BVerfGE sobre a matéria.
[1197] OSSENBÜHL, F. *Gerichtsbarkeit*, p. 137.
[1198] BRYDE, B. *Verfassungsentwicklung*, p. 316.
[1199] OSSENBÜHL, F. *Gerichtsbarkeit*, p. 137; HERZOG, R. *BVerfG*, p. 432ss e 436ss; ROBBERS, G. *Verhält-nis.*, p. 936; SCHLAICH, K; KORIOTH, S. *BVerfG*, Rn. 281ss; ZUCK, R. *Zugang*, p. 2.645; RENNERT, K. *Verfassungswidrigkeit*, p. 12s; BERKEMANN, J. *BVerfG*, p. 1.030s; NIEMÖLLER, M. *Strafgerichtsbarkeit*, Rn. 58.
[1200] Decisão chave: BVerfG 18, 85 (92s), muito embora com desenvolvimentos anteriores: BVerfGE 1, 418 (420); 6, 32 (43); 17, 108 (114).
[1201] HÄNLEIN, A. *Richter*, p. 3.131ss.
[1202] BRYDE, B. *Verfassungsentwicklung*, p. 316.
[1203] BVerfGE 1, 418 (420); 6, 32 (43); 17, 108 (114); 18, 85 (92s); 18, 315 (343); 19, 342 (346); 19, 377 (390); 30, 173 (217); 42, 143 (155); 50, 256 (NJW 1979, p. 1.493); 52, 131 (157); 57, 250 (272); 72, 105 (117); 76, 143 (161); 80, 109 (NJW 1989, p. 2.680); 96, 375 (390); 105, 135 (183).

(*Ausstrahlungswirkung*) dos direitos fundamentais sobre o direito privado, de modo a fazer valer o conteúdo valorativo da norma constitucional.[1204]

Por se tratar de matéria complexa, não surpreende o fato de que os parâmetros de controle construídos pela jurisprudência do BVerfG tornaram-se alvo de críticas na doutrina, que em alguns casos sustenta que as respectivas formulações desenvolvidas acabam até mesmo por dificultar o traçamento dos limites de atuação do tribunal.[1205] Com a fórmula de Heck não foi diferente. Grande parte das críticas a ela dirigidas repousa no fato de que ela quase não fornece esclarecimento sobre a extensão e intensidade da competência fática de exame do tribunal constitucional, indicando apenas a direção, deixando, contudo, questões em aberto.[1206] Nessa conexão, argumenta-se que o próprio tribunal constitucional não especifica o que entende por direito constitucional específico.[1207] Há quem entenda que a expressão "específico" é renunciável, já que não agrega nada à função do tribunal constitucional, que é apenas de examinar direito constitucional.[1208] Por fim, há quem se mostre cético até mesmo em face da eficácia da fórmula como mecanismo de redução de acesso de demandas ao tribunal constitucional desprovidas de relevância constitucional.[1209]

Nesse ponto, a doutrina informa que nem sempre se tornam claros os motivos que levaram à derivação da fórmula de Heck, se por motivos dogmáticos ou pragmáticos, permanecendo a mesma dúvida em relação ao modo pelo qual o BVerfG visualiza e aplica essa fórmula. Nesse sentido, considerações em torno da necessidade de repartir as funções entre as instâncias ordinárias e constitucional justificariam uma evolução de caráter pragmático da formulação.[1210] Igualmente, destaca-se o entendimento de que tais formas, a par de contribuírem para a solução dos problemas que visam a combater, não se mostram suficientes para tanto.[1211] Mesmo na jurisprudência há manifestações no sentido de que fórmulas abstratas não logram êxito em resolver essa questão.[1212]

Note-se que o fato de se determinar que o tribunal constitucional tenha que examinar direito constitucional específico não significa que os tribunais ordinários não sejam cha-

---

[1204] BVerfGE 7, 198 (207).

[1205] OSSENBÜHL, F. *Gerichtsbarkeit*, p. 133.

[1206] SCHLAICH, K; KORIOTH, S. *BVerfG*, Rn. 281; NIEMÖLLER, M. *Strafgerichtsbarkeit*, Rn. 59.

[1207] OSSENBÜHL, F. *Gerichtsbarkeit*, p. 137; BRYDE, B. *Verfassungsentwicklung*, p. 315.

[1208] OSSENBÜHL, F. *Gerichtsbarkeit*, p. 137; ROTH, W. Überprüfung, p. 550ss, defendendo que o emprego de fórmulas vagas pelo tribunal constitucional permite uma atitude de autocontenção em uma extensão demasiada, o que dificulta a função do tribunal constitucional de proteção dos direitos fundamentais; STARCK, C. *Fachgerichte*, p. 1.035; defendendo o emprego da expressão "direito constitucional específico", v. STERN, K. *Staatsrecht III/1*, p. 1.504.

[1209] SCHUPPERT, G. *Nachprüfung*, p. 45, apresentando dados estatísticos que mostram que a fórmula apresenta uma função limitada frente ao êxito de recursos constitucionais.

[1210] RENNERT, K. *Verfassungswidrigkeit*, p. 13.

[1211] STEINWEDEL, U. *Spezifisches*, p. 33; BLECKMANN, A. *Staatsrecht*, p. 199.

[1212] BVerfGE Abw. 30, 173 (202), juíza Wiltraut Rupp-von Brünneck. Na doutrina, v. OSSENBÜHL, F. *Gerichtsbarkeit*, p. 135, ponderando que o papel de proteção dos direitos fundamentais no caso concreto somente poderá ser levado a efeito pelo tribunal constitucional quando ele, além de não se limitar ao emprego de fórmulas abstratas, não considerar o conjunto de fatos apresentados pelos tribunais ordinários como algo absolutamente indiscutível.

mados a interpretar e aplicar a constituição, com vistas a sua realização.[1213] Nesse sentido, a fórmula do direito constitucional específico aponta para o reconhecimento de que a jurisprudência do tribunal constitucional informa a necessidade de resguardo de um determinado espaço de manobra, podendo no máximo indicar determinadas tendências[1214] e direções.[1215] Não obstante, seu emprego deixa em aberto questões que não dizem respeito meramente à admissibilidade de um recurso constitucional, ou seja, questões processuais em sentido estrito, mas sim quanto ao alcance material e o efeito de irradiação do direito constitucional no direito ordinário.[1216] Trata-se, portanto, de uma concepção que está longe de ser uma solução definitiva[1217] e que provavelmente não tem a pretensão de sê-lo.

Certo é que nos casos em que a determinação dos limites de atuação se mostra como fluida ou flexível,[1218] a transposição desses limites somente se torna reconhecível quando manifestamente evidente.[1219] O problema é que o direito constitucional, assim como a totalidade da práxis jurídica, não se ocupa somente dos chamados casos evidentes. Novos desafios surgem a cada dia na mesa do intérprete. Aqui, a tarefa da dogmática jurídica é construir um caminho sólido para a busca de respostas e soluções apropriadas aos problemas que se apresentam no dia a dia, em consonância com os valores do Estado de direito. Assim, o problema da extensão da competência de exame do tribunal constitucional coloca-se primeiramente no marco da própria fundamentação de um recurso constitucional.[1220]

Como visto, a jurisprudência do BVerfG indica que não constitui tarefa do tribunal constitucional examinar a correção das determinações fáticas proferidas pelos tribunais ordinários, o que acarreta em princípio a impossibilidade de exame do método de interpretação levado à cabo pelas instâncias ordinárias. Com isso, o BVerfG aponta que se fixa apenas nas exigências proferidas pela constituição,[1221] encontrando aí a fórmula de Heck a sua maior expressão. Em que pese ser uma assertiva há muito fixada pela jurisprudência e pela doutrina,[1222] verifica-se que na prática o andar jurídico se pode desviar dessa realidade. Trata-se de uma afirmação focada na análise de casos,[1223] nos quais o achado jurídico do BVerfG se baseou em uma detalhada análise do conjunto de fatos a ele submetido. É justamente essa análise detalhada, acompanhada do estabelecimento de determinações fáticas pormenorizadas pelo tribunal, que acaba por destoar da máxima de que o tribunal

---

[1213] RUFFERT, M. *Vorrang*, p. 136.

[1214] GÜNDISCH, J. *Verfassungsbeschwerde*, p. 1.819.

[1215] SCHLAICH, K; KORIOTH, S. *BVerfG*, Rn. 281.

[1216] SCHLAICH, K; KORIOTH, S. *BVerfG*, Rn. 281.

[1217] OSSENBÜHL, F. *Gerichtsbarkeit*, p. 130.

[1218] BVerfGE 18, 85 (93); 42, 143 (148).

[1219] OSSENBÜHL, F. *Gerichtsbarkeit*, p. 133s.

[1220] SCHLAICH, K; KORIOTH, S. *BVerfG*, Rn. 281.

[1221] BVerfGE 18, 85 (93); 82, 6 (NJW 1990, p. 1.593); 96, 375 (394).

[1222] BRYDE, B. *Verfassungsentwicklung*, p. 318; OSSENBÜHL, F. *Gerichtsbarkeit*, p. 134; STEINWEDEL, U. *Spezifisches*, p. 161ss.

[1223] Em geral, casos envolvendo o direito fundamental à liberdade de manifestação do pensamento, que em geral possuem aplicação no curso das relações privadas. V. a propósito BVerfGE 7, 198 (212ss); 12, 113 (126ss); 24, 278 (278ss); BVerfGE 27, 71 (79ss); 27, 88 (99ss).

constitucional não analisa as determinações fáticas levadas a efeito pelas instâncias ordinárias do ponto de vista de sua correção.

Aqui, o ponto a ser destacado é se essa realidade é inevitável ou não. Fritz Ossenbühl faz uma interessante observação nesse sentido. Em matéria de controvérsias jurídico-civis, no instante em que o tribunal constitucional pauta sua linha de atuação pela ponderação de interesses no caso concreto, dificilmente se poderá afastar dessa realidade, ou seja, de ter que se aprofundar nas considerações tecidas pelos tribunais ordinários quanto à correção das determinações fáticas que compõem a decisão, com maior intensidade em determinados casos do que em outros.[1224] Com isso está dito que dificilmente se pode traçar uma linha segura em relação aos casos nos quais o achado jurídico-constitucional depende de uma intervenção mais intensa do tribunal nas considerações tecidas pelos tribunais especializados e nos casos em que um mero controle de evidência se faz suficiente.

Ossenbühl avança o seu raciocínio com base na própria argumentação da sentença Lüth, que como sabido serve de referência para grande parte das considerações em matéria de direitos fundamentais e direito privado. Nesse ponto, a sentença Lüth afirmou que a decisão, se uma sentença prolatada por um juiz civil fere ou não um direito fundamental,[1225] só pode ser tomada mediante uma visão total (*Gesamtanschauung*) do caso concreto, em consideração a todas as circunstâncias essenciais presentes.[1226] A questão colocada por Ossenbühl surge no seguinte sentido: no momento em que o tribunal constitucional afirma que se deve proceder a uma ponderação de todas as circunstâncias do caso concreto, como deverá proceder ao seu achado jurídico senão mediante ampla investigação do conjunto de fatos que se mostra determinante para tanto?[1227] É justamente essa ampla investigação que se mostra aparentemente incompatível com a máxima de não considerar na decisão a correção das determinações fáticas sustentadas pelos tribunais ordinários.

Destaque-se que essa realidade não passou despercebida para a totalidade do corpo integrante do BVerfG. A juíza Wiltraut Rup-von Brünneck,[1228] que marcou época pela formulação de vários votos dissidentes em matérias complexas submetidas ao BVerfG, deixou claro que esse tribunal, caso observasse irrestritamente os parâmetros de controle restritivos em matéria jurídico-civil por ele próprio estabelecidos, não poderia ter chegado a uma série de decisões importantes, que na prática foram efetivamente tomadas, como a própria sentença Lüth.[1229] Von Brünneck sustentou efetivamente que a questão da correta avaliação do efeito dos direitos fundamentais nas relações privadas por parte do aplicador do direito ordinário é logicamente uma questão de direito constitucional

---

[1224] OSSENBÜHL, F. *Gerichtsbarkeit*, p. 134.

[1225] No caso, o direito à liberdade de manifestação do pensamento.

[1226] BVerfGE 7, 198 (212).

[1227] OSSENBÜHL, F. *Gerichtsbarkeit*, p. 134.

[1228] RUPP-VON BRÜNNECK, W. *Stellung und Tätigkeit.*, p. 245ss. Os votos dissidentes encontram-se às fls. 369ss da referida obra.

[1229] BVerfGE Abw. 30, 173 (221), citando outras decisões relativas ao direito fundamental de liberdade de manifestação do pensamento: BVerfGE 12, 113 (126ss); 24, 278 (278ss). V. ainda BVerfGE 27, 71 (79ss); 27, 88 (99ss).

específico.[1230] Ponderou nessa conectividade que uma decisão proferida pelas instâncias ordinárias tem que ser reformada não apenas quando ela deixa de levar em conta o significado de um direito fundamental incidente no caso ou quando parte de um significado incorreto desse direito, mas igualmente quando o tribunal, mesmo tomando por base a visão principiologicamente correta do direito fundamental no caso concreto, jamais poderia ter chegado ao resultado achado.[1231]

O problema que em parte dá razão para esse entendimento é que uma sentença equivocada, que acaba por reduzir espaços garantidos de liberdade, pode representar uma clássica intervenção em direitos fundamentais em contrariedade à constituição, pouco importando se a incorreção da sentença decorre de erros de fato ou de direito e nesse último caso de uma interpretação incorreta do direito.[1232] Isso vale também para construções que diferenciam entre violações diretas e indiretas ou reflexas à constituição, como forma de delimitar a competência de exame do tribunal constitucional.[1233] No ordenamento pátrio, essa constatação surge a partir do instante em que o STF, em reiterada jurisprudência,[1234] não reconhece a prática de violações a direitos fundamentais em diversas matérias, por considerar que as respectivas intervenções se traduzem em ofensa oblíqua, reflexa ou indireta à constituição, que nesse sentido não despertam a intervenção da jurisdição constitucional.[1235] Nesse passo, ao mesmo tempo em que o recurso à qualificação de uma intervenção em uma norma constitucional como oblíqua, reflexa ou indireta pode contribuir para reprimir uma avalanche de demandas junto ao tribunal, ele pode em certas situações vir a representar um enfraquecimento do reconhecimento da eficácia dos direitos fundamentais nas relações privadas, podendo abalar a efetividade do princípio da boa-fé no direito privado, ao menos na forma como vem sendo preconizado pela doutrina pátria, como um conceito valorativo de índole extremamente positiva.[1236]

Se por um lado as críticas dirigidas à fórmula de Heck são difíceis de serem rebatidas, visto que a fórmula não fornece soluções para o problema apontado, por outro lado, é difícil imaginar outra solução para a delimitação da competência do exame jurídico--constitucional do BVerfG que não a partir de um critério jurídico-funcional.[1237] A partir do momento em que se visualiza em primeira linha a questão da delimitação de competências entre o tribunal constitucional e os tribunais ordinários como um problema

---

[1230] BVerfGE Abw. 30, 173 (220).

[1231] BVerfGE Abw. 30, 173 (220).

[1232] BRYDE, B. *Verfassungsentwicklung*, p. 314.

[1233] BRYDE, B. *Verfassungsentwicklung*, p. 315.

[1234] V. informativos STF ns 41; 93; 401; 413; 434; 443; 456; 486; 523; 545; 548; 561; 568; 572.

[1235] NEGREIROS, T. Fundamentos, p. 126ss, tecendo críticas ao entendimento consolidado do STF. A autora sustenta que tal entendimento, além de se caracterizar por uma vagueza terminológica, importa em uma limitação não prevista no texto constitucional, implicando negação dos princípios ali consagrados, bem como da sua força real e efetiva no instante em que o art. 102 da CF/88 apenas se refere às decisões que contrariam dispositivos da constituição, inexistindo qualquer especificação quanto à forma pela qual essa contrariedade deva ser verificada.

[1236] Ptd, v. MARQUES, C. *Boa-fé*, p. 215ss; MARTINS-COSTA, J. *Boa-fé*, p. 381ss. Da mesma autora, v. ainda MARTINS-COSTA, J. *Mercado*, p. 611ss; FRADERA, V. M. *Boa-fé*, p. 127ss.

[1237] OSSENBÜHL, F. *Gerichtsbarkeit*, p. 137.

jurídico-funcional (e não jurídico-material), os casos excepcionais, que justificam uma análise mais intensiva do tribunal constitucional, mostram-se como menos contraditórios.[1238] Desse modo, a fórmula de Heck apresenta traços positivos e é objeto de evolução permanente pelo próprio tribunal constitucional,[1239] contribuindo para responder à questão de se o direito constitucional pode se impor no caso concreto ou não.[1240]

Esse quadro parece ter levado a uma espécie de correção ou aprimoramento dos parâmetros de controle exercidos pelo BVerfG, que parece se harmonizar melhor com a necessidade de o tribunal constitucional ter que por vezes se aprofundar nas considerações tecidas pelos tribunais ordinários frente à necessidade de correção das determinações fáticas que compõem a decisão.[1241] Esse aprimoramento deixa-se visualizar pela seguinte fórmula: nos casos de alta intensidade de intervenção em direitos fundamentais, os valores constantes nas sentenças civis podem eventualmente vir a ser substituídos por valores do tribunal constitucional nos casos em que os tribunais ordinários desconhecem o efeito de irradiação dos direitos fundamentais.[1242]

É um caminho que foi trilhado desde as primeiras considerações sobre a existência de "direito constitucional específico" como critério delimitador da competência de exame do BVerfGE. Naquela ocasião já se tinha em mente que os limites das possibilidades de intervenção do tribunal constitucional nem sempre são delimitados de forma clara, de modo que uma determinada área de manobra deve ser reconhecida ao tribunal, a fim de possibilitar a consideração de situações particularmente relevantes do caso concreto.[1243] No mais, esse raciocínio se baseia na constatação da intensidade da intervenção em um bem juridicamente protegido, aspecto que abriu as considerações nesse tópico. Quanto maior for essa intensidade, maior será o detalhamento do exame constitucional e com isso maior será a possibilidade de o tribunal constitucional se aprofundar nas considerações tecidas pelos tribunais ordinários quanto à correção das determinações fáticas que compõem a decisão.[1244] O ponto forte dessa formulação segundo a doutrina é que ela não desnatura o papel do tribunal constitucional, no sentido de o conduzir ao papel de superinstância revisora, ao mesmo tempo em que permite o cumprimento de sua tarefa maior, de guarda da constituição.[1245]

Ao que tudo indica, a partir da fórmula do direito constitucional específico tem-se que o controle do tribunal constitucional se limita aos argumentos fundamentais essenciais, ou seja, não às questões jurídicas gerais, típicas do direito ordinário.[1246] Conectado a isso, está o argumento em torno da responsabilidade autônoma das instâncias ordinárias

---

[1238] BRYDE, B. *Verfassungsentwicklung*, p. 319.

[1239] HERZOG, R. *BVerfG*, p. 441.

[1240] ZUCK, R. *Zugang*, p. 2.645.

[1241] OSSENBÜHL, F. *Gerichtsbarkeit*, p. 135.

[1242] BVerfGE Abw. 30, 173 (202); BVerfGE 35, 202 (219); 42, 143 (148).

[1243] BVerfGE 18, 85 (93); referido novamente em BVerfGE 42, 143 (148).

[1244] BVerfGE 42, 143 (148s); 42, 163 (168); 43, 130 (135s.); 54, 129 (135); 66, 116 (131).

[1245] OSSENBÜHL, F. *Gerichtsbarkeit*, p. 135.

[1246] STERN, K. *tStaatsrecht III/1*, p. 1.504.

em face da interpretação e aplicação do direito infraconstitucional.[1247] Com isso, o tribunal constitucional tem a sua disposição um instrumento capaz de limitar sua competência de exame, a fim de não se tornar uma instância de revisão de controvérsias jurídico-civis.[1248]

B. Fórmula de Schumann

Em conexão com a fórmula do direito constitucional específico (fórmula de Heck) está a fórmula de Schumann,[1249] segundo a qual se legitima a atuação corretiva do tribunal constitucional sempre que as sentenças proferidas pelos tribunais ordinários apresentarem uma concepção jurídica que possa ser entendida no sentido de uma norma que viole a constituição. O pensamento nuclear da fórmula de Schumann é de que nenhum tribunal deve tomar por base para sua decisão uma regra que nem sequer o legislador poderia ordenar.[1250]

A fórmula de Schumann propõe um exame bicadenciado (*Zwei-Takt-System*). Em um primeiro momento, questiona-se se o tribunal ordinário tomou por base em sua decisão uma regra jurídica que ao próprio legislador seria permitido praticar do ponto de vista constitucional.[1251] Vale o entendimento de que aquilo que o parlamento não pode estatuir com força vinculativa, muito menos o juiz pode fazê-lo, uma vez que ele não detémpoder de maior valor no que diz respeito à formulação das normas.[1252] Em um segundo momento, procede-se a uma espécie de exame de arbítrio na decisão.[1253] Verificam-se aqui os fundamentos na busca de incoerências com o sentido pregado pela constituição aos direitos fundamentais e aquele proposto pela decisão examinada pelo tribunal constitucional.

Questiona-se assim se uma interpretação equivocada frente ao conteúdo abstrato de uma norma permanece correspondendo à constituição. Existindo essa compatibilidade, o tribunal constitucional não examina a matéria, independentemente de a questão a ele submetida dizer respeito a uma interpretação correta ou equivocada do direto.[1254] Essa fórmula encontra eco na jurisprudência[1255] e também na doutrina, que por vezes tenta reconstruir seu conteúdo em sentidos diversos.[1256] Sugere-se nesse passo que os preceitos jurídicos desenvolvidos pelo legislador no marco da sua vinculação aos direitos fundamentais também podem ser desenvolvidos pelos tribunais na interpretação das leis.[1257] Essa afirmação deve ser compreendida com certas limitações. O alcance da interpretação judicial dependerá das circunstâncias do caso concreto e dos limites de interpretação possíveis,

---

[1247] SCHUPPERT, G. *Nachprüfung*, p. 45.
[1248] SCHUPPERT, G. *Nachprüfung*, p. 45.
[1249] SCHUMANN, E. *Verfassung*, p. 206ss.
[1250] BVerfGE 89, 28 (NJW 1993, p. 2.229).
[1251] SCHUMANN, E. *Verfassung*, p. 206.
[1252] BERKEMANN, J. *BVerfG*, p. 1.032.
[1253] BERKEMANN, J. *BVerfG*, p. 1.033.
[1254] SCHUMANN, E. *Verfassung*, p. 206.
[1255] BVerfGE 79, 283 (290); 81, 29 (31s); 82, 6 (15s).
[1256] BERKEMANN, J. *BVerfG*, p. 1.032ss; STARCK, C. *Fachgerichte*, p. 1.039s. CANARIS, C. *GR*, p. 26s; SCHUPPERT, G. *Nachprüfung*, p. 59; SEIDL, O. *Verfassungsgerichtsbarkeit*, p. 23; STEINWEDEL, U. *Spezifisches*, p. 64ss.
[1257] SEIDL, O. *Verfassungsgerichtsbarkeit*, p. 23.

a partir de sua literalidade e sob o parâmetro da constituição,[1258] e em nenhuma hipótese podem desvirtuar o significado da norma.

C. Teoria escalonada – *Stufen Theorie*

Enquanto as fórmulas de Heck e de Schumann dizem respeito mais diretamente à questão da densidade do controle exercido pelo tribunal constitucional em face de decisões proferidas pelas instâncias ordinárias (particularmente em matéria civil), há outra formulação conhecida como teoria escalonada, que diz respeito à densidade do controle exercido pelo tribunal constitucional em face de decisões tomadas pelo legislador, particularmente em matéria de restrições impostas a direitos fundamentais. Levando-se em conta que a teoria da eficácia indireta requer a mediação legislativa como veículo de transposição das decisões de valor da constituição para o direito privado, a análise da teoria escalonada torna-se recomendável com vistas a agregar significado prático à eficácia horizontal.

Com efeito, em matéria de exame de constitucionalidade de restrições impostas aos direitos fundamentais ganhou destaque na doutrina[1259] e na jurisprudência[1260] a chamada teoria dos degraus ou teoria escalonada (*Stufen Theorie*), originalmente formulada pelo BVerfG[1261] por ocasião da análise da constitucionalidade de uma medida legislativa que restringia o direito fundamental de liberdade de exercício profissional, conectada à exigência do cumprimento de determinados pressupostos de natureza subjetiva e objetiva para a concessão de alvará de funcionamento de farmácias. Em que pese ter sido resolvida à luz de considerações em torno do âmbito de proteção do direito fundamental de liberdade de exercício profissional,[1262] a questão relativa às possibilidades de intervenção legislativa nesse âmbito protegido desencadearam reflexões por parte do BVerfG, que marcaram a jurisprudência constitucional como um todo.

Na prática, a teoria escalonada representa a aplicação concreta do preceito da proporcionalidade. Isso porque informa de maneira geral que o poder de regulamentação do legislador em matéria de direitos fundamentais deve ser tão mais limitado quanto mais as respectivas regulamentações atingirem um bem protegido pelos direitos fundamentais. Nessa ordem, o direito fundamental deve proteger a liberdade do indivíduo e a reserva regulamentar deve assegurar proteção suficiente dos interesses coletivos. Interessa para o presente estudo que a teoria escalonada, em que pese ter sido construída em face da garantia de liberdade de exercício profissional, contribui para a análise de múltiplos casos que envolvem direitos fundamentais com âmbitos de proteção distintos sempre que se colocar a questão da possibilidade de restrição desses direitos frente a uma reserva legal, seja ela expressa ou não.

[1258] SEIDL, O. *Verfassungsgerichtsbarkeit*, p. 23, demonstrando com isso que os limites de uma interpretação otimizadora de direitos fundamentais são fluidos.

[1259] DREIER, H. *GG Kommentar* (Vorb. Art. 1), Rn. 150; STARCK, C. *Bonner GG*. 4. Auf., Art. 1, Rn. 245; ALEXY, R. *Theorie*, p. 122. Para avaliar a questão do ponto de vista anterior à decisão do caso armácias, v. SCHEUNER, U. *Grundrechtsinterpretation*, p. 65ss.

[1260] BVerfGE 30, 292 (315s); 33, 303 (337s).

[1261] BVerfGE 7, 377 (*Apotheken-Urteil*).

[1262] Sobre o tema, v. SCHEUNER, U. *Grundrechtsinterpretation*, p. 67ss.

Essa é uma situação que, diga-se de passagem, é típica dos direitos de personalidade – e por isso interessa diretamente à temática da eficácia horizontal –, que como se sabe estão sujeitos a limites diversos, independentemente de formulação expressa, visto que há um consenso no sentido de que tais direitos se encontram em princípio limitados pela garantia do direito de terceiros pelos padrões morais vigentes e também diante da preservação da ordem constitucional. Como dito, o ponto de partida da análise do BVerfG para a construção da teoria escalonada é a garantia da liberdade de exercício profissional.[1263] Ela desenvolveu-se a partir da constatação de que o direito fundamental de liberdade de exercício profissional tem que proteger a liberdade do indivíduo, mas ao mesmo tempo tem que se adequar à reserva legal que nele incide (previsão de que lei regulamentará o exercício profissional), que tem a finalidade de proteção de diferentes interesses da comunidade.

Segundo a teoria escalonada, o primeiro degrau dá conta dos fundamentos que justificam a imposição de uma restrição a direitos fundamentais. Nessa direção, uma liberdade fundamental pode vir a ser restringida à medida que se verifiquem considerações racionais em prol do bem comum, ou seja, de interesse geral, capazes de demonstrar que a restrição se situa em uma relação de causa e efeito com a finalidade por ela perseguida. O segundo degrau diz respeito à necessidade de imposição das restrições. Uma restrição a um direito fundamental só é constitucional quando a proteção de bens coletivos particularmente importantes assim o exigir. No segundo degrau já se demonstra a obrigação do legislador de emprego do meio menos restritivo possível para o alcance da finalidade almejada. O terceiro degrau seria aquele onde se avaliaria em suma a chamada proporcionalidade em sentido estrito da restrição, não podendo ela se situar fora de relação com a finalidade perseguida por sua imposição. Aqui, podem-se exigir diferenciações entre os pressupostos subjetivos e objetivos que levam à restrição conforme a matéria em questão, sendo importante a constatação prévia da conexão de efeito (*Wirkungszusammenhang*) entre restrição e o cumprimento do resultado por ela perseguido. Nesse terceiro degrau se faz uma análise de situações particulares que no caso concreto falam a favor da necessidade de submeter o juízo da constitucionalidade das restrições a exigências particularmente rígidas, em conformidade com a importância dos bens em jogo, em que a legitimação constitucional dessas intervenções dependerá por regra da defesa de provados ou muito prováveis e graves perigos a bens coletivos relevantes.

É por essa razão que se sustenta que a teoria escalonada representa a aplicação concreta do preceito da proporcionalidade. Ela tem o mérito de deixar claro que o exame da constitucionalidade de intervenções em direitos fundamentais é escalonado, sendo que cada etapa possui uma racionalidade que lhe é peculiar. Decisiva aqui é a noção de que o legislador só acessa o próximo "degrau" de intervenções quando puder ser demonstrado com elevada probabilidade, que os perigos temidos não poderão ser eficazmente combatidos com os meios constitucionais do degrau imediatamente inferior. Daí se conclui que as restrições impostas a direitos fundamentais têm que ser escalonadas, de modo que quanto

---

[1263] Que está prevista no Abs. I do art. 12 da LF, etl: "todos os alemães tem o direito de escolher livremente sua profissão, local de trabalho e centro de formação profissional. O exercício profissional poderá ser regulamentado por lei ou sob fundamento de lei".

maior for a proximidade do impacto da restrição ao conteúdo essencial do direito por ela focado, tanto maior é a necessidade de justificativas em torno de sua constitucionalidade.

No que toca particularmente ao tema desse estudo, cumpre referir que desde o chamado "primeiro degrau", a proteção de bens coletivos relevantes é levada em conta para justificar a prática de restrições. Não há dúvida de que entre esses bens se coloca a proteção do consumidor. Levando-se em conta que não há atividade econômica em sentido geral sem consumo, o consumidor como sujeito de direito diferenciado[1264] tem que ser protegido eficazmente nas relações em que toma parte, circunstância que se mostra apta a limitar, por exemplo, a liberdade de ação geral no campo do direito contratual ou a autonomia privada, em um termo mais próximo da doutrina civil.

3.2.7.4 Balanço e conclusões parciais

A análise da densidade do exame ou controle proferido pelo tribunal constitucional em matérias de caráter eminentemente privado visa em última análise a responder a questão em torno da própria compreensão do Estado de direito na constituição, uma vez que decisões dessa natureza possuem força de lei, ou seja, caráter vinculativo, e envolvem a interação de competências entre diversos órgãos constitucionais. Nessa perspectiva ela proporciona em particular uma visão sobre o papel dos próprios tribunais civis na observância e no resguardo dos direitos fundamentais no tráfego jurídico privado. Esse quadro aponta para a necessidade de um balanço específico no tema.

Em matéria de densidade do exame praticado pelo tribunal constitucional frente a controvérsias jurídico-privadas, constata-se que nenhuma construção fornece com precisão um critério sempre exato de delimitação dos limites do exame constitucional em matéria jurídico-civil. O problema é que até hoje não foi desenvolvida nenhuma fórmula mágica que consiga prever em 100% dos casos o modo pelo qual o tribunal constitucional pode intervir nas considerações dos tribunais ordinários para a correção de suas decisões sob a ótica constitucional. O mesmo vale para a postura do tribunal constitucional frente à mediação legislativa, contemplada como veículo de transposição das decisões de valor da constituição para as relações privadas. O mais provável é que uma fórmula com esse grau de perfeição nunca venha a surgir, tendo em vista o grau de complexidade inerente a todo exame jurídico-constitucional.

No âmbito de análise das relações dos tribunais em si, não se pode furtar da observação de que quanto maior for a intensidade e a frequência de uma violação aos direitos fundamentais visualizada pelo tribunal constitucional, menor será a tendência de esse tribunal se ater à prática jurídica das instâncias ordinárias.[1265] Aqui o tribunal constitucional corre o risco não apenas de se converter em uma superinstância revisora, mas para além disso naquilo que se poderia chamar de uma "superinstância fática" (*Supertatsachengericht*),[1266] constatando-se que um problema atrai outro. É por isso que se afirmou que a solução para essas questões não prescindem de instituições desenvolvidas, bem aparelhadas e equilibradas.

[1264] MARQUES, C. *Contratos*, p. 262ss.
[1265] RENNERT, K. *Verfassungswidrigkeit*, p. 13.
[1266] RENNERT, K. *Verfassungswidrigkeit*, p. 13.

Nesse sentido, pondera-se que todas as críticas que venham a combater a forma de atuação do tribunal constitucional em matéria de exame jurídico-civil são bem vindas, a partir do momento em que respondam a três questões básicas: 1. Como proceder para que nenhum caso que abarque matéria inerente às liberdades fundamentais da constituição, originado em uma controvérsia jurídico-privada, deixe de ser apreciado pelo tribunal constitucional, a fim de que nenhuma parte reste lesada em um direito fundamental do qual é titular? 2. Como proceder ao mesmo tempo para que um tribunal constitucional tenha uma estrutura adequada para analisar toda a sorte de questões que daí efetivamente surjam? 3. E por fim, se isso ainda for possível, como evitar que o tribunal constitucional se converta em uma superinstância revisora de decisões proferidas pelos tribunais civis?

Essas respostas parecem estar longe de guardar consenso. Reconhece-se que nenhum tribunal constitucional poderá ter uma estrutura capaz de analisar toda a sorte de controvérsias de natureza jurídico-civil que eventualmente toquem direitos fundamentais sem se converter em superinstância revisora. Ao mesmo tempo, nenhum tribunal constitucional pode agir como superinstância revisora dos tribunais civis sem que venha a se tornar qualquer outro órgão que não um tribunal constitucional propriamente dito.[1267] Para que um tribunal constitucional cumpra seu papel de guarda da constituição[1268] e de representante argumentativo da sociedade,[1269] haverá que inegavelmente lhe conferir determinado espaço de discricionariedade, a fim de que ele mesmo possa filtrar as questões que considera relevantes,[1270] o que pode ser regulamentado por mecanismos processuais pertinentes a serem encontrados na realidade de cada ordenamento jurídico.

Esse espaço de discricionariedade que permanece aberto ao tribunal constitucional revela-se sobretudo nos casos de ponderação de direitos eventualmente colidentes, em que se fazem presentes em ambos os lados da controvérsia questões de conteúdo valorativo.[1271] É claro que nessa *filtragem* erros sempre poderão ser cometidos, mas a perfeição é algo que jamais será alcançada em uma instituição comandada por homens. Aqui, mais do que nunca, entra em jogo a qualidade dos juízes que integram o tribunal. Ilumina-se nesse ponto a ideia de que a efetividade da jurisdição constitucional depende em larga medida do processo de eleição dos seus membros, aspecto que ainda deverá gerar inúmeras reflexões na doutrina.

Revela-se que a melhor maneira de controlar a atuação do tribunal constitucional é por meio da crítica exercida pela opinião pública e da ciência,[1272] sobretudo por meio de debates acadêmicos. O tribunal constitucional, na condição de guarda da constituição, assim como seus membros, devem estar abertos a críticas.[1273] Mesmo a força vinculante de suas decisões não imuniza o tribunal constitucional de críticas formuladas contra seu

---

[1267] V. CAPPELLETTI, M. *Controle judicial.*, p. 1ss.

[1268] KELSEN, H. *Hüter*, p. 576ss.

[1269] ALEXY, R. *Grundrechte*, p. 35.

[1270] BVerfGE Abw. 30, 173 (202).

[1271] BÖCKENFÖRDE, E. *GRdogmatik*, p. 34.

[1272] BRYDE, B. *Verfassungsentwicklung*, p. 352; PHILIPPI, K. *Tatsachenfeststellungen*, p. 1.

[1273] SCHENKE, W. *Umfang*, p. 1.324.

conteúdo,[1274] desde que as críticas sejam fundamentadas e sua forma observe o mandamento não escrito de lealdade entre os poderes públicos[1275] e até mesmo em face de instituições privadas.

Na prática, como pondera a doutrina sensível ao tema, o significado das críticas não pode ser sobre-estimado, o que não significa que elas não possuam efeito. Não se pode ignorar o fato de que as decisões proferidas por um tribunal constitucional são um dos materiais mais ricos que a ciência do direito constitucional tem a sua disposição para trabalhar. Ignorá-las seria por si só uma má-prática. Assim, o respeito às decisões do tribunal constitucional não implica necessariamente um dever de autocontenção acadêmica, desde que se tenha em mente que toda crítica carece de bons argumentos capazes de sustentar uma posição divergente. Ciente dessa realidade, afirma-se o dever da ciência de atuar como instância de controle perante o "quase não controlável" tribunal constitucional, a fim de que se diminuam os riscos de um desenvolvimento constitucional equivocado.[1276]

Às decisões proferidas pelo tribunal constitucional em determinadas matérias sensíveis à sociedade corresponde um determinado momento de configuração política, circunstância que incentiva a busca de critérios para delinear com melhor exatidão o exame proferido por esse tribunal em face de atos dos demais órgãos estatais.[1277] Esses critérios contribuem por seu turno para compreender a realização do princípio do Estado de direito na constituição a partir da atuação do tribunal constitucional. Aqui não se retomam as considerações tecidas em face do âmbito de atuação do tribunal constitucional frente ao legislador democraticamente eleito. A meta é manter o tribunal constitucional como legislador negativo, fruto da constatação de que a livre criação que caracteriza a liberdade conformadora do legislador recua quase completamente em sede de jurisdição constitucional.[1278]

Voltado à tentativa de contribuir para o esclarecimento da densidade do exame praticado pelo tribunal constitucional em face das instâncias ordinárias, sobretudo em matéria de direitos fundamentais e direito privado, apresentam-se os seguintes critérios, escalonados em dois momentos distintos: o tribunal constitucional deve examinar em um primeiro momento se a lei aplicada pelas instâncias ordinárias viola um ou mais direitos fundamentais, declarando se for o caso sua nulidade parcial ou total; sobre a perspectiva do controle da exatidão de uma interpretação conforme a constituição, o tribunal constitucional examina se a interpretação atribuída à norma pelas instâncias ordinárias acaba por violar a constituição.[1279]

Caso os critérios acima enumerados não sejam suficientes para justificar a intervenção do tribunal constitucional, há ainda que cogitar a possibilidade de um exame pontual. Essa possibilidade deve levar em consideração os seguintes aspectos: se os tribunais ordinários

---

[1274] BRYDE, B. *Verfassungsentwicklung*, p. 351.

[1275] SCHENKE, W. *Umfang*, p. 1.324; BRYDE, B. *Verfassungsentwicklung*, p. 351s.

[1276] BRYDE, B. *Verfassungsentwicklung*, p. 352s.

[1277] SCHENKE, W. *Umfang*, p. 1.329.

[1278] KELSEN, H. *Wesen*, p. 55s.

[1279] STEINWEDEL, U. *Spezifisches*, p. 193ss.

se omitiram por completo de efetuar um exame do conjunto de fatos ou uma ponderação ordenada jurídico-constitucionalmente no caso concreto; se os tribunais ordinários, ao procederem a um exame do conjunto de fatos ou a uma ponderação no caso concreto, deixam de levar em consideração um ponto de vista jurídico-constitucional essencial.[1280]

Nessa conexão de elementos, por razões de segurança jurídica e de garantia de uniformidade da jurisdição – exigências do Estado de direito –, o controle monopolizado de constitucionalidade das normas como praticado na Alemanha mostra-se mais eficaz que o chamado controle difuso exercido no Brasil. Significa que o órgão encarregado de zelar pela guarda da constituição deve deter o chamado *monopólio de rejeição*, ou seja, somente um tribunal constitucional deve deter a prerrogativa de julgar e declarar a inconstitucionalidade de uma norma jurídica. Assim, o exame da constitucionalidade, bem como a prática de uma interpretação conforme a constituição, podem ser compartilhados entre as diferentes jurisdições, enquanto a possibilidade de rejeição de uma norma frente a uma eventual incompatibilidade com a constituição deve ser tarefa exclusiva da jurisdição constitucional. À luz das exigências do Estado de direito, esse parece ser o quadro que melhor acentua a tarefa constitucional de examinar se as prescrições do direito privado lograram êxito em transmitir os valores da constituição para a regulamentação das relações privadas. Impõe-se nesse sentido a revisão da Súmula 126 n. do STJ, pois, na forma em que está redigida (e vem de certo modo sendo aplicada), ergue um duro obstáculo – podendo significar na prática até mesmo a negação de um dever de proteção estatal – ao reconhecimento da eficácia dos direitos fundamentais nas relações privadas e em particular nas de consumo.

O critério adotado pelo tribunal constitucional no que tange à densidade do exame em matéria de direitos fundamentais é resumido da seguinte forma: quanto mais intensamente o âmbito de proteção de um determinado direito fundamental é colocado em questão, mais intensivo se torna o exame jurídico constitucional. Nessa linha, a porta de violação de direito constitucional objetivo, que chama a atuação corretiva do tribunal constitucional, abre-se quando a decisão questionada reside em uma visão principiológica equivocada do significado e alcance dos direitos fundamentais envolvidos, particularmente quanto à extensão do seu âmbito de proteção ou ainda quando o resultado da interpretação praticada for incompatível em medida significativa no caso concreto com os próprios direitos fundamentais e a ordem de valores por eles estabelecida.

Com base nesses critérios, confirma-se a tendência apresentada no início das considerações sobre a densidade do controle exercido pelo tribunal constitucional em face de decisões proferidas pelas instâncias ordinárias em matéria civil: quanto mais uma decisão proferida por uma instância jurídico-civil diminuir os pressupostos protegidos jurídico--constitucionalmente para uma existência livre e com isso diminuir a possibilidade de atuações em princípio protegidas pela constituição, maior tem que ser a densidade do exame praticado pelo tribunal constitucional no que diz respeito à possibilidade de justificação constitucional dessa decisão. Isso significa por seu turno que quanto mais a sentença

---

[1280] STEINWEDEL, U. *Spezifisches*, p. 193ss.

de um tribunal ordinário atingir a esfera protegida de um titular de direitos fundamentais, tanto mais severas devem ser as exigências quanto a seu embasamento, tornando-se mais amplas as possibilidades de exame pelo tribunal constitucional. A densidade de exame está diretamente atrelada, portanto, à proteção do âmbito de liberdade individual constitucionalmente garantido. Ela igualmente só se deixa verificar à luz de um pensamento de *convergência* do direito privado para o direito constitucional, sobretudo uma *convergência* na interpretação.

3.2.8 O significado das cláusulas gerais para a transposição dos direitos fundamentais para o direito privado

A presente investigação demonstrou que as cláusulas gerais do direito civil não são o único veículo de transposição das decisões de valor da constituição para o direito privado à luz da teoria da eficácia indireta. Não obstante, grande parte dos conflitos jurídico-privados que são decididos em consideração aos direitos fundamentais, no caminho de uma eficácia irradiante, recorrem efetivamente às cláusulas gerais como *pontos de irrupção*, nas palavras de Dürig.[1281] Essa circunstância abre ensejo para investigar em que medida as cláusulas gerais se mostram aptas a transpor o conteúdo valorativo da constituição para relações de direito privado, em particular as de consumo.

3.2.8.1 A noção de cláusula geral

As cláusulas gerais descrevem prescrições jurídicas nas quais os conceitos jurídicos empregados pelo legislador para a fixação da hipótese de incidência são caracterizados por um grau de abstração e indeterminação de conteúdo tão elevado ao ponto de não lhes permitir um núcleo conceitual unívoco de conteúdo.[1282] É por isso que ao se analisar seu papel[1283] se costuma por regra fazer referência às cláusulas gerais como normas carentes de precisação (*präzisierungsbedürftige*), que contêm para determinados âmbitos uma indicação para o fim perseguido, fornecendo linhas diretivas, sem, contudo, fixar uma aplicação precisa para o conjunto de fatos,[1284] aspecto que atrai o debate em torno das cláusulas gerais à problemática da sua concretização.[1285]

Em alguns casos, a opção por uma normatização pela via das cláusulas gerais ou conceitos jurídicos indeterminados é vista pela doutrina como uma espécie de fuga do legislador de sua responsabilidade política.[1286] Porém, como será demonstrado, há casos em que o recurso a essa técnica não é apenas recomendável, como também necessário,[1287]

[1281] DÜRIG, G. *Freizügigkeit*, p. 525.

[1282] WEBER, R. *Gedanken*, p. 524. Aprofundando o conceito de cláusula geral, v. AUER, M. *Materialisierung*, p. 127ss; SCHMIDT, J. *Präzisierung*, p. 231ss.

[1283] EN, v. HECK, L. *Apr. Cachapuz*, p. 15ss.

[1284] WEBER, R. *Gedanken*, p. 522.

[1285] AUER, M. *Materialisierung*, p. 126.

[1286] SENDLER, H. *Umweltrecht*, p. 3s e 9s, citando o caso da normalização de aspectos relacionados com a proteção do meio ambiente.

[1287] COUTO E SILVA, C. *Boa-fé*, p. 50s.

visto a impossibilidade de a obra legislativa abranger a totalidade dos fatos objeto da legislação. Assim, levar a sério a unidade do ordenamento jurídico significa visualizar o sentido das cláusulas gerais de direito privado em sua aptidão para o recebimento de critérios de valoração jurídico-fundamentais.[1288] Entre as cláusulas gerais passíveis de preenchimento valorativo encontram-se, ainda que não exclusivamente: boa-fé;[1289] bons costumes;[1290] função social do contrato;[1291] nulidade da renúncia antecipada do aderente a direito resultante da natureza do negócio;[1292] proibição de privação de todo efeito do negócio jurídico e de sujeição ao puro arbítrio de uma das partes;[1293] além da cláusula de reparação de dano pela prática de ato ilícito.[1294]

Na doutrina, colocou-se a questão particularmente no âmbito do direito privado se as cláusulas gerais se deixam distinguir em relação a outras disposições legais e nesse caso como seria construída essa distinção. As respostas a essas questões passaram longe da unanimidade.[1295] Em verdade, o grande diferencial proporcionado por uma cláusula geral é seu considerável grau de abertura,[1296] característica básica que lhe distingue das demais normas jurídicas. São consideradas assim disposições legislativas abertas,[1297] sem perder a

---

[1288] MÜLLER, J. *GR*, p. 171s.

[1289] Arts. 113 e 422, CC.

[1290] Arts. 112, 122 e 187, CC.

[1291] Arts. 187 e 421, CC.

[1292] Art. 424, CC.

[1293] Art. 122, CC.

[1294] Art. 927, CC.

[1295] Ptd, v. SCHMIDT, J. *Präzisierung*, p. 234ss, sintetizando a matéria, que ao focar a análise das cláusulas gerais a partir do princípio da boa-fé (§ 242 BGB), apresenta três teses básicas que, não obstante possuírem diferentes variáveis entre si, estão condensadasr na seguinte linha básica: 1. Teses-igualdade (*Gleichheitsthesen*): uma cláusula geral é uma determinação legal (*Gesetzesbestimmung wie jede andere im BGB*) como qualquer outra do código civil, possuindo qualitativamente uma estrutura de significado comparável (*Sie hat qualitativ eine vergleichbare Bedeutungsstruktur*). Sua particularidade, e com isso sua diferença essencial estrutural, repousa somente em sua formulação como cláusula geral, razão pela qual fundamenta apenas uma diferença gradual na precisão da formulação das características dos elementos do tipo e das consequências jurídicas (p. 234); b) Teses-diferenciação (*Differenzierungsthesen*): em seu núcleo – portanto, qualitativamente – as cláusulas gerais não podem ser consideradas uma determinação como qualquer outra no código civil. A diferença desse tipo de norma não pode ser visualizada ainda apenas do ponto de vista quantitativo e gradual. Ao contrário, há uma diferença *qualitativa* (*qualitativen Unterschied*) entre as cláusulas gerais e outras determinações do código civil; c) Característica de princípio: nessa variante, Schmidt (p. 244s.) traz à colação a posição de Karl Larenz como diferencial às teses anteriormente apresentadas no sentido de que uma cláusula geral típica, como boa-fé, não contém nem uma norma (independentemente do seu conteúdo), nem um produto ou formação normativa comparável com as demais determinações do código civil, mas sim algo que pode ser denominado como "princípio" (*Prinzip*), "preceito" (*Grundsatz*) ou "ideia de direito" (*Idee des Rechts*). Nessa linha, um princípio como tal não poderia ser caracterizado por sua formulação como cláusula geral (*generalklauselförmige Formulierung*). Isso porque os princípios distinguem-se por conterem no grau obtido do desenvolvimento do direito postulados da ideia jurídica imediatamente visíveis, pensamentos jurídicos objetivos, aos quais as finalidades especiais do legislador estão subordinadas. Eles vigem porque e na medida em que são conteúdo consciente do espírito objetivo e como tais conferem direção também para o legislador. V. LARENZ, K. *Methodenlehre*, p. 421ss. EN, detalhando essas concepções, v. HECK, L. *Apr. Cachapuz*, p. 15ss.

[1296] LARENZ, K. *Methodenlehre*, p. 223ss; 288ss.

[1297] COUTO E SILVA, C. *Boa-fé*, p. 50.

qualificação comum de norma jurídica válida como qualquer outra. A partir daí, o que se tem é que as consequências jurídicas advindas da aplicação e interpretação de uma cláusula geral podem se deixar diferenciar das consequências advindas do emprego de outras normas jurídicas de conteúdo mais concreto, porque o espaço de manobra que é transmitido pelo legislador aos tribunais na interpretação das cláusulas gerais é inegavelmente maior.

Nesse quadro, a concretização normativa requer sempre uma pré-compreensão do conteúdo,[1298] circunstância que vale sobremaneira para as cláusulas gerais. Isso significa que as cláusulas gerais são suportadas do ponto de vista metodológico à medida que elas possam ser aplicadas no marco da estrutura de uma norma jurídica relativamente estável do ponto de vista de seu conteúdo.[1299] Em outras palavras, significa que a aplicação do princípio da boa-fé à luz dos direitos fundamentais que incidem em relações privadas se deve ajustar aos limites daqueles direitos.[1300] Deve ter-se em mente, ainda que se trate de invocar a boa-fé contratual, que há de se observar que ela se encontra contida nos limites da própria realidade do contrato, sua tipicidade, estrutura e funcionalidade, a fim de permitir a aplicação dos princípios admitidos pelo sistema jurídico como um todo.[1301] Daí se depreende que a mera acumulação de hipóteses de incidência a partir de conceitos jurídicos indeterminados não permite uma relação metodológica com as prescrições jurídicas a ela associadas.[1302] Note-se que a constituição não diz o que é a boa-fé no caso concreto. Entretanto, a determinação de valores da constituição influencia sobremodo na determinação dos critérios para um agir de boa-fé,[1303] hipótese de uma eficácia indireta dos direitos fundamentais no direito privado.[1304] Nesse aspecto, as lacunas da lei somente podem ser preenchidas em consonância com os preceitos da constituição,[1305] o que é extremamente aplicávelàs cláusulas gerais. Essa circunstância determina em elevada medida o aperfeiçoamento do direito privado.[1306]

3.2.8.2 A relevância das cláusulas gerais para o reconhecimento da eficácia dos direitos fundamentais nas relações privadas

Sempre que se fala de eficácia dos direitos fundamentais nas relações privadas vem à tona o conceito de cláusulas gerais do direito civil como instrumentos de transposição do conteúdo valorativo dos direitos fundamentais para os negócios privados. A primeira conclusão que se faz necessária é que as cláusulas gerais desempenham um relevante papel em matéria de direitos fundamentais e relações privadas. Há quem considere inclusive que o conteúdo de cada direito privado é determinado e limitado pela configuração que

---

[1298] LERCHE, P. *Facetten*, p. 13.
[1299] DIEDERICHSEN, U. *BVerfG*, p. 222.
[1300] NARANJO DE LA CRUZ, R. *Límites*, p. 449.
[1301] AGUIAR JÚNIOR, R. *Boa-fé*, p. 25; MARTINS-COSTA, J. *Mercado*, p. 657.
[1302] DIEDERICHSEN, U. *BVerfG*, p. 222.
[1303] Sobre o tema, EN, v. do AGUIAR JÚNIOR, R. *Extinção*, p. 241ss.
[1304] LARENZ, K. *AT BGB*, § 4, III, p. 84.
[1305] LARENZ, K. *AT BGB*, § 4, III, p. 82.
[1306] LARENZ, K. *AT BGB*, § 4, III, p. 82.

é fornecida pelos bons costumes e pela boa-fé.[1307] Assim, a existência de uma violação aos bons costumes ou à boa-fé, cuja consequência pode ser a declaração da nulidade de um negócio jurídico por meio de aplicação de uma cláusula geral, é determinada em grande medida em correspondência com os direitos fundamentais.[1308] Trata-se sob um aspecto da função das cláusulas gerais como elementos de conexão[1309] como normas concretizadoras e conformadoras da diretriz da solidariedade social.[1310]

A influência dos direitos fundamentais no direito privado no caminho da aplicação das cláusulas gerais conserva por um lado a autonomia desse ramo privado, por meio do reconhecimento jurídico-fundamental da liberdade de disposição privada; por outro, pela necessária unidade do direito total na moral jurídica.[1311] Pode-se sustentar nesse passo que as cláusulas gerais do direito civil são o chamado assento das restrições à autonomia privada, que frequente e simultaneamente se convertem em mandamentos de proteção dos direitos fundamentais,[1312] razão pela qual seu manejo adequado contribui para o fomento de um equilíbrio não apenas nas relações individuais, mas também nas relações sociais.[1313] Nesse contexto, as cláusulas gerais são compreendidas como espécie de filtro de característica reguladora elástica para uma eficácia indireta dos direitos fundamentais nas relações privadas.[1314] Observe-se que mesmo nos casos mais extremos, em que se poderia cogitar uma eficácia direta dos direitos fundamentais no âmbito privado, como é o caso das relações de trabalho, nota-se que as cláusulas gerais do direito civil constituem instrumento hábil a intermediar o conteúdo dos direitos fundamentais nessas relações.[1315]

Desse modo, sempre que a lei não contiver determinação específica e suficiente para a proteção da parte mais fraca da relação contratual, nas situações em que nitidamente falta igualdade de forças na relação – como é o caso das relações de consumo – a aplicação das cláusulas gerais jurídico-privadas por meio dos tribunais civis ganha espaço por meio da eficácia indireta dos direitos fundamentais. Isso garante a efetivação da autonomia privada, bem como da liberdade contratual, com a finalidade de evitar o abuso pela desigualdade de poder.[1316] Nessa perspectiva, o princípio da proporcionalidade detém uma importante função para a concretização das cláusulas gerais, sobretudo no que diz respeito à boa-fé.[1317]

[1307] DÜRIG, G. *Verwirkung*, p. 513. EN, COUTO E SILVA, C. *Boa-fé*, p. 57, lembra que o exame dos mais importantes códigos civis revela que em diversos artigos se tem formulado o princípio da boa-fé.

[1308] EPPING, V. *GR*, Rn. 325.

[1309] COUTO E SILVA, C. *Boa-fé*, p. 62, centrando sua análise no princípio da boa-fé.

[1310] MARTINS-COSTA, J. *Mercado*, p. 655, destacando a boa-fé como regra de interpretação congruente.

[1311] DÜRIG, G. *GR*, p. 177.

[1312] PIETZCKER, J. *DW*, p. 363.

[1313] RAISER, L. *Grundgesetz*, p. 7.

[1314] KURTZ, D. *Urteilskritiken*, p. 23.

[1315] BVerfGE 97, 169 (178). Nessa decisão o BVerfG afirmou que mesmo nos casos em que as determinações das leis trabalhistas de proteção à rescisão unilateral do contrato de trabalho por parte do empregador não incidem, permanece o trabalhador protegido contra um abuso do direito de rescisão do contrato de trabalho por violação à boa-fé ou aos bons costumes. Essa proteção se dá justamente no marco das cláusulas gerais do direito civil, que devem observar o conteúdo objetivo dos direitos fundamentais na sua interpretação e aplicação.

[1316] BADURA, P. *Wirtschaftsordnung*, Rn. 17.

[1317] ZÖLLNER, W. *Grenzen*, p. 159.

Esse raciocínio leva a uma conclusão importante. A aplicação das cláusulas gerais pelos tribunais deve ocorrer em atenção ao princípio da subsidiariedade, evitando-se assim o recurso direto a uma cláusula geral para a solução de uma controvérsia. Fundamento para tanto é a constatação de que essas cláusulas têm em comum o fato de serem passíveis e carentes de preenchimento valorativo,[1318] o que de certa forma abre margem de incerteza quanto aos resultados de sua aplicação. Trata-se nesse sentido de uma regra de conduta decisória que prioriza sob certo aspecto a própria questão da segurança jurídica, levando-se em conta que essa possibilidade e carência de preenchimento não dispensam fundamentação adequada em relação ao modo pelo qual os valores da constituição dão forma a seu conteúdo, tarefa que está longe de ser qualificada como trivial ou elementar em face das dificuldades inerentes à compreensão dos direitos fundamentais como expressão de valores e das colisões que daí se originam. Portanto, seu emprego deve ocorrer de forma *subsidiária*, vale dizer, à medida que não se fizerem presentes prescrições de proteção particulares, recorre-se ao arsenal das cláusulas gerais.[1319] Na prática, isso ocorre após se verificar a inexistência de uma norma concreta capaz de garantir a real autonomia das partes em um negócio privado. Aqui, os direitos fundamentais conduzem a um controle de conteúdo dos contratos que onerem excessivamente e de maneira não habitual uma das partes, por força do desequilíbrio de forças verificado na relação.

Feito esse registro, a questão em torno do reconhecimento de uma eficácia indireta dos particulares aos direitos fundamentais, quando conectada à questão das cláusulas gerais, aponta para questões de cunho eminentemente prático, que vão desde a possibilidade de abertura dessas cláusulas para a solução de problemas concretos até mesmo à determinação das consequências jurídicas daí decorrentes. Para a tomada de uma decisão a respeito, se uma determinada conduta fere os bons-costumes ou a boa-fé, hipóteses que afetam a validade jurídica de um contrato privado, as concepções de valor da coletividade têm que ser levadas em consideração. Como essas concepções de valor são pregadas pelo direito constitucional, a aplicação das cláusulas gerais (e dos conceitos jurídicos indeterminados) tem que ser direcionada ao sistema de valores da constituição de modo que tais decisões se convertem em relevantes critérios de ponderação no âmbito jurídico-civil.[1320]

Com isso, coloca-se sobretudo a questão se a violação de um direito fundamental fundamenta uma pretensão de caráter reparatório à luz da aplicação de uma cláusula geral.[1321] A resposta a essa questão deve partir do seguinte encadeamento de ideias: determinadas cláusulas gerais preveem a reparação de danos em face de certas condutas lesivas a bens jurídicos protegidos,[1322] sendo que na condição de cláusulas gerais, são passíveis de preenchimento valorativo pelos direitos fundamentais. Nessa conectividade, se os direitos funda-

---

[1318] PAPIER, H. *DW*, Rn. 23.

[1319] DÜRIG, G. *GR*, p. 176. Nesse ponto, o autor é claro ao afirmar que as cláusulas gerais são o meio normativo para defesa de violações a direitos fundamentais provenientes de terceiros na falta de normas protetivas jurídico-civis específicas (*bei Fehlen spezieller zivilrechtlicher Schutznormen...*)

[1320] SCHMIDT-SALZER, J. *Vertragsfreiheit*, p. 12.

[1321] BLECKMANN, A. *Staatsrecht*, p. 237.

[1322] Arts. 187 e 927, CC.

mentais constituem parâmetro essencial para a determinação do conteúdo de uma cláusula geral, mostra-se não apenas razoável, como também pressuposto lógico, que o particular que venha a sofrer uma violação em direitos fundamentais dos quais é titular pela ação de outro particular tenha uma pretensão geral à reparação dos danos daí decorrentes.

Decisivo é que o direito fundamental em questão alicerce uma pretensão reparatória a partir de seu conteúdo. Isso ocorre quando esse direito fundamental se mostra adequado não apenas para o preenchimento de uma cláusula geral, mas igualmente para a interpretação de outras normas jurídicas de caráter mais determinado.[1323] Na doutrina alemã, a possibilidade de a violação de um direito fundamental alicerçar uma pretensão de caráter reparatório à luz da aplicação de uma cláusula geral se coloca em face do § 823 I do BGB[1324], em que determinados direitos fundamentais poderiam ser considerados "outros direitos" a que o BGB se refere.[1325] No caso brasileiro, não há nenhuma incompatibilidade nesse sentido, haja vista que o art. 927 do CC[1326] possui ainda uma redação mais aberta, que bem abriga essa possibilidade, independentemente da prática de uma fundamentação por demais complexa.

Com base nessas considerações, evidencia-se que os direitos fundamentais exercem uma eficácia caracterizante de conteúdo (*inhaltsprägende Wirkung*) sobre as cláusulas gerais e os conceitos jurídicos indeterminados, a partir do momento em que possuem significado decisivo para a valoração das circunstâncias concretas,[1327] com nítida incidência nas relações de consumo, em que a garantia de livre desenvolvimento da personalidade do consumidor resta permanentemente ameaçada. A aplicação das cláusulas gerais e dos conceitos jurídicos indeterminados voltada ao sentido dos direitos fundamentais proporciona a abertura de uma possibilidade à máxima orientação constitucional sem quebrar os níveis do ordenamento jurídico, por meio de uma invasão do direito constitucional na esfera de competência do direito privado.[1328] Isso se deve à estrutura aberta[1329] desses preceitos jurídicos. Nessa conectividade, as cláusulas gerais (e por via reflexa os conceitos jurídicos indeterminados) representam a efetivação de uma técnica legislativa de direcionamento do direito civil às decisões de valor do direito constitucional,[1330] o que expressa a ideia de *convergência* como forma de oferecer bases para a transposição do conteúdo valorativo dos direitos fundamentais para as relações privadas. Resta compreender o modo pelo qual se dá essa transposição, o que se revela a partir da noção de transferência do espaço de conformação judicial do legislador para os tribunais.

[1323] BLECKMANN, A. *Staatsrecht*, p. 237.

[1324] § 823 I, BGB, etl: "Aquele que dolosa ou culposamente viola de maneira contrária ao direito a vida o corpo, a saúde, a liberdade, a propriedade ou outro direito de outrem obriga-se à reparação dos danos daí decorrentes."

[1325] BLECKMANN, A. *Staatsrecht*, p. 237.

[1326] Art. 927, CC: "Aquele que, por ato ilícito (arts. 186 e 187), causar dano a outrem, fica obrigado a repará-lo".

[1327] SCHMIDT-SALZER, J. *Vertragsfreiheit*, p. 12.

[1328] SCHMIDT-SALZER, J. *Vertragsfreiheit*, p. 12.

[1329] COUTO E SILVA, C. *Boa-fé*, p. 50ss.

[1330] SCHMIDT-SALZER, J. *Vertragsfreiheit*, p. 12.

3.2.8.3 As cláusulas gerais como espaço de conformação judicial transferido pelo legislador aos tribunais

O modo pelo qual as cláusulas gerais se mostram aptas a transpor o conteúdo valorativo da constituição para relações de direito privado deixa-se compreender a partir de duas questões básicas: o que fundamenta a transferência por parte do legislador aos tribunais de um espaço de conformação judicial pela via do preenchimento valorativo de cláusulas gerais? Quais exigências a prática de uma delegação de conformação do direito coloca perante os tribunais?

Como visto, o emprego de cláusulas gerais diz respeito a uma espécie de delegação do legislador aos tribunais de um espaço de conformação do direito, algo como uma espécie de incumbência de conformação normativa (*Normbildungsauftrag*) dirigida aos tribunais.[1331] O principal fundamento de se transferir ao tribunal esse espaço de conformação jurídica é o fato de que não se pode exigir do legislador a cobertura integral de todas as relações jurídico-privadas possíveis e imagináveis.[1332] Estar-se-ia aqui não apenas diante de uma tarefa improvável como de certa forma impossível de ser alcançada. Nesse ponto, a realidade que serve de base às regulamentações do legislador possui um significado constitutivo para a averiguação do conteúdo das respectivas normas jurídicas.[1333] É justamente essa realidade que pode indicar que a regulamentação a ela pertinente deva ser feita na forma de cláusulas gerais, sob pena de aspectos importantes deixarem de ser contemplados no futuro. Trata-se do reconhecimento de que a legislação não é uma obra acabada, capaz de regular a totalidade do conjunto dos fatos da vida.

Desde o início de sua atuação, o BVerfG assentou que o princípio do Estado de direito é um dos princípios elementares da constituição.[1334] Nesse quadro, fundamentou que à estatalidade jurídica não pertence apenas a segurança ou previsibilidade jurídicas, mas também a justiça material.[1335] A ideia de justiça exige que a hipótese de incidência e as consequências jurídicas se situem em uma relação materialmente justa entre si.[1336] Todavia, o próprio BVerfG reconheceu que esses diferentes lados do princípio do Estado de direito nem sempre podem ser levados em igual consideração pelo legislador, razão pela qual ele não contém em todas as particularidades determinados mandamentos ou proibições claros de hierarquia constitucional. Com essa afirmação, o BVerfG determinou a natureza do princípio do Estado de direito como um princípio constitucional que carece de concretização de acordo com as circunstâncias fáticas, ressaltando todavia que perante essa concretização seus elementos fundamentais devem permanecer garantidos no todo.[1337] A questão que sempre se coloca, e que não raro permanece em aberto, é quais são esses elementos

---

[1331] AUER, M. *Materialisierung*, p. 132ss.
[1332] COUTO E SILVA, C. *Boa-fé*, p. 50, ao discorrer sobre os limites dos fatos previstos pelas cláusulas gerais, denominou isso como limites "fugidios, móveis e de nenhum modo fixos".
[1333] STARCK, C. *Empirie*, p. 614.
[1334] BVerfGE 1, 14 (LS 28).
[1335] BVerfGE 7, 89 (92); 20, 323 (331).
[1336] BVerfGE 20, 323 (331).
[1337] BVerfGE 7, 89 (92s).

fundamentais? Desde já assenta-se que desse rol não podem ser excluídos as questões da legalidade, da igualdade, da segurança jurídica, do controle de constitucionalidade das normas e da proteção ampla dos direitos fundamentais e da dignidade da pessoa humana.

A necessidade de um pensamento orientado a valores (*wertorientierten Denken*) se verifica com maior intensidade nos casos em que a lei, para a descrição da hipótese de incidência ou também da consequência jurídica, se serve de um critério valorativo carente de preenchimento (*ausfüllungsbedürftigen Wertungsmaßstab*).[1338] Nessa linha, os critérios valorativos que preenchem as cláusulas gerais não podem ser considerados como vazios em conteúdo (*inhaltslos*), da mesma forma que não são fórmulas vazias de caráter pseudonormativo (*pseudonormativen Leerformeln*). Ao contrário, esses critérios contêm um pensamento jurídico específico (*spezifischen Rechtsgedanken*), que se priva de cada definição conceitual, mas que em contrapartida podem ser esclarecidos por meio de exemplos universalmente aceitos.[1339] Essa constatação aponta para o fato de que o emprego das cláusulas gerais na transposição de decisões de valor da constituição para o bojo de relações privadas, como as de consumo, leva em conta particularmente as questões da proteção ampla dos direitos fundamentais e da dignidade e da segurança jurídica. Se e em que medida o legislador se confronta com situações de perigo, reagindo contra elas, é algo que figura em seu espaço de discricionariedade. No âmbito do direito civil, o legislador tem que tipificar e não pode levar em consideração todas as configurações particulares possíveis. Assim, do ponto de vista jurídico-constitucional não merece objeção quando o legislador leva em conta as necessidades e particularidades do caso concreto a partir da configuração da regulamentação como direito dispositivo, cedendo à jurisprudência,[1340] além disso, a tarefa de se opor com base na boa-fé a abusos jurídicos que visem ao afastamento da equalização de interesses pretendida pelo legislador, em consideração ao significado e alcance dos direitos fundamentais.[1341]

Observe-se que o fato de o legislador não esgotar seu espaço de configuração jurídica na formulação do direito ordinário não contraria o princípio geral de primazia de vinculação da jurisprudência civil à legislação ordinária.[1342] Aqui a lei em si não toma uma decisão vinculativa, visto que abre um flanco para uma decisão autônoma dos órgãos estatais, em particular do judiciário.[1343] Exatamente no ponto em que a lei não fornece regulamentação detalhada, cabe aos tribunais (e em casos específicos até mesmo à Administração Pública) tomar uma decisão. Importa acima de tudo que os fundamentos dessa decisão estejam em harmonia com a constituição.[1344] Isso não contraria aquilo que costuma ocorrer em sede de qualquer norma jurídica. Isso porque as leis em geral são uma tentativa de condução de condutas por meio de normas jurídicas, cuja informação

---

[1338] LARENZ, K. *Methodenlehre*, p. 223, citando o exemplo da boa-fé.

[1339] LARENZ, K. *Methodenlehre*, p. 223.

[1340] COUTO E SILVA, C. *Boa-fé*, p. 50ss, trata da boa-fé na linha do "direito dos juízes".

[1341] BVerfGE 67, 329 (NJW 1985, p. 1.457).

[1342] RÖTHEL, A. *Richterhand*, p. 427.

[1343] HERZOG, R. *GG Kommentar* (Art. 20 Abs. III GG), Rn. 27.

[1344] HERZOG, R. *GG Kommentar* (Art. 20 Abs. III GG), Rn. 27.

é intermediada pelo uso de palavras, ou seja, símbolos que se situam para um conteúdo de sentido normativo que não podem ser sempre totalmente exatos.[1345] A partir daí se dá o resultado metodológico de que todo conceito jurídico é apenas relativamente determinado.[1346] O que muda é o grau de indeterminabilidade. Quando mais uma norma se aproximar em sua formulação de uma cláusula geral, tanto maior será esse grau de indeterminabilidade, assim como os próprios conceitos jurídicos de elevado grau de abstração que guardam esse nome (conceitos jurídicos indeterminados).

Essa constatação aponta a direção para a resposta à segunda questão acima destacada, que é saber quais exigências a prática de uma delegação de conformação do direito coloca perante os juízes. A par de diferentes considerações que poderiam ser apresentadas nesse tópico, centra-se em uma que se considera a principal delas. Quanto mais o juiz recorrer ao emprego de cláusulas gerais para a solução de casos concretos, tanto maior e mais detalhada deverá ser a necessidade de fundamentação jurídica na decisão tomada. Isso porque o caráter aberto de uma cláusula geral, ao contrário de outras normas jurídicas de conteúdo mais fechado, permite uma ampla gama de soluções possíveis, o que vale também para o emprego de conceitos jurídicos indeterminados como, por exemplo, "(des) proporcional", "(in)adequado", "excessiva ou inexigível" etc.[1347] Cabe ao juiz fundamentar adequadamente por que a decisão tem que se basear em um dispositivo legal abstrato em detrimento de outro de conteúdo mais concreto.

O dever de fundamentação do juiz frente ao emprego de cláusulas gerais não para por aí. Decisiva é a constatação de que quando um tribunal opta pelo emprego de concepções jurídicas dessa natureza, os princípios de segurança jurídica e igualdade passam a exigir simultaneamente que essa mesma concepção permaneça fiel em outros casos semelhantes, a não ser que fundamentos de peso se façam presentes, apontando para a necessidade de um desvio de tais concepções.[1348] Trata-se da necessidade de controle intersubjetivo não apenas do emprego das cláusulas gerais em si, como também — e mais importante — do seu preenchimento valorativo. Nesse particular, a tarefa da dogmática jurídica é fazer afirmações sobre a aplicação de normas jurídicas em relação a determinados conjuntos de fatos da vida, o que abrange uma eficácia consolidada e estabilizada na aplicação do direito.[1349] Essa visão dogmática relaciona-se com o aspecto aqui abordado, porque conduz a sistematizações que se encaminham a decisões jurídicas particulares para a finalidade de controle e exame de seu conteúdo.[1350]

Em síntese: já que normas com elevado grau de abstração acarretam muitas vezes que nem mesmo o direito privado ofereça ao intérprete um conteúdo palpável para seu preenchimento, quando o próprio legislador abre, por meio do emprego dessas normas, o portão da legislação ordinária para a penetração dos valores da constituição, a primazia

---

[1345] ZIPPELIUS, R. *Rechtsnorm*, p. 241.
[1346] IPSEN, J. *Richterrecht*, p. 64; ZIPPELIUS, R. *Rechtsnorm*, p. 241.
[1347] RÖTHEL, A. *Richterhand*, p. 427.
[1348] ZIPPELIUS, R. *Rechtsnorm*, p. 245.
[1349] STARCK, C. *Empirie*, p. 609.
[1350] STARCK, C. *Empirie*, p. 609.

de vinculação da jurisprudência civil à lei cede espaço para o recurso à constituição, sem que esse ato possa ser considerado uma negação desse princípio.[1351] Essa mitigação decorre acima de tudo da própria natureza dos direitos fundamentais, que como se sabe irradiam efeitos para todos os âmbitos do ordenamento jurídico. Está-se aqui diante do emprego das cláusulas gerais como corolário da aplicação jurídica criadora, tópico ao qual se volta a presente investigação.

3.2.8.4 As cláusulas gerais como campo de aplicação jurídica criadora

Em matéria de embasamento da eficácia dos direitos fundamentais nas relações privadas a partir do emprego de cláusulas gerais do direito civil, destaca-se a questão da chamada aplicação (ou interpretação) jurídica criadora. Trata-se de uma figura dogmática, por meio da qual o tribunal constitucional reconhece a capacidade dos tribunais ordinários para realizar nas decisões judiciais as representações de valores que são objeto da ordem constitucional, dentro dos limites da vinculação do poder judiciário à lei. Essa circunstância confirma aptidão das cláusulas gerais como mecanismo de transferência de um espaço de conformação judicial pelo legislador aos tribunais.[1352] Na Alemanha, a questão da aplicação jurídica criadora não é considerada um achado jurídico do tribunal constitucional, haja vista que durante uma tradição jurídica contínua foi pregada tanto pela doutrina[1353] quanto pela jurisprudência dos tribunais ordinários, o que foi reconhecido pelo BVerfG como tarefa e competência dos tribunais especializados.[1354] Contudo, o BVerfG assumiu um papel de destaque nessa questão ao afirmar a compatibilidade do instituto da aplicação jurídica criadora com a constituição. Essa afirmação, não obstante formulação em decisões anteriores do BVerfG em tons diversos, encontrou eco sobretudo a partir da chamado caso Soraya.[1355]

[1351] RÖTHEL, A. *Richterhand*, p. 427.

[1352] Há quem considere que a aplicação jurídica criadora tem um determinado parentesco de conteúdo com a atividade legiferante. V. REDEKER, K. *Weiterbildung*, p. 413.

[1353] REDEKER, K. *Weiterbildung*, p. 409ss.

[1354] BVerfGE 3, 225 (243s); 13, 153 (164); 34, 269 (287s); BVerfGE 49, 304 (318); 69, 188 (NJW 1985, p. 2.939).

[1355] BVerfGE 34, 269, julgado em fevereiro de 1973, cuja síntese pode ser resumida nos seguintes termos: um grupo editorial de peso na Alemanha denominado *Axel Springer*, titular de várias publicações de jornais e revistas de conteúdo popular e enorme circulação no país publicou em uma de suas revistas, na data de 29 de abril de 1961, uma matéria descrita como "entrevista exclusiva" com a princesa iraniana Soraya Esfandiary-Bakhtiary (ex-esposa do então soberano do Irã), intitulada "Soraya: o Xá não me escreve mais", contendo supostas manifestações sobre sua vida privada. Após a publicação, que pela força do veículo de mídia gerou repercussões inclusive fora da Alemanha, descobriu-se que essa entrevista havia sido forjada, pois nunca tinha acontecido. Contrariada, a princesa Soraya ajuizou uma demanda contra o grupo editorial exigindo reparação de danos. Essa violação foi reconhecida pelo tribunal, que condenou o grupo editorial ao pagamento de uma quantia de 15.000 marcos à época. Os recursos interpostos pelo grupo editorial às instâncias ordinárias não obtiveram sucesso. Razão para tanto é que os tribunais reconheceram que a divulgação de uma conversa (inventada) sobre assuntos ligados à vida privada da princesa representou uma violação ao seu direito de personalidade. Irresignado, o grupo editorial interpôs um recurso constitucional contra as decisões proferidas pelas instâncias ordinárias, alegando em suma que a decisão em favor da indenização contrariava o direito fundamental de liberdade de imprensa, bem como o princípio do Estado de direito, porque a legislação não contemplaria uma previsão que se consubstanciasse com a possibilidade de uma indenização por danos imateriais (*immaterielle Schäden*), de modo que não haveria previsão constitucional capaz de amparar a pretensão da princesa. O BVerfG indeferiu o recurso constitucional sob o fundamento de que a jurisprudência dos tribunais cíveis, segundo a qual uma indenização em dinheiro também pode ser requerida em face de violações graves ao direito geral da personalidade (danos imateriais e morais), é compatível com a LF.

Teorias acerca da eficácia dos direitos fundamentais nas relações privadas ▪ 277

A fundamentação esgrimida pelo BVerfG na sentença Soraya contêm elementos que, não obstante serem objeto de críticas pontuais na doutrina,[1356] possuem relevante valor para a questão da eficácia dos direitos fundamentais no direito privado, sob o pano de fundo das cláusulas gerais do direito civil. Nesse ponto, o BVerfG asseverou que o vínculo tradicional do juiz à lei, compreendido como parte integrante sustentadora do princípio da divisão dos poderes e, portanto, do próprio princípio do Estado de direito, transformou-se pela formulação da LF na concepção de que o poder judiciário está vinculado "à lei e ao direito"[1357] (art. 20, III, LF). Segundo o BVerfG, o significado desse preceito não é outro que não o da rejeição de um positivismo jurídico estrito.[1358]

O entendimento foi de que essa fórmula mantém a consciência de que o direito e a lei coincidem por certo, de fato e em geral, mas não necessariamente e sempre. Assim, o direito não se mostra totalmente idêntico ao conjunto das leis escritas, visto que a par das normas positivas pode talvez existir em certas circunstâncias *um mais em direito* (*Mehr an Recht*), que possui na ordem jurídico-constitucional como um todo de sentido a sua fonte e que pode atuar como corretivo perante a lei escrita.[1359] Assim, constitui tarefa do poder judiciário achar e realizar esse *um mais em direito*, até mesmo pelo fato de que o juiz não é obrigado pela constituição a aplicar no caso concreto as determinações legislativas nos limites do sentido literal possível, tendo em vista que tal compreensão pressuporia categoricamente a fundamental ausência de lacunas na ordem jurídica estatal positiva, hipótese defensável sob o ponto de vista da preservação da segurança jurídica, mas que na prática se mostra como inalcançável.[1360]

A fundamentação do BVerfG desperta atenção pelo fato de afirmar que a atividade jurisdicional não se limita apenas em reconhecer e pronunciar as decisões do legislador, já que sua tarefa pode vir a exigir especialmente que se tragam à luz e que se realizem nas decisões judiciais as representações de valores que são imanentes à ordem jurídica constitucional e que não integram, ou apenas incompletamente, os textos das leis escritas, em um ato de reconhecimento valorativo ao qual não faltam elementos volitivos.[1361] Nesse ponto, o BVerfG informa como isso deve ser obtido na prática. O juiz deve se manter livre de cometer arbitrariedades, sua decisão deve basear-se em uma argumentação racional e além disso deve poder ser demonstrad, de modo convincente que a lei escrita não realiza sua função de solucionar com justiça um problema jurídico. A partir daí, a decisão judicial preenche essa lacuna de acordo com os parâmetros da razão prática e com as "ideias gerais de justiça consolidadas pela coletividade".[1362]

Nessa linha, o BVerfG ponderou que o legislador atribui aos tribunais a tarefa de desenvolvimento do direito, sendo que em vários âmbitos jurídicos isso adquiriu valor

---

[1356] STARCK, C. *Rechtsfortbildung*, p. 219ss.
[1357] SCHNORR, G. *Die Rechtsidee im Grundgesetz*, p. 121ss, aprofundando a questão.
[1358] BVerfGE 34, 269 (286).
[1359] BVerfGE 34, 269 (287).
[1360] BVerfGE 34, 269 (287).
[1361] BVerfGE 34, 269 (287).
[1362] BVerfGE 34, 269 (287), remetendo à decisão BVerfGE 9, 338 (349).

especial, devido ao atraso do legislador em relação ao desenvolvimento social.[1363] Por fim, o BVerfG asseverou que somente podem ser questionáveis os limites que devem ser impostos a uma tal interpretação criadora do direito. Aqui, o BVerfG mostrou sua consciência quanto ao fato de que esses limites não se deixam abranger por uma fórmula que seja igualmente válida para todos os âmbitos do direito e para todas as relações jurídicas neles criadas ou por eles regidas.[1364] Essa concepção encontra amparo na doutrina quando afirma que as fórmulas abstratas são passíveis de preenchimento, razão pela qual uma ideia clara quanto ao seu conteúdo somente pode surgir a partir de sua aplicação no caso concreto.[1365] De fato, as cláusulas gerais de certa forma libertam os legisladores e atribuem a faculdade de especificar ou individualizar seu conteúdo aos juízes, para que se restabeleça com o tempo o processo por meio do qual se chega à formulação de "normas novas" a partir do chamado "direito do caso", extraindo-se dele as *rationes decidendi*.[1366]

Observe-se que o mandamento de vinculação do judiciário à lei como expressão do princípio do Estado de direito não proíbe que os tribunais atuem no sentido de desenvolver o direito. Antes pelo contrário, trata-se de uma tarefa confiada pela constituição aos tribunais, que decorre da constante necessidade de adequação do direito vigente às relações influenciadas pelas aceleradas mudanças nas relações sociais, circunstância que leva em conta não apenas as limitadas possibilidades de reação do legislador a essas mudanças, como também a formulação aberta de um elevado conjunto de normas jurídicas.[1367] Essa situação espelha-se com frequência no campo de atuação do direito civil[1368] e particularmente sob o prisma de aplicação das suas cláusulas gerais. À luz da proteção do consumidor, constata-se um diálogo entre as fontes normativas, em que não apenas o CDC atua como norma protetiva, mas igualmente as cláusulas gerais e outras normas do direito civil, de acordo com seu âmbito de pertinência.[1369] Em comum elas têm o fato de servirem de mecanismo de intermediação para a incidência dos direitos fundamentais nas relações privadas, quadro contemplado pela teoria da eficácia indireta.

A tarefa dos tribunais também se revela no sentido de trazer essas condições modificadoras à vigência da forma mais confiável possível,[1370] com foco na segurança jurídica. Nesse ponto, confere-se destaque para os efeitos gerados pela evolução da técnica científica, cuja rapidez de propagação impede muitas vezes que a legislação acompanhe eficazmente campos carentes de regulamentação. Contatos de massa regulamentados no bojo de relações de consumo, como internet, telefonia móvel, gerenciamento de contas bancárias por computador etc., são um exemplo vivo dessa realidade.[1371] Nesses casos, a tendência do achado jurídico é consistir em uma ampliação do campo de aplicação de uma interpreta-

---

[1363] BVerfGE 34, 269 (288).

[1364] BVerfGE 34, 269 (288).

[1365] BODO, P; AUBEL, T. *Rechtsprechung*, p. 508.

[1366] COUTO E SILVA, C. *Boa-fé*, p. 66.

[1367] BVerfGE 96, 375 (394).

[1368] BVerfGE 34, 269 (288s).

[1369] MARQUES, C. *Superação*, p. 34ss.

[1370] BVerfGE 96, 375 (394).

[1371] Sobre o tema, v. MARQUES, C. *Confiança*, p. 31ss.

ção já existente, cuja meta é tocar o menos possível na prerrogativa de determinação de finalidades do legislador.[1372]

Uma vez que o desenvolvimento do direito toca essencialmente ao direito privado, os tribunais ordinários também são chamados a responder a questão, em que medida as relações sociais modificadas pela evolução geral dos fatos exigem novas respostas jurídicas.[1373] Nesse ponto, o exame do tribunal constitucional limita-se às considerações inerentes à preservação do Estado de direito, o que exige que a aplicação jurídica criadora dos tribunais ordinários respeite as decisões fundamentais do legislador, bem como os métodos de interpretação reconhecidos pela doutrina e jurisprudência.[1374] O problema é que em determinados casos se pode constatar que a aplicação (interpretação) e criação do direito mal se deixam separar na prática.[1375]

Grande parte das críticas dirigidas ao tribunal constitucional no que diz respeito à questão da aplicação jurídica criadora se foca na ausência de uma clara demarcação dos seus limites.[1376] Críticas nesse tom adquirem sentido particularmente quando se compreende o significado e o alcance dos deveres de proteção estatal. Nesse particular, a doutrina já alertou que um problema a ser enfrentado pelo tribunal constitucional é deixar o mais claro possível em que medida a constituição, sobretudo a partir da garantia do livre desenvolvimento da personalidade, obriga o legislador a tomar medidas concretas para o asseguramento efetivo desse direito, inclusive do ponto de vista da responsabilidade civil e das sanções daí decorrentes.[1377]

Trata-se de um aspecto que interessa particularmente às relações de consumo, tendo em vista que a finalidade de se proteger *diferenciadamente* o consumidor[1378] decorre como visto justamente da necessidade de lhe garantir o livre desenvolvimento de sua personalidade, vale dizer, de sua verdadeira liberdade de atuação livre, em relações marcadas por uma nítida desigualdade de poder. Nessa perspectiva, a garantia constitucional de livre desenvolvimento da personalidade é concretizada por disposições variadas do direito civil, entre as quais se situam as cláusulas gerais. Se por um lado a questão em torno dos limites da aplicação jurídica criadora volta-se diretamente aos tribunais, por outro, ela pressupõe que o material legislativo que lhe serve de instrumental decisório esteja apto a proporcionar proteção efetiva dos direitos fundamentais. Por essa razão, o tribunal constitucional tem que deixar o mais claro possível se a decisão do legislador se mostra adequada a essa proteção e, se não for o caso, explicitar os fundamentos para tanto.

Nesse ponto, o BVerfG asseverou que a aplicação jurídica criadora deve observar essencialmente se o direito civil vigente garante uma pretensão legal oponível contra aquele que pratica uma violação antijurídica ou culposa aos direitos-liberdade de outro.

[1372] BVerfGE 96, 375 (395).
[1373] BVerfGE 96, 375 (395).
[1374] BVerfGE 96, 375 (395).
[1375] BODO, P; AUBEL, T. *Rechtsprechung*, p. 509; SCHLAICH, K; KORIOTH, S. *BVerfG*, Rn. 301.
[1376] SCHLAICH, K; KORIOTH, S. *BVerfG*, Rn. 301ss.
[1377] STARCK, C. *Rechtsfortbildung*, p. 218.
[1378] MARQUES, C. *Manual de Direito do Consumidor*, p. 23ss.

Para o BVerfG, uma vez que os pressupostos legais dessa pretensão estejam dados, não pode um tribunal corrigi-los de tal forma que se restrinjam apenas a determinadas atuações (como, por exemplo, somente ações dolosas), que contrariem o sentido claro da lei civil, esvaziando assim parte da sua natureza protetiva. O sentido da proteção da lei deve estar voltado ao livre desenvolvimento da personalidade do particular, não cabendo aos tribunais diminuir essa proteção no caminho do desenvolvimento do direito.[1379] Os limites da aplicação jurídica criadora devem, portanto, harmonizar-se com as intenções dos direitos fundamentais.[1380] Aqui se visualiza com clareza o motivo pelo qual a proteção do consumidor, baseada na garantia de livre desenvolvimento de sua personalidade, encontra amparo na constituição, independentemente de previsão expressa nesse sentido.

As considerações até aqui apresentadas demonstram que o preenchimento criador de lacunas posteriores é, portanto, uma tarefa judicial corrente que sempre foi vencida.[1381] Note-se que a partir da cláusula geral de boa-fé e em conexão com outras considerações de direito gerais foi possível o desenvolvimento por parte do poder judiciário de uma série de preceitos e de institutos jurídicos completos, como, por exemplo, o da supressão da base do negócio jurídico, da culpa pré-contratual, entre outros, independentemente da produção de um grau de incerteza jurídica considerável, capaz de afastar sua utilidade para o ordenamento jurídico.[1382] Nessa conectividade, a assertiva clássica de Richard Thoma de que uma norma de direito fundamental tem que ser interpretada na forma que lhe garanta a maior efetividade possível foi formulada em consideração à observação do princípio da boa-fé.[1383] Trata-se na acepção de Thoma de uma espécie de mandamento dirigido tanto à doutrina quanto à jurisprudência, em atenção ao alto significado dos direitos fundamentais.[1384]

Nesse quadro, a tarefa judicial de caráter criador não se limita ao direito civil, já que se estende aos mais diversos âmbitos jurídicos, em que as cláusulas gerais e os conceitos jurídicos indeterminados se mostram como imprescindíveis.[1385] Da mesma forma, os critérios de exame dos seus limites são válidos tanto para as relações em que o Estado toma parte quanto para as relações travadas apenas entre particulares,[1386] circunstância que aponta para uma estreita conexão com o problema da eficácia horizontal. Fato é que as normas gerais, redigidas de forma ampla, somente podem realizar o preceito da justiça material a partir do momento em que seu preenchimento judicial tiver sido feito de maneira criadora, em

---

[1379] BVerfGE 49, 304 (320).

[1380] STARCK, C. *Rechtsfortbildung*, p. 218s.

[1381] BVerfGE 3, 225 (243). Aqui o BVerfG faz alusão à matéria sob a perspectiva de uma cláusula diretiva do ordenamento jurídico, que remete aos tribunais esse poder de conformação do direito. Para esse tribunal, o preenchimento criador de lacunas por parte dos tribunais se dá justamente na base dessa cláusula.

[1382] BVerfGE 3, 225 (243s).

[1383] THOMA, R. *Bedeutung*, p. 9, ponderando que a jurisprudência, caso não pretenda ferir o princípio da boa-fé, tem que conferir às normas de direitos fundamentais a interpretação compatível que lhe garanta a maior efetividade possível.

[1384] THOMA, R. *Bedeutung*, p. 9.

[1385] BVerfGE 13, 153 (164).

[1386] BODO, P; AUBEL, T. *Rechtsprechung*, p. 510.

um procedimento em que a vontade objetiva do legislador é concretizada no caso particular.[1387] Trata-se de uma tarefa indispensável no Estado moderno.[1388]

Aqui também se leva em conta que o legislador é obrigado a tomar todas as decisões essenciais no âmbito de exercício dos direitos fundamentais.[1389] Quando uma decisão de caráter específico não é possível, sobretudo pela necessidade de se deixar em aberto soluções que podem variar em elevada medida, o recurso às cláusulas gerais se mostra o caminho mais racional a ser tomado. Mas isso requer um juízo relativo à qualidade do material jurídico existente. Uma vez verificado que o recurso a uma cláusula geral é o meio que, do ponto de vista da melhor técnica jurídica, se apresenta mais apto para a solução da controvérsia concreta, abre-se o caminho para seu emprego. Isso porque é esse recurso que permite à jurisprudência desenvolver soluções nos mais variados casos frente às matérias que são caracterizadas pela falta de regulamentações legais específicas, cabendo aos tribunais em primeira linha a construção de soluções apropriadas frente a titulares de direitos fundamentais igualmente situados perante a constituição.[1390] Essa essencialidade diz respeito, portanto, a tudo aquilo que se mostre essencial para a realização dos direitos fundamentais.[1391]

Com base na argumentação apresentada, é inegável que a questão inerente à aplicação jurídica criadora toca à problemática das cláusulas gerais (e por via reflexa dos conceitos jurídicos indeterminados), considerando sua vocação para um preenchimento valorativo. O norte a ser buscado é a noção de que o preenchimento jurídico-criador (*schöpferische Füllung*) de lacunas sobre o fundamento de cláusulas gerais, tarefa judicial por excelência[1392], cumpre o mandamento de justiça material somente a partir do instante em que o juiz, ao preencher essas lacunas, realize a vontade objetiva do legislador no caso concreto.[1393] É por isso que há quem entenda que o tribunal constitucional, assim como qualquer outro tribunal, não cria propriamente o direito, visto que somente o aplica, inclusive na fundamentação das suas decisões.[1394] De fato, caso se queira preservar a segurança jurídica, há que se determinar que a aplicação jurídica criadora tem que encontrar seus limites absolutos na constituição, no esforço de atualizar e realizar seu conteúdo.[1395]

3.2.8.5 Critérios voltados à compatibilização do recurso da aplicação jurídica criadora com o ordenamento jurídico-constitucional

A questão da aplicação jurídica criadora dirige-se basicamente à relação entre os tribunais. Do ponto de vista da jurisdição constitucional, a matéria concentra-se na den-

---

[1387] HECK, L. *TCF*, p. 211.

[1388] BVerfGE 69, 188 (NJW 1985, p. 2.939).

[1389] BVerfGE 34, 165 (192s); 34, 165 (192s); 40, 237 (249); 41, 251 (260); 45, 400 (417s); 47, 46 (78ss); 48, 210 (NJW 1978, p. 2.143) 49, 89 (126s); 84, 212 (226); 88, 103 (116).

[1390] BVerfGE 88, 103 (116).

[1391] BVerfGE 47, 46 (78ss); 48, 210 (NJW 1978, p. 2.143)

[1392] BVerfGE 3, 225 (243s).

[1393] BVerfGE 13, 153 (164).

[1394] GEIGER, W. *Grenzen*, p. 1.059.

[1395] REDEKER, K. *Weiterbildung*, p. 414, destacando esse esforço como a legitimação mais forte da aplicação jurídica criadora.

sidade do exame jurídico-constitucional realizado em face das decisões proferidas pelos tribunais ordinários, campo fértil para críticas e observações doutrinárias de natureza diversa.[1396] Fundamental, portanto, é a formulação de critérios voltados à compatibilização do recurso da aplicação jurídica criadora com o ordenamento jurídico-constitucional. Critérios nesse sentido derivam de uma análise da doutrina[1397] e da jurisprudência do BVerfG, que aponta a direção para o preenchimento valorativo das cláusulas gerais, sob o prisma da eficácia horizontal.

1. O ponto de partida para a análise da constitucionalidade de toda e qualquer aplicação jurídica criadora, independentemente da instância em que é realizada, é a verificação se ela se efetiva em atenção a um princípio irrenunciável à própria existência do Estado de direito, que é a vinculação do poder judiciário à lei,[1398] de forma a atender com isso ao mandamento de preservação da ordem constitucional.[1399] Assim, quando um tribunal ultrapassa os limites impostos a uma interpretação jurídica criadora pela vinculação do juiz à lei e ao direito, o achado jurídico se mostra inconstitucional.[1400]

2. Ciente do fato de que a aplicação jurídica criadora se deve realizar no marco jurídico constitucional, passa-se para a constatação de que essa atividade não representa a manifestação de um inadmissível arbítrio judicial, por meio do qual se afasta a vontade reconhecível do legislador, substituindo-a por uma ponderação judicial de interesses realizada autarquicamente. Em vez disso, extrai-se das valorações da lei, se existe uma lacuna, e em que medida ela deve ser preenchida.[1401] Nessa conexão, não é dado aos tribunais interpretarem as leis de maneira tão ampla ao ponto de o resultado dessa interpretação ser caracterizado por uma nova hipótese de incidência que sequer foi criada pela lei, sob pena de se verificar uma violação à constituição, em particular ao princípio do Estado de direito.[1402]

3. Uma decisão proferida por um tribunal ordinário mostra-se inconstitucional quando seu teor levar à conclusão de que seus argumentos não estão objetivamente aptos a demonstrar uma sujeição da decisão à lei e ao direito, hipótese em que o tribunal ao decidir saiu do papel de aplicador da norma, para se converter em instância criadora de normas.[1403] A constituição veda aos tribunais ordinários driblar decisões legislativas pelo caminho da interpretação, bem como limitar direitos fundamentais acima da medida prevista pelo legislador.[1404] Acima de tudo, a fundamentação empregada tem que ser imaginável, sob pena de se constatar uma arbitrariedade objetiva.[1405]

[1396] SCHLAICH, K; KORIOTH, S. *BVerfG*, Rn. 301ss; BODO, P; AUBEL, T. *Rechtsprechung*, p. 504ss.

[1397] V., do, SCHLAICH, K; KORIOTH, S. *BVerfG*, Rn. 301ss; BODO, P; AUBEL, T. *Rechtsprechung*, p. 504ss. EN, v. HECK, L. *TCF*, p. 212s.

[1398] BVerfGE 34, 269 (288).

[1399] BVerfGE 49, 304 (324), referindo que esses limites decorrem do art. 2 Abs. 1 e art. 20 Abs. 3 LF.

[1400] BVerfGE 65, 182 (194).

[1401] BVerfGE 82, 6 (NJW 1990, p. 1.594).

[1402] SCHLAICH, K; KORIOTH, S. *BVerfG*, Rn. 303.

[1403] BVerfGE 87, 273 (280); 96, 56 (63); 96, 375 (394).

[1404] BVerfGE 63, 266 (NJW 1983, p. 1.537).

[1405] BVerfGE 71, 122 (136); 96, 56 (63).

4. Os limites de uma interpretação jurídica criadora devem situar-se no marco da literalidade da lei, não podendo contrariar o seu sentido claro. Da mesma forma, não podem violar as decisões fundamentais e as valorações levadas a efeito pelo legislador, bem como a finalidade da norma daí decorrente.[1406] Nesse sentido, os tribunais mantêm-se nos limites de uma criação de direito admissível, sempre que respeitarem as decisões fundamentais do legislador, bem assim quando seguirem os reconhecidos métodos de interpretação legal.[1407]

5. Quanto maior for a intensidade da intervenção praticada em um âmbito protegido pelos direitos fundamentais, maior deve ser o controle do tribunal constitucional em face da interpretação jurídica criadora.[1408] Isso porque nesses casos erros de interpretação que se baseiam em uma visão equivocada do significado dos direitos fundamentais,[1409] particularmente no que tange à extensão de seu âmbito de proteção,[1410] com a consequência de produzir um resultado incompatível com a ordem de valores por eles estabelecida,[1411] não podem permanecer fora de consideração,[1412] já que se mostram constitucionalmente relevantes.

6. Toda aplicação ou interpretação jurídica criadora tem que ser levada a efeito por meio de um caminho metodológico que guarde harmonia com a constituição. Desse modo, mesmo uma decisão que à primeira vista pareça guardar conformidade com a constituição pode vir a contrariá-la quando esse caminho metodológico ultrapassar os limites do marco constitucional.[1413]

7. Frente à possibilidade de várias interpretações possíveis, deve ser concedida primazia à interpretação que desenvolva ao máximo a força de vigência jurídica de um direito fundamental.[1414]

A partir da análise dos critérios acima expostos, chega-se à conclusão de que o BVerfG pode afastar a constitucionalidade de uma interpretação jurídica criadora nos casos em que ela não realize um direito fundamental de forma otimizada, ainda que não se constate uma violação propriamente dita ao seu conteúdo.[1415] A questão da aplicação jurídica criadora reveste-se assim como um dos temas mais sensíveis no que diz respeito

---

[1406] BVerfGE 54, 277 (299); 71, 122 (136); 96, 375 (394).

[1407] BVerfGE 96, 375 (395); V. BODO, P; AUBEL, T. *Rechtsprechung*, p. 508; SCHLAICH, K; KORIOTH, S. *BVerfG*, Rn. 303.

[1408] BVerfGE 42, 143 (148s); 43, 130 (135); 54, 129 (135); 66, 116 (131); 67, 213 (223).

[1409] BVerfGE 4, 52 (58); 17, 337 (346); 18, 85 (93); 20, 323 (330s); 49, 304 (314); 80, 109 (NJW 1989, p. 2.680); 85, 1 (13); 97, 125 (145).

[1410] BVerfGE 18, 85 (93); 42, 143 (149); 42, 163 (169); 43, 130 (136); 54, 129 (136); 54, 148 (151s); 66, 116 (131); 67, 213 (223); 79, 292 (303); 82, 209 (NJW 1990, p. 2.309); 85, 1 (13).

[1411] BVerfGE 32, 311 (316); 54, 148 (151s); 54, 208 (216s); 79, 292 (303); 80, 109 (NJW 1989, p. 2.680); 82, 209 (NJW 1990, p. 2.309).

[1412] BVerfGE 35, 202 (219); 42, 163 (169); 43, 130 (136); 43, 163 (169); 49, 304 (314); 54, 129 (136); 54, 208 (216s).

[1413] BVerfGE 34, 269 (280); 49, 304 (314).

[1414] BVerfGE 6, 55 (72); 32, 54 (71); 39, 1 (38); 51, 97 (110), manifestaçõesque o BVerfG colheu da doutrina de Richard Thoma.

[1415] STARCK, C. *Rechtsfortbildung*, p. 219.

à comunicação entre as instâncias ordinárias e constitucional, em face da vinculação do juiz à lei e à constituição. Ao mesmo tempo em que não se pode negar que a atividade judicante não se restringe a reconhecer as decisões do legislador, há que se afirmar que esse tem que ser pelo menos seu ponto de partida. A questão está sempre em compatibilizar o sentido da lei com as decisões de valor da constituição. É justamente aqui que as cláusulas gerais adquirem um papel da mais alta relevância por servirem como espécie de veículo para a transposição dessas concepções de valor, com foco direcionado a agregar um sentido constitucional às determinações do direito privado em uma relação marcada pelo equilíbrio do ordenamento jurídico voltado à constituição. Mais uma vez, nessa conectividade, o diálogo entre a constituição e o direito privado se mostra, imprescindível à manutenção desse equilíbrio.

Nessa direção, os critérios de exame da interpretação jurídica criadora pelo tribunal constitucional demonstram claramente uma tendência para a constituição,[1416] ou seja, *convergem* para a constituição. É uma constatação positiva, mas que por si só não está isenta de perigos, visto que pode representar uma extensão (nem sempre equilibrada) da jurisdição constitucional.[1417] Para que os aspectos positivos se sobrelevem em relação aos negativos, há que se tomar as precauções necessárias no sentido de não abafar os níveis do ordenamento jurídico, o que é obtido mediante uma conduta cujo ponto de partida seja marcado pelo respeito à obra legislativa.

3.2.9 Efetividade dos direitos fundamentais e dependência em face da configuração da ordem jurídico-privada

No instante em que se reconhece que os direitos fundamentais garantem determinados conteúdos jurídico-objetivos da ordem jurídico-privada com hierarquia constitucional, coloca-se a questão se a efetivação dessa garantia pode depender da configuração dessa mesma ordem.

A resposta a essa questão passa ao menos por duas considerações básicas. Ao mesmo tempo em que o direito privado se mostra imprescindível para a implementação dos direitos fundamentais no tráfego jurídico privado, os direitos fundamentais na condição de normas constitucionais gozam de uma hierarquia superior no ordenamento jurídico. Isso significa que em um primeiro momento não poderia se condicionar a efetivação dos direitos fundamentais no âmbito privado à configuração da ordem jurídico-privada quando se atenta puramente ao critério da hierarquia das normas que compõem o ordenamento jurídico.[1418]

Todavia, essa análise com foco preponderante na hierarquia das normas não resolve a questão do ponto de vista da efetividade da transposição dos efeitos propiciados pelos direitos fundamentais no direito privado. Aqui mais do que nunca pontos de conexão (*Anknüpfungspunkten*) hão de ser encontrados.[1419] Como já demonstrado nesse estudo, es-

---

[1416] STARCK, C. *Rechtsfortbildung*, p. 221.
[1417] STARCK, C. *Rechtsfortbildung*, p. 221.
[1418] BÖCKENFÖRDE, E. *GRdogmatik*, p. 36.
[1419] BÖCKENFÖRDE, E. *GRdogmatik*, p. 36.

ses pontos de conexão revelam-se preponderantemente no curso das cláusulas gerais e dos conceitos jurídicos indeterminados que ao lado das demais prescrições do próprio direito privado devem ser preenchidos em conformidade com as decisões valorativas expressas pelos direitos fundamentais.

Nesse particular, quando o conteúdo objetivo dos direitos fundamentais pode se desenvolver por meio desses preceitos típicos do direito privado, vale dizer, no caminho de uma eficácia horizontal indireta, a questão focada apenas no grau de hierarquia das normas perde em grande parte sua relevância. Isso porque a influência dos direitos fundamentais sobre o direito privado não mais se coloca sob o ponto de vista de dependência ou de hierarquia de um ou outro ramo jurídico, mas sim de uma coordenação apropriada entre ambos, por meio de pontos de conexão juridicamente reconhecidos. Trata-se de um modelo que poderia ser denominado de *convergente* ou, em outra acepção também aceita pela doutrina, de congruência de normas jurídico-objetivas (*objektiv-rechtliche Normenkongruenz*).[1420]

Entretanto, a mesma questão poderia adquirir relevo na hipótese de inexistência de tais pontos de conexão. Parte da doutrina nesse ponto contempla o entendimento de que inexistindo pontos de conexão entre a constituição e o direito privado, a eficácia dos direitos fundamentais não cessaria automaticamente nesse âmbito do direito, passando a se realizar subsidiariamente de forma direta.[1421] Esse entendimento coloca de certa forma o caráter jurídico-objetivo dos direitos fundamentais em um primeiro plano em relação à dimensão subjetiva, apoiado no fato de que a ordem jurídica civil está vinculada à constituição e com isso aos direitos fundamentais.[1422] Como demonstrado, a contemplação em torno da realidade do ordenamento jurídico parece apontar para o fato de que parece ser desnecessário um penoso esforço de natureza dogmático-metodológica, voltado a averiguar a possibilidade de uma eficácia direta de caráter subsidiário. Isso porque o advento das cláusulas gerais no ordenamento jurídico parece contemplar, ainda que com intensidades diversas, a totalidade das questões que se colocam em matéria de penetração dos direitos fundamentais para o direito privado. Essa perspectiva aponta que é difícil imaginar um cenário de direito privado no qual não se possam aplicar as cláusulas gerais ou conceitos indeterminados para a solução de controvérsias civis, em harmonia com os direitos fundamentais.

Em harmonia com esse entendimento, a ordem jurídico-privada não precisa ser implodida, a partir do momento em que os direitos fundamentais possam gerar efeitos por meio do preenchimento de conteúdo dos conceitos indeterminados e das cláusulas gerais.[1423] Pontos de conexão entre o direito constitucional e o direito privado mostram-se permanentemente à disposição do intérprete, em um extenso leque de situações, cabendo a ele apenas o dever de fundamentação apropriado e coerente. A dificuldade aqui verificada é a clara noção de que se trata de uma tarefa que exige uma pré-compreensão

---

[1420] RUPP, H. *Wandel*, p. 171.
[1421] BÖCKENFÖRDE, E. *GRdogmatik*, p. 36; RÜFNER, W. *DW*, p. 225; MÜLLER, G. *DW*, p. 242 e 244.
[1422] RUPP, H. *Wandel*, p. 170s.
[1423] MÜLLER, J. *GR*, p. 171; BÖCKENFÖRDE, E. *GRdogmatik*, p. 37; MÜLLER, G. *DW*, p. 243s.

não apenas em torno do alcance e significado dos direitos fundamentais, mas igualmente desses preceitos de natureza aberta do direito civil.

Assim, firma-se o entendimento de que com o advento das cláusulas gerais como ferramenta adicional para a penetração dos valores expressos pelos direitos fundamentais no tráfego jurídico privado a efetivação desses direitos deixa de depender, ao menos em grau intolerável, da configuração da ordem jurídico-privada. Isso tendo em vista que as cláusulas gerais desempenham o papel de válvula de segurança para que o direito privado não fique alheio às determinações jurídico-fundamentais da constituição, calcadas, é claro, no pensamento de subsidiariedade. Nesse ponto, mais uma vez emerge a constatação de que controvérsias de natureza privada devem ser resolvidas na maior intensidade possível à luz das disposições que compõem o ordenamento jurídico privado. Focando o problema nas relações de consumo, as controvérsias a elas inerentes hão de ser resolvidas com base nas determinações do CDC ou do próprio CC, se for o caso. Se por um lado não se pode negar que a ordem jurídica civil está vinculada aos direitos fundamentais, por outro parece ser inviável pensar que os direitos fundamentais possam vir a ser aplicados diretamente, sem a mediação com base em regras próprias desse ramo do direito, pelo simples fato de que faltariam aqui parâmetros mínimos capazes de dosar a força de eficácia desses direitos no curso de relações privadas.[1424]

3.2.10 Críticas à teoria da eficácia indireta

A teoria da eficácia indireta, calcada na acepção original de Dürig, por mais que tenha obtido (de modo geral) amparo na doutrina não restou imune a críticas. As críticas não apontaram apenas para o rechaço de uma eficácia horizontal em si, mas também para o fato de que a concepção de Dürig deixa uma série de questões em aberto.

Nessa linha, argumentou-se que a influência dos direitos fundamentais no direito privado não poderia ocorrer apenas pelo chamado meio das cláusulas gerais do direito civil.[1425] Afirmou-se nesse tom que, não obstante a teoria da eficácia indireta ser mais adequada do que a da eficácia direta para a análise do problema, ela não deixa de possuir pontos fracos, visto que nem sempre cláusulas gerais ou conceitos jurídicos indeterminados do direito privado colocam-se à disposição do intérprete.[1426] Conectado a isso sustentou-se que ao fim e ao cabo as teorias da eficácia direta e indireta se diferenciam apenas em um ponto essencial: na teoria da eficácia direta, as consequências jurídicas seriam derivadas dos próprios direitos fundamentais, enquanto para a teoria da eficácia indireta essas consequências seriam fixadas pelas cláusulas gerais do direito civil.[1427]

Essas três observações críticas deixam-se reunir em um argumento comum, que é a visão das cláusulas gerais como meio "exclusivo" de transporte do conteúdo valorativo

---

[1424] HESSE, K. *Grundzüge*, Rn. 355.
[1425] RUPP, H. *Wandel*, p. 170.
[1426] DIEDERICHSEN, U. *Rangverhältnisse*, p. 54.
[1427] BLECKMANN, A. *Staatsrecht*, p. 236s.

dos direitos fundamentais para as relações privadas. Nesse sentido, elas se deixam combater igualmente por um argumento comum, que é o fato de um olhar mais atento à teoria de Dürig[1428] revelar, como demonstrado, que a teoria da eficácia indireta não prega que as cláusulas gerais ou os conceitos jurídicos indeterminados sejam o único meio de transporte das decisões de valor da constituição para o ordenamento jurídico privado. Com efeito, argumentar que as teorias da eficácia direta e indireta se diferenciam apenas em um ponto essencial parece reduzir o problema da eficácia dos direitos fundamentais a um plano muito aquém de sua complexidade.

Outro argumento de índole igualmente crítica merece, entretanto, maior análise. Dürig baseia sua concepção em torno de um sistema de valores jurídico-constitucional com fundamento na dignidade humana.[1429] Contra essa concepção, Hans Heinrich Rupp arguiu que nem a constituição, tampouco os direitos fundamentais, possuem contornos claros em torno do que poderia ser considerado a forma de manifestação de um sistema de valores.[1430] Por trás dessa crítica reside a observação de que a concepção de um sistema de valores é por demais vaga ao ponto de fundamentar pretensões jurídico-fundamentais no direito privado. Faltariam assim parâmetros racionais para uma intermediação de sentido (*Sinnermittlung*) jurídica entre o direito civil e os valores da constituição.[1431]

Por um lado, a crítica de Rupp é válida no momento em que aponta para a importância de se determinarem critérios de interpretação jurídico-fundamental de significado particular para a aplicação do direito civil,[1432] o que é benéfico para a segurança jurídica. Por outro, esvazia-se em si mesma no instante em que parte da premissa de que valores exigem um conteúdo "absoluto".[1433] Já restou aqui demonstrado que os valores não podem ser compreendidos sob a perspectiva de um conteúdo absoluto, sob pena de se tornarem incompatíveis entre si. Isso seria negar a própria natureza daquilo que se entende por valor.

Dürig fundamenta a existência de um sistema de valores da constituição com base na dignidade humana enquanto princípio supremo do ordenamento jurídico.[1434] Nesse passo, reconhece que a dignidade, por seu alto grau de vagueza e abstração, não é apta a embasar de maneira ampla pretensões executáveis, sendo que as pretensões gerais com conteúdo em dignidade estão dissolvidas ao longo de diferentes "direitos humanos",[1435] em que se pode reconhecer claramente a figura dos direitos fundamentais. Entretanto, ao prever disposições de direito ordinário como espécie de veículo de transposição dos direitos fundamentais – e, portanto, dos valores a eles inerentes – ao direito civil, Dürig está justamente atento a esse fato que Rupp está a combater.

[1428] DÜRIG, G. *GR*, p. 177s.

[1429] DÜRIG, G. *Menschenwürde*, p. 119s.

[1430] RUPP, H. *Wandel*, p. 170.

[1431] RUPP, H. *Wandel*, p. 170.

[1432] RUPP, H. *Wandel*, p. 170.

[1433] RUPP, H. *Wandel*, p. 170 (nota 36), apontando que em vista disso a teoria de Nipperdey em torno de uma eficácia direta dos direitos fundamentais no direito privado seria "até mesmo mais consistente".

[1434] DÜRIG, G. *Menschenwürde*, p. 119s.

[1435] DÜRIG, G. *Menschenwürde*, p. 120.

O problema é que em matéria de direitos fundamentais não há falar em concretude independentemente de aplicação no caso concreto. Hipótese contrária ignoraria a própria estrutura dos direitos fundamentais. Rechaçar a possibilidade de eficácia dos direitos fundamentais no ordenamento jurídico privado por acreditar que sua fundamentação em um sistema de valores com inspiração na dignidade humana é por demais vaga não afasta o núcleo da questão, que é encontrar um meio para intermediação desse conteúdo vago em relações de direito privado sem acabar com a essência desse ramo jurídico. Com efeito, Dürig logrou êxito ao prever que as disposições de direito civil devem ser interpretadas à luz dos direitos fundamentais em respeito à autonomia do direito privado.[1436] Trata-se de raciocínio que está em harmonia com a constatação da importância do direito ordinário em face da supremacia da constituição.[1437] Além do mais, importa em que medida os valores penetram na decisão e como podem ser fundamentados.[1438] Mas isso é um imperativo de qualquer circunstância jurídica carecedora de fundamentação, longe de ser exclusiva às relações entre a constituição e o direito privado. Como tal não serve, portanto, para afastar a coerência da teoria da eficácia indireta.

Parte das críticas pondera que Dürig se omite de provar que os direitos fundamentais vigem e atuam (diretamente) apenas contra o Estado.[1439] Trata-se de uma crítica que já foi exaustivamente respondida por conta da análise da teoria da eficácia direta. Outras, entretanto, combatem a teoria da eficácia indireta por acreditarem que seu fundamento básico se resume à concepção dos direitos fundamentais como linhas diretivas para a interpretação, bem como critérios de concretização para o direito privado,[1440] o que estaria aquém do significado desses direitos. Essa crítica não é difícil de ser rebatida. Por um lado, certo é que a função dos direitos fundamentais para o direito privado não se esgota por aí.[1441] Além de servir como guias de interpretação para todos os âmbitos do direito, os direitos fundamentais, por força da própria noção de ordem de valores da constituição, têm a tarefa de agregar unidade ao ordenamento jurídico, sem falar do reconhecimento da sua função de proteção, que é compreendida de forma abrangente por englobar proteção contra agressões provenientes tanto do lado público quanto do privado. Por outro lado, também se mostra questionável se essa crítica procede, uma vez que a teoria da eficácia indireta parece não se limitar ao reconhecimento dos direitos fundamentais nas funções antes referidas. A ampla diversidade de casos envolvendo di-

---

[1436] DÜRIG, G. *GR*, p. 176s.

[1437] DUQUE, M. S. *Importância*, p. 7ss.

[1438] ALEXY, R. *Theorie der jA*, p. 29. Daí se depreende que nenhum princípio jurídico pode ser realizado ilimitadamente, pois os princípios carecem de um valor absoluto. V. ALEXY, R. *Theorie*, p. 94s.

[1439] LAUFKE, F. *Vertragsfreiheit*, p. 180.

[1440] CANARIS, C. *GRGR (AcP)*, p. 224.

[1441] CANARIS, C. *GRGR (AcP)*, p. 224.

Teorias acerca da eficácia dos direitos fundamentais nas relações privadas ■ 289

reitos fundamentais e relações privadas resolvidos à luz da concepção geral da teoria da eficácia indireta dá conta dessa realidade.[1442]

[1442] V. BVerfGE 66, 116 (*Springer/Wallraff*), julgado em janeiro de 1984, com base no seguinte conjunto de fatos. Um repórter utilizando uma identidade falsificada conseguiu um emprego na função de jornalista junto a um jornal alemão de grande tiragem, denominado Bild-Zeitung. A finalidade da conduta foi adquirir informações e material para escrever um livro sobre as práticas editoriais constrangedoras adotadas pelo jornal, considerado um tabloide sensacionalista. No momento em que a conduta do repórter veio à tona, o jornal moveu uma demanda contra ele, visando a impedir que os dados coletados por meio da fraude viessem a ser publicados. Na instância superior, a ação foi rejeitada, reconhecendo-se o direito à liberdade de manifestação do pensamento. Inconformado, o jornal interpôs recurso constitucional, apontando violação dos pressupostos fundamentais para o funcionamento de uma imprensa livre. O BVerfG concedeu provimento ao recurso constitucional interposto, sob o argumento de que o direito fundamental de liberdade de imprensa garante também a confiabilidade do trabalho das redações de jornais e revistas, razão pela qual encontra amparo na constituição a pretensão no sentido de impedir a publicação de informações obtidas por meio de artifícios dolosos. No caso que analisou a possibilidade de um locatário fixar propaganda política em imóvel locado contrariando a vontade do locador [BVerfGE 7, 230 (NJW 1958, p. 259), *Form der freien Meinungsäußerung*], fica nítida a posição do BVerfG em prol de uma eficácia indireta dos direitos fundamentais nas relações privadas ao deixar claro que a proteção dos direitos fundamentais em relações privadas é concretizada por meio das prescrições jurídico-civis. Trata-se de uma controvérsia julgada no ano de 1958, com base no seguinte conjunto de fatos. No curso da campanha eleitoral para as eleições federais alemãs que ocorreram no ano de 1953, um eleitor, locatário de um imóvel privado localizado na cidade alemã de Hamburgo, pendurou na parede externa desse imóvel locado um cartaz de propaganda política. O proprietário do imóvel (locador), cuja permissão para a fixação do respectivo cartaz não havia sido solicitada, exigiu a remoção do cartaz. Em face da recusa do locatário em remover o material de propaganda política das paredes do imóvel locado, o proprietário empregou uma medida judicial, para que o locatário não colocasse o respectivo material de propaganda nas paredes externas do imóvel, medida que foi aceita e deferida pelas instâncias competentes. Irresignado, o locatário recorreu ao BVerfG, alegando violação à liberdade de manifestação do pensamento. O BVerfG por sua vez decidiu a demanda em favor do locador, não reconhecendo, assim violação ao direito fundamental de liberdade de manifestação do pensamento. O fundamento empregado foi no sentido de que o alto significado desse direito fundamental, sobretudo no que tange à liberdade de manifestação da opinião política em um Estado democrático, não tem como consequência o fato de que uma opinião possa vir a ser expressada em toda a forma e por todos os meios imagináveis. Nesse sentido, as leis gerais mostram-se como meio apto a restringir o exercício de determinados direitos fundamentais, assumindo destaque as disposições de direito privado, que efetivam um direito de defesa contra violações à propriedade. No caso concreto, o BVerfG entendeu que o locatário pretendia pronunciar sua opinião política por um meio que geraria efeitos na propriedade alheia, tendo acolhido com isso a fundamentação proferida pelas instâncias ordinárias de que o proprietário não está obrigado a tolerar propaganda política nas paredes exteriores de seu imóvel locado, seja por força do contrato de locação, seja por força de outros fundamentos jurídicos. Interessante ainda foi a forma pela qual o BVerfG apreciou a questão do ponto de vista dos limites de exame da jurisdição constitucional em face da jurisdição ordinária. Nesse particular, o BVerfG determinou que a ele só cabe examinar o modo pelo qual as relações privadas entre o locador e o locatário (que resultam do contrato de locação e da lei civil) se deixam influenciar pelas normas de direito fundamental, a fim de que se verifique a partir de uma ponderação de interesses opostos se há prevalência de um dos direitos envolvidos (propriedade ou demonstração de convicção política), prevalência esta que no caso concreto foi reconhecida para o direito de propriedade do locador. Um conflito semelhante na esfera privada, porém entre o direito de propriedade e o direito de liberdade de acesso à informação, pode ser visualizado ainda no caso conhecido como antenas parabólicas: BVerfGE 90, 27 (*Parabolantenne I*). Nessa ocasião, o BVerfG julgou procedente um recurso constitucional interposto por um locatário de imóvel residencial diante da recusa de autorização pela proprietária do imóvel para instalação de uma antena parabólica no imóvel locado. Reconheceu-se assim o direito do locatário à instalação de uma antena parabólica com base na argumentação geral de que as instâncias ordinárias não consideraram adequadamente o efeito de irradiação do direito fundamental à liberdade de acesso à informação, tendo gerado em vista disso uma ponderação equivocada entre o direito de propriedade da locadora e os interesses do locatário, por terem considerado aquele abstratamente superior a este.

Há por fim quem pondere que a teoria da eficácia indireta, ao propor que em um primeiro momento o legislador e supletivamente o juiz devam intermediar a aplicação das leis privadas às relações entre particulares, peca por confundir a questão da vinculação dos sujeitos privados com a vinculação do poder público.[1443] Em resposta a essa crítica, argumenta-se que não se trata de confusão, mas sim do reconhecimento de que as normas de direito fundamental, por sua estrutura peculiar, não se prestam em geral a uma aplicação direta no tráfego jurídico privado, em consonância com as exigências do ordenamento jurídico.

Não se endossa, portanto, a crítica tecida por parte da doutrina pátria no sentido de que os argumentos esgrimidos pelos defensores da teoria da eficácia indireta são atenuações daqueles defendidos pelos que negam qualquer tipo de incidência dos direitos fundamentais nas relações privadas.[1444] Ao reconhecer que esses direitos alicerçam uma ordem objetiva, com base na garantia da dignidade humana e no livre desenvolvimento da personalidade, expressão de um sistema de valores – que não se confunde com a ideia de uma mera declaração de princípios, por possuir conteúdo vinculativo[1445] –, a construção da teoria da eficácia indireta está longe de negar que os direitos fundamentais têm que influenciar eficazmente as disposições jurídico-privadas. Do exposto, conclui-se que às críticas direcionadas à teoria da eficácia direta, apesar de contribuírem para o esclarecimento de pontos de vista que eventualmente não sejam planos o suficiente, não logram êxito em demonstrar que ela não pode ser fundamentada do ponto de vista jurídico constitucional e da unidade do ordenamento jurídico, com foco na proteção da pessoa, como valor maior de todo o sistema jurídico.

3.2.11 A questão do poder social como critério para aferir a influência dos direitos fundamentais nas relações privadas

Constitui passo determinante na fundamentação em torno do reconhecimento da eficácia dos direitos fundamentais nas relações jurídicas levadas a efeito entre particulares a chamada *dosimetria* dessa eficácia. O parâmetro principal a ser aqui utilizado é o grau de não-realização de um ou mais direitos fundamentais em uma relação privada por motivos alheios ou contrários à vontade do seu respectivo titular. Isso significa que quanto maior for a ameaça à efetivação dos direitos fundamentais em um contrato privado, como os de consumo, maior deverá ser a possibilidade de ativação de um mecanismo compensatório capaz de restabelecer o equilibro na relação jurídico-negocial. Esse quadro geral aponta para o fato de que o exercício de poder social em um contrato privado como instrumento de limitação da vontade da parte contratante mais fraca se mostra como fundamento do reconhecimento de uma eficácia horizontal nos contratos privados e particularmente nos de consumo. Nesse espectro, colocam-se três questões básicas: 1. em que medida a questão da eficácia horizontal conduz à questão da concentração de poder privado na vida social?

[1443] SARLET, I. *DF*, p. 142s.
[1444] SARMENTO, D. *DF*, p. 240.
[1445] SILVA, V. *Constitucionalização*, p. 76s.

2. A verificação de existência de poder social em um dos polos da relação jurídica privada justifica por si só o reconhecimento da vigência dos direitos fundamentais nesse tipo de relação? 3. Quais critérios podem ser formulados para avaliar a intensidade da eficácia irradiante dos direitos fundamentais nas relações privadas?

O esvaziamento da concepção formal de liberdade contratual por meio da concentração de poder econômico marca um estado de crise (*Krisenzustand*) do direito contratual moderno.[1446] Nesse quadro, a proteção da liberdade do particular contra abusos de poder e arbitrariedades em sentido geral constitui um pensamento memorável ou, na acepção da doutrina, *que marca época*.[1447] O centro desse entendimento repousa na constatação de que o chamado fenômeno do poder social pode consistir em uma ameaça mais perigosa à implantação dos direitos fundamentais – e com isso à liberdade – do que a própria atuação estatal.[1448] De fato, situações de monopólio, oligopólio e de poder privado em geral exigem um tratamento diferenciado na ordem jurídica, a fim de assegurar proteção às partes que se sujeitam a essas configurações.[1449] A própria legislação de combate à cartelização e de incentivo à concorrência representa um importante passo nessa direção.[1450] Nessa direção, grupos detentores de poder social ocupam e administram na prática liberdades jurídico-fundamentais, ao ponto que o particular, quando submetido a esse poder em uma relação jurídica, pode partir com um déficit de direitos fundamentais.[1451] Isso gerou uma espécie de consenso na doutrina no que diz respeito à necessidade de agregar vigência aos direitos fundamentais às relações privadas marcadas pela incidência de acentuado poder social,[1452] muito embora haja controvérsia na forma como essa eficácia deva ser efetivada.

A produção e distribuição de bens, o fornecimento de serviços e a garantia dos fundamentos da existência humana por meio do acesso ao trabalho e à profissão englobam a vida econômica em sociedade, que depende da obtenção pelo direito de uma ordem justa, segura e previsível.[1453] Trata-se do reconhecimento de que a constituição está vinculada ao *status quo* social.[1454] Em matéria de direitos fundamentais e relações privadas é mister, portanto, localizar as ameaças a esse desiderato e saber como elas podem ser combatidas e neutralizadas. Nesse passo, interessa ter em mente que todos os ramos do direito devem contribuir para essa função e não apenas o direito constitucional. Tal pensamento revela um modo pelo qual deve ser compreendida também a ideia de unidade do ordenamento jurídico, focada na realidade de que o exercício da liberdade contratual tem que se manter no marco dos direitos fundamentais.[1455] O ordenamento jurídico como um todo

---

[1446] KRAMMER, E. A. *Krise*, p. 65.

[1447] BADURA, P. *Staatsrecht*, C, p. 86, Rn. 6.

[1448] HESSE, K. *Bestand*, p. 430; HÄBERLE, P. *GR*, p. 136.

[1449] LAUFKE, F. *Vertragsfreiheit*, p. 182.

[1450] MÜLLER-GRAFF, P. *Freistellung*, p. 2ss, centrando a sua análise no plano da União Europeia.

[1451] HÄBERLE, P. *GR*, p. 136.

[1452] BLECKMANN, A. *Staatsrecht*, p. 226.

[1453] BADURA, P. *Wirtschaftsordnung*, Rn. 1.

[1454] FORSTHOFF, E. *Begriff*, p. 34.

[1455] LEISNER, W. *GR*, p. 330.

deve *convergir*, pois, para o asseguramento da liberdade, em consonância com os valores constitucionais.

Nessa conexão, assume relevo o dado de que a constituição fomenta que cada cidadão goze da mesma liberdade, cujos limites possuem caráter geral, de modo que o objetivo da sociedade não é garantir a liberdade de apenas determinados grupos de indivíduos, mas sim de todos.[1456] A questão fundamental nessa perspectiva é que a liberdade somente se deixa garantir efetivamente quando de forma unitária: se a liberdade não for vista apenas como a liberdade dos mais poderosos, ela também carece de proteção contra violações provenientes da esfera privada.[1457] Nesse ponto, não se pode afastar da circunstância de que assim como se verifica um exercício de poder por trás da máscara do domínio estatal,[1458] constata-se da mesma forma um exercício de poder por trás da máscara da autonomia privada, que é visualizado com maior nitidez sempre que se abusa do exercício desse direito fundamental de liberdade.

Há quem argumente inclusive que a constatação de que a existência de poder social possa significar uma ameaça para os direitos fundamentais no curso de relações privadas faz fundamentos esgrimidos pelas principais teorias sobre a matéria poderem ser combinados. Sustentação para tanto é que quando um particular se encontra perante um poder social de natureza privada que impede o exercício regular de sua liberdade, ele está ao fim e ao cabo em situação de dependência semelhante a que estaria perante o Estado, caso dele proviesse a respectiva intervenção.[1459] Nessa hipótese, não haveria questionamento quanto à possibilidade de recurso aos direitos fundamentais, porque a situação de dependência de origem privada, ao menos em seus efeitos para o atingido, é semelhante. Nessa perspectiva, não se analisa a forma pela qual se recorre ao direitos fundamentais, mas sim a circunstância de que eles são utilizados como parâmetros para o exame do conteúdo de estipulações privadas, em que critérios podem ser desenvolvidos.[1460]

Sem embargo, a partir do instante em que se constata que os direitos fundamentais não garantem a liberdade apenas para os poderosos, mas também para os mais fracos, a manutenção da liberdade se torna um problema de organização, procedimento e função estatais.[1461] Nessa conexão de elementos situa-se, por exemplo, a construção do CDC e seus aprimoramentos constantes.[1462] Esse aspecto reclama a prática de uma intermediação dos órgãos estatais na efetivação dos direitos fundamentais no âmbito privado, constatação que por seu turno fala contra a sustentação de um modelo de eficácia direta dos direitos fundamentais nas relações privadas. Aqui assume relevo a noção de que embora a existência de poder privado em uma relação jurídica possa embasar em determinados casos a

---

[1456] ISENSEE, J. *Staat*, Rn. 176.

[1457] HESSE, K. *Bestand*, p. 430, sustentando que no momento em que se reconhece e se aceita essa realidade, a consequência lógica é que a compreensão dos direitos fundamentais apenas como direitos de defesa subjetivos contra o Estado deixa de apresentar uma solução para a garantia real da liberdade.

[1458] KELSEN, H. *Staat*, p. 30.

[1459] PAPIER, H. *DW*, Rn. 4.

[1460] BECKER, M. *Unfaire Vertrag*, p. 41ss.

[1461] HÄBERLE, P. *GR*, p. 136.

[1462] MARQUES, C. *Contratos*, p. 1ss.

eficácia dos direitos fundamentais nas relações privadas, ela não embasa necessariamente um modelo de eficácia direta, já que tal modelo encerra o perigo por vezes incontrolável de remoção da própria esfera de autonomia do particular. Contudo, mesmo o fato de o caminho pautado pela intermediação dos órgãos estatais como pressuposto de efetivação dos direitos fundamentais nas relações privadas se mostrar como o mais correto não significa necessariamente que ele esteja totalmente isento de perigos. Isso porque uma expansão ilimitada da responsabilidade estatal através de atividades diversas que acabe por afluir em assistência, planificação e configuração universais tem como resultado a remoção da própria configuração da vida autorresponsável dos cidadãos.[1463] Nesse ponto, o equilíbrio de atuação dos poderes públicos na conformação dos negócios privados é fundamental.

O Estado tem o dever de impedir que a liberdade contratual se converta em uma espécie de ditadura privada (*Privatdiktatur*), em que a parte que possui mais poder possa ditar unilateralmente o rumo dos negócios privados, em conformidade apenas com seus interesses particulares.[1464] A manutenção dos pressupostos de uma atuação autônoma e livre depende essencialmente de que a liberdade seja protegida não apenas em face do Estado, mas igualmente em face do exercício de poder social e econômico.[1465] A meta a ser perseguida é evitar que a condição de poder específico de uma das partes do contrato (o que se aplica não somente frente a cartéis e grande empresas, mas a toda relação em que o poder social possa condicionar a liberdade do outro na relação) possa determinar seu conteúdo de forma arbitrária, ao ponto de negar na prática a possibilidade de livre desenvolvimento da personalidade da parte mais fraca na relação,[1466] figura típica do consumidor.[1467] Isso requer a ordenação entre direitos de liberdade eventualmente colidentes,[1468] bem como uma coordenação racional e funcional de diálogo entre os dispositivos legais pertinentes a esse tipo de relação.[1469] Está-se aqui diante da constatação de que o Estado é obrigado a evitar que a liberdade se torne irreal quando confrontada em face do exercício de poder social.[1470]

O próprio direito civil parte do fato de que a otimização de interesses pessoais por meio da celebração de um contrato depende do fato de ambas as partes disporem de maturidade suficiente em relação ao negócio, assim como de igual poder de barganha.[1471] As próprias disposições civilistas relacionadas com a capacidade jurídica[1472] e os mecanismos de reposição de equilíbrio do contrato[1473] dão conta dessa realidade. Daí se depreende que a autonomia privada é garantida pela afirmação da liberdade contratual. Entretanto, para que isso se verifique na prática, deve-se reconhecer ao Estado a possibilidade de intervir

---

[1463] HESSE, K. *Bestand*, p. 430.
[1464] LEISNER, W. *GR*, p. 329.
[1465] HESSE, K. *Kontrolle*, p. 544.
[1466] BECKER, M. *Unfaire Vertrag*, p. 41ss.
[1467] MARQUES, C; CAVALLAZZI, R. *Endividado*, p. 13ss.
[1468] HESSE, K. *Kontrolle*, p. 544.
[1469] MARQUES, C. *Manual de Direito do Consumidor*, p. 129ss.
[1470] ERICHSEN, H. *Staatsrecht*, p. 47.
[1471] BLECKMANN, A. *Grundrechtsschutz*, p. 335.
[1472] Art. 3ºs, CC.
[1473] Art. 480, CC.

nessa esfera de liberdade por meio de regulamentações adequadas no marco do direito privado. Com isso se visa a garantir a própria autonomia no essencial, impedindo que o contrato se torne um instrumento de determinações alheias em situações nas quais há um nítido desequilíbrio de poder.[1474]

Daí deriva que aquilo que a constituição tem que proteger é efetivamente um espaço de configuração da vida dos cidadãos. Quando uma das partes puder determinar unilateralmente as disposições contratuais em face do seu excesso de poder na relação, a autonomia privada deixa de ser capaz de desenvolver sua força reguladora. Presente essa circunstância, as regulamentações estatais têm que intervir compensatoriamente, a fim de assegurar a proteção dos direitos fundamentais na relação.[1475] Importa que essa proteção ocorra com os meios e na forma de pensamento do direito privado.[1476] Exemplo típico são os mecanismos jurídico-civis destinados a nulificar os contratos celebrados em violação aos bons costumes ou à boa-fé.[1477] Aqui se verifica que o princípio do Estado social, juntamente com a garantia do livre desenvolvimento da personalidade, obrigam os tribunais civis a levarem em conta na interpretação e aplicação das cláusulas gerais do direito privado os perigos advindos da desigualdade de poder social entre as partes contratantes.[1478] De fato, o manejo das cláusulas gerais do direito civil contribui para a redução da influência do poder social nas relações jurídicas, uma vez que incentiva o desenvolvimento de parâmetros para o combate do abuso do poder privado, sobretudo na esfera econômica.[1479] Com base nas cláusulas gerais, erguem-se barreiras aptas a restringir os meios utilizados na perseguição de interesses próprios por parte de todos aqueles que integram a vida comum na sociedade industrial moderna.[1480]

No momento em que se cogita que poder social, quando exercido de forma contrária à ordem de valores da constituição, se pode mostrar como um instrumento de não-realização de direitos fundamentais da parte que detém a menor parcela de poder na relação concreta tem-se que a questão da eficácia horizontal conduz essencialmente à questão da concentração de poder privado na vida social.[1481] Nessa perspectiva, pode-se sustentar que o exercício de poder social encontra-se em uma relação de condicionamento recíproco com a eficácia horizontal. Essa é a propósito a matéria que permeia as relações de consumo, que partem do fato de que o consumidor é inegavelmente a parte mais fraca da relação e por isso carece de especial proteção.[1482] Nesses casos, constata-se ausência de

---

[1474] BVerfGE 81, 242 (255); 89, 214 (232). Na doutrina, v. HESSE, K. *Verfassungsrecht*, p. 37s.

[1475] BADURA, P. *Wirtschaftsordnung*, Rn. 14.

[1476] LARENZ, K. *AT BGB*, § 4, III, p. 83.

[1477] LARENZ, K. *AT BGB*, § 4, III, p. 83. EN, do, v. AGUIAR JÚNIOR, R. *Extinção*, p. 229ss; COUTO E SILVA, C. *Boa-fé*, p. 43ss; FRADERA, V. M. *Contrato*, p. 144ss; MARQUES, C. *Boa-fé*, p. 215ss; da mesma autora, v. MARQUES, C., p. 13ss; MARTINS-COSTA, J. *Boa-fé*, p. 1ss; NEGREIROS, T. *Fundamentos*, p. 1ss.

[1478] NEUMANN, V. *Sozialstaatsprinzip*, p. 98.

[1479] RAISER, L. *Grundgesetz*, p. 7.

[1480] RAISER, L. *Grundgesetz*, p. 7.

[1481] MÜLLER, J. *GR*, p. 161.

[1482] Ptd, v. MARQUES, C. *Manual de Direito do Consumidor*, p. 129ss.

eficácia dos direitos fundamentais perante a incidência do poder social privado.[1483] A conclusão que se faz necessária é que as potenciais ameaças à liberdade dos cidadãos levadas a efeito por meio do exercício de poder social privado falam a favor do reconhecimento da eficácia dos direitos fundamentais no curso de contratos privados.[1484]

Todavia, há que se referir que a mera incidência de poder privado em uma determinada relação jurídica não contraria por si só a constituição, não sendo suficiente nesses termos para justificar uma eficácia direta dos direitos fundamentais nas relações entre particulares.[1485] Isso se deixa comprovar sob duas perspectivas diversas. A primeira é que o próprio conceito de direito subjetivo, que diga-se de passagem é um conceito central na dogmática de direito privado, não é outra coisa do que a representação técnica de um conjunto de fatos em que um sujeito de direito privado possui poder jurídico particular perante outro sujeito ou do ponto de vista de determinado bem jurídico (e nesse caso indiretamente perante terceiros, que igualmente se interessam por esse bem).[1486] A segunda é que mesmo os detentores de poder social são titulares de liberdade, razão pela qual se torna difícil potencializar a eficácia dos direitos fundamentais em face de uma desigualdade de poder.[1487]

Por trás dessa constatação repousa o entendimento de que a liberdade de ação geral toca o âmbito nuclear da sociedade, vigendo como diretiva para a ação do legislador, que tem que assegurar a manutenção de uma ordem social livre por meio de chances reais de desenvolvimento dos seus integrantes.[1488] Isso bem demonstra que a liberdade jurídico-fundamental deve se fazer presente em um mundo cada vez mais complexo, cabendo ao Estado a tarefa de encontrar um ponto de equilíbrio[1489] centrado na noção de que nas situações em que o poder privado se torna ameaçador à liberdade individual existe apenas um bastião protetor: o Estado[1490]. Significa que o Estado deve garantir uma ordem social justa por meio de uma configuração social no caminho da legislação que seja capaz de regulamentar as relações sociais entre os diferentes grupos na sociedade.[1491]

Nesse sentido, a paridade contratual, embora não seja um pressuposto jurídico para a validade de um contrato, é um pressuposto real de seu exercício ótimo.[1492] Observe-se que a liberdade assegurada pelos direitos fundamentais é a base da autonomia, que por seu turno é fomentada por forças de natureza diversa, geralmente marcadas por interesses organizados.[1493] Entretanto, quando abusos são cometidos na implementação desses

---

[1483] LANGNER, T. *Problematik*, p. 30s.
[1484] UNRUH, P. *Dogmatik*, p. 69.
[1485] CANARIS, C. *GR (AcP)*, p. 206s, sustentando que nem sempre, mesmo em uma situação de desigualdade entre as partes no curso de uma negociação contratual, se estará em face de uma perturbação da liberdade fática de um dos contratantes.
[1486] BYDLINSKI, F. *Privatrecht*, p. 58.
[1487] BETHGE, H. *Problematik*, p. 396.
[1488] ERICHSEN, H. *Handlungsfreiheit*, Rn. 9.
[1489] HESSE, K. *Kontrolle*, p. 544.
[1490] STERN, K. *Staatsrecht III/1*, p. 1.595.
[1491] BADURA, P. *Sozialstaat*, p. 492.
[1492] ISENSEE, J. *Privatautonomie*, p. 264.
[1493] BADURA, P. *Sozialstaat*, p. 498.

interesses, os direitos fundamentais têm que mudar seu foco de atuação, justamente para restabelecer o poder de livre determinação do particular, do qual não se podem apartar. Aqui a liberdade garantida jurídico-fundamentalmente tem que ser diferenciada dos seus pressupostos reais. Isso porque o direito civil em princípio separa a validade de um contrato da situação de poder real das partes[1494] e se apoia apenas na vontade contratual, desde que ela se manifeste independentemente da prática de coação, fraudes ou equívocos substanciais de qualquer natureza.[1495]

Nesse tópico, a conclusão que se faz necessária é que a questão da influência dos direitos fundamentais no ordenamento privado conduz aos pressupostos pelos quais o exercício de poder social se consolida na relação concreta. Na jurisprudência, a relação de uma fundamentação entre a ocorrência de um modelo de eficácia horizontal (*Drittwirkung*) indireta e o exercício de poder social adquiriu expressão particular a partir do caso Blinkfüer.[1496] Esse caso marcou época não apenas por reforçar o entendimento de que os direitos fundamentais vigem indiretamente no direito privado a partir do instante em que reconheceu que a ordem de valores da constituição atua junto à interpretação das normas desse ramo do direito, uma vez que elas sejam passíveis de serem interpretadas à luz da constituição,[1497] mas igualmente por reconhecer que a constituição não proíbe que uma parte detenha e exerça poder em uma relação privada. Interessa, contudo, que esse poder seja exercido em conformidade com os parâmetros constitucionais.[1498] Logo, a mera verificação de existência de poder social em um dos polos da relação jurídica privada não justifica por si só o reconhecimento da vigência dos direitos fundamentais nesse tipo de relação, ao ponto de condicionar o conteúdo de um contato privado em relação àquilo que foi eleito livremente pelas partes.

Portanto, interessa definir critérios que possam dosar a chamada eficácia irradiante dos direitos fundamentais nas relações privadas frente à constatação do exercício de poder social lesivo na relação. O ponto de partida para a formulação desses critérios reside na constatação de que restrições à liberdade jurídica geral se baseiam diretamente em atos jurídicos dos cidadãos, cuja realização está em suas mãos.[1499] Todavia, a autodeterminação não é pensável sem autorresponsabilidade, de modo que quando um contratante fere a autodeterminação do outro, há que se legitimar a possibilidade de controle do conteúdo dos contratos, com foco na constituição.[1500] A liberdade contratual de uma parte encontra suas limitações, portanto, no espaço de liberdade da outra.[1501] Se esse espaço for maculado de alguma forma, em particular pelo exercício lesivo de uma situação específica de poder, uma intervenção de caráter reparatório resta justificada.[1502] Nessa perspectiva, o controle

---

[1494] ISENSEE, J. *Privatautonomie*, p. 253.

[1495] ISENSEE, J. *Privatautonomie*, p. 253.

[1496] BVerfGE 25, 256.

[1497] BVerfGE 25, 256 (263).

[1498] BVerfGE 25, 256 (264ss).

[1499] ALEXY, R. *Theorie*, p. 303, ponderando que essa questão conduz à problemática da *Drittwirkung*.

[1500] HILLGRUBER, C. *Grundrechtsschutz*, p. 85.

[1501] HILLGRUBER, C. *Grundrechtsschutz*, p. 75.

[1502] DUQUE, M. S. *DF* e Direito Privado, p. 87ss.

do conteúdo dos contratos representa um limite lícito na concretização da autonomia privada e possui a função de filtro para os contratos (*Filterfunktion für Verträge*).[1503] Em suma, se a autonomia privada e a liberdade contratual são elementos constitutivos irrenunciáveis do direito privado, uma intervenção contra um contrato injusto ou desleal não significa o abandono desses elementos, mas sim uma necessidade para sua garantia e desenvolvimento, tanto sob a perspectiva do direito civil quanto do direito constitucional.[1504]

Um critério coerente para aferir a influência dos direitos fundamentais sobre as prescrições jurídico-privadas, principalmente quando se cogita na mediação supletiva a cargo dos tribunais, é a constatação da influência lesiva do exercício do poder social sobre o exercício da liberdade individual. Trata-se do reconhecimento de que o abuso no exercício do poder social pode ferir a autonomia privada por meio da imposição unilateral de vontades. Isso porque, quanto maior for esse poder, tanto maior poderão ser as limitações advindas ao pleno desenvolvimento da liberdade, de forma que nessa proporção os direitos fundamentais influenciarão as relações de cunho privado tanto mais eficazmente quanto mais se fizer necessária a proteção da liberdade pessoal contra o exercício do poder econômico ou social.[1505] Os direitos fundamentais legitimam assim uma delimitação (*Begrenzung*) no exercício da liberdade individual, para com isso proporcionar uma delimitação no exercício do poder em intensidade proporcional à desigualdade da relação, a fim de que a realização da liberdade de um número crescente de outros sujeitos de direito, particularmente aqueles mais fracos na sociedade, não seja impedida efetiva ou juridicamente ou restringida de modo inexigível (*unzumutbar*).[1506]

Assim, quanto mais se puder atribuir ao atingido o ônus que deve suportar por uma decisão própria, que na prática implica restrição de um direito fundamental do qual é titular, menor será a intensidade da eficácia irradiante.[1507] Pressuposto para tanto é que se façam presentes as condições para uma decisão realmente livre. Em contrapartida, essa eficácia irradiante intensifica-se na proporção em que se faça necessária a proteção da liberdade pessoal perante os poderes econômico e social, ao ponto que de maneira geral a influência dos direitos fundamentais sobre o direito privado se torna tão mais importante quanto maior for o poder de uma das partes em uma relação privada.[1508] Trata-se em última análise da constatação de uma desigualdade de forças no curso de um negócio jurídico-privado, que influi nas possibilidades fáticas de decisão do participante mais fraco da relação.[1509]

Encerra-se esse tópico com a constatação de que os contratos de consumo são o exemplo vivo dessa realidade, motivo pelo qual podem ser considerados ineficazes quando se constate que o consumidor não pode, pelas circunstâncias acima retratadas, decidir livremente ao ponto de impor sua vontade de atuação. Está-se diante da consagração do

---

[1503] BECKER, M. *Unfaire Vertrag*, p. 42.
[1504] BECKER, M. *Unfaire Vertrag*, p. 72s.
[1505] HESSE, K. *Grundzüge*, Rn. 357.
[1506] BÖCKENFÖRDE, Ernst. *Grundrechtsgeltung*, p. 87s.
[1507] JARASS, H. *Funktionen*, Rn. 69.
[1508] RÜFNER, W. *GG Kommentar* (Art. 3 GG), Rn. 195; STERN, K. *Staatsrecht III/1*, p. 1.595.
[1509] BVerfGE 89, 214 (234).

entendimento em prol da possibilidade de se declarar a ineficácia de um contrato em sede de jurisdição constitucional por força da não-observância de um direito fundamental.[1510]

3.2.12 Verificação quanto à eventual equivalência de resultados entre as teorias da eficácia direta e indireta

Em matéria de eficácia dos direitos fundamentais nas relações privadas há poucos pontos em que a polêmica não se faz presente. Talvez o mais nítido deles seja o fato de que os direitos fundamentais influenciam em favor dos seus titulares a interpretação das normas privadas.[1511] Restaria nessa oportunidade espaço para averiguar até que ponto as teorias apresentam uma equivalência de resultados.

Há quem considere que as teorias da eficácia direta e indireta lograram êxito em apresentar todos os argumentos imprescindíveis à discussão, de modo que dispensariam a necessidade de reflexões dogmáticas gerais para além do que já foi discutido, sob a ótica do chão da compreensão constitucional atual, chegando a duvidar até mesmo de tal possibilidade.[1512] Todavia, a complexidade do problema mostra que essa visão não corresponde à realidade, haja vista que dificilmente se pode excluir de antemão novas considerações que busquem esclarecer e delimitar os contornos da problemática. Prova disso é que se verificam na doutrina tentativas no sentido de combinar os modelos na busca de soluções diferenciadas. Nesse sentido, destaca-se a contribuição de Robert Alexy, sustentando a existência de uma equivalência de resultados entre as teorias,[1513] que apresenta uma espécie de modelo combinado ou integrador[1514] agregando elementos das teorias direta e indireta a partir de um modelo de três níveis para embasar a eficácia dos direitos fundamentais nas relações privadas: o dos deveres do Estado; o dos direitos do particular frente ao Estado; e o das relações jurídicas entre sujeitos de direito privado propriamente ditas.[1515]

O primeiro nível é marcado pelo dever do Estado. Aqui os tribunais são obrigados a observar a ordem de valores objetiva dos direitos fundamentais, no sentido da doutrina de Dürig e da fundamentação expressa na sentença Lüth, de modo que ao primeiro nível se atribui uma eficácia indireta dos direitos fundamentais nas relações privadas.[1516] É dever do Estado respeitar a ordem de valores da constituição tanto na legislação infraconstitucional quanto na aplicação judicial do direito.[1517]

Já o segundo nível é marcado pela constatação de direitos do particular frente ao Estado na forma de direitos de defesa e proteção, o que não deixa de ser uma referência à concepção de Schwabe, devidamente ampliada.[1518] O particular tem o direito de exigir

---

[1510] BVerfGE 1 BvR 696/96 (NJW 1996, p. 2.021); 81, 242 (260); 89, 214 (232).

[1511] SACHS, M. *Grundrechte*, p. 64, Rn. 39.

[1512] KURTZ, D. *Urteilskritiken*, p. 17.

[1513] ALEXY, R. *Theorie*, p. 484ss.

[1514] STEINMETZ, W. *Vinculação*, p. 181.

[1515] ALEXY, R. *Theorie*, p. 484ss.

[1516] ALEXY, R. *Theorie*, p. 485.

[1517] SILVA, V. *Constitucionalização*, p. 145.

[1518] RUFFERT, M. *Vorrang*, p. 19.

que os tribunais considerem em devida medida os direitos fundamentais dos quais é titular no curso de suas decisões sobre controvérsias privadas. De acordo com a configuração do caso concreto, os tribunais (e com isso o Estado) têm duas possibilidades: permitir determinada atuação jurídico-privada, hipótese em que uma proibição representaria violação de um ou mais direitos fundamentais na acepção de direitos de defesa; ou proibir determinada atuação privada alheia, hipótese em que a respectiva concessão implicaria dever de proteção jurídico-fundamental.[1519] Nesse segundo nível, Alexy conecta as dimensões de defesa e de proteção quando direciona uma pretensão de defesa ou de proteção do cidadão contra a jurisdição em matéria civil.[1520] Faz-se então referência de certa maneira à teoria dos deveres de proteção do Estado, que em última análise também se constitui em um modelo de eficácia indireta, já que carente de intermediação legislativa.

Por fim, o terceiro nível é caracterizado pelas relações jurídicas entre sujeitos de direito privado, essas compreendidas por determinados direitos e não-direitos, liberdades e não-liberdades, competências e não-competências, em que se atribui eficácia direta dos direitos fundamentais nas relações privadas.[1521] O argumento para tanto é que a partir do reconhecimento de uma eficácia dos direitos fundamentais nas relações privadas se fazem presentes posições jurídico-fundamentais que de outra forma não existiriam.[1522]

Interessante notar que Alexy reconhece que não se pode renunciar à função mediadora do direito privado para a solução de controvérsias que digam respeito à influência dos direitos fundamentais nas relações privadas. Nesse sentido, reconhece que as doutrinas de eficácia direta e indireta acabam de uma forma ou de outra se transpondo nesse terceiro nível, de modo que seus respectivos limites acabam por esvaecer.[1523] O que não fica claro nesse modelo é: se a função mediadora do direito privado para a solução de controvérsias que digam respeito à influência dos direitos fundamentais nas relações privadas se mostra imprescindível, como é que tais limites acabam por esvaecer? O problema de se conceber uma eficácia horizontal direta, seja em que nível for, é que dela deve resultar necessariamente uma vigência geral de direitos fundamentais, a partir da qual resultam não apenas direitos, mas também deveres de todos, oponíveis contra todos.[1524]

De fato, não se nota na doutrina uma repercussão plenamente favorável a esse modelo combinado,[1525] talvez pela circunstância de reunir em um único modelo problemas comuns apontados aos demais.[1526] De qualquer sorte, esse modelo possui mérito próprio, que é justamente chamar a atenção de que todas as teorias costumam possuir pontos fortes e fracos, pelo que não se recomenda observância cega a nenhuma delas, independentemente de uma análise crítica. Na ótica da presente investigação, o modelo combinado

---

[1519] ALEXY, R. *Theorie*, p. 488s.

[1520] RUFFERT, M. *Vorrang*, p. 19.

[1521] ALEXY, R. *Theorie*, p. 490s.

[1522] ALEXY, R. *Theorie*, p. 490.

[1523] ALEXY, R. *Theorie*, p. 492s.

[1524] BADURA, P. *Persönlichkeitsrechtliche*, p. 5.

[1525] EN, SILVA, V. *Constitucionalização*, p. 143ss, o defende como "ponto de partida".

[1526] LANGNER, T. *Problematik*, p. 82, ponderando que o modelo em três níveis se mostra como não significativo do ponto de vista prático.

não afasta a circunstância de que a estrutura dos direitos fundamentais de maneira geral não se presta a uma aplicação direta nas relações privadas. Ao menos sob o prisma dos negócios privados, em que se inserem os contratos de consumo, as eventuais vantagens de uma vinculação direta dos particulares aos direitos fundamentais seriam obtidas à custa – e com o elevado preço – de uma considerável lesão à autonomia do direito privado.[1527]

Todavia, esse modelo combinado, ao considerar diferentes aspectos das citadas teorias, ressalta o fato inegável de que a busca de uma solução construtiva da problemática da eficácia horizontal não é decisiva na prática, mas sim as valorações trazidas ao caso concreto para a busca do resultado.[1528] Isso porque nenhuma teoria sobrevive a valorações equivocadas ou não passíveis de controle do ponto de vista racional. Mas esse é aqui pressuposto da análise de todas as construções, razão pela qual se afirma que a teoria da eficácia indireta proporciona um modelo construtivo para a influência dos direitos fundamentais sobre o direito privado, ainda que consiga racionalizar apenas limitadamente as valorações nos casos particulares.[1529]

Revela-se aqui que a eventual equivalência de resultados entre as teorias da eficácia direta e indireta se mostra sob a ótica do duplo caráter dos direitos fundamentais.[1530] Isso porque a concepção moderna dos direitos fundamentais visualiza esses direitos valendo-se de uma dimensão subjetiva e de outra objetiva, que se complementam entre si. A partir do momento em que a dimensão objetiva traduz o significado dos direitos fundamentais para a comunidade, em prol do interesse público e da vida comunitária, ela aceita uma eficácia dos direitos fundamentais nas relações privadas com maior facilidade do que a dimensão subjetiva, que traduz a clássica ideia dos direitos fundamentais como direitos de defesa, oponíveis contra os poderes públicos para assegurar uma esfera de liberdade livre da ação estatal.[1531]

Nesse sentido, pode-se dizer que tanto a teoria da eficácia direta quanto a da indireta se baseiam na dimensão objetiva dos direitos fundamentais. A equivalência de resultados encontra expressão, portanto, no marco do reconhecimento de uma dimensão ou caráter objetivo dos direitos fundamentais. Talvez nesse ponto se centre a observação de que os modelos não são tão distintos quanto parecem.[1532] Todavia, como não se tratam de dimensões que vigem apenas por si, levando-se em conta que todos os direitos fundamentais têm que ser concebidos e analisados a partir das duas dimensões e não somente a partir

---

[1527] HESSE, K. *Bedeutung*, Rn. 60.

[1528] ALEXY, R. *Theorie*, p. 484s; RUPP, H. *Wandel*, p. 170; RUFFERT, M. *Vorrang*, p. 20.

[1529] RUFFERT, M. *Vorrang*, p. 28.

[1530] Ptd, v. BÖCKENFÖRDE, E. *GRdogmatik*, p. 26ss.

[1531] Do, v. NIPPERDEY, H. *AT*, § 15, p. 94ss; MANGOLDT, H; KLEIN, F. *Bonner GG*, p. 93; LEIBHOLZ, G; RINCK, Hs. *Kommentar* (Anm., Vorb. Art. 1-19), Rn. 2; HESSE, K. *Grundzüge*, Rn. 293ss; BÖCKENFÖRDE, E. Grundrechtstheorie, p. 1.533s. EN, v. BONAVIDES, P. *Curso*, p. 540ss; SARLET, I. *Eficácia*, p. 63ss; MENDES, G. *DF*, p. 119; HECK, L. *DF*, p. 49s. A decisão base é a sentença Lüth [BVerfGE 7, 198 (205ss)]. V. ainda BVerfGE 50, 290 (337).

[1532] STARCK, C. *Grundrechte*, p. 243, muito embora deixe em aberto nessa ocasião a resposta à dúvida de se o caminho oferecido por Dürig para a realização dos valores fundamentais no direito privado conduz a outros resultados em relação à argumentação apresentada por Nipperdey.

de apenas uma delas, não há como se conceber equivalência de resultados que contemple também a natureza da dimensão subjetiva desses direitos, visto que essa só encontra correspondência em um modelo de eficácia indireta, por considerar que um particular não pode agir como destinatário de direitos fundamentais, mas apenas como titular.

Desse modo, na busca de uma equivalência de resultados entre diferentes concepções, correta é a visão de que a questão em torno da defesa de uma ou outra teoria repousa no estabelecimento de um alicerce seguro para demonstrar a vigência dos direitos fundamentais no ordenamento jurídico privado.[1533] Nesse quadro, a chamada equivalência de resultados fica restrita com maior nitidez à constatação de que representa ponto de partida tanto da teoria da eficácia direta quanto da indireta, pois a constituição não é uma ordem neutra em valores, mas sim a expressão de uma ordem de valores objetiva, com repercussões em todos os âmbitos do ordenamento jurídico e da vida social.[1534] Esse entendimento foi apresentado tanto pelo BAG, por ocasião da defesa de uma eficácia direta,[1535] quanto pela própria sentença Lüth, por ocasião da defesa de uma eficácia indireta dos direitos fundamentais no tráfego jurídico privado.[1536] Entretanto, com isso está dito apenas que os direitos fundamentais não se esgotam em sua função como direitos de defesa oponíveis contra os órgãos estatais, uma vez que a eles também corresponde um significado para a totalidade da vida social.[1537]

Comparabilidade não significa necessariamente identidade.[1538] Importante é sempre examinar manifestações abstratas da doutrina e da jurisprudência à luz do caso concreto que se deseja trabalhar.[1539] Nessa ótica, se poderia sustentar que sob determinado ângulo, a teoria da eficácia direta não se afasta por completo das cláusulas gerais do direito civil. Isso porque na condição de uma eficácia abrangente, uma violação aos direitos fundamentais por parte de sujeitos privados conduz a uma pretensão de indenização por parte do atingido, com base nas próprias cláusulas gerais, uma vez que dos direitos fundamentais se derivam direitos subjetivos que podem ser aplicados no direito privado.[1540]

Em sentido semelhante, também poderia ser sustentado que a teoria da eficácia indireta, como não poderia ser diferente, acaba levando ao caminho de uma interpretação conforme os direitos fundamentais. Em última análise, no caso de conflito, essa tarefa toca ao poder judiciário,[1541] já que nessas circunstâncias cabe aos tribunais a tarefa de interpretar as leis, independentemente do grau de vagueza ou abstração. Entretanto, ver o judiciário como meio exclusivo de adequação do direito civil aos direitos fundamentais[1542] se mostra uma visão limitada, pois desconsidera o indispensável papel do legislador na

---

[1533] SARLET, I. *DF*, p. 141.

[1534] SCHMIDT-SALZER, J. *Vertragsfreiheit*, p. 13.

[1535] BAGE 1, 185 (NJW 1955, p. 606 LS *d*); 4, 274 (NJW 1957, p. 1.689); BAGE 13, 168 (NJW 1963, p. 74).

[1536] BVerfGE 7, 198 (205s).

[1537] SCHMIDT-SALZER, J. *Vertragsfreiheit*, p. 13; SMEND, R. *Recht*, p. 92s.

[1538] NOVAK, R. *DW*, p. 137.

[1539] SCHWABE, J. *Anmerkung*, p. 690.

[1540] NIPPERDEY, H. *GR*, p. 24.

[1541] RUPP, H. *Wandel*, p. 170.

[1542] RUPP, H. *Wandel*, p. 170.

conformação das relações sociais. Mas os limites da identificação tendem a cessar por aí, tendo em vista a nítida incompatibilidade de alguns traços marcantes da teoria da eficácia direta com a natureza de institutos característicos e típicos da conformação da natureza do direito privado, como a autonomia privada, por exemplo. A grande discussão entre as duas teorias não se deu por acaso: a preocupação comum era a manutenção do conceito de liberdade no direito privado,[1543] que apenas tomou perspectivas distintas.

O reconhecimento de uma eficácia dos direitos fundamentais nas relações privadas visar a uma proteção dos particulares não pode servir de justificativa para imposições arbitrárias. Isso porque tal ideia significaria em última análise a própria negação do objetivo nuclear da doutrina da *Drittwirkung*, considerando que não se pode defender um totalitarismo dos direitos fundamentais ao ponto de asfixiar a liberdade individual. Ressalta-se a circunstância de que a eficácia horizontal é ao fim e ao cabo uma questão de carências de proteção distintas, em um cenário de liberdade e autodeterminação individual, de modo que a discussão sobre a existência de uma eficácia direta ou indireta revela no fundo uma discussão entre a delimitação dos âmbitos de controle e autonomia, liberdade e configuração da liberdade, questão essa que toca em um primeiro momento ao legislador.[1544] Em atenção a isso, a definição da modalidade pela qual os direitos fundamentais influenciam o direito privado não pode ser considerada secundária ou um problema marginal, como afirma parte da doutrina[1545], visto que os efeitos de uma compreensão equivocada podem abalar a própria estrutura do direito privado.

Essa preocupação conduz permanentemente à necessidade de se buscar aperfeiçoamentos dentro do campo de abrangência da teoria da eficácia indireta dos direitos fundamentais nas relações privadas, cujos resultados refletem com nitidez na esfera do direito contratual. Tal realidade é verificada pela análise da chamada teoria dos deveres de proteção do Estado, que de maneira alternativa embasa a proteção dos direitos fundamentais dos particulares contra agressões provenientes de outros particulares por meio da obrigação de o Estado proteger um sujeito de direito privado contra a ação de outro. A análise dessa construção doutrinária é o passo que segue.

3.2.13 Conclusões parciais

A teoria da eficácia indireta mostra-se como modelo apto a dar base racional a uma eficácia dos direitos fundamentais nas relações privadas sem gerar uma ruptura no ordenamento jurídico, por respeitar seus diferentes níveis. O núcleo dessa teoria repousa na constatação de que a influência dos direitos fundamentais sobre o direito privado é em primeiro lugar uma tarefa do legislador ordinário, vinculado por sua vez aos direitos fundamentais, a quem cabe concretizar o conteúdo jurídico desses direitos, demarcando

---

[1543] NOVAK, R. *DW*, p. 146.

[1544] BADURA, P. *Persönlichkeitsrechtliche*, p. 4s.

[1545] BÖCKENFÖRDE, E. *GRdogmatik*, p. 37; MÜLLER, J. *GR*, p. 172, afirmando que a questão da *Drittwirkung* é uma questão de interpretação material dos direito fundamentais, de modo que somente quando essa questão estiver dissolvida é que se passaria a investigar a modalidade de eficácia dos direitos fundamentais nas relações privadas sob o enfoque da técnica jurídica. V. também MÜLLER, G. *DW*, p. 242.

as posições dos sujeitos privados garantidas pela constituição. Nesse sentido, a vinculação indireta dos particulares aos direitos fundamentais é em última instância consequência da vinculação direta dos órgãos estatais aos direitos fundamentais.

A concepção original da teoria da eficácia indireta revela que junto à mediação legislativa – e de certa forma como resposta a eventuais insuficiências desse procedimento de recepção – existe uma segunda via de penetração (indireta) dos direitos fundamentais no âmbito do direito privado. Esta se dá através da mediação do poder judiciário, com base na circunstância de que os juízes, por mandamento constitucional, podem examinar se as disposições de direito civil que devem aplicar estão influenciadas pelos direitos fundamentais na forma de critérios valorativos, que se realizam sobretudo mediante as disposições de direito privado que contêm direito imperativo e que, portanto, formam parte da ordem pública em sentido amplo. Essa mediação judicial de caráter supletivo consiste no fato de que o juiz deve interpretar o direito aplicável ao caso concreto em conformidade com a constituição, observando os direitos fundamentais na interpretação das normas particularmente como princípios objetivos no preenchimento valorativo dos conceitos indeterminados ou na interpretação das cláusulas gerais do direito privado. Significa que os direitos fundamentais em geral carecem de uma norma de direito privado como chave, a fim de que possam encontrar admissão em uma relação privada. À primeira vista, as cláusulas gerais do direito civil se apresentam como essa chave. Contudo, não são a única.

A estrutura da teoria da eficácia direta demonstra que ela possui pontos em comum com a chamada técnica de interpretação conforme a constituição, sobretudo quando se cogita a mediação supletiva do poder judiciário na transposição dos conteúdos valorativos da constituição para regras de direito privado.

A aplicação das cláusulas gerais e dos conceitos jurídicos indeterminados voltada ao sentido dos direitos fundamentais proporciona a abertura de uma possibilidade à máxima orientação constitucional sem quebrar os níveis do ordenamento jurídico, por meio de uma invasão do direito constitucional na esfera de competência do direito privado. Isso se deve à estrutura aberta desses preceitos jurídicos. Nessa conexão, as cláusulas gerais (e por via reflexa, os conceitos jurídicos indeterminados) representam a efetivação de uma técnica legislativa de direcionamento do direito civil às decisões de valor do direito constitucional, o que expressa a ideia de *convergência* como forma de oferecer bases à transposição do conteúdo valorativo dos direitos fundamentais para as relações privadas.

Quanto mais se puder atribuir ao atingido o ônus que deve suportar por uma decisão própria, que na prática implica restrição de um direito fundamental do qual é titular, menor será a intensidade da eficácia irradiante. Pressuposto para tanto é que se façam presentes as condições para uma decisão realmente livre. Em contrapartida, essa eficácia irradiante intensifica-se na proporção em que se faça necessária a proteção da liberdade pessoal perante os poderes econômico e social, ao ponto que de maneira geral a influência dos direitos fundamentais sobre o direito privado se torna tão mais importante quanto maior for o poder de uma das partes em uma relação privada. Do ponto de vista prático, está-se diante da possibilidade de declarar a ineficácia de um contrato em sede de jurisdição constitucional por força da não-observância de um direito fundamental.

Na busca de eventual equivalência de resultados entre as teorias da eficácia direta e indireta, constata-se que ambas encontram fundamento na dimensão objetiva dos direitos fundamentais. Contudo, não se verifica essa equivalência a partir da dimensão subjetiva, em cuja busca entre diferentes concepções, correta é a visão de que a questão em torno da defesa de uma ou outra teoria repousa no estabelecimento de uma argumentação segura para demonstrar a vigência dos direitos fundamentais no ordenamento jurídico privado. Assim, a chamada equivalência de resultados fica restrita com maior nitidez à constatação de que representa ponto de partida tanto da teoria da eficácia direta quanto da indireta o fato de a constituição não ser uma ordem neutra em valores, mas sim a expressão de uma ordem de valores objetiva, com repercussões em todos os âmbitos do ordenamento jurídico e da vida social. A partir daí, as teorias se apartam, bem como as consequências jurídicas de sua aplicação.

3.3 A teoria dos deveres de proteção do Estado

A presente investigação demonstrou que entre as teorias que investigam a eficácia dos direitos fundamentais nas relações privadas a que guarda maior aceitação, ainda que sob matizes diversos, é a que defende uma aplicabilidade indireta (mediata) dos direitos fundamentais nas relações entre particulares. Atualmente, verifica-se uma tendência doutrinária no sentido de apresentar a questão pela construção da teoria que gira em torno de um dever de proteção (*Schutzpflicht*) do Estado aos direitos fundamentais, dever esse que não se limita à proteção dos direitos fundamentais diante de intervenções provenientes dos órgãos estatais, alargando-se também perante intervenções provenientes de sujeitos privados. Trata-se de uma teoria em grande parte assentada no alicerce da concepção tradicional da eficácia indireta, desenhando-se uma trilha voltada às funções modernas dos direitos fundamentais, sob o conceito de dever de proteção, ampliando as funções clássicas desses direitos. Nesse sentido, cumpre investigar a teoria dos deveres de proteção do Estado, a fim de que se verifique em que medida ela se presta para embasar a eficácia dos direitos fundamentais nas relações privadas, em particular nos contratos de consumo.

3.3.1 Fundamentação da teoria dos deveres de proteção do Estado

A figura dos deveres de proteção não é nova do ponto de vista dogmático. Prova disso é que a matéria que permeia a segurança há muito acompanha a ideia do direito. Atualmente, muitos aspectos da legislação são estabelecidos com tarefas estatais de deveres de proteção, por exemplo, segurança.[1546] Isso pode ser reconduzido a uma longa tradição, considerando que a segurança é um dos ideais da ordem jurídica, princípio integrador[1547] e parte essencial[1548] do próprio conceito de Estado de direito. Contudo, relativamente novo é seu emprego para dar base a uma eficácia dos direitos fundamentais nas relações privadas.[1549]

[1546] DREIER, H. *GG Kommentar* (Vorb. Art. 1), Rn. 102.

[1547] COUTO E SILVA, A. *Prescrição*, p. 24.

[1548] SOBOTA, K. *Rechtsstaat.*, p. 154.

[1549] EN, o tema foi abordado por SARLET, I. *DF*, p. 126ss; GEHLEN, G. *Eficácia*, p. 31ss.

Os deveres de proteção do Estado, hoje compreendidos como *fundamentais*, conduzem aos marcos do clássico modelo contratualista, segundo o qual a ampla renúncia ao direito à autoproteção, condicionada pela transição da situação pré-estatal para a estatal, somente pode ser racionalmente justificada se o indivíduo em troca dessa renúncia obtém um direito à efetiva proteção pelo Estado.[1550] Nesse sentido, há quem afirme que os deveres de proteção do Estado podem ser vistos como uma espécie de compensação em face da aceitação de um monopólio de força estatal.[1551] O indivíduo renuncia ao recurso à justiça privada em troca de um nível satisfatório de segurança aos bens jurídicos tutelados, a ser prestado pela atividade estatal, aspecto voltado à necessidade de se garantir uma ordem social pacífica.[1552] Ao contrário da visão típica do início do século XIX, não se trata da realização da liberdade por meio da lei, mas sim da proteção da liberdade por meio da lei.[1553] Atualmente, a teoria dos deveres de proteção do Estado parte da compreensão dos diretos fundamentais como princípios objetivos,[1554] que obrigam o Estado a agir na medida do possível para a realização dos direitos fundamentais,[1555] sendo que para alguns encontra base inclusive na cláusula do Estado social.[1556]

A imagem do Estado como ameaçador primário da liberdade, típica do pensamento do liberalismo e do iluminismo, recua frente aos perigos e riscos que se fazem presentes na sociedade moderna, sobretudo aqueles provenientes da atividade de entidades privadas.[1557] Essa constatação é de certa forma a mola propulsora do desenvolvimento de uma teoria dos deveres de proteção do Estado. Na doutrina, Christian Starck logrou êxito em derivar de forma precursora no início da década de 1980 uma eficácia concreta de certos direitos fundamentais para o direito privado, a partir de sua função de proteção, argumentando que alguns direitos fundamentais garantem não apenas pretensões de defesa perante o Estado, já que transferem ao próprio Estado deveres de proteção.[1558] Interessa notar, contudo, que essa derivação foi feita com apoio na doutrina da eficácia indireta de Dürig, que também está conectada ao dever de proteção à dignidade humana por parte do Estado, mesmo na hipótese de violações provenientes da esfera privada.[1559]

Após o estudo de Starck, Claus-Wilheim Canaris trouxe contribuição substanciosa para a relação entre os deveres de proteção impostos pelos direitos fundamentais e o

---

[1550] ALEXY, R. *Theorie*, p. 414s, argumentando que tal ideia não corresponde a uma mera teoria, respondendo antes pelo contrário à realidade, tendo em vista que justamente onde o Estado perde a vontade ou a força para satisfazer o direito à proteção, não raro surgem organizações privadas de proteção baseadas na ideia de assumir a defesa dos direitos individuais.

[1551] ISENSEE, J. *Staat*, Rn. 93.

[1552] KLEIN, E. *Schutzpflicht*, p. 1.636.

[1553] BODO, P. *Geschichte*, p 576.

[1554] BÖCKENFÖRDE, E. *GRdogmatik*, p. 37s; EPPING, V. *GR*, Rn. 115 e 327. HESSE, K. *Grundzüge*, Rn. 350; JARASS, H. *GR*, p. 378s; RUFFERT, M. *Vorrang*, p. 552; STERN, K. *Staatsrecht III/1*, p. 931s; UNRUH, P. *Dogmatik*, p. 75.

[1555] HESSE, K. *Grundzüge*, Rn. 350; STERN, K. *Staatsrecht III/1*, p. 1.572.

[1556] NEUMANN, V. *Sozialstaatsprinzip*, p. 96s; LANGNER, T. *Problematik*, p. 94s; SCHNEIDER, H. *Freiheit*, p. 34s; DREXL, J. *Selbstbestimmung*, p. 244s; ROBBERS, G. *Sicherheit*, p. 193; KRINGS, G. *Grund*, p. 350ss.

[1557] RUFFERT, M. *Vorrang*, p. 20.

[1558] STARCK, C. *Grundrechte*, p. 244.

[1559] DÜRIG, G. *GG Kommentar* (Art. 1 GG), Rn. 131; HESSE, K. *Bestand*, p. 437.

direito civil. Seu pensamento básico consiste no fato de que o Estado tem a função de proteger os direitos fundamentais dos particulares contra agressões provenientes de outros sujeitos privados, por meio da atuação do legislador e da jurisprudência dos tribunais.[1560] Canaris inovou sobretudo ao trazer a figura da proibição de insuficiência (*Untermaßverbot*) como expressão dogmática dos deveres de proteção no contexto da discussão da relação dos direitos fundamentais com o direito privado.[1561]

A visão de que os direitos fundamentais possuem uma função de proteção representa uma tentativa lógica de superação das mudanças históricas na busca da proteção da pessoa que como tal conduziu a uma modificação dos pressupostos de asseguramento da liberdade humana.[1562] A ideia central é que, no momento em que o Estado cria os pressupostos para a manutenção da liberdade, ele assume com isso a obrigação de manter e assegurar essa liberdade.[1563] O atributo fundamental ligado aos deveres de proteção indica que os direitos fundamentais são vistos como pontos de ligação (*Anknüpfungspunkt*) dos deveres de proteção,[1564] estabelecendo aquilo que se pode chamar de uma clara e próxima relação entre ambos.[1565] Significa que a proteção pode ser efetivada não apenas pela abstenção em violar os direitos fundamentais, mas igualmente por meio de intervenções dos poderes públicos (*Schutz durch Eingriff*)[1566] no sentido de garantir esses direitos contra ameaças diversas. A partir daí se revela que os deveres de proteção estatal ganharam significado no Estado moderno porque as ameaças à liberdade da pessoa, levadas a efeito também por sujeitos em atividades privadas, podem ser neutralizadas somente por meio de uma atividade protetiva conduzida pelos poderes públicos.[1567]

Nessa linha, a partir do caso *do representante comercial*,[1568] o BVerfG derivou um dever de proteção estatal voltado exclusivamente a relações contratuais privadas. Trata-se na acepção geral da doutrina[1569] de uma das mais significativas decisões do BVerfG para o

---

[1560] CANARIS, C. *GRGR (AcP)*, p. 225ss.

[1561] CANARIS, C. *GRGR (AcP)*, p. 228.

[1562] HESSE, K. *Kontrolle*, p. 544.

[1563] ERICHSEN, H. *Handlungsfreiheit.*, Rn. 6.

[1564] UNRUH, P. *Dogmatik*, p. 21.

[1565] STARCK, C. *Schutzpflichten*, p. 46.

[1566] PIETZCKER, J. *DW*, p. 356; UNRUH, P. *Dogmatik*, p. 80ss.

[1567] UNRUH, P. *Dogmatik*, p. 89.

[1568] BVerfGE 81, 242, conhecida como decisão Handelsvertreter-Entscheidung, datada de 7.2.1990. Nessa decisão, o BVerfG declarou com pioneirismo a inconstitucionalidade de um dispositivo do Código Comercial alemão (de uma norma jurídico-privada, portanto), sob a ótica de uma perspectiva ainda que implícita de uma obrigação de proteção derivada da garantia constitucional da liberdade de profissão (consagrada no art. 12 LF). Em síntese, tratava-se de um litígio entre o representante comercial de uma vinícola e a dita empresa, envolvendo uma rescisão do contrato de trabalho. À época, o Código Comercial alemão, consoante a redação do inciso II, item *a* do art. 90 previa a possibilidade de proibir a contratação de um representante comercial pelo prazo de até dois anos, sem direito à indenização na hipótese de prévia rescisão do contrato de representação comercial por culpa deste (situação em que o profissional estaria efetivamente impedido de praticar qualquer atividade de concorrência). O BVerfG concluiu que o dispositivo legal em questão era inconstitucional. O pano de fundo da argumentação empregada pelo tribunal residiu no fato de que a LF, ao garantir a liberdade de profissão e de ofício, continha um mandamento ao legislador ordináriopara que houvesse o estabelecimento de disposições protetivas ao livre exercício de profissãodiante de possíveis restrições de natureza contratual, especialmente quanto não houvesse equilíbrio aproximado de forças entre as partes (p. 254ss da decisão).

[1569] Ptd, v. HERMES, G. *GRschutz*, p. 1.764ss; WIEDEMANN, H. *Verfassungsrecht*, p. 695ss.

tema em estudo, mormente pelo seu ineditismo. O ponto de conexão entre a decisão do representante comercial e o controle do conteúdo jurídico dos contratos privados reside sobretudo no fato de que o BVerfG reconheceu a existência de uma obrigação de proteção pelo Estado derivada de uma garantia constitucional de liberdade de profissão, que forçou no caso concreto o afastamento pleno de uma limitação contratual. Trata-se nitidamente de uma restrição ao espaço privado de liberdade em função do âmbito de proteção de direito fundamental,[1570] ou seja, de um dever estatal voltado à formulação de regulações equalizadas com a finalidade de evitar a prática de uma determinação alheia à parte mais fraca de um contrato.[1571]

A fundamentação empregada na decisão do representante comercial, aliada a outros precedentes diversos, demonstra que entre deveres de proteção estatal, direitos fundamentais e direito do consumidor há uma ligação manifesta. No instante em que está em jogo um mandamento dirigido ao legislador[1572] no sentido do estabelecimento de disposições protetivas ao livre exercício de um direito fundamental, perante possíveis restrições de natureza contratual, especialmente quando não se verifica um equilíbrio aproximado de forças entre as partes, há que se presumir que tal mandamento se encaixa nas situações contratuais de caráter privado. É o caso típico das relações de consumo.[1573]

É exatamente nesse quadro que se verificam os contornos principais da teoria dos deveres de proteção do Estado, bem como sua relação com a problemática da eficácia horizontal. No momento em que a constituição prevê a dignidade humana como fundamento do Estado ou prega um mandamento de intangibilidade do seu conteúdo, fica claro que cabe ao Estado respeitá-la e protegê-la. A doutrina dos deveres de proteção não é, portanto, estranha à constituição.[1574] Sendo os direitos fundamentais emanações em maior ou em menor grau do princípio da dignidade, surge para o Estado um dever de proteção geral e abrangente desses direitos, que pode ser compreendido até mesmo sob a perspectiva de unidade do ordenamento jurídico, ao se levar em conta que a pessoa é o valor

---

[1570] Limitação, pois se presume que as partes envolvidas no caso estavam cientes quando da contratação do representante comercial pela vinícola da vigência do dispositivo legal (que posteriormente veio a ser rechaçado pelo BVerfG), o qual impedia a atuação do profissional após sua rescisão contratual no mesmo ramo de atividade pelo prazo de dois anos.

[1571] KRINGS, G. *Grund*, p. 319.

[1572] CANARIS, C. *GR*, p. 19, observa que as leis de direito privado não raro têm natureza ofensiva e em certas situações de forma altamente massiva. Em vista disso, constitui um imperativo de coerência controlar essas leis por meio dos direitos fundamentais na sua função de imperativos de proteção e nessa medida também à luz do mandamento de proibição de excesso. A observação de Canaris assume relevo quando se leva em conta que na decisão do representante comercial se considerou uma norma infraconstitucional incompatível com um direito fundamental, circunstância que se diga de passagem não costuma acontecer nos precedentes normais solvidos pela teoria da eficácia mediata dos direitos fundamentais (*Drittwirkung* indireta). V. MÜNCH, I. *DW*, p. 27.

[1573] MARQUES, C. *Solidariedade*, p. 187s, ensina que na aplicação diária do direito há que prevalecer uma ética reconstrutiva, uma dogmática renovada e uma interpretação protetiva e útil para o consumidor, como agente econômico vulnerável, de modo a tornar eficaz o direito do consumidor e a proteção dos mais fracos na sociedade civil.

[1574] EPPING, V. *GR*, Rn. 115.

supremo do ordenamento. Desse modo, o mandamento de vinculação dos órgãos estatais aos direitos fundamentais constitui a base jurídica dos deveres de proteção do Estado,[1575] em que se destaca a categoria dos objetivos e das tarefas estatais,[1576] ou seja, aquilo que o Estado tem que promover.

Pode-se afirmar então que o ponto de sustentação básico da teoria é a constatação de um dever do Estado de proteger os bens jurídicos fundamentais dos seus cidadãos.[1577] Ao se afirmar que o Estado possui deveres de proteção relacionados com os direitos fundamentais, se quer dizer que o Estado deve atuar com a finalidade de proteger e fomentar a realização desses direitos, em uma conduta que engloba a proteção contra intervenções de terceiros.[1578] A conexão da teoria dos deveres de proteção do Estado com a temática da eficácia horizontal e relações de consumo está embasada, portanto, na seguinte linha: ao reconhecer a pessoa como valor supremo do ordenamento, o Estado tem o dever de protegê-la, independentemente do lado do qual provenha a agressão, de modo que as relações privadas não podem passar ao largo desse dever de proteção estatal. E no rol das relações que merecem cuidado especial do Estado, situam-se as de consumo, considerando-se a particular fragilidade do sujeito que integra necessariamente esse tipo de relação: o consumidor.

Há que se observar que a categoria dos deveres de proteção, na condição de função consagrada dos direitos fundamentais, não obstante lograr êxito no embsamento da eficácia dos direitos fundamentais também no tráfego jurídico privado, não se restringe necessariamente aos complexos casos de proteção perante terceiros.[1579] Implica que a temática dos deveres de proteção extrapola os limites da temática da eficácia horizontal. Por esse motivo, nessa investigação a teoria dos deveres de proteção é focada no sentido de instrumento destinado a garantir a liberdade dos particulares no curso de relações privadas. Essa observação abre caminho para uma constatação essencial à compreensão da teoria. Quando se reconhece que o Estado tem o dever de proteger sujeitos privados contra agressões provenientes de outros sujeitos privados, entende-se que tal dever de proteção visa a proteger a liberdade real do cidadão.[1580] Importa que o conteúdo material dos deveres de proteção se oriente à proteção efetiva do bem jurídico em jogo. Está orientado, portanto, àquelas medidas que se mostram apropriadas à defesa em face de intervenções provenientes de terceiros.[1581] É por essa razão que a literatura moderna tende a tratar a questão da eficácia dos direitos fundamentais no direito privado cada vez mais sob o enfoque da doutrina dos deveres de proteção,[1582] embora o conceito de eficácia horizontal nunca saia de cena. De fato, a teoria dos deveres de proteção do Estado fortaleceu de elevada maneira

---

[1575] STERN, K. *Staatsrecht III/1*, p. 948.

[1576] RUFFERT, M. *Vorrang*, p. 30.

[1577] UNRUH, P. *Dogmatik*, p. 20.

[1578] BVerfGE 39, 1 (42); 46, 160 (164); 49, 89 (142s); 53, 30 (57); 56, 54 (73); 81, 242 (255); 88, 203 (251); 97, 169 (175); 99, 185 (194); 103, 89 (100); 114, 1 (34s); 114, 73 (NJW 2005, p. 2.378); (NJW 2006, p. 598).

[1579] JARASS, H. *Funktionen*, Rn. 9.

[1580] KREBS, W. *Freiheit*, Rn. 57.

[1581] KLEIN, E. *Schutzpflicht*, p. 1.637.

[1582] PAPIER, H. *DW*, Rn. 9.

a fundamentação em torno da *Drittwirkung*, adquirindo inegável destaque na doutrina, que contribuiu em larga medida não apenas para a formação da base da teoria,[1583] como também para seu aprofundamento e para a apresentação de diferenciações dogmáticas, cujo resultado é uma concepção sólida do ponto de vista jurídico-constitucional.[1584]

Verifica-se assim que o conceito de liberdade da constituição influenciou a concepção dos deveres de proteção. Isso se deixa comprovar em dois aspectos distintos. Um, pelo fato de esse conceito ter sido concebido de maneira suficientemente aberta, servindo como ponto de ligação para pretensões de defesa e de proteção. E dois, pelo fato de ter sido concebido na constituição de forma bidimensional, pois se volta à proteção contra e por meio do Estado. Ambos os aspectos atualizaram-se no caminho de uma mudança constitucional interpretativa, conduzindo à formação dos deveres de proteção como uma função jurídico-fundamental autônoma.[1585] Dessa constatação, ainda que não se reconheça em todos os casos uma pretensão subjetiva do cidadão contra o Estado, surge o argumento acerca da existência de um dever estatal de preservar bens jurídicos protegidos pelos direitos fundamentais contra violações e ameaças produzidas por sujeitos privados.[1586]

Direito à proteção deve ser entendido, pois, como todo e qualquer direito que um titular de direito fundamental possui perante o Estado para que este o proteja das intervenções indevidas de terceiros,[1587] não sendo demasiado afirmar nesse prisma que a função dos direitos fundamentais como dever público de proteção se deduz do princípio do Estado de direito.[1588] Assim, a teoria dos deveres de proteção parte do pressuposto de que os direitos fundamentais estão dirigidos tanto às relações entre os particulares quanto às relações com os poderes públicos.[1589] Isso se coaduna com a afirmação de que os direitos fundamentais, enquanto parte mais importante da constituição como fonte do direito,[1590] protegem o cidadão frente ao poder. Os poderes públicos, além do dever de criarem as condições necessárias para a efetivação dos direitos fundamentais e de se absterem de violá-los, têm igualmente o dever de proteger os direitos fundamentais contra quaisquer ameaças, inclusive aquelas provenientes da atuação de sujeitos privados, adquirindo relevo nesse particular a proteção da dignidade humana.[1591] A noção distintiva encontra-se sobre-

---

[1583] DÜRIG, G. *GG Kommentar* (Art. 1 GG), Rn. 2s, fundamentando o dever de proteção da dignidade humana por parte dos poderes públicos.

[1584] ALEXY, R. *Theorie*, p. 410; CANARIS, C. *GRGR (AcP)*, p. 201ss; DIETLEIN, J. *Schutzpflichten*, p. 17ss; DREIER, H. *GG Kommentar* (Vorb. Art. 1), Rn. 102ss; HERMES, G. *GRschutz*, p. 1.764s ou ainda HERMES, G. *GR*, p. 219ss; HESSE, K. *Grundzüge*, Rn. 350 ou ainda HESSE, K. *Kontrolle*, p. 543ss; ISENSEE, J. *Sicherheit*, p. 44ss; KLEIN, H. *Schutzpflicht*, p. 489ss; LANGNER, T. *Problematik*, p. 88ss; LÜCKE, J. *DW*, p. 377ss; MÖSTL, M. *Probleme*, p. 1.029ss; MÜNCH, I. *DW*, p. 24; MURSWIEK, *Staatliche*, p. 88ss; NEUNER, J. *Privatrecht*, p. 161ss; OETER, S. *DW*, p. 529ss; ROBBERS, G. *Sicherheit*, p. 121ss; STARCK, C. *Schutzpflichten*, p. 46ss; STERN, K. *Staatsrecht III/1*, p. 937ss e 1.572ss; UNRUH, P. *Dogmatik*, p. 21ss.

[1585] KRINGS, G. *Grund*, p. 170.

[1586] HESSE, K. *Grundzüge*, Rn. 350.

[1587] ALEXY, R. *Theorie*, p. 410.

[1588] MÜNCH, I. *DW*, p. 26.

[1589] HESSE, K. *Grundzüge*, Rn. 350.

[1590] LLORENTE, F. R. *Forma*, p. 54.

[1591] CANARIS, C. *GRGR (AcP)*, p. 226.

tudo no fato de que a proteção estatal dos bens jurídico-fundamentais é, ao menos teoricamente, absoluta,[1592] no instante em que não questiona de onde provém a agressão.[1593]

Ainda no que tange à fundamentação da teoria dos deveres de proteção, cumpre observar que em sua função como direitos de defesa oponíveis contra o Estado os direitos fundamentais se mostram como "duros", ou seja, mais facilmente oponíveis, dependendo em pequeno grau de regulamentações legislativas mais detalhadas, ainda que essas se mostrem relevantes para a delimitação de bens jurídicos contrapostos. Já em sua função de proteção, os direitos fundamentais afirmam-se como "mais moles", pelo fato de que carecem em elevada medida de uma configuração legislativa que delimite os contornos dessa proteção, vale dizer, o modo pelo qual essa proteção é efetivada. É exatamente a noção em torno dessa diferença estrutural entre direitos de defesa e deveres de proteção que evita uma erosão da vigência imediata dos direitos de defesa nas relações contra o Estado.[1594] Isso porque o fato de determinados direitos possuírem eficácias distintas em situações concretas não pode representar uma nivelação por baixo. Há que se manter uma eficácia ótima quando possível e trabalhar os mecanismos jurídicos para garantir uma proteção adequada nos casos em que uma eficácia comparável não é estruturalmente possível. Dominar o espectro de eficácia de cada direito fundamental frente a cada tipo de relação em que se apresente é um imperativo para a garantia da própria força normativa da constituição e um desafio para todo jurista constitucional.

Desse modo, ao mesmo tempo em que os direitos fundamentais constituem limites de cunho negativo à atuação do poder estatal (típica função de direitos de defesa contra ingerências indevidas na órbita dos bens e valores fundamentalmente assegurados na constituição), também exigem uma conduta positiva do Estado, conferindo medida e direção à ordem jurídica.[1595] Essa conduta impõe efetivo dever de proteção, obrigando o Estado a intervir na hipótese de agressão proveniente de particulares. A referida imposição justifica inclusive novas formas de abordagem do tema na doutrina, não como um dever de proteção, mas sim sob a ótica de um *direito fundamental à proteção* (*Grundrecht auf Schutz*)[1596] ou ainda a partir do reconhecimento de uma vigência social dos direitos fundamentais, que impõe a sujeição dos poderes públicos à constituição, traduzindo-se em um dever positivo de dar efetividade a tais direitos na vida em sociedade.[1597]

Todas as considerações até aqui apresentadas em torno da fundamentação da teoria dos deveres de proteção demonstram que ela está intimamente ligada à tarefa legislativa.

[1592] STERN, K. *Staatsrecht III/1*, p. 1.575.

[1593] MÜNCH, I. *DW*, p. 24, ponderando que a função dos direitos fundamentais como deveres de proteção se diferencia da sua clássica função como direitos de defesa, em que apenas se busca o rechaço a intervenções injustificadas do poder estatal.

[1594] STARCK, C. *Schutzpflichten*, p. 84, fazendo referência aos direitos de defesa como "duros" e deveres de proteção como "moles".

[1595] GRIMM, D. *Verfassung und Politik*, p. 307.

[1596] HERMES, G. *GRschutz*, p. 1.765ss; ALEXY, R. *Theorie*, p. 414, utilizando a expressão "direitos à proteção" (*Rechte auf Schutz*), em paralelo com a expressão "deveres de proteção" (*Schutzpflichten*); EN, SILVA, V. *Constitucionalização*, p. 146s, sustentando a existência de um "direito à proteção" em vez de um "dever de proteção".

[1597] ALFARO, J. *Autonomia*, p. 69s, citando reiterada jurisprudência do Tribunal Constitucional Espanhol.

Teorias acerca da eficácia dos direitos fundamentais nas relações privadas ■ 311

A partir do momento em que os deveres de proteção jurídico-fundamentais se mostram por meio da intermediação legislativa, eles revelam uma relação de complementaridade entre o direito constitucional e o direito ordinário, denotando uma espécie de efeito recíproco entre os deveres de proteção e o direito legislado.[1598] Verifica-se aqui não apenas o pensamento de diálogo entre as fontes normativas, mas igualmente a ideia de *convergência* do direito privado para a constituição, de uma *convergência voltada à interpretação* do direito.

3.3.2 O desenvolvimento da teoria dos deveres de proteção do Estado no BVerfG

O desenvolvimento de uma teoria geral de deveres de proteção estatal à luz do direito constitucional deve-se em grande parte ao trabalho do BVerfG,[1599] que traçou os pontos trigonométricos da teoria,[1600] sendo considerado o motor do seu desenvolvimento.[1601] A origem moderna da teoria na jurisprudência remonta ao reconhecimento de que a dignidade humana tem que ser protegida em face da ação de terceiros, tarefa que possui vários desdobramentos na sociedade. O raciocínio empregado é que o mandamento de intangibilidade da dignidade fornece uma espécie de escudo contra violações, que obriga o Estado não apenas a se omitir de violar a dignidade (proteção negativa), mas também a um fazer positivo que engloba efetivamente a proteção da dignidade contra a ação lesiva de terceiros.[1602] O pensamento em torno do reconhecimento de deveres de proteção do Estado fez-se presente, portanto, desde o início da atividade do BVerfG,[1603] ainda que tenha experimentado notável desenvolvimento posterior.

Nesse ponto, observa-se que já na sentença Lüth transparece a origem da fundamentação em torno de deveres de proteção estatal. Apesar de o caso Lüth não dizer respeito em primeira linha a um dever de proteção do legislador, mas sim a uma controvérsia envolvendo a interpretação da lei pelo juiz, do ponto de vista material se tratava de um verdadeiro dever de proteção do Estado contra agressões provenientes de terceiros. Todavia, o que é mais interessante é que a esse dever de proteção correspondeu naquela ocasião um direito subjetivo à proteção do recorrente:[1604] o reconhecimento da eficácia horizontal indireta teve, portanto, a consequência processual relevante de abrir a porta do tribunal constitucional contra decisões de última instância que violem direitos fundamentais,[1605] o que expressava à época um pensamento talvez não tão consciente como hoje em torno de deveres de proteção do Estado.

[1598] ISENSEE, J. *Abwehrrecht*, Rn. 87.

[1599] BVerfGE 39, 1 (42); 46, 160 (164); 49, 89 (142s); 53, 30 (57); 56, 54 (73); 81, 242 (255); 88, 203 (251); 97, 169 (175); 99, 185 (194); 103, 89 (100); 114, 1 (34s); 114, 73 (NJW 2005, p. 2.378); BVerfGE (NJW 2006, p. 598).

[1600] Ptd, v. ISENSEE, J. *Abwehrrecht*, Rn. 77.

[1601] UNRUH, P. *Dogmatik*, p. 29.

[1602] BVerfGE 1, 97 (104).

[1603] STERN, K. *Staatsrecht III/1*, p. 938.

[1604] STARCK, C. *Schutzpflichten*, p. 65.

[1605] RÜFNER, W. *DW*, p. 226.

Esse pensamento inicial evoluiu para o reconhecimento de um dever de cuidado efetivo do legislador contra determinados perigos,[1606] passando por um dever concreto do Estado de proteção e fomento à atividade científica,[1607] até chegar ao dever do Estado de proteção da vida humana em face de aborto.[1608] A conexão dos deveres de proteção do Estado em face da proteção da vida intrauterina foi decisiva para a evolução da teoria. Isso porque firmou o entendimento posteriormente reiterado de que o dever de proteção do Estado é abrangente.[1609] E por ser abrangente não se limita a proibir o Estado de violar diretamente a vida em desenvolvimento, visto que da mesma forma ordena uma atitude de proteção e fomento à vida, que inclui a proteção contra intervenções ilegais de terceiros.[1610] Essa linha dos deveres de proteção tornou-se crescente na jurisprudência do BVerfG, abrangendo diversos aspectos da vida em coletividade,[1611] sob o pano de fundo de que um dever de proteção geral toca à totalidade dos órgãos estatais, em conformidade com suas respectivas tarefas.[1612] Nesse quadro, o BVerfG deriva dos direitos fundamentais deveres de proteção amplos dirigidos aos órgãos estatais.[1613] Essa derivação ocorre por regra em face de direitos fundamentais qualificados como direitos de defesa, particularmente aqueles ligados à liberdade de ação geral,[1614] aos quais se reconhece a função de proteção aliada à de defesa, que lhes é tradicional.

A jurisprudência do BVerfG em torno dos deveres de proteção atualizou-se a partir da afirmação de que o legislador está vinculado ao mandamento de proibição de

---

[1606] BVerfGE 9, 338 (347), tratando da obrigação do legislador em regulamentar determinadas "profissões livres", como a de babá, diante dos riscos provocados às crianças pela eventual falta de capacitação específica.

[1607] BVerfGE 35, 79 (114).

[1608] BVerfGE 39, 1 (LS 1ss); 88, 203 (LS 1ss).

[1609] BVerfGE 39, 1 (42); 88, 203 (243s). BVerfGE 46, 160 (164), para além da proteção da vida em face do aborto.

[1610] BVerfGE 39, 1 (42).

[1611] BVerfGE 49, 89 (142); 53, 30 (57); BVerfGE NJW 1997, p. 2.509ss, proteção contra o risco da técnica (perigos advindos do emprego pacífico de energia nuclear); BVerfGE 77, 170 (214s), contra o emprego de armas químicas; BVerfGE 56, 54 (78), contra imissões sonoras de aviões, e BVerfGE 79, 174 (201s), de veículos; BVerfGE (NJW 1983, p. 2.931ss); BVerfGE (NJW 1998, p. 3.264), contra a omissão da prática de medidas relacionadas com a qualidade do ar; BVerfGE (NJW 1996, p. 651ss), contra danos à saúde em face de alta concentração de ozônio na atmosfera; BVerfGE (NJW 1995, p. 2.343ss), passando pela definição de limites máximos de ingestão de álcool por parte de motoristas; BVerfGE 48, 127 (161); 69, 1 (24), pelo direito à recusa de prestação de serviço militar; BVerfGE 55, 171 (NJW 1981, p. 218); BVerfGE 56, 363 (NJW 1981, p. 1202s), pela proteção da criança no contexto da separação dos pais; BVerfGE 76, 1 (49ss), pela proteção das famílias de estrangeiros que ingressam no país; BVerfGE 80, 81 (93ss), pela proteção da família em face da concessão de direitos de permanência no país frente à adoção de adultos estrangeiros; BVerfGE 114, 1 (LS 3), pelo seguro de vida; BVerfGE 115, 118 (LS 3), até chegar na questão da possibilidade do abate de aviões em face de atos de terrorismo; BVerfGE 121, 317 (NJW 2008, p. 2.409ss), passando pela permissão de fumar em restaurantes e discotecas.

[1612] BVerfGE 46, 160 (164).

[1613] BVerfGE 75, 40 (66); 84, 133 (147); 89, 276 (286), respectivamente nas áreas da educação, trabalho, proteção contra discriminação por sexo.

1614 BVerfGE 39, 1 (41); 49, 89 (140ss); 53, 30 (57ss); 56, 54 (78); 79 174 (201s).

insuficiência,[1615] aspecto que guarda correspondência de forma geral na doutrina.[1616] Desse ponto, as principais questões debatidas na jurisprudência relacionaram-se com a extensão[1617] e a investigação de qual direito fundamental é capaz de acionar esses deveres.[1618] A doutrina observa que de certa maneira a derivação dogmática dos deveres de proteção pelo BVerfG não foi unitária, haja vista que se apoiou tanto na dimensão jurídico-objetiva dos direitos fundamentais quanto na garantia da dignidade humana.[1619] Algumas decisões privilegiam o embasamento em torno do caráter jurídico-objetivo dos direitos fundamentais e/ou como decisões valorativas,[1620] enquanto outras, a partir da preservação da dignidade humana;[1621] em algumas ocasiões ambos os caminhos foram simultaneamente empregados para esse embasamento.[1622] Por serem caminhos compatíveis entre si, visto que se deixam conduzir um ao outro, a concepção dos deveres de proteção ganhou espaço e afirmação crescente, sob a base geral de que não há uma preferência da função de defesa em relação à função de proteção dos direitos fundamentais.[1623]

Nessa conexão de elementos, algumas decisões chaves resumem aquilo que pode ser considerado o modo geral pelo qual o BVerfG visualiza e aplica a teoria dos deveres de proteção: os direitos fundamentais protegem o particular não apenas de intervenções provenientes do Estado, por meio do reconhecimento de uma esfera garantida de liberdade; esses direitos também obrigam o Estado a proteger e a assegurar essa esfera de liberdade. É nesse dever de proteção que o conteúdo objetivo dos direitos fundamentais se desenvolve. Todavia, em princípio, não se extraem da constituição exigências específicas quanto ao modo e medida dessa proteção. Aos órgãos estatais, a quem se confia a tarefa de salvaguarda da constituição como um todo, concede-se amplo espaço de configuração no cumprimento desses deveres de proteção. Frequentemente, trata-se da necessidade de equalização de posições jurídico-fundamentais opostas, em que o que se busca é a obtenção de uma vigência adequada para ambas. Para tanto, a constituição fornece apenas os marcos e não uma determinada solução. Nesse sentido, o tribunal constitucional apenas constata a violação de um dever de proteção nas hipóteses nas quais os poderes públicos ou não realizam medidas de proteção a qualquer título ou quando as medidas empregadas se mostram totalmente inadequadas ou plenamente insuficientes para atingir o fim perseguido.[1624]

[1615] BVerfGE 88, 203 (254). Nesse ponto, o BVerfG inclusive remete à concepção do mandamento de proibição de insuficiência formulado por ISENSEE, J. *Abwehrrecht*, Rn. 165s.

[1616] CANARIS, C. *GRGR (AcP)*, p. 228; EPPING, V. *GR*, Rn. 87; KRINGS, G. *Grund*, p. 297; LANGNER, T. *Problematik*, p. 215s; RUFFERT, M. *Vorrang*, p. 72 e 235.

[1617] BVerfGE 89, 276 (286); 92, 26 (46).

[1618] BVerfGE 89, 276 (285ss); 92, 26 (46).

[1619] UNRUH, P. *Dogmatik*, p. 31.

[1620] BVerfGE 53, 30 (57); 56, 54 (73); 76, 1 (49); 77, 170 (214); 79, 174 (183 e 202); 80, 81 (92s); 81, 310 (334); 92, 26 (46); 114, 1 (56); BVerfGE (NJW 1998, p. 3.265).

[1621] BVerfGE 46, 160 (164); 48, 127 (161); BVerfGE 55, 171 (NJW 1981, p. 218); BVerfGE 56, 363 (NJW 1981, p. 1.204); 57, 250 (284s); 69, 1 (34s); 88, 203 (LS 1); 115, 118 (152); BVerfGE (NJW 1995, p. 2.343ss); BVerfGE (NJW 1996, p. 651ss).

[1622] BVerfGE 39, 1 (41); 49, 89 (142).

[1623] BVerfGE 115, 118 (131).

[1624] BVerfGE 92, 26 (46). Em sentido semelhante, v. BVerfGE 77, 170 (214s); 88, 203 (254s).

3.3.3 Quando os deveres de proteção do Estado devem ser ativados

O conceito dos deveres de proteção do Estado assume contornos mais precisos no instante em que é referido à função clássica dos direitos fundamentais de rechaçar violações, devendo o Estado por sua vez se opor de forma protetiva às ameaças a direitos fundamentais quando: 1. A violação do direito fundamental for irreparável; 2. O desenvolvimento da ameaça ao direito fundamental for não dominável; 3. O jogo de conjunto dos particulares, no qual possam ocorrer lesões de direitos fundamentais não é regulável de forma autônoma pelo lesado.[1625] Assim, a questão em torno da extensão do perigo potencial ou efetivo necessário à ativação dos deveres de proteção diz respeito à espécie dos perigos que podem ser objeto desses deveres.[1626]

A experiência ensina que os limites entre omissões e ações que violam direitos fundamentais são fluidos.[1627] Em que extensão uma ação ou omissão estatais devem adquirir cognição constitucional é uma questão que não se responde do ponto de vista de meras diferenciações terminológicas, mas sim a partir do grau de consideração atribuído aos direitos fundamentais no caso concreto, o que em última análise toca à ponderação entre interesses públicos e privados.[1628] Nessa realidade, a garantia da segurança é um objetivo essencial de toda ordem jurídica estatal, que obriga o Estado a agir na proteção dos seus cidadãos.[1629] Desse modo, a determinação do alcance jurídico, assim como a forma de preenchimento dos deveres de proteção, constituem grande desafio tanto para o legislador quanto para a atividade do tribunal constitucional. À medida que os deveres de proteção tocam às relações privadas, há que se questionar qual é o âmbito de proteção do direito fundamental que está relacionado com essa proteção, ou seja, qual é a manifestação de direito fundamental que incide nessas relações e em que medida carece de proteção.[1630] Aqui apenas se reforça o entendimento de que a determinação exata do âmbito de proteção dos direitos fundamentais é uma tarefa indispensável para a mensuração dos efeitos que esses direitos produzem junto às relações privadas.

Ao determinar a existência de um dever de proteção, em primeiro lugar o Estado tem que tornar claro qual a intensidade da proteção devida.[1631] Levando-se em conta que a constituição prevê a proteção de bens jurídicos de igual hierarquia, sem desconsiderar o

---

[1625] PIEROTH, B; SCHLINK, B. *GR*, 25 Auf., Rn. 114; EN, v. HECK, L. *DF*, p. 49.

[1626] UNRUH, P. *Dogmatik*, p. 21, entende que o cerne da controvérsia reside na determinação de se o Estado tem o dever de proteger os cidadãos apenas contra intervenções em direitos fundamentais provenientes de outros cidadãos ou também contra perigos provenientes da natureza. A resposta a essa questão surge a partir do próprio conceito de dever de proteção, que está diretamente ligado à qualificação jurídico-fundamental. Assim, todo perigo que puder atingir bens constitucionalmente tutelados deve ser objeto dos deveres de proteção do Estado, ainda que o ponto de incidência determinante seja os perigos que provêm de outros titulares de direitos fundamentais.

[1627] KLEIN, H. *Schutzpflicht*, p. 496.

[1628] KLEIN, H. *Schutzpflicht*, p. 496; sobre o tema, v. pormenorizadamente ALEXY, R. *Theorie*, p. 425ss.

[1629] DIETLEIN, J. *Schutzpflichten*, p. 231.

[1630] MÖSTL, M. *Probleme*, p. 1.035s.

[1631] LANGNER, T. *Problematik*, p. 215.

fato de que esses podem entrar em rota de colisão, torna-se improvável advogar a existência de uma proteção máxima[1632]. Isso porque não há como proteger ao máximo todos os bens jurídicos simultaneamente, pois a proteção máxima de um bem acabaria em muitos casos por levar à proteção mínima de outro. Nesse sentido, os deveres de proteção não estão focados na obtenção de uma segurança total. Uma segurança nesses termos é algo que somente um "Estado total" pode ter como meta, ainda que não possa vir a obtê-la de fato, pelo simples motivo de que não existe, sendo inexigível, portanto, até mesmo pelos limites ínsitos à própria administração.[1633] Ademais, um Estado democrático com foco na liberdade não tem o poder, tampouco o direito, de se fazer presente em todos os âmbitos privados ou sociais, ficando de prontidão frente a cada perigo possível.[1634]

O problema repousa aqui no significado das palavras. Isso porque a doutrina não costuma explicar o que entende por proteção máxima ou ótima (*maximalen oder optimalen Schutz*). Por um lado, se a proteção não se mostrar capaz de conter as ameaças ou intervenções efetivas a que se dirige, não há sentido falar sequer em proteção. Por outro, não há como se exigir do Estado uma proteção isenta de lacunas, capaz de afastar todos os perigos imagináveis, pois isso seria até mesmo utópico. É por essa razão que repousa no interesse da liberdade do indivíduo que ele conserve, mesmo frente ao emprego de proteção estatal, uma possibilidade ampla de condução.[1635] A melhor solução parece estar na compreensão de um dever de aperfeiçoamento constante imposto ao Estado, e particularmente ao legislador,[1636] que se deve fazer presente com respostas e reações adequadas sempre que bens jurídicos garantidos pela constituição se mostrem ameaçados ou lesados nas situações em que o indivíduo não se mostre apto a se autodefender com o instrumental disponibilizado pelo Estado. Mais do que isso parece extrapolar o plano jurídico-estatal. Em conformidade, não se exige do Estado uma proteção ótima,[1637] mas uma proteção mínima, desde que adequada e eficaz.[1638]

Conflitos diários envolvendo direitos de personalidade em geral, liberdade de profissão, credo, artística, manifestação do pensamento etc. dão conta dessa realidade. Aqui, a proibição de insuficiência, como visto, parece trilhar esse caminho. O sentido da proibição de insuficiência revela-se a partir da constatação de que o objetivo da discricionariedade reconhecida ao legislador não é outro que não o preenchimento efetivo de um dever de proteção.[1639] Importa é que o resultado atingido seja a garantia de um padrão mínimo de segurança jurídica ordenado jurídico-constitucionalmente.[1640] Assim, a proibição de insuficiência dirigida aos deveres de proteção tem como correlato a proibição de excesso

---

[1632] KRINGS, G. *Grund*, p. 259ss.
[1633] ISENSEE, J. *Sicherheit*, p. 41.
[1634] ISENSEE, J. *Sicherheit*, p. 41.
[1635] KRINGS, G. *Grund*, p. 280.
[1636] IPSEN, J. *Staatsrecht*, Rn. 93; STERN, K. *Staatsrecht III/1*, p. 1.315s.
[1637] EPPING, V. *GR*, Rn. 119.
[1638] BVerfGE 88, 203 (254).
[1639] ISENSEE, J. *Abwehrrecht*, Rn. 165.
[1640] ISENSEE, J. *Abwehrrecht*, Rn. 165.

316 ▪ Eficácia Horizontal dos Direitos Fundamentais e Jurisdição Constitucional

que é dirigida aos direitos de defesa.[1641] O Estado de direito, entre dois lados, situa-se aqui frente à obrigação de justificação jurídico-constitucional: do lado de quem intervém e do lado de quem carece de proteção.[1642]

No que interessa à temática do presente estudo, a proteção estatal se deve fazer presente sempre que os direitos fundamentais restarem ameaçados pela ação de terceiros. Isso porque quando inexiste ameaça, não há falar em ponto de referência para os deveres de proteção[1643], até mesmo porque a proteção deve ser efetivada não apenas em face de riscos presentes, mais igualmente frente aos que se aproximam. Nesse passo, a prevenção requer um juízo de probabilidade, de modo que pelo menos alguns critérios nesse sentido sejam desenvolvidos. Comum a todos os critérios dessa natureza é sua consideração valorativa, de modo que o Estado restaria sobrecarregado caso se lhe exigisse um controle frente a toda e qualquer possibilidade hipotética de violação a direitos fundamentais.[1644] Esses critérios devem se basear praticamente na realidade dos fatos, que deve vir acompanhada da experiência histórica do legislador, sobretudo em face de novas realidades.

Ao menos em linhas gerais, pode-se dizer que o reconhecimento da existência de deveres de proteção estatal não é controverso na doutrina. Todavia, controverso é o nível de ameaça que deve ativar esses deveres. Aqui se coloca a questão de qual é a fronteira a ser observada para a passagem de um mero risco ou ameaça para um perigo eminente à efetivação dos direitos fundamentais. Parte da doutrina advoga a existência de um dever de cuidado geral destinado a prevenir os danos causados por riscos aparentemente não protegidos.[1645] Já outra parte recusa a existência de um ponto de passagem de ameaça, a partir da qual os deveres de proteção devem ser empregados, de modo que os pressupostos para tanto devem ser determinados de forma ampla e aberta.[1646] Com efeito, o momento a partir do qual os deveres de proteção se devem fazer presentes, expressão que a doutrina costuma denominar de "limiar do perigo" (*Gefahrenschwelle*), não é idêntico para a totalidade dos bens jurídicos.[1647]

É por isso que o segundo entendimento apresentado parece estar mais próximo da realidade dos fatos, tendo em vista que não é possível determinar de antemão e de forma genérica quando os deveres de proteção devem se tornar ativos. Desse modo, em princí-

---

[1641] ISENSEE, J. *Abwehrrecht*, Rn. 165. Observe-se, contudo, a observação de NEUNER, J. *BGB e LF*, p. 261, no sentido de que a teoria dos deveres de proteção não examina a intervenção de terceiro com base em uma proibição de excesso, já que o particular não precisa justificar seu comportamento, sendo que os órgãos estatais devem observar os deveres de proteção relacionados com os direitos fundamentais em atenção ao preceito da proporcionalidade. Como pondera UNRUH, P. *Dogmatik*, p. 84, o mandamento de proibição de excesso, e com isso o preceito da proporcionalidade, entra em jogo à medida que intervenções em posições jurídicas de terceiros (pelo Estado) se fazem necessárias para o cumprimento efetivo de deveres de proteção. Por essa razão, em matéria de cumprimento de deveres de proteção não deve ser observada apenas a questão atinente à proibição de insuficiência, já que não somente a preservação do chamado padrão mínimo adquire significado

[1642] ISENSEE, J. *Abwehrrecht*, Rn. 165.

[1643] EPPING, V. *GR*, Rn. 116.

[1644] EPPING, V. *GR*, Rn. 116.

[1645] DIETLEIN, J. *Schutzpflichten*, p. 112ss.

[1646] ISENSEE, J. *Abwehrrecht*, Rn. 106, defendendo que o escalonamento a partir de uma espécie de prognose de danos não pode ser efetuada de maneira geral no marco da hipótese de incidência; UNRUH, P. *Dogmatik*, p. 77s.

[1647] ISENSEE, J. *Sicherheit*, p. 37.

pio, apenas uma ameaça ou risco concreto a um bem protegido pode despertar os deveres de proteção.[1648] A solução parece residir na determinação de elementos que justifiquem a necessidade de fundamentação de deveres de proteção efetivos, ciente de que nem mesmo os deveres de proteção do Estado devem ser vistos como uma espécie de panaceia para a solução de todas as controvérsias privadas.[1649] É por essa razão que o legislador pode prever medidas pontuais[1650] de cunho preventivo ou repressivo, para cuja finalidade cinco critérios básicos foram formulados.[1651]

O primeiro critério é o da relevância do bem jurídico protegido que resta ameaçado. Quanto maior sua relevância, maior deve ser a atenção do Estado destinada à sua proteção. O segundo critério é o da intensidade do perigo a que esse bem está sujeito, de modo que quanto maior for esse perigo, maior é a necessidade de o Estado intervir de forma protetiva. O terceiro critério diz respeito aos meios possíveis de defesa, aspecto que toca à atuação subsidiária do Estado. Quanto mais o particular esteja em condições de se autodefender, vale dizer, fazer frente a esses riscos, menor deverá ser a atuação protetiva do Estado. O quarto critério diz respeito aos prejuízos jurídicos que a intervenção estatal provoca na esfera tanto de quem viola quanto daquele que sofre a violação de direitos, situação em que uma atitude de ponderação de bens focada na constituição não pode ser desconsiderada. O quinto critério por fim toca ao número de potenciais vítimas dos danos provocados pela conduta que encerra potencial lesão aos direitos fundamentais.

Não é difícil perceber que todos esses critérios assumem relevo em face dos contratos de consumo, considerando a natureza desse tipo de relação e as carências específicas do consumidor. O último deles todavia requer atenção especial. Parte da doutrina sustenta que a questão do número de potenciais vítimas não possui relevância frente à averiguação da possibilidade de ocorrência de um resultado prejudicial.[1652] Entretanto, uma atitude mais comedida tende a levar em conta que um alto número de potenciais atingidos requer sim uma consideração particular por parte do Estado. Tal é o caso, por exemplo, de contratos de empréstimos consignados em folha de pagamento voltados ao consumo de bens e serviços, disponíveis à quase totalidade do corpo de funcionários públicos ou aposentados, que, nos últimos anos têm se mostrado com uma das práticas mais nocivas aos interesses dessas classes, merecedora, portanto, de atenção diferenciada por parte do Estado. Da mesma forma, a própria noção de consumidor, característica comum aos cidadãos em geral, dá conta dessa realidade, em que a questão do superendividamento[1653] deve ser encarada como uma preocupação constante por parte dos poderes públicos.

Cumpre ressaltar ainda que na análise da ativação dos deveres de proteção estatal em contratos privados, inclusive nos de consumo, três características encontram destaque na

---

[1648] KRINGS, G. *Grund*, p. 370.

[1649] LANGNER, T. *Problematik*, p. 244.

[1650] ISENSEE, J. *Sicherheit*, p. 37.

[1651] Inspirados em parte em ISENSEE, J. *Sicherheit*, p. 37.

[1652] KRINGS, G. *Grund*, p. 370, muito embora reconheça o que de certa forma se mostra até mesmo contraditório com a posição defendida pelo autor, que o chamado "risco coletivo" pode restringir a discricionariedade estatal na escolha da medida de proteção e da determinação do nível de proteção.

[1653] Sobre o tema, v. CAVALLAZZI, R. L. *Superendividado*, p. 384ss.

doutrina: uma previsibilidade defeituosa dos efeitos futuros do contrato; semelhança da atuação a um ato ilícito; e por fim uma situação de desequilíbrio contratual.[1654]

Essas características aliam-se por sua vez a pelo menos três pressupostos relacionados com a ativação dos deveres de proteção estatal. O primeiro deles é o fato de que a ausência de previsibilidade das consequências desvantajosas do contrato exclui a autodeterminação da parte,[1655] o que ficou evidenciado particularmente na análise do caso das fianças.[1656] De fato, se a parte não tiver uma noção clara daquilo que ela está contratando, bem como dos riscos da contratação, situação que engloba os direitos e deveres das partes contratantes, não há como se falar em autodeterminação, pois a parte não domina a situação real a que se está vinculando. Ingressa-se aqui no campo dos deveres de informação contratual,[1657] típico das normas de direito do consumidor,[1658] expressão dos deveres de proteção do Estado.

O segundo pressuposto diz respeito à natureza do ato em questão. O direito ao livre desenvolvimento da personalidade protege o particular contra a submissão a determinações alheias e com isso a uma obrigação de celebrar um determinado contrato em vertos termos. Nesse sentido, não se cogita a falta de ativação de um dever de proteção estatal quando se constata que o contrato, inclusive de consumo, se baseou em uma decisão autônoma no sentido completo do termo, vale dizer, presentes os subsídios para a tomada de uma decisão segura.[1659] De modo contrário, todo ato que implicar casos de fraude ou simulação, ameaça, supressa contratual inexigível para parte ou até mesmo de objeto ilícito ou contrário aos bons costumes serve para ativar os deveres de proteção do Estado no curso da vida contratual.[1660]

O terceiro pressuposto por fim diz respeito à questão do desequilíbrio contratual. Aqui, a questão maior a ser depurada é se uma situação de desequilíbrio, no sentido de acúmulo de poder em um dos polos da relação, pode ou não ativar os deveres de proteção estatal. Sempre que o poder for empregado para diminuir a capacidade de autodeterminação da parte mais fraca, deveres de proteção têm que ser ativados. Na dúvida, a questão da disparidade contratual ganha espaço como critério para a justiça do resultado do contrato.[1661] Fundamental, entretanto, é ter-se em mente que existem tanto situações de desigualdade de forças com resultados aceitáveis para as partes quanto com resultados inexigíveis.[1662] Tudo dependerá da análise do caso concreto e da constatação da medida da influência do poder privado para o resultado da contratação, situação que a propósito ficou bem evidenciada no caso *Blinkfüer*.[1663]

[1654] KRINGS, G. *Grund*, p. 343ss, citando os termos *mangelnden Vorhersehbarkeit, Deliktsähnlichkeit* e *Ungleichgewichtslagen*.

[1655] KRINGS, G. *Grund*, p. 345.

[1656] BVerfGE 89, 214.

[1657] MARQUES, C. *Boa-fé*, p. 215ss.

[1658] Arts. 4º, IV; 6º, III; 30, 36, parágrafo único; 37, § 1º; 38; 55, § 1º; 66, CDC.

[1659] KRINGS, G. *Grund*, p. 346.

[1660] KRINGS, G. *Grund*, p. 346.

[1661] KRINGS, G. *Grund*, p. 348.

[1662] WIEDEMANN, H. *Verfassungsrecht*, p. 695ss; KRINGS, G. *Grund*, p. 348.

[1663] BVerfGE 25, 256.

Anote-se finalmente que por razões ligadas tanto à segurança jurídica quanto à unidade do ordenamento jurídico, não se deve subtrair de todo o plano do direito contratual sua fundamentação jurídico-constitucional. Contudo, uma restrição do alcance jurídico do conteúdo de uma declaração de vontades jurídico-civil com base em direitos fundamentais, recorrendo-se ao dever de proteção do Estado, é uma questão que deve ser tratada com muita cautela e não de modo indiscriminado. Apenas os bens jurídicos de natureza jusfundamental, cuja fruição não foi devidamente estendida a seus titulares de direito, é que se mostram adequados à efetivação de tais restrições.[1664] Cabe referir ainda que sendo matéria de prova, o exame dessa questão tente a ficar dificultado, senão por vezes impossibilitado, em sede de jurisdição constitucional. Diantes das controvérsias envolvendo negócios privados suspeitos de violarem direitos fundamentais, cabe à jurisdição constitucional essencialmente a tarefa de verificar se as instâncias ordinárias levaram em conta o significado dos direitos fundamentais incidentes na relação, em particular do direito ao livre desenvolvimento da personalidade, que informa a autodeterminação pessoal do contratante. Faltando essa consideração ou ela se mostrando insuficiente do ponto de vista da proteção conferida por esse direito pela constituição, intervém o tribunal constitucional na acepção de um dever de proteção jurídico-constitucional.

Extrai-se dessas considerações que, em matéria de contratos privados e particularmente de contratos de consumo, o ponto de passagem a partir dos quais os deveres de proteção têm que ser ativados pode ser centrado nas situações nas quais a atuação de um sujeito privado se dá de forma a impedir o livre desenvolvimento da personalidade da parte mais fraca na relação. Nesse sentido, quanto maior for o estreitamento do espaço de liberdade provocado pela ação de terceiros, maior deve ser a resposta dada pelo Estado no que diz respeito à restauração da liberdade. Da mesma forma, quanto maior for a repetição de lesões a direitos fundamentais, tanto mais energicamente os deveres de proteção devem se fazer presentes. Importa aqui que o dever de proteção do Estado seja levado tão mais a sério quanto maior for a hierarquia (concreta) do bem jurídico colocado em questão, sob a perspectiva da ordem de valores da constituição.[1665] Por via análoga, quanto menor for a incidência de tais circunstâncias, menor será o grau de exigência perante o Estado no sentido de ativar deveres de proteção. Os fenômenos de massa então requerem cuidado especial, dada a maior incidência dos seus efeitos, configurando os contratos de consumo um exemplo típico dessa realidade, sobretudo em face da notória hipossuficiência do consumidor.

3.3.4 A decisão quanto à forma de cumprimento dos deveres de proteção do Estado

Os critérios formulados para avaliar o momento de ativação dos deveres de proteção não resolvem a questão de saber se o juízo de probabilidade é suficiente para evitar que uma ameaça se concretize em lesão efetiva a direito fundamental. Aqui se coloca a questão de saber quem é competente para determinar a forma de cumprimento desses deveres.

[1664] KRINGS, G. *Grund*, p. 345.
[1665] BVerfGE 39, 1 (42).

O ponto de partida para a busca de uma resposta adequada repousa em uma dupla constatação: tudo aquilo que é desconhecido caracteriza-se pela incerteza; ao se reconhecer a existência de um dever de proteção derivado dos direitos fundamentais, nada é dito sobre o "como" esse dever de proteção será operacionalizado, ou seja, sobre quais providencias devem ser tomadas para atender esse dever de proteção.

Diante disso, prevalece o entendimento na doutrina[1666] e na jurisprudência[1667] de que a decisão de "como" um dever de proteção deve ser cumprido é assunto em primeiro lugar do legislador e a partir daí dos órgãos competentes que integram a administração pública. Em matéria de proteção ao consumidor isso não é diferente, considerando-se que linhas diretivas de proteção podem ser moldadas a partir de diferentes concepções de proteção e conceitos isolados.[1668] Importa é que a proteção seja eficaz. Consequentemente, o cumprimento dos deveres de proteção pelos direitos fundamentais é realizado pelo legislador ordinário com uma considerável margem de liberdade de decisão[1669] ou de discricionariedade no marco de sua responsabilidade política[1670] para encontrar medidas que se mostrem apropriadas à defesa dos bens jurídicos dignos de proteção. Significa que cabe ao legislador a responsabilidade de avaliar os perigos que incidem sobre os bens jurídicos a serem tutelados e de colocar à disposição um instrumental suficiente para sua respectiva proteção.[1671] Dois pontos de destaque surgem nessa concepção. O primeiro é que esse espaço de discricionariedade não é ilimitado, haja vista que determinado jurídico-constitucionalmente, de modo que a totalidade das medidas – e não uma medida isoladamente considerada – tem que ser adequada a fim de garantir proteção fática aos bens em questão.[1672] O segundo é que, para que essa discussão não seja desviada do ponto central, se deve ter em mente que determinante aqui são as regras de competência da constituição e não os direitos fundamentais propriamente ditos.[1673]

Não se nega que a perspectiva ora apontada também não é de fácil equacionamento, começando pela dificuldade em se obter uma definição precisa relacionada com a obrigação assumida pelo Estado, bem assim com a delimitação do seu efetivo alcance.[1674] Ademais, ela provoca de certa maneira a discussão em torno da existência de um Estado jurisdicional.[1675] Note-se que a pergunta em torno de quem decide em última análise sobre a existência de um dever de proteção e sobre as medidas legislativas que a partir daí são ordenadas nos casos de colisão de posições jurídico-fundamentais não é respondida ape-

---

[1666] DREIER, H. *GG Kommentar* (Vorb. Art. 1), Rn. 102; HERMES, G. *GR*, p. 201; HESSE, K. *Grundzüge*, Rn. 350; ISENSEE, J. *Sicherheit*, p. 38ss; OETER, S. *DW*, p. 537s; PIEROTH, B; SCHLINK, B. *GR*, 25 Auf., Rn. 113; STARCK, C. *Schutzpflichten*, p. 67; STERN, K. *Staatsrecht III/1*, p. 951s; UNRUH, P. *Dogmatik*, p. 23.

[1667] BVerfGE 39, 1 (44); 46, 160 (164); 49, 89 (141s); 56, 54 (80); 77, 170 (214); 88, 203 (254); 92, 26 (46); 97, 169 (176); 115, 118 (159).

[1668] MÜLLER-GRAFF, P. *Gemeinschaftsrecht*, p. 19.

[1669] PIEROTH, B; SCHLINK, B. *GR*, 25 Auf., Rn. 113.

[1670] ISENSEE, J. *Sicherheit*, p. 38s; NEUNER, J. *Entwicklung*, p. 175.

[1671] ISENSEE, J. *Sicherheit*, p. 40.

[1672] ISENSEE, J. *Sicherheit*, p. 39s.

[1673] NEUNER, J. *Entwicklung*, p. 175.

[1674] UBILLOS, J. *Eficacia*, p. 285.

[1675] NEUNER, J. *Entwicklung*, p. 175.

nas em um único aspecto. Isso porque um direito isolado à última decisão nesse sentido não é atribuído ao legislador, tampouco ao tribunal constitucional.[1676] Se por um lado a decisão em torno de deveres de proteção é assunto em princípio do legislador, conforme afirma o próprio BVerfG, por outro lado as decisões tomadas pelo legislador no âmbito da configuração de direitos fundamentais se submetem ao exame do tribunal constitucional.[1677] Nesse marco, sustenta-se que, com base na própria delimitação de competências da constituição, a configuração política é tarefa da legislação, enquanto o controle jurídico--constitucional é tarefa do tribunal constitucional.[1678]

Nessa direção, a abertura dos critérios proporcionados pelos direitos fundamentais para o preenchimento dos deveres de proteção, aliada à pluralidade de possibilidades de ação pelos órgãos estatais, aponta para o fato de que uma decisão que frequentemente exige compromissos só pode ser examinada por regra em medida limitada pelo tribunal constitucional.[1679] Isso se deve, ademais, à circunstância de que determinadas exigências quanto à forma e à medida da proteção não se deixam extrair da constituição[1680], pois seu texto não contém uma regra específica quanto à escolha dos meios necessários para tanto.[1681] Dito de outro modo, a constituição não prescreve explicitamente aos órgãos estatais o modo pelo qual os deveres de proteção devem ser cumpridos ou levados a efeito. Ela concede ao legislador a possibilidade de eleger meios adequados para tanto, nos quais uma pluralidade de possibilidades costuma se mostrar à disposição.[1682] Trata-se do reconhecimento de que diferentes soluções são possíveis de acordo com a avaliação das relações fáticas, o concreto estabelecimento de objetivos e sua prioridade, assim como a aptidão dos meios e caminhos cogitados para tanto.[1683] Em princípio, todas as formas constitucionais de atuação estatal podem ser colocadas a serviço da proteção, sejam elas preventivas ou repressivas,[1684] abrangendo a imposição de penalidades, intervenções em direitos e até mesmo assistência social.[1685] O BVerfG inclina sua jurisprudência no sentido de postular uma primazia da prevenção em relação à repressão,[1686] sendo que em determinados casos já se reconheceu que a liberdade na escolha dos meios para a proteção se pode limitar à escolha de um meio específico quando uma proteção efetiva não puder ser alcançada por outras maneiras.[1687]

Esse limite de exame depende do significado e da hierarquia dos bens jurídicos em jogo,[1688] da intensidade e proximidade da ameaça considerando-se a respectiva probabili-

---

[1676] HESSE, K. *Kontrolle*, p. 553.

[1677] HESSE, K. *Kontrolle*, p. 553.

[1678] HESSE, K. *Kontrolle*, p. 553.

[1679] BVerfGE 46, 160 (164); 56, 54 (81); 77, 170 (215); 92, 26 (46).

[1680] BVerfGE 92, 26 (46).

[1681] HESSE, K. *Kontrolle*, p. 555.

[1682] ISENSEE, J. *Sicherheit*, p. 38.

[1683] BVerfGE 56, 54 (81).

[1684] NEUNER, J. *BGB e LF*, p. 261; STARCK, C. Schutz, p. 817ss. EN, v. SARLET, I. *DF*, p. 126s. Na jurisprudência, v. BVerfGE 88, 203 (261).

[1685] ISENSEE, J. *Sicherheit*, p. 39.

[1686] BVerfGE 30, 336 (350); 39, 1 (44).

[1687] BVerfGE 46, 160 (164s)

[1688] BVerfGE 46, 160 (164); 49, 89 (142); 50, 290 (333); 56, 54 (81); 77, 170 (215); 88, 203 (254).

dade de dano,[1689] bem como a existência de regulamentações incidentes,[1690] assim como de bens jurídicos que porventura entrem em rota de colisão.[1691] Em conexão com esses elementos, a concretização dos deveres de proteção e a escolha dos métodos e meios empregados para efetivá-lo também devem levar em consideração o estágio da eficácia propiciada pelas medidas protetivas possíveis, os custos necessários à sua implementação e por fim o pensamento da subsidiariedade da proteção estatal,[1692] ou seja, deve levar em conta o grau da participação estatal e dos interesses privados envolvidos no caso concreto.[1693]

A questão da subsidiariedade informa que a possibilidade de autoajuda pelo particular impõe um limite à exigibilidade de deveres de proteção do Estado.[1694] Significa que a incumbência de proteção do Estado de aprimorar a autonomia privada com um pensamento social não pode conduzir a uma tutela estatal extrema, que não permita ao indivíduo atuar autonomamente.[1695] Isso acabaria por conduzir ao desabamento da estrutura fundamental do direito privado até hoje vigente, baseada no pensamento de autodeterminação e responsabilidade.[1696] O ponto que une o princípio da subsidiariedade aos deveres de proteção estatal é uma lógica imanente comum, de que ambos se baseiam no asseguramento da liberdade individual de um titular de direitos fundamentais.[1697] Quanto menor for a possibilidade de autoajuda do particular, maior tende a ser a intensidade do mandamento de proteção do Estado e vice-versa.[1698]

Assim, o pensamento da subsidiariedade da proteção estatal visa a combater a prática de uma atividade paternalista por parte do Estado, incentivando por seu turno a iniciativa do particular na busca de seu livre desenvolvimento. É claro que essa ideia pressupõe um nível de organização e de aparelhamento estatais mínimo, capaz de garantir uma proteção adequada quando ela se faz necessária. Nota-se aqui um objetivo de integração do Estado nas atividades da coletividade e do próprio indivíduo na sociedade, que mais uma vez pode ser conduzido às ideias de integração de Rudolf Smend.[1699] Nessa conexão, é importante destacar que a ideia da subsidiariedade não se confunde com a de um Estado omisso. O interesse de um Estado que protege os direitos fundamentais dos seus cidadãos não pode ser o de se tornar inativo frente a situações de perigo essenciais, incitando os cidadãos assim a organizarem sua proteção independentemente do Estado e da ordem jurídica. O que se preconiza é uma atuação conjunta dos sujeitos privados com a as posições estatais. O Estado não coloca à disposição um "produto de proteção" pronto (*fertiges*

[1689] BVerfGE 49, 89 (142); 53, 30 (57).

[1690] BVerfGE 49, 89 (142).

[1691] BVerfGE 88, 203 (254).

[1692] HERMES, G. *GR*, p. 245; KRINGS, G. *Grund*, p. 372; SPIEß, G. *Inhaltskontrolle*, p. 1.229; ZÖLLNER, W. *Rolle*, p. 336,.

[1693] PIEROTH, B; SCHLINK, B. *GR*, 25 Auf., Rn. 113.

[1694] HERMES, G. *GR*, p. 245.

[1695] SPIEß, G. *Inhaltskontrolle*, p. 1.229.

[1696] ZÖLLNER, W. *Rolle*, p. 336; SPIEß, G. *Inhaltskontrolle*, p. 1.229.

[1697] KRINGS, G. *Grund*, p. 278.

[1698] KRINGS, G. *Grund*, p. 278.

[1699] SMEND, R. *Verfassung*, p. 189ss.

Schutzprodukt), mas sim instrumentos com os quais os particulares se podem proteger eficazmente. E o mais importante desses instrumentos na acepção da doutrina é o direito civil e sua imposição pelos tribunais organizados. É justamente esse jogo conjunto entre esforços privados e iniciativa com meios e disposições estatais,que têm primazia em relação a uma atuação originária e exclusiva do Estado.[1700]

Todas as considerações até aqui apresentadas confirmam que em matéria de deveres de proteção a exigência que se faz do Estado não é de uma proteção ótima ou máxima, mas de uma proteção eficaz. Para além disso, decisivo é que o emprego dos meios eleitos pelo Estado estejam em harmonia com a constituição.[1701] Para a delimitação dos limites impõe-se então que o tribunal constitucional evite se inserir em controvérsias marcadas por detalhamentos, reservando sua margem de atuação para questões que se mostrem verdadeiramente essenciais como, por exemplo, a garantia efetiva de direitos fundamentais.

A conclusão que se faz necessária é que se exclui nessa perspectiva um severo controle jurídico-constitucional (ou de conteúdo pleno) da escolha dos meios pelos quais o legislador chega ao cumprimento do seu dever de proteção.[1702] A partir do momento em que existe uma decisão legislativa com uma determinada intensidade de proteção não é dado aos tribunais substituir conceitos de proteção legais supostamente deficitários pelos seus próprios.[1703] Entretanto, isso não significa que um meio eleito pelo legislador possa passar por cima de direitos fundamentais protegidos, o que conecta a relação entre deveres de proteção e proporcionalidade. Significa apenas que a forma pela qual um dever de proteção será exercido deve ser eleita pelo legislador, não pela jurisdição constitucional, que se limita a declarar a incompatibilidade de um determinado meio na hipótese em que esse contrarie de modo inequívoco as próprias garantias fundamentais da constituição.

Nessa perspectiva, há quem sustente que em matéria de configuração de deveres de proteção há que se aceitar que a intensidade de exame praticado pelo tribunal constitucional se reveste na forma de um controle representatividade (*Vertretbarkeitskontrolle*) e de evidência (*Evidenzkontrolle*), o que afasta a prática de um controle rígido, capaz de suprimir prerrogativas constitucionais atribuídas ao próprio legislador.[1704] Trata-se aqui de um nível de exame de menor intensidade em relação àquele praticado frente à função dos direitos fundamentais como direitos de defesa.[1705] Nesse marco, o tribunal constitucional examina se a valoração levada a cabo pelo legislador representa os valores contidos na constituição,[1706] atividade que por si só é difícil de ser conduzida em face da complexa conexão argumentativa entre os deveres de proteção e a ordem de valores.[1707]

[1700] KRINGS, G. *Grund*, p. 279, destacando que o pensamento condutor da subsidiariedade da proteção estatal perante a autoproteção do atingido não é o recuo do Estado dos mais variados âmbitos da sociedade ameaçados.

[1701] BVerfGE 115, 118 (160).

[1702] HESSE, K. *Kontrolle*, p. 555ss.

[1703] RUFFERT, M. *Vorrang*, p. 553.

[1704] HESSE, K. *Kontrolle*, p. 557; EPPING, V. *GR*, Rn. 332.

[1705] PIETZCKER, J. *DW*, p. 360; EPPING, V. *GR*, Rn. 332.

[1706] BVerfGE 17, 210 (217); 35, 79 (114).

[1707] IPSEN, J. *Staatsrecht*, Rn. 89.

É um aspecto que acaba por tocar nos sensíveis limites jurídico-funcionais da jurisdição constitucional,[1708] cuja barreira exterior será sempre o mandamento de proteção da dignidade humana.[1709]

Na prática, esse controle de evidência informa que cabe ao tribunal constitucional examinar se fatores essenciais como a forma e a intensidade da violação a um direito fundamental foram levados em consideração pelo legislador ou não. Desse modo, apenas uma valoração evidentemente defeituosa, aqui compreendida como aquelas medidas que se mostrem totalmente inadequadas, amplamente inacessíveis ou insuficientes à obtenção da meta de proteção ordenado,[1710] deve ser objeto de intervenção pelo tribunal constitucional, por não se mostrarem suficientes à luz da obrigação estatal de levar a cabo um dever de proteção.[1711] Esse ponto de vista é justificado pela seguinte assertiva: à medida que a realização dessa proteção é confiada ao legislador democrático, essa confiança não repousa em mãos indevidas; controle é bom, mas melhor é a confiança no processo democrático.[1712] Assim, controle e confiança no processo democrático devem andar de mãos dadas, sem que um acabe por abafar o outro. Isso só é obtido quando o tribunal constitucional tem a noção de que sua atuação não pode remover o espaço de atuação do legislador.

Está-se aqui diante de um aspecto que remete à ideia frequentemente vaga de que o legislador é obrigado a garantir um "nível de proteção suficiente".[1713] Por mais que se questione a necessidade de um dever de aperfeiçoamento do legislador, esse não se mostra como um problema diário da atividade legislativa. Assim, nuances em torno de probabilidades não justificam uma atuação ampla do tribunal constitucional para o controle dos meios eleitos pelo legislador para atingir uma determinada finalidade de caráter protetivo, não justificando, portanto, que juízes venham a decidir como o parlamento.[1714] Para afastar a intervenção do tribunal constitucional, importa sobretudo que a avaliação política levada a efeito pelo legislador se mostre plausível e justificável diante de eventual controle legislativo;[1715] para atrair essa intervenção, importa que as incorreções da decisão legislativa se mostrem claramente incompatíveis com a constituição.[1716]

Na hipótese de as prognoses levadas a efeito pelo legislador se mostrarem equivocadas ou distantes da realidade, seja por um erro de avaliação, seja por uma mudança decisiva da realidade fática, toca ao legislador uma atitude corretiva no sentido de melhorar suas regulamentações, a fim de que elas sejam trazidas a uma nova posição.[1717] Aqui prevalece o entendimento de que se deve exigir do legislador, à vista de seu dever de proteção, que sejam excluídos os riscos significativos aos direitos fundamentais. Assim, se o legislador tomou

---

[1708] HEUN, W. *Schranken*, p. 12ss.
[1709] BVerfGE 115, 118 (152).
[1710] BVerfGE 77, 170 (215); 92, 26 (46).
[1711] HESSE, K. *Kontrolle*, p. 555.
[1712] HESSE, K. *Kontrolle*, p. 557.
[1713] MÖSTL, M. *Probleme*, p. 1.036.
[1714] HESSE, K. *Kontrolle*, p. 555.
[1715] ISENSEE, J. *Sicherheit*, p. 40.
[1716] HESSE, K. *Kontrolle*, p. 556.
[1717] ISENSEE, J. *Sicherheit*, p. 40.

uma decisão cujo fundamento é questionado por meio de novos desenvolvimentos ainda não previsíveis ao tempo da promulgação da lei, ele pode ser compelido pela constituição a reexaminar sua decisão original, com vistas a verificar se essa também deve ser mantida sob novas circunstâncias.[1718] Nesse sentido, os direitos fundamentais produzem para o Estado não apenas um efeito limitador, mas também intimador (*Aufforderungswirkung*), estabelecendo deveres de proteção estatal para a liberdade por eles garantida, em que esta se encontre ameaçada por terceiros ou não for realmente utilizável sem medidas estatais.[1719]

O quadro ora delineado demonstra que os limites de atuação da jurisdição constitucional em relação ao exercício de competências legislativas são revelados em parte pela própria natureza dos deveres de proteção, que deve levar em conta o significado e o alcance dos direitos fundamentais envolvidos. Esses limites não se deixam revelar abstratamente, visto que em última análise dependerão sempre de uma contemplação fática. O que se deixa afirmar é que o cenário a ser buscado é o que percebe os deveres de proteção jurídico-fundamentais como tarefa primária do legislador, submetida a um exame jurídico-constitucional limitado. Isso pode ser suportado pela constituição sem perder seu caráter de ordem jurídico-fundamental da coletividade.[1720]

3.3.5 A proteção da pessoa contra si mesma

Em matéria de contratos privados, como é o caso dos contratos de consumo, comum é se questionar em que medida o Estado tem o dever de proteger a pessoa contra danos provocados por sua própria conduta, aspecto que também diz respeito à responsabilidade frente à assunção de negócios jurídicos. Nessa perspectiva, coloca-se a questão se os deveres de proteção devem ser ativados em face de danos provocados pela pessoa dentro de sua margem de autorresponsabilidade. Essa questão abrange duas situações distintas, tanto os casos de danos efetivos provocados pela pessoa contra si mesma quanto os casos em que a conduta eleita pela pessoa representa risco a seu patrimônio protegido nas mais diferentes áreas. Indaga-se aqui se em ambos os casos os deveres de proteção do Estado têm que ser ou não ativados. Colocar essa questão requer uma análise que perpassa o âmbito negocial propriamente dito e toca considerações inerentes à garantia da dignidade e do livre desenvolvimento da personalidade do particular. O que se busca em última instância é a formulação de critérios no sentido de avaliar a intensidade da proteção devida pelo Estado frente à conduta do próprio particular, critérios estes passíveis de serem empregados frente a situações típicas de consumo.

O ponto de partida para solucionar o problema passa pelo rechaço de posições extremadas. Admitir que o Estado tem o dever de proteger a pessoa contra si mesma em todas as suas atuações revela-se como algo inviável, pois além de representar uma conduta paternalista, seria algo difícil de ser controlado na prática, já que faltariam elementos objetivos aptos a determinar até que ponto o Estado poderia avançar nessa proteção, ou seja, impor sua vontade diante daquela proferida pelo cidadão. Nesse caso, sob o escudo de uma pro-

---

[1718] BVerfGE 49, 89 (90).

[1719] GRIMM, D. *Verfassung und Politik*, p. 308.

[1720] HESSE, K. *Kontrolle*, p. 557.

teção aparente se poderia facilmente obter um efeito contrário, indesejado pelo próprio Estado, que seria uma limitação da esfera de atuação livre do particular.[1721]

Nessa conexão de elementos, duas posições são referidas pela doutrina. Há quem entenda que a partir da perspectiva dos direitos fundamentais a proteção contra ameaças ou lesões efetivas provenientes do próprio titular se equipara àquela devida em face de outras fontes de ameaças, no sentido tradicional dos deveres de proteção.[1722] Essa seria a razão pela qual, por exemplo, haveria uma pretensão de proteção dirigida àquele que pretende praticar suicídio, amparada no direito fundamental à vida.[1723] O direito à segurança seria em sua existência independente da forma ou da origem da ameaça.[1724] Entretanto, há quem entenda que os deveres de proteção estatal não servem para proteger o titular de direitos fundamentais perante si mesmo, algo que levaria à expressão latina *volenti non fit injuria*.[1725] O fundamento empregado para tanto é que o titular não pode ser coagido ou forçado à prática de uma determinada conduta quando sua vontade livre segue em sentido contrário.[1726] Nesses casos, autoameaças ou autolesões conscientes estariam representadas de forma subsidiária pela liberdade de ação geral garantida pela constituição,[1727] de modo que somente após se constatar um vício na liberdade de decisão concreta é que se poderia cogitar a impossibilidade jurídica da prática de uma conduta lesiva à pessoa por ela mesma. Por trás desse raciocino, está a constatação de que a proteção da pessoa contra si mesma representa uma limitação da liberdade e com isso uma intervenção na área protegida jurídico-constitucionalmente que como tal carece de legitimação constitucional.[1728] Em outras palavras, os deveres de proteção devem terminar onde a proteção estatal da configuração da vida privada do particular é restringida.[1729] Essa segunda forma de avaliar a questão parece ser a que melhor se coaduna com os parâmetros da constituição.

[1721] Exemplos básicos dão conta dessa realidade. Se um esportista pretende praticar um esporte de risco, como paraquedismo, alpinismo, surfe em ondas gigantes etc., poderia o Estado proibi-lo de fazer sob fundamento de um dever de proteção baseado no risco? Da mesma forma, se uma pessoa pretende colocar um ou mais *piercings* ou tatuar a integridade do seu corpo, pode o Estado proibir alegando que se trata de uma violação corporal? Pode o Estado proibir a prática de prostituição por parte de adultos? Por fim, pode o Estado proibir que uma pessoa fume ou que se alimente apenas de alimentos com alto teor de gordura, ciente de que tal prática é nitidamente qualificada como não saudável? Exemplos aqui são infindáveis e os utilizados servem apenas para ilustrar a questão. Em comum têm o fato de aparentemente não justificarem uma ação geral interventiva própria do Estado, sob o fundamento de proteção da pessoa contra ela mesma.

[1722] STERN, K. *Staatsrecht III/1*, p. 736; ROBBERS, G. *Sicherheit*, p. 221s, sustentando a existência de um direito à proteção contra ameaças provenientes da própria pessoa.

[1723] KNEMEYER, F. L. *Schutz*, p. 253. ROBBERS, G. *Sicherheit*, p. 222, aponta a necessidade de proteção da pessoa contra a prática de suicídio por considerar que a pessoa nesses casos não costuma se mostrar apta à formação de vontade livre.

[1724] ROBBERS, G. *Sicherheit*, p. 221.

[1725] HILLGRUBER, C. *Schutz*, p. 147s e 176; ISENSEE, J. *Privatautonomie*, p. 268; que em tradução livre pode significar que "não se faz injúria àquele que a consente". Negando a possibilidade de derivação de uma proteção da pessoa contra si mesma a partir dos deveres de proteção estatal, v. ainda HERMES, G. *GR*, p. 199 e 228ss.

[1726] HERMES, G. *GR*, p. 199 e 228ss, falando nesse caso de uma contradição dos deveres de proteção com o seu próprio sentido; HILLGRUBER, C. *Schutz*, p. 147s, observando por sua vez que isso poderia recair em contradição com o próprio sentido dos direitos fundamentais.

[1727] HILLGRUBER, C. *Schutz*, p. 137.

[1728] HILLGRUBER, C. *Schutz*, p. 148.

[1729] HERMES, G. *GR*, p. 199.

Na jurisprudência, essa questão adquiriu destaque em situações por demais diversas, sendo que os fundamentos empregados na condução do achado jurídico em cada caso contribuem sensivelmente para a compreensão da problemática. Destacam-se aqui as controvérsias conhecidas como "Peep Show"[1730] e "arremesso de anões",[1731] nas quais condutas consideradas voluntárias foram reprimidas por serem consideradas violadoras da dignidade humana ou dos bons costumes, mesmo contando com a anuência dos seus participantes. Casos de alta complexidade são também aqueles que envolvem a liberdade de credo. Aqui assume destaque a polêmica relacionada com a impossibilidade de transfusão de sangue por parte das pessoas ligadas a confissões religiosas que desaprovem essa prática.[1732] Citam-se também os casos em que se discute a possibilidade de o Estado obrigar alguém a viver em

---

[1730] BVerwGE 64, 274; 84, 314 (NVwZ 1990, p. 668ss); BVerfGE 1 BvR 413/86 – 9.7.1986 (NJW 1987, p. 3.246s) (Peep Show). V. RÄDLER, P. *Unverfügbarkeit*, p. 109ss, sustentando em relação ao segundo julgado que o BVerwG pareceu contornar a questão da proteção da pessoa contra si mesma a partir do instante em que afirmou que as normas morais são subtraídas de antemão da disponibilidade do indivíduo (p. 114).

[1731] NVwZ 1993, p. 98ss (*Zwergenweitwurf*). V. RÄDLER, P. *Unverfügbarkeit*, p. 109ss, que faz um interessante paralelo entre essa decisão proferida pelo tribunal alemão e outra proferida pelo Conselho de Estado francês, na data de 27.10.1995, que da mesma forma reconheceu que a prática de eventos dessa natureza viola a dignidade humana dos seus participantes. Rädler aponta que a decisão francesa pode ter sua fundamentação medida à semelhança daquela empregada pela primeira decisão sobre o Peep Show na Alemanha (BVerwGE 64, 274), com o destaque de que a constituição francesa não prevê expressamente a garantia da dignidade humana em seu texto. Ele observa que na França a prática de arremesso de anões foi proibida a partir da cláusula geral de poder de polícia. Nessa conexão, o Conselho de Estado fixou o entendimento de que a proteção da dignidade humana é uma parte integrante da ordem pública, razão pela qual deve ser protegida, de modo que apresentações dessa natureza devem ser proibidas pelas autoridades competentes, pois sua finalidade contraria a dignidade humana, não obstante seus participantes ("anões") se terem disponibilizado deliberadamente a participar mediante pagamento (p. 110). Na acepção de Rädler, pela primeira vez o Conselho de Estado francês reconheceu a proteção da dignidade humana como princípio jurídico vinculativo (a partir da cláusula de poder de polícia). Ele parte então para uma análise comparativa entre as jurisprudências francesa e alemã no que diz respeito à violação da dignidade humana por meio de atividades privadas. 1. O tratamento de uma pessoa como "projétil" situa-se próximo da concepção desenvolvida pelo BVerfG na chamada "fórmula objeto" [BVerfG 27, 1 (6); 50, 166 (175), com amparo na doutrina de Günter Dürig]; 2. As pessoas que se colocaram à disposição para a prática do arremesso eram anunciadas como portadoras de deficiência física e é exatamente essa deficiência que torna possível que cada pessoa venha a ser tratada como "projétil" ou objeto de arremesso. Para Rädler, a apreciação judicial dessa matéria, sobretudo ao separá-la de espetáculos circenses ou com caráter artístico, esportivo, acrobático ou semelhante, revelou que determinante para a constatação de uma violação à dignidade humana não é preponderantemente a atuação avaliada em si, mas a motivação da prática dessa atuação (p. 112). Nessa conexão, ele fundamenta especialmente a partir da perspectiva francesa que a classificação da dignidade humana como parte integrante da ordem pública fundamenta um dever de atuação protetiva do indivíduo para as autoridades, que se coloca ao lado da proibição de violação da própria dignidade (p. 113). De acordo com essa perspectiva, no caso de um conflito entre os lados jurídico-subjetivo e objetivo da dignidade, a disponibilidade individual recuaria frente ao princípio constitucional da garantia da dignidade, ou seja, sua garantia objetiva, razão pela qual o consentimento dos "anões" na participação do evento onde eram arremessados se mostra como sem significado jurídico elevado (p. 114).

[1732] BVerfGE 32, 98 (*Gesundbeter*), em que se mensurou o efeito de irradiação do direito fundamental à liberdade religiosa diante da previsão jurídico-penal de punição frente à omissão de socorro, reconhecendo-se no caso concreto sua prevalência e afastando-se por conseguinte a responsabilização penal decorrente. Cumpre ressaltar, contudo, que nem sempre o BVerfG reconhece o direito de liberdade de credo como meio apto a afastar obrigações legalmente estabelecidas. V. a decisão BVerfG 23, 127 (LS 2), conhecida como "Testemunho de Jeová", em que o BVerfG afirmou que o direito fundamental à liberdade de credo não autoriza seu titular a se eximir do cumprimento de serviço civil em alternativa ao serviço militar, decisão que foi tomada em consonância com o Abs. 2 d art. 12a da LF, que prevê tal possibilidade. V. ainda BVerfGE 19, 135.

um abrigo,[1733] em instituições voltadas ao cuidado da saúde mental[1734] ou ainda quanto à possibilidade de se sujeitar à cirurgia de mudança de sexo.[1735] No que diz respeito à questão da proteção da pessoa contra si mesma, quando confrontada com a liberdade de ação geral, há que se observar a fundamentação esgrimida pelo BVerfG na chamada decisão *Cannabis*, ocasião em que o BVerfG analisou se a proibição do consumo de produtos à base de *cannabis* viola o direito de livre desenvolvimento da personalidade do cidadão.[1736]

A detalhada descrição desses casos se justifica para que parâmetros possam ser encontrados na busca da legitimação da atuação estatal para proteger a pessoa contra si mesma, em que se verifica uma espécie de similitude em relação às considerações que normalmente são tecidas diante da possibilidade de renúncia ao exercício de direitos fundamentais.[1737] Esses parâmetros repousam em três posições básicas: garantia da dignidade humana, existência de autonomia plena do particular e preservação de direitos de terceiros.

[1733] BVerfGE 22, 180. Trata-se de um caso que reconheceu que a obrigação derivada de medida estatal de abrigar um adulto em um lar que não sirva nem à proteção da coletividade nem à do próprio atingido, mas exclusivamente ao seu "aperfeiçoamento", mostra-se inconstitucional (BVerfGE LS 5). O BVerfG fundamentou sua posição no sentido de que o Estado não tem a tarefa de "aperfeiçoar" o cidadão, de modo que não possui o direito de subtrair a liberdade do particular apenas para isso nos casos em que a manutenção da liberdade não imponha risco a si mesmo ou aos demais. Assim, a mera finalidade de aperfeiçoamento de um adulto não basta como motivo relevante para a subtração de sua liberdade pessoal, sob pena de as medidas daí decorrentes ferirem o direito fundamental de liberdade pessoal em seu conteúdo essencial (fls. 119s). V. ainda como caso semelhante BVerfGE 30, 47 (NJW 1971, p. 419ss).

[1734] BVerfGE 58, 208, ocasião em que o tribunal assentou que o direito fundamental à liberdade da pessoa não resta ferido quando uma medida estatal prevê o alojamento (em instituição fechada) de pessoas com determinadas perturbações psíquicas, desde que a medida persiga exclusivamente a finalidade de proteger o doente contra si mesmo, em atenção ao seu bem-estar, restando como pressuposto a comprovação de que a saúde da pessoa reste em perigo no caso concreto, se não for recolhida a tais instituições (LS 3). Nessa mesma decisão, o tribunal ponderou que sob o domínio da constituição toda a pessoa é em princípio livre para recusar ajuda, desde que por meio dessa recusa bens jurídicos de terceiros ou da coletividade não venham a ser afetados. Assim, apenas quando interesses de grande significado relativos ao bem comum, que são expressos na forma de limites gerais impostos à liberdade de ação geral, colidirem com a vontade do particular é que essa vontade tem que recuar. A observação interessante feita pelo BVerfG foi de que o peso a ser conferido à pretensão de vontade do particular diante do bem comum não pode deixar de considerar as possibilidades fáticas das carências de cuidado da pessoa. Isso porque em face de doenças psíquicas é comum que a capacidade de autodeterminação da pessoa venha a ser afetada em medida considerável, situação que legitima o Estado à prática de intervenções frequentes, mesmo contra a vontade (aparente) da pessoa (fl. 225).

[1735] BVerfGE 60, 123, ocasião em que o tribunal reconheceu a inconstitucionalidade de uma regulamentação normativa que impunha um limite de idade (de 25 anos) para a prática das chamadas cirurgias de mudança de sexo para pacientes transexuais. O fundamento empregado baseou-se em questões ligadas ao princípio da igualdade em relação a regulamentações semelhantes para outros casos. No que interesse à questão da proteção da pessoa, o BVerfG reconheceu que a constituição dispõe o âmbito sexual como parte da esfera privada do indivíduo, este que goza da proteção do direito fundamental ao livre desenvolvimento da personalidade em conexão com a proteção da dignidade humana, de modo que limitações nesse âmbito são incompatíveis com a constituição (fl. 134). Contudo, e aqui reside o aspecto de proteção à pessoa, o tribunal assentou que o legislador está autorizado pela constituição a editar regulamentações normativas que intervenham no direito de livre desenvolvimento da personalidade nas situações em que essas regulamentações tenham por objetivo impedir que o atingido pela restrição produza danos pessoais significativos contra si mesmo (fl. 132).

[1736] BVerfGE 90, 145.

[1737] V., do, FRIEß, K. *Verzicht*, p. 124s; DREIER, H. *GG Kommentar* (Vorb. Art. 1), Rn. 130ss; STURM, G. *Verzicht*, p. 198ss; ROBBERS, G. *Grundrechtsverzicht*, p. 927ss; PIETZCKER, J. *Rechtsfigur*, p. 540ss; HERING, C. J. *Verzicht*, p. 517ss; BLECKMANN, A. *Staatsrecht*, p. 494ss. EN, v. ADAMY, P. *Renúncia*, p. 59ss.

O primeiro critério de exame é a garantia da dignidade humana. Sempre que se verifique que uma conduta praticada pelo próprio particular viola inegável e substancialmente sua própria dignidade, o Estado tem o dever de intervir. Portanto, quanto maior for a violação à dignidade pessoal pela ação do indivíduo, maior é o dever de atenção do Estado, a fim de que essa dignidade não seja violada. Entra em consideração aqui a questão da irreparabilidade da lesão provocada pela pessoa contra si mesma. Todavia, a intervenção encontra fundamento indireto na preservação da dignidade. Isso porque ela se baseia no pressuposto antes referido, qual seja, a questão do autodiscernimento do particular, haja vista que é difícil conceber uma pessoa em sãs condições optando por ferir sua própria dignidade.

Frente a atuações de caráter eminentemente privado – e aqui se demonstra a conexão dessa análise com a questão da eficácia horizontal e dos deveres de proteção –, em oposição a intervenções estatais em direitos subjetivos, a questão da violação da dignidade humana é avaliada pela jurisprudência em primeira linha a partir da motivação e da imposição de finalidade da atuação, em vez do prisma de critérios voltados às relações objetivas. Decisivo aqui não é apenas o desenrolar fático da atuação, mas também a atuação em seu contexto social e intrapessoal.[1738] Somente em casos extremos, que saem da esfera de normalidade, é que se pode cogitar uma intervenção estatal de caráter excepcional focada primeiramente na dignidade humana. Desse modo, a intervenção do Estado pode assumir variantes diversas, conforme o caso, desde que voltada à preservação efetiva da dignidade em respeito à liberdade de ação geral. Nesse sentido, a intervenção não ocorre necessariamente por medidas proibitivas, de caráter geral, visto que há a alternativa de medidas explicativas, que não venham a impedir a prática da conduta considerada lesiva, mas que visem à desaconselhar veementemente tal prática.

Essa constatação abre caminho para o segundo critério de exame, que cuida de saber se a conduta que implica dano à própria pessoa se traduz em uma forma de livre desenvolvimento da personalidade. Como é de se esperar, haverá nesse prisma casos fáceis e outros difíceis. Na hipótese do suicídio parece elementar que não se trata de uma forma de desenvolvimento da personalidade.[1739] Mas em outros casos, como o chamado "Peep Show" ou de hábitos diversos nocivos à saúde, mais característicos das situações de consumo, a questão adquire traços de complexidade mais elevados. Ocorre que o direito fundamental ao livre desenvolvimento da personalidade garante o direito à vida e não sobre a vida, ou seja, sobre o modo mediante a qual ela é conduzida.[1740]

O terceiro critério de exame diz respeito por fim à proteção de bens ou interesses protegidos de terceiros. Ele entra em consideração a partir do momento em que o particular, ao provocar um dano contra si mesmo, acaba por atingir de maneira reflexa também o interesse de terceiros. Aqui se podem cogitar as mais diferentes situações, inclusive ligadas à esfera íntima de terceiros. Contudo, para efeitos do que aqui se examina, entram em jogo os casos nos quais a conduta lesiva do particular gera um dano para a coletivi-

---

[1738] RÄDLER, P. *Unverfügbarkeit*, p. 112, referindo-se aqui ao tratamento judicial dado às questões do *Peep Show* e do arremesso de anões.

[1739] MÜNCH, I. *Grundrechtsschutz*, p. 124.

[1740] MÜNCH, I. *Grundrechtsschutz*, p. 124.

dade. Citam-se, por exemplo, um motorista que se nega a utilizar cinto de segurança ao conduzir seu veículo ou um motociclista que se nega a utilizar capacete. Caso venham a sofrer lesões sérias em vista de um acidente, exigirão um cuidado posterior do Estado que implica custos e em vista disso talvez a impossibilidade de se fazer presente em outras frentes requeridas pela sociedade, por força dos danos que poderiam ser evitados ou reduzidos em larga medida se a pessoa tivesse adotado uma postura mais cuidadosa para consigo mesma. Essa ideia central estende-se a uma ampla variedade de situações, que em comum têm o fato de gerar reflexões, mesmo em situações de consumo, como em situações de consumo descontrolado de produtos alcoólicos, tabacos, medicamentos ou de não cumprimento da obrigação de contratação de seguro obrigatório em determinadas situações patrimoniais, entre outros.

Com base nos critérios acima formulados, pode-se construir a seguinte linha diretiva geral. Os deveres de proteção podem ser acionados diante da proteção da pessoa contra si mesma em proporção inversa ao teor de discernimento de quem decide pela prática da conduta (nociva) em questão. Assim, quanto menor for a capacidade da pessoa em compreender a situação em que se encontra, bem como as consequências imediatas de sua conduta, maior é a possibilidade que se abre ao Estado de intervir de diferentes maneiras[1741] para proteger a pessoa contra si mesma. Analogamente, quanto maior for o sentimento de autorresponsabilidade, que permita à pessoa uma noção clara que a leve a decidir os rumos que sua vida deve tomar, menor são as possibilidades que o Estado tem de ativar deveres de proteção nesse sentido, ainda que à luz de um sentimento geral essa decisão não seja a mais acertada. Esse critério dá conta de que quanto maior for o grau de autonomia da pessoa, vale dizer, a noção consciente dos riscos e consequências advindos de seu comportamento, menor é em princípio a margem de ação interventiva (de caráter protetivo do Estado) e vice-versa. Esses parâmetros entram em jogo inclusive no âmbito negocial, em que o Estado tem que zelar para que a pessoa não se arruíne inconscientemente. Afinal, um indivíduo arruinado financeiramente abre o flanco para a violação da sua própria dignidade.

O grande problema está em determinar o que é vontade livre e o que não é. Normalmente, visualiza-se a inexistência de vontade livre quando os pressupostos para o seu achado se mostram de início insuficientes ou mesmo defeituosos. Notória aqui é a proteção destinada à criança e aos adolescentes em face do consumo de bebidas alcoólicas ou de produtos tabagistas. Nesse particular, evidencia-se a conexão entre proteção da dignidade humana e do livre desenvolvimento da personalidade. O mesmo argumento empregado ao se opor à possibilidade de se derivar uma necessidade de proteção à pessoa contra si mesma a partir dos deveres de proteção estatal (em respeito à autonomia individual) reconhece que não se pode concordar juridicamente contra uma autoviolação à

[1741] O direito civil, em sua tradição milenar, demonstra que bem conhece essa realidade. Isso se prova pela previsão de antigos institutos, como o da limitação da capacidade de determinadas pessoas para a assunção de certos negócios, como, p. ex, a declaração de incapacidade relativa de pródigos (art. 4, IV, CC), possibilidade de interdição em face de condutas marcadas pela prodigalidade e o respectivo exercício de curatela (arts. 1.782 e 1.767, CC).

dignidade humana.[1742] A conclusão que parece evidente é que essa linha de pensamento entende não haver vontade livre nos casos em que a dignidade reste afetada pela respectiva decisão tomada.

Isso significa acima de tudo que a necessidade de proteção da pessoa contra si mesma se justifica nos casos nos quais os pressupostos objetivos para a tomada de uma decisão responsável não se fazem presentes, particularmente em face da impossibilidade de se compreender com clareza as relações da vida[1743] ou quando a ação lesiva praticada não se baseia em uma autodecisão realmente livre.[1744] Aqui, o desconhecimento – ou um conhecimento defeituoso ou insuficiente – dos potenciais perigos a que a pessoa está sujeita se afirma como traço determinante para a justificativa dessa proteção.[1745] É por isso que sempre que não forem verificados os pressupostos para a tomada de uma decisão livre não há falar em proteção forçada ou imposta pelo Estado.[1746] Nesse caso, a questão não é mais entendida do ponto de vista da proteção da pessoa "contra" (*gegen*) si mesma, aspecto que sempre poderá gerar polêmica em face da possibilidade de conflito com a esfera pessoal protegida do indivíduo, mas sim de uma proteção "para si" (*für sich*), que é meramente levada a efeito por outrem, nesta situação, o Estado.[1747] É justamente esse pensamento que deve permear a questão quando contemplada em face de negócios privados.

Desse modo, fora os casos de necessidade de proteção da dignidade (irreparabilidade da lesão a bens protegidos jurídico-constitucionalmente), de ausência de autonomia plena e livre de decisão e de preservação de direitos de terceiro, não sobra espaço para a justificação de proteção (forçada) da pessoa contra si mesma.[1748] Grife-se que a proteção dos bons costumes, na condição de parâmetro constitucional apto para embasar a prática de restrições a direitos fundamentais e em vista disso como meio para medir a legitimidade do Estado para intervir no curso da liberdade de ação geral, insere-se na questão da proteção de bens de hierarquia constitucional. Não é por menos que o conteúdo das decisões valorativas da constituição sese transporta para os negócios privados de maneira acentuada pela norma de preservação dos bons costumes na formulação de uma cláusula geral do direito civil. Nos demais casos em que a proteção se faz necessária, há que se observar os critérios do preceito da proporcionalidade, bem como as regras desenvolvidas em sede de jurisdição constitucional para a solução de conflitos entre direitos fundamentais.[1749]

Exemplos verificam-se no dia a dia do próprio mercado de consumo. Um indivíduo que resolve fumar não está impedido de fazê-lo. Como consumidor, pode adquirir o produto em qualquer mercado disponível. O Estado, contudo, cumpre seu papel interventivo ao praticar campanhas incisivas de combate ao tabagismo, alertando para seus riscos e

---

[1742] HILLGRUBER, C. *Schutz*, p. 147 e 176.
[1743] ROBBERS, G. *Sicherheit*, p. 222.
[1744] SCHWABE, J. *Schutz*, p. 70; MÜNCH, I. *Grundrechtsschutz*, p. 127.
[1745] ROBBERS, G. *Sicherheit*, p. 222.
[1746] MÜNCH, I. *Grundrechtsschutz*, p. 125.
[1747] MÜNCH, I. *Grundrechtsschutz*, p. 125.
[1748] MÜNCH, I. *Grundrechtsschutz*, p. 127s.
[1749] MÜNCH, I. *Grundrechtsschutz*, p. 128.

inconvenientes. O mesmo ocorre em relação ao consumo de bebidas alcoólicas, entre outros. Mais complicados, entretanto, são os casos em que não trata da venda de produtos de massa, mas sim de atividades ou de condutas isoladas. Assim, um indivíduo que pretenda cobrir seu corpo de *piercings*, não estaria teoricamente proibido de fazê-lo, ainda que tal conduta se mostre contrária à saúde de quem a pratica. Enfim, os exemplos são intermináveis e apenas dão conta da gravidade do problema. Especificamente no campo jurídico-negocial, a doutrina reconhece que há bons fundamentos a favor da necessidade de intervenção do legislador em determinados casos, ainda que se reconheça que os direitos fundamentais nem sempre apresentam uma obrigação de intervenção.[1750]

Nessa conexão de elementos, os critérios gerais ora formulados apontam que sob a perspectiva dos direitos fundamentais a proteção contra ameaças ou lesões provenientes do próprio titular não se equipara em intensidade à proteção devida contra outras fontes de ameaças, no sentido tradicional dos deveres de proteção. Como visto, a proteção da pessoa contra si mesma constitui uma limitação mais severa da liberdade, de modo que uma intervenção nessa área sensível carece de legitimação constitucional estreita. Significa que quando a conduta do próprio indivíduo estiver em jogo e quando ele for o único destinatário dos efeitos dessa conduta, os motivos para afastar os caminhos por ele mesmo eleitos devem pesar em maior intensidade em relação aos cogitados quando a ameaça ou a lesão provêm de terceiros (incluindo o próprio Estado).

3.3.6 Os deveres de proteção do Estado e o consumidor

Um dos fundamentos da dogmática dos deveres de proteção estatal que justamente toca o tema desta investigação é a proteção do particular no direito contratual e em particular a proteção do consumidor.[1751] O fato de o consumidor carecer de uma proteção diferenciada e de essa proteção poder ser levada a efeito pelo instrumentário jurídico disponível é algo que guarda consenso na doutrina.[1752] Todavia, controversa é a questão no que consiste a necessidade de proteção do consumidor.[1753] No modo em que são compreendidos, todos os direitos fundamentais geram um determinado dever de proteção,[1754] focando-se no pensamento de que o direito é justiça, que se sucede como regras de conduta vigentes.[1755] Assim, o simples fato de a proteção constitucional do consumidor não ser enquadrada na acepção de um típico direito de defesa oponível contra o Estado não lhe retir, por si só o caráter jurídico-fundamental.[1756] Isso se deixa comprovar por uma série de considerações.

[1750] ISENSEE, J. *Privatautonomie*, p. 268.

[1751] KRINGS, G. *Grund*, p. 305ss. EN, v. MARQUES, C. *Contratos*, p. 1ss; NISCHIYAMA, A. *Proteção*, p. 155, sustentando que a defesa do consumidor no ordenamento jurídico possui função social.

[1752] DAUNER-LIEB, B. *Verbraucherschutz*, p. 17, destacando que a temática da proteção do consumidor forma o chão de várias iniciativas legais destinadas à regulamentação das relações de consumo; KEMPER, R. *Verbraucherschutzinstrumente*, p. 30s; KRINGS, G. *Grund*, p. 305s; EN, ptd, v. MARQUES, C. *Contratos*, p. 1ss.

[1753] KRINGS, G. *Grund*, p. 306.

[1754] STARCK, C. *Schutzpflichten*, p. 63.

[1755] KIRCHHOF, P. *Rechtsquellen*, p. 130.

[1756] DUQUE, M. S. *Proteção do consumidor*, p. 142ss.

A força movente do direito repousa há muito no pensamento da autonomia da pessoa.[1757] Essa autonomia implica liberdade de ação, uma liberdade, contudo, que deve ser harmonizada com a dos demais, o que requer não apenas um ambiente de segurança jurídica como também de respeito aos direitos fundamentais. Decisivo para tanto é o entendimento de que liberdade, segurança e direito são conceitos que estarão sempre relacionados.[1758] O pensamento social finalmente deu-se conta de que a liberdade, assim como a igualdade, possui um componente material que informa que as pessoas são livres apenas quando elas detêm reais condições de dispor sobre o desenvolvimento da sua liberdade e com isso da sua personalidade.[1759] Dizer que se reconhece ao particular o direito ao livre desenvolvimento de sua personalidade significa reconheceer a possibilidade de autodeterminação dos objetivos e meios de sua atuação.[1760] É exatamente nessa perspectiva que se fundamenta a necessidade de existência de um dever de proteção estatal do consumidor de hierarquia constitucional.

A necessidade de proteção do consumidor decorre do reconhecimento de que essa proteção possui natureza jurídico-fundamental. No exemplo brasileiro, essa constatação não apresenta maiores dificuldades, haja vista a existência de previsão expressa nesse sentido,[1761] pois a CF/88 se mostra como garantia institucional da existência e efetividade do direito do consumidor.[1762] Entretanto, a constatação em torno da existência de um dever de proteção estatal geral em favor do consumidor se baseia na visão de que sua proteção é um direito fundamental não apenas porque o legislador constituinte assim o decidiu, mas em função do seu significado particular. Essa assertiva tem que ser embasada, ciente de que todos aqueles que não estão compreendidos no marco daquilo que se entende como direitos fundamentais "clássicos", como, por exemplo, os previstos na parte inicial da LF e igualmente em parte do catálogo da CF/88, costumam carecer de embasamento específico, com vistas a sublinhar sua força normativa. Isso é feit, em geral destacando sua conexão com o princípio da dignidade humana e a garantia de livre desenvolvimento da personalidade.

Esse embasamento parte da circunstância de que o reconhecimento do significado dos direitos fundamentais a partir de seu caráter objetivo legitima a proteção do consumidor como um verdadeiro direito fundamental, corolário do entendimento de que desenvolver direitos fundamentais dentro de seus limites estruturais, a fim de lhe agregar maior efetividade, é uma tarefa permanente.[1763] A evolução e a consolidação da compreensão dos direitos fundamentais como elementos da ordem objetiva se mostram nessa linha de pensamento aptos a justificar a proteção constitucional do consumidor. Essa aptidão revela-se à medida que os direitos fundamentais valorizam a pessoa como sua razão de

---

[1757] SCHAPP, J. *Ethik*, p. 114.
[1758] Tríade desenvolvida por MÜLLER-GRAFF, P. *Raum*, p. 11ss.
[1759] MAUNZ, T; ZIPPELIUS, R. *Staatsrecht*, p. 141.
[1760] BLECKMANN, A. *Grundrechtsschutz*, p. 335.
[1761] Art. 5º, XXXII, CF/88.
[1762] MARQUES, C. *Manual de Direito do Consumidor*, p. 35s.
[1763] PIEROTH, B. *Verfassungstradition*, Rn. 71.

ser, como fundamento do Estado e à medida que fundamentam a criação de construções doutrinárias capazes de transportar seus efeitos para o âmbito privado.[1764]

De outra banda, independentemente de a proteção do consumidor estar formulada na constituição como um direito fundamental ou não, certo é que o consumidor é titular de direitos fundamentais. Sua situação de nítida fragilidade na sociedade de consumo atual[1765] legitima, portanto, uma proteção, e uma proteção decididamente diferenciada por parte do Estado, corolário do entendimento de que quanto maior for a ameaça e a relevância do bem jurídico, maior deve ser a intensidade da proteção. E ao se falar de consumidores, está-se a falar de pessoas; ao se falar de consumo, está-se a falar de subsistência. A garantia de um mínimo existencial passa, portanto, por relações de consumo, de modo que sem um consumo mínimo, não há falar em dignidade. Essa é a razão pela qual a proteção do consumidor se revela como um verdadeiro direito fundamental, reconduzindo em diferentes graus às garantias de livre desenvolvimento da personalidade e da dignidade humana e a outros direitos fundamentais pontuais.

Nessa conexão de elementos, um *conceito evolutivo*[1766] de direitos fundamentais não pode renunciar à proteção da pessoa no curso de relações privadas, aqui compreendidas as relações de consumo. Há nesse ponto uma relação recíproca, calcada na constatação de que promover significa assegurar afirmativamente:[1767] ao promover os direitos fundamentais o Estado está acima de tudo assegurando por meio dos poderes públicos a própria preservação da dignidade e isso deve ser feito de modo consequente também no curso das relações de consumo. Conclusão lógica é que não há qualquer empecilho, tampouco incompatibilidade, da presença do mandamento de proteção constitucional do consumidor no catálogo de direitos fundamentais. Andou bem o constituinte brasileiro, pois, ao incluir no catálogo de direitos fundamentais a proteção do consumidor.

Ciente dessa natureza fundamental e a fim de que ao consumidor seja justificada e garantida uma proteção particular, há que se desvendar o papel específico do consumidor na vida social.[1768] Frequentemente, verifica-se que a proteção do consumidor se deve a sua submissão intelectual e econômica frente ao fornecedor,[1769] o que pode ser atribuída a sua visão de mercado incompleta ou defeituosa.[1770] Na política de defesa do consumidor fala-se inclusive em uma função de desoneração do consumidor da assunção de riscos (*Entlastungsfunktion*).[1771] Outros afirmam que a necessidade de proteção deve-se sobretudo a sua condição de fraqueza social,[1772] que para alguns é rotulada de *placativa*.[1773] Nesse

---

[1764] DUQUE, M. S. *Proteção do consumidor*, p. 142ss.

[1765] MARQUES, C. *Manual de Direito do Consumidor*, p. 41s.

[1766] A expressão (*Entwicklungskonzept*) credita-se a MÜLLER-GRAFF, P. *Privatrecht und Gemeinschaftsrecht*, p. 287.

[1767] MARQUES, C. *Manual de Direito do Consumidor*, p. 35.

[1768] DUQUE, M. S. *Proteção do consumidor*, p. 142ss. Para aprofundamento, v. MARQUES, C. *Contratos*, p. 1ss.

[1769] KEMPER, R. *Verbraucherschutzinstrumente*, p. 32.

[1770] KRINGS, G. *Grund*, p. 306.

[1771] SCHOLTEN, S. *Dimension*, p. 102.

[1772] HIPPEL, E. *Schutz*, p. 29.

[1773] KRINGS, G. *Grund*, p. 306.

emaranhado de concepções, entende-se que para a proteção do consumidor ser ordenada a partir da concepção de liberdade dos direitos fundamentais, capaz de ativar deveres de proteção estatal, seus interesses devem ser descritos como interesses de liberdade, que retratam uma posição de liberdade (*Verbraucherfreiheit*) ou de soberania do consumidor (*Konsumentensouveränität*). Essa posição de liberdade ou de soberania significa que o consumidor deve ser capaz de decidir livremente de acordo com suas próprias concepções, não tendo que seguir especificações de terceiros que lhe sejam impostas[1774], aspecto que constitui a base de uma fundamentação em torno de uma proteção distinta. Todavia, ao consumidor não é dado abusar de sua situação de proteção diferenciada, pois isso vai contra a própria política para a sua proteção.[1775]

Na doutrina, aponta-se a política em prol do consumidor como parte integrante de uma economia de mercado social,[1776] cujo objetivo da proteção do consumidor pelo Estado tem que ser a garantia do funcionamento de um sistema de economia de mercado nas relações entre fornecedor e consumidor.[1777] Em uma economia de mercado social,[1778] os interesses em torno da manutenção de uma concorrência funcional e da proteção do consumidor correm em paralelo e a garantia de um mercado funcional serve à proteção do consumidor.[1779] Nessa perspectiva, a soberania do consumidor e sua liberdade efetiva dependem de um ambiente sadio de consumo, o que é obtido apenas por uma proteção efetiva desse tipo de relações. Isso requer inevitavelmente uma legislação eficaz e bem construída. Da mesma forma, não se desconhece o fato de que uma dogmática de proteção ao consumidor passível de consenso não pode ser desenvolvida independentemente da realidade econômica, tendo que nela ser medida e verificada.[1780]

Em uma economia de mercado social, política de consumo ou do consumidor significa por um lado política de informação e por outro, política de formação. Essa dupla finalidade visa a possibilitar que o consumidor se torne apto a avaliar corretamente sua atuação, de modo a manter os riscos daí decorrentes no menor patamar possível.[1781] Assim,

---

[1774] KRINGS, G. *Grund*, p. 307; 312; 373ss, sustentando inclusive que quanto maior é o risco contraído pelo consumidor no mercado de consumo, menor é a parcela de liberdade e de soberania que detém. V. SCHOLTEN, S. *Dimension*, p. 102.

[1775] MARTINY, A. *Verbraucher*, p. 83.

[1776] SCHROEDER, C. *Soziale*, p. 129ss.

[1777] KEMPER, R. *Verbraucherschutzinstrumente*, p. 63; KRINGS, G. *Grund*, p. 312 e 374, destacando o papel da concorrência no mercado para a proteção do consumidor.

[1778] Conforme anuncia KRINGS, G. *Grund*, p. 373, a teoria da economia de mercado social deriva da teoria do chamado Ordoliberalismo. Os contornos dessa teoria conhecida na doutrina específica como a Escola de Freiburg podem ser localizados, do, em DREXL, J. *Wettbewerbsverfassung*, p. 753ss; REICH, N. *Markt*, p. 36ss. Em síntese, o pensamento ordoliberal prega que a garantia da competição no mercado é fundamental para a organização e o bom funcionamento da economia, tornando possíveis a realização da concorrência efetiva e o autocontrole do mercado. EN, v. JAEGER Jr., A. *Concorrência*, p. 258 (nota 807); p. 337 (nota 70); p. 378 (nota 197); p. 379 (nota 199).

[1779] KRINGS, G. *Grund*, p. 373.

[1780] DREXL, J. *Selbstbestimmung*, p. 69; KRINGS, G. *Grund*, p. 305.

[1781] SCHOLTEN, S. *Dimension*, p. 101.

elemento central da economia de mercado é a liberdade de escolha do consumidor[1782] e a garantia de que aquilo que ele escolheu corresponde à informação que lhe foi passada. Ciente dessa realidade, afirma-se que no centro da proteção do consumidor repousa a criação e a manutenção das condições perante as quais se lhe possibilita a tomada de decisões autorresponsáveis sobre o mercado.[1783] De fato, conhecer implica que informações adequadas se façam acessíveis ao consumidor,[1784] razão pela qual em uma economia de mercado social a política do consumidor é nitidamente uma política de formação e de informação.[1785]

Nesse contexto, em matéria de direito do consumidor os deveres de proteção devem possuir um caráter mais informativo do que proibitivo. Não é por acaso que o direito encontra legitimidade justamente na ação de proteger as expectativas legítimas dos indivíduos, aspecto que toca à confiança.[1786] Nas relações de consumo isso é manifesto a partir do momento em que se obriga o fornecedor a prestar informação adequada e clara sobre os riscos que apresentam os diferentes produtos e serviços ofertados no mercado.[1787] Como demonstrado no caso sobre as fianças,[1788] o ordenamento jurídico não pode proibir a pessoa de assumir riscos em seus negócios, pois isso iria contra a própria essência da autonomia privada. Isso não significa que inexista obrigação da parte que se beneficia da situação de risco de advertir a parte que o assume quanto às consequências básicas da sua decisão. O dever de informação, imperativo nas relações de consumo, decorre até mesmo da conduta de boa-fé,[1789] que deve nortear os negócios jurídicos como um todo.[1790] O problema, portanto, não diz respeito à possibilidade de uma parte assumir riscos diferenciados em um determinado negócio jurídico. Riscos são inerentes à vida contratual em seus mais diferentes âmbitos[1791] e sua existência não é apenas reconhecida e tolerada, como também é em certos casos regulamentada pelo direito civil.[1792] O problema reside acima de tudo na questão de se a parte levaria em frente determinada decisão mesmo sabendo dos riscos nela envolvidos.

Os riscos a que o consumidor está sujeito no dia a dia não têm medida absoluta e por essa razão não podem ser fixados de antemão, pois dependem de componentes diversos,

---

[1782] SITTIG, G. *Notwendigkeit*, p. 142.

[1783] KRINGS, G. *Grund*, p. 312.

[1784] SCHOLTEN, S. *Dimension*, p. 101.

[1785] NEUNER, J. *Privatrecht*, p. 277ss; KRINGS, G. *Grund*, p. 312.

[1786] MARQUES, C. *Confiança*, p. 31.

[1787] Art. 6°, III, CDC; da mesma forma o inciso I do mesmo artigo, ao prever como direito do consumidor a proteção da vida, saúde e segurança contra os riscos provocados por práticas no fornecimento de produtos e serviços considerados perigosos ou nocivos.

[1788] BVerfGE 89, 214.

[1789] MARQUES, C. *Boa-fé*, p. 215ss. Sobre os contornos específicos do instituto, remeta-se a MARTINS--COSTA, J. *Boa-fé*, p. 1ss; NEGREIROS, T. *Fundamentos*, p. 1ss.

[1790] BVerfGE 89, 214 (229ss).

[1791] Em alguns casos, o risco diz respeito à natureza do próprio negócio, como, p. ex, nos casos de mercado de capitais.

[1792] V, p. ex, os arts. 492s; 524; 531; 587; 611s; 757; 760 e 1.936, CC.

que desempenham um papel determinado na vida conjunta das pessoas.[1793] Somente um dever de informação abrangente pode fazer frente a essa situação. Sobretudo em contratos de consumo, todo risco significativo há de ser devidamente informado ao consumidor, pois somente diante de uma informação completa e precisa é que ele pode tomar uma decisão adequada. Nesse passo, há que lembrar que os reflexos em torno da necessidade de proteção dos mais fracos não se limitam ao presente, haja vista que atingem igualmente as gerações futuras, cujas condições de vida serão em muito influenciadas pelas decisões tomadas no presente.[1794] Ciente dessa realidade, o dever de informação conectado ao direito do consumidor afasta a máxima de que apenas uma atuação privada violadora ou ameaçadora de bens protegidos pode despertar a ação protetiva do Estado.[1795] Isso porque o não-fornecimento de informações relevantes à relação de consumo é uma omissão que como tal deve ser combatida pelo Estado na forma da legislação vigente.

Essa observação dá ensejo para a constatação de que o aperfeiçoamento da legislação de proteção ao consumidor é uma meta recorrente,[1796] devendo-se rechaçar uma possibilidade de retrocesso. Assim, a política de proteção do consumidor também deve ser marcada pela proteção contra normas de consumo extremamente complicadas, sejam elas de natureza material ou procedimental.[1797] O que se busca aqui é evitar que as normas destinadas à proteção do consumidor se tornem incompreensíveis aos seus próprios olhos. Ao consumidor deve ficar claro desde o início quais são os seus direitos e deveres. Um sistema complexo de normas em nada serve para a proteção efetiva do consumidor. Pelo contrário, cria chicanas que dão azo a indistintas possibilidades de interpretação que no final apenas enfraquecem a proteção desejada pelo consumidor.

A política de direito do consumidor visa nesse ponto à obtenção de um padrão mínimo de satisfação para a proteção, para que as decisões quanto ao risco dos negócios que contrai possam ser tomadas dentro de um quadro normal de previsibilidade. Isso porque nenhuma norma jurídica existente poderá aproximar de forma igualitária capacidades pessoais que se façam diferenciadas. Um consumidor com formação técnica em eletroeletrônica possuirá de fato maior discernimento para adquirir um computador do que uma dona de casa que ao longo de sua vida nunca chegou perto de um equipamento similar. A mesma situação pode ocorrer do lado inverso, na compra de uma forma de assar bolo, supondo que aquele consumidor não entenda nada de cozinha, ao contrário da dona de casa. Os exemplos são caricatos, mas possuem valor para demonstrar uma realidade que é essencial à matéria dos deveres de proteção com foco no direito do consumidor: não se busca uma equiparação total, tampouco uma igualdade fática entre as pessoas. O que se busca é uma proteção adequada, a fim de que o consumidor seja livre para decidir em condições razoáveis quais riscos deseja contrair.

[1793] SCHOLTEN, S. *Dimension*, p. 102, sustentando que esses riscos dependem da capacidade de cada pessoa de assumi-los, assim como do seu grau de maturidade, inteligência e formação referente a determinadas áreas em que tais riscos se fazem presente.

[1794] HIPPEL, E. *Schutz*, p. 166.

[1795] Máxima defendida de certa forma por KRINGS, G. *Grund*, p. 370.

[1796] SITTIG, G. *Notwendigkeit*, p. 142.

[1797] SITTIG, G. *Notwendigkeit*, p. 145.

De outra banda, não se pode negar que uma política eficaz voltada ao consumidor é algo que possui custo e muitas vezes desconfortos; nem sem sempre é eficaz a curto prazo e exige reflexões, modificações concretas nos hábitos de consumo, de produção e da própria vida, assim como pressupõe um consenso acerca do deslocamento de poder em favor do consumidor diante de sua influência na economia.[1798] Torna-se evidente a necessidade de implementação de efetivas medidas protetivas ao consumidor sempre que faltar no mercado de consumo por diferentes razões aquilo que se considera necessário para o quadro ideal.[1799] Quanto maior for a presença de monopólios ou oligopólios e menor for a disponibilidade de informação, maior é a necessidade de proteção ao consumidor. Nessa perspectiva, a ampla variedade da oferta aliada ao combate ao abuso do poder econômico são metas a serem buscadas por uma política de consumo que pretenda ser eficaz,[1800] metas estas que mostram a direção à qual os deveres de proteção do Estado devem se encaminhar.

Em matéria de deveres de proteção estatal é fundamental considerar que o consumidor necessita de conhecimentos sobre si mesmo, sobre seus desejos e carências, bem como em relação às ofertas disponíveis no mercado. Esse conhecimento pressupõe que informações adequadas estejam não apenas disponíveis como também acessíveis ao consumidor.[1801] O consumidor tem que receber essas informações e a partir delas elaborar suas próprias decisões. O mecanismo é o seguinte: o consumidor recebe informações adequadas que por ele são trabalhadas a fim de que possa decidir de forma autônoma.[1802]

O quadro ora delineado dá conta de que a proteção no mercado de consumo requer um aperfeiçoamento da informação dada ao consumidor, seja por meio da mídia, seja pela construção de disposições de formação, com tarefas de aconselhamento e proteção jurídica,[1803] o que dá aos centros de proteção ao consumidor um papel fundamental. Não há dúvidas de que no Brasil houve progressos, da mesma forma que ainda há um longo caminho a ser percorrido para seu aperfeiçoamento e desenvolvimento. Ponto decisivo é o financiamento desses centros, a fim de que profissionais habilitados possam cumprir eficazmente as tarefas que lhe são confiadas. A ausência de recursos e de profissionais treinados e habilitados para atender adequadamente aos consumidores, suprindo suas necessidades, representa um dos grandes entraves à efetiva proteção do consumidor e uma falha no cumprimento de deveres de proteção estatalestatal. Aqui se revela que a proteção global ao consumidor não pode ser atribuída apenas ao poder judiciário. Trata-se de uma tarefa a ser compartilhada pelos poderes públicos, cabendo aos órgãos da administração uma importante função no sentido de formação do consumidor e de fiscalização efetiva,

---

[1798] MARTINY, A. *Verbraucher*, p. 82s.

[1799] SITTIG, G. *Notwendigkeit*, p. 141ss, destacando perturbações na atividade de concorrência, falhas no sistema de informação, transparência defeituosa no mercado etc.

[1800] MARTINY, A. *Verbraucher*, p. 80, destacando a importância do direito da concorrência e do combate às práticas de cartéis. Em sentido semelhante, v. SCHROEDER, C. *Soziale*, p. 132s.

[1801] KRINGS, G. *Grund*, p. 311.

[1802] SCHOLTEN, S. *Dimension*, p. 101; KRINGS, G. *Grund*, p. 311.

[1803] SCHROEDER, C. *Soziale*, p. 134ss.

com atribuição de poder de polícia aos órgãos de proteção ao consumo. A meta a ser buscada é o fortalecimento da posição jurídica do consumidor.[1804]

Nos termos de uma das teses nucleares deste Estudo, não há falar em autorresponsabilidade, autodesenvolvimento da personalidade ou ainda autonomia privada se não se fizer presente a livre capacidade de decisão, que só é verificada na ausência de imposição de vontade alheia por qualquer meio contrário ao direito e na presença de todos os elementos que se façam minimamente indispensáveis para uma ponderação entre as vantagens e desvantagens do negócio. Nesse sentido, a necessidade de proteção do consumidor reside na garantia de sua livre capacidade de decisão, no respeito à garantia de todos os direitos fundamentais que venham a incidir na relação de consumo e em uma atitude voltada à proteção da sua dignidade.

3.3.7 A responsabilidade civil objetiva de entidades hospitalares à luz dos deveres de proteção do Estado

Um dos apectos mais complexos no que diz respeito à proteção da pessoa é a preservação da saúde. Na condição de direito social, o tema é tradicionalmente estudado sob a perspectiva da eficácia vertical, considerando a obrigação constitucionalmente imposta ao Estado, de prestar serviços de saúde em favor da população. Contudo, é evidente que a matéria possui um amplo espaço para ser analisada também sob a perspectiva da eficácia horizontal, pois esses serviços não são de competência exclusiva do Estado, ou seja, são prestados pelo Estado, porém sem exclusividade.[1805] Assim, mesmo que o poder estatal tenha competência para regular e fiscalizar as atividades ligadas à saúde da população, sua atuação fica restrita ao âmbito de controle e não sob um sistema normativo específico,[1806] o que acaba concedendo considerável margem de manobra às entidades privadas que prestam serviços de saúde. É dentro dessa margem que abusos costumam ser praticados, em particular por empresas administradoras de planos de saúde e entidades hospitalares em sentido geral, considerando ademais que as agências reguladoras do País ainda desempenham um papel muito aquém do desejado, em grande parte pela total confusão que se faz no atual sistema de governo entre Estado, governo e administração, assunto que embora relevantíssimo foge ao foco do presente estudo.

Há belos trabalhos na doutrina que analisam a abusividade de planos de saúde por meio de cláusulas contratuais capazes de ferir inúmeros direitos fundamentais dos seus associados, em particular o próprio direito à saúde.[1807] Menos explorado, contudo, é o campo da responsabilidade civil das entidades hospitalares privadas quando agem de forma a violar direitos fundamentais dos seus pacientes. Esse é um típico assunto que deve ser estudado sob a perspectiva dos deveres de proteção do Estado. O dever constitucional de

---

[1804] SCHROEDER, C. *Soziale*, p. 136ss.

[1805] MELLO, C. *Curso*, p. 689; DI PIETRO, M. S. *Direito Administrativo*, p. 152.

[1806] CARVALHO FILHO, J. S. *Direito Administrativo*, p. 340s; sobre a eficácia horizontal do direito à saúde, v. MATEUS, C. G. *Direitos Fundamentais Sociais*, p. 137ss.

[1807] MARQUES, C. *Solidariedade*, p. 185ss.

proteção do consumidor, aliado à natureza fundamental do direito à saúde, que possui íntima ligação com o princípo da dignidade humana,[1808] obriga a estudar a responsabilidade dos hospitais na realização desse direito à luz de uma perspectiva de direitos fundamentais.

Todo paciente internado em um hospital situa-se em uma zona de vulnerabilidade. Se em relações comerciais tradicionais os abusos praticados em detrimento dos consumidores costumam gerar danos consideráveis, o que se dirá daquelas situações nas quais a pessoa está com sua saúde fragilizada, colocando sua vida nas mãos de outras pessoas? É nesse contexto que deve ser pesquisada a influência dos direitos fundamentais na busca da caracterização de um sistema de responsabilidade objetiva para a rede hospitalar. Do ponto de vista da eficácia horizontal, delimita-se a questão no marco dos hospitais privados, ciente de que os direitos fundamentais devem ser igualmente respeitados nas relações em que o Estado atua diretamente, o que seria a responsabilização no âmbito do sistema público de saúde, hospitais constituídos na forma de autarquias com personalidade de direito público, entre outros.

O nível de responsabilidade não deve levar em conta apenas o motivo que se liga ao dano suportado, com a proteção da vida e da saúde. Pelo contrário, deve considerar a natureza do paciente, bem como a correlação de forças entre este e o causador do dano, motivo pelo qual a máxima que informa o direito do consumidor é que proteger é preciso.[1809] Inspirado por essa realidade, o legislador, ao configurar o nível da proteção do consumidor, mediando a eficácia dos direitos fundamentais em relações privadas, estabeleceu que o fornecedor de serviços responde independentemente da existência de culpa pela reparação dos danos causados aos consumidores por defeitos relativos à prestação dos serviços.[1810] Por seu turno, é inegável que os hospitais estão enquadrados na categoria de prestadores de serviço. Não há elementos suficientes até mesmo do ponto de vista lógico para se pensar diferente. A conclusão necessária é que as entidades hospitalares acabam por se submeter ao princípio da responsabilidade objetiva pelos danos causados a seus pacientes.[1811]

A conexão do princípio da responsabilidade objetiva com a proteção do consumidor já está amplamente fundamentada na doutrina. O principal argumento para tanto empregado dá conta de que a sociedade de consumo, com seus produtos e serviços cheios de complexidades variadas, acaba por não conviver satisfatoriamente com um regime de responsabilidade subjetiva, baseada na culpa, pois prejuízo é relativamente simples de ser comprovado, o que não ocorre com a demonstração da culpa.[1812] Além disso, os danos não são mais gerados apenas por indivíduos, mas igualmente por empresas, enquanto as vítimas formam um conjunto indefinido de pessoas, o que aumenta sua fragilização.[1813]

[1808] SARLET, I. *Dignidade*, p. 95.

[1809] STOCO, R. *Responsabilidade civil*, p. 534.

[1810] Art. 14, CDC. "O fornecedor de serviços responde, independentemente da existência de culpa, pela reparação dos danos causados aos consumidores por defeitos relativos à prestação dos serviços, bem como por informações insuficientes ou inadequadas sobre sua fruição e riscos".

[1811] CAVALIERI F., S. *Responsabilidade civil*, p. 399.

[1812] BENJAMIN, H. *Direito do consumidor*, p. 172.

[1813] LOPES, J. R. *Responsabilidade civil*, p. 13.

Atento a essa realidade, o legislador optou por um critério novo e mais eficaz, agora pautado pelo interesse jurídico tutelado: a responsabilidade pelo fato do produto ou serviço, conhecida por responsabilidade por acidentes de consumo,[1814] já que leva em conta a segurança do consumidor e em última análise sua própria vida e saúde. É o que o CDC denomina de fato do serviço, compreendido como um acontecimento externo, no dia a dia, que causa danos materiais ou morais ao consumidor, tendo como origem um defeito na prestação do serviço contratado.[1815] O traço distintivo dessa concepção é que o prestador de serviços – como um hospital – tem o dever de cuidado, não sendo relevante que ele tenha sido o mais cuidadoso possível frente a um evento danoso. Havendo o dano, deve responder ainda que prove que agiu com a maior diligência e perícia.[1816]

Esse é o melhor entendimento que se coaduna com o dever do Estado de garantir os direitos fundamentais, mesmo no curso de relações privadas. Como bem aponta Cláudia Lima Marques, nunca é demais lembrar que o CDC tem sua origem no direito constitucional,[1817] de modo que a realização dos direitos do consumidor é acima de tudo um caminho para a realização da sua própria dignidade. O legislador nesse particular soube compreender bem o problema ao adotar no bojo do CDC a chamada teoria do risco, que na visão da doutrina surge para resolver questões que a teoria da culpa, levando-se em conta a complexidade da vida moderna, não tem condições de fazê-lo. Destaca-se aqui o chamado risco-proveito: "responde pelos riscos de danos causados por atividades que dão causa a tais riscos aqueles que a promovem, obtendo delas vantagem econômica".[1818]

Todavia, é importante consignar que a teoria do risco-proveito não isenta a vítima do ônus da prova, mesmo em situações de danos sofridos por falha na prestação de serviços hospitalares. Cabe à vítima, assim como em outras ocorrências lesivas do cotidiano, comprovar o nexo de causalidade entre o dano e o serviço, lembrando aqui que o CDC prevê a hipótese de inversão do ônus da prova quando for verossímil a alegação ou quando o consumidor for hipossuficiente de acordo com as regras da experiência.[1819] A jurisprudência do STJ acolhe esse entendimento.[1820]

[1814] MIRAGEM, B. *Direito do consumidor*, p. 518.

[1815] CAVALIERI F., S. *Responsabilidade civil*, p. 399.

[1816] BENJAMIN, H. *Direito do consumidor*, p. 172.

[1817] MARQUES, C. *Solidariedade*, p. 188, lembrando o contexto da elaboração do CDC, a partir do art. 48 do ADCT da CF/88.

[1818] MIRAGEM, B. *Direito do consumidor*, p. 524.

[1819] Art. 6º, CDC: "São direitos básicos do consumidor: [...] VIII – a facilitação da defesa de seus direitos, inclusive com a inversão do ônus da prova, a seu favor, no processo civil, quando, a critério do juiz, for verossímil a alegação ou quando for ele hipossuficiente, segundo as regras ordinárias de experiências".

[1820] STJ, Resp. 802.832/MG, rel. Min. Paulo de Tarso Sanseverino. 2ª Seção, j. 13.4.2011, *DJe* 21.9.2011: "A inversão do ônus da prova pode decorrer da lei (*ope legis*), como na responsabilidade pelo fato do produto ou do serviço (arts. 12 e 14 do CDC), ou por determinação judicial (*ope judicis*), como no caso dos autos, versando acerca da responsabilidade por vício no produto (art. 18 do CDC). Inteligência das regras dos arts. 12, § 3º, II, e 14, § 3º, I, e 6º, VIII, do CDC. A distribuição do ônus da prova, além de constituir regra de julgamento dirigida ao juiz (aspecto objetivo), apresenta-se também como norma de conduta para as partes, pautando, conforme o ônus atribuído a cada uma delas, o seu comportamento processual (aspecto subjetivo)".

Não há assim nenhuma incompatibilidade entre a responsabilidade dos hospitais e o regime de responsabilidade objetiva consagrado pelo CDC, ainda que se leve em conta os consideráveis riscos de certos tipos de cirurgias e tratamentos, ciente de que o hospital somente será chamado à responsabilização, quando o dano decorrer de defeito do serviço, cabendo ao hospital provar que não houve defeito para fugir à responsabilidade.[1821] O defeito ou vício, que geram insegurança e ameaçam os bens protegidos pela constituição, estão no produto ou no serviço, desvinculando-se por conseguinte tanto do criador ou prestador quanto da sua intenção ou atuação correta ou desidiosa.[1822] É o defeito como elemento gerador da responsabilidade, podendo ocorrer em qualquer tipo de produto ou serviço de consumo.[1823] Os hospitais respondem, portanto, independentemente da comprovação de culpa pelos danos que causem aos seus pacientes.

O entendimento doutrinário, contudo, não sensibilizou ao menos por completo a visão do STJ sobre o tema, em particular quando afirma que a responsabilidade dos hospitais no que tange à atuação dos médicos que neles trabalham ou são ligados por convênio é subjetiva, dependendo da demonstração da culpa.[1824] O problema surge particularmente a partir de dificuldades em torno da relação entre a responsabilidade pessoal do profissional liberal e da pessoa jurídica que lhe emprega (hospital).[1825] A partir dessa relação, nota-se uma tendência da jurisprudência no sentido de atenuar o caráter objetivo da responsabilidade civil de entidades hospitalares, de certa forma pela constatação de que a responsabilidade civil dos profissionais liberais, como os médicos, é de índole subjetiva. Ainda que parte da doutrina discorde dessa premissa,[1826] é o que na prática vem acontecendo.

De fato, o CDC optou por apartar a responsabilidade desses profissionais do regime da responsabilidade objetiva. Concretamente, significa que a responsabilização pelos danos que causam na execução de seus serviços passa a depender da comprovação de culpa, ou seja, imprudência, negligência ou imperícia.[1827] A doutrina esclarece que a opção legislativa foi orientada para a própria natureza personalíssima da prestação, que como regra foge da estrutura da prestação de serviços, já que se vincula a um desempenho pessoal do qual passa a depender o próprio êxito do serviço.[1828] É um assunto que costuma ser abordado pela chamada obrigação de meio e não de resultado, cabendo ao profissional executar seus serviços com toda diligência e cuidado possíveis na busca do melhor interesse do tomador.

[1821] CAVALIERI F., S. *Responsabilidade civil*, p. 399.

[1822] STOCO, R. *Responsabilidade civil*, p. 533.

[1823] BENJAMIN, H. *Direito do consumidor*, p. 173.

[1824] STJ, AgRg no AREsp 628.634/RJ, rel. Min. Marco Aurélio Bellizze, 3ª Turma, j. 1º.9.2015, *DJe* 15.9.2015; AgRg no AREsp 647.110/CE, rel. Min. João Otávio de Noronha, 3ª Turma, j. 26.5.2015, *DJe* 29.5.2015; AgRg no REsp 1.385.734/RS, rel. Min. Luis Felipe Salomão, 4ª Turma, j. 26.8.2014, *DJe* 1º.9.2014; REsp 258.389/SP, rel. Min. Fernando Gonçalves, 4ª Turma, j. 16.6.2005, *DJ* 22.08.2005.

[1825] MIRAGEM, B. *Direito do consumidor*, p. 579.

[1826] CAVALIERI F., S. *Responsabilidade civil*, p. 401.

[1827] Art. 14, § 4º, CDC. "A responsabilidade pessoal dos profissionais liberais será apurada mediante a verificação de culpa".

[1828] MIRAGEM, B. *Direito do consumidor*, p. 577, lembrando que a exigência de verificação de culpa do profissional liberal diz respeito "a sua responsabilidade por fato do produto ou do serviço, portanto, à violação do dever de segurança e integridade do consumidor".

Há que se lembrar o próprio conceito de profissional liberal referido pelo CDC, que deve ser interpretado de forma restritiva, apto a alcançar apenas aqueles que prestam serviços de modo solitário ao utilizarem seu conhecimento como ferramenta de sobrevivência, como médicos, dentistas, farmacêuticos, advogados, engenheiros, arquitetos etc.[1829] Ou seja, profissionais que trabalham por conta própria, sem vínculo empregatício ou de preposição.[1830] Isso sugere que a exceção – responsabilidade subjetiva, carente da demonstração de culpa – se limita ao próprio profissional liberal, não se estendendo à pessoa jurídica que integre ou para as quais preste serviços. Assim, se o médico trabalhar para um hospital, ele responderá apenas se for provada sua culpa, enquanto o hospital responderá independentemente da prova de conduta culposa, ou seja, objetivamente.[1831]

Por outro lado, isso não significa que a responsabilidade objetiva dos hospitais e clínicas pode ser simplesmente descartada. Efetivamente, há vários julgados que apontam que a responsabilidade objetiva dos hospitais na condição de prestadores de serviço (art. 14, CDC) se limita aos serviços relacionados com o estabelecimento empresarial, tais como a estadia do paciente (internação e alimentação), as instalações, os equipamentos e os serviços auxiliares (enfermagem, exames, radiologia). Essa limitação, na visão do STJ, informa que a responsabilidade do médico por sua vez é subjetiva, dependendo, portanto, da aferição da culpa pelos danos causados.[1832]

Nota-se aqui uma verdadeira cisão no marco da responsabilidade: objetiva para o hospital, subjetiva para o médico na condição de preposto do hospital, independentemente da natureza do vínculo de subordinação, bastando que integre a equipe médica. Na prática, significa que a responsabilidade dos médicos é verificada conforme o § 4º do art. 14 do CDC, enquanto a responsabilidade da clínica ou hospital é disciplinada no § 3º.[1833] Nessa direção, há vários julgados que fundamentam a responsabilização objetiva de hospitais por óbitos decorrentes de infecção hospitalar, nos termos do art. 14 do CDC, reservando aos médicos a responsabilidade subjetiva, mediante comprovação de culpa.[1834] Os julgados

---

[1829] BENJAMIN, H. *Direito do consumidor*, p. 192, observando com pertinência que se trata de categorias em franco declínio, considerando a clara tendência de esses profissionais se agruparem em empresas prestadoras dos respectivos serviços.

[1830] CAVALIERI F., S. *Responsabilidade civil*, p. 402.

[1831] BENJAMIN, H. *Direito do Consumidor*, p. 192.

[1832] STJ, AgInt no AREsp 1.253.588 / *DF*. rel. Min. Ricardo Villas Bôas Cueva. 3ª Turma, j. 21.8.2018, *DJe* 28.8.2018; Resp 1.556.973/PE, rel. Min. Nancy Andrighi, 3ª Turma, j. 6.3.2018, *DJe* 23/4/2018; AgInt no AREsp 1.071.499/*DF*, rel. Min. Moura Ribeiro, 3ª Turma, j. 27.2.2018, *DJe* 9.3.2018; AgRg no AREsp 628.634/RJ, rel. Min. Marco Aurélio Bellizze, 3ª Turma, j. 1º.9.2015, *DJe* 15.9.2015; AgRg no AREsp 647.110/CE, rel. Min. João Otávio de Noronha, 3ª Turma, j. 26.5.2015, *DJe* 29.5.2015; AgRg no REsp 1.385.734/RS, rel. Min. Luis Felipe Salomão, 4ª Turma, j. 26.8.2014, *DJe* 1º.9.2014; REsp 258.389/SP, rel. Min. Fernando Gonçalves, 4ª Turma, j. 16.6.2005, *DJ* 22.8.2005.

[1833] Art. 14, § 3º, CDC: "O fornecedor de serviços só não será responsabilizado quando provar: I – que, tendo prestado o serviço, o defeito inexiste; II – a culpa exclusiva do consumidor ou de terceiro".

[1834] STJ, AgInt no AREsp 883.891/PB. rel. Min. Maria Isabel Gallotti. 4ª Turma, j. 20.3.2018, *DJe* 4.4.2018; REsp 1.642.307/RJ, rel. Min. Nancy Andrighi, 3ª Turma, j. 5.12.2017, *DJe* 18.12.2017; AgInt no AREsp 1.009.600/RJ, rel. Min. Luis Felipe Salomão, 4ª Turma, j. 20.4.2017, *DJe* 2.5.2017; REsp 1.511.072/SP, rel. Min. Marco Buzzi, 4ª Turma, j. 5.5.2016, *DJe* 13.5.2016.

citados construíram um raciocínio jurídico em torno da inviabilidade do afastamento da responsabilidade de hospitais ou clínicas por morte decorrente de infecção contraída por paciente com base na inexistência de culpa dos médicos envolvidos.

Forte aqui foi a constatação da ocorrência de danos decorrentes dos serviços por eles prestados em ambiente hospitalar. Trata-se de entendimento referido pela doutrina de que a regra da culpa, ao se restringir ao médico (profissional liberal), não se estende à pessoa jurídica a que está vinculado como sócio, empregado ou a qualquer outro título, permanecendo a responsabilidade civil da pessoa jurídica objetiva, bastando a demonstração do dano e o nexo de causalidade entre o dano e o serviço.[1835] Todavia, é sempre bom lembrar que o elemento probatório não pode ser discutido junto aos tribunais superiores. Grande parte das demandas nessa temática, que acaba por fracassar na jurisdição do STJ, deve-se ao fato de que a pretensão de simples reexame de prova não enseja recurso especial, nos termos da difundida Súmula n. 7 desse tribunal.

Sem embargo, nada representa mais a dignidade humana do que viver com saúde e qualidade e ter uma morte tranquila.[1836] Considerando a hierarquia constitucional da proteção do consumidor, em particular por sua natureza de direito fundamental, a correta noção de deveres de proteção estatal de natureza fundamental basta para concluir que em matéria de responsabilidade civil hospitalar não se deve utilizar a distinção entre responsabilidade do médico e da empresa para diminuir a efetividade da reparação de danos em detrimento dos pacientes. A partir dessa perspectiva acerta quem sustenta que pela responsabilidade direta da empresa a atuação do empregado fica desconsiderada, de modo que é absorvida pela atividade da própria pessoa jurídica, empregadora de fato, de modo a não ser mais possível falar em responsabilidade de outrem. Essa é a mensagem transmitida tanto pela constituição, quando consagra a regra geral da responsabilidade objetiva na prestação de serviços públicos,[1837] quanto pelo CDC ainda em maior amplitude, justificando que a empresa ou empregadora respondam direta e objetivamente perante terceiros, tendo apenas direito de regresso contra o empregado ou preposto se este agir com culpa.[1838]

3.3.8 O dilema entre segurança e liberdade

Uma opinião corrente na doutrina informa que o cidadão almeja o impossível quando ele espera simultaneamente do Estado liberdade e segurança.[1839] Por trás dessa assertiva repousam aspectos de natureza diversa, que podem conduzir não apenas a mal-entendidos,

---

[1835] MIRAGEM, B. *Direito do consumidor*, p. 579.

[1836] MARQUES, C. *Solidariedade*, p. 195.

[1837] Art. 37, § 6°, CF/88: "As pessoas jurídicas de direito público e as de direito privado prestadoras de serviços públicos responderão pelos danos que seus agentes, nessa qualidade, causarem a terceiros, assegurado o direito de regresso contra o responsável nos casos de dolo ou culpa".

[1838] CAVALIERI F., S. *Responsabilidade civil*, p. 401, ocasião em que formula a pertinente indagação: "se no caso de um acidente de ônibus, no qual ficam feridos passageiros e pedestres, não mais se faz necessário provar a culpa do empregado ou preposto, por que isso teria que ser feito no caso dos hospitais? São prestadores de serviços, tal como as empresas de transporte, submetidos ao novo regime de responsabilidade direta e objetiva pelo fato do serviço".

[1839] ISENSEE, J. *Sicherheit*, p. 1.

como também a conclusões precipitadas. Isso não significa que liberdade e segurança são conceitos excludentes, tampouco que não possam vir a ser compatibilizados no Estado de direito. Significa apenas que não se pode negar que um costume se realizar à custa do outro, em um quadro cujo preço inevitável de uma constituição focada apenas na liberdade é um prejuízo à segurança.[1840]

Entretanto, é inegável que os desafios do mundo moderno, onde a insegurança é uma preocupação crescente, impõem uma tomada de decisão permanente no que diz respeito ao binômio liberdade-segurança. Questões como terrorismo, o avanço do crime organizado, máfias de atuação transnacional, entre outras, não desmentem essa realidade. Aqui é necessário entender que cada cultura deverá em algum momento decidir se pretende valorizar mais a liberdade ou a segurança no momento de definir políticas de ação concretas. Se é certo que, como visto, não são valores excludentes, também é correto afirmar que do ponto de vista prático a valorização de um lado acaba inevitavelmente impondo restrições ao outro, ainda que de maneira lógica o lado restringido não venha a ser anulado. Mais do que nunca deve imperar aqui o mandamento de concordância prática, pautado pela preservação de todos os direitos envolvidos e não pelo sacrifício completo de um deles.[1841]

Assim, se por um lado a apreciação do tipo e da medida das lesões a direitos fundamentais influi diretamente na consideração em torno de como o Estado deve cumprir seus deveres de proteção, por outro, os próprios direitos fundamentais colocam o Estado perante um dilema: aquilo que para um cidadão se apresenta como violação a sua esfera de liberdade pode simultaneamente representar para outro cidadão o desenvolvimento de sua liberdade pessoal. Nesse sentido, a liberdade de um particular pode representar a violação da liberdade de outro, de forma que dever de proteção e direito de defesa podem ingressar em rota de colisão. Desse modo, a garantia de segurança requer necessariamente restrições em determinada medida na esfera de liberdade dos cidadãos. Por mais dura que essa assertiva possa parecer, ela se prova por aspectos diversos. Caso todos os cidadãos pudessem agir do modo como bem entendessem, com fundamento em uma ilimitada e irrestrita autonomia privada, a lesão a bens jurídicos de terceiros seria a consequência inevitável. Nesse ponto, mais do que nunca cabe ao Estado assumir o papel de árbitro, por meio da limitação das diferentes posições jurídico-fundamentais em conflito[1842] e do estabelecimento de uma compatibilização entre elas,[1843] cuja meta é trazer as posições jurídicas dos indivíduos em uma relação de equilíbrio racional.[1844] Com isso se demonstra que os deveres de proteção estão diretamente associados ao asseguramento da liberdade no tráfego jurídico privado.

Desse modo, não há como se afastar do fato de que as normas de direito privado podem representar simultaneamente intervenções nos direitos fundamentais de uma parte e

---

[1840] ISENSEE, J. *Sicherheit*, p. 1.
[1841] HESSE, K. *Grundzüge*, Rn. 72.
[1842] EPPING, V. *GR*, Rn. 118.
[1843] UNRUH, P. *Dogmatik*, p. 21.
[1844] OETER, S. *DW*, p. 537s.

garantias de proteção dos direitos fundamentais de outra.[1845] Portanto, há que se indagar por um lado se a intervenção estatal nos direitos fundamentais de uma parte (voltada à proteção de terceiros) a onera demasiadamente, de forma a violar a proibição de excesso; e, por outro lado, se a norma em questão se situa aquém do mínimo que a constituição oferece para a proteção da outra parte (proibição de insuficiência).[1846] Assim, em muitos casos o dever de proteção tornará necessária a prática de intervenções em posições de terceiros protegidas jurídico-fundamentalmente, cabendo ao legislador a definição de uma compensação proporcional.[1847]

Um dos principais campos de estudo da matéria está no conflito entre privacidade e segurança. Teoricamente, quanto mais se desejar blindar a privacidade, maiores serão os desafios para a segurança. Vários exemplos dão conta dessa realidade e costumam ser analisados no marco das inovações tecnológicas. Câmeras de trânsito e radares fotográficos contribuem para a diminuição de acidentes e para o combate ao furto e roubo de veículos, ao mesmo tempo em que expõem em maior ou menor grau a privacidade dos motoristas. Os chamados *scanners* fotográficos, instalados em aeroportos, presídios etc., garantem considerável segurança aos passageiros e agentes penitenciários, ao mesmo tempo que expõem até mesmo parte da intimidade das pessoas que passam por eles. As câmeras de segurança que costumam monitorar o trânsito de pessoas em prédios comerciais ou condomínios residenciais também impactam na privacidade. Portas giratórias em bancos, que muitas vezes levam as pessoas a expor seus pertences como condição para o ingresso em agências bancárias etc.

A pergunta que nesses casos deve ser feita é: as vantagens trazidas pelo ganho em segurança compensam as desvantagens geradas pelos impactos da tecnologia na privacidade ou na intimidade das pessoas? Se a resposta for positiva, é provável que todas as restrições geradas em âmbitos protegidos da personalidade encontrem justificativa constitucional. Todavia, se a resposta for negativa, é sinal de que a proteção à privacidade ou à intimidade restou violada em seu conteúdo essencial. Há várias situações na modernidade que contribuem para calorosas discussões nesse sentido. Por exemplo, o compartilhamento por administradoras de planos de saúde de dados sobre o histórico médico dos associados. São armazenados em nuvem bancos de dados gigantescos, denominados de *big data*, com a finalidade de otimizar o tratamento médico de pacientes, mediante registros pormenorizados etc. Nessas ocasiões, quando o risco de que informações sensíveis à privacidade correm o risco de vir a ser utilizadas para fins comerciais ou até mesmo para fundamentar negativa de atendimento por parte de plano de saúde, fica claro que as desvantagens tra-

---

[1845] CANARIS, C. *GR*, p. 19s, ponderando que a circunstância de haver do outro lado de uma relação jurídica também um titular de direitos fundamentais e de a lei de direito privado servir frequentemente para protegê-lo, não pode alterar a necessidade de se controlar as leis com base na função de mandamentos de proteção (*Schutzgebote*) dos direitos fundamentais e na de proibição de excesso.

[1846] CANARIS, C. *GR*, p. 20, demonstrando que entre esses dois pontos existe por regra um largo espaço de manobra, dentro do qual não é determinada jurídico-constitucionalmente a solução e cujo preenchimento por isso é deixado a cargo do direito ordinário.

[1847] HESSE, K. *Grundzüge*, Rn. 350.

zidas pela tecnologia acabam superando as vantagens, de modo que a proteção da privacidade e da intimidade deva se impor.

Nessa linha, o cumprimento dos deveres de proteção mostra-se como um problema de reciprocidade.[1848] Isso porque quando o Estado deve fazer algo para proteger alguém significa que a outrem algo resta proibido.[1849] A questão complica-se como era de se esperar pelo fato de que esse "outrem" também é um titular de direitos fundamentais. Não fosse esse o caso, bastaria invocar um direito fundamental em sua típica acepção de direito de defesa.[1850] Desse modo, sob a ótica dos deveres de proteção uma dificuldade particular resulta da apreciação de quando o Estado está obrigado a intervir em favor de uma posição em detrimento de outra.[1851] Coloca-se, portanto, a questão em torno das especificações que vigem para esses deveres de proteção no momento em que sua implementação colide com outros direitos fundamentais.[1852] Na acepção do BVerfG, essa questão é respondida de forma geral em atenção aos referidos mandamentos de proibição de excesso e de insuficiência[1853] como manifestação do próprio preceito da proporcionalidade. Essa mesma resposta deve ser complementada pela noção de que a harmonização entre esferas jurídicas colidentes ou em potencial rota de colisão cabe ao direito ordinário por conta de seu amplo rol de modelos regulatórios.[1854]

Essa dificuldade ficou demonstrada particularmente na apreciação do conhecido caso Schleyer, em que se ponderou a questão da proteção à vida, confrontada com interesses de segurança do Estado, oportunidade em que o BVerfG, à luz da teoria dos deveres de proteção do Estado, analisou os limites do controle jurídico-constitucional frente ao combate a extorsões terroristas de ameaça à vida por sequestro.[1855] Nesse caso específico, os contornos da teoria dos deveres de proteção mostraram-se abertos a uma estrutura de ponderação que contempla todos os interesses em jogo. Ainda que se possa discordar da solução imposta ao caso, considerando seu resultado trágico, não há como se negar do ponto de vista técnico que a teoria dos deveres de proteção do Estado encontra compatibilidade com a constituição.

Nessa perspectiva, mesmo em ocasiões em que nitidamente incidem outros direitos fundamentais, os deveres de proteção se fazem presentes ao ponto de mitigar a eficácia concreta de direitos opostos. Vários casos dão conta dessa realidade, como aqueles que indicam o recuo do direito à propriedade quando presente devastação de florestas[1856] ou ainda relacionados com a proteção da gestação em face de aborto,[1857] dos cidadãos

---

[1848] IPSEN, J. *Staatsrecht*, Rn. 94.
[1849] STERN, K. *Staatsrecht III/1*, p. 945s, destacando que se trata de uma relação plurilateral.
[1850] IPSEN, J. *Staatsrecht*, Rn. 94.
[1851] EPPING, V. *GR*, Rn. 118.
[1852] BLECKMANN, A. *Staatsrecht*, p. 475.
[1853] BVerfGE 88, 203 (254 e 340).
[1854] IPSEN, J. *Staatsrecht*, Rn. 94.
[1855] BVerfGE 46, 160 (*Schleyer*).
[1856] BVerfGE, NJW 1998, p. 3.264ss.
[1857] BVerfGE 39, 1 (41fl.); BVerfGE 88, 203 (251).

diante dos perigos advindos do emprego pacífico de energia nuclear,[1858] frente ao ruído do tráfego de veículos[1859] e de aviões,[1860] assim como à poluição atmosférica por força de agentes nocivos,[1861] chegando até mesmo à proteção contra limitações contratuais em face da garantia de liberdade de profissão.[1862] Importa ter em mente, portanto, que os deveres de proteção do Estado, ao limitarem certas liberdades, visam a garanti-la em sentido amplo, nas suas mais variadas acepções, sobretudo para as partes que não dispõem de poder fático de afirmação em uma determinada relação jurídica. A partir daqui, assume relevo a questão de se os deveres de proteção do Estado fundamentam direitos subjetivos para os cidadãos, aspecto que passa a ser de pronto investigado.

3.3.9 Existem direitos subjetivos à proteção?

A questão que se coloca com significado prático é se e sob quais pressupostos os deveres de proteção estatal correspondem a pretensões individuais em favor de uma ação do legislador.[1863] Trata-se de uma questão voltada à possibilidade de subjetivização dos deveres de proteção, que cuida de saber se existem direitos subjetivos de proteção[1864] ou somente normas que prescrevem ao Estado a proteção dos indivíduos, sem conferir-lhes todavia um direito subjetivo para tanto.[1865] A resposta a essa questão informa até que ponto corresponde a um dever de proteção estatal um direito subjetivo do particular, no sentido de uma pretensão individual exigível perante os tribunais.[1866]

A cogitação em torno de direitos públicos subjetivos à proteção estatal torna a discussão em torno da eficácia horizontal interessante e longe de estar obsoleta.[1867] A subjetivização de deveres de proteção do Estado é algo extremamente controverso na doutrina.[1868] Não há registro de que o BVerfG tenha se manifestado ao menos expressamente sobre

---

[1858] BVerfGE 49, 89 (140fls.); BVerfGE 53, 30 (57fls.).

[1859] BVerfGE 79, 174 (201fls.).

[1860] BVerfGE 56, 54 (73fl.).

[1861] BVerfGE, NJW 1996, p. 651ss.

[1862] BVerfGE 81, 42 (42ss).

[1863] BADURA, P. *Pflicht*, p. 490.

[1864] Nesse caso, conforme observa ALEXY, R. *Theorie*, p. 410ss, avança-se além da existência de um dever de proteção por parte do Estado, com base na existência de um direito subjetivo dos particulares enquanto titulares de direitos fundamentais, a fim de que o Estado lhes proteja de intervenções de terceiros como um autêntico direito à proteção. Trata-se de uma concepção de direitos subjetivos constitucionais frente ao Estado, para que este efetue ações positivas, cujo objeto é a delimitação das esferas dos sujeitos de igual hierarquia de modo que o indivíduo tenha um direito fundamental (oponível frente ao Estado) de proteção contra outros sujeitos privados. Segundo Alexy, os direitos à proteção podem ter como objeto coisas muito diferentes, desde a proteção frente a ações de homicídio até frente aos perigos do uso pacífico da energia atômica. Isso porque não somente a vida e a saúde são bens passíveis de proteção, mas todo aquele que merece ser protegido por aspectos jurídico-fundamentais, como, p. ex, a dignidade, a liberdade, a família e a propriedade, entre outros, acarretando que as possíveis formas de proteção são igualmente variáveis (normas de direito penal, processual, ações administrativas etc.).

[1865] ALEXY, R. *Theorie*, p. 411s.

[1866] HESSE, K. *Grundzüge*, Rn. 350.

[1867] ROBBERS, G. *Sicherheit*, p. 201.

[1868] ALEXY, R. *Theorie*, p. 411s; BADURA, P. *Pflicht*, p. 490ss; HESSE, K. *Kontrolle*, p. 543s; ISENSEE, J. *Sicherheit*, p. 49; KLEIN, E. *Schutzpflicht*, p. 1.637; ROBBERS, G. *Sicherheit*, p. 135ss; STARCK, C. *Schutzpflichten*, p. 64ss; UNRUH, P. *Dogmatik*, p. 58.

essa questão.[1869] Mesmo nas duas decisões sobre o aborto, que são frequentemente referidas na análise da controvérsia, essa questão permaneceu em aberto,[1870] ainda que alguns votos dissidentes nessa matéria tenham provocado uma pertinente reflexão sobre o tema, apresentando evidências contrárias à possibilidade de uma subjetivização do conteúdo jurídico-objetivo dos direitos fundamentais.[1871] Especialmente a partir da decisão sobre a possibilidade de armazenamento de armas químicas em instalações militares estrangeiras na Alemanha,[1872] esse problema ganhou destaque. Nessa oportunidade, o BVerfG manifestou-se no sentido de que ao se levar em conta que os direitos fundamentais não garantem meramente um direito de defesa subjetivo, mas simultaneamente representam uma decisão de valor jurídico-objetiva da constituição que vige para todos os âmbitos do ordenamento jurídico e que fundamenta deveres de proteção jurídico-constitucionais, reconhece-se que a partir do momento em que esse dever de proteção restar violado, há simultaneamente uma violação ao direito fundamental a ele conectado, contra a qual o atingido pode se defender pela via do recurso constitucional.[1873]

Significa em outras palavras que uma violação de um dever de proteção representa ao fim e ao cabo uma violação do próprio direito fundamental com ele relacionado, subsistindo em vista disso um direito subjetivo à ajuda por meio da proteção estatal. Frente a essa posição há que se tomar o cuidado para não incorrer em mal-entendido. Isso porque a partir dos seus fundamentos, nada está dito quanto à possibilidade de subjetivação dos deveres de proteção, vale dizer, à pretensão a uma forma específica de proteção, constatação que nem sempre fica clara na doutrina.[1874] Seria precipitado afirmar que a partir da fundamentação apresentada pelo BVerfG, deriva-se a possibilidade de subjetivização dos deveres de proteção. A tendência mantida pelo referido tribunal revela-se quando a partir das decisões de valor da constituição se deixa derivar um dever geral de proteção do Estado, que se dá nos mais diferentes âmbitos sociais, sem que se forme uma decisão prévia a respeito, em que extensão e de que modo esse dever deve ser efetivado, decisão que repousa em princípio na esfera de liberdade de conformação legislativa.[1875]

Portanto, em matéria de subjetivização de deveres de proteção do Estado, cabe à doutrina investigar o que pode ser extraído dessa posição do BVerfG. O caminho dessa investigação passa pela constatação de que há um ponto de contato entre a fundamentação esgrimida na sentença Lüth e a dos deveres de proteção. É justamente esse ponto de contato que possui relevância para a determinação de se os deveres de proteção possuem ou não caráter de direitos públicos subjetivos. Isso é demonstrado pela seguinte análise.

[1869] UNRUH, P. *Dogmatik*, p. 58.

[1870] BVerfGE 39, 1 (20ss); 88, 203 (232ss).

[1871] BVerfGE Abw. 39, 1 (68ss). Trata-se dos votos divergentes proferidos pelos juízes Rupp-v. Brünneck e Simon, prolatados por ocasião da primeira sentença sobre aborto.

[1872] BVerfGE 77, 170 (*Lagerung chemischer Waffen*).

[1873] BVerfGE 77, 170 (214); v. ainda BVerfGE 79, 174 (201s).

[1874] V. a crítica proferida ao BVerfG por STARCK, C. *Schutzpflichten*, p. 72s.

[1875] Expressamente, BVerfGE 39, 316 (NJW 1975, p. 1.771), citando o exemplo da matéria familiar, conectada ao princípio do Estado social.

A sentença Lüth, que influenciou decisivamente a jurisprudência do BVerfG, consolidou o entendimento de que a ordem de valores objetiva da constituição parte do fato de que os diretos fundamentais são primariamente direitos de defesa do cidadão dirigidos contra violações provenientes da órbita estatal.[1876] A partir disso, o tribunal constrói os fundamentos da ordem objetiva de valores: "Da mesma forma é certo, contudo, que a LF não pretende ser uma ordem neutra em valores".[1877] Dessa combinação se extrai a primeira conclusão, no sentido de que uma ordem de valores objetiva não é incompatível com a existência de direitos públicos subjetivos, fruto do reconhecimento do duplo caráter dos direitos fundamentais.[1878] Outra conclusão que se extrai da sentença Lüth é que se os direitos fundamentais configuram uma ordem de valores objetiva, essa ordem somente pode ter seu valor supremo[1879] – ou seu ponto médio, na acepção da decisão – na garantia de proteção da dignidade humana.[1880] Assim, ao derivar dogmaticamente os deveres de proteção da dimensão jurídico-objetiva dos direitos fundamentais,[1881] o BVerfG recorre à necessidade de proteção da dignidade humana.[1882]

Tem-se até aqui uma ordem de valores objetiva que se compatibiliza com a existência de direitos públicos subjetivos e deveres de proteção que estão intimamente conectados com o reconhecimento de uma ordem de valores objetiva e com a dignidade humana como fundamento do Estado. Entretanto, essa constatação não fornece ainda nenhuma resposta quanto à possibilidade de se atribuir um caráter de direitos subjetivos aos deveres de proteção estatal. Essa resposta encontra-se na análise da própria posição do Estado frente a seus deveres de proteção. Efetivamente, quando um direito de defesa é violado por um órgão estatal, tem-se que essa violação decorre de uma intervenção desse órgão na esfera protegida do cidadão. De forma contrária, uma violação de um dever de proteção não ocorre por regra por uma ação, mas inicialmente por uma omissão do próprio Estado em proteger um bem jurídico do cidadão, que só pode vir a ser reparada por um "tornar-se ativo" (*tätig werden*) do Estado.[1883] Nesse sentido, não se impõe a este a prática de uma conduta específica. Impõe-se ao contrário a implementação de medidas adequadas ou, sob outro ponto de vista, proíbe-se uma omissão estatal (*Unterlassungsverbot*), que em geral não carece de regulamentação detalhada.[1884]

[1876] BVerfGE 7, 198 (204): "sem dúvida, os direitos fundamentais estão em primeira linha determinados a assegurar a esfera de liberdade do particular contra violações dos poderes estatais; eles são direitos de defesa do cidadão contra o Estado".

[1877] BVerfGE 7, 198 (205).

[1878] Todavia, essa conclusão encontra por vezes resistência na doutrina. V. STARCK, C. *Schutzpflichten*, p. 72s, sustentando que não resta evidente o modo pelo qual a dimensão jurídico-objetiva dos direitos fundamentais se compatibiliza com uma subjetivização do seu respectivo conteúdo objetivo, em algo que poderia ser chamado de *mutação* do conteúdo jurídico-objetivo em subjetivo. Contudo, há quem escolha opções de caráter conciliador, no sentido de que essa mutação, apesar de não restar diretamente fundamentada, se encontra pressuposta pelo tribunal. Nessa linha, v. UNRUH, P. *Dogmatik*, p. 60.

[1879] MANGOLDT, H; KLEIN, F. *Bonner GG*, p. 116s.

[1880] BVerfGE 7, 198 (205).

[1881] UNRUH, P. *Dogmatik*, p. 36.

[1882] BVerfGE 39, 1 (41); 49, 89 (142).

[1883] HESSE, K. *Kontrolle*, p. 543s; UNRUH, P. *Dogmatik*, p. 58.

[1884] HESSE, K. *Grundzüge*, Rn. 350.

Isso significa que a resposta deve ser buscada também na análise da estrutura dos direitos públicos subjetivos. Esses direitos são cunhados na forma de *status* negativo, com base na doutrina de Georg Jellinek.[1885] Como tais, os direitos públicos subjetivos são oponíveis judicialmente pelo seu titular em sua função de defesa, ou seja, legitimam diretamente o particular a possuir uma pretensão de efetivação e de respeito a esses direitos, assim como obrigam diretamente os poderes estatais a se omitirem de violá-los.[1886] Ocorre que a função de proteção dos direitos fundamentais não atinge essa mesma configuração técnico-jurídica pelos seguintes motivos: os deveres de proteção jurídico-fundamentais carecem de concretização legislativa; concede-se ao legislador um considerável espaço de manobra ou de discricionariedade, por meio do qual ele pode eleger o meio para o cumprimento do respectivo dever de proteção; e finalmente a própria lei que concretiza um dever de proteção pode conceder à administração a faculdade de levar a efeito uma determinada intervenção protetiva ou não no caso concreto.[1887]

As considerações acima apresentadas permitem chegar à conclusão de que, não obstante a constituição representar uma ordem de valores objetiva, que fundamenta a eficácia dos direitos fundamentais para todos os âmbitos do direito e assim também nas relações privadas, os deveres de proteção estatal não detêm condições a partir de sua estrutura e função de assumirem condição idêntica de direitos públicos subjetivos.[1888] Fundamento para tanto é que não se pode sustentar que cada particular em qualquer situação imaginável de perigo possa derivar diretamente dos deveres de proteção jurídico-fundamentais uma pretensão a uma *determinada* medida protetiva e com isso recorrer aos tribunais para exigi-la.[1889] Há quem sustente inclusive que apenas o "se" e não o "como" pode ser qualificado como um dever de proteção como mandamento de direito fundamental.[1890]

Ao se defender que a partir do reconhecimento da existência de deveres de proteção do Estado não se podem derivar diretamente direitos subjetivos, o que equivale a dizer que ambos são coisas distintas,[1891] deixa-se claro que não se concede ao particular a pretensão de exigirseu cumprimento indistinto pela via do recurso constitucional. Para se chegar a essa conclusão, basta imaginar que em um cenário jurídico em que isso seja possível, resultariam medidas legislativas destinadas a cumprir um determinado dever de proteção, cujo efeito atingiria inevitavelmente outro titular de direitos fundamentais (um terceiro). A partir daí, essa terceira pessoa lesada poderia fazer valer sua pretensão também pela via do recurso constitucional, pois teria em consequência da medida que implementou o dever de proteção em favor de outrem um direito fundamental atingido, do qual é titular. Nessa situação hipotética, haveria dois recursos constitucionais teoricamente admissíveis. O tribunal constitucional teria então que decidir sobre a constitucionalidade

---

[1885] JELLINEK, G. *System*, p. 87ss.
[1886] ISENSEE, J. *Sicherheit*, p. 49.
[1887] ISENSEE, J. *Sicherheit*, p. 49s.
[1888] BADURA, P. *Pflicht*, p. 491.
[1889] ISENSEE, J. *Sicherheit*, p. 50.
[1890] DREIER, H. *GG Kommentar* (Vorb. Art. 1), Rn. 103.
[1891] IPSEN, J. *Staatsrecht*, Rn. 95; STARCK, C. *Schutzpflichten*, p. 71.

das medidas praticadas pelo legislador, que ele próprio considerou como mandamento constitucional, situação que representa um verdadeiro dilema processual.[1892] É por essa razão que a tarefa estatal de proteção contra agressões provenientes de terceiros está contida no caráter jurídico-objetivo dos direitos fundamentais, sem que isso corresponda a uma pretensão jurídico-subjetiva de proteção.[1893]

Essa constatação encontra a propósito correspondência na referida manifestação do BVerfG em sede de votos divergentes proferidos na primeira sentença sobre o aborto. Segundo o teor dos votos dissidentes, a possibilidade de subjetivização dos deveres de proteção estatal significaria uma inversão (*Umkehrung*) das funções típicas dos direitos fundamentais no momento em que poderia conduzir a um excesso de regulamentações legislativas que acabariam antes por restringir em excesso a liberdade em vez de protegê--la.[1894] O valor da argumentação expressa nesses votos dissidentes repousa sobretudo em uma série de reflexões que a partir daí podem ser geradas. A principal delas se dá na forma de um argumento de *inversão* à possibilidade de subjetivização dos deveres de proteção, com base no conteúdo objetivo dos direitos fundamentais: o reconhecimento do *status* jurídico-subjetivo dos deveres de proteção estatal conduziria necessariamente a uma diminuição de outros âmbitos protegidos pelos direitos fundamentais, hipótese que não corresponderia ao próprio sentido da dimensão jurídico-objetiva desses direitos.[1895]

Observe-se que há outro argumento contrário à possibilidade de subjetivização do conteúdo jurídico-objetivo dos deveres de proteção estatalestatal. Este repousa nos princípios democrático e de divisão dos poderes[1896] e com isso na necessidade de reconhecer um amplo espaço de configuração legislativa em matéria de deveres de proteção.[1897] Isso porque uma ampla possibilidade de subjetivização dos deveres de proteção acabaria por restringir excessivamente a liberdade conformadora do legislador.[1898] Esse argumento encontra-se igualmente reproduzido no voto divergente acima referido no momento em que registrou o pensamento de que uma ordem de valores objetiva não pode servir de veículo para o deslocamento ao tribunal constitucional de funções legislativas específicas para a configuração da ordem social.[1899] Isso conduziria o tribunal constitucional ao cumprimento de um papel para o qual ele não é competente, tampouco estruturado a fazê-lo,[1900] abordagem que se situa no rumo da discussão entre os limites de atuação do tribunal constitucional e da implementação indesejável de um Estado jurisdicional

---

[1892] IPSEN, J. *Staatsrecht*, Rn. 96.

[1893] STARCK, C. *Schutzpflichten*, p. 71.

[1894] BVerfGE Abw. 39, 1 (73), opondo-se ao fato de que, se a partir de decisões de valor contidas nos direitos fundamentais se deriva um dever geral do legislador em editar normas de caráter penal para a proteção de determinados bens jurídicos (no caso concreto, o argumento foi empregado contra a possibilidade geral de um dever do legislador em sancionar penalmente a prática de aborto). Contra esse entendimento, v. UNRUH, P. *Dogmatik*, p. 64s.

[1895] UNRUH, P. *Dogmatik*, p. 61.

[1896] WAHL R; MASING, J. *Schutz*, p. 557.

[1897] KLEIN, E. *Schutzpflicht*, p. 1.637.

[1898] STEINBERG, R. *Grundfragen*, p. 461; UNRUH, P. *Dogmatik*, p. 61.

[1899] BVerfGE Abw. 39, 1 (72).

[1900] BVerfGE Abw. 39, 1 (72).

(*Jurisdiktionsstaat*).[1901] Por fim, além dos argumentos de índole dogmática contrários a uma teoria de subjetivização do conteúdo jurídico-objetivo dos deveres de proteção estatal coloca-se também um argumento de índole processual, baseado na suposição de que um reconhecimento geral nesse sentido provocaria uma escalada de recursos constitucionais.[1902]

A questão da subjetivização dos deveres de proteção do Estado mostra-se interessante também por revelar que a figura dogmática dos deveres de proteção se funda na mesma premissa da eficácia horizontal: os direitos fundamentais contêm um comando que proíbe qualquer um de violar os bens por eles protegidos.[1903] Sem embargo, conforme observa Josef Isensee, aqui se demonstra a ausência de conexão entre a teoria dos deveres de proteção e a teoria da eficácia direta dos direitos fundamentais nas relações privadas: uma proibição de lesão aos direitos fundamentais não fornece ao titular da proteção, aquele que dela necessita, uma pretensão perante o violador do direito de observância dessa proteção. Ao contrário dessa possibilidade, o dever de proteção do Estado se atualiza frente a lesões ou ameaças de lesões aos direitos fundamentais para repelir os perigos à esfera protegida do particular. Assim, eventual semelhança entre eficácia horizontal direta e deveres de proteção se esgotaria na premissa comum ao fenômeno da eficácia horizontal. O dever objetivo de proteção do Estado derivado da constituição transforma-se em um direito do particular oponível contra o Estado, não no sentido de um direito a uma proteção ou medida específica e sobretudo não perante outro particular – no caso, quem intervém na esfera protegida –, não havendo que se falar nessa perspectiva de direito fundamental a um dever de proteção oponível por um particular contra outro.[1904]

Todas essas considerações dão conta de que aos deveres de proteção estatal não correspondem direitos de proteção específicos e permanentes dos cidadãos.[1905] Todavia, há que se registrar que a doutrina também indica argumentos favoráveis à possibilidade de uma subjetivização do conteúdo jurídico-objetivo dos deveres de proteção estatal. Repousam basicamente no reconhecimento da estrutura principiológica dos direitos fundamentais como expressão de uma ordem de valores. Ao se admitir que o conteúdo jurídico-objetivo dos direitos fundamentais possui um caráter principiológico, assume-se um dever de otimização de sua força de vigência, que faz esses direitos serem realizados na maior medida possível dentro das possibilidades fático-jurídicas verificáveis no caso concreto, cujo meio de implementação pode ser justamente sua subjetivização.[1906] Nessa visão, uma vez que os direitos fundamentais se mostram como pontos de conexão para determinadas posições jurídicas, eles têm que possuir em princípio uma pretensão quanto a sua imposição efetiva. Isso falaria a favor de uma suposição em torno de uma subjetivização do conteúdo jurídico-objetivo dos deveres de proteção estatal independentemente da análise

---

[1901] WAHL R; MASING, J. *Schutz*, p. 557.

[1902] UNRUH, P. *Dogmatik*, p. 65, demonstrando, contudo, dúvidas quanto à veracidade dessa suposição.

[1903] ISENSEE, J. *Abwehrrecht*, Rn. 103 e 134.

[1904] ISENSEE, J. *Abwehrrecht*, Rn. 134.

[1905] ISENSEE, J. *Sicherheit*, p. 50.

[1906] ALEXY, R. *Theorie*, p. 414; UNRUH, P. *Dogmatik*, p. 62.

da função específica de proteção.[1907] Trata-se de uma visão orientada a agregar maior força de vigência aos deveres de proteção, levando-se em conta que o reconhecimento de uma subjetivização desses deveres significa em princípio uma medida maior de realização em comparação com meros mandamentos de caráter objetivo.[1908]

Sem embargo, as considerações até aqui apresentadas demonstram que a possibilidade de subjetivização dos deveres de proteção do Estado se revela incompatível com sua estrutura normativa. Nesse ponto, parece guardar razão Christian Starck quando argumenta que falta uma construção teórica que demonstre com exatidão como ocorre a chamada subjetivização do conteúdo jurídico-objetivo dos deveres de proteção.[1909] Como demonstrado, um reconhecimento irrestrito de uma possibilidade de subjetivização dos deveres de proteção acarretaria um ônus que esses deveres não seriam capazes de suportar, ao menos sem ferir estruturas basilares do Estado de direito, que vão desde o princípio da separação dos poderes até chegar aos limites de atuação do tribunal constitucional. Um caminho intermediário há que ser encontrado. Esse caminho parece apontar para algo que o próprio BVerfG já demonstrou, que o conteúdo jurídico-objetivo dos deveres de proteção tem a finalidade de fornecer linhas diretivas (*Richtlinienfunktion*)[1910] para a totalidade dos poderes públicos.[1911] A partir dessa função de linhas diretivas, deriva-se a compreensão dos deveres de proteção do Estado não como direitos subjetivos do particular a uma determinada conduta, mas sim como um *princípio orientador* da atividade estatal, no sentido de não ser enquadrado como uma proteção mínima, tampouco como a imposição de uma proteção máxima, à medida que atinja outros direitos fundamentais relevantes, com destaque para a autonomia privada e a liberdade constitutiva do legislador.[1912]

No momento em que essas linhas diretivas são levadas a sério, tanto por parte de quem as estabelece quanto por parte de quem as controla, a questão da subjetivização perde em grande parte sua dramaticidade. Isso porque seu parâmetro de exame pode conciliar a necessidade de proteção com o reconhecimento de um espaço de avaliação, valoração e conformação, em atenção à hierarquia dos bens jurídicos em jogo. À doutrina e à jurisprudência compete fornecer critérios práticos para delimitar os contornos dessa função de linha diretiva dos deveres de proteção estatal, ou seja, a forma e o modo pela qual eles influenciam a apreciação constitucional.[1913] Esses critérios já foram aqui observados quando se analisou o momento em que esses deveres devem ser ativados. Para além desses critérios, o que se pode sustentar dentro daquilo que se mostra não apenas razoável como também realizável é que o cidadão possui um direito subjetivo a uma proteção abstrata pela lei e com isso à adoção de medidas protetivas eficazes no caso concreto.[1914]

[1907] ALEXY, R. *Theorie*, p. 414s; KLEIN, E. *Schutzpflicht*, p. 1637; ROBBERS, G. *Sicherheit*, p. 135ss; UNRUH, P. *Dogmatik*, p. 64.

[1908] ALEXY, R. *Theorie*, p. 414.

[1909] STARCK, C. *Schutzpflichten*, p. 72s.

[1910] WAHL R; MASING, J. *Schutz*, p. 557.

[1911] BVerfGE 39, 1 (41); 49, 89 (142).

[1912] VIEIRA DE ANDRADE, J. *DF*, p. 249.

[1913] WAHL R; MASING, J. *Schutz*, p. 557.

[1914] ISENSEE, J. *Sicherheit*, p. 51.

Nesse sentido, há dois caminhos dogmático-jurídicos pelos quais os deveres de proteção podem ser derivados de garantias fundamentais: a partir da garantia de proteção da dignidade humana ou a partir dos direitos fundamentais em sentido geral, levando-se em conta seu caráter jurídico-objetivo, além de seu caráter de defesa jurídico-subjetivo.[1915]

Com isso está dito que essa pretensão se limita no geral ao chamado "se" do dever de proteção, ou seja, que o Estado para o cumprimento do seu dever se torne ativo.[1916] Fica claro que não se cogita aqui uma pretensão a uma determinada medida, mas sim à prática de uma administração responsável que no marco de sua discricionariedade legal[1917] leve em consideração interesses de grande significado, carentes de proteção.[1918] Essa pretensão de caráter limitado é embasada até mesmo à luz dos direitos fundamentais. Visto que os direitos fundamentais a partir de seu caráter objetivo não são capazes de regular "o como" do seu cumprimento, eles também não podem embasar uma pretensão individual a determinadas medidas de proteção estatal. É exatamente nesse sentido que se deve compreender a existência de um direito subjetivo à proteção derivada do mandamento de proteção dos direitos fundamentais e da dignidade humana.[1919]

3.3.10 A atuação dos tribunais na concretização dos deveres de proteção do Estado

Como demonstrado, não há controvérsia no sentido de que a concretização dos deveres de proteção jurídico-fundamentais é uma tarefa que se dirige em primeira linha ao legislador, que tem o dever de fazer seu trabalho com foco na proteção dos bens protegidos constitucionalmente. Contudo, isso não significa que aos demais órgãos estatais e em particular aos tribunais não se reserve uma parcela relacionada com essa tarefa. Pode-se afirmar então que "em segunda linha" os deveres de proteção se dirigem tanto à administração pública, que tem a competência de executar as leis de caráter protetivo,[1920] quanto aos tribunais, no momento em que interpretam e aplicam as leis.[1921] Daí se depreende que de modo semelhante ao pensamento que permeia a teoria da eficácia indireta, a concre-

---

[1915] STARCK, C. *Schutzpflichten*, p. 70.

[1916] HESSE, K. *Grundzüge*, Rn. 350, destacando o papel do recurso constitucional.

[1917] O conceito de discricionariedade é empregado aqui no sentido clássico, de discricionariedade da administração pública. V. MAURER, H. *Verwaltungsrecht*, § 7, Rn. 7, ponderando que a discricionariedade (*Ermessen*) diz respeito ao lado das consequências jurídicas de uma regulamentação legal. Ela é dada quando a administração, frente à realização de uma hipótese de incidência legal, pode escolher entre diferentes formas de conduta. Assim, a lei não conecta *uma* consequência jurídica à hipótese de incidência, mas sim permite à administração determinar por si própria essa consequência jurídica, sendo a ela oferecidas duas ou mais possibilidades ou um determinado âmbito de atuação. O mesmo raciocínio aplica-se na relação entre a constituição e os poderes por ela constituídos, adquirindo destaque nessa linha a chamada discricionariedade de escolha (*Auswahlermessen*), em que é dado ao legislador escolher qual medida possível, admissível e eficaz deve ser implementada no caso concreto.

[1918] ISENSEE, J. *Sicherheit*, p. 51.

[1919] STARCK, C. *Schutzpflichten*, p. 64.

[1920] UNRUH, P. *Dogmatik*, p. 20.

[1921] STARCK, C. *Schutzpflichten*, p. 67; BADURA, P. *Wirtschaftsordnung*, Rn. 14.

tização dos deveres de proteção do Estado é tarefa por excelência do legislador e supletivamente da jurisdição, na hipótese daquele restar omisso, ineficaz, agir em desacordo com a constituição ou frente à colisão de bens protegidos jurídico-constitucionalmente – vale dizer, em situações excepcionais.[1922]

Essa atuação supletiva dos tribunais revela-se no marco de que a decisão de uma controvérsia entre particulares é formada pelas normas de direito privado. De acordo com esse ponto de vista, o Estado tem que proteger os direitos fundamentais do particular, preservando-os de violações por meio da ação de outros particulares. Os tribunais estão por seu turno obrigados a levar a cabo essa proteção por meio da interpretação e aplicação do direito, realizando-a no caso concreto. O Estado também está obrigado a configurar o direito privado de forma que a ordem objetiva incorporada nos direitos fundamentais seja preservada, a fim de que possa viger para todos os âmbitos do direito.[1923] Consequentemente, prescrições legais que devem cumprir deveres de proteção jurídico-fundamentais violam um direito fundamental a que estão associadas a partir do momento em que sua interpretação e aplicação se desviam da finalidade de proteção desse direito fundamental, negando a eficácia do respectivo direito no caso concreto.[1924]

Cogita-se ainda que excepcionalmente que o poder judiciário está legitimado a recorrer diretamente aos direitos fundamentais para a realização dos deveres de proteção, sobretudo na falta de regulamentação pertinente.[1925] Essa situação de excepcionalidade é registrada de modo diverso pela doutrina,[1926] sendo o traço comum a necessidade de imperiosa fundamentação nesse sentido. Por regra, a fundamentação em torno dessa faculdade excepcional conferida ao poder judiciário se revela pela existência de configurações defeituosas oferecidas pela legislação ordinária, que por essa razão não se mostram capazes de impedir a eficácia dos direitos fundamentais. Por trás desse raciocínio, está o entendimento de que quando e à medida que os direitos fundamentais garantem determinados conteúdos, ou seja, valores, jurídico-objetivos, sua efetivação não pode depender de determinadas configurações da ordem jurídico-privada.[1927]

O que a doutrina hesita em responder é se esse recurso direto – de caráter excepcional – aos direitos fundamentais se confunde ou não com a teoria da eficácia direta propriamente dita. O traço diferencial é que essa possibilidade tem um caráter eminentemente subsidiário. Em nenhum momento se confere ao juiz a prerrogativa de recorrer diretamente ou de início a um direito fundamental para solucionar uma controvérsia jurídico-privada. O primeiro passo é sempre analisar do material legislativo em questão para saber em que medida ele logra êxito em proteger o cidadão nos limites preconizados

---

[1922] STERN, K. *Staatsrecht III/1*, p. 1.582s, ressaltando o caráter supletivo da jurisdição na concretização dos deveres de proteção do Estado.

[1923] BADURA, P. *Wirtschaftsordnung*, Rn. 14.

[1924] BVerfGE 89, 276 (286).

[1925] STERN, K. *Staatsrecht III/1*, p. 950, destacando os papéis das jurisdições constitucional e administrativa nesse contexto.

[1926] HILLGRUBER, C. *Grundrechtsschutz*, p. 76; BLECKMANN, A. *Neue Aspekte*, p. 943.

[1927] BÖCKENFÖRDE, E. *GR*, p. 10s; BLECKMANN, A. *Neue Aspekte*, p. 943.

pela constituição. Para legitimar um recurso a um direito fundamental, as possibilidades de aplicação da legislação ordinária têm que ter sido literalmente esgotadas, em atenção aos métodos de interpretação vigentes. Inexistindo legislação capaz de cumprir tal tarefa, abre-se um caminho então para um recurso aos direitos fundamentais. Mas esse recurso não seria mais "imediato" no sentido estrito do termo, visto que teria esgotado uma série de considerações que na prática contribuiriam até para fornecer um significado mais concreto à norma constitucional a ser aplicada, sobretudo pela via da interpretação conforme a constituição.

De todo modo, a mesma observação tecida por ocasião da análise da teoria da eficácia direta tem lugar nessa análise. Parece inviável conceber que com o advento e desenvolvimento atual experimentado pelas cláusulas gerais e até mesmo pelas técnicas de interpretação conforme a constituição, que tal possibilidade venha a ocorrer com frequência. Na hipótese remota de casos nos quais nenhuma norma jurídica vigente, por meio das qual o conteúdo dos direitos fundamentais possa se desenvolver, mostre-se apta a solução de controvérsias privadas, reconhece-se que a vigência dos direitos fundamentais não pode acabar, admitindo-se, aí, a possibilidade excepcional de uma vigência "direta" dos direitos fundamentais[1928]. Não obstante, entende-se que essa possibilidade ainda guarda diferenças em relação à teoria da eficácia direta, seja pelo seu caráter nitidamente subsidiário, seja pelo elevado grau de excepcionalidade[1929] que deve justificar a sua implementação, árdua tarefa da fundamentação jurídica.

Note-se que quando a jurisprudência fala em incumbência de proteção (*Schutzauftrag*) dirigida pela constituição ao juiz, ela quer dizer com isso que este tem o dever, sobretudo nos casos de violação da paridade contratual,[1930] de trazer à vigência as decisões objetivas de direitos fundamentais por meio do direito civil.[1931] Essa posição em nada se opõe ao princípio da primazia de vinculação da jurisprudência civil à lei. Ela só visa a destacar o significado das normas de direito ordinário e em particular das cláusulas gerais como veículo de transposição dos valores da constituição para o direito privado. Isso permite à jurisprudência harmonizar sua vinculação à lei com a vinculação à constituição.[1932] Nesse sentido é que deve ser compreendida a natureza da incumbência de proteção dirigida pela constituição ao juiz.[1933]

Sob a perspectiva da ação dos tribunais na concretização dos deveres de proteção do Estado, parece que o aspecto mais relevante repousa na circunstância de que a constituição exige uma atualização desses deveres de proteção por parte dos tribunais.[1934] Entretanto, esse nível de exigência dependerá da própria estrutura da norma em questão. Quanto menor for o espaço de interpretação deixado pela norma a ser aplicada, menor será a

---

[1928] BÖCKENFÖRDE, E. *GR*, p. 11.
[1929] ISENSEE, J. *Abwehrrecht*, Rn. 161ss.
[1930] HILLGRUBER, C. *Grundrechtsschutz*, p. 76.
[1931] BVerfGE 81, 242 (256).
[1932] RÖTHEL, A. *Richterhand*, p. 428.
[1933] HILLGRUBER, C. *Grundrechtsschutz*, p. 76.
[1934] EPPING, V. *GR*, Rn. 344.

Eficácia Horizontal dos Direitos Fundamentais e Jurisdição Constitucional

possibilidade de os tribunais desenvolverem deveres de proteção pela via da interpretação e aplicação das normas, sob pena de quebra do princípio da divisão dos poderes.[1935] Trata-se de aspecto que conduz ao fim e ao cabo aos próprios limites de uma interpretação conforme a constituição, aspecto que também permeia o pensamento da teoria da eficácia indireta. Caberia avaliar, portanto, até que ponto a teoria dos deveres de proteção do Estado leva ao pensamento de eficácia indireta dos direitos fundamentais nas relações privadas.

3.3.11 A recondução da teoria dos deveres de proteção do Estado ao modelo de eficácia indireta dos direitos fundamentais nas relações privadas

A linha condutora dessa investigação deixa claro que de modo geral os direitos fundamentais não podem viger nas relações privadas e particularmente nos contratos de consumo, independentemente de uma mediação levada a efeito pelos órgãos estatais, em especial na figura do legislador democrático. Da mesma forma, evidenciou-se que a teoria dos deveres de proteção do Estado se mostra como uma construção apta a embasar uma eficácia dos direitos fundamentais nesse tipo de relação. A questão que se coloca é até que ponto a teoria dos deveres de proteção reconduz à teoria da eficácia indireta? A resposta a essa questão assume relevância a partir do instante em que se permite averiguar em que medida os fundamentos sustentadores da teoria da eficácia indireta são aplicados diante da teoria dos deveres de proteção do Estado.

O ponto inicial dessa abordagem repousa na constatação de que eficácia horizontal e deveres de proteção estatal, apesar de possuírem semelhanças, não se confundem.[1936] As semelhanças situam-se no plano da transposição de efeitos gerados pelos direitos fundamentais no âmbito jurídico-privado; as diferenças, na forma como essa transmissão é pensada e idealizada,[1937] levando-se em conta que há várias formas de se conceber o fenômeno da eficácia horizontal, como visto pela análise das diferentes teorias sobre o tema. Contudo, não há como negar que há uma semelhança importante entre a concepção de eficácia horizontal indireta e os deveres de proteção. Essa semelhança surge na análise do fato de que a teoria dos deveres de proteção embasa como uma norma de direito fundamental pode ser aplicada no curso de relações negociais travadas entre particulares.

A fundamentação em torno da existência de deveres de proteção do Estado aponta para um quadro em que frequentes mudanças das oposições sociais, carentes de equalização por meio das novas e crescentes necessidades da sociedade, ampliam as tarefas do Estado;[1938] entre elas, a necessidade de proteção dos cidadãos. Nessa direção, o Estado protege o particular contra violações a direitos fundamentais advindas da esfera privada, por

---

[1935] RÖTHEL, A. *Richterhand*, p. 428; EPPING, V. *GR*, Rn. 344.

[1936] ISENSEE, J. *Sicherheit*, p. 35; KRINGS, G. *Grund*, p. 375; LANGNER, T. *Problematik*, p. 245.

[1937] RAUSCHNING, D. *Staatsaufgabe*, p. 182s, com o exemplo do meio ambiente. Para ele, o direito de proteção ao meio ambiente não vige entre os cidadãos entre si. Trata-se da questão de qual influência o direito fundamental do atingido por uma violação ao meio ambiente tem frente às medidas estatais que devem ser tomadas junto ao violador (nota 44).

[1938] BADURA, P. *Sozialstaat*, p. 498.

meio do emprego de medidas adequadas a evitar a ocorrência de lesões nesses direitos.[1939] Trata-se do corolário de que o Estado tem a tarefa de zelar pela pacificação das relações sociais.[1940] Entretanto, essas mudanças não se deixam prever por completo, seja frente a sua natureza, seja frente a sua extensão. A aptidão da constituição para o futuro exige em vista disso uma interpretação constitucional que deixe espaço de atuação suficiente para o processo político.[1941] Tal realidade não exclui a observação dessa função de proteção na aplicação do direito, já que apenas enfatiza que os deveres de proteção jurídico-fundamentais são mediados pela legislação (*gesetzesmediatisiert*), de modo que não concedem imediatamente um título de intervenção contra terceiros.[1942] Por trás desse entendimento, repousa a ideia que cumpre ao legislador em princípio decidir por sua própria responsabilidade, de como o Estado irá cumprir seu dever para uma efetiva proteção, visão que conduz de certo modo à teoria da essencialidade e à noção de eficácia indireta dos direitos fundamentais nas relações privadas.

Todos os poderes públicos são destinatários dos deveres de proteção do Estado, situando-se, portanto, na condição de obrigados ao cumprimento de determinadas tarefas.[1943] Isso significa que tanto os deveres de proteção quanto os direitos de defesa se dirigem ao mesmo destinatário: o Estado.[1944] Na percepção de suas tarefas de proteção, o Estado, por força da dimensão defensiva de alguns direitos fundamentais, pode cair nos limites de suas possibilidades. Esse é exatamente o caso quando dois titulares de direitos fundamentais situam-se perante o Estado com interesses opostos: por um lado o interesse do atingido, que tem sua liberdade violada por um ato privado; por outro, o interesse do favorecido, de quem parte o ato. Surge dessa maneira uma espécie de triângulo determinado jurídico-fundamentalmente,[1945] no qual o Estado figura no topo e ambos os sujeitos privados em bases opostas.[1946] Àquele que é atingido pela ação privada corresponde um *status* positivo na forma de um direito à proteção; àquele que promove a ação corresponde um *status* negativo na forma de um direito de defesa.[1947]

Esse triângulo aponta para uma espécie de redescobrimento da obrigação do Estado em dois aspectos distintos, de respeitar os direitos fundamentais não apenas em direção negativa (omissão de violações), como também em direção positiva (de proteção efetiva). Trata-se aqui de dois aspectos de dever de um mesmo direito fundamental, que guardam a mesma hierarquia jurídico-constitucional, ainda que possam vir a ser atualizados de formas distintas do ponto de vista técnico-jurídico. Esse quadro geral revela que esses aspectos formam em sua totalidade o direito fundamental à segurança (*Grundrecht auf*

[1939] PAPIER, H. *DW*, Rn. 9.

[1940] ERICHSEN, H. *Handlungsfreiheit*, Rn. 7.

[1941] STARCK, C. *GG 50 Jahren*, p. 482.

[1942] DREIER, H. *GG Kommentar* (Vorb. Art. 1), Rn. 102; ISENSEE, J. *Sicherheit*, p. 33s. e 44.

[1943] STERN, K. *Staatsrecht III/1*, p. 950; CALLIESS, C. *Schutzpflichten*, Rn. 6.

[1944] UNRUH, P. *Dogmatik*, p. 21; CALLIESS, C. *Schutzpflichten*, Rn. 18.

[1945] ISENSEE, J. *Abwehrrecht*, Rn. 5.

[1946] CALLIESS, C. *Schutzpflichten*, Rn. 18.

[1947] CALLIESS, C. *Schutzpflichten*, Rn. 18.

Sicherheit).[1948] O que varia entre os dois aspectos é sua perspectiva de atuação: o direito fundamental em si parte do cidadão, que carece de proteção; o dever de proteção ancora-se no Estado, que é quem presta a proteção.[1949] Assim, na base desse triângulo imaginário, exatamente onde ocorre a relação entre privados propriamente dita, não se constata uma eficácia direta dos direitos fundamentais, haja vista que ambos os seus integrantes são titulares de direitos fundamentais. Constata-se de outra banda uma eficácia indireta, determinada pela interpretação do direito ordinário vigente.[1950]

Nessa espécie de relação constitucional multipolar, na qual a proteção dos direitos fundamentais de uma parte pode colidir com os direitos de defesa igualmente fundamentais de outra, o Estado é conduzido a um papel contraditório, talvez até na forma de um dilema: ele deve cumprir simultaneamente deveres de proteção, que se realizam pela via de intervenções, gerando repercussões na esfera de terceiros, e omissões relacionadas com o exercício de direitos de defesa.[1951] Ambas as tarefas devem ser suficientemente consideradas no exame tanto dos deveres de proteção quanto dos direitos de defesa. Dito de outro modo, ao Estado cabe a busca de uma atitude de equilíbrio entre deveres de proteção e direitos de defesa.[1952]

Daí se depreende que as teorias da eficácia indireta e dos deveres de proteção do Estado guardam uma semelhança inafastável no que diz respeito a seus pressupostos estruturais: ambas partem da noção de que o particular é titular de direitos fundamentais e os órgãos estatais destinatários desses direitos; ambas centram sua afirmação na prática de uma mediação legislativa como forma de transferir o conteúdo dos direitos fundamentais para as relações privadas, não concedendo imediatamente aos particulares um título de intervenções contra terceiros com base nos direitos fundamentais.

Os pontos de contato não param por aí. Outra circunstância que fala a favor do reconhecimento de uma proximidade estrutural entre ambas as teorias é seu ponto de partida comum. As decisões valorativas elementares da constituição são fundamento para a prática de deveres de proteção estatal[1953] da mesma forma como o são para o reconhecimento de uma eficácia dos direitos fundamentais nas relações privadas. Significa que a função dos direitos fundamentais como deveres de proteção estatalestatal resulta como consequência necessária do caráter desses direitos como princípios objetivos e decisões valorativas. É por essa razão que a conexão sistemática entre conteúdo jurídico–objetivo dos direitos fundamentais, eficácia horizontal indireta e deveres de proteção é apontada como evidente pela doutrina, haja vista que um desses elementos se afirma como pressuposto dos demais.[1954]

[1948] ISENSEE, J. *Sicherheit*, p. 33.

[1949] ISENSEE, J. *Sicherheit*, p. 33s.

[1950] ISENSEE, J. *Abwehrrecht*, Rn. 5.

[1951] CALLIESS, C. *Schutzpflichten*, Rn. 19.

[1952] CALLIESS, C. *Schutzpflichten*, Rn. 19.

[1953] STARCK, C. *Schutzpflichten*, p. 68.

[1954] BÖCKENFÖRDE, E. *GRdogmatik*, p. 39; HESSE, K. *Grundzüge*, Rn. 353, ponderando inclusive que na jurisprudência recente do BVerfG, delineia-se uma evolução que deixa clara a conexão entre as teorias da eficácia indireta e o dos deveres de proteção do Estado.

Observa-se que parcela importante das considerações que buscam diferenciar clara-mente a teoria dos deveres de proteção da teoria da eficácia indireta parte do pressuposto de que a primeira teoria não deixa dúvidas quanto ao direito privado como um todo dever ser interpretado em conformidade com a constituição e não apenas com as cláusulas gerais do direito civil, como supostamente pregaria a teoria da eficácia indireta.[1955] Toda-via, essa diferenciação perde grande parte dos seus contornos rígidos quando se aprofunda nos pilares originais da teoria da eficácia indireta e se constata que as cláusulas gerais e os conceitos indeterminados do direito civil não são o único veículo por ela proposto de transferência de conteúdo dos direitos fundamentais para o direito privado.

Não obstante, as cláusulas gerais desempenham um papel importante na fundamen-tação de uma semelhança entre eficácia horizontal indireta e a teoria dos deveres de proteção estatalestatal. Essa semelhança consiste no fato de que o legislador possibilita a efetivação de um dever de proteção por ocasião da promulgação de uma lei civil, trans-mitindo aos tribunais a tarefa de aplicação da norma que possibilita a efetivação do dever de proteção. Quando o juiz legisla sobre a forma de cláusulas gerais, ele não faz outra coisa do que efetivar esse dever de proteção, com a peculiaridade de fazê-lo da forma mais genérica. Isso se justifica pela impossibilidade de previsão de toda a sorte de ameaças e de perigos. Levando-se em conta a dinamicidade não apenas das relações sociais, como também do próprio ordenamento jurídico, que de uma forma ou de outra tem que acompanhar as mudanças da sociedade, as cláusulas gerais se afirmam como instrumento satisfatório a garantir essa proteção em situações diferenciadas.

Essa construção se verifica particularmente no referido caso do representante comer-cial, em que se argumentou que uma incumbência de proteção constitucional dirige-se ao juiz, que deve trazer as decisões fundamentais objetivas da constituição à vigência por meio do direito civil nos casos de violação da paridade contratual, particularmente no preenchimento das cláusulas gerais em observância aos direitos fundamentais.[1956] Essa fundamentação, correta em sua essência, poderia apenas ser refinada a partir da indicação adicional de que essa incumbência constitucional dirige-se em primeira linha ao legisla-dor nos termos acima referidos: ao legislar na forma de cláusulas gerais, o legislador efetiva primariamente os deveres de proteção, transmitindo na sequência a tarefa de aplicá-las em conformidade com os direitos fundamentais ao juiz.

Todas essas considerações demonstram que a teoria dos deveres de proteção conduz em seus aspectos centrais à teoria da eficácia indireta. Isso porque ao fim e ao cabo está edificada sobre os pilares da clássica teoria da eficácia indireta dos direitos fundamentais nas relações privadas, ainda que possua sutilezas que lhe conferem contornos distintos em relação à concepção original esboçada por Günter Dürig. Assim, quando se cogita esse tipo de eficácia indireta, em particular nos contratos de consumo, está-se em verdade a falar que o Estado tem o dever de proteger os direitos fundamentais dos indivíduos que tomam parte nesse tipo de relação.

[1955] Ptd, v. PAPIER, H. *DW*, Rn. 10.
[1956] BVerfGE 81, 242 (256).

Sem embargo, nota-se uma clara tendência na doutrina de verificar a vantagem de se abordar a temática da eficácia dos direitos fundamentais nas relações privadas sob a perspectiva dos deveres de proteção do Estado em relação à teoria da eficácia indireta.[1957] De fato, quando se analisam os contornos gerais da teoria dos deveres de proteção, verifica-se que essa vantagem existe. Isso não significa que a teoria da eficácia indireta não logre êxito em embasar a eficácia dos direitos fundamentais nas relações privadas, como as de consumo, por exemplo. Admitir isso seria negar a mesma capacidade de embasamento em relação à teoria dos deveres de proteção, que como visto está alicerçada naqueles pilares. Essa observação abre espaço para a constatação de que tais vantagens se concentram naquilo que se pode denominar de uma perspectiva mais clara e abrangente do modo pelo qual a teoria dos deveres de proteção do Estado abarca a questão da eficácia dos direitos fundamentais nas relações privadas. Isso se deve em parte ao fato de a teoria dos deveres de proteção ter se ocupado dessa temática em um período bem mais recente em relação à época de surgimento da teoria da eficácia indireta. No momento em que a noção moderna e eficaz de constituição aponta que ela tem que se pautar por clareza concepcional, capacidade de realidade funcional, racionalidade sistêmica e redução de complexidade,[1958] constata-se de fato que a teoria dos deveres de proteção do Estado se afirmae como modelo teórico capaz de realizar em maior medida esses elementos quanto à transposição dos valores da constituição para as relações privadas.

Há quem pondere que a doutrina dos deveres de proteção do Estado tem a vantagem de estar construída sobre as estruturas do direito privado (*auf den Strukturen des Privatrechts aufbaut*), carecendo apenas de uma concretização de acordo com seu respectivo conteúdo.[1959] Ao se levar em conta que a ideia em torno de deveres de proteção do Estado em geral é mais antiga que o reconhecimento do fenômeno da eficácia horizontal, surgem dúvidas quanto à extensão dessa colocação, ao menos quando se admite que ela pode ser interpretada de diferentes maneiras. Entretanto, ela pode ser aprimorada, revelando a partir daí uma vantagem caso se interprete essa assertiva no sentido de que a teoria dos deveres de proteção se apoia com mais facilidade na estrutura do direito privado, por compreender em sua essência a atividade do legislador de direito privado.

Para além disso, a teoria dos deveres de proteção, ao impor aos órgãos estatais a obrigação de zelarem efetivamente para que não existam violações dos direitos fundamentais por parte de outros particulares, acaba por contribuir sensivelmente para a ampliação da eficácia desses direitos na esfera privada, ainda que se tenha em mente que a clássica teoria da *Drittwirkung* indireta não se limita ao tradicional preenchimento das cláusulas gerais e conceitos indeterminados do direito privado. No caso, essa ampliação se deve justa-

---

[1957] BLECKMANN, A. *Staatsrecht*, p. 347; CANARIS, C. *Grundrechtswirkungen*, p. 163; DIEDERICHSEN, U. *BVerfG*, p. 250; DREIER, H. *GG Kommentar* (Vorb. Art. 1), Rn. 101ss; HERMES, G. *GRschutz*, p. 1.767; HESSE, K. *Grundzüge*, Rn. 353; do mesmo autor, v. HESSE, K. *Bestand*, p. 437; LANGNER, T. *Problematik*, p. 88ss; NEUNER, J. *Privatrecht*, p. 161; ROBBERS, G. *Sicherheit*, p. 202ss; RUFFERT, M. *Vorrang*, p. 21ss; STARCK, C. *Schutzpflichten*, p. 46ss; do mesmo autor, v. STARCK, C. *Grundrechte*, p. 244; STERN, K. *Staatsrecht III/1*, p. 1.572.

[1958] MÜLLER-GRAFF, P. *Verfassung*, p. 211ss.

[1959] NEUNER, J. *Privatrecht*, p. 161.

mente ao reconhecimento de que o Estado tem o dever de agir na proteção dos direitos fundamentais dos cidadãos independentemente da direção pela qual provenha eventual agressão, circunstância que ultrapassa o entendimento – aqui também preservado pela sua essencialidade – acerca de uma influência isolada de *critérios de valor jurídico-fundamentais* (*grundrechtlicher Wertmaßstäbe*)[1960] sobre a ordem jurídico-privada. Isso veda a ocorrência de contradições entre as prescrições jurídico-civis e o sistema de valores consagrados pela constituição com base na garantia da dignidade humana e do livre desenvolvimento da personalidade.[1961] Trata-se, portanto, de um alargamento gerado sobretudo por uma nova forma de se conceber uma função adicional do Estado enquanto ente protetor dos direitos fundamentais, em todas as direções que do ponto de vista do direito contratual possui o condão de modificar de certo modo o critério para a delimitação de espaços de liberdade para a autonomia privada.[1962]

Há quem sustente que a teoria da eficácia indireta carece de formulação de regras mais precisas a partir dos direitos fundamentais, e por isso mais complexas, do que é feito em relação à teoria dos deveres de proteção.[1963] Isso porque os deveres de proteção deixam em aberto o modo como o Estado deve garantir uma posição jurídico-fundamental, abrindo caminho para um embasamento mais flexível para a eficácia dos direitos fundamentais no direito privado.[1964] Assim, os deveres de proteção podem ser concebidos até mesmo sob o ponto de vista de limites ao exercício de direitos. Nesse caso, impõem uma autorização ao Estado para restringir até mesmo direitos fundamentais quando isso se faznecessário para o asseguramento de bens jurídicos de hierarquia constitucional, como a vida, por exemplo.[1965]

Desse modo, problemas inerentes à eficácia horizontal são solucionados pela teoria dos deveres de proteção independentemente de um alargamento global da vigência dos direitos fundamentais no âmbito do direito privado, ciente de que tal alargamento conduz a novas restrições de caráter artificial e não raro arbitrárias desses direitos como forma de adequação das relações.[1966] Essa constatação possui duplo significado. Os argumentos esgrimidos pelos deveres de proteção contribuem em sua medida para repudiar uma eficácia direta dos direitos fundamentais nas relações privadas e para reforçar por assim dizer o campo de incidência da teoria da eficácia indireta, agregando-lhe precisão na busca de maior efetividade.

[1960] Essa é sobretudo a linha adotada pela sentença Lüth – BVefGE, 7, 198 (206). Comentando a relação dos fundamentos da sentença Lüth, sob a perspectiva dos deveres de proteção do Estado, priorizando o papel do legislador na construção de prescrições protetivas, v. HERMES, G. *GRschutz*, p. 1.767.

[1961] BVefGE, 7, 198 (205).

[1962] DIEDERICHSEN, U. *BVerfG*, p. 250.

[1963] BLECKMANN, A. *Staatsrecht*, p. 347.

[1964] RUFFERT, M. *Vorrang*, p. 21; STERN, K. *Staatsrecht III/1*, p. 1.572, pondera que a teoria dos deveres de proteção possui flexibilidade suficiente para achar respostas corretas frente aos complexos casos de ponderação típicos da *Drittwirkung*.

[1965] STARCK, C. *Schutzpflichten*, p. 57.

[1966] STARCK, C. *Grundrechte*, p. 244; HESSE, K. *Bestand*, p. 437.

Mas a grande vantagem da construção em torno de deveres de proteção do Estado está, como anunciado, na percepção de que o problema da eficácia horizontal não se deixa fundamentar adequadamente caso se analise apenas um lado da questão, seja sob a ótica do direito constitucional, seja sob a ótica do direito privado. A própria articulação dessa investigação dá conta dessa realidade. A partir do instante em que a teoria dos deveres de proteção chama a atenção para o dever de reconhecer ao Estado uma ampla área de manobra, ou seja, um espaço de discricionariedade em vista do "se" e do "como" suas regulamentações podem ser realizadas à luz desses deveres, ela abre uma perspectiva muito maior para a constatação e a solução de problemas que podem passar despercebidos – ainda que não necessariamente – na contemplação da teoria da eficácia indireta. Por exemplo, a questão do âmbito de proteção dos direitos fundamentais, a possibilidade de restrição desses direitos e finalmente a relação entre a jurisdição constitucional com os poderes públicos, em particular o legislador e os tribunais ordinários.

Nesse passo, o reconhecimento em torno da existência de um dever de proteção estatal representa antes de tudo um reforço argumentativo em favor da própria existência de uma eficácia horizontal indireta. O direito à proteção descreve no marco da problemática da *Drittwirkung* a posição jurídica de um titular de direito fundamental que vê esse direito ameaçado por terceiros privados, complementando a posição jurídica defensiva deste perante o lado de onde provém a agressão.[1967] Parte-se daí para a ordenação das funções estatais, que vai desde a tarefa de configuração legislativa até a competência dos próprios tribunais. A teoria dos deveres de proteção tem nessa linha o grande mérito de chamar a atenção para o fato de que para possuírem o efeito desejado os direitos fundamentais materiais carecem de medidas procedimentais e assecuratórias adequadas.

Aqui entra em jogo a figura de um direito fundamental à organização e procedimento (*Organisation und Verfahren*), que informa que os direitos fundamentais não influenciam apenas a configuração do direito material. Eles impõem simultaneamente critérios para a configuração de procedimentos e para sua aplicação em harmonia com a constituição.[1968] Nesse sentido, a doutrina[1969] e a jurisprudência[1970] reconhecem que a constituição impõe um dever ao Estado de realizar uma configuração dos seus procedimentos que seja favorável ao asseguramento dos direitos fundamentais, configuração essa que está direcionada à regulamentação normativa do procedimento e ao manejo das regras procedimentais no caso concreto. Fala-se aqui de um efeito de irradiação dos direitos fundamentais sobre a aplicação do direito procedimental.[1971] Trata-se da constatação de que, para que os direitos fundamentais possam cumprir sua função na realidade social, eles necessitam não apenas de regulamentações detalhadas quanto a seu conteúdo, mas também de formas de orga-

---

[1967] ROBBERS, G. *Sicherheit*, p. 202.

[1968] DREIER, H. *GG Kommentar* (Vorb. Art. 1), Rn. 105.

[1969] BADURA, P. *Staatsrecht*, C, p. 105, Rn. 21; HESSE, K. *Bestand*, p. 434ss.

[1970] BVerfGE 42, 64 (73s); 46, 325 (334s); Abw. 49, 220 (235); 53, 30 (71); 65, 76 (94); 69, 315 (355).

[1971] BVerfGE 46, 325 (334), *Ausstrahlungswirkung der Grundrechte auf die Anwendung des Verfahrensrechts*.

nização e regulamentações de procedimento adequadas.[1972] O objetivo não é outro senão garantir um procedimento marcado por uma aplicação amistosa aos direitos fundamentais (*grundrechtsfreundliche Anwendung*).[1973] Trata-se de uma orientação voltada à busca de uma condução procedimental leal (*faire Verfahrensführung*), que na condição de um dos princípios elementares do Estado de direito[1974] visa a evitar decisões arbitrárias[1975]. Com isso busca-se evitar o perigo de uma desvalorização das posições materiais de direito fundamental.[1976]

O aspecto primordial ligado à concepção dos direitos fundamentais a organização e procedimento é que o legislador tem que criar pressupostos de caráter organizatório, bem como colocar à disposição aparatos procedimentais necessários à realização dos direitos fundamentais.[1977] A partir daí se conclui que a compreensão em torno da existência de um direito fundamental a organização e procedimento é relevante para a própria concepção de deveres de proteção estatal,[1978] cuja efetivação depende em considerável medida desses direitos. Desde esse momento e uma vezque essa questão está nitidamente voltada à efetividade dos direitos fundamentais, revela-se uma inegável vantagem do emprego dessa teoria para o embasamento sólida de uma eficácia dos direitos fundamentais nas relações privadas, que da mesma forma que em outros tipos de relação carecem em elevada medida de organização e procedimentos adequados e eficazes.

Nessa conexão de elementos, a doutrina costuma afirmar que a função mandamental de proteção dos direitos fundamentais constitui-se assim no "ponto de partida dogmático mais limpo" (*dogmatisch sauberste Ansatzpunkt*) para a compreensão da eficácia dos direitos fundamentais na ordem jurídico-privada, desde a essência e do conteúdo desses direitos.[1979] Há quem sustente ainda em tom mais entusiasmado que a função de proteção dos direitos fundamentais é vista do ponto de vista dogmático como o "elo perdido" (*missing link*) para explicar a eficácia indireta dos direitos fundamentais nas relações privadas e para assentar a doutrina difusa da eficácia irradiante dos direitos fundamentais sob uma base sólida.[1980] Mesmo no grupo dos defensores de um modelo de eficácia direta dos direitos fundamentais no tráfego jurídico privado há quem reconheça que a adoção da teoria dos deveres de proteção do Estado, ao negar o modelo de eficácia direta, não implica renúncia a uma significativa eficácia (*bedeutsame Einwirkung*) desses direitos nas relações privadas.[1981]

[1972] HESSE, K. *Bestand*, p. 434; JARASS, H. *Funktionen*, Rn. 52s; LERCHE, P. *Facetten*, p. 23s; OSSENBÜHL, F. *Kernenergie*, p. 5; SACHS, M. *Grundrechte*, p. 50, Rn. 63. EN, v. SARLET, I. *Eficácia*, p. 197ss; do mesmo autor, v. SARLET, I. *Saúde*, p. 9ss; MENDES, G. *DF*, p. 8ss.

[1973] BVerfGE 65, 76 (94); 69, 315 (355). Na doutrina, v. DREIER, H. *GG Kommentar* (Vorb. Art. 1), Rn. 105.

[1974] BVerfGE 26, 66 (NJW 1969, p. 1.424); 38, 105 (111); 40, 95 (NJW 1975, p. 1.597); 46, 365 (334s).

[1975] BVerfGE 46, 325 (334s). Na doutrina, v. HESSE, K. *Bestand*, p. 435.

[1976] BVerfGE 63, 131 (143). Na doutrina, v. DREIER, H. *GG Kommentar* (Vorb. Art. 1), Rn. 105.

[1977] LERCHE, P. *Facetten*, p. 23s, citando o exemplo de que a obtenção efetiva de liberdade científica necessita da implantação de organizações científicas estatais que se mostrem efetivas à comunidade.

[1978] KRINGS, G. *Grund*, p. 368.

[1979] STERN, K. *Staatsrecht III/1*, p. 1.572.

[1980] CANARIS, C. *Grundrechtswirkungen*, p. 163.

[1981] SARLET, I. *Entwicklung*, p. 94.

Conclui-se este tópico com a assertiva de que a teoria dos deveres de proteção do Estado, ao se deixar reconduzir em seus pontos essenciais à teoria da eficácia indireta, representa uma construção que logra êxito em definir que os negócios privados não são um campo imune à incidência dos direitos fundamentais, constituindo-se em sólido ponto de apoio para embasar a eficácia horizontal. Resta analisar por fim como ela se comporta em relação à realidade específica dos contratos de consumo, na linha condutora deste estudo, que é o pensamento de diálogo das fontes e de *convergência* do direito privado para o direito constitucional.

3.3.12 Conclusões parciais

A conexão da teoria dos deveres de proteção do Estado com a temática da eficácia horizontal e das relações de consumo fundamenta-se na seguinte linha: ao reconhecer a pessoa como valor supremo do ordenamento, o Estado tem o dever de protegê-la, independentemente do lado do qual provenha a agressão, de modo que as relações privadas não podem passar ao largo desse dever de proteção estatal. E no rol das relações que merecem cuidado especial do Estado, situam-se as de consumo, considerando-se a particular fragilidade do sujeito que integra necessariamente esse tipo de relação: o consumidor.

Em matéria de contratos privados e particularmente de contratos de consumo, o ponto de passagem a partir dos quais os deveres de proteção têm que ser ativados pode ser centrado nas situações em que a atuação de um sujeito privado se dá de forma a impedir o livre desenvolvimento da personalidade da parte mais fraca na relação. Nesse sentido, quanto maior for o estreitamento do espaço de liberdade provocado pela ação de terceiros, maior deve ser a resposta dada pelo Estado no que diz respeito à restauração da liberdade. Do mesmo modo, quanto maior for a repetição de lesões a direitos fundamentais, tanto mais energicamente os deveres de proteção devem se fazer presentes. Importa aqui que o dever de proteção do Estado seja levado tão mais a sério quanto maior for a hierarquia concreta do bem jurídico em questão, sob a perspectiva da ordem de valores da constituição. Nesse quadro, os fenômenos de massa requerem cuidado especial, dada a maior incidência de seus efeitos, configurando os contratos de consumo um exemplo típico dessa realidade.

Os deveres de proteção podem ser acionados em face da proteção da pessoa contra si mesma em proporção inversa ao teor de discernimento de quem decide pela prática da conduta nociva em questão. Assim, quanto menor for a capacidade da pessoa em compreender a situação em que se encontra, bem como as consequências imediatas de sua conduta, maior é a possibilidade que se abre ao Estado de intervir de diferentes maneiras para proteger a pessoa contra si mesma. Analogamente, quanto maior for o sentimento de autorresponsabilidade, que permita à pessoa uma noção clara que a leve a decidir os rumos pelos quais sua vida deve tomar, menor são as possibilidades que o Estado tem de ativar deveres de proteção nesse sentido, ainda que à luz de um sentimento geral essa decisão não seja a mais acertada. Esse critério dá conta de que quanto maior for o grau de autonomia da pessoa, vale dizer, a noção consciente dos riscos e consequências advindos do seu comportamento, menor é em princípio a margem de ação interventiva de caráter protetivo do Estado e vice-versa.

Sob a perspectiva dos direitos fundamentais, a proteção contra ameaças ou lesões provenientes do próprio titular não se equipara em intensidade à proteção devida diante de outras fontes de ameaças no sentido tradicional dos deveres de proteção. Significa que quando a conduta do próprio indivíduo estiver em jogo e quando ele for o único destinatário dos efeitos dessa conduta, os motivos para afastar os caminhos por ele mesmo eleitos devem pesar em maior intensidade em relação aos que são cogitados quando a ameaça ou a lesão provêm de terceiros, incluindo o próprio Estado.

O fato de a proteção constitucional do consumidor não ser enquadrada na acepção de um típico direito de defesa, oponível contra o Estado, não lhe retira por si só o caráter jurídico-fundamental. Isso porque todas as pessoas têm em comum serem consumidores ativos ou em potencial. Assim, quando se fala de consumidores, está-se a falar de pessoas; ao se falar de consumo, está-se a falar de subsistência. Ao se proteger o consumidor, protege-se, portanto, seu mínimo existencial e nesse sentido sua própria dignidade.

Em uma economia de mercado social, a política de proteção do consumidor é nitidamente uma política de formação e de informação. Nessa conexão, não há falar em autorresponsabilidade, autodesenvolvimento da personalidade ou ainda autonomia privada se não se fizer presente a livre capacidade de decisão, que só é verificada na ausência de imposição de vontade alheia por qualquer meio contrário ao direito e na presença de todos os elementos que se façam minimamente indispensáveis para uma ponderação entre as vantagens e desvantagens do negócio. Nesse sentido, a necessidade de proteção do consumidor reside na garantia de sua livre capacidade de decisão, no respeito à garantia de todos os direitos fundamentais que venham a incidir na relação de consumo e em uma atitude voltada à proteção da sua dignidade.

A teoria dos deveres de proteção do Estado, ao conduzir em seus pontos essenciais à teoria da eficácia indireta, representa uma construção que logra êxito em definir que os negócios privados não são um campo imune à incidência dos direitos fundamentais, constituindo-se em sólido ponto de apoio para o embasamento da eficácia horizontal. A vantagem trazida pelo emprego da teoria dos deveres de proteção concentra-se naquilo que se pode denominar uma perspectiva mais clara e abrangente do modo pelo qual se fundamenta a questão da eficácia dos direitos fundamentais nas relações privadas. Isso se deve em parte ao fato de a teoria dos deveres de proteção ter se ocupado dessa temática em um período bem mais recente em relação à época de surgimento da teoria da eficácia indireta, sem negar seus fundamentos, até mesmo por estar construída sob seus pilares.

CAPÍTULO | 4

A teoria dos deveres de proteção do Estado como corolário do modelo de convergência do direito privado para a constituição à luz dos contratos de consumo

Como demonstra Peter-Christian Müller Graff,[1] quando se tenta fazer uma primeira ordem de elementos diversos, recomenda-se uma classificação pela natureza de sua capacidade de vinculação, em que os respectivos níveis e âmbitos se deixam diferenciar. O caminho percorrido nessa investigação deixou-se conduzir por esse pensamento, ao analisar os aspectos mais relevantes à compreensão dos direitos fundamentais e ao mecanismo de transposição dos seus efeitos para as relações privadas, com foco nas relações de consumo. O entendimento base foi de que os contratos privados e, em particular, os contratos de consumo não são um campo imune à incidência de direitos fundamentais. Demonstrou-se que a teoria dos deveres de proteção do Estado logra êxito em fundamentar um modelo de eficácia indireta dos direitos fundamentais junto às relações de consumo, alicerçada em grande parte na concepção de que os direitos fundamentais representam, ao lado da função de defesa, uma ordem de valores objetiva, que vige para todos os âmbitos do direito, proporcionando diretrizes e impulsos para os poderes públicos. Chega-se ao momento de trabalhar o modelo de deveres de proteção que melhor atenda às exigências do ordenamento jurídico, com vistas a fundamentar uma adequada eficácia dos direitos fundamentais no direito privado e, em especial, nos contratos de consumo. A elaboração desse modelo volta-se ao fato de que a constituição, colocando-se no centro

---

[1] MÜLLER-GRAFF, P. *Privatrecht*, p. 21.

do ordenamento jurídico, deixa perguntar como as relações típicas de direito privado se colocam perante a dignidade da pessoa humana e os direitos fundamentais. A resposta a essa questão passa pela ideia de *convergência,* que encontra expressão por sua vez na teoria dos deveres de proteção do Estado.

4.1 A proteção do consumidor como modelo de fundamentação na perspectiva de um dever fundamental de proteção do Estado

A inclusão da proteção do consumidor na forma de um dever fundamental de proteção do Estado contribui em larga medida para informar o modo pelo qual pode ser encarado um direito fundamental sob a perspectiva de um dever de proteção do Estado. Isso porque o mecanismo de ativação constitucional dos deveres de proteção possui uma ampla dogmática jurídica constitucional que lhe dá suporte e que aborda por força diversos aspectos do direito constitucional, os quais foram pontualmente analisados ao longo do estudo. Resta agora fechar esse trabalho consolidando a concepção que, no entender da linha de argumentação conduzida, melhor fundamenta o quadro de transposição dos valores da constituição para o direito privado em geral e para as relações de consumo em especial. Para tanto, faz-se um breve retrospecto dos contornos da teoria dos deveres de proteção.

A função de proteção dos direitos fundamentais inclina-se em primeira linha para o legislador, o que não exclui a vinculação de todos os órgãos estatais a esses direitos. Isso significa que o legislador tem o dever de formular normas que protejam efetivamente o titular desses direitos, ao passo que os tribunais têm o dever de aplicar e interpretar essas normas, em atividade voltada igualmente à proteção desses titulares (na ótica desse estudo, consumidores), o que evidencia que os deveres jurídicos -fundamentais de proteção são mediatizados pela legislação. No instante em que aos direitos fundamentais estão conectados deveres de proteção e que esses deveres carecem de mediação legislativa, reconhece-se ao legislador um considerável espaço de manobra para a configuração da forma pela qual ele pretende conduzir e efetivar essa proteção, não se podendo determinar de antemão uma única solução como exata do ponto de vista da constituição.[2]

Esse espaço de manobra é marcado por uma prerrogativa de avaliação legislativa, cujo fator decisivo se dá na aferição de um prognóstico sobre as consequências fáticas da utilização do meio por ele eleito, sem afastar a competência de exame pelo órgão jurisdicional responsável pelo controle de constitucionalidade, dentro de limites funcionais delineados sobretudo por regras de competência estabelecidas na constituição. Trata-se de aspecto relacionado com os próprios limites da constituição, que não pode fornecer respostas prontas, no sentido de como uma determinada proteção deve ser efetuada em todas as situações possíveis nas quais se faça necessária. Exigir isso da constituição seria não apenas demasiado, como também inviável do ponto de vista da obtenção de resultados práticos. Ao fim e ao cabo, tudo parece conduzir para um velho dilema: o problema da compatibilidade entre o direito constitucional (*Verfassungsrecht*) e a realidade constitucional

---

[2] CANARIS, C. *GR*, p. 19s.

(*Verfassungswirklichkeit*),[3] carente de um mínimo grau de civilização que lhes dê suporte,[4] à medida que as constituições não podem modificar diretamente a realidade, mas apenas indiretamente influenciá-la.[5] Nesse marco, o conteúdo material dos deveres de proteção tem que se orientar à proteção efetiva dos bens jurídicos em jogo. Está focado, portanto, àquelas medidas que se mostram apropriadas à defesa de direitos fundamentais em face de intervenções provenientes de terceiros. O que pode variar é a sua extensão, bem como a modalidade de implementação prática.

O legislador, ao redigir o CDC em conjunto com outras normas, determinou uma série de situações que visam a cumprir o mandamento constitucional de proteção do consumidor. É por essa razão que o próprio CDC deve coexistir com outras fontes normativas, nenhuma delas tendo sua aplicação excluída de antemão.[6] Na eleição da fonte normativa, decisiva é a intensidade da proteção conferida pela norma, assim como sua pertinência ao caso concreto, cenário no qual as cláusulas gerais do direito civil podem encontrar aplicação destacada, na forma de instrumentos passíveis de preenchimento valorativo orientado à constituição e, portanto, na condição de veículo apto a transportar essas decisões de valor jurídico constitucional para as relações de direito privado. Manter a eficácia diária das disposições relacionadas com a proteção do consumidor é, pois, manter a eficácia da própria constituição, haja vista que dizem respeito à concretização legislativa de um direito fundamental.

Aos tribunais cabe à tarefa de assegurar a observância e a efetivação desse mandamento de proteção, aplicando as disposições do CDC e de outras fontes normativas no sentido pretendido pela CF/88, qual seja, de especial proteção do consumidor. Ao tribunal constitucional em particular, cabe a tarefa contínua de apontar a inconstitucionalidade de toda e qualquer medida que tenha por finalidade enfraquecer demasiadamente essa proteção, com amparo na proibição de insuficiência, e de salientar, em contrapartida, a constitucionalidade das medidas protetivas.[7] As relações de consumo são o *teatro de operações* em que essa proteção se faz mais do que o oportuna, visto que necessária. Ademais, a vulnerabilidade do consumidor no mercado de consumo[8] extrapola barreiras sociais e econômicas. Se mesmo aqueles que possuem amplos recursos econômicos e, em vista disso, pleno acesso aos bens da vida e à informação tornam-se vulneráveis no instante em que, na condição pura de consumidores, se colocam perante situações desvantajosas praticadas no mercado em face de concorrência desleal,[9] publicidade enganosa, abusiva ou ainda frente a métodos comerciais coercitivos,[10] o que se dirá do homem médio, aquele que em última análise

---

[3] GRIMM, D. *Verfassung,* p. 17ss.

[4] MÜLLER-GRAFF, P. *Konstitutionalisierung*, p. 733.

[5] GRIMM, D. *Verfassung*, p. 19.

[6] MARQUES, C. *Superação*, p. 34ss.

[7] O reconhecimento pelo STF de que o CDC se aplica às relações travadas com instituições financeiras, na chamada ADIn dos Bancos (ADIn 2.591), confirmou, a propósito, o acertado cumprimento dessa tarefa. Sobre o tema, v. na literatura, ptd, MARQUES, C. *ADIn 2.591*, p. 363ss.

[8] CDC, art. 4º, I.

[9] CDC, art. 4º,VI.

[10] CDC, art. 6º, IV.

guia as linhas gerais da atividade legislativa? Nesse sentido, grande parte dos instrumentos de proteção ao consumidor tem como objeto uma restrição da liberdade contratual, a fim de que seja evitada a prática de abuso em prejuízo do consumidor.[11] É por essa razão que o problema das relações de consumo se mostra como pano de fundo ideal para o estudo concreto do fenômeno da eficácia dos direitos fundamentais nas relações privadas. Com efeito, as relações de consumo representam o palco central da colisão entre posições jurídicas fundamentais entre o consumidor e o fornecedor.[12]

A fundamentação em torno da necessidade de um dever de proteção constitucional ao consumidor decorre da constatação de que o Estado tem a função de proteger os direitos fundamentais dos particulares contra agressões provenientes de outros sujeitos privados por meio da atuação dos órgãos públicos, em particular, do legislador e dos tribunais.[13] No momento em que a proteção do consumidor engloba: proteção da vida, saúde e segurança contra os riscos provocados por práticas no fornecimento de produtos e serviços;[14] liberdade de escolha e igualdade nas contratações;[15] direito à informação sobre os diferentes produtos e serviços;[16] prevenção e reparação efetiva contra danos patrimoniais e morais decorrentes de relações de consumo;[17] e garantir o acesso aos órgãos administrativos e judiciais para tanto,[18] fica mais do que clara a conexão entre relações de consumo, direitos fundamentais e necessidade de proteção.[19]

A eficácia da proteção destinada ao consumidor na forma de um dever de proteção estatal ultrapassa ainda aquela que deriva da conexão com a determinação de objetivos estatais ou de princípios da ordem econômica.[20] Isso porque os deveres de proteção estatais se deixam deduzir de direitos fundamentais e não meramente de objetivos ou tarefas estatais.[21] Razão para tanto é a constatação de que as determinações de objetivos estatais por si só pouco produzem em resultados concretos, já que dependem de serem acolhidas pelo legislador para serem transformadas em direito vigente, de acordo com os problemas e possibilidades que se fazem presentes,[22] ainda que possam vir a se tornar decisivas na interpretação do direito, sobretudo em face de conceitos jurídicos indeterminados e na ponderação de interesses opostos.[23] Proteção contra violações provenientes de terceiros (privados) torna-se um tema de direitos fundamentais e, como tal, chama a responsabilidade do Estado, que não pode permanecer inativo quando verifica que direitos funda-

---

[11] KRINGS, G. *Grund,* p. 318.

[12] KRINGS, G. *Grund,* p. 318.

[13] CANARIS, C. *GR (AcP)*, p. 225ss.

[14] CDC, art. 6°, I.

[15] CDC, art. 6°, II.

[16] CDC, art. 6°, III.

[17] CDC, art. 6°, VI.

[18] CDC, art. 6°, VII.

[19] Remeta-se, nessa conexão, ao art. 5°, *caput*, e V, XIV, XXXV, da CF/88.

[20] CF/88, art. 170, V.

[21] DREIER, H. *GG Kommentar* (Vorb. Art. 1), Rn. 102.

[22] HESSE, K. *Grundzüge*, Rn. 208.

[23] HESSE, K. *Grundzüge*, Rn. 208, destacando que isso pressupõe que o Estado esteja apto a realizar objetivos estatais normatizados.

mentais são violados por outros que não o próprio Estado. Essa é a propósito a base do reconhecimento de que "o Estado está para a vontade da pessoa e não a pessoa está para a vontade do Estado".[24]

Os aspectos até aqui levantados comprovam que a inclusão da proteção do consumidor na forma de um direito fundamental, sob a perspectiva de um dever de proteção do Estado, é adequada e pertinente do ponto de vista da dogmática constitucional. A constituição dá o comando de que o Estado tem que promover a defesa do consumidor na forma da lei. Aqui, como não poderia ser diferente, a própria CF/88 abriu ao legislador um espaço de manobra para configuração dessa proteção, que se dá particularmente na forma do CDC e das demais disposições legislativas, inclusive do CC. Respeitou-se assim a liberdade de configuração do legislador no exercício pleno de suas competências, ao mesmo tempo em que se cumpriu o dever constitucional de zelo do consumidor, enquanto titular de direitos fundamentais.

4.2 A incorporação da teoria do diálogo das fontes à teoria da constituição

Uma vez demonstrado que o direito de proteção ao consumidor se mostra como exemplo nítido do cumprimento de um dever de proteção jurídico-fundamental, cumpre trabalhar o modelo à luz de uma construção dogmática que melhor atenda às exigências do ordenamento jurídico. Não há direito sem relação jurídica, sendo que não há esta sem diálogo.[25] A constatação em torno da existência de direitos fundamentais como elementos da ordem objetiva e a consequente derivação de deveres de proteção estatais nesse âmbito revela que o direito privado e a constituição não vigem sem relação entre si.[26] Isso se prova já a partir da constatação de que nenhum ordenamento jurídico pode viver sem um direito privado sólido, que concretize os valores constitucionais. Além disso, os direitos fundamentais são formas lapidares (*Lapidar Formeln*), que, como tais, carecem de uma interpretação que lhes agregue conteúdo sólido, o que costuma ser feito pela via da concretização pelo direito ordinário.[27]

Essa constatação possui relevância geral para a relação entre a constituição e o direito privado e particularmente para a relação entre a constituição e o direito do consumidor, relações essas que têm que ser invariavelmente marcadas por um diálogo de fontes normativas.[28] O direito privado inspira-se na constituição, a partir do momento em que ela

---

[24] SCHMID, C. *Entstehungsgeschichte,* p. 45ss, em manifestação na qual sugeriu essa formulação para a redação do art. 1, Abs. I, da LF. Referida sugestão acabou não integrando o texto final da LF, a partir da argumentação de Theodor Heuss, de que seria um mal-entendido fundamental visualizar o Estado democrático e o particular como opostos. Aprofundando o conceito e a discussão, v. ENDERS, C. *Menschenwürde*, p. 22s, 135s.

[25] GRÖSCHNER, R. *Dialogik,* p. 90, empregando o termo "Dialógica" (*Dialogik*), relativo a diálogo.

[26] STARCK, C. *Bonner GG.* 4. Auf., Art. 1, Rn. 264.

[27] BÖCKENFÖRDE, E. *Grundrechtstheorie,* p. 1529.

[28] Recorre-se aqui novamente à formulação original de JAYME, E. *Kultur,* p. 234, trabalhada EN por MARQUES, C. *Manual de Direito do Consumidor,* p. 129ss.

situa a pessoa como centro do ordenamento jurídico.[29] Em outras palavras, reconhece-se a supremacia da constituição, pelo fato de que ela reconhece a dignidade humana como intangível e como fundamento do Estado. Nessa conexão de elementos, o diálogo surge principalmente na obtenção de uma configuração que garanta à pessoa a possibilidade de maior desenvolvimento, em compatibilidade com a vida em sociedade. Ao se defender a necessidade de um dever constitucional de proteção do consumidor, o diálogo das fontes conduz à obtenção de um equilíbrio do ordenamento jurídico, revelando a possibilidade de decisão coerente frente à pluralidade de fontes normativas, que coexistem entre si.[30] Esse ponto de vista indica que paralelamente ao CDC, o próprio CC e outras disposições normativas podem ser aplicados na busca da solução que melhor atenda ao mandamento constitucional de proteção do consumidor.[31]

Em sua concepção original, a teoria do diálogo das fontes dá conta que se deve pregar uma aplicação coerente das normas jurídicas, voltada à eficiência, que é buscada não apenas na hierarquia, mas igualmente na funcionalidade de um sistema plural e complexo que marca o direito contemporâneo como um todo, cujo foco é o afastamento de antinomias, incompatibilidades ou de uma não coerência.[32] Ao se dirigir à teoria da constituição, o diálogo das fontes salienta não apenas a necessidade de comunicação entre os preceitos da constituição em si, que não podem ser realizados uns à custa dos outros, dado que gozam de mesma hierarquia, como é o caso dos princípios fundamentais, mas analogamente entre a constituição e os demais âmbitos jurídicos. O primeiro aspecto deixa-se reconduzir à própria necessidade de se agregar aquilo que se pode denominar de capacidade de realidade funcional (*Funktionelle Realitätsfähigkeit*).[33] O segundo, por sua vez, à ideia de agregar unidade ao ordenamento jurídico, à luz de valores-guia comuns.[34] O diálogo exprime, portanto, a existência de influências recíprocas, contando com a aplicação conjunta de normas, seja complementarmente, seja subsidiariamente, na busca de mecanismos de solução flexíveis e abertos de interpenetração.[35] Trata-se, portanto, de um quadro que bem demonstra a relação entre o direito privado e a constituição e nomeadamente entre os direitos fundamentais e as relações privadas.

No pano de fundo do ancoramento de um dever constitucional de proteção do consumidor está, portanto, a necessidade de se trazer a teoria do diálogo das fontes para a teoria da constituição. O fundamento para essa aproximação baseia-a na constatação geral de que a falta de comunicação entre os diversos âmbitos que formam o ordenamento jurídico provoca efeitos indesejáveis,[36] como isolamento, produção de contradições e consequentemente perda de efetividade. A necessidade de se trazer a teoria do diálogo das

---

[29] DI FABIO, U. *Wertesystem*, Rn. 25.

[30] JAYME, E. *Kultur*, p. 234.

[31] MARQUES, C. *Superação*, p. 34ss.

[32] JAYME, E. *Identité*, p. 251ss; MARQUES, C. *Manual de Direito do Consumidor*, p. 129.

[33] MÜLLER-GRAFF, P. *Verfassung*, p. 212, destacando a importância da realidade funcional do texto constitucional, para traduzir a identidade estatal.

[34] RUFFERT, M. *Vorrang*, p. 42s.

[35] MARQUES, C. *Manual de Direito do Consumidor*, p. 129ss., amparada na doutrina de Erik Jayme.

[36] SILVA, V. *Constitucionalização*, p. 17.

fontes para a constituição ampara-se nessa linha em dois aspectos principais. O primeiro é que a constituição possui uma primazia de vigência no ordenamento jurídico, que deriva do reconhecimento do significado e alcance dos direitos fundamentais nesse ordenamento, no marco da dignidade da pessoa como fundamento do Estado e da vinculação dos órgãos estatais aos direitos fundamentais; o segundo é que essa primazia de vigência da constituição é confrontada por uma primazia de conhecimento do direito privado, que é fundada não apenas em sua tradição milenar, como também na estrutura e proximidade do objeto de suas normas às relações travadas entre particulares.[37]

Ao se trazer a teoria do diálogo das fontes para dentro da teoria da constituição visa-se, portanto, a aumentar a proteção dos titulares de direitos fundamentais pelo direito. Essa construção deve ser entendida no sentido de realização plena do direito, circunstância que fomenta o pluralismo de fontes legislativas aptas a regular um fato, cujo objetivo condutor é a proteção pelo direito.[38] Nesse desiderato, os valores constitucionais, sobretudo os de proteção à pessoa e ao livre desenvolvimento da sua personalidade, informam o caminho pelo qual as normas de direito privado devem trilhar. O próprio CDC não é outra coisa que não o resultado dessa realidade. Exprime um conjunto de normas que visa a garantir a proteção da pessoa – o consumidor – em uma situação específica, que é marcada por uma desigualdade de forças,[39] por uma desigualdade de poder de barganha[40] e pela submissão a situações de monopólio ou oligopólio.

Sob a ótica do diálogo das fontes verifica-se mais uma vez a total compatibilidade entre o mandamento de proteção constitucional do consumidor e a dogmática constitucional. Ao direito ordinário cabe a tarefa de concretizar esse mandamento, o que é realizado pela via do CDC e de outras prescrições normativas. Imperativo, para tanto, é a verificação de que a maior parte dos direitos fundamentais possui conteúdo de liberdade, ou seja, estão ligados em maior ou em menor grau à liberdade de ação geral e ao direito de livre desenvolvimento da personalidade,[41] sendo que sua realização plena no dia a dia necessita de uma dogmática de direito privado confiável.[42]

4.3 O modo pelo qual a teoria do diálogo das fontes é incorporada na teoria da constituição: o pensamento de *convergência* do direito privado para o direito constitucional

Uma vez demonstrado que a teoria do diálogo das fontes tem que ser trazida para o pensamento constitucional, sobretudo em sua relação com o direito privado, coloca-se a questão de que maneira a teoria do diálogo das fontes pode ser conduzida para dentro da teoria da constituição ou do direito constitucional propriamente dito. Esse caminho

---

[37] WAHL, R. *Vorrang*, p. 406; MESTMÄCKER, E. *Verhältnis*, p. 240; NEUNER, J. *Privatrecht*, p. 2.

[38] MARQUES, C. *Laudatio*, p. 59.

[39] MARQUES, C. *Contratos*, p. 256ss.

[40] MARQUES, C. Boa-fé, p. 215ss.

[41] RUFFERT, M. *Vorrang*, p. 52.

[42] DIEDERICHSEN, U. *BVerfG*, p. 211.

é trilhado pelo pensamento de *convergência,* focalizado em uma *convergência na interpretação* do direito civil para a constituição.

A ideia de *convergência* toma por base o fato de que a constituição, ao reconhecer a pessoa como centro do ordenamento jurídico, fruto do *Leitmotiv* da cultura jurídica contemporânea,[43] converte-se em um elemento que expressa e fomenta uma unidade material, que deve conduzir não apenas à interpretação e aplicação do direito, mas igualmente a sua evolução como um todo. Ao levar em conta a ordem de valores da constituição, o pensamento de *convergência* apoia-se de certo modo no pensamento de racionalidade sistêmica (*Systemrationalität*) das normas que compõem o ordenamento jurídico, voltado à força de convencimento, lógica interna, larga aceitação, capacidade de sustentação no tempo e à capacidade das regras em situações de conflito.[44] Essa racionalidade sistêmica harmoniza-se com o pensamento de *convergência* inclusive em nível constitucional, à luz dos direitos fundamentais, com base no modelo de convergência sistêmica dos direitos fundamentais na constituição (*Systemkonvergenz der Grundrechte*).[45]

Pelo fato de a constituição se situar no centro do ordenamento, é imperioso que os demais setores jurídicos *convirjam* para ela, e não que a constituição convirja para cada âmbito isoladamente considerado, como pode equivocadamente sugerir um pensamento de "constitucionalização do direito privado". Se a constituição for colocada no centro do ordenamento jurídico, verifica-se que não há uma substituição de planos em relação ao direito privado, mas sim uma *convergência* do direito privado aos âmbitos constitucional e dos direitos fundamentais. Trata-se de um cenário típico da pós-modernidade, marcada por antinomias, pelo campo de aplicação plural das fontes normativas, pelo uso de conceitos indeterminados, de cláusulas gerais e de códigos duplos (*double coding*).[46]

Desse modo, a constituição converte-se em um elemento da unidade da ordem jurídica total da coletividade, excluindo assim um isolamento entre o direito constitucional e o direito privado.[47] A partir do instante em que todos os âmbitos jurídicos *convergem* para a constituição, criam-se os pressupostos para a manutenção de um *diálogo permanente entre as fontes,*[48] pautado pelos valores da constituição e em atenção à primazia de conhecimento de cada âmbito particular, que representa um esforço na busca de novas soluções de caráter plural, com as quais se visa a evitar antinomias pela correta definição dos campos de aplicação das normas.[49] Esse atual e necessário diálogo das fontes permite e conduz

---

[43] Aqui vale a concepção de que o motivo condutor (*Leitmotiv*) da cultura jurídica contemporânea é o papel primordial dos direitos humanos e, com isso, da pessoa. Esse é o precioso ensinamento de JAYME, E. *Identité,* p. 37; em sentido semelhante, v. DÜRIG, G. *Menschenwürde,* p. 117ss. EN, no mesmo sentido, v. MARQUES, C. *Contratos,* p. 587.

[44] MÜLLER-GRAFF, P. *Systemrationalität,* p. 301ss.

[45] STERN, K. *Idee,* p. 63.

[46] MARQUES, C. *Contratos,* p. 586. Da mesma autora, v. por MARQUES, C. *Confiança,* p. 344s.

[47] HESSE, K. *Grundzüge,* Rn. 18.

[48] Conforme ensina JAYME, E. *Identité,* p. 251ss, a ideia de "diálogo das fontes" baseia-se na necessidade de coordenação entre as normas em um ordenamento, como exigência para um sistema jurídico, eficiente e justo. EN, a ideia é trabalhada por MARQUES, C. Manual de Direito do Consumidor, p. 129ss.

[49] MARQUES, C. *Superação,* p. 57.

à aplicação simultânea e coordenada das plúrimas fontes legislativas convergentes, com finalidade de proteção efetiva das partes que integram os contratos de consumo.[50]

Evita-se desse modo uma sobreposição dos planos, pois o direito privado não pode ser substituído pela constituição. Nesse sentido, a jurisdição constitucional pode, com base na constituição – e com as devidas cautelas –, intervir na legislação ordinária em nome do bem comum, para realizar uma legítima conformação dos valores esculpidos na constituição. Esse mecanismo, como restou aqui sustentado, deriva de um efeito recíproco entre o direito privado e a constituição, em que valores constitucionais abstratos depuram o direito como um todo, elevando o nível jurídico da legislação e da jurisprudência, de modo que, com o tempo, surge um direito mais justo que, por sua vez, depura os valores da constituição, em um ciclo contínuo de aperfeiçoamento.

O resultado dessa concepção é que os direitos fundamentais irradiam efeitos no tráfego jurídico privado; essa irradiação (ou eficácia) deve ser indireta, ou seja, intermediada por uma ação legislativa ou supletivamente judicial, servindo os dispositivos infraconstitucionais e sobretudo as cláusulas gerais do direito civil passíveis de preenchimento valorativo como porta de entrada (*Einbruchstelle*) dessa irradiação.[51] Essa circunstância fundamenta um dever de proteção do Estado, a fim de que intervenha, seja de forma repressiva ou preventiva, na hipótese de agressão a direitos fundamentais proveniente da esfera privada. Os direitos fundamentais legitimam assim restrições no exercício da liberdade individual para com isso proporcionar uma delimitação no exercício do poder em intensidade proporcional à desigualdade da relação, com a finalidade de que a realização da liberdade, particularmente dos mais fracos, não seja impedida ou restringida de modo inexigível.

Nessa conexão de elementos, para que a constituição confira unidade ao ordenamento jurídico, ela deve atuar como centro para a interpretação jurídica, razão pela qual todos os âmbitos jurídicos *convergem* para a constituição. Trata-se essencialmente de uma *convergência na interpretação*, que permite e fundamenta o diálogo das fontes, desempenhando a dignidade da pessoa humana e os direitos fundamentais um papel de extrema relevância na pré-compreensão indispensável para a interpretação de outros setores do direito. Cada norma jurídica privada tem que ser compreendida à luz dos princípios jurídico-fundamentais, sendo que, a partir do conteúdo de cada uma dessas normas (privadas), se deve extrair um significado que melhor se deixe inserir na ordem de valores dos direitos fundamentais.[52] Com isso, a famosa assertiva de Richard Thoma,[53] no sentido de que uma norma de direito fundamental tem que ser interpretada na forma que lhe garanta maior efetividade possível, pode ser ampliada para o direito privado: uma norma privada tem que ser interpretada do modo que lhe garanta maior efetividade possível à luz da constituição. Por essa razão, o direito ordinário, mormente o privado, pode ser compreendido

---

[50] MARQUES, C. *Superação*, p. 59. Da mesma autora, v. MARQUES, C. *Manual de Direito do Consumidor*, p. 129; MARQUES, C. *Contratos*, p. 587s.

[51] DÜRIG, G. *Freizügigkeit*, p. 525; DÜRIG, G. *GR*, p. 176s.

[52] MÜLLER, J. *GR*, p. 179.

[53] THOMA, R. *Bedeutung*, p. 9.

378 ■ Eficácia Horizontal dos Direitos Fundamentais e Jurisdição Constitucional

com base na constituição e vice-versa,[54] sem que a supremacia da constituição signifique a supressão do direito privado.

4.4 A noção de unidade do ordenamento jurídico como fundamento da ideia de *convergência* do direito privado para a Constituição

A ideia da *convergência* colhe inspiração na ideia da integração.[55] Integração, no sentido aqui empregado, significa o estabelecimento ou a criação de uma unidade a partir de elementos isoladamente considerados, de modo que a unidade obtida a partir daí expresse mais do que a simples soma de cada elemento.[56] O enfoque para tanto deve centrar-se na constatação da necessidade de se adotar uma unidade material do ordenamento jurídico,[57] pelo fato de que a constituição somente poderá ser completamente compreendida e interpretada se for entendida nesse sentido de unidade material, ou seja, no sentido de que o direito constitucional está dirigido muito mais para a ordenação de conjunto do que para a demarcação e a exclusão.[58] Nesse sentido, o princípio da unidade do ordenamento jurídico representa a base para a fundamentação de uma eficácia dos direitos fundamentais nas relações privadas,[59] afirmando-se como fundamento da eficácia horizontal[60] (indireta), à luz da ideia de diálogo das fontes e de *convergência*.

De acordo com a finalidade dessa investigação, importa determinar como a concepção da unidade do ordenamento jurídico pode ser frutífera para a determinação das manifestações que a constituição pretende passar.[61] A concepção tradicional foi construída à base da noção de que o ordenamento jurídico é compreendido como uma unidade, que pressupõe a ausência de lacunas e contradições,[62] pensamento que ganhou notoriedade a partir da obra de Karl Engisch.[63] Essa visão partia de uma pressuposição básica, segundo a qual haveria para cada questão jurídica apenas uma resposta correta.[64] Assim, à medida que diferentes preceitos jurídicos configurassem uma mesma hipótese de incidência com diferentes consequências jurídicas, a ocorrência de contradições só poderia ser evitada a partir do momento em que fosse definida uma primazia entre as prescrições jurídicas em jogo, a fim de que fosse assegurado que somente uma das prescrições em conflito fosse aplicada.[65]

---

[54] HESSE, K. *Grundzüge*, Rn. 85.
[55] SMEND, R. *Integrationslehre*, p. 475ss, sobretudo quando toma como ponto de partida as relações de integração do indivíduo com o mundo social.
[56] SMEND, R. *Integration*, p. 482.
[57] RÜFNER, W. *DW*, p. 216ss.
[58] HESSE, K. *Grundzüge*, Rn. 20.
[59] RÜFNER, W. *DW*, p. 216ss.
[60] RÜFNER, W. *Adressaten*, Rn. 60s.
[61] LERCHE, P. *Grundrechtswirkungen*, p. 218s.
[62] DIEDERICHSEN, U. *Rangverhältnisse*, p. 42.
[63] ENGISCH, K. *Einheit*, p. 1ss; 69ss; 84ss. Interessante notar que Engisch defende a ideia de que a dogmática é a unidade do ordenamento jurídico (p. 1).
[64] DIEDERICHSEN, U. *Rangverhältnisse*, p. 42.
[65] DIEDERICHSEN, U. *Rangverhältnisse*, p. 42.

A teoria dos deveres de proteção do Estado como corolário do modelo de convergência do direito... ▪ 379

Todavia, em matéria de relações entre a constituição e o direito privado, essa realidade adquire um contorno particular, que destoa, por assim dizer, da concepção original em torno da unidade do ordenamento jurídico. Ao mesmo tempo em que a unidade do ordenamento jurídico requer o fomento de interpretação livre de contradições,[66] o direito está necessariamente unido a uma pretensão de correção.[67] Contudo, não se cogita a existência de uma única resposta correta para todos os casos,[68] o que afasta a ligação do princípio da unidade do ordenamento jurídico com a vinculação de uma única resposta correta para cada questão jurídica. Nesse passo, a unidade do ordenamento jurídico não é compreendida como algo pré-dado, isento de lacunas, de modo que constitui tarefa e objetivo da dogmática e da prática jurídicas o preenchimento adequado dessas lacunas.[69] Da mesma forma, a unidade do ordenamento jurídico não pode ser compreendida como um sistema fechado,[70] pronto para ser aplicado,[71] em que os conceitos apresentados devem possuir uma necessária igualdade (fechada), mas sim na acepção de uma unidade aberta,[72] que melhor se coaduna com o caráter multifacetário das relações pessoais e da própria pessoa em si.

De fato, a unidade do ordenamento jurídico é estabelecida a partir do momento em que todos os âmbitos jurídicos são reconduzidos a um princípio fundamental comum,[73] que no caso decorre da exaltação da pessoa como valor, expressão da sua dignidade, que origina as linhas valorativas e de conformação previstas na constituição.[74] A ausência de contradições a que o princípio da unidade do ordenamento jurídico se apoia só pode residir, portanto, em uma única circunstância: a de que a pessoa se situa no centro do ordenamento jurídico, de modo que todos os âmbitos do direito e em particular o direito privado *convergem* para a constituição, pelo fato de que ela reconhece essa realidade ao pregar a garantia de intangibilidade da dignidade humana como fundamento do Estado. Dito de outro modo, a constituição só é colocada no centro do ordenamento jurídico pelo fato de reconhecer a pessoa como seu fundamento supremo. A partir daí, eventuais contradições são admissíveis, sobretudo na forma de melhor garantir os direitos fundamentais que emanam da dignidade, contradições essas que devem ser resolvidas com recurso aos instrumentos colocados à disposição no ordenamento jurídico, desempenhando a doutrina e a jurisprudência um papel de destaque no cumprimento dessa tarefa.[75] Nesse passo, as vinculações e entrelaçamentos entre direito público e privado são recíprocas, sendo que especificações na forma de linhas diretivas podem resultar de qualquer âmbito do direito, desde que não se façam presentes contradições essenciais.[76]

---

[66] LERCHE, P. *Grundrechtswirkungen,* p. 217.

[67] ALEXY, R. *Recht,* p. 7ss.

[68] ALEXY, R. *Theorie der jA,* p. 433.

[69] OSSENBÜHL, F. *Verwaltungsrecht,* p. 964.

[70] HESSE, K. *Grundzüge,* Rn. 20.

[71] MAJEWSKI, O. *Auslegung,* p. 30.

[72] EHMKE, H. *Prinzipien,* p. 53ss. e 62; MAJEWSKI, O. *Auslegung,* p. 86.

[73] RUFFERT, M. *Vorrang,* p. 42s.

[74] DREIER H. *Dimensionen,* p. 59.

[75] Há quem sustente inclusive que o pensamento em torno da unidade do ordenamento jurídico não se coloca no caminho de uma diferenciação entre o direito público e privado. V. BYDLINSKI, F. *Kriterien,* p. 332.

[76] OSSENBÜHL, F. *Verwaltungsrecht,* p. 964.

Com fundamento na vinculação do legislador à constituição e particularmente aos direitos fundamentais, verifica-se no interior da ordem jurídica geral uma unidade no sentido de compartilhamento de características comuns.[77] Nesse quadro, a unidade do ordenamento jurídico torna-se realidade, a partir do instante em que as prescrições constitucionais são impostas na ordem jurídica por meio do direito ordinário. Isso porque o direito ordinário, ao lado dos direitos fundamentais, tem a importante função de configurar um fundamento de integração (*Integrationsgrundlage*),[78] indispensável para a busca da unidade, aspecto que traduz a ideia de *convergência*. Da mesma forma, a unidade do ordenamento jurídico depende essencialmente da unidade da própria constituição, não no sentido de um todo pronto, mas no sentido de configuração de elementos que repercutem uns nos outros, em que somente a harmonização produz a configuração concreta da coletividade.[79] A origem desse pensamento reside na constatação de que uma determinação constitucional particular não pode ser considerada e interpretada isoladamente, pelo fato de que se situa em uma conexão de sentido com as demais prescrições constitucionais, que representam uma unidade interna.[80] Assim, não apenas os direitos fundamentais atuam como fundamentos de integração no ordenamento jurídico, a partir do conteúdo valorativo que transmitem. O direito privado, a partir de sua primazia de conhecimento, cumpre também com excelência e com caráter de imprescindibilidade esse papel.

O reconhecimento de uma autonomia dos diversos âmbitos jurídicos, que no passado representava limites quase insuperáveis de atuação e aplicação, não mais tem a consequência de fazer a ciência perder de vista os fundamentos em torno de ideais e concepções de valor comuns para a noção de unidade do ordenamento jurídico. Por essa razão, a unidade do ordenamento deve ser compreendida a partir dos elementos essenciais dos seus componentes, não em uma relação isolada, mas sim em sua conexão com os âmbitos jurídicos particulares, importando sobretudo que essa visão conjunta adquira significado não apenas para uma compreensão aprofundada do direito, mas igualmente para a solução de problemas concretos.[81] Com base nesse pensamento, o direito representa a condição para a obtenção da unidade estatal,[82] sendo que o direito privado encontra sua legitimação na constituição e em seus princípios.[83] É por essa razão, a propósito, que a ideia de *convergência* não significa o abafamento da identidade de antigos âmbitos do direito por meio da constituição.[84]

Nesse marco, o pensamento de *convergência* do direito privado para a constituição, em um cenário de diálogo das fontes normativas, contribui em grande medida para a manutenção da unidade do ordenamento jurídico. Para tanto, pode-se compreender a constituição como um "telhado jurídico" comum (*gemeinsames Rechtsdach*) da unidade do ordenamento jurídico, no sentido de linhas valorativas e de configurações estruturais que

---

[77] FELIX, D. *Einheit*, p. 177.
[78] MÜLLER-GRAFF, P. *Gemeinschaftsrecht*, p. 13.
[79] HESSE, K. *Grundzüge*, Rn. 20.
[80] BVerfGE 1, 14 (32).
[81] KOPP, F. O. *Fiskalgeltung*, p. 160.
[82] HELLER, H. *Staatslehre*, p. 182ss.
[83] NEUNER, J. *Privatrecht*, p. 2.
[84] KLOEPFER, M. *Verfassungsausweitung*, p. 201.

percorrem a totalidade do ordenamento,[85] em que se destacam as garantias em torno da dignidade humana e do livre desenvolvimento da personalidade.

4.5 A vantagem do pensamento de *convergência* em relação à teoria da constitucionalização do direito privado

Uma vez demonstrado que o pensamento de *convergência* logra êxito em fundamentar como as relações de consumo, na condição de relações típicas de direito privado,[86] colocam-se perante a dignidade da pessoa humana e os direitos fundamentais, a partir da compreensão da constituição[87] como centro do ordenamento jurídico, há que se demonstrar por fim que a fundamentação das relações entre a constituição e o direito privado com base no pensamento de *convergência* possui vantagens em relação à já propagada ideia de constitucionalização do direito privado. Isso se demonstra com base na seguinte linha argumentativa.

Constitucionalização é uma expressão forte. Em vista disso, requer cuidados no seu emprego. Ela transmite a ideia de um agir sem dimensionar a medida dos seus efeitos. Nesse passo, a própria expressão *convergência* mostra-se mais suave que a dura expressão *constitucionalização* e, portanto, mais flexível e passível de ajuste com setores sensíveis do ordenamento jurídico. Ela possui ademais aquilo que se pode denominar de clareza conceptiva (*konzeptioneller Klarheit*),[88] o que a torna apta em maior grau a descrever o fenômeno que se situa na sua base, em conformidade com as exigências do ordenamento jurídico. Nesse ponto, falta essa clareza conceptiva ao conceito de constitucionalização, quando empregado para descrever a influência dos direitos fundamentais no direito privado. Isso porque, em sua clássica função constitucional, a constitucionalização (*Konstitutionalisierung*) diz respeito a um aspecto relacionado com fundamentação, legitimação e controle do poder público,[89] aspectos esses que não estão diretamente ligados ao fenômeno que quer expressar,[90] ao menos do ponto de vista da conotação que acabou por adquirir.[91] Em vista disso, verifica-se que o conteúdo de significado da expressão *convergência* é distinto da expressão *constitucionalização*, na medida em que ambos expressam fenômenos distintos, ainda que por vezes interligados, de acordo com conotações particulares. Esse conteúdo distinto revela-se sobretudo nas consequências jurídicas de ambos os modelos.

De fato, a ideia de constitucionalização do direito privado passou a ser empregada de modo geral para expressar a transferência dos valores da constituição para o direito privado.[92] Essa construção não restou imune a críticas na doutrina, não por sua natu-

---

[85] DREIER H. *Dimensionen*, p. 59; MÜLLER, J. *GR*, p. 163s.

[86] MARQUES, C. Manual de Direito do Consumidor, p. 43ss.

[87] SALADIN, P. *Verfassungsreform*, p. 345ss, aprofundando a questão da compreensão da constituição.

[88] A expressão é de MÜLLER-GRAFF, P. *Vertrag*, p. 135.

[89] MÜLLER-GRAFF, P. *Konstitutionalisierung*, p. 726.

[90] V. HARTUNG, F. *Verfassungsgeschichte*, p. 204ss, sobre os contornos do movimento de constitucionalização.

[91] Há quem sustente inclusive que o fenômeno da constitucionalização do ordenamento jurídico é irrelevante (*Die Irrelevanz der "Konstitutionalisierung der Rechtsordnung"*), não conduzindo dessa forma a uma extensão do parâmetro de exame jurídico-constitucional. V. BETHGE, H. *Kommentar* (§ 91), Rn. 66.

[92] Ptd, v. SCHUPPERT, G; BUMKE, C. *Konstitutionalisierung*, p. 9ss. EN, ptd, v. SILVA, V. *Constitucionalização*, p. 18.

reza axiológica em si, na medida em que os valores expressos na constituição devem informar o sistema jurídico como um todo,[93] potencializando a efetividade dos direitos fundamentais,[94] mas em face do não raro cometimento de excessos nesse proceder.[95] Trata-se de um modelo que permite uma análise a partir de dois vieses distintos. O primeiro deles, de índole positiva, expressa que a estrutura do direito privado tem que encontrar correspondência na constituição, ou seja, adequar-se aos parâmetros constitucionais.[96] Essa linha descreve a forma pela qual a constituição influencia o direito privado, na busca de afirmação dos seus valores, sobretudo no campo dos contratos privados, enfatizando, portanto, o efeito de irradiação dos direitos fundamentais sobre a ordem jurídico-privada. Todavia, há um segundo viés, esse de índole negativa, pelas consequências que pode gerar, que se baseia na conclusão de que essa constitucionalização do direito privado conduz a uma aplicação direta das normas constitucionais nas relações de direito privado. Isso, na prática, pode implicar remoção de institutos tradicionais do direito privado, construídos ao longo de séculos de amadurecimento jurídico. Esse viés, ou os riscos a ele inerentes, é verificado na referida tendência empregada por alguns setores da doutrina pátria no sentido de defender uma vinculação direta dos particulares aos direitos fundamentais, amparada basicamente na chamada constitucionalização do direito privado. Isso coloca a questão de se uma constitucionalização nesses termos conduz a um Estado jurisdicional.[97]

Esses dois vieses, incompatíveis entre si, decorrem de certa maneira do caráter geral da expressão constitucionalização, que pouco colabora na informação daquilo que o termo quer informar. Nesse sentido, a ideia de constitucionalização tem que ser apoiada apenas no primeiro viés, que visa a garantir uma eficácia dos direitos fundamentais no direito privado, sem negar uma primazia de conhecimento desse ramo do direito para a solução de controvérsias jurídico-privadas. Tais controvérsias, como demonstrado ao longo desse estudo, devem continuar a ser resolvidas com base no espírito do direito civil, fruto da autonomia desse âmbito jurídico. Por trás desse entendimento, repousa a noção de que o fato de os direitos fundamentais influenciarem a totalidade do ordenamento jurídico, inclusive o direito privado, não pode significar[98] que toda a questão

---

[93] EN, ptd, v. MORAES, M. *Dignidade,* p. 107, focando a ideia no direito civil.

[94] SARLET, I. *DF,* p. 147ss.

[95] DIEDERICHSEN, U. *Rangverhältnisse,* p. 39ss; HERMES, G. *Verfassungsrecht,* p. 122ss; HESSE, K. *Verfassungsrechtsprechung,* p. 267ss; MEDICUS, D. *Verhältnismäßigkeit,* p. 35ss; ZÖLLNER, W. *Schuldvertragsrecht,* p. 1ss. EN, v. SOUZA JR. *Dir. Constitucional,* p. 7ss.

[96] Índole positiva, porque revela um lado humanista, de valorização da pessoa e que, nessa acepção, deve ser preservado. Esse aspecto humanista já foi objeto de vários registros doutrinários no ordenamento jurídico pátrio. Do, v. MARQUES, C. Manual de Direito do Consumidor, p. 23ss; ALMEIDA, G. *Teoria,* p. 169; FACHIN, L. *Dir. Civil,* p. 113ss; FACCHINI, E. *Reflexões,* p. 11ss; LÔBO, P. *Constitucionalização,* p. 99ss; MORAES, M. *Caminho,* p. 21ss; NEGREIROS, T. *Dicotomia,* p. 343ss; SARLET, I. *DF,* p. 107ss; TEPEDINO, G. *Premissas,* p. 1ss; WALD, A. *Interesse,* p. 129ss.

[97] SCHUPPERT, G; BUMKE, C. *Konstitutionalisierung,* p. 79.

[98] Faça-se o registro de que há setores da doutrina pátria que, não obstante defenderem um modelo de vinculação direta dos particulares aos direitos fundamentais, o fazem – com méritos – na busca de um modelo humanista, sem pretender, com isso, a desconfiguração do ordenamento jurídico. Ptd, v. SARLET, I. *DF,* p. 141, quando demonstra com correção que a questão não está em negar o reconhecimento da dimensão objetiva dos direitos fundamentais, bem como de sua eficácia irradiante, mas sim a construção de uma fundamentação segura para que os direitos fundamentais possam encontrar vigência nas relações privadas.

jurídica submetida aos tribunais seja ou venha a se tornar uma questão de direitos fundamentais (*Grundrechtsfrage*).[99]

Na prática, significa que a constitucionalização do direito privado não pode ser compreendida como um fenômeno que, à semelhança de um *tsunami,* remove tudo que se situa pela frente, sob a justificativa de se realizar a constituição, algo como aplicá-la a qualquer custo. Trata-se de uma concepção que gera preocupação,[100] sobretudo porque desconsidera a importância do direito ordinário para garantir a supremacia da constituição[101] e que, por carecer de padrões mínimos de controle – *potência não é nada sem controle* –, pode vir a gerar resultados fáticos que em muito se desvirtuam daquilo que, ao que tudo indica, é a sua razão de ser: a garantia de efetividade da constituição. A lesão de princípios como autonomia privada, segurança jurídica, livre iniciativa, separação de poderes, eentre outros, são apenas alguns exemplos.

É exatamente nesse sentido que o pensamento de *convergência* do direito privado para o direito constitucional, centrado na ideia de *convergência na interpretação*, possui uma vantagem em relação ao pensamento da constitucionalização do direito privado. Isso porque a ideia de *convergência* transmite com maior facilidade a importante noção de que não se cogita o abafamento da identidade de antigos âmbitos do direito por meio da constituição.[102] Isso porque ela se apoia no fato de que há uma congruência (*Kongruenz*) entre o direito privado e os direitos fundamentais,[103] cuja pré-compreensão dá conta de aspectos distintos. Entre eles, o fato de que as normas infraconstitucionais possuem significado central para a configuração do conceito de Estado de direito, podendo ser consideradas como o eixo da constituição;[104] e que a história da jurisdição civil, sob o manto da ordem constitucional, mostra que o amplo significado valorativo do ordenamento jurídico corresponde às valorações materiais civis, que se orientam à constituição, no que diz respeito à interpretação e aplicação das normas privadas.[105] A inegável necessidade de se transpor um pensamento de incomunicabilidade entre a constituição e os diplomas jurídico-civis, na busca de uma eficácia protetiva dos direitos fundamentais, deve vir acompanhada de sua concretização,[106] aspecto que por excelência toca à legislação infraconstitucional. Enfim, o pensamento em torno da constitucionalização do direito privado não dá conta do

---

[99] HESSE, K. *Verfassungsrechtsprechung*, p. 268.

[100] EN, v. SOUZA JR. *Dir. Constitucional*, p. 7ss; SILVA, J. A. *Dignidade*, p. 91ss, demonstrando uma preocupação a partir do momento em que se pretende "constitucionalizar" todo o direito ordinário com base na dignidade humana.

[101] DUQUE, M. S. *Importância,* p. 7ss.

[102] KLOEPFER, M. *Verfassungsausweitung,* p. 201.

[103] RÜFNER, W. *DW,* p. 224s. DIEDERICHSEN, U. *Rangverhältnisse,* p. 172ss, fala em coexistência (*Koexistenz*) entre o direito privado e os direitos fundamentais; RUPP, H. *Wandel,* p. 171, fala em congruência entre as normas (*Normenkongruenz*) do direito civil e da constituição; LEISNER, W. *Privatisierungen,* p. 1.191s, fala em convergência entre o direito público e privado. A doutrina pátria também registra a existência de convergências entre o direito público e privado. Ptd, v. FACCHINI, E. *Reflexões,* p. 26ss.

[104] BÖCKENFÖRDE, E. *Entstehung,* p. 58.

[105] SCHLICHTING, G. *Zivilgerichtsbarkeit,* Rn. 34.

[106] V, ptd, MARTINS-COSTA, J. *Opção,* p. 68ss, focando a análise no direito civil,.

relevante princípio da primazia de conhecimento do direito privado, que está na base da ideia de *convergência*.

Mesmo quando se cogita a outra face da questão da constitucionalização do direito privado, no sentido de que institutos tradicionais desse ramo do direito são incorporados à constituição, o problema de certa forma permanece. Isso porque o atual desenvolvimento da ciência jurídica permite a obtenção da conclusão segura de que uma codificação ampla do direito privado não pode ter a pretensão de abranger todo o conjunto dos fatos da vida, visto que tal meta é inalcançável.[107] Se nem o direito privado, com a sua ampla codificação e considerável grau de especificidade de suas normas, é capaz de fazê-lo, o que se dirá da constituição, considerando que é um documento marcado por normas com elevado grau de abstração e conteúdo nitidamente principiológico, ao menos na temática dos direitos fundamentais.

Observe-se que a legitimidade e a força de convencimento de uma constituição repousam por regra na capacidade da constituição em harmonizar novos pensamentos com aqueles já existentes.[108] Tal constatação, muitas vezes compreendida na forma de recepção, não significa[109] redução da constituição a normas de direito ordinário.[110] Vários exemplos dão conta dessa realidade. O de maior destaque talvez seja aquele que demonstra que a garantia de propriedade foi erguida ao nível constitucional após séculos de amadurecimento nas vias ordinárias. Do mesmo modo, vários institutos que hoje são reconhecidos como expressão de direitos fundamentais já eram regulados pelas disposições civis, antes do amadurecimento do fenômeno do constitucionalismo, como contrato, família etc.[111] Nessa perspectiva, a doutrina registra que uma congruência entre os valores da constituição e do direito civil não faz os direitos fundamentais modificarem o direito civil em sua essência.[112]

A ideia de *convergência* agrega de certo modo aquilo que foi definido por Miguel Reale[113] como a participação dos valores éticos no ordenamento jurídico, sem abandono das conquistas da técnica jurídica, que com aqueles se deve compatibilizar. Assim, pode-se dizer que aquilo que a ideia da *convergência* exprime com maior exatidão é que, do ponto de vista jurídico-teórico, se verifica uma revalorização do direito ordinário frente ao direito constitucional em geral e frente aos direitos fundamentais em particular.[114] Trata-se em última análise da ciência de que a própria realização dos direitos fundamentais carece de uma estrutura sólida de direito privado. Por via análoga, se é certo que os direitos fundamentais irradiam efeitos para o desenvolvimento do direito ordinário, eles também podem vir a ameaçá-lo, a partir do momento em que se "dosa excessivamente essa

---

[107] NEUNER, J. *Entwicklung*, p. 160.

[108] MAJEWSKI, O. *Auslegung*, p. 48.

[109] MAJEWSKI, O. *Auslegung*, p. 48.

[110] LEISNER, W. *Verfassungsmäßigkeit*, p. 54s. demonstra essa preocupação.

[111] Nessa direção, v. SCHAPP, J. *Freiheit*, p. 1ss.

[112] RÜFNER, W. *DW*, p. 226.

[113] REALE, M. *Visão*, p. 9ss, destacando os três princípios fundamentais no NCC: eticidade, sociabilidade e operabilidade. Ainda sobre o tema, v. MARTINS-COSTA, J. *NCC*, p. 87ss.

[114] MAJEWSKI, O. *Auslegung*, p. 50.

irradiação".[115] Isso porque a unidade do ordenamento jurídico exige que a interpretação constitucional não perca de vista a evolução da doutrina interpretativa jurídico-civil.[116]

Ao pregar que o direito privado deve ser um ramo jurídico autônomo e independente, o pensamento de *convergência* não vira os olhos para o fato de que essa independência não pode significar a preferência por um modelo de direito privado distante do Estado ou até mesmo por ele descuidado.[117] Isso iria até mesmo contra o pressuposto que dá amparo ao pensamento de *convergência*, que é o reconhecimento de deveres fundamentais de proteção pelo Estado. Importa que o direito privado esteja integrado à vida estatal, assumindo assim a condição de ordenamento vinculado à constituição,[118] de modo que, ao se realizar o direito privado, realize-se paralelamente também a constituição. A ideia da *convergência* expressa, portanto, com maior exatidão em relação ao pensamento de constitucionalização, que toda ordem jurídica tem que ser adaptada aos direitos fundamentais:[119] *convergência* no sentido de concordância,[120] inclusive como mecanismo de solução de conflitos entre a jurisdição constitucional e ordinária,[121] aspecto essencial para a implementação, do ponto de vista prático, de um modelo racionalmente fundamentado de eficácia dos direitos fundamentais nas relações privadas.

O direito, como expressão de uma invenção humana, marcada por fenômenos históricos e culturais jamais estará livre de polêmicas.[122] Grande parte delas gira em torno da fundamentação da eficácia dos direitos fundamentais no ordenamento jurídico-privado e diz respeito à possibilidade de uma "intromissão" do direito constitucional na amadurecida estrutura do direito privado.[123] Na prática, isso ocorre pela atuação do tribunal constitucional em controvérsias de caráter jurídico-privado, em um cenário em que a dogmática do direito privado fica desarmada frente à sobreposição de valorações jurídico-políticas difusas, de hierarquia supostamente superior.[124] Logo, apenas uma unidade de sentido de interpretação pode realizar essa tarefa: manter os dois planos (direito constitucional e direito privado) e as suas respectivas funções, com a constituição no centro do ordenamento jurídico. Em um cenário focado nos contratos de consumo, isso indica que a proteção jurídico-civil do consumidor tem que ser compatibilizada com a sistemática do direito privado vigente.[125]

Com base nas considerações até aqui apresentadas, evidencia-se que as dificuldades trazidas pela concepção ampla de uma constitucionalização do direito privado não se

---

[115] ISENSEE, J. *Vorbehalt*, p. 399, centrando a sua análise na densidade de controle praticado pelo tribunal constitucional.

[116] EHMKE, H. *Prinzipien*, p. 99; MAJEWSKI, O. *Auslegung*, p. 30.

[117] RAISER, L. *Grundgesetz*, p. 31.

[118] RAISER, L. *Grundgesetz*, p. 31.

[119] BODO, P. *Geschichte*, p 575.

[120] Lembra-se aqui como inspiração a noção de concordância prática de HESSE, K. *Grundzüge*, Rn. 72.

[121] SEETZEN, U. *Bindungswirkung*, p. 2.001.

[122] BARROSO, L. *Curso de Direito Constitucional*, p. 229.

[123] RUFFERT, M. *Vorrang*, p. 1.

[124] RUFFERT, M. *Vorrang*, p. 1.

[125] DAUNER-LIEB, B. *Verbraucherschutz*, p. 23.

situam apenas na esfera terminológica, que, ao fim e ao cabo, detém menor importância, apesar de os mal-entendidos que costuma gerar serem de todo indesejáveis. Crê-se que o fato de maior relevância aqui resulta na constatação de que a constitucionalização não pode implicar desmanche sucessivo de instituições tradicionais de direito privado, que prestam relevantes serviços no ordenamento jurídico. Isso porque as características da sociedade moderna evidenciam a necessidade de reconstrução de instituições. Trata-se, por um lado, da necessidade de racionalização de valores jurídicos, o que é obtido pela disposição desses valores em uma relação passível de ponderação; por outro lado, da abertura do juízo de conhecimento de que esses valores jurídicos apenas administram artefatos técnicos de uma ordem de valores social, que nem sempre é reconhecível por meios jurídicos.[126] Contudo, isso tudo só é possível quando, em vez do desmanche progressivo de determinadas instituições jurídicas e sociais, se opta por sua reconstrução. Com isso, salva-se o conhecimento acumulado no dia a dia durante um longo período de tempo, com uma formação sistêmica diferenciada e repensada.[127]

Nessa conexão de elementos, torna-se inviável conceber uma transposição dos direitos fundamentais às relações entre particulares, ao ponto de desenvolver, a partir daí, um "sobredireito privado" (Überprivatrecht) em nível constitucional.[128] Essa ideia, não obstante, encerra uma determinada forma de visualizar o fenômeno da constitucionalização do direito privado, quando orientado a fundamentar uma vinculação direta dos particulares aos direitos fundamentais, no curso das relações travadas entre si. Fundamental é que a ordem jurídica seja configurada de modo que os direitos fundamentais encontrem proteção, inclusive nas relações tipicamente privadas,[129] o que se atinge pelo modelo de *convergência*. Note-se ademais que, na medida em que as cláusulas gerais do direito civil têm seu conteúdo preenchido[130] pelos direitos fundamentais, não se está diante de uma vigência jurídico-civil dos direitos fundamentais (*Zivilrechtsgeltung der Grundrechte*), mas, ao contrário, de uma orientação do direito civil à constituição (*Verfassungsorientierung des Zivilrechts*).[131] E essa orientação expressa justamente a ideia de *convergência*.

No mais, uma constitucionalização indistinta do direito privado acaba por ofuscar a necessária divisão de funções e âmbitos de legítima autonomia dos distintos ramos do ordenamento jurídico,[132] pensamento que contraria o próprio papel da constituição nesse ordenamento, que é produzir os pressupostos da criação, validez e realização das normas

---

[126] DI FABIO, U. *Wertesystem*, Rn. 52.

[127] DI FABIO, U. *Wertesystem*, Rn. 52, citando o exemplo de instituições como o contrato, casamento, família, Igreja, Estado etc.

[128] KRAUSE, P. *Rechtsprechung*, p. 658.

[129] WINDEL, P. *Privatrecht*, p. 390.

[130] LARENZ, K. *Methodenlehre*, p. 223ss.

[131] SCHMIDT-SALZER, J. *Vertragsfreiheit*, p. 12.

[132] SOUZA JR. *Dir. Constitucional*, p. 11s, sustentando que, para a corrente que propaga a constitucionalização direta e imediata do direito ordinário – equivocada, no sentir desse autor –, não caberiam limites à intervenção das normas constantes do texto constitucional, sobretudo as de caráter principiológico, relativamente aos demais subsistemas de normas existentes no ordenamento jurídico, hipótese que configura uma efetiva violação ao Estado democrático de direito.

da ordem jurídica, determinando em grande parte o seu conteúdo.[133] Note-se que mesmo a realização do princípio da dignidade humana, que detém a maior hierarquia no ordenamento jurídico, não se afasta dessa realidade. De fato, como enfaticamente consigna Peter Häberle,[134] a noção de dignidade da pessoa humana também se realiza de "baixo para cima" e não apenas de "cima para baixo" – como faz crer a ideia de uma constitucionalização do direito privado –, no instante em que a ordem jurídica infraconstitucional exerce uma indispensável intermediação, no sentido de fornecer material para a delineação do contorno dos bens constitucionais. Não é por menos que aspectos essenciais em relação à pessoa encontram há muito previsão na codificação civil.

Na linha da argumentação aqui expendida, com o pensamento de *convergência* fundamenta-se um modelo racional, apto a demonstrar o modo pelo qual a constituição, disposta no centro do ordenamento jurídico, irradia efeitos para o direito privado. Trata-se do atendimento à tríplice recomendação de mais ambição na racionalização dos direitos fundamentais no sistema de valores da constituição, de uma nova atitude de respeito às velhas instituições e de uma maior e mais clara modéstia no conhecimento de que a ordem de valores sociais não pode ser substituída nem sucedida por meios do direito.[135] Assim, em direta conexão com o que restou afirmado neste estudo, a constituição não pretende substituir a ordem jurídico-privada por princípios carentes de execução detalhada, na medida em que visa ao reconhecimento e à confirmação da ordem privada como um todo, em face de seus fundamentos determinantes, o que é atingido a partir de um direcionamento do direito privado aos critérios valorativos da constituição, cuja meta é a integração da ordem jurídica total. Essa realidade demonstra a vantagem de se trabalhar com a ideia de *convergência*, em vez da propagada ideia de constitucionalização do direito privado, como modelo de fundamentação da eficácia dos direitos fundamentais nas relações privadas, em particular nas de consumo.

4.6 Conclusões parciais

A inclusão da proteção do consumidor na forma de um dever fundamental de proteção do Estado contribui em larga medida para informar o modo pelo qual pode ser encarado um direito fundamental sob a perspectiva da teoria dos deveres de proteção. Em outras palavras, o direito de proteção ao consumidor se mostra como exemplo nítido do cumprimento de um dever de proteção jurídico-fundamental. A constituição dá o comando de que o Estado tem que promover a defesa do consumidor na forma da lei, abrindo-se assim um espaço de manobra dirigido ao legislador para a configuração dessa proteção, que se dá particularmente na forma do CDC e das demais disposições legislativas, inclusive do CC. Respeita-se desse modo a liberdade de configuração do legislador

---

[133] HESSE, K. *Grundzüge*, Rn. 18.

[134] HÄBERLE, P. *Menschenwürde*, Rn. 83.

[135] DI FABIO, U. *Wertesystem*, Rn. 53, sustentando nessa linha que importa a averiguação consequente dos valores que servem de base às normas jurídicas aplicadas no caso concreto.

no exercício pleno de suas competências, ao mesmo tempo em que se cumpre o dever constitucional de zelo do consumidor, enquanto titular de direitos fundamentais.

No pano de fundo do ancoramento de um dever constitucional de proteção do consumidor está a necessidade de se trazer a teoria do diálogo das fontes para a teoria da constituição. Ao se dirigir à teoria da constituição, o pensamento de diálogo das fontes salienta não apenas a necessidade de comunicação entre os preceitos da constituição em si, que não podem ser realizados uns à custa dos outros, mas igualmente entre a constituição e os demais âmbitos jurídicos.

A necessidade de se trazer a teoria do diálogo das fontes para a constituição ampara-se nessa linha em dois aspectos principais nessa linha. O primeiro é que a constituição possui uma primazia de vigência no ordenamento jurídico, que deriva do reconhecimento do significado e alcance dos direitos fundamentais nesse ordenamento, no marco da dignidade da pessoa como fundamento do Estado e da vinculação dos órgãos estatais aos direitos fundamentais; o segundo é que essa primazia de vigência da constituição é confrontada por outra primazia de conhecimento do direito privado, que é fundada não apenas em sua tradição milenar, como também na estrutura e proximidade do objeto de suas normas com as relações travadas entre particulares. Nessa conexão, a teoria do diálogo das fontes pode ser conduzida para dentro da teoria da constituição ou do direito constitucional propriamente dito pela via de um pensamento de *convergência,* focalizado em uma *convergência na interpretação* do direito civil para a constituição.

CONSIDERAÇÕES FINAIS

A presente investigação demonstrou que a matéria inerente à eficácia dos direitos fundamentais nas relações privadas é marcada por um alto grau de complexidade. O esforço despendido na argumentação apresentada teve como norte a proposta de uma construção teórica capaz de fundamentar racionalmente uma eficácia dos direitos fundamentais nas relações privadas à luz dos contratos de consumo, privilegiando os planos material e processual da controvérsia, combinando dessa forma fundamentos de natureza teórica e prática. Cumpriu-se assim a meta de apresentar e construir uma teoria com significado prático para o ordenamento jurídico. O resultado da investigação deixa-se articular em três teses gerais, que encontram respaldo na fundamentação apresentada ao longo do estudo.

1. O fato de a proteção constitucional do consumidor não ser enquadrada na acepção de um típico direito de defesa, oponível contra o Estado, não lhe retira por si só o caráter jurídico-fundamental.

    Essa tese explica o modo pelo qual os contratos de consumo se colocam perante os direitos fundamentais. Ela decorre da constatação de que todas as pessoas, independentemente de origem, raça, sexo, cor, idade ou condição econômica, têm em comum também o fato de serem consumidores ativos ou em potencial. Assim, ao se falar de consumidores, está-se a falar de pessoas; ao se falar de consumo, está-se a falar de subsistência. A garantia de um mínimo existencial passa, portanto, por relações de consumo, de modo que, sem consumo mínimo, não há falar em dignidade. Essa é a razão pela qual a proteção do consumidor revela-se como um verdadeiro direito fundamental, deixando-se reconduzir em diferentes graus às garantias de dignidade humana, livre desenvolvimento da personalidade e outros direitos fundamentais pontuais. Sob esse prisma, a situação de nítida fragilidade do consumidor na sociedade de consumo atual legitima uma proteção, e decididamente uma proteção diferenciada por parte do Estado, corolário do entendimento de que quanto maior for a ameaça e a relevância do bem jurídico, maior deve ser a intensidade da proteção. Nesse quadro, derivam-se argumentos suficientes para a fundamentação de uma eficácia dos direitos fundamentais nas relações privadas e nos contratos de consumo em particular.

2. Os direitos fundamentais estão aptos a fundamentar restrições na autonomia da vontade das partes que integram o tráfego jurídico privado, nomeadamente em relações de consumo, a partir do instante em que se preserva o livre desenvolvimento da personalidade do particular. Essa construção encontra fundamento em um modelo de eficácia indireta dos direitos fundamentais nas relações privadas e em particular à luz de um modelo de deveres de proteção estatais.

Essa tese deixa-se embasar na constatação de que a proteção do conteúdo essencial dos direitos fundamentais foca-se sobretudo na proteção da liberdade, considerando-se que a liberdade em sentido amplo é o bem jurídico típico da tutela jurídico-fundamental. Trata-se de uma visão que se harmoniza com a própria natureza da proteção do consumidor, levando-se em conta que a coletividade é formada por consumidores, que desenvolvem a sua personalidade em contratos de consumo, independentemente do seu modo de inserção na sociedade. Na acepção dos contratos privados e principalmente no que toca aos contratos de consumo, a prática dessas restrições funciona como mecanismo de contenção da autonomia privada em prol da garantia de determinação de todas as partes do contrato, mormente daquela que detém a menor parcela de poder na relação, exatamente o consumidor. O segredo está em se atingir o equilíbrio entre as restrições necessárias e as liberdades em conflito, até mesmo pelo fato de que a vinculação do legislador aos direitos fundamentais é um parâmetro a ser considerado para o controle das normas que ele mesmo edita.

A partir daí se verifica que os direitos fundamentais não podem garantir uma proteção efetiva caso os particulares não possam aplicá-los em determinadas relações privadas. Essa constatação abre caminho para uma penetração controlada, porém eficaz, dos valores constitucionais no direito privado e, com isso, para a própria possibilidade de controle do conteúdo de contratos privados em situações específicas com base na constituição, quadro que traduz a chamada eficácia irradiante dos direitos fundamentais para o ordenamento jurídico privado. Atualmente, o parceiro contratual, sendo um deles o consumidor, é entendido como um titular de direitos fundamentais que, como tal, tem a sua manifestação de vontade e desenvolvimento da personalidade garantidos pela constituição.

Não há falar em autorresponsabilidade, autodesenvolvimento da personalidade ou ainda autonomia privada se não se fizer presente a livre capacidade de decisão, que só é verificada na ausência de imposição de vontade alheia, por qualquer meio contrário ao direito, e na presença de todos os elementos que se façam minimamente indispensáveis para uma ponderação entre as vantagens e desvantagens do negócio. Nesse sentido, a necessidade de proteção do consumidor reside na garantia da sua livre capacidade de decisão, no respeito à garantia de todos os direitos fundamentais que venham a incidir na relação de consumo e em uma atitude voltada à proteção da sua dignidade.

Quanto mais se puder atribuir ao atingido o ônus que deve suportar por uma decisão própria, que na prática implica restrição de um direito fundamental do qual é titular, menor será a intensidade da eficácia irradiante. Pressuposto para tanto é que se façam presentes as condições para uma decisão realmente livre. Em contrapartida, essa eficácia irradiante intensifica-se na proporção em que se faz necessária a proteção da liberdade pessoal perante os poderes econômico e social, ao ponto que, de maneira geral, a influência dos direitos fundamentais sobre o direito privado torna-se tão mais importante quanto maior for o poder de uma das partes em uma relação privada. Do ponto de vista prático, está-se diante da possibilidade de se declarar a ineficácia de um contrato em sede de jurisdição constitucional, por força da não-observância de um direito fundamental. Nessa conectividade, são construídos parâmetros para a compreensão do princípio do Estado de direito na constituição, com foco na delimitação da densidade do exame levado a efeito pelo tribunal constitucional frente a controvérsias jurídico-privadas, tanto na relação com o legislador quanto perante as instâncias ordinárias.

Entre vários aspectos que merecem destaque nesse tópico, destaca-se a necessidade de revisão da Súmula 126 do STJ,[136] pois, na forma em que está redigida (e vem de certo modo sendo aplicada, para o não-conhecimento de recursos em matéria de direito do consumidor), impõe um duro obstáculo – podendo significar na prática até mesmo a negação de um dever de proteção estatal – ao reconhecimento da eficácia dos direitos fundamentais nas relações privadas e nas de consumo em particular. Fundamento para tanto é que a prática de uma interpretação conforme a constituição não é atividade exclusiva do tribunal constitucional, até mesmo porque decorre da unidade do ordenamento jurídico. Quando um tribunal, inclusive superior, interpreta um direito ou uma controvérsia judicial em conformidade com a constituição, não há falar por si só em supressão de competências, mas, pelo contrário, de atividade judicante voltada à constituição, que inclusive pode contribuir para desafogar o tribunal constitucional e aprimorar a sua jurisprudência. Trata-se da necessária *relação de diálogo* que deve existir entre o tribunal superior para assuntos civis e o tribunal constitucional, que não deve ser vista como invasão de competências quando praticada nos limites do próprio instituto e que contribui nessa linha para o aperfeiçoamento do próprio direito constitucional, até mesmo pelo fato de que os órgãos civis dispõem do maior material de casos.

---

[136] Súmula n. 126, STJ: "É inadmissível recurso especial, quando o acórdão recorrido assenta em fundamentos constitucional e infraconstitucional, qualquer deles suficiente, por si só, para mantê-lo, e a parte vencida não manifesta recurso extraordinário".

Por sua vez, a fundamentação em torno de um modelo geral de eficácia direta dos direitos fundamentais nas relações privadas não se harmoniza com as exigências do ordenamento jurídico-constitucional, sendo que a sua negação não importa perda de função dos direitos fundamentais para as relações privadas. Em outras palavras, um modelo de eficácia indireta dos direitos fundamentais no tráfego jurídico privado logra êxito, com significativa vantagem, em garantir ao particular – nele incluída a figura do consumidor – uma proteção efetiva e bem fundamentada do exercício dos seus direitos fundamentais em negócios privados. Isso se deixa comprovar a partir da constatação de que para o direito constitucional poder atuar construtivamente no direito privado, com vistas ao seu aperfeiçoamento e desenvolvimento, se faz necessária uma relação de complementação recíproca. A norma constitucional, expressão de um ou mais valores, irradia um conteúdo indeterminado para uma norma de direito privado. Esse conteúdo indeterminado preenche valorativamente a norma privada, moldando a sua compreensão no sentido da constituição. Cria-se aqui a figura de uma *simbiose* entre a constituição e o direito privado: sem o direito privado, a norma constitucional pode pouco fazer, pelo fato de que a indeterminação de seu conteúdo não proporciona uma imposição concreta no ordenamento jurídico. A norma de direito privado, por sua vez, carece de valores constitucionais que guiem sua interpretação e aplicação, a fim de que atinja sua finalidade plena, de regulação do conjunto de fatos da vida, em harmonia com a unidade do ordenamento jurídico e no marco da constitucionalidade.

Essa realidade aponta para o fato de que não apenas o direito constitucional influi no direito privado, mas o direito privado também influi no direito constitucional, o que se deixa comprovar pela ocorrência de um efeito recíproco entre ambos. Significa que os entrelaçamentos entre o direito constitucional e o direito privado, a par da condição de supremacia da constituição, são revelados por uma espécie de *mão dupla,* no sentido de que não apenas o direito constitucional contribui para o aperfeiçoamento do direito privado, mas, paralelamente, o próprio direito privado, a partir da sua primazia de conhecimento e exigência de precisão nas matérias que regula, contribui a sua medida e a seu modo para a interpretação dos dispositivos constitucionais que tratam de matérias privadas. Cabe aqui lembrar que a constituição só figura no topo da ordem jurídica pelo fato de reconhecer a pessoa como seu fundamento supremo. Essa realidade geral é comprovada, entre outros aspectos, na forma pela qual a proteção do consumidor é estabelecida no ordenamento jurídico-constitucional brasileiro: a constituição ordena a proteção, a legislação estabelece como ela deverá ser conduzida na prática.

Isso significa que o pensamento de efeito recíproco entre os diversos níveis do ordenamento jurídico decorre do reconhecimento de uma eficácia horizontal indireta dos direitos fundamentais como parte integrante da ordem de valores objetiva da constituição. Essa assertiva deixa-se apoiar na constatação de que grande parte do conteúdo das normas de direito fundamental não foi plantada na ordem jurídico-civil por fora, de forma que muitos valores constitucionais podem ser reconduzidos às decisões fundamentais jurídico-civis. Desse modo, o direito constitucional não logra êxito em cumprir integralmente sua tarefa sem recorrer ao conteúdo do direito privado. O direito privado, com base em uma longa tradição que lhe agrega um suporte sólido, mostra-se como meio capaz de intermediar o significado de um direito fundamental nas relações entre particulares, notadamente nas de consumo.

Por conseguinte, sempre que disposições negociais privadas ferirem direitos fundamentais de um contratante, não havendo consentimento, possibilidade de reação fática ou noção exata por parte do destinatário da lesão quanto aos danos provocados por essa conduta, hipótese que se configura em uma violação geral ao livre desenvolvimento da personalidade do particular, tem-se que os direitos fundamentais vinculam os sujeitos privados, a fim de garantir a observância das decisões de valor da constituição também no marco das relações de direito privado. Contudo, trata-se de uma vinculação indireta, que não dispensa a prática de uma mediação estatal capaz de fornecer parâmetros de conduta passíveis de universalização. Nesse passo, a legislação ordinária e as cláusulas gerais e conceitos indeterminados do direito civil em particular mostram-se como veículo para a penetração dos direitos fundamentais nas relações privadas, aspecto que revela igualmente a possibilidade de uma mediação judicial, de caráter subsidiário, para a definição do alcance dos direitos fundamentais nas relações entre privados.

Nessa linha, a teoria dos deveres de proteção do Estado deixa-se reconduzir em seus pontos essenciais ao modelo de eficácia indireta dos direitos fundamentais nas relações privadas. Sem embargo, pelo fato de representar uma construção mais moderna, a teoria dos deveres de proteção logra êxito em fundamentar, com maior clareza em relação à clássica teoria da eficácia indireta, o modo pelo qual ocorre a proteção dos direitos fundamentais no tráfego jurídico privado. Isso é obtido a partir do destaque à percepção de que o problema da eficácia horizontal requer a consideração de um espaço de manobra ao legislador em vista do "se" e do "como" as suas regulamentações podem ser realizadas à luz desses deveres, sobretudo em atenção a aspectos essenciais da problemática, como, por exemplo, o âmbito de proteção dos direitos fundamentais, a possibilidade de restrição desses direitos, bem como a relação entre a jurisdição constitucional com os poderes públicos, em especial o legislador e os tribunais ordinários.

A conexão da teoria dos deveres de proteção do Estado com a temática da eficácia horizontal e das relações de consumo deixa-se fundamentar na seguinte linha: ao reconhecer a pessoa como valor supremo do ordenamento, o Estado tem o dever de protegê-la, independentemente do lado pelo qual venha a agressão, de modo que as relações privadas não podem passar ao largo desse dever de proteção estatal. E no rol das relações que merecem cuidado especial do Estado, situam-se as de consumo, considerando-se a particular fragilidade do sujeito que integra necessariamente esse tipo de relação: o consumidor. A teoria dos deveres de proteção do Estado, ao se deixar reconduzir em seus pontos essenciais à teoria da eficácia indireta, representa uma construção que logra êxito em definir que os negócios privados não são um campo imune à incidência dos direitos fundamentais, constituindo-se em sólido ponto de apoio para a fundamentação da eficácia horizontal dos direitos fundamentais.

Em matéria de contratos privados e particularmente de contratos de consumo, o ponto de passagem a partir dos quais os deveres de proteção têm que ser ativados pode ser centrado nas situações em que a atuação de um sujeito privado se dá de forma a impedir o livre desenvolvimento da personalidade da parte mais fraca na relação. Nesse sentido, quanto maior for o estreitamento do espaço de liberdade provocado pela ação de terceiros, maior deve ser a resposta dada pelo Estado no que diz respeito à restauração da liberdade. Da mesma forma, quanto maior for a repetição de lesões a direitos fundamentais, tanto mais energicamente os deveres de proteção devem se fazer presentes. Importa aqui que o dever de proteção do Estado seja levado tão mais a sério quanto maior for a hierarquia (concreta) do bem jurídico colocado em questão, sob a perspectiva da ordem de valores da constituição. Nesse quadro, os fenômenos de massa requerem cuidado especial, dada a maior incidência dos seus efeitos, configurando os contratos de consumo um exemplo típico dessa realidade, sobretudo em face da notória hipossuficiência do consumidor.

Todas essas considerações confirmam que os contratos de consumo servem como pano de fundo ideal para a construção de um modelo racional de fundamentação de uma eficácia indireta dos direitos fundamentais nas relações privadas. De fato, a inclusão da proteção do consumidor na forma de um direito fundamental, sob a perspectiva de um dever de proteção do Estado, é adequada e pertinente do ponto de vista da dogmática constitucional. A constituição dá o comando de que o Estado tem que promover a defesa do consumidor na forma da lei. Aqui, como não poderia ser diferente, a própria constituição abriu ao legislador um espaço de manobra para configuração dessa proteção, que se dá particularmente na forma do CDC e das demais disposições legislativas, inclusive do CC. Respeitou-se assim a liberdade de configuração do legislador no exercício pleno de suas competências, ao mesmo tempo em que se cumpriu o dever constitucional de zelo do consumidor enquanto titular de direitos fundamentais.

3. *A construção teórica que melhor fundamenta uma eficácia dos direitos fundamentais nas relações privadas, inclusive à luz do exemplo dos contratos de consumo, é aquela que conduz a teoria do diálogo das fontes para dentro da teoria da constituição, o que é possível a partir do pensamento* de convergência, *focalizado em uma* convergência na interpretação *do direito civil para a* constituição.

A concepção ideal de ordenamento jurídico para efeito de uma argumentação em torno da eficácia dos direitos fundamentais nas relações privadas e particularmente nos contratos de consumo transmite a ideia de que a supremacia de vigência da constituição e a primazia de conhecimento do direito privado realizam-se mutuamente, hipótese que é proporcionada pelo pensamento da *convergência* do direito privado para o direito constitucional, que encerra em si a ideia de diálogo entre as fontes normativas.

No pano de fundo do ancoramento de um dever constitucional de proteção do consumidor está a necessidade de se trazer a teoria do diálogo das fontes para a teoria da constituição. O fundamento para essa aproximação baseia-se na constatação geral de que a falta de comunicação entre os diversos âmbitos que formam o ordenamento jurídico provoca efeitos indesejáveis, como isolamento, produção de contradições e consequentemente perda de efetividade. A necessidade de se trazer a teoria do diálogo das fontes para a constituição ampara-se em dois aspectos principais. O primeiro é que a constituição possui uma primazia de vigência no ordenamento jurídico que deriva do reconhecimento do significado e alcance dos direitos fundamentais nesse ordenamento, no marco da dignidade da pessoa como fundamento do Estado e da vinculação dos órgãos estatais aos direitos fundamentais; o segundo é que essa primazia de vigência da constituição é confrontada por uma primazia de conhecimento do direito privado, que é fundada não apenas em sua tradição milenar, como também na estrutura e proximidade de objeto de suas normas com as relações travadas entre particulares.

A teoria do diálogo das fontes pode ser conduzida para a teoria da constituição ou do direito constitucional propriamente dito pela via de um pensamento de *convergência*, que traduz uma *convergência na interpretação* do direito civil para a constituição. Se a constituição for colocada no centro do ordenamento jurídico, verifica-se que não há uma substituição de planos em relação ao direito privado, mas sim uma *convergência* do direito privado ao âmbito constitucional e dos direitos fundamentais. A partir do instante em que todos os âmbitos jurídicos *convergem* para a constituição criam-se os pressupostos para a manutenção de um diálogo permanente entre as fontes, pautado pelos valores da constituição e em atenção à primazia de conhecimento de cada âmbito particular. Isso representa um esforço na busca de novas soluções de caráter plural, com as quais se visa a evitar antinomias pela correta definição dos campos de aplicação das normas.

Para que a constituição confira unidade ao ordenamento jurídico, ela deve atuar como centro para a interpretação jurídica, razão pela qual todos os âmbitos jurídicos *convergem* para a constituição. Trata-se essencialmente de uma *convergência na interpretação*, que permite e fundamenta o diálogo das fontes, desempenhando a dignidade da pessoa humana e os direitos fundamentais um papel de extrema relevância na pré- -compreensão que é indispensável para a interpretação de outros setores do direito. Nesse quadro, o pensamento de *convergência* do direito privado para a constituição, em um cenário de diálogo das fontes normativas, contribui em grande medida para a manutenção da unidade do ordenamento jurídico. Aqui, o princípio da unidade do ordenamento jurídico representa a base para a fundamentação de uma eficácia dos direitos fundamentais nas relações privadas, afirmando-se como fundamento da eficácia horizontal indireta, à luz da ideia de diálogo das fontes e de *convergência*.

A unidade do ordenamento jurídico torna-se realidade a partir do instante em que as prescrições constitucionais são impostas na ordem jurídica por meio do direito ordinário. Isso porque esse direito, ao lado dos direitos fundamentais, tem a importante função de configurar um fundamento de integração, indispensável para a busca da unidade, aspecto que igualmente traduz a ideia de *convergência*. A conclusão necessária é que o pensamento de *convergência* logra êxito em fundamentar como as relações de consumo, na condição de relações típicas de direito privado, se colocam perante a dignidade humana e os direitos fundamentais a partir da compreensão da constituição como centro do ordenamento jurídico.

Nessa conexão de elementos, a fundamentação das relações entre a constituição e o direito privado, com base no pensamento de *convergência*, possui vantagens em relação à já propagada ideia de constitucionalização do direito privado. Isso porque expressa, com maior exatidão em relação ao pensamento de constitucionalização, que toda ordem jurídica tem que ser adaptada aos direitos fundamentais: *convergência* no sentido de concordância, inclusive como mecanismo de solução de conflitos entre as jurisdições constitucional e ordinária, aspecto essencial para a implementação do ponto de vista prático de uma eficácia dos direitos fundamentais nas relações privadas. Em contrapartida, o pensamento em torno da constitucionalização do direito privado não dá conta do relevante princípio da primazia de conhecimento do direito privado, que está na base da ideia de *convergência*.

A partir daí, depreende-se que apenas uma unidade de sentido de interpretação pode realizar a tarefa de manter os dois planos (direito constitucional e direito privado) e as suas respectivas funções, com a constituição no centro do ordenamento jurídico. Em um cenário focado nos contratos de consumo, isso indica que a proteção jurídico-civil do consumidor tem que ser compatibilizada com a sistemática do direito privado vigente. Na medida em que as normas privadas, em particular as cláusulas gerais e os conceitos indeterminados do direito civil, têm o seu conteúdo preenchido pelos direitos fundamentais, não se está diante de uma vigência jurídico-civil dos direitos fundamentais, mas, ao contrário, de uma orientação do direito civil à constituição, e essa orientação expressa justamente a ideia de *convergência*. O resultado dessa concepção é que se fundamenta um modelo racional com o pensamento de *convergência*, apto a demonstrar o modo pelo qual a constituição, disposta no centro do ordenamento jurídico, irradia efeitos para o direito privado.

REFERÊNCIAS BIBLIOGRÁFICAS

ABRANTES, José João Nunes. *A vinculação das entidades privadas aos direitos fundamentais*. Lisboa: Associação Acadêmica da Faculdade de Direito de Lisboa (AAFDL), 1990. Cit.: ABRANTES, J. *Vinculação*.

ADAMY, Pedro Augustin. *Renúncia a direito fundamental*. São Paulo: Malheiros, 2011. Cit.: ADAMY, P. *Renúncia*.

ADLER, Mortimer Jerome; VAN DOREN, Charles. *A arte de ler*. Trad. José Laurenio de Melo. Rio de Janeiro: Agir, 1974. Cit.: ADLER, M; VAN DOREN, C. *Arte*.

AGUIAR JÚNIOR, Ruy Rosado de. A boa-fé na relação de consumo. *Revista de Direito do Consumidor*. São Paulo: RT, n. 14, abr.-jun. 1995, p. 20-27. Cit.: AGUIAR JÚNIOR, R. *Boa-fé*.

_____. Extinção dos Contratos por Incumprimento do Devedor – *Resolução. De acordo com o novo código civil*. Rio de Janeiro: Aide, 2003.

_____. O poder judiciário e a concretização das cláusulas gerais: limites e responsabilidade. *Rev. Fac. Dir. UFRGS.*, n. 18/19, 2000, p. 221-228. Cit.: AGUIAR JUNIOR, R. *PJ*.

ALEXY, Robert. Grundrechte, Abwägung und Rationalität. In: *Ars Interpretandi. Yearbook of Legal Hermeneutics. Vernunft und Interpretation,* vol. 7. Münster: LIT, 2002, p. 113-125. Cit.: ALEXY, R. *Abwägung*.

_____. Grundrechte im demokratischen Verfassungsstaat. In: AARNIO, Aulis (Hrsg.). *Justice, morality and Society: a tribute to Aleksander Peczenik on the occasion of his 60th birthday 16 November 1997*. Lund: Juristförl., 1997, p. 27-42. Cit.: ALEXY, R. *Grundrechte*.

_____. Individuelle Rechte und kollektive Güter. In: *Recht, Vernunft, Diskurs: Studien zur Rechtsphilosophie*. Frankfurt: Suhrkamp, 1995, p. 232-261. Cit.: ALEXY, R. *Individuelle*.

_____. Kollision und Abwägung als Grundprobleme der Grundrechtsdogmatik. In: LA TORRE, Massimo. La Ragionevolezza nel Diritto.

Quaderni del Dipartamento di Scienza e Storia del Diritto, vol. 7. Torino: G. Giappichelli, 2002, p. 9-26. Cit.: ALEXY, R. *Kollision*.

_____. Recht und Richtigkeit. In: KRAWIETZ, Werner et al. (Hrsg.). *The Reasonable as rational? On legal argumentation and justification*. Fest. for Aulis Aarnio. Berlin: Duncker und Humblot, 2000, p. 3-19. Cit.: ALEXY, R. *Recht*.

_____. *Theorie der Grundrechte*. Baden-Baden: Suhrkamp, 1994. Cit.: ALEXY, R. *Theorie*.

_____. *Theorie der juristischen Argumentation. Die Theorie des rationalen Diskurses als Theorie der juristischen Begründung*. 2. Auf. Frankfurt: Suhrkamp, 1990. Cit.: ALEXY, R. *Theorie der jA*.

_____. *Verfassungsrecht und einfaches Recht. Verfassungsgerichtsbarkeit und Fachgerichtsbarkeit*. VVDStRL, B. 61. Berlin: Gruyter, 2002, p. 7-30. Cit.: ALEXY, R. *Verfassungsrecht*.

ALFARO AGUILA-REAL, Jesús. Autonomia privada y derechos fundamentales. *Anuário de Derecho Civil*. Madrid, t. XLVI, f. 1, 1993, p. 57-122. Cit.: ALFARO, J. *Autonomia*.

ALLEWELDT, Ralf. *Bundesverfassungsgericht und Fachgerichtsbarkeit*. Tübingen: Mohr, 2006. Cit.: ALLEWELDT, R. *BVerfG*.

ALMEIDA, Gregório Assagra de. Teoria crítica do direito e o acesso à justiça como novo método de pensamento. In: SALIBA, Aziz Tuffi; _____; GOMES JÚNIOR, Luiz Manoel (Orgs.). *Direitos fundamentais e sua proteção nos planos interno e internacional*. vol. I. Belo Horizonte: Arraes, 2010, p. 159-177. Cit.: ALMEIDA, G. *Teoria*.

ANSCHÜTZ, Gerhard. *Die Verfassung des Deutschen Reichs vom II August 1919*. 14. Auf. Bad Homburg: Gehlen, 1968. Cit.: ANSCHÜTZ, G. *Verfassung*.

ARNDT, Adolf. *Das Bundesverfassungsgericht*. DVBl. Köln: Heymanns, 1952, p. 1-5. Cit.: ARNDT, A. *BVerfG*.

ASHTON, Peter Walter. O direito econômico e o direito empresarial. *Rev. Fac. Dir. UFRGS*. Porto Alegre: Sulina, vol. 26, 2006, p. 157-188. Cit.: ASHTON, P. *Econômico*.

AUER, Marietta. *Materialisierung, Flexibilisierung, Richterfreiheit. Generalklauseln im Spiegel der Antinomien des Privatrechtsdenkens*. Tübingen: Mohr, 2005. Cit.: AUER, M. *Materialisierung*.

ÁVILA, Humberto. *Teoria dos princípios. Da definição à aplicação dos princípios jurídicos*. 6. ed. São Paulo: Malheiros, 2006. Cit.: ÁVILA, H. *Teoria*.

BADURA, Peter. *Der Sozialstaat*. Die Öffentliche Verwaltung (DÖV). Stuttgart: Kohlhammer, 1989, p. 491-499. Cit.: BADURA, P. *Sozialstaat*.

_____. Die Normativität des Grundgesetzes. In: ISENSEE, Josef; KIRCHHOF, Paul (Hrsg.). *HStR*. Heidelberg: Müller, B. VII, § 163, 1992, p. 165-188. Cit.: BADURA, P. *Normativität*.

_____. Die Verfassungsrechtliche Pflicht des gesetzgebenden Parlaments zur "Nachbesserung" von Gesetzen. In: MÜLLER, Georg et al. (Hrsg.). *Staatsorganisation und Staatsfunktionen im Wandel. Fest. für Kurt Eichenberger zum 60. Geburtstag*. Basel: Helbing, 1982, p. 481-492. Cit.: BADURA, P. *Pflicht*.

_____. Grundrechte und Wirtschaftsordnung. In: MERTEN, Detlef; PAPIER, Hans-Jürgen (Hrsg.). *HDG*. B. II. Heidelberg: Müller, 2006, p. 221-251. Cit.: BADURA, P. *Wirtschaftsordnung*.

_____. Persönlichkeitsrechtliche Schutzpflichten des Staates im Arbeitsrecht. In: GAMILLSCHEG, Franz; RÜTHERS, Bernd; STAHLHACKE, Eugen (Hrsg.). *Fest. für Karl Molitor zum 60. Geburtstag*. München: Beck, 1988, p. 1-18. Cit.: BADURA, P. *Persönlichkeitsrechtliche*.

_____. *Staatsrecht. Systematische Erläuterung des Grundgesetzes für die Bundesrepublik Deutschland*. 3., neubearbeitete Auf. München: Beck, 2003. Cit.: BADURA, P. *Staatsrecht*.

BAMBERGER, Heinz Georg; ROTH, Herbert. *Kommentar zum Bürgerlichen Gesetzbuch*. 2. Auf. München: Beck, B. 1, 2007. Cit.: BAMBERGER, H; ROTH, H. *Kommentar*.

BARROS, Suzana de Toledo. *O princípio da proporcionalidade e o controle de constitucionalidade das leis restritivas de direitos fundamentais*. 2. ed. Brasília: Brasília Jurídica, 2000. Cit.: BARROS, S. *Proporcionalidade*.

BARROSO, Luís Roberto. *Curso de direito constitucional contemporâneo:* os conceitos fundamentais e a construção do novo modelo. 2. ed. São Paulo: Saraiva, 2011. Cit.: BARROSO, L. *Curso de direito constitucional*.

_____. *O direito constitucional e a efetividade de suas normas:* limites e possibilidades da Constituição brasileira. 5. ed. Rio de Janeiro: Renovar, 2001. Cit.: BARROSO, L. *Dir. constitucional*.

BASTOS, Celso Ribeiro. *Curso de Direito Constitucional*. 22. ed. São Paulo: Saraiva, 2001. Cit.: BASTOS, C. *Curso*.

BAUER-KIRSCH, Angela. *Der Verfassungskonvent von Herrenchiemsee – Wegbereiter des Parlamentarischen Rates*. Bonn, 2005. Cit.: BAUER-KIRSCH, A. *Verfassungskonvent*.

BECKER, Michael. *Der unfaire Vertrag. Verfassungsrechtlicher Rahmen in privatrechtlicher Ausfüllung*. Tübingen: Mohr, 2003. Cit.: BECKER, M. *Unfaire Vertrag*.

BENDA, Ernst. *Das Bundesverfassungsgericht im Spannungsfeld von Recht und Politik*. ZRP, n. 77. München: Beck, 1977, p. 1-5. Cit.: BENDA, E. *BVerfG*.

BENJAMIN, Antônio Herman V. In: _____; MARQUES, Claudia Lima; BESSA, Leonardo Roscoe. *Manual de direito do consumidor*. 6. ed. São Paulo: RT, 2014. Cit.: BENJAMIN, H. *Direito do consumidor*.

BERKEMANN, Jörg. *Das Bundesverfassungsgericht und »seine« Fachgerichtsbarkeiten. Auf der Suche nach Funktion und Methodik*. DVBl. Köln: Heymanns, 1996, p. 1.028-1.040. Cit.: BERKEMANN, J. *BVerfG*.

BETHGE, Herbert. Kommentar zum Gesetzt über das Bundesverfassungsgericht. In: MAUNZ, Theodor; SCHMIDT-BLEIBTREU, Bruno; KLEIN, Franz et al. (Hrsg.). *Bundesverfassungsgerichtsgesetz. Kommentar*. 29. Auf. München: Beck, B. II, 2009. Cit.: BETHGE, H. *Kommentar*.

_____. *Zur Problematik von Grundrechtskollisionen*. München: Vahlen, 1977. Cit.: BETHGE, H. *Problematik*.

BETTERMANN, Karl August. *Hypertrophie der Grundrechte*. Hamburg, 1984. Cit.: BETTERMANN, K. *Hypertrophie*.

_____. *Richterliche Normenkontrolle als negative Gesetzgebung?* DVBl. Köln: Heymanns, 1982, p. 91-95. Cit.: BETTERMANN, K. *Normenkontrolle*.

[BVERFG] Bundesverfassungsgericht. *Pressemitteilung n. 35/2014*. Disponível em: <https://www.bundesverfassungsgericht.de/SharedDocs/Pressemitteilungen/DE/2014/bvg14-035.html>. Acesso em: 1 out. 2018. Cit.: BVERFG, *Pressemitteilung Nr. 35/2014*.

[BVERFG] Bundesverfassungsgericht. *Pressemitteilung Nr. 56/2015*. Disponível em: <https://www.bundesverfassungsgericht.de/SharedDocs/Pressemitteilungen/DE/2015/bvg15-056.html>. Acesso em: 2 out. 2018. Cit.: BVERFG, *Pressemitteilung Nr. 56/2015*.

BIEDER, Marcus. *Das ungeschriebene Verhältnismäßigkeitsprinzip als Schranke privater Rechtsausübung*. München: Beck, 2007. Cit.: BIEDER, M. *Verhältnismäßigkeitsprinzip*.

BIEHLER, Gernot. *Zur Bindungswirkung von Urteilen des Bundesverfassungsgerichts*. DVBl. Köln: Heymanns, 1991, p. 1.237-1.239. Cit.: BIEHLER, G. *Bindungswirkung*.

BLECKMANN, Albert. *Grundrechtsschutz gegen sich selbst*. RdA. München: Beck, 1998, p. 332-336. Cit.: BLECKMANN, A. *Grundrechtsschutz*.

_____. *Neue Aspekte der Drittwirkung der Grundrechte*. DVBl, 1988. Köln: Heymanns, p. 938-946. Cit.: BLECKMANN, A. *Neue Aspekte*.

_____. *Probleme des Grundrechtsverzichts*. JZ. Tübingen: Mohr, 1988, p. 57-62. Cit.: BLECKMANN, A. *Grundrechtsverzicht*.

_____. *Staatsrecht II – Die Grundrechte*. 4 Auf. Köln: Heymanns, 1997. Cit.: BLECKMANN, A. *Staatsrecht*.

BOBBIO, Norberto. *Teoria do ordenamento jurídico*. Brasília: Universidade de Brasília, 1990. Cit.: BOBBIO, N. *Teoria do ordenamento jurídico*.

BÖCKENFÖRDE, Ernst Wolfgang. Entstehung und Wandel des Rechtsstaatsbegriffs. In: EHMKE, Horst; SCHMID, Carlo; SCHAROUN, Hans (Hrsg). *Fest. für Adolf Arndt zum 65. Geburtstag*. Frankfurt: Europäische Verlagsanstalt, 1969, p. 53-76. Cit.: BÖCKENFÖRDE, E. *Entstehung*.

_____. *Grundrechte als Grundsatznormen*. Der Staat, B. 29. Berlin: Duncker&Humblot, 1990, p. 1-31. Cit.: BÖCKENFÖRDE, E. *GR*.

_____. *Grundrechtsgeltung gegenüber Trägern gesellschaftlicher Macht?* In: POSSER, Diether; WASSERMANN, Rudolf (Hrsg.) *Freiheit in der sozialen Demokratie*. Karlsruhe: C. F. Muller Juristischer Verlag, 1975, p. 77-89.

_____. *Grundrechtstheorie und Grundrechtsinterpretation*. NJW. München: Beck, 1974, p. 1.529-1.538. Cit.: BÖCKENFÖRDE, E. *Grundrechtstheorie*.

_____. *Zur Lage der Grundrechtsdogmatik nach 40 Jahren Grundgesetz*. München: Siemens Stif., 1990. Cit.: BÖCKENFÖRDE, E. *GRdogmatik*.

BÖCKENFÖRDE, Werner. *Der allgemeine Gleichheitssatz und die Aufgabe des Richters*. Berlin: de Gruyter, 1957. Cit.: BÖCKENFÖRDE, W. *Gleichheitssatz*.

BODO, Pieroth. *Geschichte der Grundrechte*. Jura, 1984. Berlin: de Gruyter, p. 568-578. Cit.: BODO, P. *Geschichte*.

_____; AUBEL, Tobias. *Die Rechtsprechung des Bundesverfassungsgerichts zu den Grenzen richterlicher Entscheidungsfindung*. JZ. Tübingen: Mohr, 2003, p. 504-510. Cit.: BODO, P; AUBEL, T. *Rechtsprechung*.

Referências bibliográficas ■ 401

BONAVIDES, Paulo. *Curso de direito constitucional*. 12. ed. rev. São Paulo: Malheiros, 2002. Cit.: BONAVIDES, P. *Curso*.

BRANCO, Paulo Gustavo Gonet. Aspectos de teoria geral dos direitos fundamentais. In: MENDES, Gilmar Ferreira; COELHO, Inocêncio Mártires; BRANCO, Paulo Gustavo Gonet. *Hermenêutica constitucional e direitos fundamentais*. Brasília: Brasília Jurídica, 2002, p. 103-194. Cit.: BRANCO, P. *Aspectos*.

_____. Associações, expulsão de sócios e direitos fundamentais. *Revista Diálogo Jurídico*, Salvador, Centro de Atualização Jurídica (CAJ), n. 13, abr.–maio, 2002, p. 1-5. Disponível em: <http://www.direitopublico.com.br>. Acesso em: 4.5.2010. Cit.: BRANCO, P. *Associações*.

_____. Direitos Fundamentais: tópicos de teoria geral. In: MENDES, Gilmar Ferreira; COELHO, Inocêncio Mártires; _____. *Curso de Direito Constitucional*. 4. ed. São Paulo: Saraiva, 2009, p. 265-327. Cit.: BRANCO, P. *DF*.

BRUGGER, Winfried. Menschenwürde, Menschenrechte, Grundrechte. In: *Liberalismus, Pluralismus, Kommunitarismus. Studien zur Legitimation des Grundgesetzes*. Nomos, 1999, § 17, p. 381-410. Cit.: BRUGGER, W. *Menschenwürde*.

_____. *Staatszwecke im Verfassungsstaat*. *NJW*. München: Beck, 1989, p. 2.425-2.434. Cit.: BRUGGER, W. *Staatszwecke*.

_____. *Verbot oder Schutz von Haßrede?* AöR, B. 128. Tübingen: Mohr, 2003, p. 372-411. Cit.: BRUGGER, W. *Verbot oder Schutz von Haßrede?*

BRYDE, Brun-Otto. *Verfassungsentwicklung. Stabilität und Dynamik im Verfassungsrecht der Bundesrepublik Deutschland*. Baden-Baden: Nomos, 1982. Cit.: BRYDE, B. *Verfassungsentwicklung*.

BULLERT, Hans Günther. *Die Gesetzeskraft und die bindende Wirkung der Entscheidungen des Bundesverfassungsgerichts*. Inaugural-Dissertation. Kiel, 1965. Cit.: BULLERT, H. *Gesetzeskraft*.

BYDLINSKI, Franz. *Kriterien und Sinn der Unterscheidung von Privatrecht und öffentlichem Recht*. AcP, B. 194. Tübingen: Mohr, 1994, p. 319-351. Cit.: BYDLINSKI, F. *Kriterien*.

_____. Privatrecht und umfassende Gewaltenteilung. In: *Fest. für Walter Wilburg zum 70. Geburtstag*. Graz: Leykam, 1975, p. 53-76. Cit.: BYDLINSKI, F. *Privatrecht*.

CACHAPUZ, Maria Cláudia. *Intimidade e vida privada no Novo Código Civil Brasileiro. Uma leitura orientada no discurso jurídico*. Porto Alegre: Sergio Antonio Fabris Editor, 2006. Cit.: CACHAPUZ, M. C. *Intimidade*.

CALLIESS, Christian. Schutzpflichten. In: MERTEN, Detlef; PAPIER, Hans-Jürgen (Hrsg.) *HDG*. B. II. Heidelberg: Müller, 2006, p. 963-992. Cit.: CALLIESS, C. *Schutzpflichten*.

CANARIS, Claus-Wilhelm. *Grundrechte und Privatrecht*. AcP, B. 184. Tübingen: Mohr, 1984, p. 201-246. Cit.: CANARIS, C. *GR (AcP)*.

_____. *Grundrechte und Privatrecht. Eine Zwischenbilanz*. Berlin: De Gruyter, 1999. Cit.: CANARIS, C. *GR*.

_____. *Grundrechtswirkungen und Verhältnismäßigkeitsprinzip in der richterlichen Anwendung und Fortbildung des Privatrechts. JuS.* München und Frankfurt: Beck, 1989, p. 161-172. Cit.: CANARIS, C. *Grundrechtswirkungen.*

_____. *Kreditkündigung und Kreditverweigerung gegenüber sanierungsbedürftigen Bankkunden. ZHR.* Heidelberg: Recht und Wirtschaft, 1979, p. 113-138. Cit.: CANARIS, C. *Kreditkündigung.*

_____. *Wandlungen des Schulvertragsrechts – Tendenzen zu seinerMaterialisierung.* In: Archiv für die civilistische Praxis (ACP), Band 200, Heft 3/4. Tübingen: Mohr, 2000, p. 273-364.

CANOTILHO, José Joaquim Gomes. *Direito constitucional e teoria da Constituição.* 6. ed. Coimbra: Almedina, 2002. Cit.: CANOTILHO, J. Dir. c CANOTILHO, J. Dir. constitucional onstitucional.

CAPPELLETTI, Mauro. *O controle judicial de constitucionalidade das leis no direito comparado.* Traduzido por Aroldo Plínio Gonçalves. 2. ed. Porto Alegre: Fabris, 2003. Tradução de: *Il controllo giudiziario di constituzionalità delle nel diritto comparato.*

CARVALHO FILHO, José dos Santos. *Manual de direito administrativo.* 30. ed. rev. atual. e ampl. São Paulo: Atlas, 2016. Cit.: CARVALHO FILHO, J. S. *Direito administrativo.*

CASTRO, Carlos Roberto Siqueira. Aplicação dos direitos fundamentais às relações privadas. In: PEREIRA, Antônio Celso Alves; ALBUQUERQUE MELLO, Celso Renato Duvivier de (Orgs.). *Estudos em homenagem a Carlos Alberto Menezes Direito.* São Paulo: Renovar, 2003, p. 227-246. Cit.: CASTRO, C. R. S. *Aplicação dos DF.*

CAVALIERI FILHO, Sérgio. *Programa de responsabilidade civil.* 9. ed. São Paulo: Atlas, 2010. Cit.: CAVALIERI F., S. *Responsabilidade civil.*

CAVALLAZZI, Rosângela Lunardelli. O perfil do superendividado: referências no Brasil. In: MARQUES, Claudia Lima; _____ (Coords.). *Direitos do consumidor endividado.* Superendividamento e crédito. São Paulo: RT, 2006, p. 384-398. Cit.: CAVALLAZZI, R. L. *Superendividado.*

CHEREDNYCHENKO, Olha O. *Fundamental rights.* Contract law and the protection of the weaker party. A comparative analysis of the constitutionalisation of contract law, with emphasis on risky financial transactions. München: Sellier European Law Publishers, 2007. Cit.: CHEREDNYCHENKO, O. *Fundamental Rights.*

CIRNE LIMA, Ruy. *Princípios de direito administrativo.* 6. ed. São Paulo: RT, 1987. Cit.: CIRNE LIMA, R. *Princípios de direito administrativo.*

CLASSEN, Claus Dieter. *Die Drittwirkung der Grundrechte in der Rechtsprechung des Bundesverfassungsgerichts. AöR,* B. 122. Tübingen: Mohr, 1997, p. 65-107. Cit.: CLASSEN, C. D. *DW.*

CLÉRICO, Laura. *Die Struktur der Verhältnismäßigkeit.* Baden-Baden: Nomos, 2001. Cit.: CLÉRICO, L. *Verhältnismäßigkeit.*

COELHO, Inocêncio Mártires. Ordenamento ,jurídico, constituição e norma fundamental. In: MENDES, Gilmar Ferreira; _____; BRANCO, Paulo Gustavo Gonet. *Curso de direito constitucional.* 4. ed. São Paulo: Saraiva, 2009, p. 1-167. Cit.: COELHO, I. M. *Ordenamento.*

COING, Helmut. *J. von Staudingers Kommentar zum Bürgerlichen Gesetzbuch: mit Einführungsgesetz und Nebengesetzen (Erstes Buch, Allgemeiner Teil, §§ 1-12, Einleitung).* 13 Bearbeitung. Berlin: de Gruyter, B. 1, 1995. Cit.: COING, H. *Kommentar zum BGB.*

COUTO E SILVA, Almiro do. Prescrição quinquenária da pretensão anulatória da administração pública com relação a seus atos administrativos. *Revista de Direito Administrativo.* Rio de Janeiro: Renovar, n. 204, abr.-jun. 1996, p. 21-31. Cit.: COUTO E SILVA, A. *Prescrição.*

COUTO E SILVA, Clovis do. *A obrigação como processo.* São Paulo: Bushatsky, 1976. Cit.: COUTO E SILVA, C. *Obrigação.*

_____. O princípio da boa-fé no direito brasileiro e português. In: *Estudos de direito civil brasileiro e português.* I Jornada Luso-Brasileira de Direito Civil (Porto Alegre, 1979). São Paulo: RT, 1980, p. 43-72. Cit.: COUTO E SILVA, C. *Boa-fé.*

DAUNER-LIEB, Barbara. *Verbraucherschutz durch Ausbildung eines Sonderprivatrechts für Verbraucher. Systemkonforme Weiterentwicklung oder Schrittmacher der Systemveränderung?* Berlin: Duncker&Humblot, 1983. Cit.: DAUNER-LIEB, B. *Verbraucherschutz.*

DENNINGER, Erhard. *Freiheitsordnung, Wertordnung, Pflichtordnung. JZ.* Tübingen: Mohr, 1975, p. 545-550. Cit.: DENNINGER, E. *Freiheitsordnung.*

DEPENHEUER, Otto. *Burgerverantwortung im demokratischen Verfassungsstaat. VVDStRL,* B. 55. Berlin: Gruyter, 1996, p. 90-127. Cit.: DEPENHEUER, O. *Burgerverantwortung.*

DIEDERICHSEN, Uwe. *Das Bundesverfassungsgericht als oberstes Zivilgericht. Ein Lehrstück der juristischen Methodenlehre. AcP,* B. 198. Tübingen: Mohr, 1998, p. 171-260. Cit.: DIEDERICHSEN, U. *BVerfG.*

_____. Die Rangverhältnisse zwischen den Grundrechten und dem Privatrecht. In: STARCK, Christian (Hrsg.). *Rangordnung der Gesetze. 7 Symposion der Kommission "Die Funktion des Gesetzes in Geschichte und Gegenwart" am 22. und 23. April 1994.* Göttingen: Vandenhoeck & Ruprecht, 1995, p. 39-97. Cit.: DIEDERICHSEN, U. *Rangverhältnisse.*

DIETLEIN, Johannes. *Die Lehre von den grundrechtlichen Schutzpflichten.* Berlin: Duncker&Humblot, 1992. Cit.: DIETLEIN, J. *Schutzpflichten.*

DI FABIO, Udo. *Das Recht offener Staaten. Grundlinien einer Staats- und Rechtstheorie.* Tübingen: Mohr, 1998. Cit.: DI FABIO, U. *Recht.*

_____. *Die Gleichberechtigung von Mann und Frau. AöR,* B. 122. Tübingen: Mohr, 1997, p. 404-443. Cit.: DI FABIO, U. *Gleichberechtigung.*

_____. Grundgesetz Kommentar (Art. 2 Abs. 1 GG). In: MAUNZ, Theodor; DÜRIG, Günter et al. *Grundgesetz Kommentar.* München: Beck, B. I, 39. Ergänzungslieferung, 2001. Cit.: DI FABIO, U. *GG Kommentar.*

_____. Zur Theorie eines grundrechtlichen Wertesystems. In: MERTEN, Detlef; PAPIER, Hans-Jürgen (Hrsg.) *HDG.* B. . II. Heidelberg: Müller, 2006, p. 1. 031-1. 057. Cit.: DI FABIO, U. *Wertesystem.*

DIMOULIS, Dimitri. *Manual de introdução ao estudo do direito.* 4. ed. São Paulo: RT, 2011. Cit.: DIMOULIS, D. *Manual de introdução.*

_____; MARTINS, Leonardo. *Teoria geral dos direitos fundamentais*. São Paulo: RT, 2007. Cit.: DIMOULIS, D; MARTINS, L. *Teoria geral dos DF.*

DI PIETRO, Maria Sylvia Zanella. *Direito administrativo.* 28. ed. São Paulo: Atlas, 2015. Cit.: DI PIETRO, M. S. *Direito Administrativo.*

DOEHRING, Karl. *Das Staatsrecht der Bundesrepublik Deutschland: unter besonderer Berücksichtigung der Rechtsvergleichung und des Völkerrechts. Ein Lehrbuch.* 3., überarb. Auf. Frankfurt a. M.: Alfred Metzner, 1984. Cit.: DOEHRING, K. *Staatsrecht.*

DOEMMING, Klaus Berto v.; FÜSSLEIN, Rudolf Werner; MATZ, Werner. *Entstehungsgeschichte der Artikel des Grundgesetzes. Im Auftrage der Abwicklungsstelle des Parlamentarischen Rates und des Bundesministers des Innern auf Grund der Verhandlungen des Parlamentarischen Rates. JöR.* Neue Folge, B. 1. Tübingen: J. C. B. Mohr, 1951. Cit.: DOEMMING, K. B; FÜSSLEIN, R. W; MATZ, W. *Entstehungsgeschichte.*

DRATH, Martin. *Die Grenzen der Verfassungsgerichtsbarkeit. VVDStRL,* B. 9. Berlin: Gruyter, 1952, p. 17-116. Cit.: DRATH, M. *Grenzen.*

DREIER Horst. *Dimensionen der Grundrechte. Von der Wertordnungsjudikatur zu den objektiv-rechtlichen Grundrechtsgehalten.* Hannover: Juristische Studiengesellschaft, 1993. Cit.: DREIER H. *Dimensionen.*

_____. Grundgesetz Kommentar. In: _____ (Hrsg.). *Grundgesetz Kommentar.* 2. Auf. Tübingen: Mohr, B. I, 2004. Cit.: DREIER, H. *GG Kommentar.*

DREXL, Josef. *Die wirtschaftliche Selbstbestimmung des Verbrauchers. Eine Studie zum Privat- und Wirtschaftsrecht unter Berücksichtigung gemeinschaftsrechtlicher Bezüge.* Tübingen: Mohr, 1998. Cit.: DREXL, J. *Selbstbestimmung.*

_____. Wettbewerbsverfassung. Europäisches Wettbewerbsrecht als materielles Verfassungsrecht. In: von BOGDANDY, Armin (Hrsg.). *Europäisches Verfassungsrecht. Theoretische und dogmatische Grundzüge.* Berlin, Heidelberg: Springer, 2003, p. 747-802. Cit.: DREXL, J. *Wettbewerbsverfassung.*

DUQUE, Marcelo Schenk. A importância do direito ordinário frente à supremacia da Constituição. *Cadernos do Programa de Pós-Graduação em Direito da UFRGS.* Porto Alegre: PPGDir. /UFRGS, n. IV, setembro de 2005, p. 7-38. Cit.: DUQUE, M. S. *Importância.*

_____. A proteção do consumidor como dever de proteção estatal de hierarquia constitucional. *Revista de Direito do Consumidor.* São Paulo: RT, v. 18, n. 71, jul.-set. 2009, p. 142-167. Cit.: DUQUE, M. S. *Proteção do consumidor.*

_____. Cláusulas constitucionais de inabolibilidade, realidade e garantia de identidade da Constituição: um olhar sob o prisma do direito fundamental de proteção ao consumidor. *Revista de Direito do Consumidor.* São Paulo: RT, v. 17, n. 66, abr.-jun. 2008, p. 49-81. Cit.: DUQUE, M. Sl. *Cláusulas constitucionais.*

_____. Competência legislativa estadual, em relação de consumo, para permitir a comercialização de artigos de conveniência em farmácias e drogarias – ADIn 4.954/STF. *Revista de Direito do Consumidor,* vol. 99, ano 24. São Paulo: RT, mai.-jun. 2015, p. 497-556. Cit.: DUQUE, M. S. *Competência legislativa estadual.*

_____. Direitos fundamentais e direito privado: a busca de um critério para o controle do conteúdo dos contratos. In: MARQUES, Claudia Lima (Org.). *A nova crise do contrato: estudos sobre a nova teoria contratual*. São Paulo: RT, 2007, p. 87-136. Cit.: DUQUE, M. S. *DF e Direito Privado*.

_____. Os direitos fundamentais sob a perspectiva de um contrato de garantia: breves considerações. *Revista de Direito do Consumidor*. São Paulo: RT, vol. 17, n. 65, jan.-mar. 2008, p. 163-191. Cit.: DUQUE, M. S. *DF e contrato de garantia*.

DÜRIG, Günter. *Der Grundsatz der Menschenwürde. Entwurf eines praktikablen Wertsystems der Grundrechte aus Art. 1. Abs. I in Verbindung mit Art. 19 Abs. II des Grundgesetzes. AöR*, B. 81. Tübingen: Mohr, 1956, p. 117-157. Cit.: DÜRIG, G. *Menschenwürde*.

_____. *Die Menschenauffassung des Grundgesetzes*. Juristische Rundschau (JR). Berlin: de Gruyter, 1952, p. 259-263. Cit.: DÜRIG, G. *Menschenauffassung*.

_____. *Die Verwirkung von Grundrechte nach Artikel 18 des Grundgesetzes. Ein Beitrag zur öffentlich-rechtlichen Verwirkungslehre*. Juristen Zeitung (JZ). Tübingen: Mohr, 1952, p. 513-518. Cit.: DÜRIG, G. *Verwirkung*.

_____. Freizügigkeit. In: NEUMANN, Franz L.; NIPPERDEY, Hans Carl; SCHEUNER, Ulrich (Hrsg.). *HGrR*. B. II. Duncker-Humblot: Berlin, 1954, p. 507-534. Cit.: DÜRIG, G. *Freizügigkeit*.

_____. Grundgesetz Kommentar. In: MAUNZ, Theodor; _____; et al. *Grundgesetz Kommentar*. München: Beck, B. I, 1958. Cit.: DÜRIG, G. *GG Kommentar*.

_____. Grundrechte und Zivilrechtsprechung. In: Maunz, Theodor (Hrsg.). *Vom Bonner Grundgesetz zur gesamtdeutschen Verfassung – Fest. zum 75. Geburtstag von Hans Nawiasky*. München: Isar Verlag, 1956, p. 157-190. Cit.: DÜRIG, G. *GR*.

_____. *Verfassung und Verwaltung im Wohlfahrtstaat. JZ*. Tübingen: Mohr, 1953, p. 193-199. Cit.: DÜRIG, G. *Verfassung*.

DWORKIN, Ronald. *Taking rights seriously. Eighth impression with a reply to critics*. London: Duckworth, 1996. Cit.: DWORKIN, R. *Taking rights*.

EHMKE, Horst. *Prinzipien der Verfassungsinterpretation. VVDStRL*, B. 20. Berlin: Gruyter, 1963, p. 51-102. Cit.: EHMKE, H. *Prinzipien*.

_____. *Wirtschaft und Verfassung: die Verfassungsrechtsprechung der Supreme Court zur Wirtschaftsregulierung*. Karlsruhe: Mueller, 1961. Cit.: EHMKE, H. *Wirtschaft*.

ENDERS, Christoph. *Die Menschenwürde in der Verfassungsordnung. Zur Dogmatik des Art. 1 GG*. Tübingen: Mohr, 1997. Cit.: ENDERS, C. *Menschenwürde*.

_____. *Sozialstaatlichkeit im Spannungsfeld von Eigenverantwortung und Fürsorge. VVDStRL*, B. 64. Berlin: Gruyter, 2005, p. 7-52. Cit.: ENDERS, C. *Sozialstaatlichkeit*.

ENGISCH, Karl. *Die Einheit der Rechtsordnung*. Heidelberg: Carl Winters, 1935. Cit.: ENGISCH, K. *Einheit*.

EPPING, Volker. *Grundrechte*. 3. Auf. Berlin – Heidelberg – New York: Springer, 2007. Cit.: EPPING, V. *GR*.

ERICHSEN, Hans-Uwe. Allgemeine Handlungsfreiheit. In: ISENSEE, Josef; KIR-CHHOF, Paul. (Hrsg.). *HStR*. Zweite, durchgesehene Auf. Heidelberg: Müller, B. VI, § 152, 2001, p. 1.185-1.220. Cit.: ERICHSEN, H. *Handlungsfreiheit*.

_____. *Die Drittwirkung der Grundrechte*. Juristische Ausbildung (JURA), 1996. Berlin – New York: De Gruyter, p. 527-533. Cit.: ERICHSEN, H. *DW*.

_____. *Staatsrecht und Verfassungsgerichtsbarkeit*. 3., völlig neu bearbeitete Auf. vol. I. München: Beck, 1982. Cit.: ERICHSEN, H. *Staatsrecht*.

ESSER, Josef. *Grundsatz und Norm in der richterlichen Fortbildung des Privatrechts. Rechtsvergleichende Beiträge zur Rechtsquellen- und Interpretationslehre*. 4., unveränderte Auf. Tübingen: Mohr, 1990. Cit.: ESSER, J. *Grundsatz*.

FACCHINI NETO, Eugênio. Reflexões histórico-evolutivas sobre a constitucionalização do direito privado. In: SARLET, Ingo Wolfgang (Org.). *Constituição, direitos fundamentais e direito privado*. Porto Alegre: Livraria do Advogado, 2003, p. 11-60. Cit.: FACCHINI, E. *Reflexões*.

FACHIN, Luiz Edson. Direito Civil e dignidade da pessoa humana: um diálogo constitucional contemporâneo. *Revista Forense*. Rio de Janeiro: Forense, vol. 385, mai.-jun. 2006, p. 113-126. Cit.: FACHIN, L. *Dir. Civil*.

FALLER, Hans Joachim. *Bundesverfassungsgericht und Bundesgerichtshof. AöR*, B. 115. Tübingen: Mohr, 1990, p. 185-211. Cit.: FALLER, H. *BVerfG*.

FELDKAMP, Michael F. *Der Parlamentarische Rat 1948-1949. Die Entstehung des Grundgesetzes*. Göttingen: Vandenhoeck & Ruprecht, 2008. Cit.: FELDKAMP, M. F. *Parlamentarische Rat*.

FELIX, Dagmar. *Einheit der Rechtsordnung. Zur verfassungsrechtlichen Relevanz einer juristischen Argumentationsfigur*. Tübingen: Mohr, 1998. Cit.: FELIX, D. *Einheit*.

FERRAZ JUNIOR, Tércio Sampaio. Dos direitos humanos: reconhecidos, mas positivados. In: *Direito constitucional: liberdade de fumar, privacidade, Estado, direitos humanos e outros temas*. Barueri: Manole, 2007, p. 517-537. Cit.: FERRAZ JUNIOR, T. S. *Direitos humanos*.

FERREIRA FILHO, Manoel Gonçalves. *Curso de direito constitucional*. 36. ed. São Paulo: Saraiva, 2010. Cit.: FERREIRA F. *Curso*.

FLOREN, Dieter. *Grundrechtsdogmatik im Vertragsrecht. Spezifische Mechanismen des Grundrechtsschutzes gegenüber der gerichtlichen Anwendung von Zivilvertragsrecht*. Berlin: Duncker&Humblot, 1999. Cit.: FLOREN, D. *GRdogmatik*.

FLUME, Werner. *Allgemeiner Teil des Bürgerlichen Rechts*. Zweiter B. – Das Rechtsgeschäft. 4. Auf. Berlin: Springer, 1992. Cit.: FLUME, W. *AT des BGBs*.

_____. Rechtsgeschäft und Privatautonomie. In: *Hundert Jahre Deutsches Rechtsleben. Fest. zum hundertjährigen Bestehen des Deutschen Juristentages 1860-1960*. B. I. Karlsruhe: Müller, 1960, p. 135-238. Cit.: FLUME, W. *Rechtsgeschäft*.

FORSTHOFF, Ernst. *Begriff und Wesen des sozialen Rechtsstaates. VVDStRL*, B. 12. Berlin: Gruyter, 1954, p. 8-36. Cit.: FORSTHOFF, E. *Begriff*.

_____. *Der Staat der Industriegesellschaft. Dargestellt am Beispiel der Bundesrepublik Deutschland*. 2. unveränderte Auf. München: Beck, 1971. Cit.: FORSTHOFF, E. *Staat*.

FRADERA, Vera Maria Jacob de. *A boa-fé objetiva, uma noção presente no conceito alemão, brasileiro e japonês do contrato*. Revista Brasileira de Direito Comparado. Rio de Janeiro: Instituto de Direito Comparado Luso-Brasileiro n.24, jan.-jun. 2003, p. 127-158.

_____. *A quebra positiva do contrato*. Revista da Ajuris. Porto Alegre: Ajuris, v. 15, n. 44, nov. 1988, p. 144-152.

FRENZ, Walter. *Handbuch Europarecht: europäische Grundfreiheiten*. B. 1. Berlin: Springer, 2004. Cit.: FRENZ, W. *Europarecht*.

FRIEß, Knut. *Der Verzicht auf Grundrechte*. Inaugural-Dissertation. Würzburg, 1968. Cit.: FRIEß, K. *Verzicht*.

GADAMER, Hans-Georg. *Wahrheit und Methode. Grundzüge einer philosophischen Hermeneutik*. 6. durchgesehene Auf. Tübingen: Mohr, 1990, B. I. Cit.: GADAMER, H. *Wahrheit*.

GAMILLSCHEG, Franz. *Die Grundrechte im Arbeitsrecht*. AcP, B. 164. Tübingen: Mohr, 1964, p. 385-445. Cit.: GAMILLSCHEG, F. *GR*.

GANTEN, Ted Oliver. *Die Drittwirkung der Grundfreiheiten: Die EG-Grundfreiheiten als Grenze der Handlungs- und Vertragsfreiheit im Verhältnis zwischen Privaten*. Berlin: Duncker und Humblot, 2000. Cit.: GANTEN, T. O. *DW*.

GARCÍA TORRES, Jesús; JIMÉNEZ-BLANCO, Antonio. *Derechos fundamentales y relaciones entre particulares*. Madrid: Civitas, 1986. Cit.: GARCÍA TORRES, J; JIMÉNEZ-BLANCO, A. *Derechos*.

GAVARA DE CARA, Juan Carlos. *Derechos fundamentales y desarrollo legislativo. La garantia del contenido esencial de los derechos fundamentales em la ley fundamental de Bonn*. Madrid: Centro de Estudios Constitucionales, 1994. Cit.: GAVARA DE CARA, J. C. *Derechos fundamentales*.

GEBRAN NETO, João Pedro. *A aplicação imediata dos direitos e garantias individuais:* a busca de uma exegese emancipatória. São Paulo: RT, 2002. Cit.: GEBRAN NETO, J. P. *Aplicação imediata dos DF*.

GEHLEN, Gabriel Menna Barreto von. *A eficácia contra particulares dos direitos fundamentais (Drittwirkung) sob enfoque de seus deveres de proteção (Schutzpflichten)*. Dissertação (Mestrado apresentada no Programa de Pós-Graduação em Direito da UFRGS). Porto Alegre: UFRGS, 2006. Cit.: GEHLEN, G. *Eficácia*.

GEIGER, Willi. *Die Grenzen der Bindung verfassungsgerichtlicher Entscheidungen (§ 31 Abs. 1 BVerfGG). NJW*. München: Beck, 1954, p. 1.057-1.061. Cit.: GEIGER, W. *Grenzen*.

_____. *Gesetz über das Bundesverfassungsgericht vom 12. März 1951. Kommentar*. Berlin und Frankfurt a. M: Vahlen, 1952. Cit.: GEIGER, W. *Gesetz*.

GLAESER, Walter Schmitt. *Die Meinungsfreiheit in der Rechtsprechung des Bundesverfassungsgerichts*, Teil 2. AöR, B. 97. Tübingen: Mohr, 1972, p. 276-298. Cit.: GLAESER, W. S. *Meinungsfreiheit*.

_____. Schutz der Privatsphäre. In: ISENSEE, Josef; KIRCHHOF, Paul. (Hrsg.). *HStR.* Heidelberg: Müller, B.VI, § 129, 1989, p. 41-107. Cit.: GLAESER, W. S. *Schutz.*

GRAF VITZTHUM, Wolfgang. Der funktionale Anwendungsbereich der Grundrechte. In: MERTEN, Detlef; PAPIER, Hans-Jürgen (Hrsg.) *HDG.* B. II. Heidelberg: Müller, 2006, p. 1.079-1.127. Cit.: GRAF VITZTHUM, W. *Funktionale.*

GRIMM, Dieter. Das Grundgesetz nach vierzig Jahren. In: *Die Zukunft der Verfassung.* Frankfurt: Suhrkamp, 1991, p. 372-393. Cit.: GRIMM, Dieter. *GG nach 40 J.*

_____. *Die Verfassung und die Politik: Einsprüche in Störfällen.* München: Beck, 2001. Cit.: GRIMM, D. *Verfassung und Politik.*

_____. *Recht und Politik.* Juristische Schulung (JuS) München und Frankfurt: Beck, 1969, p. 501-510. Cit.: GRIMM, D. *Recht und Politik.*

_____. Verfassung. In: *Die Zukunft der Verfassung.* Frankfurt: Suhrkamp, 1991, p. 11-28. Cit.: GRIMM, D. *Verfassung.*

GRÖSCHNER, Rolf. Dialogik der Rechtsverhältnisse. In: BRUGGER, Winfried; NEUMANN, Ulfrid; KIRSTE, Stephan (Hrsg.). *Rechtsphilosophie im 21. Jahrhundert.* Frankfurt a. M: Suhrkamp, 2008, p. 90-110. Cit.: GRÖSCHNER, R. *Dialogik.*

GUBELT, Manfred. Grundgesetz Kommentar. In: MÜNCH, Ingo von; KUNIG, Philip. *Grundgesetz Kommentar.* 5., neubearbeitete Auf. München: Beck, 2000, B. 1. Cit.: GUBELT, M. *GG Kommentar.*

GUCKELBERGER, Annette. *Die Drittwirkung der Grundrechte. JuS* München und Frankfurt: Beck, 2003, p. 1.151-1.157. Cit.: GUCKELBERGER, A. *DW.*

GÜNDISCH, Jürgen. Die Verfassungsbeschwerde gegen gerichtliche Entscheidungen. *NJW.* München: Beck, 1981, p. 1.813-1.820. Cit.: GÜNDISCH, J. *Verfassungsbeschwerde.*

GUSY, Christoph. *Parlamentarischer Gesetzgeber und Bundesverfassungsgericht.* Berlin: Duncker&Humblot, 1985. Cit.: GUSY, C. *Gesetzgeber.*

HÄBERLE, Peter. Die Menschenwürde als Grundlage der staatlichen Gemeinschaft. In: ISENSEE, Josef; KIRCHHOF, Paul. (Hrsg.). *HStR.* 3. Auf. Heidelberg: Müller Juristischer Verlag GmbH, B. II, § 22, 2003, p. 317-367. Cit.: HÄBERLE, P. *Menschenwürde.*

_____. *Die Wesensgehaltgarantie des Artikel 19 Absatz 2 Grundgesetz: zugleich ein Beitrag zum institutionellen Verständnis der Grundrechte und zur Lehre vom Gesetzesvorbehalt.* 3., stark erw. Auf. Heidelberg: Müller Juristischer Verlag GmbH, 1983. Cit.: HÄBERLE, P. *Wesensgehaltgarantie.*

_____. *Grundrechte im Leistungsstaat. VVDStRL,* B. 30. Berlin: Gruyter, 1972, p. 41-141. Cit.: HÄBERLE, P. *GR.*

_____. Staatsrechtslehre im Verfassungsleben – am Beispiel Günter Dürigs. In: GLAESER, Walter Schmitt; _____ (Hrsg.) (In Verbindung mit Hartmut Maurer). *Günter Dürig: Gesammelte Schriften 1952-1983.* Berlin: Duncker&Humblot, 1984, p. 9-24. Cit.: HÄBERLE, P. *Staatsrechtslehre.*

Referências bibliográficas ■ **409**

HAMEL, Walter. *Die Bedeutung der Grundrechte im sozialen Rechtsstaat. Eine Kritik an Gesetzgebung und Rechtsprechung.* Berlin: Duncker&Humblot, 1957. Cit.: HAMEL, W. *Bedeutung.*

HÄNLEIN, Andreas. Richter des BVerfG a. D. Dr. Karl Heck. *Skizze aus Anlaß seines 100. Geburtstags. NJW.* München: Beck, 1996, p. 3.131-3.134. Cit.: HÄNLEIN, A. *Richter.*

HARTUNG, Fritz. *Deutsche Verfassungsgeschichte: vom 15. Jahrhundert bis zur Gegenwart.* 5., neubearbeitete Auf. Stuttgart: Koehler, 1950. Cit.: HARTUNG, F. *Verfassungsgeschichte.*

HAUSHEER, Heinz; AEBI-MÜLLER, Regina E. Persönlichkeitsschutz gegenüber Massenmedien in der Schweiz. In: KOZIOL, Helmut; WARZILEK, Alexander (Hrsg.). *Persönlichkeitsschutz gegenüber Massenmedien.* Wien: Springer, 2005, p. 342-381. Cit.: HAUSHEER, H; AEBI-MÜLLER, R. *Persönlichkeitsschutz.*

HECK, Luís Afonso. Apr. In: CACHAPUZ, Maria Cláudia. *Intimidade e vida privada no Novo Código Civil brasileiro. Uma leitura orientada no discurso jurídico.* Porto Alegre: Sergio Antonio Fabris Editor, 2006, p. 11-30. Cit.: HECK, L. *Apr. Cachapuz.*

_____. Direitos fundamentais e sua influência no direito civil. *Revista de Direito do Consumidor.* São Paulo: RT, n. 29, jan.-mar. 1999, p. 40-54. Cit.: HECK, L. *DF.*

_____. *Jurisdição constitucional e legislação pertinente no direito comparado.* Porto Alegre: Livraria do Advogado, 2006. Cit.: HECK, L. *Jurisdição.*

_____. *O tribunal constitucional federal e o desenvolvimento dos princípios constitucionais. Contributo para uma compreensão da jurisdição constitucional federal alemã.* Porto Alegre: Sergio Antonio Fabris, 1995. Cit.: HECK, L. TCF.

HELLER, Hermann. *Staatslehre.* Leiden: A. W. Sijthoff's, 1934. Cit.: HELLER, H. *Staatslehre.*

HENNE, Thomas (Hrsg.). *Das Lüth-Urteil aus (rechts-)historischer Sicht: die Konflikte um Veit Harlan und die Grundrechtsjudikatur des Bundesverfassungsgerichts.* In: Henne, Thomas (Hrsg.). Berlin: BWV Berliner Wissenschaftsverlag, 2005.

HERING, Carl Joseph. Der Verzicht als intentionaler Faktor der freien Entfaltung der Persönlichkeit. Erwägungen zur inhaltlichen Bestimmung des Art. 2 Abs. 1 GG. In: HERMANN, Conrad et al. (Hrsg.). *Gedächtnisschrift für Hans Peters.* Berlin: Springer, 1967, p. 513-525. Cit.: HERING, C. J. *Verzicht.*

HERMES, Georg. *Das Grundrecht auf Schutz von Leben und Gesundheit. Schutzpflicht und Schutzanspruch aus Art. 2 Abs. 2 Satz 1 GG.* Heidelberg: Müller, 1987. Cit.: HERMES, G. GR.

_____. *Grundrechtsschutz durch Privatrecht auf neuer Grundlage? NJW.* München: Beck, 1990, p. 1.764-1.768. Cit.: HERMES, G. GRschutz.

_____. *Verfassungsrecht und einfaches Recht. Verfassungsgerichtsbarkeit und Fachgerichtsbarkeit. VVDStRL,* B. 61. Berlin: Gruyter, 2002, p. 119-150. Cit.: HERMES, G. *Verfassungsrecht.*

HERZOG, Roman. Das Bundesverfassungsgericht und die Anwendung einfachen Gesetzesrechts. In: MAURER, Hartmut (Hrsg.). *Das Akzeptierte Grundgesetz. Fest. für Günter Dürig zum 70. Geburtstag.* München: Beck, 1990, p. 431-445. Cit.: HERZOG, R. *BVerfG.*

_____. *Der Verfassungsauftrag zum Schutze des ungeborenen Lebens. JR.* Berlin: de Gruyter, 1969, p. 441-445. Cit.: HERZOG, R. *Verfassungsauftrag.*

_____. GG Kommentar (Art. 20 GG). In: MAUNZ, Theodor; DÜRIG, Günter et. al. *GG Kommentar.* München: Beck, B. II, 18. Ergänzungslieferung, 1980. Cit.: HERZOG, R. *GG Kommentar.*

HESSE, Konrad. Bedeutung der Grundrechte. In: BENDA, Ernst; MAIHOFER, Werner;VOGEL, Hans-Jochen. et al. (Hrsg.). *HVerfR.* 2., neubearb. und erw. Aufl. Berlin: De Gruyter & Co, 1994, p. 127-160. Cit.: HESSE, K. *Bedeutung.*

_____. *Bestand und Bedeutung der Grundrechte in der Bundesrepublik Deutschland. EuGRZ.* Kehl – Straßburg: Engel, 1978, p. 427-438. Cit.: HESSE, K. *Bestand.*

_____. Die verfassungsgerichtliche Kontrolle der Wahrnehmung grundrechtlicher Schutzpflichten des Gesetzgebers. In: GMELIN-DÄUBLER, Herta et al. (Hrsg.). *Gegenrede: Aufklärung, Kritik, Öffentlichkeit. Fest. für Ernst Gottfried Mahrenholz.* Baden-Baden: Nomos, 1994, p. 541-559. Cit.: HESSE, K. *Kontrolle.*

_____. *Grundzüge des Verfassungsrechts der Bundesrepublik Deutschland.* Neudruck der 20. Auf. Heidelberg: Müller Verlag, 1999. Cit.: HESSE, K. *Grundzüge.*

_____. *Verfassungsrecht und Privatrecht.* Heidelberg: C. F. Muller Juristischer Verlag, 1988. Cit.: HESSE, K. *Verfassungsrecht.*

_____. *Verfassungsrechtsprechung im geschichtlichen Wandel. JZ.* Tübingen: Mohr, 1995, p. 265-273. Cit.: HESSE, K. *Verfassungsrechtsprechung.*

HEUN, Werner. *Funktionell-rechtliche Schranken der Verfassungsgerichtsbarkeit. Reichweite und Grenzen einer dogmatischen Argumentationsfigur.* Baden-Baden: Nomos, 1992. Cit.: HEUN, W. *Schranken.*

_____. *Richtervorlagen in der Rechtsprechung des Bundesverfassungsgerichts. AöR,* B. 122. Tübingen: Mohr, 1997, p. 610-628. Cit.: HEUN, W. *Richtervorlagen.*

HEYDTE, Friedrich August Freiherr von der. Judicial Self-Restraint eines Verfassungsgerichts im Freiheitlichen Rechtsstaat? In: LEIBHOLZ, Gerhard et al. (Hrsg.). *Menschenwürde und freiheitliche Rechtsordnung. Fest. für Willi Geiger zum 65. Geburtstag.* Tübingen: Mohr, 1974, p. 909-924. Cit.: HEYDTE, F. *S-Restraint.*

HILL, Hermann. *Gesetzesgestaltung und Gesetzesanwendung im Leistungsrecht. VVDStRL,* B. 47. Berlin: Gruyter, 1989, p. 172-199. Cit.: HILL, H. *Gesetzesgestaltung.*

HILLGRUBER, Christian. *Der Schutz des Menschen vor sich selbst.* München:Vahlen, 1992. Cit.: HILLGRUBER, C. *Schutz.*

_____. *Grundrechtsschutz im Vertragsrecht. AcP,* B. 191. Tübingen: Mohr, 1991, p. 69-86. Cit.: HILLGRUBER, C. *Grundrechtsschutz.*

HIPPEL, Eike von. *Der Schutz des Schwächeren.* Tübingen: Mohr (Paul Siebeck), 1982. Cit.: HIPPEL, E. *Schutz.*

HOFFMANN-RIEM, Wolfgang. *Beharrung oder Innovation – zur Bindungswirkung verfassungsgerichtlicher Entscheidungen.* Der Staat, B. 13. Berlin: Duncker&Humblot, 1974, p. 335-364. Cit.: HOFFMANN-RIEM. *Beharrung.*

_____. *Innovationsoffenheit und Innovationsverantwortung durch Recht. Aufgaben rechtswissenschaftlicher Innovationsforschung.* AöR, B. 131. Tübingen: Mohr, 2006, p. 255-277. Cit.: HOFFMANN-RIEM. *Innovationsoffenheit.*

HÖFLING, Wolfram. GG Kommentar. In: SACHS, Michael (Hrsg.). *GG Kommentar.* 5. Auf. München: Beck, 2009. Cit.: HÖFLING, W. *GG Kommentar.*

HORTA, Raul Machado. *Direito constitucional.* 4. ed. rev. e aum. Belo Horizonte: Del Rey, 2003. Cit.: HORTA, R. M. *Dir. constitucional.*

HUBER, Hans. *Die verfassungsrechtliche Bedeutung der Vertragsfreiheit.* Berlin: de Gruyter, 1966. Cit.: HUBER, H. *Bedeutung.*

HUECK, Albert. *Die Bedeutung des Art. 3 des Bonner Grundgesetzes für die Lohn- und Arbeitsbedingungen der Frauen* (Rechtsgutachten). Köln: Bundesvereinigung der Deutschen Arbeitgeberverbände, 1951. Cit.: HUECK, A. *Bedeutung.*

HUFEN, Friedhelm. *Gesetzesgestaltung und Gesetzesanwendung im Leistungsrecht.* VVD-StRL, B. 47. Berlin: Gruyter, 1989, p. 142-171. Cit.: HUFEN, F. *Gesetzesgestaltung.*

HUSTER, Stefan. *Frauenförderung zwischen individueller Gerechtigkeit und Gruppenparität.* AöR, B. 118. Tübingen: Mohr, 1993, p. 109-130. Cit.: HUSTER, S. *Frauenförderung.*

IPSEN, Jörn. *Richterrecht und Verfassung.* Berlin: Duncker&Humblot, 1975. Cit.: IPSEN, J. *Richterrecht.*

_____. *Staatsrecht II. Die Grundrechte.* 10. Auf. Köln: Luchterhand, 2007. Cit.: IPSEN, J. *Staatsrecht.*

IPSEN, Hans Peter. Gleichheit. In: NEUMANN, Franz L.; NIPPERDEY, Hans Carl; SCHEUNER, Ulrich (Hrsg.). *Die Grundrechte.* HGrR. B. II. Berlin: Duncker-Humblot, 1954, p. 111-198. Cit.: IPSEN, H. P. *Gleichheit.*

ISENSEE, Josef. *Das Bundesverfassungsgericht – quo vadis? JZ.* Tübingen: Mohr, 1996, p. 1.085-1.093. Cit.: ISENSEE, J. *Quo vadis.*

_____. Das Grundrecht als Abwehrrecht und staatliche Schutzpflicht. In: _____; KIRCHHOF, Paul. (Hrsg.). HStR. Heidelberg: Müller, B.V, § 111, 1992, p. 143-241. Cit.: ISENSEE, J. *Abwehrrecht.*

_____. *Das Grundrecht auf Sicherheit. Zu den Schutzpflichten des freiheitlichen Verfassungsstaates.* Berlin: de Gruyter, 1983. Cit.: ISENSEE, J. *Sicherheit.*

_____. Privatautonomie: Freiheit zur Diskriminierung? - Verfassungsrechtliche Vorgaben. In: _____ (Hrsg.). *Vertragsfreiheit und Diskriminierung.* Berlin: Duncker&Humblot, 2007, p. 239-274. Cit.: ISENSEE, J. *Privatautonomie.*

_____. Staat und Verfassung. In: _____; KIRCHHOF, Paul. (Hrsg.). *HStR. Dritte*, völlig neubearbeitete und erweiterte Auf. Heidelberg: Müller, B. II, § 15, 2004, p. 3-106. Cit.: ISENSEE, J. *Staat.*

_____. Vorbehalt der Verfassung. Das Grundgesetz als abschließende und als offene Norm. In: _____; LECHELER, Helmut (Hrsg.). *Freiheit und Eigentum. Fest. für Walter Leisner zum 70. Geburtstag.* Berlin: Duncker&Humblot, 1999, p. 359-399. Cit.: ISENSEE, J. *Vorbehalt.*

JAEGER JUNIOR, Augusto. *Direito internacional da concorrência: entre perspectivas unilaterais, multilaterais, bilaterais e regionais.* Curitiba: Juruá, 2008. Cit.: JAEGER Jr., A. *Direito internacional da concorrência.*

_____. *Liberdade de concorrência na União Européia e no Mercosul.* São Paulo: LTr, 2006. Cit.: JAEGER Jr., A. *Concorrência.*

_____. *Mercados comum e interno e liberdades econômicas fundamentais.* Curitiba: Juruá, 2010. Cit.: JAEGER Jr., A. *Mercados.*

JAENSCH, Michael. *Die unmittelbare Drittwirkung der Grundfreiheiten: Untersuchung der Verpflichtung von Privatpersonen durch Art. 30, 48, 52, 59, 73b EGV.* Baden-Baden: Nomos Verlagsgesellschaft, 1997. Cit.: JAENSCH, M. *Unmittelbare DW.*

JARASS, Hans D. Funktionen und Dimensionen der Grundrechte. In: MERTEN, Detlef; PAPIER, Hans-Jürgen (Hrsg.) *HDG.* B. . II. Heidelberg: Müller, 2006, p. 625-654. Cit.: JARASS, H. *Funktionen.*

_____. GG Kommentar. In: _____; BODO, Pieroth. *GG für die BRD: Kommentar.* 10. Auf. München: Beck, 2009. Cit.: JARASS, H. *GG.*

_____. *Grundrechte als Wertentscheidungen bzw. objektivrechtliche Prinzipien in der Rechtsprechung des BVerfG.* AöR, B. 110. Tübingen: Mohr, 1985. p. 363-397. Cit.: JARASS, H. *GR.*

JAYME, Erik. Identité culturelle et intégration: lê droit internationale prive postmoderne. Cours general de droit international prive. In: *Recueil des Cours. Collected Courses of the Hague Academy of International Law,* 1995, Tome 251. Martinus Nijhoff Publishers: The Hague/Boston/London, 1996, p. 12-267. Cit.: JAYME, E. *Identité.*

_____. *Internationales Privatrecht und postmoderne Kultur.* Zeitschrift für Rechtsvergleichung, *ZfRV.* Wien: Manz, 1997, p. 230-236. Cit.: JAYME, E. *Kultur.*

_____. Visões para uma teoria pós-moderna do Direito comparado. 2. ed. *Cadernos do Programa de Pós-Graduação em Direito da UFRGS – Seleção de Textos da Obra de Erik Jayme, março de 2003.* Porto Alegre: Nova Prova, p. 69-84. Cit.: JAYME, E. *Visões.*

JELLINEK, Georg. *Allgemeine Staatslehre.* 3. Auf. Kronberg: Athenäum, 1976. Cit.: JELLINEK, G. *Staatslehre.*

_____. *System der Subjektiven* Öffentlichen *Rechte.* 2. Auf. Tübingen: Mohr, 1919. Cit.: JELLINEK, G. *System.*

JELLINEK, Walter. *Die Entlohnung der Frau und Artikel 3 Absatz 2 des Grundgesetzes. BB.* Heidelberg: Verlagsgesellschaft „Recht und Wirtschaft", 1950, p. 425-427. Cit.: JELLINEK, W. *Entlohnung.*

_____. *Revolution und Reichsverfassung. Bericht über die Zeit vom 9. November 1918 bis zum 31. Dezember 1919. JöR,* B. IX. Tübingen: J. C. B. Mohr, 1920, p. 1-128. Cit.: JELLINEK, W. *Revolution.*

JESCH, Dietrich. *Die bindende Wirkung der Entscheidungen des Bundesverfassungsgerichts. Zur Bindung an Entscheidungen des Bundesverfassungsgerichts* über *Verfassungsbeschwerden. JZ.* Tübingen: Mohr, 1954, p. 528-533. Cit.: JESCH, D. *Bindung.*

_____. *Unbestimmter Rechtsbegriff und Ermessen in rechtstheoretischer und verfassungsrecht.* AöR, B. 82. Tübingen: Mohr, 1957. p. 163-249. Cit.: JESCH, D. *Rechtsbegriff.*

JESTAEDT, Matthias. *Grundrechtsentfaltung im Gesetz. Studien zur Interdependenz von Grundrechtsdogmatik und Rechtsgewinnungstheorie.* Tübingen: Mohr, 1999. Cit.: JESTAEDT, M. *Grundrechtsentfaltung.*

_____. *Verfassungsrecht und einfaches Recht – Verfassungsgerichtsbarkeit und Fachgerichtsbarkeit.* DVBl. Köln: Heymanns, 2001, p. 1. 309-1. 322. Cit.: JESTAEDT, M. *Verfassungsrecht.*

KAHL, Wolfgang. *Neuere Entwicklungslinien der Grundrechtsdogmatik. Von Modifikationen und Erosionen des grundrechtlichen Freiheitsparadigmas.* AöR, B. 131. Tübingen: Mohr, 2006, p. 579-620. Cit.: KAHL, W. *Entwicklungslinien.*

KAUFMANN, Erich. *Die Grenzen der Verfassungsgerichtsbarkeit.* VVDStRL, B. 9. Berlin: Gruyter, 1952, p. 1-16. Cit.: KAUFMANN, E. *Grenzen.*

KAYSER, Martin; RICHTER, Dagmar. *Die neue schweizerische Bundesverfassung.* ZaöRV. Heidelberg: Max-Planck-Institut für ausländisches öffentliches Recht und Völkerrecht, B. 59, 1999, p. 985-1.063. Cit.: KAYSER, M; RICHTER, D. *Bundesverfassung.*

KELSEN, Hans. *Der Staat als Integration. Eine prinzipielle Auseinandersetzung.* Wien: Springer, 1930. Cit.: KELSEN, H. *Staat.*

_____. Wer soll der Hüter der Verfassung sein? In: *Die Justiz. Monatsschrift für Erneuerung des Deutschen Rechtswesens, B.* VI, Doppelheft 11/12. Berlin, 1930-1931, p. 576-628. Cit.: KELSEN, H. *Hüter.*

_____. *Wesen und Entwicklung der Staatsgerichtsbarkeit.* VVDStRL, Heft 5. Berlin: Grunyter, 1929, p. 30-84. Cit.: KELSEN, H. *Wesen.*

KEMPEN, Bernhard. Grundrechtsverpflichtete. In: MERTEN, Detlef; PAPIER, Hans--Jürgen (Hrsg.) *HDG.* B. II. Heidelberg: Müller, 2006, p. 1.293-1.330. Cit.: KEMPEN, B. *GRverpflichtete.*

KEMPER, Rainer. *Verbraucherschutzinstrumente.* Baden-Baden: Nomos, 1994. Cit.: KEMPER, R. *Verbraucherschutzinstrumente.*

KINGREEN, Thorsten. *Die Struktur der Grundfreiheiten des Europäischen Gemeinschaftsrechts.* Berlin: Duncker und Humblot, 1999. Cit.: KINGREEN, T. *Struktur.*

KIRCHHOF, Paul. Grundrechte und Verfassungswirklichkeit. In: *Quo Vadis Grundgesetz? Kolloquium am 30. April 1999 in Freiburg aus Anlass des 50-jährigen Bestehens des Grundgesetzes.* Tagungsbericht. Hrsg. vom Justizministerium Baden-Württemberg. Stuttgart, 2000, p. 11-28. Cit.: KIRCHHOF, P. *Verfassungswirklichkeit.*

_____. Rechtsquellen und Grundgesetz. In: _____. *Stetige Verfassung und politische Erneuerung.* Goldbach: Keip, 1995, p. 130-159. Cit.: KIRCHHOF, P. *Rechtsquellen.*

KISCHEL, Uwe. *Darf der Gesetzgeber das Bundesverfassungsgericht ignorieren? Zum erneuten Erlaß für nichtig erklärter Gesetze.* AöR, B. 131. Tübingen: Mohr, 2006, p. 219-254. Cit.: KISCHEL, U. *BVerfG.*

KLEIN, Eckart. Entscheidungsinhalt und Entscheidungswirkungen. In: BENDA, Ernst; _____. *Lehrbuch des Verfassungsprozessrechts.* Heidelberg: Müller, 1991, p. 481-527. Cit.: KLEIN, E. Entscheidungsinhalt.

_____. Grundrechtliche Schutzpflicht des Staates. *NJW.* München: Beck, 1989, p. 1.633-1.640. Cit.: KLEIN, E. Schutzpflicht.

KLEIN, Hans H. *Die Grundrechte im demokratischen Staat. Kritische Bemerkungen zur Auslegung der Grundrechte in der deutschen Staatsrechtslehre der Gegenwart.* Stuttgart: Kohlhammer, 1972. Cit.: KLEIN, H. GR.

_____. *Die grundrechtliche Schutzpflicht. DVBl.* Köln: Heymanns, 1994, p. 489-497. Cit.: KLEIN, H. Schutzpflicht.

KLOEPFER, Michael. Verfassungsausweitung und Verfassungsrechtswissenschaft. In: RÜTHERS, Bernd; STERN, Klaus (Hrsg.). *Freiheit und Verantwortung im Verfassungsstaat. Festgabe zum 10 jährigen Jubiläum der Gesellschaft für Rechtspolitik.* München: Beck, 1984, p. 199-207. Cit.: KLOEPFER, M. *Verfassungsausweitung.*

KNEMEYER, Franz-Ludwig. *Der Schutz der Allgemeinheit und der individuellen Rechte durch die polizei- und ordnungsrechtlichen Handlungsvollmachten der Exekutive. VVDStRL,* B. 35, 1977. Berlin: Gruyter, p. 221-294. Cit.: KNEMEYER, F. L. *Schutz.*

KOLL, Mathias. *Die Grundlagen der Wandlung des materiellen Verfassungsbegriffs als Vorstudien zur Problematik der Drittwirkung der Grundrechte.* Inaugural-Dissertation zur Erlangung der Doktorwürde einer Hohen Rechtswissenschaftlichen Fakultät der Universität zu Köln, 1961. Cit.: KOLL, M. *Grundlagen.*

KOLLER, Heinrich. *Der Einleitungstitel und Grundrechte in der neuen Bundesverfassung. AJP.* Sondernummer 6. Zürich: Dike, 1999, p. 656-665. Cit.: KOLLER, H. *Einleitungstitel.*

KOPP, Ferdinand O. Fiskalgeltung und Drittwirkung der Grund- und Freiheitsrechte im Bereich des Privatrechts. In: *Fest. für Walter Wilburg zum 70. Geburtstag.* Graz: Leykam, 1975, p. 141-161. Cit.: KOPP, F. O. *Fiskalgeltung.*

KRAMMER, Ernst A. *Die Krise des liberalen Vertragsdenkens: eine Standortbestimmung.* München – Salzburg: Fink, 1974. Cit.: KRAMMER, E. A. *Krise.*

KRAUSE, Peter. *Die Rechtsprechung des BVerfG zum Privatrecht Teil 1. JZ.* Tübingen: Mohr, 1984, p. 656-663. Cit.: KRAUSE, P. *Rechtsprechung.*

KREBS, Walter. Rechtliche und reale Freiheit. In: MERTEN, Detlef; PAPIER, Hans-Jürgen (Hrsg.) *HDG.* B. II. Heidelberg: Müller, 2006, p. 291-340. Cit.: KREBS, W. *Freiheit.*

KREY, Volker. *Das Bundesverfassungsgericht in Karlsruhe – ein Gericht läuft aus dem Ruder – kritische Anmerkungen anläßlich des Sitzblockaden-Beschlusses des Ersten Senats vom 10. 1. 1995. JR.* Berlin: de Gruyter, 1995, p. 221-228; 265-273. Cit.: KREY, V. *BVerfG.*

KRIELE, Martin. Grundrechte und demokratischer Gestaltungsspielraum. In: ISENSEE, Josef; KIRCHHOF, Paul. (Hrsg.). *HStR.* Heidelberg: Müller, B. V, § 110, 1992, p. 101-141. Cit.: KRIELE, M. *Gestaltungsspielraum.*

KRINGS, Günter. *Grund und Grenzen grundrechtlicher Schutzansprüche. Die subjektiv-rechtliche Rekonstruktion der grundrechtlichen Schutzpflichten und ihre Auswirkung auf die verfassungs-*

rechtliche Fundierung des Verbrauchervertragsrechts. Berlin: Duncker&Humblot, 2003. Cit.: KRINGS, G. *Grund.*

KRÜGER, Herbert. *Die Verfassungen in der Zivilrechtsprechung. NJW.* München: Beck, 1949, p. 163-166. Cit.: KRÜGER, H. *Verfassungen.*

KRÜGER, Hildegard. *Grenzen der Zumutbarkeit aus Gewissensgründen im Arbeitsrecht. RdA.* München: Beck, 1954, p. 365-375. Cit.: KRÜGER, H. *Zumutbarkeit.*

KÜBLER, Friedrich. *Rassenhetze und Meinungsfreiheit: Grenzüberschreitende Aspekte eines Grundrechtskonfliktes.* AöR, B. 125. Tübingen: Mohr, 2000. p. 109-130. Cit.: KÜBLER, Friedrich. *Rassenhetze und Meinungsfreiheit.*

KURTZ, Dietmar. *Urteilskritiken zur Problematik der sog. „Drittwirkung" der Grundrechte als Vorarbeiten zu einer normativen Systemtheorie, die zugleich politische Rechtstheorie zu sein hätte.* Frankfurt a. M: Johann Wolfgang Goethe-Universität, 1972. Cit.: KURTZ, D. *Urteilskritiken.*

LARENZ, Karl. *Allgemeiner Teil des deutschen Bürgerlichen Rechts.* 7. neuberabeitete Auf. München: Beck, 1989. Cit.: LARENZ, K. *AT BGB.*

_____. *Methodenlehre der Rechtswissenschaft.* 6., neubearbeitete Auf. Berlin: Springer, 1991. Cit.: LARENZ, K. *Methodenlehre.*

LANGNER, Thomas. *Die Problematik der Geltung der Grundrechte zwischen Privaten.* Frankfurt: Peter Lang, 1998. Cit.: LANGNER, T. *Problematik.*

LAUFKE, Franz. Vertragsfreiheit und Grundgesetz. In: NIPPERDEY, Hans Carl (Hrsg). *Das Deutsche Privatrecht in der Mitte des 20. Jahrhunderts. Fest. für Heinrich Lehmann zum 80. Geburtstag.* B. I. Berlin: de Gruyter, 1956, p. 145-188. Cit.: LAUFKE, F. *Vertragsfreiheit.*

LECHNER, Hans; ZUCK, Rüdiger. *Bundesverfassungsgerichtsgesetz Kommentar.* 5. Auf. München: Beck, 2006. Cit.: LECHNER, H; ZUCK, R. *Kommentar.*

LEIBHOLZ, Gerhard. *Prinzipien der Verfassungsinterpretation. Aussprache und Schlussworte. VVDStRL*, B. 20. Berlin: Gruyter, 1963, p. 117-120. Cit.: LEIBHOLZ, G. *Prinzipien.*

_____; RINCK, Hans-Justus. *Grundgesetz für die Bundesrepublik Deutschland. Kommentar an Hand der Rechtsprechung des Bundesverfassungsgerichts.* Köln-Marienburg: Otto Schmidt KG, 1966. Cit.: LEIBHOLZ, G; RINCK, Hs. *Kommentar.*

_____; RUPPRECHT, Reinhard. *Bundesverfassungsgerichtsgesetz. Rechtsprechungskommentar.* Köln-Marienburg: Otto Schmidt, 1968. Cit.: LEIBHOLZ, G; RUPPRECHT, R. *BVerfGG.*

LEISNER, Walter. *Grundrechte und Privatrecht.* München: C. H. Beck'sche Verlagsbuchhandlung, 1960. Cit.: LEISNER, W. *GR.*

_____. Privatisierungen – eine große „Flucht des Staates ins Privatrecht". Zur Problematik „Abgrenzung oder Konvergenz von privatem und öffentlichem Recht". In: HELDRICH, Andreas; PRÖLSS, Jürgen; KOLLER, Ingo. *Fest. für Claus-Wilhelm Canaris zum 70. Geburtstag.* München: Beck, 2007, B. II, p. 1.181-1.192. Cit.: LEISNER, W. *Privatisierungen.*

_____. *Von der Verfassungsmäßigkeit der Gesetze zur Gesetzmäßigkeit der Verfassung. Betrachtungen zur möglichen selbständigen Begrifflichkeit im Verfassungsrecht.* Tübingen: Mohr, 1964. Cit.: LEISNER, W. *Verfassungsmäßigkeit.*

LERCHE, Peter. Facetten der Konkretisierung von Verfassungsrecht. In: KOLLER, Ingo et. al. (Hrsg.). *Einheit und Folgerichtigkeit im juristischen Denken. Symposion zu Ehren von Herrn Professor Dr. Dr. h. c. mult. Claus-Wilhelm Canaris.* München: Beck, 1998, p. 7-26. Cit.: LERCHE, P. *Facetten.*

_____. Grundrechtswirkungen im Privatrecht, Einheit der Rechtsordnung und materielle Verfassung. In: BÖTTCHER, Reinhard; HUECK, Götz; JÄHNKE, Burkhard (Hrsg.). *Fest. für Walter Odersky zum 65. Geburtstag am 17. Juli 1996.* Berlin: De Gruyter, 1996, p. 215-232. Cit.: LERCHE, P. *Grundrechtswirkungen.*

LLORENTE, Francisco Rubio. *La forma del poder.* Estudios sobre la Constitución. 2. ed. Centro de Estudios Constitucionales: Madrid, 1997. Cit.: LLORENTE, F. R. *Forma.*

LOBINGER, Thomas. Vertragsfreiheit und Diskriminierungsverbote. Privatautonomie im modernen Zivil- und Arbeisrecht. In: ISENSEE, Josef (Hrsg.). *Vertragsfreiheit und Diskriminierung.* Berlin: Duncker&Humblot, 2007, p. 13-98. Cit.: LOBINGER, T. *Vertragsfreiheit.*

LÔBO, Paulo Luiz Netto. Constitucionalização do Direito Civil. *Revista de Informação Legislativa.* Brasília: Senado Federal, n. 141, ano 36, jan.-mar. 1999, p. 99-109. Cit.: LÔBO, P. *Constitucionalização.*

LOPES, José Reinaldo de Lima. *Responsabilidade civil do fabricante e a defesa do consumidor.* São Paulo: RT, 1992. Cit.: LOPES, J. R. *Responsabilidade civil.*

LORENZETTI, Ricardo Luis. *Teoria da decisão judicial.* Fundamentos de direito. Trad. de Bruno Miragem e Claudia Lima Marques. São Paulo: RT, 2009. Cit.: LORENZETTI, R. *Teoria.*

LORZ, Ralph Alexander. *Interorganrespekt im Verfassungsrecht. Funktionenzuordnung, Rücksichtnahmegebote und Kooperationsverpflichtungen. Eine rechtsvergleichende Analyse anhand der Verfassungssysteme der Bundesrepublik Deutschland, der Europäischen Union und der Vereinigten Staaten.* Tübingen: Mohr, 2001. Cit.: LORZ, R. *Interorganrespekt.*

LÖWER, Wolfgang. Zuständigkeiten und Verfahren des Bundesverfassungsgerichts. In: ISENSEE, Josef; KIRCHHOF, Paul (Hrsg.). *HStR.* Dritte, völlig neubearbeitete und erweiterte Auf. Heidelberg: Müller, B. III, § 70, 2005, p. 1.285-1.525. Cit.: LÖWER, W. *Zuständigkeiten.*

LÜBBE-WOLFF, Gertrude. *Die Grundrechte als Eingriffsabwehrrechte. Struktur und Reichweite der Eingriffsdogmatik im Bereich staatlicher Leistungen.* Baden-Baden: Nomos, 1988. Cit.: LÜBBE-WOLFF, G. *Eingriffsabwehrrechte.*

LÜCKE, Jörg. *Die Drittwirkung der Grundrechte an Hand des Art. 19 Abs. 3 GG. Zur horizontalen Geltung der Grundrechte in neuer Sicht.* JZ, 1999, n. 8, p. 377-384. Cit.: LÜCKE, J. *DW.*

LUDWIG, Marcos de Campos. O direito ao livre desenvolvimento da personalidade na Alemanha e possibilidades de sua aplicação no .direito privado brasileiro. In: MARTINS--COSTA, Judith (Org.). *A reconstrução do direito privado*. São Paulo: RT, 2002, p. 265-305. Cit.: LUDWIG, M. *Livre desenvolvimento*.

MAJEWSKI, Otto. *Auslegung der Grundrechte durch einfaches Gesetzesrecht? Zur Problematik der sogenannten Gesetzmäßigkeit der Verfassung*. Berlin: Duncker&Humblot, 1971. Cit.: MAJEWSKI, O. *Auslegung*.

MANGOLDT, Hermann von; KLEIN, Friedrich. *Das Bonner Grundgesetz. 2. Auf*. Berlin und Frankfurt a. M.: Vahlen, B. I, 1957. Cit.: MANGOLDT, H; KLEIN, F. *Bonner GG*.

_____. Schriftlicher Bericht über den Abschnitt Die Grundrechte. Anlage zum stenographischen Bericht der 9. Sitzung des Parlamentarischen Rates am 6. Mai 1949. In: *Parlamentarischer Rat. Grundgesetz für die Bundesrepublik Deutschland (Entwürfe). Bonn 1948/49. Formulierungen der Fachausschüsse, des Allgemeinen Redaktionsausschusses, des Hauptausschusses und des Plenums. Zusammenstellung der Schriftlichen Berichte für das Plenum*. Bonn: Bonner Universitäts-Buchdruckerei, 1949, p. 5-13. Cit.: MANGOLDT, H. *Bericht*.

MARQUES, Claudia Lima. A vitória na ADIn 2. 591 e os reflexos no direito do consumidor bancário da decisão do STF pela constitucionalidade do Código de Defesa do Consumidor. In: _____; ALMEIDA, João Batista de; PFEIFFER, Roberto Augusto Castellanos (Coord). *Aplicação do Código de Defesa do Consumidor aos bancos*. Adin 2. 591. São Paulo: RT, 2006, p. 363-395. Cit.: MARQUES, C. *ADIn 2. 591*.

_____. Boa-fé nos serviços bancários, financeiros, de crédito e securitários e o Código de Defesa do Consumidor: informação, cooperação e renegociação? *Revista de Direito do Consumidor*. São Paulo: RT, n. 43, jul.-set. 2002, p. 215-257. Cit.: MARQUES, C. *Boa-fé*.

_____. *Confiança no Comércio Eletrônico e a Proteção do Consumidor: um estudo dos negócios jurídicos de consumo no comércio eletrônico*. São Paulo: RT, 2004. Cit.: MARQUES, C. *Confiança*.

_____. *Contratos no Código de Defesa do Consumidor: o novo regime das relações contratuais*. 5. ed. rev., atual. e ampl. São Paulo: RT, 2006. Cit.: MARQUES, C. *Contratos*.

_____. Fundamentos da metodologia de ensino e de pesquisa no campo jurídico. In: _____; BENICKE, Christoph; JAEGER JUNIOR, Augusto (Orgs.). *Diálogo entre o direito brasileiro e o direito alemão: fundamentos, métodos e desafios do ensino em tempos de cooperação internacional*. Porto Alegre: Orquestra, 2011, p. 17-26. Cit.: MARQUES, C. *Fundamentos*.

_____. Laudatio para Erik Jayme – Memórias e Utopia. Discurso por ocasião da entrega do título de Doutor Honoris Causa pela UFRGS, em 14.3.2003. *Cadernos do Programa de Pós-Graduação em Direito da UFRGS*. 2. ed. Porto Alegre: PPGDir. /UFRGS, V. I, n. I, março de 2003, p. 53-61. Cit.: MARQUES, C. *Laudatio*.

_____. Manual de Direito do Consumidor. In: BENJAMIN, Antônio Herman V.; _____; BESSA, Leonardo Roscoe. *Manual de direito do consumidor*. 6. ed. São Paulo: RT, 2014. Cit.: MARQUES, C. *Manual de direito do consumidor*.

418 ■ Eficácia Horizontal dos Direitos Fundamentais e Jurisdição Constitucional

_____. *Notas sobre o sistema de proibição de cláusulas abusivas no CDC brasileiro.* Revista Trimestral de Direito Civil. Rio de Janeiro: Padma, v. 1, n. 1, jan.-mar. 2000, p. 13-58.

_____. Os contratos de crédito na legislação brasileira de proteção ao consumidor. *Revista de Direito do Consumidor.* São Paulo: RT, n. 18, abr.-jun. 1996, p. 53-76. Cit.: MARQUES, C. *Crédito.*

_____. Parecer – Da possibilidade constitucional de instituir regras de conduta para os Bancos. In: MARQUES, Claudia Lima; ALMEIDA, João Batista de; PFEIFFER, Roberto Augusto Castellanos (Coords.). *Aplicação do Código de Defesa do Consumidor aos bancos. Adin 2. 591.* São Paulo: RT, 2006, p. 71-143. Cit.: MARQUES, C. *Conduta.*

_____. Prefácio. In: SCHMITT, Cristiano Heineck. *Cláusulas abusivas nas relações de consumo.* São Paulo: RT, 2006, p. 11-26. Cit.: MARQUES, C. *Prefácio Schmitt.*

_____. Solidariedade na doença e na morte: sobre a necessidade de "ações afirmativas" em contratos de planos de saúde e de planos funerários frente ao consumidor idoso. In: SARLET, Ingo Wolfgang (Org.). *Constituição, direitos fundamentais e direito privado.* Porto Alegre: Livraria do Advogado, 2003, p. 185-222. Cit.: MARQUES, C. *Solidariedade.*

_____. Superação das Antinomias pelo Diálogo das Fontes: o modelo brasileiro de coexistência entre o Código de Defesa do Consumidor e o Código Civil de 2002. *Revista de Direito do Consumidor.* São Paulo: RT, n. 51, jul.-set. 2004, p. 34-67. Cit.: MARQUES, C. *Superação.*

_____; CAVALLAZZI, Rosângela Lunardelli. Introdução. In: _____; CAVALLAZZI, Rosângela Lunardelli (Coords.). *Direitos do consumidor endividado. Superendividamento e crédito.* São Paulo: RT, 2006, p. 13-22. Cit.: MARQUES, C; CAVALLAZZI, R. *Endividado.*

MARTÍNEZ, Gregorio Peces-Barba. *Curso de derechos fundamentales – Teoria general.* Madrid: Universidad Carlos III, 1995. Cit.: MARTÍNEZ, G. *Curso.*

MARTÍNEZ-PUJALTE, Antonio Luis. *La garantía del contenido esencial de los derechos fundamentales.* Madrid: Centro de Estudios Constitucionales, 1997. Cit.: MARTÍNEZ--PUJALTE, A. *Garantía.*

MARTINS, Leonardo (Org.). *Cinquenta anos de jurisprudência do Tribunal Constitucional Federal Alemão.* Coletânea original de Jürgen Schwabe. Montevideo: Konrad-Adenauer--Stiftung, 2005. Cit.: MARTINS, L. *50 Anos.*

_____. Do vínculo do poder judiciário aos direitos fundamentais. *Revista da Escola Paulista da Magistratura.* São Paulo: Escola Paulista da Magistratura, ano 5, n. 2, jul.-dez. de 2004, p. 89-127. Cit.: MARTINS, L. *Vínculo.*

_____. Proporcionalidade como critério do controle de constitucionalidade (problemas de sua recepção pelo Direito e jurisdição constitucional brasileiros). *Revista da Ajuris.* Porto Alegre, n. 101, mar. 2006, p. 193-233. Cit.: MARTINS, L. *Proporcionalidade.*

MARTINS-COSTA, Judith. *A boa-fé no direito privado.* São Paulo: RT, 1999. Cit.: MARTINS-COSTA, J. *Boa-fé.*

_____. O direito privado como um "sistema em construção": as cláusulas gerais no projeto do Código Civil brasileiro. *Revista de Informação Legislativa*. Brasília: Senado Federal, ano 35, n. 139, jul.-set. 1998, p. 5-22. Cit.: MARTINS-COSTA, J. *DP*.

_____. Mercado e solidariedade social entre cosmos e taxis: a boa-fé nas relações de consumo. In: _____ (Org.). *A reconstrução do direito privado*. São Paulo: RT, 2002, p. 611-661. Cit.: MARTINS-COSTA, J. *Mercado*.

_____. O Novo Código Civil brasileiro: em busca da "ética da situação". In: _____; BRANCO, Gerson Luiz Carlos. *Diretrizes teóricas do Novo Código Civil brasileiro*. São Paulo: Saraiva, 2002, p. 87-168. Cit.: MARTINS-COSTA, J. *NCC*.

_____. Os direitos fundamentais e a opção culturalista do novo Código Civil. In: SARLET, Ingo Wolfgang (Org.). *Constituição, direitos fundamentais e direito privado*. Porto Alegre: Livraria do Advogado, 2003, p. 61-85. Cit.: MARTINS-COSTA, J. *Opção*.

MARTINY, Anke. Die Verbraucher als zersplitterte Gegenmacht im Markt. In: PIEPENBROCK, Hartwig; SCHROEDER, Conrad (Hrsg.). *Verbraucherpolitik Kontrovers. Köln: Deutscher Instituts-Verlag*, 1987, p. 71-83. Cit.: MARTINY, A. *Verbraucher*.

MATEUS, Cibele Gralha. *Direitos fundamentais sociais e relações privadas: O caso à saúde na Constituição brasileira de 1988*. Porto Alegre: Livraria do Advogado, 2008. Cit.: MATEUS, C. G. *Direitos Fundamentais Sociais*.

MAUNZ, Theodor. GG Kommentar (Art. 19 Abs. II GG). In: _____; DÜRIG, Günter; et. al. *GG Kommentar*. München: Beck, B. II, 1977. Cit.: MAUNZ, T. *GG Kommentar*.

_____.; ZIPPELIUS, Reinhold. *Deutsches Staatsrecht*. 27., neubearbeitete Auf. München: Beck, 1988. Cit.: MAUNZ, T; ZIPPELIUS, R. *Staatsrecht*.

MAURER, Hartmut. *Allgemeines Verwaltungsrecht*. 17. überarbeitete und ergänzte Auf. München: Beck, 2009. Cit.: MAURER, H. *Verwaltungsrecht*.

_____. *Staatsrecht I. Grundlagen, Verfassungsorgane, Staatsfunktionen*. 5. überarbeitete und ergänzte Auf. München: Beck, 2007. Cit.: MAURER, H. *Staatsrecht*.

MEDICUS, Dieter. *Der Grundsatz der Verhältnismäßigkeit im Privatrecht. AcP*, B. 192. Tübingen: Mohr, 1992, p. 35-70. Cit.: MEDICUS, D. *Verhältnismäßigkeit*.

MELLO, Celso Antônio Bandeira de. *Curso de direito administrativo*. 26. ed. São Paulo: Malheiros, 2009. Cit.: MELLO, C. *Curso*.

MENDES, Gilmar Ferreira. A eficácia dos direitos fundamentais nas relações privadas: exclusão de sócio da União Brasileira de Compositores (RE 201. 819*). Revista da AJURIS*. Porto Alegre, n. 100, dez. 2005, p. 139-152. Cit.: MENDES, G. *Exclusão*.

_____. *Estado de direito e jurisdição constitucional*. Gilmar Mendes – 2002-2010. São Paulo: Saraiva, 2011. Cit. MENDES, G. *Estado de Direito*.

_____. *Direitos fundamentais e controle de constitucionalidade:* Estudos de direito constitucional. 3. ed. rev. e ampl. São Paulo: Saraiva, 2006. Cit.: MENDES, G. *DF*.

_____. Direitos fundamentais: eficácia das garantias constitucionais nas relações privadas. Análise da jurisprudência da Corte Constitucional Alemã. *Revista dos Tribunais*. Cadernos de Direito Constitucional e Ciência Política. São Paulo: IBDC, n. 27, abr.-jun. 1999, p. 33-44. Cit.: MENDES, G. *Eficácia*.

_____. *Jurisdição Constitucional*. O controle abstrato de normas no Brasil e na Alemanha. 5. ed. São Paulo: Saraiva, 2005. Cit.: MENDES, G. *Jurisdição*.

_____. O efeito vinculante das decisões do Supremo Tribunal Federal nos processos de controle abstrato de normas. *Revista Jurídica Virtual*. Brasília, vol. 1, n. 4, ago. 1999. Disponível em: <http://www.planalto.gov.br/ccivil_03/revista/Rev_04/efeito_vinculante. htm>. Acesso em: 29 out. 2009. Cit.: MENDES, G. *Efeito*.

_____; BRANCO, Paulo Gustavo Gonet. *Curso de direito constitucional*. 12. ed. São Paulo: Saraiva, 2017. Cit.: MENDES, G; BRANCO, P. G. G. *Curso de Dir. Constitucional*.

MERTEN, Detlef. Begriff und Abgrenzung der Grundrechte. In: _____; PAPIER, Hans-Jürgen (Hrsg.) *HDG*. B. II. Heidelberg: Müller, 2006, p. 475-572. Cit.: MERTEN, D. *Begriff*.

_____. *Das Recht auf freie Entfaltung der Persönlichkeit. JuS*. München und Frankfurt a. M.: Beck, 1976, p. 345-351. Cit.: MERTEN, D. *Recht*.

MESTMÄCKER, Ernst-Joachim. Über *das Verhältnis des Rechts der Wettbewerbsbeschränkungen zum Privatrecht. AcP*, B. 168. Tübingen: Mohr, 1968, p. 235-262. Cit.: MESTMÄCKER, E. *Verhältnis*.

MIRAGEM, Bruno. *Curso de direito do consumidor*. 5. ed. São Paulo: RT, 2014. Cit.: MIRAGEM, B. *Direito do consumidor*.

MIRANDA, Jorge. *Manual de direito constitucional*. 3. ed. Coimbra: Coimbra Editora, 1996, Tomo II. Cit.: MIRANDA, J. *Manual*, T. II.

_____. *Manual de direito constitucional*. 3. ed. Coimbra: Coimbra Editora, 2000, Tomo IV. Cit.: MIRANDA, J. *Manual*, T. IV.

MORAES, Alexandre de. *Direito constitucional*. 34. ed. São Paulo: Atlas, 2018. Cit.: MORAES, A. *Direito constitucional*.

_____. *Jurisdição constitucional e .tribunais constitucionais*. Garantia de supremacia da Constituição. São Paulo: Atlas, 2000. Cit.: MORAES, A. *Jurisdição*.

MORAES, Guilherme Peña de. *Curso de direito constitucional*. 10. ed. São Paulo: Atlas, 2018. Cit.: MORAES, G. P. *Curso*.

MORAES, Maria Celina Bodin. A caminho de um Direito Civil Constitucional. *Revista de Direito Civil, Imobiliário, Agrário e Empresarial*. SP, n. 65, ano 17, jul-set. 1993, p. 21-32. Cit.: MORAES, M. *Caminho*.

_____. O conceito de dignidade humana: substrato axiológico e conteúdo normativo. In: SARLET, Ingo Wolfgang (Org.). *Constituição, direitos fundamentais e direito privado*. Porto Alegre: Livraria do Advogado, 2003, p. 105-147. Cit.: MORAES, M. *Dignidade*.

MÖSTL, Markus. *Probleme der verfassungsprozessualen Geltendmachung gesetzgeberischer Schutzpflichten. Die Verfassungsbeschwerde gegen legislatives Unterlassen. Die DÖV*. Stuttgart: Kohlhammer, 1998, p. 1.029-1.039. Cit.: MÖSTL, M. *Probleme*.

MOTA PINTO, Carlos Alberto da. *Teoria geral do direito civil.* 3. ed. Coimbra: Coimbra Editora, 1996. Cit.: MOTA PINTO, C. *Teoria.*

MOTA PINTO, Paulo. O direito ao livre desenvolvimento da .personalidade. In: *Portugal--Brasil – Ano 2000. Studia Iuridica,* n. 40. Coimbra: Coimbra Editora, 2000, p. 149-246. Cit.: MOTA PINTO, P. *Livre.*

MÜLLER, Jörg Paul. *Die Grundrechte der Verfassung und der Persönlichkeitsschutz des Privatrechts.* Bern: Stämpfli, 1964. Cit.: MÜLLER, J. *GR.*

MÜLLER, Georg. *Die Drittwirkung der Grundrechte.* Überblick über *den Stand der Diskussion in Lehre und Rechtsprechung.* Schweizerisches *ZBl.* Zürich: Orell Füssli, 1975, p. 233-244. Cit.: MÜLLER, G. *DW.*

MÜLLER, Gerhard. *Drittwirkung von Grundrechten und Sozialstaatsprinzip. RdA.* München: Beck, 1964, p. 121-128. Cit.: MÜLLER, G. *DW. GR.*

MÜLLER-GRAFF, Peter-Christian. *Das Karlsruher Lissabon-Urteil: Bedingungen, Grenzen, Orakel und integrative Optionen.* Integration. Baden-Baden: Nomos, 1999, p. 331-360. Cit.: MÜLLER-GRAFF, P. *Lissabon.*

_____. *Der Post-Nizza-Prozess. Auf dem Weg zu einer neuen europäischen Verfassung?* Integration. Baden-Baden: Nomos, 2001, p. 208-221. Cit.: MÜLLER-GRAFF, P. *Nizza.*

. Der Raum der Freiheit, der Sicherheit und des Rechts – Der primärrechtliche Rahmen. In: _____ (Hrsg.). *Der Raum der Freiheit, der Sicherheit und des Rechts.* Baden-Baden: Nomos, 2005, p. 11-27. Cit.: MÜLLER-GRAFF, P. *Raum.*

_____. *Der Vertrag von Lissabon auf der Systemspur des Europäischen Primärrechts.* Integration. Baden-Baden: Nomos, 2008, p. 123-144. Cit.: MÜLLER-GRAFF, P. *Vertrag.*

_____. *Die Freistellung vom Kartellverbot.* Europarecht. Baden-Baden: Nomos, 1992, p. 1-40. Cit.: MÜLLER-GRAFF, P. *Freistellung.*

_____. *Die wettbewerbsverfaßte marktwirtschaft als gemeineuropäisches Verfassungsprinzip?* Europarecht. Baden-Baden: Nomos, 1997, p. 433-457. Cit.: MÜLLER-GRAFF, P. *Marktwirtschaft.*

_____. Eine neue Verfassung für Europa. Kriterien der Europarechtswissenschaft. In: BECKMANN, Klaus; DIERINGER, Jürgen; HUFELD, Urich. (Hrsg.). *Eine Verfassung für Europa.* Tübingen: Mohr, 2004, p. 209-224. Cit.: MÜLLER-GRAFF, P. *Verfassung.*

_____. *Europäisches Gemeinschaftsrecht und Privatrecht. Das Privatrecht in der europäischen Integration. NJW.* München: Beck, 1993, p. 13-23. Cit.: MÜLLER-GRAFF, P. *Gemeinschaftsrecht.*

_____. Gemeinsames Privatrecht in der Europäischen Gemeinschaft. Ansatzpunkte, Ausgangsfragen, Ausfaltungen. In: _____ (Hrsg.). *Gemeinsames Privatrecht in der Europäischen Gemeinschaft.* 2. Auf. Baden-Baden: Nomos, 1999, p. 9-83. Cit.: MÜLLER-GRAFF, P. *Privatrecht.*

_____. Konstitutionalisierung der Europäischen Union als Option deutscher Politik. In: SCHNEIDER, Heinrich; JOPP, Mathias; SCHMALZ, Uwe. (Hrsg.). *Eine neue deutsche*

Europapolitik? Rahmenbedingungen – Problemfelder – Optionen. Bonn: Europa Union Verlag, 2002, p. 725-748. Cit.: MÜLLER-GRAFF, P. *Konstitutionalisierung.*

_____. Privatrecht und Europäisches Gemeinschaftsrecht – Gemeinschaftsprivatrecht (Wiederabdruck). In: _____ (Hrsg.). *Gemeinsames Privatrecht in der Europäischen Gemeinschaft.* 2. Auf. Baden-Baden: Nomos, 1999, p. 267-298. Cit.: MÜLLER-GRAFF, P. *Privatrecht und Gemeinschaftsrecht.*

_____. *Systemrationalität in Kontinuität und Änderung des Europäischen Verfassungsvertrags.* Integration. Baden-Baden: Nomos, 2003, p. 301-316. Cit.: MÜLLER-GRAFF, P. *Systemrationalität.*

MÜNCH, Ingo von. Die Drittwirkung von Grundrechten in Deutschland. In: SALVADOR CODERCH, Pablo. (Coord.). *Zur Drittwirkung der Grundrechte.* Frankfurt: Peter Lang GmbH, 1998, p. 7-31. Cit.: MÜNCH, I. *DW.*

_____. *Grundbegriffe des Staatsrechts I. (Deutschlands Rechtslage, Grundrechtsordnung, Wirtschaftsverfassung).* Eine Einführung anhand von Fällen. 4., neubearbeitete Auf. Stuttgart: Kohlhammer, 1986. Cit.: MÜNCH, I. *Grundbegriffe.*

_____. Grundrechtsschutz gegen sich selbst? In: STÖLDER, Rolf; THIEME, Werner. *Fest. für Hans Peter Ipsen zum siebzigsten Geburtstag.* Tübingen: J. C. B. Mohr, 1977, p. 113-128. Cit.: MÜNCH, I. *Grundrechtsschutz.*

MURSWIEK, Dietrich. *Die staatliche Verantwortung für die Risiken der Technik: verfassungsrechtliche Grundlagen und immissionsschutzrechtliche Ausformung.* Berlin: Duncker & Humblot, 1985.

_____. Grundgesetz Kommentar (Art. 2 Abs. I GG). In: SACHS, Michael (Hrsg.). *Grundgesetz Kommentar.* 5. Auf. München: Beck, 2009. Cit.: MURSWIEK, D. *GG Kommentar.*

MUSSGNUG, Reinhard. *Gesetzesgestaltung und Gesetzesanwendung im Leistungsrecht.* VVDStRL, B. 47. Berlin: Gruyter, 1989, p. 113-141. Cit.: MUSSGNUG, R. *Gesetzesgestaltung.*

NARANJO DE LA CRUZ, Rafael. *Los límites de los derechos fundamentales em las relaciones entre particulares: la buena fe.* Madrid: Centro de Estudios Políticos y Constitucionales, 2000. Cit.: NARANJO DE LA CRUZ, R. *Límites.*

NEGREIROS, Teresa. A dicotomia público-privado frente ao problema da colisão de princípios. In: TORRES, Ricardo Lobo (Org.). *Teoria dos direitos fundamentais.* 2. ed. Rio de Janeiro: Renovar, 2001, p. 343-381. Cit.: NEGREIROS, T. *Dicotomia.*

_____. *Fundamentos para uma interpretação constitucional do princípio da boa-fé.* Rio de Janeiro: Renovar, 1998. Cit.: NEGREIROS, T. *Fundamentos.*

NAWIASKY, Hans. *Die Grundgedanken des Grundgesetzes für die Bundesrepublik Deutschland. Systematische Darstellung und kritische Würdigung.* Stuttgart und Köln: Kohlhammer, 1950. Cit.: NAWIASKY, H. *Grundgedanken.*

NEUHAUS, Paul Heinrich. *Die Grundbegriffe des Internationalen Privatrechts.* 2. neubearbeitete und erweiterte Auf. Tübingen: Mohr, 1976. Cit.: NEUHAUS, P. *Grundbegriffe.*

NEUMANN, Volker. *Sozialstaatsprinzip und Grundrechtsdogmatik.* DVBl. Köln: Heymanns, 1997, p. 92-100. Cit.: NEUMANN, V. *Sozialstaatsprinzip.*

NEUNER, Jörg. Die Entwicklung der Grundrechte auf das deutsche Privatrecht. In: _____ (Hrsg.). *Grundrechte und Privatrecht aus rechtsvergleichender Sicht.* Tübingen: Mohr, 2007, p. 159-176. Cit.: NEUNER, J. *Entwicklung.*

_____. O Código Civil da Alemanha (BGB) e a lei fundamental. In: SARLET, Ingo Wolfgang (Org.). *Constituição, direitos fundamentais e direito privado.* T. Peter Naumann. Porto Alegre: Livraria do Advogado, 2003, p. 245-269. Cit.: NEUNER, J. *BGB e LF.*

_____. *Privatrecht und Sozialstaat.* München: C. H. Beck'sche Verlagsbuchhandlung, 1998. Cit.: NEUNER, J. *Privatrecht.*

NEVES, Marcelo. A interpretação jurídica no Estado Democrático de Direito. In: GRAU, Eros Roberto; GUERRA FILHO, Willis Santiago (Orgs.). *Direito Constitucional. Estudos em homenagem a Paulo Bonavides.* São Paulo: Malheiros, 2001, p. 356-376. Cit.: NEVES, M. *Interpretação.*

NIEBLER, Engelbert. *Der Einfluß der Rechtsprechung des Bundesverfassungsgerichts auf das Zivilrecht. DNotZ.* München: Beck, 1987, p. 259-290. Cit.: NIEBLER, E. *Einfluß.*

NIEMÖLLER, Martin. Strafgerichtsbarkeit. In: UMBACH, Dieter C.; CLEMENS, Thomas. *Bundesverfassungsgerichtsgesetz. Mitarbeiterkommentar und Handbuch.* Heidelberg: Müller, 1992, p. 30-51. Cit.: NIEMÖLLER, M. *Strafgerichtsbarkeit.*

NIERHAUS, Michael. *Grundrechte aus der Hand des Gesetzgebers? Ein Beitrag zur Dogmatik des Art. 1. Abs. 3 GG.* AöR, B. 116. Tübingen: Mohr, 1991, p. 72-110. Cit.: NIERHAUS, M. *Grundrechte.*

NIPPERDEY, Hans Carl. Allgemeiner Teil des Bürgerlichen Rechts. Allgemeine Lehren, Personen, Rechtsobjekte. In: ENNECCERUS, Ludwig; KIPP, Theodor; WOLFF, Martin (Hrsg.). *Lehrbuch des Bürgerlichen Rechts.* 15. neub. Auf. Tübingen: J. C. B. Mohr, *Erster HalbB.*, 1959. Cit.: NIPPERDEY, H. *AT.*

_____. Die Würde des Menschen. In: NEUMANN, Franz L; _____; SCHEUNER, Ulrich (Hrsg.). *Die Grundrechte. Handbuch der Theorie und Praxis der Grundrechte.* Berlin: Duncler & Humblot, 1954, B. II, p. 1-50. Cit.: NIPPERDEY, H. *Würde.*

_____. Freie Entfaltung der Persönlichkeit. In: BETTERMANN, Karl August; _____; (Hrsg.). *Die Grundrechte. Handbuch der Theorie und Praxis der Grundrechte.* Berlin: Duncler & Humblot, 1962, B. IV, p. 741-825. Cit.: NIPPERDEY, H. *Entfaltung.*

_____. *Gleicher Lohn der Frau für gleiche Leistung. RdA.* München: Beck, 1950, p. 121-128. Cit.: NIPPERDEY, H. *Lohn.*

_____. Grundrechte und Privatrecht. In: _____ (Hrsg.). *Fest. für Erich Molitor zum 75. Geburtstag.* München und Berlin: Beck, 1962, p. 17-33. Cit.: NIPPERDEY, H. *GR.*

NISCHIYAMA, Adolfo Mamoru. *A proteção constitucional do consumidor.* 2. ed. São Paulo: Atlas, 2010. Cit.: NISCHIYAMA, A. *Proteção.*

NOVAK, Richard. *Zur Drittwirkung der Grundrechte. Die österreichische Lage aus rechtsvergleichender Sicht. EuGRZ.* Kehl – Straßburg: Engel, 1984, p. 133-147. Cit.: NOVAK, R. *DW.*

OETER, Stefan. „*Drittwirkung" der Grundrechte und die Autonomie des Privatrechts. AöR*, B. 119. Tübingen: Mohr, 1994. p. 529-563. Cit.: OETER, S. *DW*.

[OIT] Organização Internacional do Trabalho. *Recomendação sobre o HIV e a AIDS e o mundo do trabalho*. Disponível em: <http://www.ilo.org/brasilia/temas/normas/WCMS_242768/lang--pt/index.htm>. Acesso em: 28 set. 2018. Cit.: OIT, *R200*.

OLDIGES, Martin. Neue Aspekte der Grundrechtsgeltung im Privatrecht. In: WENDT, Rudolf et al. (Hrsg.). *Staat Wirtscaft Steuern – Fest. für Karl Heinrich Friauf zum 65. Geburtstag*. Heidelberg: Müller, 1996, p. 281-308. Cit.: OLDIGES, M. *Aspekte*.

OLIVEIRA JUNIOR, José Alcebíades. Cultura da democracia para Direitos Humanos. multiculturais. In: _____ (Org.). *Cultura e prática dos direitos fundamentais*. Rio de Janeiro: Lúmen Juris, 2010, p. 3-15. Cit.: OLIVEIRA JUNIOR, J. *Cultura*.

OSSENBÜHL, Fritz. *Kernenergie im Spiegel des Verfassungsrechts. DÖV*. Stuttgart: Kohlhammer, 1981, p. 1-11. Cit.: OSSENBÜHL, F. *Kernenergie*.

_____. Verfassungsgerichtsbarkeit und Fachgerichtsbarkeit. In: STÖDTER, Rolf; THIEME, Werner. *Fest. für Hans Peter Ipsen zum siebzigsten Geburtstag*. Tübingen: J. C. B. Mohr, 1977, p. 129-141. Cit.: OSSENBÜHL, F. *Gerichtsbarkeit*.

_____. *Verwaltungsrecht als Vorgabe für Zivil- und Strafrecht. DVBl*. Köln: Heymanns, 1990, p. 963-973. Cit.: OSSENBÜHL, F. *Verwaltungsrecht*.

PAPIER, Hans-Jürgen. Drittwirkung der Grundrechte. In: MERTEN, Detlef; _____ (Hrsg.) *HDG*. B. II. Heidelberg: Müller, 2006, p. 1.331-1.361. Cit.: PAPIER, H. *DW*.

_____; DURNER, Wolfgang. *Streitbare Demokratie. AöR*, B. 128. Tübingen: Mohr, 2003, p. 340-371. Cit.: PAPIER, H; DURNER, W. *Streitbare*.

PÉREZ LUÑO, Antonio Enrique. *Derechos Humanos, Estado de Derecho y Constitucion*. 5. ed. Madrid: Tecnos, 1995. Cit.: PÉREZ LUÑO, A. *Derechos*.

PERLINGIERI, Pietro. *Perfis do direito civil*. Introdução ao Direito Civil Constitucional. T. Maria Cristina de Cicco. 2. ed. Rio de Janeiro: Renovar, 2002. Cit.: PERLINGIERI, P. *Perfis*.

PESTALOZZA, Christian. *Gesetzgebung im Rechtsstaat. NJW*. München: Beck, 1981, p. 2.081-2.087. Cit.: PESTALOZZA, C. *Gesetzgebung*.

_____. *Verfassungsprozeßrecht. Die Verfassungsgerichtsbarkeit des Bundes und der Länder mit einem Anhang zum Internationalen Rechtsschutz*. 3. Auf. München: C. H. Beck'sche, 1991. Cit.: PESTALOZZA, C. *Verfassungsprozeßrecht*.

PETERS, Karl. *Bundesverfassungsgericht und Bundesgerichtshof. JZ*. Tübingen: Mohr, 1978, p. 230-232. Cit.: PETERS, K. *BVerfG*.

PHILIPPI, Klaus Jürgen. *Tatsachenfeststellungen des Bundesverfassungsgerichts. Ein Beitrag zur rational-empirischen Fundierung verfassungsgerichtlicher Entscheidungen*. Köln (u. a.): Heymanns, 1971. Cit.: PHILIPPI, K. *Tatsachenfeststellungen*.

PIEROTH, Bodo. *Der Wert der Auffangfunktion des Art. 2 Abs. l GG. Zu einem bundesverfassungsgerichtsinternen Streit um die allgemeine Handlungsfreiheit. AöR*, B. 115. Tübingen: Mohr, 1990, p. 33-44. Cit.: PIEROTH, B. *Wert*.

_____. Die Grundrechte des Grundgesetzes in der Verfassungstradition. In: MERTEN, Detlef; PAPIER, Hans-Jürgen (Hrsg.) *HDG*. B. II. Heidelberg: Müller, 2006, p. 3-40. Cit.: PIEROTH, B. *Verfassungstradition*.

_____. *Grundrechte Staatsrecht II*. 24. neu neubearbeitete Auf. Heidelberg: C. F. Müller Verlag, 2008. Cit.: PIEROTH, B; SCHLINK, B. *GR*, 24 Auf.

_____. *Grundrechte Staatsrecht II*. 25. neu neubearbeitete Auf. Heidelberg: C. F. Müller Verlag, 2009. Cit.: PIEROTH, B; SCHLINK, B. GR, 25 Auf.

_____; SCHLINK, Bernhard. *Grundrechte Staatsrecht II*. 16, neubearbeitete Auf. Heidelberg: C. F. Müller Verlag, 2000. Cit.: PIEROTH, B; SCHLINK, B. *GR*, 16 Auf.

PIETZCKER, Jost. *Die Rechtsfigur des Grundrechtsverzichts*. Der Staat, B. 17. Berlin: Duncker&Humblot, 1978, p. 527-551. Cit.: PIETZCKER, J. *Rechtsfigur*.

_____. Drittwirkung – Schutzpflicht – Eingriff. In: MAURER, Hartmut. *Das Akzeptierte Grundgesetz. Fest. für Günter Dürig zum 70. Geburtstag*. München: Beck, 1990, p. 345-363. Cit.: PIETZCKER, J. *DW*.

PLANISS, Hans. Zur Ideengeschichte der Grundrechte. In: NIPPERDEY, Hans Carl (Hrsg.). *Die Grundrechte und Grundpflichten der Reichsverfassung*. B. III. Berlin: Reimar Hobbing, 1930, p. 597-622. Cit.: PLANISS, H. *Ideengeschichte*.

PRATA, Ana. *A tutela constitucional da autonomia privada*. Coimbra: Almedina, 2002. Cit.: PRATA, A. *Tutela*.

PREUSS, Hugo. Das Verfassungswerk von Weimer. In: *Staat, Recht und Freiheit. Aus 40 Jahren Deutscher Politik und Geschichte*. Reprografischer Nachdruck der Ausgabe Tübingen 1926. Hildesheim: Georg Olms, 1964, p. 421-428. Cit.: PREUSS, H. *Verfassungswerk*.

PRIETO SANCHÍS, Luis. *Estudios sobre derechos fundamentales*. 1. reimpr. Madrid: Debate, 1994. Cit.: PRIETO SANCHÍS, L. *Estudios*.

QUADRA SALCEDO, Tomás. *El recurso de amparo y los derechos fundamentales en las relaciones entre particulares*. Madrid: Civitas, 1981. Cit.: QUADRA SALCEDO, T. *Amparo*.

RÄDLER, Peter. *Die Unverfügbarkeit der Menschenwürde in Deutschland und Frankreich. Die Urteile des französischen Conseil d'État zum „Zwergenweitwurf"*. DÖV. Stuttgart: Kohlhammer, 1997, p. 109-116. Cit.: RÄDLER, P. *Unverfügbarkeit*.

RAISER, Ludwig. *Die Zukunft des Privatrechts. Vortrag, gehalten vor der Berliner Juristischen Gesellschaft am 21. April 1971*. Berlin: de Gruyter, 1971. Cit.: RAISER, L. *Zukunft*.

_____. Grundgesetz und Privatrechtsordnung. Festvortrag. In: *Verhandlungen des Deutschen Juristentages in Hessen, 1966*. Herausgegeben von der Ständigen Deputation des Deutschen Juristentages. B. II (Sitzungsberichte), Teil B. München und Berlin: Beck, 1967, p. 5-31. Cit.: RAISER, L. *Grundgesetz*.

_____. *Vertragsfreiheit heute*. JZ. Tübingen: Mohr, 1958, p. 1-8. Cit.: RAISER, L. *Vertragsfreiheit*.

RAMOS, Elival da Silva. *Controle de constitucionalidade no Brasil*. São Paulo: Saraiva, 2010. Cit.: RAMOS, E. S. *Controle de constitucionalidade*.

RAUSCHNING, Dietrich. *Staatsaufgabe Umweltschutz*. VVDStRL, B. 38. Berlin: Gruyter, 1980, p. 167-210. Cit.: RAUSCHNING, D. *Staatsaufgabe*.

REALE, Miguel. Visão geral do novo Código Civil. *Revista de Direito Privado*. São Paulo: RT, vol. 3, n. 9, jan.-mar. 2002, p. 9-17. Cit.: REALE, M. *Visão*.

REDEKER, Konrad. *Legitimation und Grenzen richterlicher Rechtsetzung: Die Weiterbildung des Rechts durch die Rechtsprechung*. NJW. München: Beck, 1972, p. 409-415. Cit.: REDEKER, K. *Weiterbildung*.

REICH, Norbert. *Markt und Recht. Theorie und Praxis des Wirtschaftsrechts in der Bundesrepublik Deutschland*. Darmstadt: Luchterhand, 1977. Cit.: REICH, N. *Markt*.

RENNERT, Klaus. *Die Verfassungswidrigkeit „falscher" Gerichtsentscheidungen. NJW*. München: Beck, 1991, p. 12-19. Cit.: RENNERT, K. *Verfassungswidrigkeit*.

_____. Verbindlichkeit der Entscheidung (§ 31 BVerfGG). In: UMBACH, Dieter C.; CLEMENS, Thomas. *Bundesverfassungsgerichtsgesetz. Mitarbeiterkommentar und Handbuch*. Heidelberg: Müller, 1992, p. 530-564. Cit.: RENNERT, K. *Verbindlichkeit*.

REPGEN, Tilman. Antidiskriminierung - die Totenglocke des Privatrechts läutet. In: ISENSEE, Josef (Hrsg.). *Vertragsfreiheit und Diskriminierung*. Berlin: Duncker&Humblot, 2007, p. 13-98. Cit.: REPGEN, T. *Antidiskriminierung*.

REYES, Manuel Aragón. *El Juez Ordinario entre Legalidad y Constitucionalidad*. Bogotá: Instituto de Estudios Constitucionales Carlos Restrepo Piedrahita, 1997. Cit.: REYES, M. *Juez*.

ROBBERS, Gerhard. *Der Grundrechtsverzicht. JuS*. München und Frankfurt a. M.: Beck, 1985, p. 925-931. Cit.: ROBBERS, G. *Grundrechtsverzicht*.

_____. *Für ein neues Verhältnis zwischen Bundesverfassungsgericht und Fachgerichtsbarkeit - Möglichkeit und Inhalt von „Formeln" zur Bestimmung von verfassungsgerichtlicher Kompetenzweite*. Neue Juristische Wochenschrift (NJW). München: C. H. Beck Verlag, 1998, p. 935-941.

_____. *Sicherheit als Menschenrecht. Aspekte der Geschichte, Begründung und Wirkung einer Grundrechtsfunktion*. Baden-Baden: Nomos, 1987. Cit.: ROBBERS, G. *Sicherheit*.

ROTH, Wolfgang. *Die Überprüfung fachgerichtlicher Urteile durch das Bundesverfassungsgericht und die Entscheidung über die Annahme einer Verfassungsbeschwerde. AöR*, B. 121. Tübingen: Mohr, 1996, p. 544-577. Cit.: ROTH, W. *Überprüfung*.

ROTH, Wulf-Henning. Drittwirkung der Grundfreiheiten? In: DUE, Ole; LUTTER, Marcus; SCHWARZE, Jürgen (Hrsg.). *Fest. für Ulrich Everling*. Baden-Baden: Nomos Verlagsgesellschaft, 1995. p. 1.231-1.247. B. II. Cit.: ROTH, W. *DW*.

RÖTHEL, Anne. *Verfassungsprivatrecht aus Richterhand? Verfassungsbindung und Gesetzesbindung der Zivilgerichtsbarkeit. JuS*. München und Frankfurt a. M.: Beck, 2001, p. 424-429. Cit.: RÖTHEL, A. *Richterhand*.

ROZEK, Jochen. *Abschied von der Verfassungsbeschwerde auf Raten? Der Zweite Senat des Bundesverfassungsgerichts, die Verfassungsbeschwerde und der individuelle Grundrechtsschutz. DVBl*. Köln: Heymanns, 1997, p. 517-527. Cit.: ROZEK, J. *Abschied*.

RUFFERT, Matthias. *Vorrang der Verfassung und Eigenständigkeit des Privatrechts. Eine verfassungsrechtliche Untersuchung zur Privatrechtswirkung des Grundgesetzes.* Tübingen: Mohr, 2001. Cit.: RUFFERT, M. *Vorrang.*

RÜFNER, Wolfgang. Drittwirkung der Grundrechte. Versuch einer Bilanz. In: SELMER, PETER. MÜNCH, Ingo von. (Hrsg.). *Gedächtnisschrift für Wolfgang Martens.* Berlin – New York: De Gruyter, 1987, p. 215-230. Cit.: RÜFNER, W. *DW.*

_____. *Grundgesetz Kommentar (Art. 3 Abs. 1 GG).* In: DOLZER, Rudolf; Waldhoff, Christian; GRAßHOF, Karin. (Hrsg.). *BK.* Heidelberg: Müller, B. 1, 67. Ergänzungslieferung, 1992. Cit.: RÜFNER, W. *GG Kommentar.*

_____. Grundrechtsadressaten. In: ISENSEE, Josef; KIRCHHOF, Paul. (Hrsg.). *HStR.* Heidelberg: Müller, B. V, § 117, 1992, p. 525-562. Cit.: RÜFNER, W. *Adressaten.*

_____. Grundrechtsträger. In: ISENSEE, Josef; KIRCHHOF, Paul. (Hrsg.). *HStR.* Heidelberg: Müller, B. V, § 116, 1992, p. 485-524. Cit.: RÜFNER, W. *Träger.*

RUPP, Hans Georg. Zur Bindungswirkung der Entscheidungen des Bundesverfassungsgerichts. In: *Tübinger Fest. für Eduard Kern.* Herausgegeben von der Rechtswissenschaftlichen Abteilung der Rechts- und Wirtschaftswissenschaftlichen Fakultät der Universität Tübingen. Tübingen: Mohr, 1968, p. 403-422. Cit.: RUPP, H. *Bindungswirkung.*

RUPP, Hans Heinrich. *Vom Wandel der Grundrechte. AöR,* B. 101. Tübingen: Mohr, 1976, p. 161-201. Cit.: RUPP, H. *Wandel.*

RUPP-VON BRÜNNECK, *Wiltraut. Stellung und Tätigkeit des deutschen Bundesverfassungsgerichts.* In: RUPP- VON BRÜNNECK, Wiltraut. *Verfassung und Verantwortung. Gesammelte Schriften und Sondervoten* (Hrsg. von Hans-Peter Schneider). Baden-Baden: Nomos, 1983, p. 245-276.

RUPP-VON BRÜNNECK, Wiltraut. *Verfassungsgerichtsbarkeit und gesetzgebende Gewalt. AöR,* B. 102. Tübingen: Mohr, 1977, p. 1-26. Cit.: RUPP-VON BRÜNNECK, W. *Verfassungsgerichtsbarkeit.*

SACHS, Michael. *Die Bindung des Bundesverfassungsgerichts an seine Entscheidungen.* München: Vahlen, 1977. Cit.: SACHS, M. *Bindung.*

_____. Grundgesetz Kommentar (Vorb. Art. 1 GG). In: _____ (Hrsg.). *Grundgesetz Kommentar.* 5. Auf. München: Beck, 2009. Cit.: SACHS, M. *GG Kommentar.*

_____. *Verfassungsrecht II. Grundrechte.* 2. Auf. Berlin - Heidelberg: Springer, 2003. Cit.: SACHS, M. *Grundrechte.*

SALADIN, Peter. *Verfassungsreform und Verfassungsverständnis. AöR,* B. 104. Tübingen: Mohr, 1979, p. 345-388. Cit.: SALADIN, P. *Verfassungsreform.*

SALVADOR CODERCH, Pablo. FERRER i RIBA, Josep. Grundrecht auf Vereinigungsfreiheit und Grenzen der Privatautonomie. In: SALVADOR CODERCH, Pablo. (Coord.). *Zur Drittwirkung der Grundrechte.* Frankfurt: Peter Lang GmbH, 1998, p. 75-135. Cit.: SALVADOR CODERCH, P.; FERRER i RIBA, J. *Grundrecht.*

SALZWEDEL, Jürgen. Gleichheitsgrundsatz und Drittwirkung. In: CARSTENS, Karl; PETERS, Hans (Hrsg.). *Fest. für Hermann Jahrreiss zu seinem siebzigsten Geburtstag.* Köln: Heymanns, 1964, p. 339-353. Cit.: SALZWEDEL, J. *DW.*

SARLET, Ingo Wolfgang. *A Eficácia dos Direitos Fundamentais.* 2. ed. rev. e aum. Porto Alegre: Livraria do Advogado, 2001. Cit.: SARLET, I. *Eficácia.*

_____. A lei fundamental da Alemanha nos seus 60 anos e o direito constitucional brasileiro: algumas aproximações. *Revista Brasileira de Direitos Fundamentais e Justiça.* Porto Alegre: HS, vol. 3, n. 7, 2009, p. 89-95. Cit.: SARLET, I. *LF.*

_____. Die Entwicklung der Grundrechte auf das brasilianische Privatrecht. In: NEUNER, Jörg (Hrsg.). *Grundrechte und Privatrecht aus rechtsvergleichender Sicht.* Tübingen: Mohr, 2007, p. 81-104. Cit.: SARLET, I. *Entwicklung.*

_____. *Dignidade da pessoa humana e direitos fundamentais na Constituição Federal de 1988.* 2. ed. rev. e aum. Porto Alegre: Livraria do Advogado, 2002. Cit.: SARLET, I. *Dignidade.*

_____. Direitos fundamentais e direito privado: algumas considerações em torno da vinculação dos particulares aos direitos fundamentais. In: _____ (Org.). *A Constituição concretizada: construindo pontes com o público e o privado.* Porto Alegre: Livraria do Advogado, 2000, p. 107-163. Cit.: SARLET, I. *DF.*

_____. Os direitos fundamentais, sua dimensão organizatória e procedimental e o direito à saúde: algumas aproximações. *Revista de Processo.* São Paulo: vol. 34, n. 175, 2009, p. 9-33. Cit.: SARLET, I. *Saúde.*

_____.; MARINONI, Luiz Guilherme; MITIDIERO, Daniel. *Curso de direito constitucional.* 6. ed. São Paulo: Saraiva, 2017. Cit. SARLET, I. *Curso de direito constitucional.*

SARMENTO, Daniel. *A liberdade de expressão e o problema do "hate speech".* Disponível em: http://www.dsarmento.adv.br/content/3-publicacoes/19-a-liberdade-de-expressao-e- -o-problema-do-hate-speech/a-liberdade-de-expressao-e-o-problema-do-hate-speech- -daniel-sarmento.pdf. Acesso em: 13 out. 2018. Cit.: SARMENTO, D. *A liberdade de expressão e o problema do "hate speech".*

_____. *Direitos fundamentais e relações privadas.* Rio de Janeiro: Lúmen Juris, 2004. Cit.: SARMENTO, D. *DF.*

SCHÄFER, Jairo Gilberto. *Direitos fundamentais: proteção e restrições.* Porto Alegre: Livraria do Advogado, 2001. Cit.: SCHÄFER, J. *Dir. fundamentais.*

SCHAPP, Jan. *Die Grenzen der Freiheit. JZ,* Sonderdruck. Tübingen: Mohr, 2006, p. 581-587. Cit.: SCHAPP, J. *Grenzen.*

_____. Die Konkretisierung von Generalklauseln durch den Zivilrichter am Beispiel der Sittenwidrigkeit von Bürgschaften naher Angehöriger. In: KÖBLER, Gerhard; HEINZE, Meinhard; HROMADKA, Wolfgang (Hrsg.). *Sonderdruck aus Europas universale rechtsordnungspolitische Aufgabe im Recht des dritten Jahrtausends. Fest. für Alfred Söllner zum 70. Geburtstag.* München: C. H. Beck'sche Verlagsbuchhandlung, 2000, p. 973-996. Cit.: SCHAPP, J. *Konkretisierung.*

_____. Ethik und Wissenschaftsfreiheit. In: _____. Über *Freiheit und Recht. Rechtsphilosophische Aufsätze 1992-2007*. Tübingen: Mohr, 2008, p. 107-115. Cit.: SCHAPP, J. *Ethik*.

_____. Grundrechte als Wertordnung. In: _____. Über *Freiheit und Recht. Rechtsphilosophische Aufsätze 1992-2007*. Mohr, 2008, p. 149-163. Cit.: SCHAPP, J. *Grundrechte*.

_____. *Hauptprobleme der juristischen Methodenlehre*. Tübingen: J. C. B. Mohr, 1983. Cit.: SCHAPP, J. *Hauptprobleme*.

_____. *Privatautonomie und Verfassungsrecht*. *ZBB*. Sonderdruck Februar 1999, n. 1. Köln: RWS, p. 30-42. Cit.: SCHAPP, J. *Privatautonomie*.

_____. Über die Freiheit im Recht. In: _____. Über *Freiheit und Recht. Rechtsphilosophische Aufsätze 1992-2007*. Mohr, 2008, p. 1-33. Cit.: SCHAPP, J. *Freiheit*.

SCHENKE, Wolf-Rüdiger. *Der Umfang der bundesverfassungsgerichtlichen* Überprüfung. *NJW*. München: Beck, 1979, p. 1.321-1.329. Cit.: SCHENKE, W. *Umfang*.

SCHEUNER, Ulrich. *Die Funktion der Grundrechte im Sozialstaat. Die Grundrechte als Richtlinie und Rahmen der Staatstätigkeit*. *DÖV*. Stuttgart: Kohlhammer, 1971, p. 505-513. Cit.: SCHEUNER, U. *Funktion*.

_____. *Grundrechtsinterpretation und Wirtschaftsordnung*. Cit.: SCHEUNER, U. *Grundrechtsinterpretation*.

SCHLAICH, Klaus; KORIOTH, Stefan. *Das Bundesverfassungsgericht. Stellung, Verfahren, Entscheidungen. Ein Studienbuch*. 7, neubearb. Aufl. München: Beck, 2007. Cit.: SCHLAICH, K; KORIOTH, S. *BVerfG*.

SCHLICHTING, Gerhard. Zivilgerichtsbarkeit und Bundesverfassungsgericht. In: UMBACH, Dieter C.; CLEMENS, Thomas. *Bundesverfassungsgerichtsgesetz. Mitarbeiterkommentar und Handbuch*. Heidelberg: Müller, 1992, p. 101-112. Cit.: SCHLICHTING, G. *Zivilgerichtsbarkeit*.

SCHMID, Carlo. In: DOEMMING, Klaus Berto v.; FÜSSLEIN, Rudolf Werner; MATZ, Werner. *Entstehungsgeschichte der Artikel des Grundgesetzes. Im Auftrage der Abwicklungsstelle des Parlamentarischen Rates und des Bundesministers des Innern auf Grund der Verhandlungen des Parlamentarischen Rates. (Grundrechte – Vorbemerkungen)*. *JöR*. Neue Folge, B. 1. Tübingen: J. C. B. Mohr, 1951, p. 41-47. Cit.: SCHMID, C. *Entstehungsgeschichte*.

SCHMIDT, Jürgen. Präzisierung des § 242 BGB – eine Daueraufgabe? In: BEHRENDES, Okko; DIEßELHORST, Malte; DREIER, Ralf (Hrsg.). *Rechtsdogmatik und praktische Vernunft. Symposion zum 80. Geburtstag von Franz Wieacker*. Göttingen: Wandenhoeck & Ruprecht, 1990, p. 231-257. Cit.: SCHMIDT, J. *Präzisierung*.

SCHMIDT, Rolf. *Grundrechte sowie Grundzüge der Verfassungsbeschwerde*. 11. Auf. Grasberg bei Bremen: Rolf Schmidt, 2009. Cit.: SCHMIDT, R. *Grundrechte* (11. Auf.).

SCHMIDT-AßMANN, Eberhard. Der Rechtsstaat. In: ISENSEE, Josef; KIRCHHOF, Paul. (Hrsg.). *HStR*. Dritte, völlig neubearbeitete und erweiterte Auf. Heidelberg: Müller, B. II, § 26, 2004, p. 541-612. Cit.: SCHMIDT-AßMANN, E. *Rechtsstaat*.

SCHMIDT-SALZER, Joachim. *Vertragsfreiheit und Verfassungsrecht*. *NJW*. München: Beck, 1970, p. 8-15. Cit.: SCHMIDT-SALZER, J. *Vertragsfreiheit*.

SCHMIDT, Walter. *Der Verfassungsvorbehalt der Grundrechte. AöR*, B. 106. Tübingen: Mohr, 1981, p. 497-525. Cit.: SCHMIDT, W. *Verfassungsvorbehalt.*

_____. *Die Entscheidungsfreiheit des einzelnen zwischen staatlicher Herrschaft und gesellschaftlicher Macht. AöR*, B. 101. Tübingen: Mohr, 1976, p. 24-45. Cit.: SCHMIDT, W. *Entscheidungsfreiheit.*

SCHNAPP, Friedrich E. *Grundrechtsbindung nichtstaatlicher Institutionen. JuS.* München und Frankfurt a. M.: Beck, 2000, p. 937-943. Cit.: SCHNAPP, F. *Grundrechtsbindung.*

SCHNEIDER, Hans-Peter. *Democracia y Constitucion.* Madrid: Centro de Estudios Constitucionales, 1991. Cit.: SCHNEIDER, H. *Democracia.*

_____. SCHNEIDER, Hans-Peter. Artikel 12 GG – *Freiheit des Berufs und Grundrecht der Arbeit.* Veröffentlichungen der Vereinigung der Deutschen Staatsrechtslehrer (VVDStRL), Band 43. Berlin, New York: Walter de Gruyter, 1985, p. 7-47.

_____. Verfassungsinterpretation aus theoretischer Sicht. In: SCHNEIDER, Hans-Peter; STEINBERG, Rudolf (Hrsg.). *Verfassungsrecht zwischen Wissenschaft und Richterkunst. Fest.* für Konrad Hesse zum 70. Geburtstag. Heidelberg: Müller, 1990, p. 39-52. Cit.: SCHNEIDER, H. *Verfassungsinterpretation.*

SCHOLTEN, Sigrid. Die ordnungspolitische Dimension der Verbraucherpolitik in der Sozialen Marktwirtschaft. In: PIEPENBROCK, Hartwig (Hrsg.). *Verbraucherpolitik in der sozialen Marktwirtschaft. Eine Aufsatzsammlung.* Bonn: Verein für wirtschaftliche und soziale Fragen, 1984, p. 95-119. Cit.: SCHOLTEN, S. *Dimension.*

SCHOLZ, Rupert; KONRAD, Karlheinz. *Meinungsfreiheit und allgemeines Persönlichkeitsrecht. Zur Rechtsprechung des Bundesverfassungsgerichts. AöR*, B. 123. Tübingen: Mohr, 1998, p. 60-121. Cit.: SCHOLZ, R; KONRAD, K. *Meinungsfreiheit.*

SCHROEDER, Conrad. Die Soziale Marktwirtschaft als Garant für den Verbraucherschutz. In: PIEPENBROCK, Hartwig; SCHROEDER, Conrad (Hrsg.). *Verbraucherpolitik Kontrovers.* Köln: Deutscher Instituts-Verlag, 1987, p. 127-138. Cit.: SCHROEDER, C. *Soziale.*

SCHULTE, *Martin. Zur Lage und Entwicklung der Verfassungsgerichtsbarkeit. DVBl.* Köln: Heymanns, 1996, p. 1. 009-1. 020. Cit.: SCHULTE, M. *Lage.*

SCHULZE-FIELITZ, Helmuth. Wirkung und Befolgung verfassungsgerichtlicher Entscheidungen. In: BADURA, Peter; DREIER, Horst (Hrsg.) *Fest. 50 Jahre Bundesverfassungsgericht.* Tübingen: Mohr, 2001, B. I, p. 385-420. Cit.: SCHULZE-FIELITZ, H. *Wirkung.*

SCHUMANN, Ekkehard. *Verfassungs-und Menschenrechtsbeschwerde gegen richterliche Entscheidungen.* Berlin: Duncker&Humblot, 1963. Cit.: SCHUMANN, E. *Verfassung.*

SCHUPPERT, Gunnar Folke; BUMKE, Christian. *Die Konstitutionalisierung der Rechtsordnung.* Überlegungen *zum Verhältnis von verfassungsrechtlicher Ausstrahlungswirkung und Eigenständigkeit des „einfachen" Rechts.* Baden-Baden: Nomos, 2000. Cit.: SCHUPPERT, G; BUMKE, C. *Konstitutionalisierung.*

_____. *Zur Nachprüfung gerichtlicher Unterscheidungen durch das Bundesverfassungsgericht.* AöR, B. 103. Tübingen: Mohr, 1978, p. 43-69. Cit.: SCHUPPERT, G. *Nachprüfung.*

SCHWABE, Jürgen. *Anmerkung zum Mephisto Urteil des Bundesverfassungsgerichts.* DVBl. Köln: Heymanns, 1971, p. 689-691. Cit.: SCHWABE, J. *Anmerkung.*

_____. *Das Bundesverfassungsgericht und „Drittwirkung" der Grundrechte.* AöR, B. 100. Tübingen: Mohr, 1975, p. 442-470. Cit.: SCHWABE, J. *BVerfG.*

_____. *Die sogenannte Drittwirkung der Grundrechte: Zur Einwirkung der Grundrechte auf den Privatrechtsverkehr.* München: Wilhelm Goldmann, 1971. Cit.: SCHWABE, J. *Sogenannte.*

_____. *Der Schutz des Menschen vor sich selbst.* JZ. Tübingen: Mohr, 1998, p. 66-75. Cit.: SCHWABE, J. *Schutz.*

_____. *Drittwirkung und kein Ende.* NJW. München: Beck, 1973, p. 229-230. Cit.: SCHWABE, J. *DW.*

_____. *Grundrechte und Privatrecht.* AcP, B. 185. Tübingen: Mohr, 1985, p. 1-8. Cit.: SCHWABE, J. *GR.*

_____. *Ins horn gezwickt.* JZ. Tübingen: Mohr, 2004, p. 393-399. Cit.: SCHWABE, .J. *Horn.*

_____. *Probleme der Grundrechtsdogmatik.* Darmstadt: Schadel, 1977. Cit.: SCHWABE, J. *Probleme.*

SCHWEIZER, Rainer J. *Die erneuerte schweizerische Bundesverfassung vom 18. April 1999.* JöR. Neue Folge, B. 48. Tübingen: J. C. B. Mohr, 2000, p. 263-280. Cit.: SCHWEIZER, R. *Bundesverfassung.*

SEEGMÜLLER, Robert. *Praktische Probleme des Verfassungsbeschwerdeverfahrens.* DVBl. Köln: Heymanns, 1999, p. 738-746. Cit.: SEEGMÜLLER, R. *Probleme.*

SEETZEN, Uwe. *Bindungswirkung und Grenzen der verfassungskonformen Gesetzesauslegung.* NJW. München: Beck, 1976, p. 1.997-2.001. Cit.: SEETZEN, U. *Bindungswirkung.*

SEIDL, Otto. *Verfassungsgerichtsbarkeit und Fachgerichte.* Verhandlungen des Einundsechzigsten Deutschen Juristentages (Karlsruhe 1996). B. II/1. München: Beck, 1996, p. 9-26. Cit.: SEIDL, O. *Verfassungsgerichtsbarkeit.*

SENDLER, Horst. *Ist das Umweltrecht normierbar?* Umwelt- und Planungsrecht. Zeitschrift für Wissenschaft und Praxis (UPR). Alfeld (Leine): Neue Gildefachverlag, 1981, p. 1-14.

SIEYES, Emmanuel Joseph. *Politische Schriften 1788-1790.* 2. überarbeitete und erweiterte Auf. München - Wien: R. Oldenbourg, 1981. Cit.: SIEYES, E. *Schriften.*

SILVA, José Afonso da. A dignidade da pessoa humana como valor supremo da democracia. *Revista de Direito Administrativo.* Rio de Janeiro: Renovar, n. 212, abr.-jun. 1998, p. 89-94. Cit.: SILVA, J. A. *Dignidade.*

_____. *Aplicabilidade das normas constitucionais.* 7. ed. rev. e aum. São Paulo: Malheiros, 2008. Cit.: SILVA, J. A. *Aplicabilidade.*

_____. *Curso de direito constitucional Positivo.* 26. ed. São Paulo: Malheiros, 2006. Cit.: SILVA, J. A. *Curso de Direito Constitucional.*

SILVA, Luis Renato Ferreira da. A função social do contrato no Novo Código Civil e sua conexão com a solidariedade social. In: SARLET, Ingo Wolfgang (Org.). *O novo Código Civil e a Constituição*. Porto Alegre: Livraria do Advogado, 2003, p. 127-150. Cit.: SILVA, L. R. *Função*.

SILVA, Vasco Manuel Pascoal Dias Ferreira da. Vinculação das entidades privadas pelos direitos, liberdades e garantias. *Revista de Direito Público*. Instituto de Direito Público. São Paulo: RT, n. 82, abr.-jun., 1987, p. 41-52. Cit.: SILVA, V. *Vinculação*.

SILVA, Virgílio Afonso da. *A constitucionalização do direito. Os direitos fundamentais nas relações entre particulares*. São Paulo: Malheiros, 2005. Cit.: SILVA, V. *Constitucionalização*.

SILVEIRA, José Néri da. *A função do juiz*. Palestra proferida no Recife, a convite da Escola Superior da Magistratura de Pernambuco, no Curso de Processo Civil, em 6. 12. 1991. Recife: [s. ed.], 1991. Cit.: SILVEIRA, J. N. *A função do juiz*.

SIMON, Helmut. *Die "verfassungskonforme Gesetzesauslegung"*. Zweite Konferenz der europäischen Verfassungsgerichte und ähnlicher Institutionen vom 14. – 16. Oktober 1974 Karlsruhe/Baden-Baden. *EuGRZ*. Kehl – Straßburg: Engel, 1974, p. 85-91. Cit.: SIMON, H. *Verfassungskonforme*.

SINGER, Reinhard. *Vertragsfreiheit, Grundrechte und der Schutz des Menschen vor sich selbst*. *JZ*. Tübingen: Mohr, 1995, p. 1.133-1.141. Cit.: SINGER, R. *Vertragsfreiheit*.

SITTIG, Gerhardt F. Zur Notwendigkeit verbraucherpolitischer Maßnahmen in der marktwirtschaftlichen Ordnung. In: PIEPENBROCK, Hartwig; SCHROEDER, Conrad (Hrsg.). *Verbraucherpolitik Kontrovers*. Köln: Deutscher Instituts-Verlag, 1987, p. 139-147. Cit.: SITTIG, G. *Notwendigkeit*.

SMEND, Rudolf. Das Bundesverfassungsgericht. In: _____. *Staatsrechtliche Abhandlungen und andere Aufsätze. Rudolf Smend zum Goldenen Doctorjubiläum überreicht von Schülern und Freunden*. Zweite erweiterte Auf. Berlin: Duncker&Humblot, 1968, p. 581-593. Cit.: SMEND, R. *BVerfG*.

_____. Das Recht der freien Meinungsäusserung. In: _____. *Staatsrechtliche Abhandlungen und andere Aufsätze. Rudolf Smend zum Goldenen Doctorjubiläum überreicht von Schülern und Freunden*. Zweite erweiterte Auf. Berlin: Duncker&Humblot, 1968, p. 89-118. Cit.: SMEND, R. *Recht*.

_____. Integration. In: _____. *Staatsrechtliche Abhandlungen und andere Aufsätze. Rudolf Smend zum Goldenen Doctorjubiläum überreicht von Schülern und Freunden*. Zweite erweiterte Auf. Berlin: Duncker&Humblot, 1968, p. 482-486. Cit.: SMEND, R. *Integration*.

_____. Integrationslehre. In: _____. *Staatsrechtliche Abhandlungen und andere Aufsätze. Rudolf Smend zum Goldenen Doctorjubiläum überreicht von Schülern und Freunden*. Zweite erweiterte Auf. Berlin: Duncker&Humblot, 1968, p. 475-481. Cit.: SMEND, R. *Integrationslehre*.

_____. *Verfassung und Verfassungsrecht*. München und Leipzig: Duncker&Humblot, 1928. Cit.: SMEND, R. *Verfassung*.

SOBOTA, Katharina. *Das Prinzip Rechtsstaat. Verfassungs- und verwaltungsrechtliche Aspekte*. Tübingen: Mohr, 1997. Cit.: SOBOTA, K. *Rechtsstaat*.

SOMBRA, Thiago Luís Santos. *A eficácia dos direitos fundamentais nas relações jurídico-privadas*. A identificação do contrato como ponto de encontro dos direitos fundamentais. Porto Alegre: Fabris, 2004. Cit.: SOMBRA, T. *Eficácia*.

SOUZA JUNIOR, Cezar Saldanha. *A crise da democracia no Brasil*. Rio de Janeiro: Forense, 1978. Cit.: SOUZA JR. *A crise da democracia no Brasil*.

_____. Direito constitucional, direito ordinário, direito judiciário. *Cadernos do Programa de Pós-Graduação em Direito da UFRGS*, março de 2005, p. 7-18. Cit.: SOUZA JR. *Dir. constitucional*.

_____. (Informação oral). *Aulas de teoria de direito público do curso de pós-graduação em Direito da UFRGS, .1º semestre de 2007*. Cit.: SOUZA JR. *Aulas*.

_____. *O tribunal constitucional como poder*. Uma nova teoria da divisão dos poderes. São Paulo: Memória Jurídica, 2002. Cit.: SOUZA JR. *Tribunal*.

SPANNER, Hans. *Die verfassungskonforme Auslegung in der Rechtsprechung des Bundesverfassungsgerichts*. AöR, B. 91. Tübingen: Mohr, 1966, p. 503-536. Cit.: SPANNER, H. *Auslegung*.

SPIEß, Gerhard. *Inhaltskontrolle von Verträgen – das Ende privatautonomer Vertragsgestaltung?* DVBl. Köln: Heymanns, 1994, p. 1.222-1.229. Cit.: SPIEß, G. *Inhaltskontrolle*.

STARCK, Christian. Das Bonner Grundgesetz. In: MANGOLDT, Hermann von; KLEIN, Friedrich; _____. *Das Bonner Grundgesetz. Kommentar*. 4. Auf. München:Vahlen, B. I, 1999. Cit.: STARCK, C. *Bonner GG*. 4. Auf.

_____. Das Bonner Grundgesetz. In: MANGOLDT, Hermann von; KLEIN, Friedrich; _____ (Hrsg.). *Das Bonner Grundgesetz. Kommentar*. 5. Auf. München:Vahlen, B. I, 2005. Cit.: STARCK, C. *Bonner GG*. 5. Auf.

_____. *Das Grundgesetz nach fünfzig Jahren: bewährt und herausgefordert*. JZ. Tübingen: Mohr, 1999, p. 473-485. Cit.: STARCK, C. *GG 50 Jahren*.

_____. *Die Grundrechte des Grundgesetzes*. JuS. München und Frankfurt a. M: Beck, 1981, p. 237-246. Cit.: STARCK, C. *Grundrechte*.

_____. *Der verfassungsrechtliche Schutz des ungeborenen menschlichen Lebens*. JZ. Tübingen: Mohr, 1993, p. 816-822. Cit.: STARCK, C. *Schutz*.

_____. *Empirie in der Rechtsdogmatik*. JZ. Tübingen: Mohr, 1972, p. 609-614. Cit.: STARCK, C. *Empirie*.

_____. Grundrechtliche Schutzpflichten. In: _____. *Praxis der Verfassungsauslegung*. Baden-Baden: Nomos, 1994, p. 46-84. Cit.: STARCK, C. *Schutzpflichten*.

_____. *Verfassungsgerichtsbarkeit und Fachgerichte*. JZ. Tübingen: Mohr, 1996, p. 1.033-1.042. Cit.: STARCK, C. *Fachgerichte*.

_____. Zum Problem der richterlichen Rechtsfortbildung. In: _____. *Praxis der Verfassungsauslegung*. Baden-Baden: Nomos, 1994, p. 218-222. Cit.: STARCK, C. *Rechtsfortbildung*.

STEINBERG, Rudolf. Grundfragen des öffentlichen Nachbarrechts. *NJW*. München: Beck, 1984, p. 457-464. Cit.: STEINBERG, R. *Grundfragen*.

STEINDORFF, Ernst. *Persönlichkeitsschutz im Zivilrecht.* Heidelberg: Müller, 1983. Cit.: STEINDORFF, E. *Persönlichkeitsschutz.*

STEINMETZ, Wilson Antônio. *A vinculação dos particulares a direitos fundamentais.* São Paulo: Malheiros, 2004. Cit.: STEINMETZ, W. *Vinculação.*

_____. *Colisão de direitos fundamentais e princípio da proporcionalidade.* Porto Alegre: Livraria do Advogado, 2001. Cit.: STEINMETZ, W. *Colisão.*

STEINWEDEL, Ulrich. *Spezifisches Verfassungsrecht und einfaches Recht: der Prüfungsumfang des Bundesverfassungsgerichts bei Verfassungsbeschwerden gegen Gerichtsentscheidungen.* Baden-Baden: Nomos, 1976. Cit.: STEINWEDEL, U. *Spezifisches.*

STERN, Klaus. *Das Bundesverfassungsgericht und die so genannte konkrete Normenkontrolle nach Art. 100 Absatz 1 GG. AöR,* B. 91. Tübingen: Mohr, 1996, p. 223-253. Cit.: STERN, K. *BVerfG.*

_____. *Das Staatsrecht der Bundesrepublik Deutschland: Allgemeine Lehren der Grundrechte.* München: C. H. Beck'sche Verlagsbuchhandlung, 1988, B. III/1. Cit.: STERN, K. *Staatsrecht III/1.*

_____. *Das Staatsrecht der Bundesrepublik Deutschland: Allgemeine Lehren der Grundrechte.* München: C. H. Beck'sche Verlagsbuchhandlung, 1994, B. III/2. Cit.: STERN, K. *Staatsrecht III/2.*

_____. *Das Staatsrecht der Bundesrepublik Deutschland. Die geschichtlichen Grundlagen des Deutschenstaatsrechts. Die Verfassungsentwicklung vom Alten Deutschen Reich zur wiedervereinigten Bundesrepublik Deutschland.* München: C. H. Beck'sche Verlagsbuchhandlung, 2000, B. V. Cit.: STERN, K. *Staatsrecht V.*

_____. Idee und Elemente eines Systems der Grundrechte. In: ISENSEE, Josef; KIRCHHOF, Paul. (Hrsg.). *HStR.* Heidelberg: Müller, B. V, § 109, 1992, p. 45-100. Cit.: STERN, K. *Idee.*

_____. Verfassungskonforme Gesetzesauslegung (*Anmerkung*). *NJW.* München: Beck, 1958, p. 1.435. Cit.: STERN, K. Gesetzesauslegung.

STOCO, Rui. *Tratado de responsabilidade civil.* 8. ed. São Paulo: RT, 2011. Cit.: STOCO, R. *Responsabilidade civil.*

STREINZ, Rudolf; LEIBLE, Stefan. *Die unmittelbare Drittwirkung der Grundfreiheiten: Überlegungen aus Anlass von EuGH (Angonese). EuZW.* Frankfurt: Verlag Beck, 11. Jahrgang, Heft 15, ago. 2000. p. 459-467. Cit.: STREINZ, R; LEIBLE, S. *DW.*

STURM, Gerd. Probleme eines Verzichts auf Grundrechte. In: LEIBHOLZ, Gerhard et al. (Hrsg.). *Menschenwürde und freiheitliche Rechtsordnung. Fest. für Willi Geiger zum 65. Geburtstag.* Tübingen: Mohr, 1974, p. 173-198. Cit.: STURM, G. *Verzicht.*

SÜSTERHENN, Adolf. Entstehungsgeschichte. In: DOEMMING, Klaus Berto v.; FÜSSLEIN, Rudolf Werner; MATZ, Werner. *Entstehungsgeschichte der Artikel des Grundgesetzes. Im Auftrage der Abwicklungsstelle des Parlamentarischen Rates und des Bundesministers des Innern auf Grund der Verhandlungen des Parlamentarischen Rates. JöR.* Neue Folge, B. 1. Tübingen: J. C. B. Mohr, 1951. Cit.: SÜSTERHENN, A. *Entstehungsgeschichte.*

TAVARES, André Ramos. *Curso de direito constitucional*. 16. ed. São Paulo: Saraiva, 2018. Cit.: TAVARES, A. *Curso*.

TEPEDINO, Gustavo. A incorporação dos direitos fundamentais pelo ordenamento brasileiro: sua eficácia nas relações jurídicas privadas. *Revista da Ajuris*. Porto Alegre, n. 100, dezembro 2005, p. 153-167. Cit.: TEPEDINO, G. *Incorporação*.

_____. Premissas metodológicas para a constitucionalização do Direito Civil. In: *Temas de Direito Civil*. 2. ed. Rio de Janeiro: Renovar, 2001, p. 1-22. Cit.: TEPEDINO, G. *Premissas*.

THAYER, James B. The origin and scope of the american doctrine of .constitutional law. *Harvard Law Review*, v. VII, October 25, n. 3. Harvard: Harvard Law Review Association, 1893, p. 129-156. Cit.: THAYER, J. *Origin*.

THOMA, Richard. Die juristische Bedeutung der grundrechtlichen Sätze der deutschen Reichsverfassung im allgemein. In: NIPPERDEY, Hans Carl (Hrsg.). *Die Grundrechte und Grundpflichten der Reichsverfassung*. B. I. Berlin: Reimar Hobbing, 1929, p. 1-53. Cit.: THOMA, R. *Bedeutung*.

TORRES, Ricardo Lobo. A cidadania multidimensional na era dos direitos. In: _____ (Org.). *Teoria dos direitos fundamentais*. 2. ed. Rio de Janeiro: Renovar, 2001, p. 243-342. Cit.: TORRES, R. *Cidadania*.

_____. *Normas de interpretação e integração do Direito Tributário*. 3. ed. Rio de Janeiro: Renovar, 2000. Cit.: TORRES, R. *Normas*.

_____. *Sistemas .constitucionais tributários*. Rio de Janeiro: Forense, 1986. Cit.: TORRES, R. *Sistemas*.

TRIEPEL, Heinrich. *Quellensammlung zum Deutschen Reichsstaatsrecht*. 5, durchgesehene und ergänzte Auf. Tübingen: Mohr, 1931. Cit.: TRIEPEL, H. *Reichsstaatsrecht*.

UBILLOS, Juan María Bilbao. *La eficacia de los derechos fundamentales frente a particulares*. Madrid: Centro de Estúdios Políticos y Constitucionales, 1997. Cit.: UBILLOS, J. *Eficacia*.

UNRUH, Peter. *Zur Dogmatik der grundrechtlichen Schutzpflichten*. Berlin: Duncker&Humblot, 1996. Cit.: UNRUH, P. *Dogmatik*.

VALE, André Rufino do. *A eficácia dos direitos fundamentais nas relações privadas*. Porto Alegre: Sergio Antonio Fabris, 2004. Cit.: VALE, A. *Eficácia*.

VEGA GARCÍA, Pedro de Dificultades y problemas para la construcción de un constitucionalismo de la igualdad (en caso de la eficacia horizontal de los derechos fundamentales). In: PÉREZ LUÑO, Antonio Henrique (Coord.). *Derechos humanos y constitucionalismo ante el tercer milenio*. Madrid: Marcial Pons, 1996, p. 265-280. Cit.: VEGA GARCÍA, P. *Dificultades*.

VELLOSO, Andrei Pitten. *Conceitos e competências tributárias*. São Paulo: Dialética, 2005. Cit.: VELLOSO, A. *Conceitos*.

_____. *O princípio da isonomia tributária: da teoria da igualdade ao controle das desigualdades impositivas*. Porto Alegre: Livraria do Advogado, 2010. Cit.: VELLOSO, A. *Isonomia*.

VIEIRA DE ANDRADE, José Carlos. *Os direitos fundamentais na Constituição Portuguesa de 1976*. 2. ed. Coimbra: Almedina, 2001. Cit.:VIEIRA DE ANDRADE, J. *DF.*

VILLALÓN, Pedro Cruz. Derechos fundamentales y derecho privado. In: *Academia Sevillana del Notariado.* Tomo Extra I. Madrid: EDERSA, 1998, p. 97-114. Cit.:VILLALÓN, P. *Derechos.*

_____. Derechos fundamentales y legislación. In: *La curiosidad del jurista persa, y otros estudios sobre la Constitución.* 2. ed. Madrid: Centro de Estudios Políticos y Constitucionales, 2006, p. 243-254. Cit.:VILLALÓN, P. *Legislación.*

VOGEL, Klaus. Rechtskraft und Gesetzeskraft der Entscheidungen des Bundesverfassungsgerichts. In: STARCK, Christian (Hrsg.). *Bundesverfassungsgericht und Grundgesetz. Festgabe aus Anlaß des 25 jährigen Bestehens des Bundesverfassungsgerichts.* Tübingen: Mohr, B. I, 1976, p. 568-627. Cit.:VOGEL, K. *Rechtskraft.*

VOGT, Dieter. *Die Drittwirkung der Grundrechte und Grundrechtsbestimmungen des Bonner Grundgesetzes.* Münster: Inauguraldissertation, 1960. Cit.:VOGT, D. *DW.*

VOLKMANN Uwe. Freiheit und Gemeinschaft. In: MERTEN, Detlef; PAPIER, Hans--Jürgen (Hrsg.) *HDG.* B. . II. Heidelberg: Müller, 2006, p. 341-387. Cit.:VOLKMANN U. *Freiheit.*

VOßKUHLE, Andreas. *Theorie und Praxis der verfassungskonformen Auslegung von Gesetzen durch Fachgerichte. Kritische Bestandsaufnahme und Versuch einer Neubestimmung. AöR,* B. 125. Tübingen: Mohr, 2000, p. 177-201. Cit.:VOßKUHLE, A. *Theorie.*

WAHL, Rainer. *Der Vorrang der Verfassung und die Selbständigkeit des Gesetzesrechts. NVwZ.* München und Frankfurt: Beck, 1984, p. 401-409. Cit.:WAHL, R. *Vorrang.*

_____.; MASING, Johannes. *Schutz durch Eingriff. JZ.* Tübingen: Mohr, 1990, p. 553-563. Cit.:WAHL R.; MASING, J. *Schutz.*

WALD, Arnoldo. O interesse social no direito privado. *Revista do Tribunal Regional Federal 3ª Região.* São Paulo: TRF, n. 77, mai.-jun. 2006, p. 129-148. Cit.:WALD, A. *Interesse.*

WAMBIER, Teresa Arruda Alvim. Uma reflexão sobre as "Cláusulas Gerais" do Código Civil de 2002 – a função social do contrato. *Revista dos Tribunais.* São Paulo: RT, v. 831, ano 94, jan. 2005, p. 59-79. Cit.:WAMBIER, T. *Reflexão.*

WEBER, Ralph. *Einige Gedanken zur Konkretisierung von Generalklauseln durch Fallgruppen. AcP,* B. 192. Tübingen: Mohr, 1992, p. 516-567. Cit.:WEBER, R. *Gedanken.*

WEHRHAHN, Herbert. *Systematische Vorfragen einer Auslegung des Art. 2 Abs. I des Grundgesetzes. AöR,* B. 82. Tübingen: Mohr, 1957, p. 250-274. Cit.:WEHRHAHN, H. *Vorfragen.*

WENGER, David R. *Die objektive Verwertung der Grundrechte. Zum Stand der Diskussion. AöR,* B. 130. Tübingen: Mohr, 2005, p. 618-628. Cit.:WENGER, D. *Verwertung.*

WENTE, Jürgen. *Informationelles Selbstbestimmungsrecht und absolute Drittwirkung der Grundrechte. NJW.* München: Beck, 1984, p. 1.446-1.447. Cit.:WENTE, J. *DW.*

WERNER, Fritz. *"Verwaltungsrecht als konkretisiertes Verfassungsrecht". DVBl.* Köln: Heymanns, 1959, p. 527-533. Cit.:WERNER, F. *Verwaltungsrecht.*

WESPI, Kaspar. *Die Drittwirkung der Freiheitsrechte.* Zürich: Schulthess, 1968. Cit.: WESPI, K. *DW.*

WIEDEMANN, Herbert. *Verfassungsrecht. Handelsrecht. Anmerkung. JZ.* Tübingen: Mohr, 1990, p. 691-697. Cit.: WIEDEMANN, H. *Verfassungsrecht.*

_____. *Zur verfassungsrechtlichen Inhaltskontrolle von Verträgen (BVerfGE mit Anmerkung). JZ,* April 1994, n. 8. Tübingen: Mohr, p. 408-413. Cit.: WIEDEMANN, H. *Inhaltskontrolle.*

WIEDERIN, Ewald. *Sozialstaatlichkeit im Spannungsfeld von Eigenverantwortung und Fürsorge. VVDStRL,* B. 64. Berlin: Gruyter, 2005, p. 53-84. Cit.: WIEDERIN, E. *Sozialstaatlichkeit.*

WILLMS, Günther. *Die bindende Wirkung der Entscheidungen des Bundesverfassungsgerichts. Was bindet nach § 31 Abs. 1 BVerfGG? JZ.* Tübingen: Mohr, 1954, p. 525-528. Cit.: WILLMS, G. *BVerfGG.*

WINDEL, Peter A. Über *Privatrecht mit Verfassungsrang und Grundrechtswirkungen auf der Ebene einfachen Privatrechts. Der Staat,* B. 37. Berlin: Duncker&Humblot, 1998, p. 385-410. Cit.: WINDEL, P. *Privatrecht.*

WINTRICH, Josef M. *Zur Problematik der Grundrechte.* Köln und Opladen: Westdeutscher, 1957. Cit.: WINTRICH, J. *Problematik.*

WISCHERMANN, Norbert. *Rechtskraft und Bindungswirkung verfassungsgerichtlicher Entscheidungen. Zu den funktionsrechtlichen Auswirkungen der extensiven Auslegung des 31 Abs. 1 BVerfGG.* Berlin: Duncker&Humblot, 1979. Cit.: WISCHERMANN, N. *Rechtskraft.*

WOLF, Manfred. *Rechtsgeschäftliche Entscheidungsfreiheit und vertraglicher Interessenausgleich.* Tübingen: J. C. B. Mohr, 1970. Cit.: WOLF, M. *Entscheidungsfreiheit.*

ZAGREBELSKY, Gustavo. *El derecho dúctil. ley, derechos, justicia.* Trad.: Marina Gascón. 3. ed. Madrid: Trotta, 1999. Cit.: ZAGREBELSKY, G. *Dúctil.*

_____. La ley, el derecho y la constitución. *Revista Española de Derecho Constitucional.* Madrid: Centro de Estudios Políticos y Constitucionales, n. 72, ano 24, set-dez de 2004, p. 11-24. Cit.: ZAGREBELSKY, G. *Ley.*

ZANITELLI, Leandro Martins. *Direito privado constitucional e método:* um estudo sobre a interpretação constitucional e sua influência no direito privado. Tese (Doutorado em Direito) – Faculdade de Direito da UFRGS. Porto Alegre: UFRGS, 2004. Cit.: ZANITELLI, L. *Direito.*

ZIEKOW, Jan. *Abweichung von bindenden Verfassungsgerichtsentscheidungen? NJW.* München: Beck, 1995, p. 247-250. Cit.: ZIEKOW, J. *Abweichung.*

ZIPPELIUS, Reinhold. *Rechtsnorm und richterliche Entscheidungsfreiheit. JZ.* Tübingen: Mohr, 1970, p. 241-245. Cit.: ZIPPELIUS, R. *Rechtsnorm.*

_____. Verfassungskonforme Auslegung von Gesetzen. In: STARCK, Christian (Hrsg.). *Bundesverfassungsgericht und Grundgesetz. Festgabe aus Anlaß des 25 jährigen Bestehens des Bundesverfassungsgerichts.* Tübingen: Mohr, B. II, 1976, p. 108-124. Cit.: ZIPPELIUS, R. *Auslegung.*

ZÖLLNER, Wolfgang. *Die politische Rolle des Privatrechts*. JuS. München und Frankfurt a. M.: Beck, 1988, p. 329-336. Cit.: ZÖLLNER, W. *Rolle*.

_____. *Immanente Grenzen arbeitsvertraglicher Regelungen*. Recht der Arbeit (RdA). München: Beck, 1989, p. 152-162.

_____. *Regelungsspielräume im Schuldvertragsrecht*. AcP, B. 196. Tübingen: Mohr, 1996, p. 1-36. Cit.: ZÖLLNER, W. *Schuldvertragsrecht*.

ZUCK, Rüdiger. *Der Zugang zum BVerfG: Was läßt das 5. Änderungsgesetz zum Gesetz über das BVerfG von der Verfassungsbeschwerde noch übrig?* NJW. München: Beck, 1993, p. 2.641-2.646. Cit.: ZUCK, R. *Zugang*.

CONHEÇA OS SELOS EDITORIAIS DA

CONTEÚDO ORIGINAL

Seleção de autores e conteúdos nacionais de excelência nas áreas científicas, técnicas e profissionais.

CONTEÚDO INTERNACIONAL

Tradução de livros de editoras estrangeiras renomadas, cujos títulos são indicados pelas princi-pais instituições de ensino do mundo.

SOU EDITOR

Projetos especiais em que o autor é o investidor de seu projeto editorial. A deÿnição do percen-tual de investimento é deÿnida após a análise dos originais de seus livros, podendo ser parcial ou integral.